ISRAEL SCHWIERZ

Steinerne Zeugnisse jüdischen Lebens in Bayern

Eine Dokumentation

München 1992 · 2. Auflage

BAYERISCHE LANDESZENTRALE FÜR POLITISCHE BILDUNGSARBEIT

Der Autor

ISRAEL SCHWIERZ, 1943 in Falkenberg (Niemodlin) geboren, besuchte nach der Volksschule in Polen und in der DDR das Realgymnasium in Bad Neustadt/Saale, das er mit dem Abitur abschloß. Nach freiwilligem Wehrdienst in der Bundeswehr und Studium der Erziehungswissenschaften ist er ab 1969 als Lehrer an Volksschulen in Kitzingen und Würzburg tätig. Als langjähriges Mitglied der Israelitischen Kultusgemeinde Würzburg, zu deren Vorstand er fast 8 Jahre gehörte, intensive Recherchen nach Zeugnissen jüdischer Vergangenheit zunächst in Unterfranken, danach in ganz Bayern. Neben umfangreicher Vortragstätigkeit Mitarbeit in jüdischen Presseorganen des In- und Auslandes.

Herausgeber: Bayerische Landeszentrale für politische Bildungsarbeit · München in Zusammenarbeit mit der Bayerischen Verlagsanstalt Bamberg
Redaktion: Dr. Michael Rupp, 1. Auflage,
Dr. Zdenek Zofka, 2. Auflage
Umschlag: Klaus Borowietz
Bildnachweis: Stadtarchiv Hof (2), Landratsamt Günzburg (2),
Reichsstadtmuseum Rothenburg o. d. T. (3),
alle übrigen Israel Schwierz
Gesamtherstellung: SOV Graphische Betriebe, Bamberg
ISBN 3-87052-393-X

VORWORT

In der Nacht zum 10. November 1938 wurden in Deutschland die Synagogen in Brand gesteckt, jüdische Geschäfte zerstört und Gewalttätigkeiten gegen jüdische Mitbürger vor den Augen aller begangen. Dieser Rückfall in die Barbarei ist auch nach 50 Jahren Anlaß zur Mahnung: Wir müssen aus unserer Geschichte lernen, wozu der Mensch fähig ist, um nicht anfällig zu werden für neue Ansteckungsgefahren. Weder ein Schlußstrich unter die Vergangenheit noch das Aufrechnen- oder Vergessen-Wollen des Geschehenen können Methoden des Umgangs mit der Geschichte sein.

Erinnerungsarbeit ist zu leisten durch die Erforschung der lokalen Ereignisse. Mit dem Buch „Steinerne Zeugnisse jüdischen Lebens in Bayern" legt die Bayerische Landeszentrale für politische Bildungsarbeit eine landesweite Dokumentation vor. Das große Interesse an der gleichlautenden Publikation über das Gebiet von Unterfranken ermutigte die Landeszentrale, einen ersten Versuch zur Erfassung aller steinernen Zeugnisse in den sieben Regierungsbezirken zu unternehmen. Diese Dokumentation will ein Nachschlagewerk und eine Arbeitshilfe für die Auseinandersetzung mit der Vergangenheit auf lokaler, regionaler und überregionaler Ebene sein. Kritik und Ergebnisse aus der Beschäftigung vor Ort werden von der Landeszentrale gern entgegengenommen, um so das gesamte Vorhaben weiterführen zu können.

Der Präsident des Zentralrates der Juden in Deutschland, Werner Nachmann s. A., bezeichnete in einem Gespräch wenige Monate vor seinem Tod diese Publikation des Freistaates Bayern als einen ermutigenden Anfang für eine ähnliche Dokumentation in allen Bundesländern. Er äußerte sich enttäuscht über den Umgang mit den jüdischen Kultstätten in den bundesdeutschen Städten und Dörfern. Das Anbringen von Gedenktafeln müßte seiner Meinung nach zur selbstverständlichen Pflicht den ehemaligen Mitbürgern gegenüber werden. Gerade die Deutschen müßten dafür Verständnis haben.

Wenn wir Deutsche Böhmen, Schlesien oder Ostpreußen besuchen, so schmerzt es uns, daß in den Straßen alle deutschen Namen verschwunden sind und die Friedhöfe verwahrlost aussehen. Diese Erfahrung sowie die Pietät den ehemaligen jüdischen Mitbürgern gegenüber müssen allen Gemeinden Anlaß sein, ihren entsprechenden Beitrag zu leisten. Dieses Buch weist viele erfreuliche Beispiele auf.

„Gerade die Synagogen können den Anstoß geben, daß Schüler danach fragen, was sich unter den faschistischen Machthabern in ihrem Ort abspielte. Die Ermordung von sechs Millionen Juden – als abstrakte Zahl unfaßbar – verliert an Unwirklichkeit, wenn in der unermeßlichen Menschenzahl Gebäude und Namen auftauchen, Namen, die zu Mitbürgern des Heimatortes werden." (Zeit-Magazin vom 26. 2. 1988).

Bayern ist ein Kulturstaat: „Der Staat schützt die natürlichen Lebensgrundlagen und die kulturelle Überlieferung." (Art. 3 Bayerische Verfassung). „Staat, Gemeinden und Körperschaften des öffentlichen Rechts haben die Aufgabe, die Denkmäler der Kunst, der Geschichte ... zu schützen und zu pflegen, herabgewürdigte Denkmäler der Kunst und der Geschichte möglichst ihrer früheren Bestimmung wieder zuzuführen." (Art. 141 BV). Das vorliegende Buch soll anregen, diesem Anspruch gerecht zu werden.

Der Stein überdauert Feuer und Wasser, Licht und Dunkel, Liebe und Haß. Der Stein läßt nicht zu, daß der Holocaust das letzte Wort in der Geschichte der Juden in Bayern spricht.

Dr. Heinrich Wackerbauer
Direktor der Bayerischen Landeszentrale
für politische Bildungsarbeit

VORWORT ZUR 2. AUFLAGE

Bald nach dem Erscheinen der Dokumentation im Mai 1988 erreichten mich die ersten Reaktionen, positive wie negative. Die Mehrzahl der vielen Zuschriften, Anrufe und Besprechungen war wohlmeinend und konstruktiv, manche kritisch, nur wenige negativ oder gar beleidigend. So machte ich mich im gleichen Jahr daran – und dieses Projekt verfolgte ich bis zum Ende des Jahres 1991, ja, ich arbeite gegenwärtig immer noch daran und werde das wohl auch noch in Zukunft tun müssen –, die einzelnen Orte Bayerns nochmals, z. T. mehrmals, so gründlich, wie es mir nur möglich war, zu überprüfen und auch neue Recherchen durchzuführen.

Berichte über viele Städte und Gemeinden in ganz Bayern konnten inzwischen verändert werden, eine ganze Reihe neuer Orte (64) kam hinzu: In einigen Ortschaften gelang es, Nachweise für dort bereits vermutete Kultusgemeinden zu finden (z. B. Bergrothenfels, Rothenfels); in manchen Gemeinden oder Städten konnte dank neuer Hinweise, Funde und Erkenntnisse der genaue Standort der jüdischen Kultstätten bestimmt werden (z. B. Heiligenstadt, Remlingen); in vielen Kommunen errichtete man zwischenzeitlich Denkmäler und Gedenktafeln für die einstigen Kultusgemeinden, Synagogen oder Friedhöfe (z. B. Küps, Frankenwinheim, Bad Königshofen, Plattling, Großostheim, u. v. a. m.); in anderen Gemeinden wurden Gedenkstätten für dort bei sog. „Evakuierungsmärschen" ums Leben gekommene KZ-Opfer (unter ihnen auch viele Juden) errichtet (z. B. Gauting, Krailling, München, u. a. m.); einige Orte entschlossen sich, einstmals umbenannten „Judenstraßen oder -gassen" ihren ursprünglichen Namen wieder zurückzugeben (z. B. Urspringen, Bad Königshofen); es entstanden auch neue Gedenkstätten in ehemaligen Synagogen (z. B. Gaukönigshofen, Urspringen); an wenigen Orten allerdings – und das mutet schon fast peinlich an! – verschwanden ehemalige Synagogengebäude (z. B. Sommerach, Estenfeld), ja, sogar ein früherer Synagogenbau, der noch 1988 mit einer Erinnerungstafel als solcher gekennzeichnet worden war (Oberaltertheim), wurde kurzerhand abgerissen.

Zahlreiche Veränderungen der bestehenden steinernen Zeugnisse jüdischen Lebens in Bayern, viele neue Erkenntnisse und Fakten, die aufgrund der seit 1988 neu erschienenen Literatur zum Thema „Judentum in Bayern" bekannt geworden sind, neue Funde in Bibliotheken und Archiven im In- und Ausland sowie eine ganze Menge wertvoller Hinweise von interessierten Persönlichkeiten aus ganz Bayern, aus der Bundesrepublik Deutschland und aus Österreich, Israel, Frankreich, Ungarn, Polen, Holland, Großbritannien, Belgien, Kanada und den USA machten diese verbesserte und erweiterte Neuauflage nötig, um Menschen, die an Zeugnissen jüdischer Vergangenheit interessiert sind, mit den neuesten und möglichst exakten Informationen zum Thema zu versorgen.

Die Recherchen gestalteten sich auf der einen Seite einfacher, da ja viele Lokalitäten bekannt waren und viele neue Informationsquellen zur Verfügung standen, auf der anderen Seite aber auch sehr schwierig, da die Zahl der Zeitzeugen stetig abnimmt und weil oft große Entfernungen zur Erlangung und Sicherung der neuen Informationen – zum Teil sogar mehrfach – zurückgelegt werden mußten.

Es sei mir gestattet, allen zu danken, die mir bei der Konzeption der erweiterten und verbesserten Neufassung der Dokumentation besonders hilfreich mit Rat und Tat zur Seite gestanden haben. Ganz besonders danke ich *Frau Gisela Bieber,* Würzburg, *Herrn Dr. Herbert Schultheis,* Würzburg, *Herrn Dr. Ludwig Walter,* Würzburg, sowie meiner Frau Anneliese und meinen Kindern Peter-Josef, Judith und Benjamin-David, die auf sehr vieles verzichten mußten, diese Situation aber meist mit Verständnis und Geduld ertrugen.

Ich kann nur hoffen, daß die Neufassung dieser Dokumentation dazu beiträgt, daß sich viele Interessierte mit der Geschichte der Juden in Bayern, die ja gleichzeitig bayerische Orts- und Heimatgeschichte ist, kritisch, nachdenklich und sorgfältig auseinandersetzen. Sollte dieses erhoffte Tun dann die Konsequenz haben, daß die Menschen mit der Vergangenheit und besonders mit der Gegenwart und Zukunft verantwortungsbewußt umgehen, hätte ich mit dieser meiner Arbeit einen sehr großen Erfolg erzielt.

Würzburg, Juli 1992   *Israel Schwierz*

INHALTSVERZEICHNIS

Rhön-Grabfeld

Coburg   Kronach   Hof

Bad Kissingen

Lichtenfels   Kulmbach

Haßberge

OBERFRANKEN

Wunsiedel i.
Fichtelgebirge

Aschaffen-
burg   Main-Spessart

Bamberg

Schweinfurt

BAYREUTH

Tirschenreuth

UNTERFRANKEN

Miltenberg

Kitzingen

Forchheim

Neustadt
a. d. Waldnaab

**WÜRZ-
BURG**

Erlangen-
Höchstadt

Weiden i. d. Opf.

Neustadt a. d. Aisch-
Bad Windsheim

Erlangen

Amberg-
Sulzbach

**MITTEL-
FRANKEN**

Fürth   Nürnberger
Land

Nürn-
berg

Amberg   Schwandorf

Schwa-
bach

OBERPFALZ   Cham

ANSBACH

Roth

Neumarkt
i. d. Opf.

Weißenburg-
Gunzenhausen

REGENSBURG   Regen

Straubing-
Bogen

Eichstätt

Kelheim

Freyung-
Grafenau

Donau-Ries

Straubing   Deggendorf

Ingolstadt

NIEDERBAYERN

Neuburg-
Schroben-
hausen

Pfaffenhofen
a. d. Ilm

Dillingen
a. d. Donau

Dingolfing-
Landau

LANDSHUT   Passau

Freising

Rottal-Inn

Günzburg   **AUGSBURG**

Aichach-
Fried-
berg

Dachau   Erding

Neu-Ulm

Mühldorf
a. Inn   Altötting

SCHWABEN

Fürstenfeld-
bruck

Ebersberg

Unterallgäu

Starnberg   **MÜNCHEN**

Landsberg
a. Lech

Traunstein

Memmingen

OBERBAYERN

Kaufbeuren

Weilheim-
Schongau

Miesbach   Rosenheim

Kempten
(Allgäu)

Ostallgäu

Bad Tölz-
Wolfrats-
hausen

Berchtes-
gadener
Land

Lindau
(Bodensee)

Oberallgäu

Garmisch-
Partenkirchen

—— Landesgrenze
—— Regierungsbezirksgrenzen
—— Grenzen der kreisfreien Städte
    und Landkreise
• Sitze der
   Landkreisverwaltungen

EINLEITUNG

Als 1983 der Band „Zeugnisse Jüdischer Vergangenheit in Unterfranken" erschien, löste die positive Reaktion große Überraschung aus. Die Aufforderung zahlreicher Interessenten aus dem In- und Ausland, auch die übrigen sechs Regierungsbezirke Bayerns in gleicher Weise zu „bearbeiten", wurde gerne aufgegriffen. Denn an dem Informationsmangel über Judentum und jüdische Vergangenheit in der eigenen Umgebung – bei Jugendlichen wie bei Erwachsenen – hat sich kaum etwas geändert. Ein Großteil der jungen Menschen, und bestimmt nicht nur sie, können – abgesehen von einigen eher negativen TV-Kenntnissen über den Staat Israel und mehr als spärlichem Geschichtswissen über den Völkermord an den Juden im nationalsozialistischen Deutschland – mit dem Begriff „Judentum" heute nur noch wenig anfangen. Es ist immer noch ungewöhnlich, sich mit „Judentum in unserem Ort" auseinanderzusetzen. Viele meinen aber auch, es sei schon zu viel über dieses Thema geredet und geschrieben worden; ein Film, eine Reportage mit dem Thema „Juden" wird oft mit Redensarten wie „Ach, bitte, nein, nicht schon wieder . . .", „davon haben wir jetzt endgültig genug . . .", „schon wieder die Juden" oder „wir haben doch schon genug gezahlt . . ." abgelehnt. Die Zahl derer, die Juden bewußt als (fast) gleichberechtigte Mitbürger in ihrem Ort erlebt haben, wird von Tag zu Tag kleiner. So kann eigentlich jeder die Frage, warum sich dieses Buch mit Überresten – steinernen (Synagogen/Friedhöfe/Bauten), schriftlichen (Urkunden) und mündlichen (Redensarten, mündliche Überlieferung) – früherer jüdischer Gemeinden beschäftigt, von selbst beantworten: weil es den größten Teil dieser Gemeinden – von ganz wenigen Ausnahmen abgesehen – heute nicht mehr gibt, und weil dazu noch die vorhandenen Zeugnisse nach und nach verschwinden (z. B. die Mikwe in Frankenwinheim: sie wurde Anfang Dezember 1987 abgerissen).

Ein kurzer Abriß der Geschichte der jüdischen Gemeinden gibt uns heute Kunde darüber, daß Juden in Bayern schon sehr lange ansässig sind – länger als manch eine andere Volks- oder Religionsgruppe: Nachweislich wohnten bereits im 10. Jahrhundert Juden in Bayern, doch kann mit an Sicherheit grenzender Wahrscheinlichkeit angenommen werden, daß schon früher – im 8. und 9. Jahrhundert, in den Römersiedlungen bestimmt noch viel früher – in diesem Lande Juden gelebt, gewohnt und gearbeitet haben.

Hier wirkten sie bis zum 19. Jahrhundert mit recht wechselndem Geschick. Zeiten relativer Ruhe folgten – bis in unser Jahrhundert hinein – immer wieder blutige Unruhen, die oft Ausweisungen zur Folge hatten und nicht selten in der physischen Auslöschung ganzer Gemeinden kulminierten.

Die wirtschaftliche Gleichstellung blieb ihnen versagt, denn sie erhielten kaum oder nie die Erlaubnis zum Erwerb und zum Bebauen von Land, was ihnen die Ausübung des Berufes als Bauern bzw. Landwirte ermöglicht hätte, noch gar die Genehmigung, sich als Handwerker zu betätigen. Da die christlichen „Mitbürger" in all diesen Erwerbszweigen unliebsame Konkurrenz fürchteten, verhinderten sie, unterstützt von Kirchen und Zünften, durch eine Vielzahl von kleinlichen und ausgetüftelten Regelungen und Verboten und durch allerlei Schikanen die berufliche und somit auch wirtschaftliche Gleichstellung oder gar die volle Emanzipation der Juden.

Auch nach 1800 blieben die Juden auf vielen Gebieten benachteiligt. Zwar wurden ihnen nun, wenn auch mit Zähneknirschen und von gelegentlichen restaurativen Ereignissen unterbrochen, nach und nach mehr Rechte eingeräumt (was meist mit einer überproportionalen Zunahme von Pflichten verbunden war), zur vollen bürgerlichen Gleichstellung kam es aber erst gegen Ende des Ersten Weltkrieges, als Juden (fast) uneingeschränkt Offiziere werden konnten. Vor dem 1. Weltkrieg war es Juden nur in der kgl. bayerischen Armee möglich, Reserveoffizier zu werden. Die wirtschaftliche Gleichstellung war – das muß gesagt werden – schon etwas früher erfolgt.

Doch die volle Emanzipation – die ca. 10 000 jüdische deutsche Soldaten auf allen Schlachtfeldern des Ersten Weltkrieges mit ihrem Leben „bezahlt" hatten – war nicht von langer Dauer. Ab 1933 begann die systematische Zerstörung der jüdischen Kultur und die erst allmähliche, dann immer stärker werdende Eliminierung der Juden aus allen Lebensbereichen in Bayern, die schließlich zur Deportierung eines Großteils der hiesigen Juden nach Theresienstadt, Riga, Lublin, Piaski, Izbica und Auschwitz und zu ihrer grausamen und unmenschlichen Ermordung in den deutschen Konzentrationslagern führte. Diese Ausrottungspolitik brachte das Ende der traditionsreichen Gemeinden in Bayern. Immerhin, trotz aller im Laufe von Jahrhunderten gesammelter negativer Erfahrungen, die in Bayern lebenden Juden liebten ihre „Heimat" mindestens mit der gleichen Inbrunst wie alle anderen Bewohner dieses Landes, wenn nicht noch mehr! Die folgende Auflistung der Bevölkerungzahlen in Bayern (ohne die Rheinpfalz) zeigt den Umfang der jüdischen Bevölkerung Bayerns, und auch die relative Konstanz, trotz der im 19. Jahrhundert starken Auswanderung nach Nordamerika.

1818 =	42 738	Seelen
1867 =	36 798	Seelen
1871 =	38 182	Seelen
1880 =	42 171	Seelen
1895 =	43 327	Seelen
1900 =	44 820	Seelen
1910 =	46 097	Seelen
1925 =	41 295	Seelen
16. 6. 1933 =	35 452	Seelen.

Es mag Kritik hervorrufen, daß in diesem Werk nur ein recht knapper Einblick in die Geschichte der jüdischen Gemeinden Bayerns vermittelt wird. Das heutige Bayern war bis zum Jahre 1802 in eine große Anzahl kleiner und kleinster Einzelstaaten aufgespalten. Innerhalb der Grenzen eines einzigen Landkreises von heute konnten mehrere – teilweise bis zu 30! – verschiedene „Judenordnungen" nebeneinander bestehen, selbst an einem einzigen Ort (z. B. in Trappstadt) konnte es verschiedene „Juden-Gesetze" geben. Es ist für Historiker, Heimatpfleger und -forscher gut möglich, für einzelne Orte eine ganz genaue und ausführliche Geschichte der Juden aufzuzeigen, für Bayern bis 1802 ist dies im Rahmen dieser Einführung nicht möglich.

Erst seit dem „Judenedikt" von 1813, das die Emanzipation einleitete, aber auch neue Beschränkungen und Schikanen im ganzen Königreich Bayern festschrieb, kann man von einer „Geschichte der Jüdischen Kultusgemeinden in Bayern" sprechen. Jetzt erst wurde die jüdische Religionsgemeinschaft anerkannt (jedoch nur als „Privatkirche", keinesfalls gleichberechtigt mit den beiden „großen christlichen Konfessionen"!), die alten diskriminierenden Judensteuern und sog. „Judenkorporationen" wurden endlich aufgehoben. Das Edikt brachte jedoch der Jüdischen Gemeinschaft in Bayern auch ganz enorme Nachteile, die uns heute fast unmenschlich anmuten: Es begrenzte die Zahl der an einem Ort zugelassenen jüdischen Familien auf diejenige Zahl, die zur Zeit des Erlasses des Edikts eingetragen war (es war also unmöglich, eine eigene, neue Familie zu gründen und eine eigene Existenz aufzubauen; auch der Zuzug neuer jüdischer Familien war unmöglich). Das Edikt ließ an einem Ort nur die Existenz einer einzigen jüdischen Gemeinde zu, was besonders in den großen Städten zu Problemen führte, da es ja Gruppierungen orthodoxer und liberaler Juden ständig zu Kompromissen zwang; für die meist kleinen, streng orthodoxen Landgemeinden hingegen war der religiöse Aspekt problemlos.

Die zivilrechtliche Gleichstellung der Juden in Bayern erfolgte 1862, aber erst mit der politischen Gleichstellung als deutsche Reichsbürger im Jahre 1871 war der Prozeß der rechtlichen Emanzipation – zumindest theoretisch, die Praxis sah ganz anders aus – abgeschlossen. Ein nicht unbedeutender Teil der jüdischen Bevölkerung Bayerns blieb auch nach 1871 orthodox, d. h. strenggläubig. Wenn auch ab Mitte des letzten Jahrhunderts in verstärktem Maße die Landflucht einsetzte und viele Juden – besonders in ganz Franken und Schwaben, z. T. auch in der Oberpfalz – in die Städte zogen, so blieb doch ein relativ großer Teil der jüdischen Einwohner Bayerns auf dem Lande und lebte hier religiös-traditionell. Ein eindeutiges Zeichen für die Richtigkeit dieser These ist das Vorhandensein von Ritualbädern (Mikwaot), von jüdischen Religions- und Volksschulen im überwiegenden Teil der Kultusgemeinden. Den wohl tiefsten Einschnitt in das jüdische Leben im Deutschen Reich – somit auch in Bayern – bildete der Ausbruch des Ersten Weltkrieges im Jahre 1914. Hatten schon 1870/71 (und bereits vorher in den Befrei-

Grabstein des Kriegsteilnehmers Samuel Berolzheimer, Veteran des Befreiungskrieges 1813/14,
in Steinhart

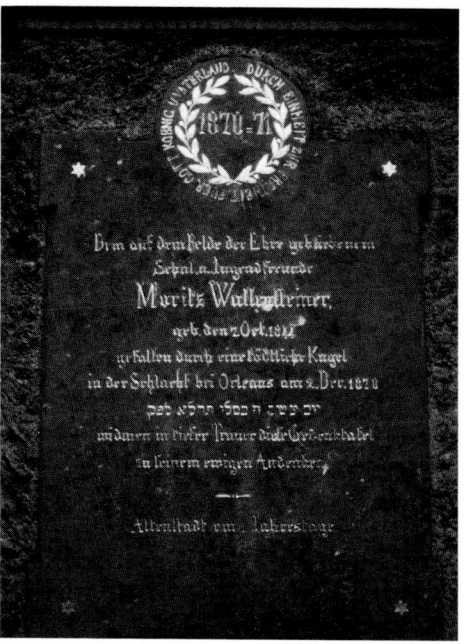

Gedenktafel für den im Kriege 1870/71 gefallenen
jüdischen Soldaten Moritz Wallensteiner in der
Mauer des Friedhofs Illereichen

ungskriegen gegen Napoleon 1813/14, im
deutsch-dänischen Krieg 1864 und bei anderen kriegerischen Auseinandersetzungen)
viele Juden als tapfere und aufopferungsbe-
reite Soldaten beweisen wollen und können,
daß sie ihren nichtjüdischen „Kameraden" in
nichts nachstanden, so war gerade jetzt das
Bemühen, sich als tapfere, treue und gute
deutsche Soldaten und Kameraden zu erweisen, besonders groß. Davon zeugt die recht
große Anzahl von Denkmälern für jüdische
Gefallene auf zahlreichen jüdischen Friedhöfen (z. B. Aub, Würzburg, Bayreuth, Bamberg, Nürnberg, Fürth, Augsburg, Memmingen, Cham, Regensburg, München,
u. v. a. m.).
Daß nach dem verlorenen Ersten Weltkrieg
„der *Jude*" *als Sündenbock für alles, was
nicht gelungen war und nicht gelang, angesehen, darüber hinaus diskriminiert und be-
leidigt wurde (dies war ja schon im Krieg bei
der sog. „Judenzählung" erfolgt)*, war für
Menschen, die ihre jüdischen Brüder hatten
den „Heldentod" für Deutschland sterben sehen, die ihre Gesundheit geopfert und ihr
Leben aufs Spiel gesetzt hatten, die Ehe-

mann, Vater, Bruder oder Sohn für dieses
„deutsche Vaterland" verloren hatten, unbe-
greiflich und unfaßbar; es verbitterte sie nicht
nur, es zerstörte auch den Glauben an die
Gerechtigkeit und an die Menschheit. Nun
fühlten viele Juden, daß sie, trotz aller Be-
teuerungen und schöner Reden von Kaiser,
König und Regierungschefs, doch nur Bürger
zweiter Klasse waren – geblieben waren –
trotz größter Opfer. So, aber auch mit wirtschaftlichen Gründen, ist die nun erneut ein-
setzende Auswanderungswelle und die ihr
entsprechende sinkende Anzahl von Juden
in Bayern zu erklären.
1933 war das Schicksalsjahr der Juden in
Bayern und im ganzen Deutschen Reich.
Was „der Führer" ihnen in seinem „Werk" mit
dem Titel „Mein Kampf" zugedacht hatte und
was viele ihrer Hasser ersehnt und erträumt
hatten, was aber von vielen Juden – besonders den national gesinnten, und das waren
damals gar nicht so wenige! – als Ansamm-
lung irrer Phantastereien eines kranken Ge-
hirns angesehen wurde, das wurde nun Rea-
lität. Mit peinlicher Gründlichkeit wurden die
Juden zunächst wirtschaftlich (Boykott jüdi-

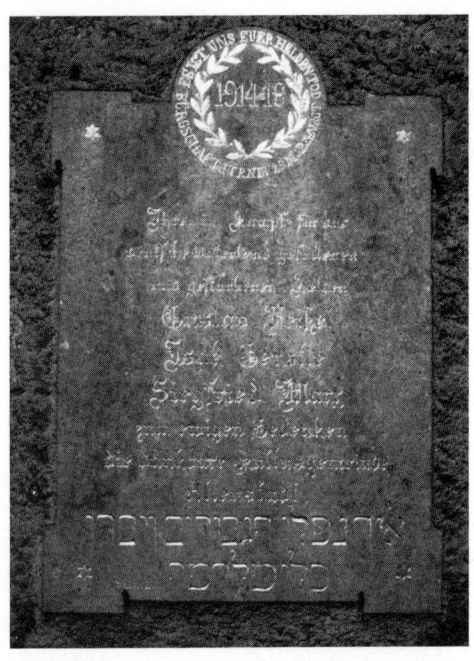

Denkmal für jüdische Gefallene des Ersten
Weltkrieges auf dem Friedhof Aub

Gedenktafel für jüdische Gefallene des
Ersten Weltkrieges in der Mauer des Friedhofes
Illereichen

scher Geschäfte, Einziehung der Konzessio-
nen, u. a. m.) rechtlich und politisch (Nürnberger Gesetze ab 1935; Beschränkungen
und Diskriminierungen; ab 1938 Vornamen
Sara und *Israel;* Berufsverbot für jüdische
Rechtsanwälte und Ärzte; „J" im Reisepaß;
Wohnbeschränkungen; Schulverbot für jüdische Kinder, u. v. a. m.) fertiggemacht, bis
sie im Zuge der „Endlösung der Judenfrage"
von 1942–1945 in den Vernichtungslagern
des Deutschen Reiches in Europa auf vielerlei grausame Weise bestialisch ermordet
wurden.

Sechs Millionen Juden – davon 1,5 Millionen
Kinder – vom neugeborenen Säugling bis
zum sterbenden Greis – fielen dem Rassen-
wahn deutschen „Herrenmenschendenkens"
zum Opfer. Auch dieses für alle schmerzliche
und schreckliche Geschehen ist ein Kapitel
der Geschichte der Juden in Bayern.

Trotz des Massenmordes und der geplanten
Vernichtung aller Juden blieben jüdische Gemeinden in Bayern – und zwar in allen Regierungsbezirken – bestehen bzw. wurden nach
dem Ende des Krieges von Überlebenden
des NS-Vernichtungsterrors, die hier aus den

KZs befreit worden waren, und von Rück-
wanderern aus dem Ausland wiederaufgebaut. Viele Tausende Juden weilten nach
1945 in Bayern, wo sie in DP-Camps (= Sam-
mellagern für aus ihrer Heimat verschleppte,
nichtdeutsche Ausländer ‹Displaced **P**er-
sons›) sog. UNRRA-Gemeinden bildeten
(UNRRA = **U**nited **N**ations **R**elief und **R**ehabi-
litation **A**dministration). Sie warteten hier auf
die Ausreisemöglichkeit nach Israel oder in
andere Länder (z. B. USA, Canada, Australien, Neuseeland, Südafrika, Rhodesien
u. a. m.). Ab 1948/50 lösten sich die UNRRA-
Gemeinden (die später IRO ‹**I**nternational **R**e-
fugees **O**rganisation›-Gemeinden hießen) infolge der erfolgten Auswanderung ihrer Mitglieder von alleine auf oder ihre Mitglieder,
die hier verblieben, schlossen sich den inzwischen wieder- bzw. neugegründeten Israelitischen Kultusgemeinden in Bayern an.

Heute leben im Freistaat Bayern ca. 6000
Juden in 12 Gemeinden an folgenden Orten:
München, Nürnberg, Würzburg, Augsburg,
Amberg, Bamberg, Fürth, Bayreuth, Hof/
Saale, Regensburg, Straubing und Weiden.
Sie formen und gestalten, wenn auch nicht in

dem Maße wie vor der NS-Zeit, die Geschichte des Landes Bayern mit.

Die Beschäftigung mit Zeugnissen jüdischer Vergangenheit ist deshalb so wichtig, weil heute wie früher vielen Menschen nicht klar ist, daß die Geschichte der Juden in Bayern – ob im Guten oder im Schlechten – ein fester Bestandteil der Geschichte des Freistaates Bayern ist, der untrennbar dazugehört. Jeder Versuch, die Geschichte der Juden aus der bayerischen Geschichte herauszulösen oder beide voneinander zu isolieren, ist eine eklatante Geschichtsverfälschung. Die Geschichte der Kreuzzüge ist ohne den Hinweis auf den tausendfachen Mord an den Juden, auch auf dem Gebiete des heutigen Bayern, nicht zu schreiben. Der Wohlstand vieler Städte in Franken, Schwaben und Altbaiern (Ober- und Niederbayern) wäre ohne das tatkräftige Wirken der in diesen Regionen ansässigen jüdischen Fabrikbesitzer und Kaufleute (besonders Vieh- und Pflanzenhändler), insbesondere zu Beginn dieses Jahrhunderts, kaum erreicht worden. Ohne das Zutun jüdischer Viehhändler hätte die wirtschaftliche Blüte Bayerns mit Sicherheit kein solches Ausmaß erreicht.

Es scheint angebracht, die Geschichte der jüdischen Gemeinden in Form von Heimatgeschichte zu bearbeiten, denn diese ist ein Teil der Gesamtgeschichte und nimmt in ihr einen ganz festen, bedeutenden Platz ein. (Oft ist die Beschäftigung mit der Lokalgeschichte die einzig mögliche, da das Verhalten den Juden gegenüber von einem Ort zum anderen grundverschieden sein konnte!) Lokalgeschichte soll die Erkenntnis vermitteln, daß sich Geschichte nicht irgendwann und irgendwo in fernen Ländern, sondern konkret in der eigenen Heimat, im Heimatort ereignet hat, daß hier Menschen in der Nachbarschaft vor einem mehr oder weniger langen Zeitraum gewirkt, gehandelt, gearbeitet und gebetet, sich gequält und gelitten, sich gefreut und getrauert, geweint und gelacht haben.

Wenn man die sieben Regierungsbezirke des Freistaates Bayern nach der Anzahl ihrer Gemeinden (oder Friedhöfe) einordnet (wobei bei „Gemeinden" alle Orte zusammengefaßt wurden, in denen entweder Kultbauten ‹Synagogen/Bethäuser/Mikwaot/Schulen, usw.› stehen oder nachweislich gestanden haben ‹manchmal durch einen Gedenkstein belegt!›, oder in denen das Wissen um die Existenz einer jüdischen Gemeine – ganz egal zu welcher Zeit – noch vorhanden ist, oder in denen die Existenz einer jüdischen Gemeinde urkundlich nachgewiesen werden kann und bei den Friedhöfen sowohl bestehende, heute noch vorhandene Friedhöfe ‹dazu gehören auch Friedhöfe mit jüdischen KZ-Toten aus der NS-Zeit und danach›, als auch historische, heute nur noch als Flur- oder Geländenamen vorhandene „fossile" Friedhöfe ‹„Judenkirchhof, Judenbegräbnis, Judenfriedhof u. a. m."›, die inzwischen nicht mehr existieren, als auch KZ-Gedenkstätten – Örtlichkeiten, an denen KZ-Tote bestattet waren, die inzwischen exhumiert und auf einen jüdischen Friedhof oder einen KZ-Ehrenfriedhof überführt worden sind), dann ergibt sich die folgende Aufstellung:

Gemeinden im Überblick

Regierungsbezirk	Gemeinden (Vorkriegs- u. UNRRA)	historisch	ges.
Unterfranken	165	58	223
Mittelfranken	68	31	99
Oberfranken	48	42	90
Schwaben	30	16	46
Oberpfalz	21	13	34
Oberbayern	17	17	34
Niederbayern	12	14	26
Gesamtbayern	361	190	552

Friedhöfe im Überblick

Regierungsbezirk	Existierende Friedhöfe			Histor. Friedh.	KZ-Gedenkst.	Gesamt
	Gemeinde	KZ	Gesamt			
Unterfranken	46	0	46	9	0	55
Mittelfranken	28	2	30	5	1	36
Oberfranken	20	9	29	3	0	32
Schwaben	20	4	24	6	0	30
Oberpfalz	8	3	11	4	6	21
Oberbayern	3	22	25	1	10	36
Niederbayern	1	6	7	3	3	13
Gesamtbayern	126	46	172	31	20	223

Wenn man die beiden Aufstellungen betrachtet, dann erkennt man unschwer, daß Unterfranken der am dichtesten mit Juden besiedelte Regierungsbezirk war, gefolgt von Mittelfranken, Oberfranken, Schwaben, der Oberpfalz, Ober- und Niederbayern. Bei den Friedhöfen gibt es eine Abweichung – aber auch nur deshalb, weil die hohe Gesamtzahl der Friedhöfe hier durch 22 KZ-Friedhöfe erreicht wird. ‹Hier sind KZ-Tote, meist des KZ Dachau und seiner Außenlager, sowie Tote aus den späteren UNRRA- bzw. IRO-Gemeinden bestattet›.

Ein Blick auf die Entwicklung der jüdischen Bevölkerung in den bayerischen Regierungsbezirken (ohne Pfalz), läßt erkennen, daß um 1900 die Zahl der in dem jeweiligen Regierungsbezirk wohnenden Juden der der Gemeinden ‹und Friedhöfe› ungefähr entspricht (mit Ausnahme des Reg.Bez. Oberbayern – hier macht sich die Rolle der Landes- und Regierungshauptstadt München bemerkbar).

Grab auf dem KZ-Friedhof Landsberg a. Lech

Grab auf dem KZ-Friedhof Holzhausen

	Jüdische Einwohner	%
Unterfranken	13 641	30,4 %
Mittelfranken	13 111	29,3 %
Oberfranken	3 322	7,4 %
Schwaben	3 904	8,7 %
Oberpfalz	1 472	3,3 %
Oberbayern	9 076	20,2 %
Niederbayern	294	0,7 %
Bayern gesamt	44 820	100,0 %

Die Einwohner-Zahlen geben die Anzahl der Juden im jeweiligen Regierungsbezirk wieder, die %-Zahl ist der prozentuale Anteil der Juden im betreffenden Regierungsbezirk, gemessen an der Zahl der Juden in ganz Bayern als 100 %.

Besonders in Unter-, aber auch in Mittel- und Oberfranken, und mit Einschränkungen auch in Schwaben gab es bis 1933 viele jüdische Gemeinden, darunter eine große Anzahl von Klein- und Kleinstgemeinden (besonders in Franken). In diesen „Mini-Gemeinden" war, wie im fast ganzen ländlichen Gebiet in Bayern (im Gegensatz zu einigen Städten, z. B. Aschaffenburg oder Nürnberg) orthodoxes, d. h., streng gesetzestreues jüdisches Leben die Regel.

Die Suche nach Zeugnissen jüdischer Vergangenheit kann, trotz teilweiser Zerstörung und Vernichtung der Synagogen und all der anderen Spuren jüdischen Lebens und trotz fast vollständiger Ausrottung der jüdischen Bevölkerung Bayerns bis zum heutigen Tag noch recht erfolgreich sein.

Jüdische Friedhöfe – Stumme Zeugen jüdischer Präsenz

Wir finden in Bayern insgesamt 171 jüdische Friedhöfe (davon sind 45 sog. „KZ-Friedhöfe") und haben zudem Kenntnis von 29 weiteren ehemaligen, inzwischen nicht mehr auffindbaren jüdischen Friedhöfen (sog. „fossilen Friedhöfen") in allen sieben Regierungsbezirken, die im Laufe der Zeit verschwunden sind. Heute sind fast alle Friedhöfe – mit Ausnahme derer, die zu einer heute noch existierenden Gemeinde gehören (z. B. München, Straubing, Nürnberg, Regensburg, Augsburg, Würzburg und Bamberg) aufgelassen, d. h., es finden dort normalerweise keine Beerdigungen mehr statt. Außerdem gibt es in Bayern noch 10 KZ-Gedenkstätten (vermutlich sind es sogar einige mehr), das sind Friedhöfe oder Grabstätten, auf denen jüdische KZ-Opfer bestattet waren, die jedoch inzwischen exhumiert und auf reguläre jüdische Friedhöfe oder auf den KZ-Ehrenfriedhof Flossenbürg überführt worden sind. Heute erinnert noch ein Gedenkstein (z. B. in Pocking-Waldstadt, Rötz und an anderen Orten in Niederbayern, der Oberpfalz und Mittelfranken) an diese Tatsache. Die in Oberbayern und Oberfranken – zum Teil auch auf christlichen Friedhöfen in Massengräbern – bestatteten KZ-Opfer, unter denen sich nachweislich auch Juden befinden, wurden nicht überführt und haben somit auf diesem Friedhof ihre letzte Ruhe gefunden. Es gibt einige Merkmale, die, von wenigen Ausnahmen abgesehen, allen jüdischen Friedhöfen zu eigen sind: Die meisten Friedhöfe liegen (oder lagen vor langer Zeit) außerhalb von Ortschaften. Ausnahmen sind Fürth, Nürnberg, Coburg, Schweinfurt u. a. m. – hier sind sie, obwohl räumlich getrennt, Teil des Einzugsbereiches des allgemeinen städtischen Friedhofes. Der Grund für die Lage des Friedhofs außerhalb des Ortes war einmal, daß nichtjüdische Bewohner meist keinen jüdischen Friedhof in ihrer Nähe duldeten (in früheren Zeiten gingen christliche Geistliche sogar so weit, sich mit Gewalt der Anlage und der Benutzung des jüdischen Friedhofs in ihrem Amtsbereich zu widersetzen, wie dies beispielsweise in Schornweisach in Mittelfranken der Fall war), aber auch, daß man jüdischerseits hoffte, den seit Jahrhunderten bekannten und gefürchteten Grabschändungen dadurch zu entgehen, daß man den Friedhof so anlegte, daß er durch die Natur geschützt war und ein Gang dorthin mit einiger Mühe, zumindest aber mit einem langen (z. B. Pretzfeld, Wilhermsdorf, Sulzbach-Rosenberg, Laudenbach) oder steilen (z. B. Ermreuth, Heiligenstadt, Kleinbardorf, Steinach/Saale, Sulzbürg) Anmarschweg verbunden war. Aus meist finanziellen Gründen wurden die Friedhöfe oft in Wäldern oder auf Bergkuppen plaziert, wo der Boden wenig fruchtbar und daher auch recht billig war.

Altes Priestergrab in Harburg/Schwaben

Neues Priestergrab in Deggendorf

Wenn heute – trotz großem Informationsangebot und trotz vielfältiger Informationsmöglichkeiten – in verschiedenen Kreisen andere Gründe, beispielsweise Geheimnistuerei, Ausschluß der Öffentlichkeit bei religiösen Handlungen oder ähnliche angebliche Gründe aufgeführt werden, dann ist dies entweder bösartig, schwachsinnig, gleichgültig oder töricht. Alle Friedhöfe (auch viele KZ-Friedhöfe in Oberbayern, Schwaben und in der Oberpfalz) haben eine Mauer oder einen Zaun und ein oder zwei Tore (manchmal, bei sehr großen Friedhöfen auch mehrere). Die Grabsteine (Mazewot), dicht nebeneinanderstehend, um möglichst Platz zu sparen, zeigen fast alle in Richtung Osten, wo Jerusalem liegt.

Platz mußte gespart werden, denn es war weder einfach noch billig, neuen Boden für die Erweiterung der Friedhöfe zu erwerben. Was auch heute noch ziemlich unbekannt ist und nicht immer verstanden wird: Ein jüdisches Grab wird unter keinen Umständen (Ausnahme: Überführung nach Israel oder von einem nichtjüdischen auf einen jüdischen Friedhof) wiederverwendet: Wo jemand einmal beerdigt worden ist, bleibt er. Die Totenruhe, die bis zur Auferstehung der

Toten andauert, ist für jeden Juden eine unantastbare Angelegenheit, über die es keine Diskussion gibt. Jeder, ob arm oder reich, erhält auf sein Grab einen Grabstein (Mazewa); eine Ausnahme bilden da lediglich Massengräber auf einigen KZ-Friedhöfen (z. B. Neunburg vorm Wald, Mühldorf/Inn, Neumarkt-St. Veit, Dachau, Flossenbürg, u. a. m.). Diese Grabsteine, besonders in drei fränkischen Regierungsbezirken, aber auch in Schwaben, in der Oberpfalz und in München sind oft wahre Kunstschätze, die auch kulturhistorisch sehr aufschlußreich und sehr wertvoll sind (z. B. Baiersdorf, Georgensgmünd, Zeckern, Pappenheim, Sulzbürg, Hainsfarth, Illereichen, Laudenbach). Sie können sehr alt sein, da sie ja niemals, außer aus Ignoranz oder in böser Absicht (z. B. Pappenheim, Pretzfeld, Rehweiler, Regensburg, Harburg, besonders aber in Küps, wo ein ganzer Friedhof komplett verschwunden ist, oder in Gunzenhausen, wo jüdische Grabsteine zum Straßenbau verwendet wurden) entfernt werden. Auf ihnen sind Namen, das Sterbedatum und persönliche Angaben über die Toten (z. B. Geburtsort, Geburtsdatum, Alter, Beruf, Tätigkeiten, u. a. m.) in deutsch und hebräisch, bei besonders from-

Altes Levitengrab in Würzburg-Heidingsfeld   Neues Levitengrab in München

men Persönlichkeiten nur in hebräisch eingetragen. Besondere Zeichen informieren auch
über den Stand und/oder besondere Tätigkeiten der Verstorbenen: Segnende Hände
bedeuten, daß es sich bei dem hier Bestatteten um einen Cohen (Kohn, Kohen), einen
Angehörigen des Priesterstandes handelt; alle anderen Behauptungen zu diesem Symbol
sind falsch.

Das jüdische Volk ist ja bekanntlich in drei
„Schichten" aufgeteilt: an der Spitze des Volkes stehen die Priester ‹Nachkommen des
Hohepriesters Ahron›, die *Kohanim,* danach
kommen die Leviten, die *Leviim,* und schließlich die breite Masse, das „einfache Volk",
die Israels, die *Israelim;* die Zugehörigkeit zu
einem der drei Stände ist erblich, sie wird
vom Vater auf den Sohn weitervererbt. Eine
Kanne auf dem Grabstein kündet davon, daß
es sich bei dem hier Bestatteten um einen
Nachkommen der Leviten handelt, einen Angehörigen des Stammes *Levi,* die mit der
Kanne Wasser auf die Hände der Kohanim
gossen, bevor diese das Volk segneten.

Ein Widderhorn (Schofar) bedeutet, daß der
Betreffende als Schofarbläser tätig war.
[Schofar = Widderhorn, das vor und beson-
ders an den „Hohen Feiertagen" (Rosch Ha-

schana, Jom Kippur) in der Synagoge zum
Gottesdienst geblasen wird;] ein Messer
(manchmal mit einem Ölbehälter) zeigt an,
daß hier ein „Mohel" liegt (Mohel = Beschneider, frommer Mann, der nach gründlicher
Lehre die Genehmigung erhält, die jüdischen
Knaben am 8. Tag nach der Geburt in die
Gemeinschaft des Judentums offiziell durch
den Akt der Beschneidung einzuführen). Es
gibt noch eine große Anzahl von Zeichen und
Symbolen, z. B. Kronen, Davidsterne, Bücher, Tiere, Pflanzen, Gegenstände,
u. v. a. m.), doch würde es den Rahmen dieser Arbeit sprengen, wollte man alle Symbole
zu deuten versuchen.

Es verwundert den nichtjüdischen Besucher
eines jüdischen Friedhofes (manchmal auch
einer Gedenkstätte, z. B. Conollystraße in
München), daß man sehr selten (auf alten
Friedhöfen überhaupt keine) Blumen sieht.
Statt dessen kann man auf Grabsteinen
Steinchen liegen sehen, Blumen sind nicht
üblich, auf orthodoxen Friedhöfen (z. B.
Höchberg, Zeckern, Fürth, Baiersdorf, Hainsfarth, Sulzbürg) waren und sind sie sogar
verpönt. Die Steinchen auf dem Grabstein
(oder einem Gedenkstein) zeigen die Ur-
sprünge des jüdischen Volkes zur Zeit des

Grab eines Mohel (Beschneider) in Burgpreppach

Grab eines Schofarbläsers in Memmelsdorf

Aron Hakodesch der Synagoge der JKG
Regensburg

Auszugs aus Ägypten auf: Konnte man damals einem Toten in der Wüste eine größere
Liebe und Ehre erweisen, als auf sein Grab
möglichst viele Steine zu häufen, die verhinderten, daß der Leichnam bei Nacht von wilden Tieren ausgegraben wurde? Gleichzeitig
trug jeder, der einen Stein auf die Begräbnisstätte legte, seinen Teil dazu bei, dem Toten
ein „Denkmal" aus Steinen zu errichten (wie
es heute bei den Beduinen in der Negev und
im Sinai noch der Fall ist).

Auf vielen, wenn auch nicht auf allen jüdischen Friedhöfen gibt es eine Leichenhalle,
auch Tahara-Halle genannt. Hier wird von der
Chewra Kadischa, der „Heiligen Brüder-
schaft" (bei Frauen: „Heiligen Schwestern-
schaft"), die je nach dem Geschlecht des Toten aus männlichen oder weiblichen Mitgliedern einer Gemeinde gebildet wird, der
Leichnam für die ordnungsgemäße Bestattung vorbereitet. Auf einem steinernen
(manchmal auch hölzernen) Tisch – auf dem
Friedhof von Lisberg in Oberfranken ist er
heute im Freien rechts vom Eingang zum
Friedhof zu sehen – wird der Leichnam ge-

IN DIESEM GEBÄUDE WOHNTE
WÄHREND DER XX.OLYMPISCHEN
SOMMERSPIELE DIE MANN-
SCHAFT DES STAATES ISRAEL
VOM 21.VIII.BIS ZUM 5.IX.1972.
AM 5.SEPTEMBER STARBEN
EINES GEWALTSAMEN TODES

DAVID BERGER
SEEW FRIEDMAN
JOSEF GUTFREUND
ELIESER HALFIN
JOSEF ROMANO
AMIZUR SHAPIRA
KEHAT SHORR
MARK SLAVIN
ANDRE SPITZER
JAAKOW SPRINGER
MOSCHE WEINBERGER

EHRE IHREM ANDENKEN

Steine auf der Gedenktafel für die während der Olympiade von der PLO ermordeten israelitischen Olympiateilnehmer in der Conollystraße in München

waschen, mit einer bestimmten Menge an Wasser übergossen und dadurch rituell gereinigt; danach wird er in weiße Totengewänder (jiddisch „Sargenes") gekleidet, in einen schlichten Holzsarg gelegt und nach der staatlich vorgeschriebenen Wartezeit bestattet. Irgendwelche geheimnisvolle Handlungen finden weder bei der Vorbereitung, noch während oder nach der Beerdigung (hebr. Lewaja) statt.

Es gibt in Bayern mehrere große Friedhöfe (z. B. die Bezirksfriedhöfe in Unterfranken (Laudenbach, Rödelsee); Mittelfranken (Schopfloch, Georgensgmünd); Oberfranken (Bayreuth, Burgkunstadt); Schwaben (Illereichen-Altenstadt, Oettingen); Oberpfalz (Sulzbach-Rosenberg, Sulzburg); Niederbayern (Straubing); Oberbayern (München)); in der Mehrzahl aber sind es relativ kleine Friedhöfe (Maßbach, Ermreuth, Diespeck, Amberg, Memmingen, Ingolstadt). Sie sind stets verschlossen, um Unbefugte oder Böswillige am Betreten zu hindern und um dadurch eine Störung der Totenruhe und Entweihungen bzw. Schändungen – was leider bis in unsere Tage immer wieder vorkommt – zu verhindern.

Der Zustand der Friedhöfe kann sehr unterschiedlich sein. Als Beispiele, deren Einordnung in eine Kategorie (außer 1 und 6) sich jedoch jederzeit ändern kann und von vielen Faktoren abhängt, könnte man gelten lassen:

Friedhof	Ufr.	Mfr.	Ofr.	Schw.	Opf.	Ndb.	Obb.	Kat.
noch benutzt	Würzburg	Nürnberg Fürth	Bamberg Hof	Augsburg	Regensburg Weiden	Straubing	München	1
sehr gut gepflegt	Höchberg	Georgensgmünd	Reckendorf	Fischach	Regensburg	Pocking-Waldstadt	Landsberg (KZ)	2
gut gepflegt	Rödelsee	Schopfloch	Aufseß	Memmingen	Floß	–	Ingolstadt	3
ordentlich	Mellrichstadt	Diespeck	Walsdorf	Kempten	Sulzbach-Rosenberg	–	Feldafing (KZ)	4
geschändet	Burgpreppach	Nürnberg	Bayreuth	–	–	–	Kaufering-Nord	5
zerstört (historisch)	Bischofsheim v. d. Rhön	Schornweisach	Küps	Burgau	Regensburg (alt)	Passau	München (alt)	6

KZ-Friedhof in Türkheim

Grab eines großzügigen Mannes in Pappenheim   KZ-Gedenkstätte Rettenbach

Fast alle jüdischen Friedhöfe in Bayern können in die Kategorien 2 und 3 eingetragen
werden. Völlig verwahrloste Friedhöfe – vor
einigen Jahren keine Seltenheit – waren ab
1980 nirgends mehr aufzufinden.

Zu den Friedhöfen in Bayern – stummen
Zeugnissen jüdischer Vergangenheit – gehören nicht nur die „normalen" und die historischen Friedhöfe, sondern auch jene, auf denen ausschließlich jüdische Opfer der NS-
Zeit – KZ-Tote oder Tote von Todesmär-
schen – bestattet sind (z. B. Steinrain, Feldafing, Türkheim, Landsberg, Kaufbeuren,
Mauerstetten, u. a. m.); außerdem wurden
hier auch diejenigen christlichen Friedhöfe
aufgeführt, auf denen – meist abgetrennt von
den anderen Gräbern in einem Massengrab –
jüdische (zusammen meist mit nichtjüdischen) KZ-Opfer bestattet sind (z. B. Wunsiedel, Bad Steben, Thierstein, Thiersheim,
Mühldorf/Inn, Kraiburg, Lindau, Surberg,
u. a. m.). Es wurden noch zusätzlich einige
KZ-Gedenkstätten dokumentiert: Hier waren
nach Kriegsende jüdische (zusammen mit
nichtjüdischen) KZ-Opfern oder Opfer der
Todesmärsche   Buchenwald-Flossenbürg,
Flossenbürg-Mauthausen, Dachau-Salzburg
u. a. m. begraben, die jedoch später exhu-

miert und auf einem jüdischen Friedhof bzw.
auf einem KZ-Ehrenfriedhof endgültig bestattet worden sind. In fast allen Orten (einzige Ausnahme: Schwandorf/Oberpfalz) sind
auch nach der Exhumierung der Toten die
Gedenkstätten zur Mahnung und zum Gedenken erhalten geblieben, z. B. in Rötz,
Pocking-Waldstadt, Bernried-Rötz, Wallersdorf, Rettenbach, u. a. m. Diese Stätten sind
– selbst wenn dies heute gar nicht mehr
gerne gesehen und oft totgeschwiegen wird
– reale, wenn auch für viele Menschen sehr
schmerzliche Zeugnisse jüdischen Lebens
und Sterbens in Bayern.

Synagogen und Bethäuser

Bereits zur Zeit des Tempels in Jerusalem
gab es im ganzen damaligen Israel Kultstätten zu Andachtsübungen, in denen keine Opfer dargebracht wurden: die Synagogen. Sie
wurden auch später überall dort errichtet, wo
sich Juden ansiedelten. Ihr Zweck war es,
das gemeinsame Gebet zu ermöglichen. Damit ein Gottesdienst stattfinden kann, müssen mindestens zehn gesetzespflichtige jüdische Männer, ein ‹Minjan› zusammenkom-

Aron Hakodesch, darüber Ner Tamid in der
Synagoge der IKG Würzburg

men (jeder männliche Jude ist nach Vollendung des 13. Lebensjahres ein gesetzespflichtiger jüdischer Mann, ein „Sohn des Gesetzes" ‹Bar Mitzwa›). Die Synagogen dienten aber auch als Versammlungshaus und als Schule für die Jugend; die Erwachsenen erfuhren hier religiöse Unterweisung und fanden Gelegenheit zum Thorastudium (wie es in der „Wochentagssynagoge" der Israelitischen Kultusgemeinde München heute noch der Fall ist); Arme und Fremde erhielten Unterstützung und Bewirtung. In jeder Synagoge gibt es zwei wichtige charakteristische Stellen, das Podium (Bima) und ein Behältnis für die Thorarollen (Tewa). Von dem Podium in der Mitte der Synagoge werden die Abschnitte aus dem Pentateuch (Thora) und aus den Propheten (Haftara) gelesen. Die eigentlichen Gebete werden oft an einem Pult an einem niederen Standort in der Nähe der Heiligen Lade (Aron Hakodesch) verrichtet. Die Lade oder Heilige Lade befindet sich in fast allen Synagogen westlich von Jerusalem in der Mitte der Ostseite. Die Betenden stehen gewöhnlich mit dem Gesicht in Richtung Jerusalem (die Juden westlich von Jerusalem, z. B. in München, stehen während des Gebetes mit dem Gesicht nach Osten, während die östlich von Jerusalem Lebenden, z. B. in Singapore, sich nach Westen wen-

den). In den meisten Synagogen brennt eine Lampe, ein „ewiges Licht" (Ner Tamid) in der Nähe des Aron Hakodesch. Erwähnenswert ist noch, daß in orthodoxen Synagogen Männer und Frauen räumlich voneinander getrennt sind (in einigen Synagogen, z. B. im Bethaus Bad Kissingen sogar visuell).

Außer den erwähnten Punkten zeichnen sich fast alle Synagogen durch größtmögliche Einfachheit aus, durch das Fehlen jeglichen Bildschmuckes, seien es Gemälde oder Statuen, außer der Menora (siebenarmiger Leuchter) und der Chanukiah (achtarmiger Leuchter für das Chanukafest).

In der Synagoge und auf dem Friedhof tragen männliche Juden den Kopf bedeckt.

In Bayern gibt es heute folgende Synagogen, die von ihren Gemeinden regelmäßig benutzt werden:

- in *Unterfranken* die Synagoge der Israelitischen Kultusgemeinde Würzburg in Würzburg, hinzu kommt in den Sommermonaten noch das Jüdische Bethaus zu Bad Kissingen;
- in *Mittelfranken* die Synagoge der Israelitischen Kultusgemeinde Nürnberg und die der Kultusgemeinde Fürth; hinzu kommt noch die Synagoge in Ansbach, in der einmal im Jahr ein Gedenkgottesdienst stattfindet; eine Kultusgemeinde gibt es in Ansbach nicht. Die Synagoge wurde als Gedenkstätte wiedererrichtet;
- in *Oberfranken* die Synagogen der Israelitischen Kultusgemeinden Bamberg, Bayreuth und Hof;
- in der *Oberpfalz* die Synagogen der Israelitischen Kultusgemeinden Regensburg, Amberg und Weiden;
- in *Schwaben* die Synagoge der Israelitischen Kultusgemeinde Schwaben-Augsburg;
- in *Oberbayern* die Synagogen der Israelitischen Kultusgemeinde München;
- in *Niederbayern* die Synagoge der Israelitischen Kultusgemeinde Straubing.

Dazu kommt noch die Synagoge der US-Armee in Fürth.

Alle anderen Synagogen und Bethäuser in Bayern sind heute nicht mehr in jüdischem Besitz und werden deshalb auch nicht mehr im ursprünglichen Sinne gebraucht. Sie wurden früher oder später an Nichtjuden verkauft oder im III. Reich beschlagnahmt. Sehr

Gedenkstein für die Jüdische Gemeinde Kronach s. A. auf dem städtischen Friedhof

verschieden ist ihre heutige Nutzung: Sie reicht über Gedenkstätten, Kulturdenkmäler, Museen, Kirchen, Wohnhäuser, Garagen, Magazine, Feuerwehrhäuser, Fabriken, Werkstätten, Lagerräume und Schuppen bis zu Scheunen und Ställen. Eine kleine Anzahl von Synagogen ist noch als leerstehende, ungenutzte Gebäude erhalten. Eine große Zahl ist verschwunden und verschwindet immer noch. An ihrer Stelle findet man heute Gärten, Plätze, Höfe, neue Häuser und sonstige Zweckbauten.

Eine ganze Reihe von Orten in ganz Bayern (besonders in Unterfranken), z. B. Würzburg, Westheim, Bamberg, Forchheim, Zirndorf, Fürth, Nürnberg, Altenstadt, Memmingen, Mönchdeggingen, München u. v. a. m. haben sich bis heute dazu durchringen können, als Erinnerung und Mahnung einen Gedenkstein oder eine Gedenktafel für die zerstörte Synagoge oder die vernichtete und ausgerottete Kultusgemeinde zu errichten. Auf eine originelle (inzwischen auch in Bad Brückenau durchgeführte) Idee kam die Stadt Kronach.

Sie errichtete auf ihrem städtischen Friedhof einen Gedenkstein für die jüdischen Opfer und damit für die ganze Israelitische Kultusgemeinde Kronach, s. A.!

Es gab in Bayern nach dem Zweiten Weltkrieg zusätzliche Gemeinden, sog. UNRRA- oder IRO-Gemeinden, die sich aus DPs – aus Konzentrationslagern befreiten Juden zusammensetzten – die hier auf ihre Auswanderung nach Israel (oder in ein anderes Land) warteten oder ihre in den Konzentrationslagern beschädigte Gesundheit wiederherstellen wollten. Diese KZ-Überlebenden hielten ihre Gottesdienste in Betsälen – meist von der Außenwelt unbemerkt – in von Juden bewohnten Häusern ab, z. B. in Vilshofen, Weilheim, Moosburg, Mallersdorf u. a. m., oder sie besaßen kurzzeitig kleine Synagogen und Bethäuser, z. B. im Lager Föhrenwald, im Jewish Camp Landsberg u. a. m. Nach der Auswanderung der DPs nach Israel oder in andere Länder lösten sich diese kleinen Nachkriegs-DP-Gemeinden von alleine auf. Die verbliebenen Mitglieder – es waren

Israelitische Schule in Nordheim v. d. R.

nicht viele – schlossen sich der nächsten Israelitischen Kultusgemeinde an; die Häuser, in denen die Betsäle untergebracht waren, gingen in nichtjüdischen Besitz über oder wurden den ursprünglichen Eigentümern wieder vollständig zurückgegeben: heute erinnert in Bayern in keinem Ort noch etwas an die Existenz zahlreicher UNRRA-Gemeinden nach dem Kriegsende.

Sonstige Zeugnisse jüdischen Lebens

Es würde ins Uferlose führen, alle nur möglichen noch vorhandenen Zeugnisse jüdischer Vergangenheit in diesem Buch zu beschreiben. Deshalb werden die wesentlichsten Beispiele exemplarisch dargestellt:

Jüdische Schulen

Wenn man die Beschreibungen der Gemeinden und ihrer Synagogen aufmerksam durchliest, kann man feststellen, daß die meisten Gemeinden, z. T. sogar UNRRA-Gemeinden, die es sich finanziell auch nur annähernd leisten konnten, über eigene Schulräume, in vielen Fällen sogar über eigene Schulhäuser verfügten. Hier wurden die jüdischen Kinder entweder vollständig jüdisch unterrichtet (ab 12. 12. 1938 gab es für sie sowieso nur die Möglichkeit, in eine jüdische Schule zu gehen, da ihnen per Gesetz der Zutritt zu öffentlichen staatlichen Schulen untersagt war), oder sie erhielten hier eine gediegene religiöse Unterweisung durch einen jüdischen Religionslehrer. Exemplarisch seien einige gut erhalten gebliebene jüdische Schulhäuser genannt:
in *Unterfranken:* Heßdorf, Nordheim v. d. R., Urspringen, Kitzingen;
in *Mittelfranken:* Hüttenbach, Scheinfeld, Diespeck, Altenmuhr;
in *Oberfranken:* Reckendorf, Altenkunstadt, Hirschaid;
in *Schwaben:* Altenstadt, Buttenwiesen, Fischach, Hainsfarth;
in der *Oberpfalz:* Sulzbürg.

Mikwe Pretzfeld

In *Ober-* und *Niederbayern* konnten keine
Schulhäuser aufgefunden werden; hier waren (außer in München) nur Schulräume der
UNRRA-Gemeinden nach dem Kriegsende
(z. B. Lager Föhrenwald, Lager Landsberg,
div. DP-Centers in München) feststellbar.

Ritualbäder (Mikwaot)

Fast alle jüdischen Kultusgemeinden in Bayern waren orthodox; daher besaßen sie auch
fast alle ein Ritualbad (Mikwe). Dieses Bad in
fließendem (lebendigem) Wasser dient auch
heute noch zur rituellen Reinigung (durch
vollständiges Untertauchen) der Frauen, eine
Prozedur, die gemäß Religionsgesetz jeden
Monat nach der Menstruation stattfinden
muß, damit die Frau für den Ehemann wieder
rituell rein ist. Die Mikwe dient aber auch der
rituellen Reinigung der Männer vor dem Versöhnungstag (Jom Kippur) oder zu sonstigen
rituellen Reinigungszeremonien, z. B. zum
Eintauchen von Geschirr und Besteck, die
von Nichtjuden hergestellt sind, damit diese

Haushaltsgegenstände nach dem Erwerb für
orthodoxe Juden zum Gebrauch möglich
werden. In fast ganz Bayern wurde ein sehr
großer Teil der Ritualbäder entweder zerstört
(z. B. in Frankenwinheim am 17. 12. 1987!)
oder verkauft und umgebaut, z. B. als Garage (z. B. in Burgebrach). Einige Beispiele für
relativ gut erhaltene Ritualbäder, die in Bayern nicht besonders häufig anzutreffen sind:
Unterfranken: Bad Kissingen, Friesenhausen,
Gaukönigshofen, Veitshöchheim;
Mittelfranken: Kairlindach, Mönchsroth, Georgensgmünd, Rothenburg o. d. T.;
Oberfranken: Autenhausen, Pretzfeld;
Oberpfalz: Regensburg, Sulzbürg, Neustadt
a. d. Waldnaab;
Schwaben: Buttenwiesen.
In *Ober-* und *Niederbayern* konnten keine
Mikwaot (außer der in München, die in Be-
trieb ist) ausgemacht werden.
Die Mikwe in Pretzfeld, wahrscheinlich (ne-
ben der unter der Marienkapelle in Würzburg)
die älteste in Bayern, ist eine ganz große

„Judengäßchen" in Steinach

Ehemaliges „Judenhaus" mit Spuren der Mesusa in Burgpreppach

Seltenheit und, in ihrer Art, ein einmaliges, sehr kostbares Kulturgut.

Straßen-, Gelände- und Flurnamen

In einigen Orten, z. B. Abensberg, Weißenburg i. Bayern, Seßlach, Hollfeld, Neualbenreuth u. v. a. m. gibt es vermutlich seit Jahrhunderten keine jüdische Kultusgemeinde mehr. Und doch gibt (oder gab) es in vielen Orten Straßen- und Ortsbezeichnungen, die mit dem Substantiv „Jude" zusammengesetzt waren. Die Erklärungen für die Existenz dieser Namen sind vielfältig. Eine der vielen möglichen Auslegungen ist, daß es in diesen Orten einstmals – vor mehreren Jahrhunderten vielleicht – Juden gegeben hat, die in der heutigen „Judenstraße" oder „Judengasse" oder im damaligen Ghetto, dem „Judenhof" gewohnt haben. Wo immer in früheren Zeiten Juden zusammen waren, bildeten sie – auch das ist eine religiöse Vorschrift – Gemeinden. Es erscheint mir unwahrscheinlich, wenn nicht gar völlig unmöglich, daß – besonders im Mittelalter! – an einem Ort einzelne Juden über einen längeren Zeitraum gelebt haben: für einen einzelnen Juden wäre damals religiöses Leben (Essen, Wohnen usw.) unmög-

lich gewesen. Daher waren höchstwahrscheinlich bis in das 18. Jahrhundert hinein, von ganz wenigen, äußerst seltenen Ausnahmen abgesehen, Juden gezwungen, innerhalb einer jüdischen Gemeinde bzw. Gemeinschaft zu leben und so eine Jüdische Kultusgemeinde zu bilden.

In vielen Orten Bayerns verschwanden (und verschwinden bis zum heutigen Tage) Straßen- und Platzbezeichnungen, die mit dem Substantiv „Jude" verbunden sind: in Oberweilersbach beispielsweise wurde aus dem „Judenhof", einem früheren Ghetto, der „Schloßplatz"; in fast allen bayerischen Regierungsbezirken fanden (und finden wohl immer noch) „Umbenennungen" statt: so entledigten bzw. entledigen sich bis jetzt Kommunen ihres (oft sehr ungeliebten) geschichtlichen Erbes. Eine Ausnahme bildet die Ortschaft Steinach an der Saale: hier wurde in den 80er Jahren einer kleinen Gasse, die früher zur Synagoge führte, wieder der ursprüngliche Name „Judengäßchen" gegeben!

Neben Straßen, Gassen und Plätzen gibt es auch Flurbezeichnungen, die mit dem Wort „Jude" verbunden sind; oft ist bis heute der Ursprung des Namens rätselhaft und unklar.

Synagoge in Hammelburg

Auf jeden Fall jedoch weist er auf das Leben und Wirken von Juden am Ort oder in der Gegend hin. Aus diesem Grund erscheinen mir, besonders heute und hier, mit dem Substantiv „Jude" zusammengesetzte Namen als wichtige Zeugnisse jüdischer Vergangenheit in Bayern.

Jüdische Häuser (sog. „Judenhäuser")

Es gab und gibt heute – allerdings nur noch recht selten – einige wenige jüdische Häuser als Zeugnisse jüdischen Lebens. Dies sind Bauten, die entweder hebräische Inschriften aufweisen (z. B. in Burgsinn oder Sugenheim) oder aber solche, die am rechten oberen Drittel des rechten Türpfostens Spuren des jüdischen Türpfostensymbols, der Mesusa, aufweisen. Auch heute noch kann man – in Bayern allerdings recht selten – Wohnungen frommer Juden am Vorhandensein der Mesusa erkennen.

Urkundliche Erwähnungen

Es gibt eine ganze Reihe von Orten, deren Stadt- bzw. Gemeindeverwaltungen alle Anfragen nach der Existenz einer Kultusgemeinde mit dem Vermerk „Fehlanzeige" beantworten. Und doch – es gab an diesen Orten vor vielen Jahrhunderten eine Jüdische

Kultusgemeinde, die jedoch durch folgende Pogrome oder andere Ereignisse, die nicht bekannt sind, ausgelöscht worden ist:
1298 – „Rindfleisch-Verfolgung"
1338 – „Judenmorde zu Deggendorf und Straubing"
1337/38 – „Judenschläger" in Franken und am Rhein

Um dieses Werk so gründlich und vollständig wie es mir nur möglich war zu machen, wurden auch diese Orte mit kurzen Anmerkungen – mit einem (h) für „historisch" gekennzeichnet – aufgeführt. Nicht erwähnt werden in diesem Buch – und zwar ganz absichtlich – Orte, in denen sich „Baudenkmäler" oder sonstige „Zeichen" befinden, die zwar mit Juden zu tun haben, diese jedoch auf eine feindliche Art und Weise darstellen, d. h. sie verspotten, verhöhnen, sie verletzen oder ihnen gar kriminelle Handlungen unterschieben. So wurde der Ort Manau in Unterfranken nicht erwähnt, ebenso nicht die Orte Spalt, Nürnberg und Cadolzburg: in den drei letzteren befindet sich je ein antisemitisches Relief. Bei allen vier Orten kommen – neben echten Zeugnissen jüdischer Vergangenheit in Nürnberg – eigentlich Zeugnisse des Antisemitismus vor. Diese haben in dieser Arbeit keinen Raum.

27

Regierungsbezirk
Unterfranken

Reste der Synagoge zu Obereuerheim

Grabstein auf dem Friedhof Würzburg-Heidingsfeld

Orte in Unterfranken

Acholshausen
Adelsberg
Aidhausen
Allersheim
Altengronau (Hessen)
Altenschönbach
Altenstein
Alzenau
Arnstein
Aschaffenburg
Aub
Bad Brückenau
Bad Kissingen
Bad Kissingen-Garitz
Bad Königshofen im Grabfeld
Bad Neustadt/Saale
Bad Neustadt/Saale-Neuhaus (h)
Bastheim
Bergrothenfels (h)
Bibergau
Bischofsheim v. d. R. (h)
Bischwind
Böttigheim
Bonnland
Brünnau
Bütthard
Bundorf (h)
Burgpreppach
Burgsinn
Dettelbach
Detter (h)
Ditterswind (h)
Dittlofsroda
Dornheim
Ebelsbach
Ebern (h)
Eibelstadt (h)
Eichenbühl (h)
Eichenhausen
Erlenbach (h)
Ermershausen
Eschau
Estenfeld
Euerbach (h)
Fechenbach
Frankenwinheim
Freudenberg (h)
Friesenhausen
Fuchsstadt
Gambach (h)
Gaukönigshofen
Geiselwind
Geldersheim (h)
Gemünden
Geroda
Geroldshausen
Gerolzhofen

Giebelstadt
Gleusdorf
Gnodstadt
Gochsheim
Goldbach
Goßmannsdorf
Greußenheim
Großlangheim
Großostheim
Großwallstadt
Hammelburg
Haselbach (h)
Haßfurt
Hausen/Miltenberg (h)
Hausen/Rhön-Grabfeld (h)
Heßdorf
Hobbach
Höchberg
Höchheim
Höllrich (h)
Hörstein
Hofheim
Hofstetten
Hollstadt
Homburg/Main
Hüttenheim
Iphofen (h)
Ipthausen
Järkendorf (h)
Karbach
Karlstadt
Kirchheim
Kirchschönbach (h)
Kitzingen
Kitzingen-Hohenfeld (h)
Kitzingen-Sickershausen
Kleinbardorf
Kleineibstadt
Kleinheubach
Kleinlangheim
Kleinostheim
Kleinsteinach
Kleinwallstadt
Klingenberg
Knetzgau
Königsberg i. Bayern (h)
Kraisdorf
Krautheim (h)
Kutzberg (h)
Laudenbach bei Karlstadt
Laudenbach bei Klingenberg (h)
Lebenhan (h)
Lendershausen
Limbach
Lohr/Main
Lohr-Sendelbach (h)
Lohr-Steinbach (h)

Lülsfeld
Mainbernheim
Mainstockheim
Marktbreit
Marktheidenfeld
Marksteft
Maroldsweisach
Maßbach
Mechenried (h)
Mellrichstadt
Memmelsdorf/Ufr.
Miltenberg
Mittelsinn
Mittelstreu (h)
Mömlingen (h)
Mönchberg (h)
Mühlfeld
Münnerstadt
Nenzenheim
Neubrunn
Neustädtles
Niederberg (h)
Niederwerrn
Nordheim v. d. R.
Obbach
Oberaltertheim
Oberelsbach
Obereuerheim
Oberlauringen
Obernau (h)
Obernbreit
Oberschwarzach (h)
Oberstreu
Obertheres (h)
Oberthulba
Oberwaldbehrungen
Ochsenfurt (h)
Öttershausen
Pfaffenhausen
Pfarrweisach (h)
Platz
Poppenlauer
Prichsenstadt
Randersacker (h)
Rehweiler
Reichenberg
Reistenhausen
Remlingen (h)
Reyersbach
Rieneck
Rimbach (h)
Rimpar
Rödelmaier
Rödelsee
Röllbach
Röttingen (h)
Rothenfels (h)

Schöllkrippen	Trennfurt	Werneck (h)
Schondra	Unsleben	Westheim/Hammelburg
Schonungen	Unteraltertheim	Westheim/Haßfurt
Schwanfeld	Untereisenheim	Wiesenbronn
Schwebheim	Untererthal	Wiesenfeld
Schweinfurt	Unterleichtersbach (h)	Willmars
Schweinshaupten	Unterleinach	Winterhausen (h)
Segnitz	Untermerzbach	Wörth
Sommerach	Unterriedenberg	Wolfsmünster (h)
Sommerau	Urspringen	Wonfurt
Sommerhausen	Veitshöchheim	Wülflingen (h)
Steinach/Saale	Völkersleier	Würzburg
Sulzbach/Main (h)	Volkach (h)	Würzburg-Heidingsfeld
Sulzdorf a. d. L.	Wässerndorf (h)	Würzburg-Rottenbauer
Tauberrettersheim	Waltershausen (h)	Zeil/Main
Theilheim	Wasserlos (h)	Zeilitzheim
Thüngen	Weickersgrüben (h)	Zeitlofs
Thundorf i. Ufr.	Weikersheim (Baden)	Zell/Main
Trappstadt	Weimarschmieden	Zellingen (h)
Traustadt	Weisbach	
Trennfeld (h)	Wenkheim (Baden)	

Acholshausen (Würzburg)

Hier existierte bis 1895 eine Jüdische Kultusgemeinde. Sie besaß eine 1850 erbaute Synagoge und eine Mikwe. Die Synagoge war seit den 20er Jahren nicht mehr in Gebrauch. Sie wurde 1938 trotzdem demoliert. Bei einem Luftangriff im Jahre 1944 brannte sie fast vollständig ab. Heute sind nur noch Trümmerreste vorhanden.

Standort: Obere Gasse 1.

Besonderheiten: Fenster erhalten; Überreste der Mikwe erhalten.

Synagoge Acholshausen

Adelsberg (Main-Spessart)

Hier existierte bis 1938 eine Jüdische Gemeinde. Sie besaß eine 1860 errichtete Synagoge und eine Mikwe. Die Inneneinrichtung der Synagoge und die Ritualien wurden 1938 vernichtet, bald darauf die Synagoge abgerissen.

Standort: Adolfbühlstraße 76.

Aidhausen (Haßberge)

Hier existierte bis 1942 eine Jüdische Gemeinde. Sie besaß eine 1869 erbaute Synagoge, einen Schulraum, eine Lehrerwohnung und eine Mikwe. Inneneinrichtung der Synagoge und Ritualien wurden 1938 vernichtet. Das Synagogengebäude ist heute noch vorhanden. Es befindet sich in Privatbesitz und wird als Wohnhaus mit Werkstatt benutzt.

Eine Gedenktafel mit folgendem Wortlaut – auf einem Felsbrocken, der schräg gegenüber der Post auf einer Grünfläche auf der der ehemaligen Synagoge gegenüberliegenden Seite der Hauptstraße angebracht ist – erinnert heute noch an die Jüdische Gemein-

Synagoge Aidhausen

de und ihre Synagoge: „In *Aidhausen* bestand bis 1942 eine jüdische Kultusgemeinde. Synagoge in der Dorfstraße. Zur Erinnerung und zur Mahnung."

Standort: Frankenstraße 30.

Besonderheiten: Zwei Original-Türen vorhanden (Eingang für Männer und Frauen getrennt!); zwei Original-Rundfenster (vorne und hinten) erhalten, ebenso vier Original-Rundbogen-Fenster; heute noch ein imposanter Bau in dem Ort.

Allersheim (Würzburg)

Hier existierte ab der Hälfte des 17. Jahrhunderts bis 1910 (nach mündlichen Angaben eines 1987 lebenden Zeitzeugen; andere Quellen sprechen von der Jahrhundertwende als Auflösungsdatum) eine Jüdische Gemeinde. Sie besaß ein Bethaus mit Schulräumen. Synagogen- und Unterrichtsräume waren in einem alten Gebäude, dessen Erbauungsdatum unbekannt ist, untergebracht, das 1914 oder 1915 verkauft wurde. Dieses Gebäude ist heute nicht mehr erhalten. Übriggeblieben sind lediglich einige Mauerreste, die lange Zeit gut erkennbar und sichtbar Teil einer Garage waren. 1987 wurde dann diese Garage verputzt, so daß heute nichts mehr zu sehen ist.

Standort: Hauptstraße 3 (Garage).

Lage des Friedhofs: Südlich des Ortes in der Gemarkung „Am Judengarten"

Standort: Von Allersheim fährt man in Richtung Gützingen; nach einer Linkskurve, kurz vor der darauffolgenden Rechtskurve, kann man den Friedhof, ca. 200 m von der Straße entfernt, gut erkennen. Es führt ein Feldweg direkt bis an das Haupttor.

Zustand: Ordentlich.

Allgemeine Übersicht: Angelegt in der zweiten Hälfte des 17. Jahrhunderts; Bezirksfriedhof für ca. 20 jüdische Gemeinden; Beton- bzw. Kalksteinmauer rund um den Friedhof; zwei Tore, ein Türchen; Fläche von 3 ha; ca. 2000 Grabstellen vorhanden und noch gut erkennbar; Aufteilung in 3 Teile: sehr alter Teil, alter Teil und neuerer Teil. Ursprünglich wurde der „alte Friedhof" (= sehr alter und alter Teil) um den „neuen Friedhof" (= neuer Teil) erweitert; links des Nordtores (= Haupt-

Friedhof Allersheim mit Priestergräbern

eingang) relativ große Tahara-Halle (1929 errichtet, 1983 renoviert); der „alte Friedhof" ist sehr dicht mit Bäumen und Sträuchern bewachsen, dort sind aber auch sehr schöne, alte, nur hebräisch beschriftete, einheitlich wirkende Grabsteine; im „neuen Teil" verschiedenartige Grabsteine, z. T. mit hebräischer und deutscher Beschriftung; der Friedhof wurde 1942 offiziell geschlossen, die letzte Bestattung (Otto Mannheimer, s. A.) fand 1967 statt.

Altengronau (Hessen)

Der Friedhof liegt zwar in Hessen, wegen seiner großen Bedeutung für die jüdischen bayerischen Grenzgemeinden wird er hier aber erwähnt. Es wurden hier nämlich Verstorbene aus den folgenden bayerischen Gemeinden bestattet: Brückenau, Unterriedenberg, Geroda, Platz Schondra, Mittelsinn, Burgsinn, Völkersleier, Dittlofsroda.

Grab mit mehreren Symbolen in Altengronau

Lage des Friedhofs: Bergrücken südöstlich von Altengronau.

Standort: Von Zeitlofs kommend fährt man in den Ort hinein und biegt an der evangelischen Kirche links, nach dem Brunnen, ab. Man fährt über eine Steinbrücke und anschließend den Hüttenweg durch den ganzen Ort durch bis über die Bahnschienen. Wenn man diese überquert hat, biegt man nach rechts ab und folgt dem linken Weg der Gabelung. Man fährt nun den asphaltierten Feldweg entlang bis zur ersten Abbiegung nach links, der man folgt. Danach fährt man diesen, ebenfalls asphaltierten Feldweg bis zum Eingangstor des Friedhofes.

Zustand: Hervorragend gepflegt – der Friedhof gleicht einem Park!

Allgemeine Übersicht: Zwei Holztore; teils Steinmauer, größtenteils Maschendrahtzaun; sehr gut erhaltene Leichenhalle; rechts der Leichenhalle Grabstein für dort bestattete Thorarollen; sehr großer alter Teil mit vielen herrlichen Grabsteinen; kleinerer, neuerer Teil, parkähnliche Anlage.

Altenschönbach (Kitzingen)

Hier existierte bis 1942 eine Jüdische Gemeinde. Sie besaß eine 1843 erbaute Synagoge mit Schulraum und Ritualbad. Die Inneneinrichtung des Gebäudes wurde 1938 zusammen mit den Ritualien der Synagoge vernichtet. Das ehemalige Synagogengebäude ist heute noch vorhanden. Es befindet sich in Privatbesitz und wird nach einigen unwesentlichen Umbauten als zu einem landwirtschaftlichen Betrieb gehörendes Wohnhaus benutzt.

Standort: Ortsstraße Nr. 8.

Besonderheiten: Originalfenster erhalten (z. T. zugemauert); Originaltüren erhalten; Bausubstanz voll erhalten; ein in dem Orte auffallendes Gebäude.

Altenstein (Haßberge)

Hier existierte wahrscheinlich bis gegen Ende des 19. Jahrhunderts (der genaue Zeitraum ist nicht bekannt!) eine Jüdische Kultusgemeinde. Sie besaß nachweislich eine Synagoge mit einem Schulraum und einer Lehrerwohnung. Diese wurde, nach der Auflösung der Gemeinde, vor 1910 abgerissen. Auf dem Gelände der ehemaligen Synagoge wurde 1910 die evangelische Kirche errichtet. Heute erinnert nichts mehr an die Existenz der einstigen Jüdischen Gemeinde.

Standort: Wilhelm-von-Stein-Straße (evangelische Kirche).

Alzenau (Aschaffenburg)

Hier existierte bis 1942 eine Jüdische Kultusgemeinde. Sie besaß eine 1826 erbaute und 1901 sowie 1933 renovierte Synagoge mit Schulzimmern und Nebenräumen und einer Mikwe.

Die Inneneinrichtung der Synagoge wurde 1938 zerstört, die Ritualien vernichtet. Die Synagoge ist nicht mehr vorhanden; nach 1960 wurde sie abgerissen. An ihrem einstigen Standort befinden sich heute ein Hof und eine Garage.

Standort: Hinterhof Hanauer Straße 10.

Die Stadt Alzenau errichtete unweit der ehemaligen Synagoge in der Alfred-Delp-Straße, auf der rechten Straßenseite hinter dem 2. Haus, vor dem Maximilian-Kolbe-Haus, ein Denkmal mit folgender Inschrift für die ehemalige Synagoge: „unweit von hier stand die synagoge der israelitischen kultusgemeinde alzenau deren jahrhundertelange existenz 1933 – 1945 in grausamer verfolgung ausgelöscht wurde den toten zum gedenken den lebenden zur mahnung".

Arnstein (Main-Spessart)

Hier existierte bis April 1938 eine Jüdische Gemeinde. Sie besaß eine 1819 erbaute und 1869, 1905 und 1934 renovierte Synagoge, ein Schulhaus und eine Mikwe. Die Synagoge ist heute noch als ehemalige jüdische Kultstätte gut erkennbar, vorhanden.

Sie befindet sich in Privatbesitz und wird, nachdem sie bis 1979 als Wohnung benutzt worden war, heute als Lagerstätte verwendet. Die Errichtung einer Gedenktafel an der ehemaligen Synagoge ist geplant.

Standort: Goldgasse 28.

Besonderheiten: Klar sichtbare Rundbogenfenster, die allerdings jetzt zugemauert sind;

Denkmal für die Gemeinde in Alzenau   Synagoge Arnstein

Bausubstanz noch vollständig erhalten; da der Bau nicht verputzt war, konnte man die Struktur des früheren Synagogengebäudes noch klar erkennen; im Inneren unter dem Dach bunte Ausmalung der Decke (u. a. mit Landesfarben, -wappen, u. a. m.).

Aschaffenburg

Hier existierte bis 1942 eine Jüdische Kultusgemeinde, deren letzter Rabbiner Dr. Fritz Bloch war. Sie besaß eine 1893 erbaute Synagoge, ein Gemeindehaus mit Rabbinerwohnung und Schulräumen daneben, eine Mikwe und einen 1890 eingeweihten Friedhof.

Die Synagoge wurde 1938 durch Feuer zerstört und später gänzlich abgerissen. An ihrer Stelle befindet sich heute – inmitten einer Gedenkstätte – ein Denkmal mit der folgenden Inschrift: „Ach die Toten könnt ihr nicht lebendig machen, wenn es die Liebe nicht tut (Hölderlin). – Hier stand die Synagoge der Israelitischen Kultusgemeinde, die am 9. November 1938 von Verbrecherhand zerstört wurde." An der Mauer, die den Gedenkplatz abschließt, rechts hinter dem Stein, befindet

sich eine Gedenktafel mit der folgenden Inschrift: „ZUR ERINNERUNG UND ZUM GEDENKEN AN UNSERE VERFOLGTEN UND ERMORDETEN JÜDISCHEN MITBRÜDER. WÄHREND DER NATIONALSOZIALISTISCHEN GEWALTHERRSCHAFT WURDEN AUS DIESER STADT UND AUS ANDEREN ORTEN ÜBER 300 ASCHAFFENBURGER JUDEN IN DIE VERNICHTUNGSLAGER DEPORTIERT. IHR SCHICKSAL MUSS UNS MAHNEN UND VERPFLICHTEN."

Standort: Wolfsthalplatz (hinter der Sparkasse).

Aus dem ehemaligen Gemeindehaus mit Rabbinerwohnung wurde inzwischen nach dessen Renovierung ein Gedenkhaus, in dessen einem Stock sich eine Ausstellung (Dauerausstellung zur Geschichte der Aschaffenburger Juden) und ein Gebetsraum befindet.

Standort: Treibgasse 20.

Lage des Friedhofs: Stadtmitte neben dem Städt. Krankenhaus.

Standort: Der jüdische Friedhof befindet sich direkt neben dem Städtischen Hauptfriedhof, zu dem er auch verwaltungsmäßig gehört. Er

Rabbinergrab in Aschaffenburg-Stadt

ist jedoch räumlich von ihm durch einen Drahtzaun getrennt. Er ist über die Straße „Kirchhofweg" zu erreichen: diese führt geradeaus und links auf den christlichen Friedhof, das Tor rechts (und davor eine kleine Tür) führen auf den jüdischen Friedhof.

Zustand: Gepflegt.

Allgemeine Übersicht: Abgegrenzt durch einen Drahtzaun vom christlichen Friedhof; links des Haupttores große eigene Leichenhalle, rechts des Tores Gedenkstein für jüdische Gefallene des I. Weltkrieges; ganz rechts, hinter dem kleinen Türchen, Friedhofswärterhaus. hinten (gegen das Krankenhaus zu) kleiner alter, vorne großer neuer Friedhofsteil; rechts neben dem Gedenkstein Platz, auf welchem im Jahre 1986 Thorarollen bestattet wurden.

Lage des Friedhofs: Waldfriedhof – jüdische Abteilung. Stadtrand von Aschaffenburg in Richtung Babenhausen/Darmstadt.

Standort: Vom Zentrum der Stadt Aschaffenburg fährt man Richtung Babenhausen/Darmstadt auf der Darmstädter Straße. Man biegt auf der Straße kurz vor dem Ende des Ortes rechts in den Stockstadter Weg ab. Diesen fährt man immer geradeaus, die

Friedhofsmauer entlang bis zum letzten Tor. Hier befindet sich der Eingang zu der Jüdischen Abteilung des Waldfriedhofes.

Diese Jüdische Abteilung war im Jahre 1983 eingerichtet worden als Ergebnis eines Vertrages zwischen der Stadt Aschaffenburg und der Israelitischen Kultusgemeinde Würzburg.

Zustand: Gepflegt.

Allgemeine Übersicht: Die jüdische Abteilung des Waldfriedhofes besteht bis heute aus einem einzigen Grab, das von Herrn *Wilhelm Jellinek* s. A. Neben ihm ist seine Gattin bestattet worden.

Aschaffenburg-Schweinheim

Lage des Friedhofs: Bergrücken südwestlich von Aschaffenburg

Standort: Von der Ortsmitte von Aschaffenburg, OT Schweinheim, fährt man zur Mariastraße und biegt dann in die Bischbergstraße ein. Dieser Straße folgt man, auch um die Biegung herum. Danach fährt man den dieser Straße folgenden asphaltierten Feldweg bis zur Kreuzung (ca. 1700 m), an deren rechter Seite sich ein eingezäunter Garten mit einem Häuschen befindet. Hier biegt man links ab und folgt dem ebenfalls asphaltierten Feldweg, um an der nächsten Kreuzung wieder links abzubiegen. Nun fährt man diesen Feldweg steil geradeaus bis zum Laubwäldchen. Ca. 20 m vor dem Wäldchen befindet sich rechter Hand der Eingang des Friedhofes.

Zustand: Ordentlich.

Allgemeine Übersicht: Sehr hohe und solide Steinmauer rund um den ganzen Friedhof; stabiles Eisentor; sehr alter und neuer Teil; alter Teil stark mit Bäumen bewachsen; rechts des Eingangs neuer Teil; sehr üble Schändung im September 1985 (42 Grabsteine aus dem Boden gerissen, mehrere stark beschädigt, viele mit weißer Ölfarbe besudelt).

Aub (Würzburg)

Hier existierte ab dem 13. Jahrhundert – möglicherweise aber auch schon früher – bis 1939 eine Jüdische Kultusgemeinde. Bereits zum Zeitpunkt ihrer Gründung hatte sie unter

Verfolgungen und Pogromen zu leiden: 1298 wurde sie bei der „Rindfleisch-Verfolgung" fast ausgerottet, 1336 anläßlich der „Armleder-Verfolgung" stark dezimiert. Die Juden in Aub mußten auch sehr unter dem Geschehen des 30jährigen Krieges leiden.

Bereits im 16. Jahrhundert besaß die Kultusgemeinde – damals Sitz eines größeren Rabbinats – eine Synagoge, eine Mikwe und eine Jeschiwa (= Talmudhochschule), die Rabbiner *Elieser Lippmann* s. A. leitete. 1632 wurde ein kleiner Friedhof eingerichtet. Das Bethaus wurde 1744 verlegt, 1745 erbaute man dann eine neue Synagoge (renoviert 1927) mit einem Schulraum über dem Synagogenraum. Da der Friedhof zu klein war, wurde ihm schräg gegenüber ein neuer Friedhof eingerichtet, der 1923 mit einer Mauer umgeben wurde. In diese Mauer, von einem wohlhabenden Gemeindemitglied gespendet, wurden ca. 40 Grabsteine des ersten Friedhofes, der aufgegeben worden war, eingelassen.

Am 10. November 1938 wurde das Synagogengebäude beschädigt, die Inneneinrichtung zusammen mit den Ritualien vernichtet. Das 1745 erbaute Synagogengebäude ist heute noch vorhanden. Es befindet sich in Privatbesitz und wird – nach diversen Umbauten – jetzt als Wohnhaus benutzt.

Auch das Vorhandensein einer *„Judengasse"* (unweit der Synagoge) zeugt vom Wirken der Juden in Aub.

Standort der Synagoge: Neuertgasse 12 (früher: *„Untere Judengasse"*).

Besonderheiten: Mesusa-Spuren an der Eingangstür sind noch ganz deutlich erkennbar; das Vorhandensein eines Schulraumes über dem früheren Gebetsraum im Erdgeschoß kann man sich gut vorstellen.

Lage des Friedhofs: Im Ort (früher war hier das Ortsende).

Standort: Von der Ortsmitte fährt man in Richtung Harbachweg. Gegenüber dem Haus Harbachweg Nr. 4 ist der Friedhofseingang.

Zustand: Sehr gepflegt. Das Ehrenmal für die jüdischen Gefallenen des Ersten Weltkrieges ist im Sommer immer mit Blumen geschmückt.

Allgemeine Übersicht: Nur ein Tor; ca. 30 Grabsteine (in drei Reihen) auf dem Friedhof;

Kriegerdenkmal auf dem Friedhof Aub

Grabstein für den alten Friedhof und für die jüdische Gemeinde Aub

Gedenkstein für die Jüdische Gemeinde Bad Brückenau auf dem christlichen Friedhof in Bad Brückenau

Grabsteine des alten, 1632 angelegten Friedhofes sind in die vom Tor aus gesehene linke Friedhofsmauer eingemauert (ca. 40 Grabsteine); Ehrenmal für die Gefallenen des Ersten Weltkrieges. Steinmauer rund um den Friedhof.

Schräg gegenüber dem Friedhof – von der Stadtmitte aus gesehen rechts hinter der alten Stadtmauer, gegenüber dem alten Stadtturm – ist heute eine kleine, unbebaute, parkähnliche Fläche. Hier ist das Grundstück des alten, um 1880 aufgegebenen Friedhofes. Ein schönes Denkmal, direkt an der Straße, im Jahre 1988 errichtet, erinnert heute an den Friedhof und an die ausgelöschte Gemeinde: „ZUR ERINNERUNG AN DIE JÜDISCHE GEMEINDE IN AUB, DEREN ÄLTESTE BEGRÄBNISSTÄTTE SICH HIER SEIT 1632 BEFINDET. NOVEMBER 1988 STADT AUB"

Bad Brückenau (Bad Kissingen)

Hier existierte ab dem 17. Jahrhundert (1628 ist das Vorhandensein einer *„Judenschule"* in Brückenau urkundlich belegt), vielleicht aber auch schon früher, bis 1941 eine Jüdische Kultusgemeinde. Sie besaß eine 1913 neu erbaute Synagoge (an der Stelle der alten, die abgerissen worden war), eine Volksschule, eine Mikwe und einen 1923 eingeweihten Friedhof. Außerdem wurden in den jüdischen Hotels am Ort (Hotels der Familien Kaufmann, Strauss und Schuster) Gottesdienste für alte und kranke Kurgäste abgehalten. Synagoge und Schule wurden 1938 angezündet. Beide Baulichkeiten wurden erheblich beschädigt. Die Synagoge ist heute noch – wenigstens ein kleiner Teil des früheren Mauerwerks – vorhanden. Das Gebäude befindet sich in Privatbesitz und wird als Wohn- und Geschäftshaus genutzt.

Standort: Alter Schlachthofweg 11.

Besonderheiten: Nur kleine Teile des ursprünglichen Mauerwerks erhalten.

Auch das ehemalige Schulgebäude ist noch, wenn auch umgebaut, erhalten. Es befindet sich in Privatbesitz und wird als Geschäftshaus benutzt.

Standort: Unterhainstraße 24.

An die Anwesenheit von Juden in Bad Brückenau erinnert ferner noch das Vorhandensein einer *„Judengasse"* unweit der früheren Synagoge und Schule.

Im November 1987 wurde auf dem neuen christlichen Friedhof der Stadt Bad Brückenau (er befindet sich vor dem jüdischen) rechts neben der Friedhofshalle ein Gedenkstein mit folgendem Wortlaut als Erinnerung an die Jüdische Kultusgemeinde errichtet: „DIE STADT BAD BRÜCKENAU GEDENKT IHRER EHEMALIGEN JÜDISCHEN MITBÜRGER. DIE SYNAGOGE STAND UNTERHAINSTRASSE NR. 24 UND DIENTE DEM GEBET BIS ZU IHRER VERNICHTUNG IN DER POGROMNACHT DES 9./10. NOV. 1938 IN DER ZEIT DER SCHWERSTEN VERFOLGUNG ERLOSCH DIE JÜDISCHE GEMEINDE 1939 ZUR MAHNUNG UND ZUM GEDENKEN. Dieses Grundstück war ehemals Eigentum der jüdischen Kultusgemeinde Brückenau."

Lage des Friedhofs: Waldrand am Ortsausgang nach Fulda.

Standort: Man verläßt Bad Brückenau in Richtung Fulda. Nach dem christlichen Friedhof im Ort, wenn die Straße bergauf führt, biegt man in die erste Nebenstraße nach links – die „Leimbachstraße" – ein, und fährt diese ganz durch, bis kurz vor den christlichen Friedhof am Ortsende. Hier biegt man, noch vor dem christlichen Friedhof, den geteerten schmalen Weg nach links ein und steht dann nach ca. 35 m vor dem Friedhofseingang (dahinter ist ein Wendeplatz).

Zustand: Sehr gut gepflegt.

Allgemeine Übersicht: Flächenmäßig sehr kleiner Friedhof; 23 Grabsteine; Maschendrahtzaun rund um den Friedhof; lebendiger Zaun (Hecke) ebenfalls rund um den Friedhof; ein Eingangstor (zwei massive Steinpfosten mit Eisentor); alle Gräber mit Steinplatten bedeckt.

Bad Kissingen

Hier existierte höchstwahrscheinlich bereits im 13. Jahrhundert eine Jüdische Gemeinde, die 1298 im Verlauf der „Rindfleisch-Verfolgung", vermutlich im gleichen Jahr, ausgerottet wurde.

Eine neue Jüdische Gemeinde, die aus Schutzjuden des Fürstbischofs von Würzburg und der adeligen Herren von Erthal, von Schletten und von Heußlein bestand, gab es

Früherer Judenhof in Bad Kissingen

dann im damaligen Kissingen ab dem 16. Jahrhundert. Die *„Schutzjuden"* des Herrn von Erthal wohnten in einem Getto – dem heute noch z. T. erhaltenen *„Judenhof"* in der Bachgasse. – Am Ausklang des 16. Jahrhunderts kam dann fast das Ende für die Judenschaft des Ortes: Die Fürstbischöfe Friedrich von Wirsberg und Julius Echter wiesen aus dem Hochstift Würzburg, zu dem Kissingen damals gehörte, alle Juden (mit Ausnahme derer, die als *„Schutzjuden"* in den adeligen Freihöfen lebten), aus. – Aber schon 1644 gab es in Kissingen wieder 163 *„Schutzjuden"* (aus dem Freihof derer von Erthal): diese errichteten 1705 in der Nähe des Erthalschen *Judenhofes* ein jüdisches Bet- und Schulhaus, wohl das erste seiner Art in Kissingen – von dem jedoch trotz intensiver Recherchen keinerlei Überreste mehr zu finden sind. – In den Jahren 1851/52 wurde dann das Bet- und Schulhaus durch die „alte" Synagoge in der Weingasse ersetzt. Aber auch diese Synagoge wurde für die ständig anwachsende Zahl von Juden in Bad Kissingen bald zu klein, so daß die Kultusgemeinde 1894 dem Bad Kissinger Architekten Carl Krampf den Auftrag zum Entwurf einer Synagoge gab, mit deren Bau 1899 begonnen

Jüdischer Betsaal in Bad Kissingen

wurde. Am 14. 6. 1902 wurde die „neue" Synagoge eingeweiht. Neben dieser „neuen" Synagoge (die „alte" Synagoge wurde 1927/ 28 abgerissen) besaß die Kultusgemeinde noch ein Gemeindehaus mit Betsaal, Schulräumen, zwei Wohnungen, einem Ritualbad und einer Laubhütte, ein Israelitisches Kurhospiz am Altenberg, eine Jüdische Kinderheilstätte in der Salinenstraße, sowie einen 1801 (andere Quellen nennen als Jahreszahl 1817) erworbenen und in den Jahren 1891 und 1933 erweiterten Friedhof mit Tahara-Halle.

In Bad Kissingen waren zahlreiche jüdische Vereine und Organisationen tätig. Auch gab es hier eine größere Anzahl privater jüdischer Kuranstalten, Hotels und Pensionen.

Am Morgen des 10. 11. 1938 wurde die Synagoge in Brand gesteckt; die nach der Feuersbrunst übriggebliebenen Mauern wurden bis zum 28. April 1939 abgerissen, nachdem die Stadt Bad Kissingen der Jüdischen Gemeinde „das gesamte Grundstück einschl. der Baulichkeit" für einen lächerlich niedrigen Betrag „abgekauft" hatte.

An der Stelle der Synagoge wurde später ein neues Gebäude (jetzt befindet sich darin u. a. das Arbeitsamt) errichtet. Heute erinnert eine Gedenktafel mit dem folgenden Wortlaut daran, daß hier einst ein jüdischer Kultbau gestanden hat: „HIER STAND DIE SYNAGOGE DER ISRAELITISCHEN KULTUSGEMEINDE SIE WURDE AM 9. 11. 38 DURCH DIE DAMALIGEN MACHTHABER ZERSTÖRT." Das Gemeindehaus wurde zwar beschädigt, blieb jedoch erhalten, da darin kurz nach der Pogromnacht der „SS-Sturm 11/56" und eine Klasse der Oberrealschule einquartiert wurden. Nach Kriegsende wurde das Haus der Jüdischen Gemeinschaft wieder zur Verfügung gestellt: In dem Betsaal, der sich im 1. Stock befindet, werden in den Sommermonaten Gottesdienste für jüdische Kurgäste abgehalten (Josef Weissler, s. A. versah diese Aufgabe von 1946 bis zu seinem Tode 1989).

Das Israelitische Kurhospiz, früher Altenberg, Haus-Nr. 2, wurde nach dem Kriege abgerissen. Auf seinem Grund wurde z. T. ein Neubau, der zum Sanatorium Lechmann, Altenbergweg Nr. 3 gehört, errichtet.

Das Gebäude der einstigen Israelitischen Kinderheilstätte wurde 1951/52 vom Zweckverband Oberhessische Versorgungsbetriebe Friedberg/Hessen erworben, der dort heute ein Ferienheim betreibt. Es ist noch fast im Original erhalten.

Standorte:

„Alte" Synagoge: Heutiges Straßengrundstück vor dem Haus Bachstraße 18 (am Nordende der Weingasse/Kreuzung Bachstraße).

„Neue" Synagoge (mit Gedenktafel am heutigen Haus): Promenadestraße 1.

Ehemaliges Gemeindehaus (heute mit schönem Betsaal): Promenadestraße 2.

Ehemaliges Israelitisches Kurhospiz: Grundstück gehörend zum Sanatorium, Altenbergweg Haus-Nr. 3.

Ehemalige Israelitische Kinderheilstätte: Salinenstraße 34.

Besonderheiten: Das Gemeindehaus ist noch original erhalten (im Keller befinden sich eine komplette Mikwe und eine – inzwischen nicht mehr voll intakte – Laubhütte); hebräische Inschrift über der Eingangstür des früheren Gemeindehauses; Dauerausstellung in der linken Erdgeschoßseite des Hauses, das heute – besonders wegen der Gottesdienste in den Sommermonaten – jüdisches Zentrum von Bad Kissingen ist.

Weitere Zeugnisse jüdischer Vergangenheit von Bad Kissingen sind die frühere *Alte Judengasse* und der frühere *Judenhof:* In der früheren *Alten Judengasse* waren seit dem 17. Jahrhundert (vielleicht auch noch früher!) Juden wohnhaft; heute heißt diese Straße Grabengasse; nichts deutet mehr auf die frühere Anwesenheit von Juden hier hin.

Anders verhält es sich mit dem *Judenhof;* das frühere Getto, in dem bis zur Mitte des 19. Jahrhunderts *„Schutzjuden"* des Geschlechts derer von Erthal angesiedelt waren, ist im Grundriß und in Teilen des Baukörpers noch gut erhalten.

Standort des früheren Judenhofes: Bachgasse 3–9.

Früher hieß auch der Rest der Bachgasse, in der der *Judenhof* nicht mehr liegt, *Judengasse.*

Soldatengräber von 1866

Preußischer Soldat

Bayerischer Soldat

Grabsteine der Eheleute Josef und Renia Weissler s. A. in Bad Kissingen

Obwohl in Bad Kissingen alle Orts- und Straßennamen, die mit Juden zu tun haben, umbenannt worden sind, hat sich bei der Bevölkerung im Sprachgebrauch auch der frühere Name – besonders der des *Judenhofes* – noch erhalten.

Lage des Friedhofes: Im südöstlichen Teil der Stadt, unweit der Umgehungsstraße.

Standort: Man fährt von der Stadtmitte auf die Umgehungsstraße von Bad Neustadt/ Saale nach Schweinfurt über Bad Kissingen und biegt von dieser Straße (= Ostring) in die Bergmannstraße in Richtung Bahnhof an der Ampel rechts ab. Gleich hinter der Kreuzung befindet sich der Friedhofseingang nach dem Parkplatz auf der rechten Straßenseite.

Zustand: Gut gepflegt.

Allgemeine Übersicht: Großer Eingang (Eisentor mit Davidsternen); Treppenstufen führen in den Friedhof hinauf; Einfassung des Friedhofsgeländes zum Teil mit Maschendrahtzaun, zum Teil mit alter, inzwischen renovierter Original-Steinmauer, zum Teil auch mit neuer Betonmauer; große Tahara-Halle mit verschiedenen Gedenktafeln, u. a. auch eine Gedenkplatte für die jüdischen Gefallenen des Ersten Weltkrieges; vorne, an der Straße zu, auf dem linken Teil des Friedhofes viele alte, leider immer mehr zerfallende Grabsteine (wohl aus der ersten Hälfte des 19. Jahrhunderts); hügelaufwärts sehr viele sehr schöne, neuere Grabsteine (z. B. Familien Kissinger, Bamberger, Frank, u. v. a. m.); unweit der Taharahalle drei Soldatengräber aus dem Kriege 1866: Reihe 19, Grab Nr. 9 (am Baum) ist ein Grabstein für den preußischen Leutnant Jacob Michaelis (ganz in deutscher Schrift), weiter hügelan, in der Reihe 15 Grab Nr. 2 ist die Grabstätte eines unbekannten bayerischen Soldaten (die Schrift, inzwischen schon sehr abgeblättert, war ganz in Hebräisch, darüber ist mit einiger Mühe noch ein bayerischer Helm zu erkennen), in der Reihe 14, Grab Nr. 1 ist die Grabstätte des preußischen Soldaten Jacob Neustätt (der Grabstein ist sehr verwittert, die Schrift nicht mehr lesbar); am hinteren Friedhofteil kleine Eisentür als zweiter Ausgang; neben der Leichenhalle links Urnengrab; auch nach Kriegsende gab es auf diesem Friedhof Bestattungen: die beiden letzten waren die von Frau Renia Weissler, s. A. im Mai 1984 und von Herrn Josef Weissler, s. A., dem Gründer und langjährigen Vorbeter und Leiter des Jüdischen Bethauses von Bad Kissingen im Dezember 1989.

Bad Kissingen – Garitz

Hier existierte ungefähr vom 18. Jahrhundert bis ca. 1900 eine kleine Jüdische Kultusgemeinde, die in einem eigenen Gebiet, dem „Judenhof", wohnte. In diesem ehemaligen Getto hatte sie wohl auch eine Synagoge oder einen Betsaal in einem der jüdischen Häuser. Trotz intensivster Recherchen war es nicht möglich, bis heute die ehemalige Kultstätte zu ermitteln.

Erhalten geblieben ist nur noch der Name „Judenhof", in dem noch zu Anfang dieses Jahrhunderts tatsächlich Juden wohnten. Der Name wurde erst im NS-Deutschland geändert, hat sich jedoch im Sprachgebrauch der Bevölkerung bis heute erhalten.

Standort: Jahnstraße 34–48.

Bad Königshofen im Grabfeld
(Rhön-Grabfeld)

Hier existierte ab ca. 1800 (Juden wurden im Ort aber schon 1298 und dann wieder 1641 urkundlich erwähnt) bis 1942 eine Jüdische Kultusgemeinde. Sie besaß zunächst ein Haus mit einer Religionsschule im 1. Stock, einem Betsaal im 2. Stock und einer Wohnung im Erdgeschoß für den christlichen Synagogendiener. Ab 1904 hatte sie eine im gleichen Jahr erbaute und 1925 renovierte Synagoge, in die 1929 anläßlich einer neuerlichen Renovierung eine Gedenktafel für die im Ersten Weltkrieg gefallenen Gemeindemitglieder installiert wurde. Daneben besaß die Kultusgemeinde noch eine Mikwe, das bereits genannte Gemeindehaus mit Schulräumen und einen im Jahre 1921 eröffneten eigenen Friedhof (in Ipthausen).

Beim Pogrom 1938 wurde die Inneneinrichtung der Synagoge mit den Ritualien zerstört, das Gebäude jedoch kaum beschädigt. Während der Kriegsjahre diente es als Unterkunft für australische Kriegsgefangene. Im Jahre 1951 wurde das ehemalige Synagogengebäude an einen Gewerbetreibenden zum Abbruch verkauft. Er errichtete auf den Grundmauern eine Autoreparaturwerkstätte. Von der Synagoge ist heute nichts mehr vorhanden.

Ein am 12. Juli 1991 in der Nähe des Standortes der ehemaligen Synagoge errichteter Gedenkstein beinhaltet unter einer Ansicht

Gedenkstein für die Jüdische Kultusgemeinde Königshofen im Grabfeld

der Synagoge den folgenden Text: „UNWEIT VON HIER BAMBERGER STRASSE NR. 1 STAND VON 1904 – 1951 DIE SYNAGOGE DER JÜDISCHEN KULTUSGEMEINDE KÖNIGSHOFEN IM GRABFELD, SIE WURDE BEIM POGROM AM 10. NOVEMBER 1938 IM INNEREN ZERSTÖRT. DIE STADT BAD KÖNIGSHOFEN I. GRABF. ERINNERT MIT DIESEM GEDENKSTEIN AN DIE VERFOLGUNG UND DIE LEIDEN IHRER JÜDISCHEN BÜRGER."

Standort der ehemaligen Synagoge: Bamberger Straße 1.

Standort des ehemaligen jüdischen Gemeindehauses: Rathausstraße 3.

Ein weiteres Zeugnis jüdischen Lebens in Bad Königshofen ist der „Judenpfad", heute ein offizieller Weg im Schulviertel; er erinnert daran, daß hier fromme Juden am Sabbath spazierengingen (eine festgelegte Anzahl von Schritten).

Bad Neustadt/Saale
(Rhön-Grabfeld)

Hier bestand bis 1942 eine Jüdische Gemeinde. Sie besaß eine Synagoge, die 1892 erbaut worden war und an der mehrfach Reparaturen vorgenommen worden waren, ein Gemeindehaus mit Volksschulräumen und einer Wohnung und einen Friedhof. Die Synagoge mußte 1938 der Deutschen Wehrmacht als Getreidespeicher zur Verfügung gestellt werden. Sie ist heute noch vorhanden. Nach einigen (unbedeutenden) Umbauten wird das Bauwerk heute als Ärztehaus verwendet.

Standort: Bauerngasse 25.

Besonderheiten: Bausubstanz fast vollständig erhalten; Fenster und Türen im Original erhalten; Erker im Original erhalten.

Lage des Friedhofs: Südliche Gartenstadt.

Standort: Von der B 18 von Schweinfurt kommend biegt man kurz nach dem Ortsbeginn an der Tankstelle links in die Jahnstraße ein, die man bis zur Hedwig-Fichtel-Straße weiterfährt, wo man nochmals links abbiegt, um dann an der nächsten Querstraße, der Mozartstraße, rechts abzubiegen. Am Anfang der Mozartstraße muß man gleich wieder auf einen (nicht asphaltierten) steil bergauf führenden „Weg" einbiegen, der dann nach 25 m vor das Tor des Friedhofes führt.

Zustand: Gepflegt.

Allgemeine Übersicht: Maschendrahtzaun rund um den Friedhof; Eisentor mit zwei Steinpfosten; Mittelgang, vom Tor gerade hügelaufwärts bis zum Zaun führend; relativ viele neue und wenig alte Grabsteine (alte nur im äußersten linken Teil); rechts des Eingangs weist eine Gedenktafel auf die Funktion des Friedhofes hin: „Dieser Friedhof diente der Israelitischen Kultusgemeinde BAD NEUSTADT a. d. SAALE bis 1942 als Bestattungsstätte. Zur Erinnerung an unsere Jüdischen Mitbürger."

Bad Neustadt/Saale – Neuhaus
(Rhön-Grabfeld)

Hier existierte bis zum Ende des letzten Jahrhunderts eine – eigentlich recht große – Jüdische Gemeinde (sie zählte 1832 143 Mitglie-

Grabstein auf dem Friedhof in Bad Neustadt/Saale

Grabstein eines in Neuhaus geborenen Juden auf dem Friedhof in Bad Neustadt/Saale der, 1871 immer noch 85 Mitglieder!). Mit großer Wahrscheinlichkeit hatte sie eine Synagoge.

Trotz intensivster Recherchen war es nicht möglich, Informationen über Gründung oder Auflösung der Gemeinde oder über Existenz und Standort der Synagoge zu erhalten.

Lediglich einige Grabsteine des Friedhofes zu Bad Neustadt/Saale lassen erkennen, daß im vergangenen Jahrhundert recht viele der auf diesem Friedhof Bestatteten aus Neuhaus stammten.

Bastheim (Rhön-Grabfeld)

Hier bestand bis 1938 eine Jüdische Gemeinde. Sie besaß eine 1851 erbaute und 1931 renovierte Synagoge. Ihre Inneneinrichtung wurde 1938 zusammen mit den Ritualien vernichtet. Das Synagogengebäude existiert heute noch. Es befindet sich im Besitz der Gemeinde und wird als „Kolpingshaus" benutzt. Eine Gedenktafel neben dem Eingang weist auf die frühere Funktion hin: „Dieses Gebäude diente der jüdischen Kultusgemeinde BASTHEIM bis 1938 als Synagoge. ZUR ERINNERUNG und MAHNUNG."

Standort: Auweg 1 (Kolpinghaus).

Besonderheiten: Bausubstanz noch vollständig erhalten.

Bergrothenfels (Main-Spessart)

Hier gab es ab Ende des 17. Jahrhunderts bis nach 1861 nachweislich eine jüdische Kultusgemeinde. Sie besaß eine am 08. 10. 1773 nachgewiesene Synagoge mit Schule und Mikwe, die bereits ab ca. 1773 von den Juden aus Rothenfels und Bergrothenfels benutzt wurde (1748 gab es im Ort 3 Familien, 1829 in beiden Orten noch 5 Familien). Die Synagoge und die Schule wurden wegen des Absinkens der Zahl der jüdischen Bevölkerung ab ca. 1860 aufgegeben, die Kultusgemeinde Bergrothenfels-Rothenfels löste sich von alleine auf. Ab 1900 gab es keine Juden mehr in Bergrothenfels.

Trotz intensiver Recherchen konnten weder der Standort der Synagoge noch der der Mikwe bis zum gegenwärtigen Zeitpunkt ermittelt werden.

Bibergau (Kitzingen)

Hier existierte nachweislich vom Beginn des 18. Jahrhunderts – vielleicht auch schon früher – bis in die zweite Hälfte des 19. Jahrhunderts eine recht große Jüdische Kultusgemeinde (1833 gab es am Ort 33 jüdische Familien!). Sie besaß eine Synagoge, von der zwar das Erbauungsdatum nicht bekannt ist, indessen jedoch das Jahr 1907 (in diesem Jahr war die Synagoge von der Kultusgemeinde Dettelbach, zu der die Juden von Bibergau nach der Auflösung ihrer Gemeinde gehörten, an Privatleute verkauft worden), sowie das Jahr 1930 (im Januar 1930 brannte das Gebäude nieder; bei der Brandbekämpfung verletzte sich ein Feuerwehrmann aus Bibergau an einem rostigen Eisen und starb einen Monat später infolge Blutvergiftung). Von der Synagoge ist in Bibergau nichts mehr erhalten; in Würzburg befindet sich im Depot des Mainfränkischen Museums ein Steinlöwe – vermutlich ein Teil aus dem Ahron Hakodesch der Synagoge.

Standort: Muckengasse 4.

Bischofsheim (Rhön-Grabfeld)

Hier existierte wahrscheinlich vom 15. bis zum 17. Jahrhundert eine Jüdische Kultusgemeinde. Sie besaß nachweislich eine Synagoge in der damaligen Judengasse (wo recht viele Juden wohnten), der späteren Hofgasse und heutigen Hofstraße, sowie einen Friedhof im „Felddistrikt Judenkirchhof". Bekannt ist auch, daß die jüdische Gemeinde zahlenmäßig recht groß war.

Das Ende der Gemeinde ist nicht bekannt, es könnte aber sein, daß sie im 30jährigen Krieg ausgelöscht wurde. Trotz sehr intensiver Recherchen konnte weder der exakte Standort der Synagoge noch der des jüdischen Friedhofes ermittelt werden.

Standort der Synagoge: Unbekannter Platz in der Hofstraße.

Lage des Friedhofs: Südöstlich von Bischofsheim, heute am Stadtrand.

Standort: Der exakte Standort des Friedhofes konnte nicht ermittelt werden. Auf jeden Fall befand er sich nachweislich irgendwo auf dem Gebiet zwischen der heutigen Lindenstraße (dem früheren *Judenfriedhofsweg*), dem Metzenbachweg und der Ahornstraße.

Bischwind (Schweinfurt)

Hier existierte bis zur Jahrhundertwende – wahrscheinlich bis 1880 – eine kleine Jüdische Gemeinde. Sie besaß eine 2stöckige Synagoge (Fachwerkhaus) mit einem Walmdach (Biberschwanzziegeln). Der 3. Stock war ausgebaut (Dachwohnung). Im Keller des Gebäudes befand sich eine Mikwe.
Das Bauwerk wurde um die Jahrhundertwende an Privatleute verkauft, die es als Wohnhaus benutzten. Nach dem Krieg wurden in dem Haus Flüchtlinge untergebracht. In den 50er Jahren wurde die ehemalige Synagoge abgerissen und auf dem Grundstück ein Garten angelegt. Vom Synagogengebäude ist heute *nichts* mehr erhalten.

Standort: Garten zwischen den Straßen „An der Linde" und „Steigerwaldstraße 2".

Böttigheim (Würzburg)

Hier existierte nachweislich bis 1908 eine Jüdische Kultusgemeinde (1833 lebten 7 jüdische Familien mit 28 Seelen am Ort, 1857/ 59 war die Zahl auf 6 Familien gesunken). Sie besaß eine Synagoge, die – wie Urkunden belegen – im Jahre 1790 errichtet und danach im Jahre 1857 repariert wurde. 1908 wurde die Synagoge verkauft und danach abgerissen. Auf dem Synagogengrundstück wurde später eine Scheune errichtet.
Trotz sehr intensiver Recherchen gelang es bis zum jetzigen Zeitpunkt noch nicht, den Standort der Synagoge in Erfahrung zu bringen.

Bonnland

Hier existierte vermutlich bis 1938 eine Jüdische Gemeinde. Sie besaß mit großer Wahrscheinlichkeit eine Synagoge oder zumindestens einen Betsaal. Das Dorf wurde jedoch 1938 aufgelöst und als „Übungsdorf" dem Truppenübungsplatz Hammelburg einverleibt. Daher ist es, trotz intensivster Recherchen, bis heute unmöglich, Informationen über die Jüdische Gemeinde und ihre Einrichtungen zu erhalten.
Das Dorf ist heute Bestandteil des NATO-Truppenübungsplatzes Hammelburg. Obwohl mit Einverständnis der zuständigen Dienststellen der Bundeswehr vom Verfasser jedes Haus sorgfältig und gründlich untersucht wurde, konnten keinerlei Hinweise auf das Vorhandensein einer Synagoge gefunden werden. Es ist auch möglich, daß gerade dieses Gebäude von übenden Truppenteilen in der Zeit von 1938–1945 absichtlich zerstört worden ist.

Brünnau (Kitzingen)

Hier existierte bis (wahrscheinlich, jedoch nicht sicher) 1910 eine Jüdische Gemeinde. Sie besaß eine um 1870 neu erbaute Synagoge mit Schulhaus und eine Mikwe. Das Synagogengebäude ist heute – wenn auch sehr stark umgebaut – zum Teil noch erhalten. Es befindet sich in Privatbesitz und wird als Wohnhaus genutzt.

Standort: Brünnau Nr. 19 (im Volksmund „Judengasse" genannt).

Besonderheiten: Teile der Bausubstanz noch erhalten.

Bütthard (Würzburg)

Hier existierte seit 1588, möglicherweise auch früher, bis zum Oktober 1937 eine Jüdische Kultusgemeinde. Sie besaß eine 1812 erbaute Synagoge und ein großes Gemeindehaus mit Wohnungen. Das Gebäude wurde 1938 innen beschädigt, blieb jedoch in seiner Bausubstanz voll erhalten. Der Synagogenbau mit Gemeindehaus ist heute noch vorhanden. Er befindet sich in Privatbesitz und wird, nachdem einige Umbauten vorgenommen wurden, als Wohnhaus benutzt.
Eine Gedenktafel im Inneren des Rathauses erinnert heute an die Jüdische Gemeinde Bütthard und ihre Synagoge: „Im MARKT BÜTTHARD existierte bis 1937 eine Jüdische Kultusgemeinde. Synagoge Marktplatz 3. Der Markt gedenkt seiner ehemaligen jüdischen Mitbürger. ZUR ERINNERUNG UND MAHNUNG."

Standort: Marktplatz Nr. 3.

Besonderheiten: Einige Originalfenster noch erhalten.

Kriegerdenkmal in Burgpreppach

Bundorf (Haßberge)

Hier existierte ab dem 18. Jahrhundert, vielleicht auch schon früher, bis zur Hälfte des 19. Jahrhunderts eine jüdische Gemeinschaft (1813 lebten in Bundorf 3 jüdische Familien mit 17 Mitgliedern), die aber wahrscheinlich keine eigene Kultusgemeinde bildete. Vermutlich waren die am Ort ansässigen Juden Mitglieder der Israelitischen Kultusgemeinde Sulzdorf a. d. L., die eine Synagoge, eine jüdische Schule und einen Friedhof besaß.

An das Vorhandensein von Juden in Bundorf erinnert heute noch der Name eines Pfades von Bundorf in Richtung Sulzdorf a. d. L., der im Volksmund „Judenpfad" genannt wurde.

Trotz intensiver Recherchen war es bis heute nicht möglich, weitere Informationen über die Juden in Bundorf zu erhalten.

Burgpreppach (Haßberge)

Hier existierte bis 1940 eine Jüdische Kultusgemeinde. Sie besaß eine 1764 erbaute Synagoge, seit 1875 eine „Israelitische Präparanden- und Bürgerschule ‚Talmud Thora'", ein Wohnhaus für den Rabbiner und einen Friedhof. Außerdem gab es am Ort noch eine Mazze-Bäckerei und eine der Kultusgemeinde gehörende Mikwe. Im Synagogengebäude waren außer dem Synagogenraum noch eine Lehrerwohnung, ein kleiner Betraum, eine Volksschulklasse und die Mikwe untergebracht.

Die Synagoge existiert heute nicht mehr. Sie wurde total demoliert, die Inneneinrichtung und die Ritualien wurden verbrannt. Die Trümmer mußten von den in der Pogromnacht 1938 verhafteten jüdischen Männern beseitigt werden („Kolonne Grünspan lernt arbeiten").

Heute ist von der Synagoge fast nichts mehr vorhanden: übriggeblieben ist lediglich eine 20 cm hohe Grundmauer. An der Stelle, wo

Ehemalige Mazze-Bäckerei in Burgpreppach

Levitengrab in Burgpreppach

einst die Synagoge stand, wurde ein dreiteili-
ges Denkmal errichtet: links für die Gefallenen des 1. Weltkrieges 1914–1918, in der
Mitte für die Gefallenen (und auf der Rückseite für die Heimgekehrten) des Krieges 1870/
71 (mit bayerischem Löwen!) und rechts
für die Gefallenen des 2. Weltkrieges
1939–1945. An der Erinnerungstafel für die
Gefallenen des 1. Weltkrieges sind auch die
Namen der für „ihr Vaterland" gefallenen jüdischen Ortsbewohner verzeichnet.

Standort: Platz des Kriegerdenkmals gegenüber dem Schloß (Hauptstraße)

Besonderheiten: Nur noch Bruchteile der
Grundmauer (rechts vom Denkmal) erhalten.
Links vom Denkmal wurde 1989 an einem
Granitfindling eine Gedenktafel mit folgen-
dem Text angebracht: „In BURGPREPPACH
existierte bis 1940 eine jüdische Kultusge-
meinde (Synagoge u. Talmud-Thora-Schule).
Zur Erinnerung und Mahnung."
Burgpreppach war nicht nur Sitz des Be-
zirksrabbinats, hier gab es auch eine Jeschi-

Hebräische Inschrift über ehem. „Judenhaus" in Burgsinn

wa. Diese hatte zwei Gebäude: ein Lehrgebäude und ein Eß- und Wohngebäude. Beide Bauwerke existieren heute noch. Sie befinden sich in Privatbesitz und werden als Wohnhäuser genutzt.

Standorte: Lehrgebäude – heute Gemeinfelder Straße. Eß- und Wohngebäude – heute Hauptstraße 109.

Es existiert auch noch das Gebäude der Mazze-Bäckerei, heute ein Wohnhaus in Privatbesitz.

Standort: Hauptstraße 12.

Außerdem gibt es am Ort eine ganze Reihe von Häusern, die Spuren von Mesusot (= Türpfostensymbole) aufweisen.

Lage des Friedhofs: Anhöhe südöstlich des Ortes.

Standort: Von Ibind kommend fährt man in den Ort bis zum Rathaus in der Ortsmitte. Hier biegt man rechts ab und fährt, den Berg hinauf, auf die evangelische Kirche zu. Kurz vor dieser biegt man rechts ab und folgt dem befestigten Feldweg bis zum Wasserhäuschen. Kurz hinter diesem Häuschen biegt man links in den unbefestigten Feldweg ein, der bergan führt. Nach einer leichten Biegung nach links steht man vor dem Eingangstor zum Friedhof.

Zustand: Ordentlich.

Besonderheiten: Drahtzaun mit „lebender Hecke" an einigen Stellen; ein Holztor; vorne am Tor einige neue, im Hintergrund sehr alte Grabsteine; insgesamt sehr viele alte, sehr schöne Grabsteine; fast alle Grabsteininschriften hebräisch; letzte Friedhofsschändung 1989.

Burgsinn (Main-Spessart)

Hier existierte bis 1940 eine Jüdische Gemeinde. Sie besaß eine alte, 1928 renovierte Synagoge, ein Schulhaus und eine Mikwe. Alle Baulichkeiten wurden 1938 beschädigt.
Sie Synagoge ist heute noch vorhanden. Sie befindet sich in Privatbesitz und wird zusammen mit dem mit ihr baulich verbundenen Haus (das über dem Eingang eine hebräische Inschrift hat) als Wohnhaus bzw. Abstellraum benutzt.
Eine Gedenktafel im Innenbereich des Rathauses erinnert an die Existenz der Jüdischen Gemeinde und ihrer Synagoge: „In BURGSINN bestand bis 1940 eine Jüdische Kultusgemeinde, Synagoge Fellener Straße 14, die in der Pogromnacht 1938 geschändet wurde. Der MARKT BURGSINN gedenkt seiner ehemaligen jüdischen Mitbürger."

Standort der Synagoge: Fellener Straße 14.

Besonderheiten: Bausubstanz neu verputzt, aber im Original erhalten; Originalfenster erhalten; hebräische Inschrift über der Eingangstür des mit der ehemaligen Synagoge verbundenen Hauses.

Dettelbach (Kitzingen)

Hier existierte bis 1942 eine Jüdische Kultusgemeinde. Sie besaß eine 1862 erbaute Synagoge mit zwei Schulräumen, ein Gemeindehaus und eine Mikwe. Die Synagoge wurde 1938, ebenso wie die anderen Baulichkeiten, wahrscheinlich nicht beschädigt. Sie ist jedoch heute trotzdem nicht mehr vorhanden: nachdem man sie nach dem Novemberpogrom als Schulhaus (Volksschule) benutzt hatte, wurde das Bauwerk im Jahre 1962 abgerissen. Auf ihren Grundmauern wurde später das Gebäude der Kreissparkasse Kitzingen, Zweigstelle Dettelbach, errichtet.

Im Jahre 1989 wurde rechts vom Eingang des Sparkassengebäudes eine Gedenktafel mit folgendem Wortlaut angebracht: „An dieser Stelle stand die 1862 erbaute Synagoge der jüdischen Kultusgemeinde DETTELBACH. Nach 1938 wurde das Gebäude als Volksschule genutzt."

Standort: Häfnermarkt 4.

Lage des Friedhofs: Nordwestlich der Stadt Dettelbach, auf der obersten Linie des Hanges, der heute noch den Namen *„Judenfriedhof"* hat.

Standort: Vom historischen Rathaus am Rathausplatz fährt man links in die Würzburger Straße und biegt dann von dieser in die Nachtigallenstraße ab. Hier muß man das Auto abstellen und zu Fuß auf Weinbergswegen (im Herbst gesperrt!) den Weinberg rechts bis zur obersten Linie hochgehen.

Allgemeine Übersicht: Es ist nicht bekannt und konnte bis heute trotz eingehender Recherchen nicht in Erfahrung gebracht werden, wann der jüdische Friedhof in Dettelbach errichtet worden ist; als ungefähres Datum könnte man das Jahr 1600 annehmen. Es handelt sich, den Flurrelikten zufolge, um eine rechteckige Anlage in den Ausmaßen von ca. 18 × 43 m, also 7,7 a. Die wahrscheinliche ehemalige Friedhofsgrenze ist heute von einer dichten und wilden Buschreihe umsäumt, die früher nur an einer einzigen Stelle Einlaß ins Innere gewährte. Im Inneren wächst Gras. Grabsteinreste oder sonstige Relikte aus einer Friedhofzeit sind nicht vorhanden. Man kann jedoch vermuten, daß sich im Erdboden (versunkene) Steine befinden, denn das Areal ist nicht so dicht und hoch bewachsen, wie es in vergleichbaren Flächen ohne darinliegende Steine der Fall ist.

Wann und warum der Friedhof aufgelöst wurde, ist nicht bekannt. Bei den Bewohnern von Dettelbach existieren keinerlei Erinnerungen. Schriftliche Belege sind nicht vorhanden. Es könnte angenommen werden, daß der jüdische Friedhof von Dettelbach ungefähr um das Jahr 1800 aufgegeben worden ist.

Detter (Bad Kissingen)

Hier existierte bis zur Hälfte des 19. Jahrhunderts eine jüdische Gemeinschaft, die möglicherweise eine ganz kleine Jüdische Kultusgemeinde bildete, über die jedoch keinerlei urkundliche Nachweise vorliegen. Bekannt ist lediglich, daß es im Jahre 1813 im Ort 8 jüdische Einwohner gab. Trotz intensiver Recherchen konnten bis jetzt keine weiteren Informationen über die Juden von Detter gewonnen worden.

Ditterswind (Haßberge)

Hier bestand im 18. und 19. Jahrhundert eine kleine jüdische Gemeinschaft (1813 lebten im Ort 8 Juden), von der jedoch heute nicht mit Sicherheit feststeht, ob sie eine anerkannte Jüdische Gemeinde bildete. Vermutlich waren die im Ort ansässigen Juden Mitglieder der Jüdischen Gemeinde Maroldsweisach, die auch eine Synagoge besaß. An das Vorhandensein von Juden in Ditterswind erinnert heute noch der im Volksmund gebrauchte Name *„Judenhof"* für eine kleine Gasse im Ort (vielleicht in früherer Zeit ein kleines Getto?). Es ist durchaus möglich, daß die Juden von Ditterswind ihre Gottesdienste zeitweise in einer kleinen Betstube in einem der jüdischen Häuser abhielten. Trotz intensiver Recherchen war es bis heute nicht möglich, weitere Informationen über Juden in Ditterswind zu erhalten.

Dittlofsroda (Bad Kissingen)

Hier existierte bis 1942 eine Jüdische Gemeinde. Sie besaß eine 1795 erbaute Synagoge, eine einklassige Schule und eine Mikwe. Inneneinrichtung und Ritualien der Synagoge wurden 1938 zerstört. Der Synagogenbau ist heute nicht mehr vorhanden. Das Gebäude wurde 1977 abgerissen; an seiner Stelle befindet sich nun ein Gemüsegarten. Erhalten geblieben sind noch einige 20 cm hohe Grundmauern und die Stufen, die zur Synagoge führten.

Eine Gedenktafel am Gemeindehaus (neben dem „Schützenhaus") weist auf die Existenz der Jüdischen Gemeinde und ihrer Synagoge hin: „In DITTLOFSRODA bestand eine Jüdische Kultusgemeinde deren Synagoge sich im Straßenzug ‚Zum Schondratal' zwischen Nr. 2 u. 8 befand. Die Gemeinde gedenkt ihrer ehemaligen jüdischen Mitbürger. ZUR ERINNERUNG UND MAHNUNG".

Standort der Synagoge: Gartengrundstück am Ende des Pfades zwischen den Häusern „Zum Schondratal" Nr. 2 und Nr. 8.

Besonderheiten: Nur noch Grundmauern und Treppenstufen als Synagogenüberreste erhalten.

Dornheim (Kitzingen)

Hier existierte bis 1940 eine Jüdische Gemeinde. Sie besaß eine vermutlich um 1750 erbaute Synagoge, ein Ritualbad und ein Gemeindehaus. Die Synagoge wurde verkauft. Bei einer Bombardierung des Ortes wurde sie vernichtet, die Grundmauern nach dem Kriege abgetragen. Heute ist von der Synagoge nichts mehr vorhanden. Der ehemalige Synagogenplatz befindet sich in Privatbesitz und wird als Garten genutzt.

Eine Gedenktafel am Haus Altmannshäuser Straße 7 (alte Schule) erinnert an die Jüdische Gemeinde *Dornheim* und ihre Synagoge: „In Dornheim bestand bis 1940 eine jüdische Kultusgemeinde. Synagoge Hellmitzheimer Str. o. N. Zur Erinnerung an unsere ehemaligen jüdischen Mitbürger".

Standort der Synagoge: Hellmitzheimer Straße o. N.

Ebelsbach (Haßberge)

Hier existierte bis 1939 eine Jüdische Gemeinde. Sie besaß eine um ca. 1715 erbaute und 1749 erweiterte Synagoge, ein Gemeindehaus mit Schulraum für den Religionsunterricht, ein 1841 errichtetes Ritualbad und einen Friedhof (in Limbach).

Die Synagoge ist heute nicht mehr vorhanden. Es bestehen nur noch einige Mauerreste, die jedoch in einen am Ort der Synagoge stehenden Neubau integriert wurden.

Standort: Judenhof 1.

Besonderes: Nur noch unsichtbare Grundmauern und Mauerreste erhalten.

Ebern (Haßberge)

Hier existierte möglicherweise – jedoch urkundlich nirgends gesichert – im Mittelalter (evtl. 15./16. Jahrhundert) eine sehr kleine Jüdische Gemeinde. Es ist denkbar, daß sie einen Betsaal in einem von Juden bewohnten Hause und eine Mikwe besaß. Kultbauten konnten bis heute trotz intensiver Recherchen und bereitwilliger Hilfe durch die städt. Behörden nicht nachgewiesen werden.

So ist bis heute der große jüdische Friedhof mit seinen wunderschönen alten Grabsteinen das einzige Zeugnis einer jüdischen Vergangenheit von Ebern.

Lage des Friedhofs: Bergrücken nordwestlich von Ebern.

Standort: Man verläßt die Ortsmitte in Richtung Fulda. Kurz vor dem Ortsende biegt man rechts in den Weg „Zum Judenfriedhof" ein, fährt am Umspannwerk vorbei und dann hinter diesem, wenn der geteerte Weg aufhört, den Schotterweg noch ca. 250 m weiter bis zum Friedhofseingang, der links des Weges liegt.

Zustand: Fast parkähnlich angelegt, hervorragend gepflegt.

Allgemeine Übersicht: Teilweise alte, teilweise neue (Beton) Mauer; ein Eisengittertor; sehr viele alte, kunstvolle, sehr schöne Steine mit vielen Motiven; letzte Bestattung 1912; ein außergewöhnliches Grab mit zwei Engelsköpfen; mehrere Gräber mit Ankern; ein Grabstein mit einem Herz.

Eibelstadt (Würzburg)

Hier existierte von 1583 bis 1654 eine blühende Jüdische Kultusgemeinde (1630 lebten 101 Juden in 9 Häusern am Ort, 1652 waren es noch 6 Familien und 1654 verließ der letzte Jude Eibelstadt). Sie besaß im sog. „Turmhof" des Städtchens (der zeitweise

Grabstein (mit 2 Engelsköpfen) in Ebern

auch „Judenhof" hieß) ab 1591 eine Mikwe und ab 1610 eine Synagoge. In dem früheren „Judengäßchen" (so hieß bis zum Beginn des 20. Jahrhunderts eine Stichgasse, die von der Pfarrer-Manger-Gasse abzweigt), befand sich eine weitere, wohl jüngere Mikwe. Die Grundmauern des Gebäudes, in dem sich einst die Synagoge befand, sind heute noch erhalten. Das Gebäude selbst wurde jedoch nach der Vertreibung der Juden vollkommen umgebaut. Es befindet sich heute in Privatbesitz und wird als Wohnhaus genutzt.

Während die alte Mikwe von 1591, einst in einem heute noch vorhandenen Keller gelegen, zugeschüttet wurde, ist das jüngere Ritualbad in seiner Grundstruktur noch erhalten und befindet sich im Keller eines Wohnhauses.

Außerhalb des Turmhofes besaßen die Juden seit 1603 eine „Judenschule". Das Gebäude – bis heute erhalten – befindet sich im Hinterhof des Hauses Hauptstraße Nr. 61. Es wird gegenwärtig als Abstellraum genutzt.

Standort der ehemaligen Synagoge: Pfarrer-Manger-Gasse Nr. 6.

Standort der „alten" Mikwe (die urkundlich mehrfach erwähnt ist): Pfarrer-Manger-Gasse Nr. 10.

Standort der „jüngeren" Mikwe (urkundlich nicht erwähnt, aber heute noch gut erhalten vorhanden: Pfarrer-Manger-Gasse Nr. 12.

Standort der „Judenschule": Hinterhof des Hauses Hauptstraße Nr. 61.

Ab 1649 hatte die Eibelstadter Judenschaft einen eigenen Friedhof oberhalb des Ortes am Lerchenberg, nachdem dort schon seit den Schwedenunruhen 1631/34 Juden begraben worden waren.

Lage des Friedhofes: Judenbegräbnisplatz am Lerchenberg (im Volksmund „Judenwäldchen" genannt; amtliche Bezeichnung „Im Judenleichhof").

Standort: Von der Ortsmitte von Eibelstadt fährt man in Richtung Ochsenfurt. Bei der letzten Abzweigung vor dem Ortsende biegt man links nach Lindelbach in die Lindelbacher Straße ein. Diese fährt man nun immer weiter in die Weinberge hinein. Ca. 1,7 km nach dem Ortsende biegt man – kurz vor der Hügelspitze – nach links ab (Schild: Tennis-Club) und fährt nun diesen Weg weiter, immer dem Hinweisschild zum Tennis-Club folgend. Genau links gegenüber dem Tenniszentrum befindet sich der Friedhofseingang.

Zustand: Ordentlich.

Allgemeine Übersicht: Das gesamte Areal des ehemaligen Friedhofes ist mit Bäumen recht dicht bewachsen, auch mit Sträuchern. Es ist kein einziger Grabstein vorhanden. Im Gelände stehen allerdings einige Grenzsteine und in der Mitte des Areals sehr großer Stein (natur). Das Gelände ist von einem ziemlich durchlässigen „lebenden Zaun" in Form einer Hecke umgeben. Es wird jedoch durch ein Eisentor (mit einem Schild, das auf den Friedhof hinweist) symbolisch verschlossen.

Die Anwesenheit von Juden am Ort bezeugen ferner die früher üblich gewesenen Bezeichnungen „Judengäßchen" und „Judenhof" sowie das gegenwärtig noch gebrauchte Wort „Judenwäldchen".

Ein weiteres Zeugnis jüdischen Lebens und Wirkens in Eibelstadt ist – neben zahlreichen Urkunden in verschiedenen Archiven – das *Memorbuch* der Jüdischen Gemeinde zu Eibelstadt, das um 1610 angelegt worden ist.

Gedenkstätte in Eichenhausen

Nach der Vertreibung der Juden aus dem Ort emigrierte der größte Teil der „Eibelstadter Juden" nach *Goßmannsdorf;* das Memorbuch wurde dorthin mitgenommen. Dort wurden die Aufzeichnungen bis in die erste Hälfte des 18. Jahrhunderts fortgeführt. Ab 1937 war das Memorbuch verschollen. 1965 tauchte es in einem Antiquariat in London wieder auf und wurde vom „Zentralarchiv für die Geschichte des jüdischen Volkes" in Jerusalem erstanden. Eine Reproduktion des Werkes befindet sich seit 1990 wieder in Eibelstadt.

Eichenbühl (Miltenberg)

Hier existierte ab dem 16. Jahrhundert – möglicherweise auch schon früher – bis zur späten Mitte des 19. Jahrhunderts eine Jüdische Kultusgemeinde. Sie besaß eine Synagoge mit Schulraum, ein Schlachthaus (zum Schächten) und ein Ritualbad mit Brunnen, im Volksmund *„Judenbrunnen"* genannt. In

der jüdischen Schule wurden auch die jüdischen Kinder aus Umpfenbach unterrichtet. Ca. 1876 – die Kultusgemeinde hatte sich schon vorher von allein aufgelöst – verließ der letzte jüdische Bewohner Eichenbühl. Die Gebäude, in denen sich die Kultstätten – Synagoge, Schule, Schächthaus und Mikwe befunden hatten, wurden abgerissen. Von ihnen ist heute nichts mehr erhalten.

Standort der einstigen Synagoge und Schule: Hauptstraße 82.

Standort der einstigen Mikwe und des Brunnens: Hauptstraße 89 (Post).

Eichenhausen (Rhön-Grabfeld)

Hier existierte bis 1938 eine Jüdische Kultusgemeinde. Sie besaß eine 1865 neu erbaute Synagoge (und wahrscheinlich auch eine Mikwe). Diese wurde 1937 an die Dorfverwaltung verkauft und von 1949 bis 1959 als Lagerhalle verwendet. Danach verkam sie immer mehr, so daß sie 1978 bis auf die Grundmauern in einem Meter Höhe abgerissen und auf diesen – heute noch sehr gut sichtbaren Grundmauern – ein Wohnhaus errichtet wurde. So ist heute bis auf die gut sichtbaren Grundmauern nichts mehr erhalten.

Da sich die jetzigen Besitzer des Grundstücks des ehemaligen Synagogengebäudes weigerten, an dem neuen Haus eine Gedenktafel anbringen zu lassen, wurde sie auf der linken Seite des Kriegerdenkmals des Ortes im Jahre 1987 angebracht: „In EICHENHAUSEN bestand bis 1938 eine Jüdische Kultusgemeinde. Die Gemeinde gedenkt ihrer ehemaligen Jüdischen Mitbürger."

Standort der ehemaligen Synagoge: Ortsstraße 37.

Standort der Gedenktafel: Kriegerdenkmal vor dem Friedhof.

Besonderheiten: Die gut sichtbaren Grundmauern der Synagoge sind bis zu einer Höhe von 1 m erhalten.

Grabstein auf dem Friedhof Ermershausen

Erlenbach (Main-Spessart)

Hier existierte nachweislich ab der frühen Mitte des 18. Jahrhunderts bis in die späte zweite Hälfte des 19. Jahrhunderts eine Jüdische Kultusgemeinde. Sie besaß zunächst eine Betstube in einem Privathaus, die 1741 erwähnt wurde, und danach eine 1767 genehmigte und errichtete Synagoge sowie ein bis 1827 nachweisbares Ritualbad. (1748 gab es hier 3 jüdische Haushaltungen, 1814 wohnten 8 Familien mit 28 Menschen am Ort, 1833 sogar 8 Familien mit 44 Menschen, 1849 nur noch 5 Familien.)

Die Synagoge war in keinem guten baulichen Zustand, eine 1849 nötige Reparatur konnte nicht vorgenommen werden. Nach der Auflösung der Jüdischen Gemeinde Erlenbach und dem Anschluß der am Ort verbliebenen Juden an die Jüdische Kultusgemeinde Homburg am 12. 9. 1872 wurde das Synagogengebäude an Privat verkauft und von da ab als Wohnhaus genutzt.

Das ehemalige Synagogengebäude ist heute noch erhalten. Es befindet sich als Wohnhaus in Privatbesitz.

Standort: Gebäude Ecke Reußenberg/Am Altenberg 2.

Ermershausen (Haßberge)

Hier existierte bis 1942 eine Jüdische Gemeinde. Sie besaß eine Synagoge, eine einklassige Schule, eine Mikwe und einen Friedhof. Das 1850 errichtete Synagogengebäude wurde 1938 innen zerstört, die Ritualien vernichtet. Das Gebäude besteht heute noch. Nach baulichen Veränderungen, in der Bausubstanz jedoch voll erhalten, wird es als Wohnhaus verwendet.

Standort: Hauptstraße 33 (Haus neben der Kreissparkasse).

Besonderheiten: Recht imposantes Gebäude; ungewöhnlicher Vorbau; einige Originalfenster vorhanden; eine Gedenktafel an der Außenmauer des Friedhofes weist auf die Existenz dieser Gemeinde hin: „Zum Gedenken an unsere ehemaligen jüdischen Mitbürger aus ERMERSHAUSEN und MAROLDSWEISACH ZUR ERINNERUNG UND MAHNUNG."

Lage des Friedhofs: Rechts der Straße von Ermershausen nach Maroldsweisach am Waldrand.

Standort: Von Ermershausen kommend fährt man ca. 2 km in Richtung Maroldsweisach. An der ersten steilen Kuppe biegt man rechts ab und fährt noch 150 m bis zum Waldrand (auf einem Feldweg). Direkt am Waldbeginn biegt man nach rechts ab und geht über eine sehr feuchte Wiese die restlichen 50 m zum Friedhofseingang.

Zustand: Insgesamt gepflegt.

Allgemeine Übersicht: Steinmauer; ein Holztor; viele sehr schöne und kunstvolle Grabsteine; kleiner Friedhof; links vom Eingangstor weist eine Gedenktafel mit folgenden Worten auf die Existenz der Gemeinden Maroldsweisach und Ermershausen hin: „Zum Gedenken an unsere ehemaligen jüdischen Mitbürger aus ERMERSHAUSEN und MAROLDSWEISACH ZUR ERINNERUNG UND MAHNUNG."

Priestergrab in Euerbach

Eschau (Miltenberg)

Hier existierte bis 1937 eine Jüdische Kultusgemeinde. Sie besaß eine 1810 erbaute Synagoge mit einem Schulraum und ein Ritualbad. Die Synagoge wurde veräußert und nach dem Krieg bis ca. 1975 als landwirtschaftliches Nutzungsgebäude (Stall, Futterraum, u. a. m.) genutzt, bevor sie 1977 abgerissen und an ihrer Stelle eine Scheune errichtet wurde.

Standort: Am Matzenberg 4.

Estenfeld (Würzburg)

Hier existierte bis 1942 eine Jüdische Kultusgemeinde. Sie besaß eine im Jahre 1808 neu errichtete Synagoge (es gab wahrscheinlich schon vorher eine Synagoge am gleichen Platz), einen Schulraum und eine Mikwe. Bis 1990 war die Synagoge in ihrer Bausubstanz noch vollständig erhalten. Sie befand sich in Privatbesitz und wurde als Wohnhaus genutzt. 1990 wurde das einstige Kultgebäude im Zuge eines Lebensmittelmarktumbaus mit Genehmigung des zuständigen Landratsamtes abgerissen. Von der ehemaligen Synagoge ist heute n i c h t s mehr erhalten.

Standort: Grundstück Untere Straße 2.

Euerbach (Schweinfurt)

Hier existierte von 1555 bis zum Juli 1901 eine Jüdische Kultusgemeinde (1800 lebten 55 Juden im Ort, 1832 waren es 14 Familien mit 70 Mitgliedern). Sie besaß nachweislich eine Synagoge, eine Schule, eine Mikwe, einen Friedhof und eine Abstellhalle für den Leichenwagen.

Die Synagoge war nach Auflösung der Gemeinde an Privatleute verkauft worden. Diese ließen das Gebäude um ca. 1920 herum abreißen und errichteten auf seinen Grundmauern ein Wohnhaus. Auch das Schulgebäude wurde abgerissen und durch ein neues Bauwerk ersetzt. Der Standort der Mikwe konnte bis jetzt trotz intensivster Recherchen noch nicht ermittelt werden, während die „Abstellhalle" für den Leichenwagen – natürlich in anderer Funktion – heute noch existiert.

Standort der ehemaligen Synagoge: Kirchgasse 11 (Hinterhaus).

Standort der ehemaligen „Judenschule": Kirchgasse 16.

Lage des Friedhofs: Kurz außerhalb des Ortes in Richtung Obbach am Waldrand rechts der Straße.

Levitengrab in Euerbach   Synagoge Fechenbach

Standort: Man verläßt Euerbach in Richtung Obbach. Ca. 200 m hinter dem Ort muß man rechts abbiegen und dem weißen Hinweisschild „Judenfriedhof" noch ca. 100 m auf dem Feldweg folgen. Dann biegt man links auf einen Feldrain ein und gelangt nach weiteren 50 m vor das Friedhofstor.

Zustand: Sehr ordentlich.

Allgemeine Übersicht: Drahtzaun rund um den Friedhof; rechts neben dem Eingang ganz alter, dahinter alter Teil (mit Stufen, die dazu hinaufführen); nach dem Eingangstor neuerer, dahinter wieder etwas älterer Teil; sehr viele sehr schöne und z. T. sehr kunstvolle Grabsteine; recht viele Bäume; ein Tor; Überreste eines Taharahauses erahnbar.

Fechenbach (Miltenberg)

Hier existierte bis Januar 1939 eine Jüdische Kultusgemeinde. Sie besaß eine vor 1868 erbaute und 1868 reparierte Synagoge, eine Mikwe und ein ebenfalls 1868 renoviertes Schulhaus.

Die Inneneinrichtung der Synagoge wurde 1938 vernichtet, die Synagoge selbst, das Ritualbad und die Schule wurden nur geringfügig beschädigt.

Synagogen- und Schulgebäude, die zusammengebaut sind und eine Einheit darstellen, stehen heute noch. Sie befinden sich in Privatbesitz. Während das ehemalige Schulhaus schon seit Jahren als Wohnhaus benutzt wird, diente die Synagoge bis 1985 als Werkstatt und stand danach leer. Seit 1988 wird sie als Wohnhaus umgebaut. Nach Fertigstellung der Umbaumaßnahmen soll eine Gedenktafel mit folgender Inschrift an dem Hause angebracht werden: „Dieses Gebäude diente der Israelitischen Kultusgemeinde in Fechenbach als Synagoge bis 1938. Zur Erinnerung und Mahnung."

Standort: Kleine Gasse 12.

Besonderheiten: Fenster noch im Original erhalten; gesamte Bausubstanz noch fast im Original vorhanden.

Im Dezember 1987 abgerissene Mikwe in Frankenwinheim

Frankenwinheim (Schweinfurt)

Hier existierte bis 1942 eine Jüdische Kultusgemeinde. Sie besaß eine vor 1854 erbaute
und 1910 renovierte Synagoge mit Gemeindehaus und daneben ein Ritualbad. Alle Gebäude wurden 1938 beschädigt, die Inneneinrichtung und die Ritualien zerstört.

Das Synagogengebäude ist heute noch vorhanden. Es befindet sich in Privatbesitz und
wird augenblicklich nicht genutzt, sondern
steht da als gut erhaltene, immer mehr dem
Verfall preisgegebene Ruine (das Dach ist
renoviert!). Das Innere verrottet im Laufe der
Zeit.

Standort: Hinter dem Haus Judengasse 7,
ganz am Ende der Gasse.

Besonderheiten: Imposanter roter Backsteinbau; Bausubstanz noch vollständig erhalten,
innen verrottet.

Die Mikwe, rechts neben dem Synagogengebäude stehend, wurde im Dezember 1987
abgerissen.

Die Gemeinde Frankenwinheim errichtete an
einer Mauer eine steinerne Gedenktafel mit
folgender Inschrift: „DIE EHEM. SYNAGOGE
DER JÜDISCHEN GEMEINDE VON FRAN-
KENWINHEIM STEHT IN DER JUDENGASSE
6. ZUR ERINNERUNG UND MAHNUNG."

Standort der Gedenktafel: Mauer vor dem
Haus Julius-Echter-Straße 1 (links davon Ein-
gang zur Judengasse) auf der Schallfelder
Straße.

Rundbögen der ehemaligen Synagoge
in Friesenhausen

Mikwe in Friesenhausen

Freudenberg (Miltenberg)

Hier existierte bis 1298 eine Jüdische Kultusgemeinde. Sie wurde im Zuge der „Rindfleisch-Verfolgung", vermutlich im gleichen
Jahr, ausgerottet.
Außer dieser gesicherten Tatsache gibt es
heute keine weiteren Zeugnisse jüdischer
Vergangenheit mehr in Freudenberg.

Friesenhausen (Haßberge)

Hier existierte von ungefähr 1825 bis ca.
1870/71 (die Daten sind nicht sicher!) eine
Jüdische Kultusgemeinde. Sie besaß eine
Synagoge und eine Mikwe. Beide ehemaligen Kultbauten sind heute noch erhalten. Sie
befinden sich in Privatbesitz und werden beide als Wohnhäuser benutzt.

Standort der Synagoge: Ortsstraße 27.

Besonderheiten: Originalfenster erhalten;
Rundbögen (aus Holz) unter dem Dach im
Original erhalten; Originaltür im Speicher (mit
Bemalung) erhalten; Spuren der Mesusa an
zwei Türen im Obergeschoß.

Standort der Mikwe: Ortsstraße Nr. 62.

Besonderheiten: Tauchbecken im Original
erhalten (gefüllt mit Wasser, mit Brettern ab-
gedeckt, Stufen führen in das Wasser); Origi-
nal-Treppenstufen und steinerner Rundbo-
gen im Keller erhalten; Spuren der Mesusa an
zwei Türpfosten.

Fuchsstadt (Würzburg)

Hier existierte nachweislich vom Mittelalter
bis 1890 eine Jüdische Kultusgemeinde. Sie
besaß eine Synagoge und mit großer Wahrscheinlichkeit auch eine Mikwe. Nach dem
Wegzug der Juden im Jahre 1890 wurde das
Synagogengebäude an Privatleute verkauft
und diente dann bis zum vollkommenen Abbruch im Jahre 1953 als Scheune. Heute
befindet sich auf dem ehemaligen Synagogengelände eine neue Scheune. Von der früheren Synagoge ist *nichts* mehr erhalten.

Standort: Rote Backsteinscheune am Ende
der Sackgasse zwischen den Häusern
Hauptstraße 17 und 21 (vor bzw. hinter der
Bäckerei Schöpf).

Renoviertes Ritualbad in Gaukönigshofen

Gambach (Main-Spessart)

Hier existierte vermutlich im 16. oder 17. Jahrhundert eine Jüdische Kultusgemeinde, über die jedoch bisher keinerlei schriftliche Unterlagen vorhanden sind.

Die Existenz von Juden in dem Ort bezeugt jedoch eine Dokumentation über die Jüdische Gemeinde Frankfurt/Main, in der über den Beitritt von „Jonas Gamburg aus Gambach im Bayerischen" im Jahre 1690 berichtet wird.

Gaukönigshofen (Würzburg)

Hier existierte ab der Mitte des 18. Jahrhunderts (obwohl Juden schon ab dem 16. Jahrhundert am Ort anwesend waren) bis zum Jahre 1942 eine Jüdische Gemeinde. Sie wohnte in einem Getto, wo sie ab 1768 eine Synagoge mit einer Mikwe im Keller hatte. Die Synagoge wurde 1790 erweitert und anschließend im Jahre 1842 einem umfassenden Um- bzw. Neubau unterzogen, später dann nochmals 1929 renoviert. Ab 1819 be-

saß die Gemeinde eine neue Mikwe, die zur damaligen Zeit sehr modern war; ab 1910 hatte sie dann noch ein an die Synagoge angebautes Gemeindehaus mit Lehrerwohnung, Schulraum und Frauensynagoge (im Obergeschoß) in ihrem Besitz. 1938 wurden die Inneneinrichtungen aller Gebäude (mit Ausnahme der neuen Mikwe) beschädigt, die Ritualien vernichtet. Am 28. 6. 1939 erwarb die Gemeinde Gaukönigshofen die Synagoge mit Schule und Lehrerwohnung.

Synagoge mit Gemeindehaus und neue Mikwe sind heute noch vorhanden. Die Synagoge diente bis 1988 als Wohnung mit angrenzendem Lagerhaus; danach wurde sie – nun wieder im Besitz der Gemeinde Gaukönigshofen – im Auftrage des Landkreises Würzburg renoviert und beherbergt ab dem 16. 10. 1988 die Gedenkstätte des Landkreises Würzburg für die in der NS-Zeit ermordeten Juden. Der frühere Synagogenraum dient als Gedenkraum; er wurde – allerdings ohne Bima – fast originalgetreu renoviert; in den anschließenden Räumen – dem früheren Schulraum, der Lehrerwohnung und der ehemaligen Frauensynagoge – ist jetzt eine

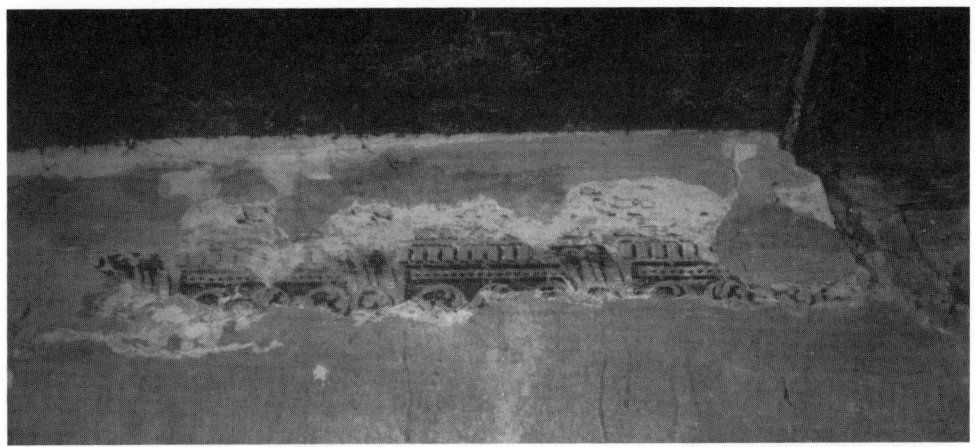

Ornamente in der Mikwe in Gaukönigshofen

Dauerausstellung untergebracht. Die Mikwe, 1819 errichtet, die noch fast vollständig erhalten ist (die Kacheln des Tauchbeckens sind noch im Original komplett vorhanden, z. T. war die Bemalung an den Wänden gut zu sehen), hatte bis 1988 die Funktion eines Abstellraumes für einen landwirtschaftlichen Betrieb. Nach 1988 wurde sie renoviert und ist heute – im Besitz der Gemeinde – ein Kulturgut, das sehr anschaulich exemplarisch ein jüdisches Ritualbad zeigt.

An der Außenwand der Synagoge ist eine Bronzetafel installiert, die unter einem Davidstern folgende Inschrift trägt: „JÜDISCHE GEDENKSTÄTTE des Landkreises Ehemalige Synagoge Gaukönigshofen erbaut 1790 renoviert 1988."

Standorte der Gebäude:

Synagoge: Am Königshof 22 (früher *„Judengasse 94").*

Mikwe: Am Königshof 16 (früher *Judengasse).*

Besonderheiten: Die Fenster der Synagoge – auch das halbe Rundfenster an der Ostwand – sind im Original erhalten; Spuren der Mesusa sind an der Tür sehr gut erkennbar; Aron Hakodesch renoviert, ebenso ein Teil der Innenbemalung der Synagoge.

Geiselwind (Kitzingen)

Hier existierte möglicherweise bis 1880 eine sehr kleine Jüdische Kultusgemeinde, über die jedoch keinerlei urkundliche Beweise vorliegen. Bekannt ist lediglich, daß es hier im 19. Jahrhundert 20 jüdische Einwohner – unter ihnen zwei schulpflichtige Kinder – gab. Trotz sehr intensiver Recherchen konnten bisher keinerlei weitere Informationen über eine mögliche Kultusgemeinde in Geiselwind gewonnen werden.

Geldersheim (Schweinfurt)

Hier existierte nachweislich von 1651 bis zum Juli 1901 eine Jüdische Kultusgemeinde (1751 wohnten 6 Judenfamilien mit 40 Menschen am Ort). Sie besaß eine eigene Synagoge und mit großer Sicherheit auch eine Mikwe. Trotz intensivster Recherchen war es leider nicht möglich, den Standort der beiden Kultgebäude zu ermitteln.

Gemünden (Main-Spessart)

Hier existierte bis 1938 eine streng orthodoxe Jüdische Gemeinde. Sie besaß eine 1887 erbaute und 1932 renovierte Synagoge, eine Mikwe und einen Schulraum. Die Synagoge wurde 1938 erheblich beschädigt, die Inneneinrichtung und die Ritualien vollständig zer-

Synagoge Geroda

stört. Nach dem Kriege wurde das Synagogengebäude abgerissen. Von der Synagoge
ist heute nichts mehr vorhanden. An ihrer
Stelle befindet sich jetzt ein Parkplatz.

Standort: Parkplatz vor der Plattnersgasse
(die Synagoge stand vor dem grünen Haus).

Besonderheiten: Eine Gedenktafel weist heute auf die ehemalige Synagoge hin: „Bis zur
Kriegszerstörung im Jahre 1945 stand hier
die Synagoge der Jüdischen Kultusgemeinde Gemünden a. Main" (in hebr. „Beit Haknesset Gemünden").

Geroda (Bad Kissingen)

Hier existierte vom 17. Jahrhundert an – vielleicht aber auch schon früher – bis 1942 eine
Jüdische Kultusgemeinde. Sie besaß eine
1907 erbaute Synagoge (Die „alte" Synagoge
in der Dorfstraße 11 war nach dem Synagogenneubau 1907 an den Geschäftsmann
Bernhard Strauss ‹Manufakturwaren und Maschinen› verkauft und von diesem nach einem Um- und Anbau als Geschäftshaus genutzt worden. Sie wurde erst in den 70er
Jahren abgerissen und durch ein modernes

Wohnhaus in der Dorfstraße 11 ersetzt; das
Haus der Familie Strauss besteht heute
noch!), eine Mikwe (eine alte Mikwe am Bach
war um die Jahrhundertwende durch die
neue in der Nähe der Synagoge ersetzt worden), ein Schulhaus mit Lehrerwohnung unten und Klassenräumen für den Religionsunterricht im oberen Stock und einen Friedhof.
Die Inneneinrichtungen aller Baulichkeiten –
mit Ausnahme der profanisierten „alten Synagoge" – wurden 1938 zerstört.
Die Gebäude der Synagoge, der Religionsschule und der Mikwe sind heute noch erhalten. Die Synagoge befindet sich – durch den
Anbau eines Eingangs (die Eingangstür hatte
ursprünglich die gleiche Rundbogenform wie
die Fenster noch heute) und eines Querhau-
ses baulich etwas verändert – im Besitz der
politischen Gemeinde Geroda und wird als
Versammlungsraum genutzt (im Sommer, im
Winter ist es dort zu kalt), nachdem sie vorher als Übungsraum für die örtliche Blaska-
pelle gedient hatte. Eine Gedenktafel mit folgendem Wortlaut – an der ehemaligen Synagoge installiert – erinnert an die frühere
Funktion des Bauwerks: „Dieses Gebäude,
erbaut im Jahre 1907, die Inneneinrichtung

Priestergrab in Geroda

wurde 1938 in der Pogromnacht zerstört, diente der Jüdischen Kultusgemeinde GE-RODA als Synagoge. ZUR ERINNERUNG UND MAHNUNG."

Standort der „alten" Synagoge: Dorfstraße 11.

Standort der „neuen" Synagoge: „Synagoge hinter der Kirche", zu erreichen über das Grundstück „Kirchberg 3" (= ehemaliges Gemeindehaus mit Schulräumen, Lehrerwohnung, daneben die Mikwe).

Standort Gemeindehaus: Kirchberg 3.

Besonderheiten: Rundbogenfenster und eigentliche Bausubstanz fast noch im Original erhalten.

Lage des Friedhofs: Wald westlich von Geroda.

Standort: Von der Autobahn kommend fährt man in die Ortsmitte von Geroda und biegt hier, in der „Kissinger Straße", an einem Textilgeschäft links in die Dorfstraße ein. Dieser folgt man immer geradeaus bis zu einer Landmaschinenhandlung. Hinter dieser biegt man in den „Viereichenweg" nach links ab. Diesem asphaltierten Feldweg folgt man geradeaus bis zum Waldrand. Genau vor dem

Waldrand biegt man (jetzt zu Fuß!) nach rechts ab, geht am Waldsaum einige provisorische Treppen im Erdreich hinunter und steht nach ca. 30 m vor dem Eingangstor des Friedhofes.

Zustand: Gepflegt.

Allgemeine Übersicht: Ca. 40–50 Grabsteine; mit Bäumen als „lebender Zaun" rundum, fast der Sicht entzogen; ein Eisentor (mit schönem Magen David); neuer Maschendrahtzaun rund um den Friedhof; kleine Friedhofsfläche; fast nur neuere Grabsteine.

Geroldshausen (Würzburg)

Hier existierte bis ca. 1941 eine Jüdische Gemeinde. Sie besaß eine vor 1850 erbaute Synagoge und eine Mikwe. Das ehemalige Synagogengebäude ist heute noch vorhanden. Es befindet sich in Privatbesitz und wird – nach Umbaumaßnahmen – heute als Wohnhaus benutzt.

Standort: Hauptstraße 12 (früher „Im Judenhof").

Besonderheiten: Bausubstanz noch fast vollständig erhalten; einige Originalfenster sind zugemauert, andere noch vorhanden.

Gerolzhofen (Schweinfurt)

Hier existierte seit dem Beginn des 18. Jahrhunderts (möglicherweise auch schon eher, denn die Anwesenheit von Juden ist schon im 12. Jahrhundert und in den Jahren 1333–1345 und 1414 urkundlich erwähnt) bis 1942 eine Jüdische Gemeinde. Sie besaß eine 1830 erbaute Synagoge, eine Schule, ein Ritualbad und einen vor 1715 existierenden Friedhof. Alle Baulichkeiten wurden 1938 nur im Inneren demoliert. Die Synagoge, am 17. 7. 1939 verkauft, ist als Bauwerk noch vorhanden. Sie befindet sich in Privatbesitz und wird teilweise als Friseursalon, teilweise als Naturheilpraxis mit Wohnung genutzt.

Standort: Steingrabenstraße 51.

Besonderheiten: Rundbogenfenster noch erkennbar und z. T. erhalten. In der Nähe der früheren Synagoge hat die Stadt Gerolzhofen im Jahre 1988 einen Gedenkstein mit der

Synagoge Geroldshausen

folgenden Inschrift aufgestellt: „DIE STADT
GEDENKT IHRER EHEMALIGEN JÜDI-
SCHEN MITBÜRGER ZUR ERINNERUNG
UND MAHNUNG."

Standort: Grundstück zwischen Schuhstraße
10 und 16, vor 12 und gegenüber Schuhstraße 15.

Lage des Friedhofs: Rechts der Schnellstraße Neustadt/Aisch–Schweinfurt, auf dem
„Kapellenberg".

Standort: Ausfahrt von der Schnellstraße in
Gerolzhofen-Süd, danach Abbiegen in Richtung Michelau/Steigerwald. Die erste Nebenstraße rechts muß man einbiegen und dann
dem Hinweisschild „JUDENFRIEDHOF" folgen. Man fährt diese asphaltierte Feldstraße
bis zum Ende, biegt dann rechts ab und fährt
noch ca. 200 m, bis parallel zu dem Feldweg
die Schnellstraße (hinter den Büschen) verläuft. Hier stellt man das Auto ab und geht
dann zu Fuß zum Friedhofseingang.

Zustand: Ordentlich.

Gedenkstein für die Synagoge Gerolzhofen

Allgemeine Übersicht: Massive Steinmauer (mit Stacheldraht gesichert) rund um den Friedhof; zweistöckige, renovierte Leichenhalle; zwei stabile Gittertore; ganz alter, alter und neuerer Teil; einige Grabsteine stehen im Winkel von 90° zu den anderen.

Giebelstadt (Würzburg)

Hier existierte ab ca. 1740 bis 1941 eine Jüdische Kultusgemeinde. Sie besaß eine nach dem Plan von Zimmerermeister Johann Scheckenbach aus Giebelstadt 1911 neu erbaute Synagoge (eine erste, 1799 errichtete Synagoge war zu diesem Zeitpunkt unbrauchbar geworden und daher durch den Neubau ersetzt worden), ein Ritualbad und eine einklassige Schule.

Die Synagoge wurde am 10. 11. 1938 von Angehörigen der NSDAP und der SA demoliert und geschändet, die Ritualien wurden

Synagoge Gerolzhofen

Friedhof Gerolzhofen

Synagoge Gleusdorf

vernichtet, das Gebäude jedoch nicht abgebrannt. Es wurde im Sommer 1939 abgerissen, nachdem es vorher mit dem dazugehörigen Grundstück vom Vorgänger des jetzigen Besitzers gekauft worden war.

An der Stelle der ehemaligen Synagoge, von der nichts mehr erhalten ist, steht heute ein Wohnhaus.

Eine (nach neuesten Erkenntnissen, die auf intensiven Recherchen beruhen, heute inhaltlich nicht mehr korrekte) Gedenktafel im Treppenhaus des Rathauses weist auf die frühere Existenz der Kultusgemeinde und ihrer Synagoge hin: „Im Gemeindebereich bestand bis 1941 eine jüdische Gemeinde. Die 1799 erbaute Synagoge wurde 1938 geschändet und 1944 abgebrochen. Der Markt GIEBELSTADT gedenkt seiner ehemaligen jüdischen Kultusgemeinde."

Standort der Synagoge: Mergentheimer Straße 20.

Nach 1945 gab es in Giebelstadt kurzzeitig wieder eine Jüdische Kultusgemeinde – eine sog. UNRRA-Gemeinde – die sich aus KZ-Opfern zusammensetzte, die hier auf ihre Auswanderung nach Israel oder in andere Länder in einem DP-Camp in der sog. „Ostsiedlung" und in der „Westsiedlung" warte-

ten. Diese Juden hielten ihre Gottesdienste in einem ihnen eigens zu diesem Zweck zur Verfügung gestellten Haus ab, das früher der Menonnitengemeinde als Bethaus gedient hatte. Nachdem sich die UNRRA-Gemeinde aufgelöst hatte und kein Bedarf mehr für eine Synagoge bestand, ging das Gebäude in den Besitz der evangelischen Kirchengemeinde über. Heute wird es als Wohnhaus genutzt.

Standort: Mergentheimer Straße 31.

Gleusdorf (Haßberge)

Hier existierte wahrscheinlich ab ca. 1520 bis zum Jahre 1909 eine Jüdische Gemeinde. Sie besaß eine Synagoge und eine Religionsschule. Die Synagoge ist heute noch erhalten. Sie befindet sich in Privatbesitz und wird heute als Mehrzweckraum (Werkstatt, Abstellraum, u. a. m.) genutzt.

Standort: Dorfstraße 3 (Nebengebäude rechts).

Besonderheiten: Bausubstanz ist noch relativ vollständig erhalten; Originaltüren und -fenster erhalten; blauer Innenanstrich und Spuren des Thoraschreins erkennbar; in dem Ort ein ins Auge fallendes Bauwerk.

65

Gedenkstein in Goldbach

Gnodstadt (Kitzingen)

Hier existierte bis 1933 eine Jüdische Gemeinde. Sie besaß eine Synagoge, deren Erbauungsdatum unbekannt ist. Dieses Bauwerk wurde 1936 an Privatleute verkauft und von da ab als Wohnhaus genutzt. Das Gebäude ist heute noch vorhanden, aber stark umgebaut.
Die Anbringung einer Gedenktafel mit folgendem Wortlaut ist geplant: „In GNODSTADT bestand bis 1933 eine Jüdische Kultusgemeinde. Synagoge Schulgartenweg 1. Zur Erinnerung und Mahnung. Die Gemeinde gedenkt ihrer ehemaligen jüdischen Mitbürger."

Standort: Schulgartenweg 1.

Besonderheiten: Originalfassade mit vier Fenstern erhalten; angeblich sind Überreste einer Mikwe im Kellerraum vorhanden.

Gochsheim (Schweinfurt)

Hier bestand bis 1937 eine Jüdische Gemeinde. Sie besaß eine 1754 erbaute und 1920 renovierte Synagoge, eine Mikwe und eine einklassige Schule. Über Ausschreitun-

gen 1938 ist nichts bekannt. Die Synagoge ist heute noch vorhanden. Sie befindet sich in Privatbesitz und wird als Wohnhaus genutzt, nachdem sie baulichen Veränderungen unterworfen worden ist.
Die Gemeinde Gochsheim plant die Anbringung einer Gedenktafel mit dem folgenden Wortlaut an der ehemaligen Synagoge (die Tafel ist bereits vorhanden): „Zum Gedenken an unsere jüdischen Mitbürger, die im Anwesen Judenhof 16/18 bis 1937 eine Synagoge und ein Ritualbad hatten."

Standort: Judenhof 16.

Besonderheiten: Ehemals große Rundbogenfenster noch erkennbar.

Goldbach (Aschaffenburg)

Hier existierte bis 1942 eine Jüdische Gemeinde. Sie besaß eine 1818 erbaute Synagoge, eine Mikwe und eine einklassige Schule. Die Synagoge wurde, nachdem die Inneneinrichtung 1938 zerstört worden war, einem Dorfbewohner verkauft. Sie wurde später abgerissen. Mikwe und Schule waren schon 1938 zerstört worden. Die Synagoge ist heute nicht mehr vorhanden. Ein Garten befindet sich augenblicklich an ihrer Stelle.

Standort: Gartengrundstück zwischen Anwesen Sachsenhausen 4–6.

Besonderheiten: Ein Gedenkstein mit folgender Inschrift – im Jahre 1987 gegenüber dem Synagogengrundstück auf der gegenüberliegenden Straßenseite vor einem Parkplatz aufgestellt – erinnert an die frühere Existenz der Synagoge: „ÜBERWINDET DAS BÖSE MIT DEM GUTEN – ZUM GEDENKEN AN DIE JÜDISCHEN MITBÜRGER UNSERER GEMEINDE UND DIE AM 9. NOVEMBER 1938 ZERSTÖRTE SYNAGOGE."

Goßmannsdorf (Würzburg)

Hier existierte vom Jahre 1510 bis zum Frühjahr 1938 eine Jüdische Kultusgemeinde. Sie besaß eine 1765 erbaute Synagoge, ein Gemeindehaus mit Schulräumen und eine Mikwe. Die Innenausstattung der Synagoge und die Ritualien wurden 1938 vernichtet. Am 21. 1. 1939 wurde das Gebäude dann von der Gemeinde Goßmannsdorf gekauft. Die

Synagoge ist heute noch (in Fragmenten) erhalten: Umgebaut (und erweitert) befindet sie sich als Wohnhaus in Privatbesitz.

Standort: Hauptstraße 29.

Besonderheiten: Von der Synagoge sind zur Straßenseite (laut Auskunft der jetzigen Besitzer) nur noch Mauerreste erhalten; an der linken Seite des Hauses (gegenüber dem Garten) ist die bauliche Ausbuchtung, in der sich der Aron Hakodesch befand, noch sehr gut sichtbar, ebenso einige Originalfenster; auf dieser Seite ist also die ganze Wand fast vollständig im Original erhalten.

Greußenheim (Würzburg)

Hier existierte bis wahrscheinlich 1923 eine kleine Jüdische Kultusgemeinde. Sie besaß eine 1850 erbaute Synagoge. Diese wurde im Jahre 1934 verkauft. Das Gebäude besteht heute noch. Es befindet sich in Privatbesitz und dient als Raiffeisen-Lagerhalle.

Standort: Raiffeisenstraße 2.

Besonderheiten: Bausubstanz noch erhalten; Giebelfenster vermutlich im Original erhalten.

Ehemalige Synagoge Großlangheim

Großlangheim (Kitzingen)

Hier existierte bis 1942 eine Jüdische Gemeinde. Sie besaß eine 1837 erbaute Synagoge und ein Gemeindehaus. 1938 wurde das Inventar der Synagoge vernichtet. Das Synagogengebäude ist heute noch erhalten. Es befindet sich im Besitz der Gemeinde und wird als Feuerwehrhaus benutzt.

Eine Gedenktafel mit folgendem Wortlaut – am ehemaligen Synagogengebäude rechts angebracht – weist auf die frühere Funktion des Bauwerks hin: „Dieses Gebäude, dessen Inneneinrichtung in der Progromnacht 1938 vernichtet wurde, diente der Jüdischen Kultusgemeinde GROSSLANGHEIM als Synagoge. Zur Erinnerung und zum Andenken an unsere ehemaligen jüdischen Mitbürger."

Standort: Schloßhof ohne Nummer.

Besonderheiten: Als ehemaliger „Sakralbau" durch die noch vorhandenen „Rundbogenfenster" gut erkennbar.

Großostheim (Aschaffenburg)

Hier existierte bis 1942 eine Jüdische Kultusgemeinde. Sie besaß eine 1751 erbaute und um 1900 renovierte Synagoge und ein Ritualbad, das 1911 außer Betrieb gestellt wurde. Beide Baulichkeiten wurden 1938 beschädigt. Das ehemalige Synagogengebäude ist heute noch vorhanden. Es befindet sich in Privatbesitz und wird – nach umfassenden Umbau- und Modernisierungsmaßnahmen – gegenwärtig als Wohnhaus benutzt.

Standort der ehemaligen Synagoge: Hinterhof des Grundstücks „Breite Straße Nr. 53". Das Gebäude ist nur durch das Tor des Hauses Breite Straße 53 zu erreichen.

Besonderheiten: Ehemaliges Synagogengebäude ist als Bausubstanz – wenn auch total umgebaut – noch gut erhalten.
Die Mikwe wurde zwischen 1938 und 1945 abgerissen.

Standort der Mikwe: Ecke Bachstraße (Am Wildgraben).

Das Haus der Viehhändler Simon Ehrmann und Josef Wertheimer, in der Pogromnacht ebenfalls verwüstet, existiert heute auch noch. Es steht unter Denkmalschutz, droht aber zu zerfallen. Da es an exponierter Stelle

Haus der Viehhändler Ehrmann/Wertheimer in Großostheim

steht, machte die Gemeinde Großostheim ein Vorkaufsrecht geltend, um es zu sanieren.

Standort: Breite Straße 24/Ecke Turmstraße.

Am 24. 11. 1991 wurde am alten Rathaus ein Gedenkstein für die ehemaligen jüdischen Bürger des Ortes mit der folgenden Inschrift enthüllt: „Jesaja 48,18 HÄTTEST DU DOCH AUF MEINE GEBOTE GEACHTET DEIN GLÜCK WÄRE WIE EIN STROM UND DEIN HEIL WIE DIE WOGEN DES MEERES" „ZUM GEDENKEN AN DAS SCHICKSAL UNSERER JÜDISCHEN MITBÜRGER."

Standort: Altes Rathaus in der „Breiten Straße".

Gedenkplakette für die JKG Großostheim

Großwallstadt (Miltenberg)

Hier existiert seit Beginn des 18. Jahrhunderts – vielleicht aber auch schon früher – eine Jüdische Kultusgemeinde. Sie besaß eine Synagoge und eine Schule; beide Kultbauten befanden sich in zwei Zimmern, die an dem Haus angebaut waren, das gegen die Scheune der Bürger Markert und Gelbert angrenzte. Die Gemeinde löste sich ca. 1874 durch Wegzug der Juden von alleine auf. Bei einem Brand in der Turmgasse – in dieser war der Standort der Synagoge und der Schule – wurden im Jahre 1884 beide Kultbauten vernichtet.

Standort der früheren Synagoge und Schule: Turmstraße 4.

Hammelburg (Bad Kissingen)

Hier bestand bis 1939 eine Jüdische Gemeinde. Sie besaß eine 1800 erbaute und 1895 renovierte Synagoge, ein Gemeindehaus, eine Mikwe und eine Schule, in der die Kinder täglich streng orthodoxen Religionsunterricht erhielten. Die Baulichkeiten wurden 1938 geringfügig beschädigt, die Inneneinrichtungen hingegen vollständig. Die ehemalige Synagoge ist heute als Gebäude noch vollständig erhalten. Nachdem sie im NS-Deutschland der NSDAP-Ortsgruppe zur Verfügung gestanden hatte, befindet sie sich heute in Privatbesitz und dient, nach einigen baulichen Veränderungen, als Wohnhaus.

Standort: Rückseite: Gegenüber Haus „Obere Stadtmauer 35".

Vorderseite: Hinterhof des Anwesens „Dalberstraße 57".

Besonderheiten: Ein großes rechteckiges Originalfenster an der Rückfront; ein rundes Originalfenster ebenfalls an der Rückfront; an der rechten Hausseite zwei zugemauerte Originalfenster; Eingangstüre (original) an der Vorderseite.

Haselbach in der Rhön (Rhön-Grabfeld)

Hier existierte möglicherweise vom 17. Jahrhundert bis in die späte zweite Hälfte des 19. Jahrhunderts eine sehr kleine Jüdische Kultusgemeinde, über die jedoch keinerlei urkundliche Beweise vorliegen. Bekannt ist lediglich, daß es im Jahre 1813 im Ort 16 jüdische Einwohner gab. Trotz intensiver Recherchen konnten bisher keinerlei weitere Informationen über eine mögliche Israelitische Kultusgemeinde Haselbach gewonnen werden.

Haßfurt (Haßberge)

Hier existierte ab dem 15. Jahrhundert – möglicherweise aber auch schon früher – (eine Urkunde von 1427 belegt, daß die Stadt Haßfurt die Erlaubnis hatte, Juden aufzunehmen) – bis 1942 eine Jüdische Kultusgemeinde. Sie besaß eine 1888 erbaute und 1907 renovierte Synagoge, eine Mikwe, ei-

Synagoge Haßfurt

nen Unterrichtsraum und eine Lehrerwohnung. Die Inneneinrichtung der Synagoge wurde 1938 zerstört, die Ritualien (auch die der vor 1910 aufgelösten Kultusgemeinden Wonfurt, Obereuerheim und Zeil/Main) wurden vernichtet.
Die Synagoge ist heute noch vorhanden. Sie wird, nach zahlreichen Umbauten, gegenwärtig teilweise als Möbelgeschäft, teilweise als Phonogeschäft genutzt.
Eine sehr geschmackvolle Tafel mit folgendem Wortlaut weist auf die frühere Funktion des Gebäudes hin: „In diesem Haus befand sich die 1888 erbaute und 1907 erweiterte Synagoge der Israelitischen Kultusgemeinde Haßfurt. Ihre Einrichtung wurde am 10. 11. 1938 durch die damaligen Machthaber zerstört. Die letzten jüdischen Mitbürger Haßfurts wurden 1942 in Vernichtungslager deportiert."

Standort: Schlesingerstraße 9.

Besonderheiten: Bausubstanz zum größten Teil erhalten; einige Fensteröffnungen im Original erhalten.

Am 10. 11. 1988 wurde an der oberen Promenade (= Grünanlage gegenüber dem Bahnhof) ein im Auftrage der Stadt Haßfurt von der israelischen Künstlerin *Chana Pines* geschaffenes Denkmal enthüllt, das an die ehemaligen jüdischen Bewohner der Stadt erinnert. An diesem Denkmal ist – in hebräischer und deutscher Sprache – die folgende Inschrift zu lesen: „Das Leben und den Tod habe ich dir vorgelegt, den Segen und den Fluch; wähle das Leben, damit du selber lebst und deine Nachkommen. Deuteronomium 30,19."

Standort: Obere Promenade (Grünanlage zwischen dem Bahnhof und der Stadt).

Hausen (Miltenberg)

Lage des Friedhofs: Südöstlich des Ortes am Waldesrand.

Standort: Von Hofstetten kommend fährt man durch den Ort in Richtung Leitersbach. Kurz vor dem Ortsende, ca. 300 m nachdem man die Kirche links passiert hat, befindet sich, ebenfalls auf der linken Straßenseite, ein Spiegel (für den Verkehr). Genau an diesem Spiegel biegt man rechts in den Eichelsbacher Weg ein und fährt diesen Weg, auch als er geschottert ist, immer geradeaus weiter bis zum Waldrand.
Hier befindet sich ein Grundstück, das die Bezeichnung *„Judenfriedhof"* hat; darauf befindet sich heute ein Rastplatz, den der Heimatverein errichtet hat. Von einem Friedhof ist – außer dem Namen – nichts mehr erhalten.
Es ist mit großer Sicherheit anzunehmen, daß sich auf diesem Areal vor langer Zeit ein jüdischer Friedhof befunden hat, von dem jedoch – außer dem Namen – nichts mehr erhalten geblieben ist.

Hausen (Rhön-Grabfeld)

Hier existierte wohl schon (kann jedoch nicht urkundlich belegt werden!) seit dem 17. Jahrhundert bis ca. Mitte des 19. Jahrhunderts eine kleine Jüdische Gemeinde, denn 1715 lebten im Ort 20 Juden; 1740 sind 4 jüdische Familien nachgewiesen, die im adeligen Freihaus der Herren v. d. Tann („Tannischer Hof") lebten; 1810/11 gab es hier immer noch fünf jüdische Haushalte. Die Juden besaßen mit großer Wahrscheinlichkeit eine Betstube in einem der von ihnen bewohnten Häuser;

bekannt sind die Standorte von zwei früheren „Judenhäusern".

Standorte: Früheres Haus Nr. 13 („Tannischer Hof") – heute Haus „Am Kellerbrunnen 1" und früheres Haus Nr. 65 – heute Haus „Fladunger Straße 1" (= Bestandteil des heutigen Rathauses der Gemeinde Hausen).

Die Juden von Hausen besaßen mit relativ großer Sicherheit einen Friedhof, der auf Rother Gemarkung, und zwar unmittelbar südlich bzw. südwestlich des Hofes Reupers lag. Noch im Urkataster aus der Mitte des 19. Jahrhunderts trägt das Grundstück den Namen *„Judenkirchhof* jetzt Hohenstein". Irgendwelche Überreste eines Friedhofs, der wohl gegen Ende des 18. Jahrhunderts aufgegeben worden war – im 19. Jahrhundert wurden die Hausener Juden auf dem Friedhof bei Neustädtles begraben – konnten nicht gefunden werden. Außer dem historischen Namen *„Judenkirchhof"*, den Standorten der beiden „Judenhäuser" und den schriftlichen Dokumenten in den Archiven gibt es heute keine weiteren Zeugnisse jüdischen Lebens mehr in Hausen.

Heßdorf (Main-Spessart)

Hier existierte bis 1942 eine Jüdische Kultusgemeinde. Sie besaß eine 1821 oder 1828 erbaute Synagoge, eine Mikwe und eine Volksschule, die jedoch bereits 1927 geschlossen worden war. Die Inneneinrichtung der Synagoge sowie die Ritualien wurden 1938 vernichtet. Das Synagogengebäude existiert heute nicht mehr – es war nach 1945 abgerissen worden. An seiner Stelle befindet sich heute ein Gemüsegarten zwischen zwei Häusern. Das jüdische Schulhaus blieb erhalten und wird heute als Wohnhaus genutzt. Eine Gedenktafel mit folgendem Wortlaut – am Haus der Gemeindekanzlei und des Standesamtes in der Höllrieder Straße/Ecke Brunnengasse angebracht – erinnert heute an die Synagoge: „In HESSDORF bestand eine jüdische Kultusgemeinde, deren Synagoge sich in der Fußgasse 6 befand. Die Gemeinde gedenkt ihrer ehemaligen jüdischen Mitbürger. ZUR ERINNERUNG UND MAHNUNG."

Standorte: Synagoge: Grundstück links vom Haus Fußgasse 6 (Schule).
Schulhaus: Fußgasse 6 (vollständig erhalten).

Hobbach (Miltenberg)

Hier existierte von ca. 1700 bis 1920 eine Jüdische Kultusgemeinde (1750 wohnten 14 jüdische Familien am Ort!). Sie besaß eine ca. 1752 erbaute „Synagoge und Judenschule" und eine Mikwe. Das Synagogengebäude mit Schule wurde ca. 1920 an Privatleute verkauft und zwischen 1925 und 1930 abgerissen. Auf dem Platz der ehemaligen Synagoge steht heute eine Scheune.

Standort: Dorfstraße Nr. 52.

Am Ort gab es in früherer Zeit auch eine „Judengasse", die jedoch in Brunnengasse umbenannt worden ist.

Höchberg (Würzburg)

Hier existierte wahrscheinlich vom Beginn des 17. Jahrhunderts (gegründet von *Jehuda Löb Ben Abraham Kaz* s. A.) bis zu ihrer Vereinigung mit der Israelitischen Kultusgemeinde Würzburg im Jahre 1938 eine Jüdische Gemeinde. Sie besaß zunächst eine 1661 errichtete Synagoge, die 1721 durch einen Neubau ersetzt wurde. Außer dieser 1721 erbauten und 1904 renovierten Synagoge (mit einer Frauensynagoge, die über eine separate Außentreppe zugänglich war) besaß die Kultusgemeinde Höchberg noch eine Mikwe, ein Schulhaus mit Internat, das von 1865 bis 1931 als „Israelitische Präparanden- und Bürgerschule" (gegründet 1841 von Gemeinderabbiner Lazarus *Ottensooser,* der den Unterrichtsbetrieb in seiner Wohnung begann) benutzt wurde und einen 1821 angelegten Friedhof.

Die Synagoge wurde in der Pogromnacht 1938 verwüstet, Inneneinrichtung und Ritualien zerstört. Als Bauwerk besteht sie heute noch. Nach Umbauarbeiten bzw. diversen Anbauten wird sie jetzt als evangelische Kirche verwendet.

Standort: Evangelische Kirche „Am Trieb".

Besonderheiten: Bausubstanz insgesamt noch erhalten; einige Originalfenster erhalten; in der Kirche rechts neben dem Eingang sehr schöner Original-Chuppastein; in der Mauer gegenüber dem Eingang ist ein Stein mit hebräischer Inschrift angebracht. Eine Gedenktafel mit den folgenden Worten – links des Haupteinganges an der linken

Gedenktafel für Leop. Sonnemann, s. A. in Höchberg

Ecke der Kirche angebracht – weist auf die Existenz der Synagoge hin: „Dieses Haus wurde 1721 als Synagoge der Jüdischen Kultusgemeinde Höchberg errichtet, 1938 ausgeraubt und ist seit 1951 Gotteshaus der Evangelisch-Lutherischen Kirchengemeinde Höchberg." Ca. 100 m von der ehemaligen Synagoge entfernt, hügelabwärts auf die Hauptstraße des Ortes zu, befindet sich die ehemalige Jüdische Schule von Höchberg. Das Gebäude ist heute noch erhalten. Es befindet sich jetzt im Besitz der Gemeinde Höchberg.

Standort: Sonnemannstraße 15.

Auch hier weist – rechts neben dem Haupttor – eine Gedenktafel mit folgendem Wortlaut auf die Existenz der Jüdischen Schule hin: „Dieses Gebäude diente bis in die Tage des Schreckens der Jüdischen Kultusgemeinde als überregional bedeutende israelitische Präparanden- und Bürgerschule."

Einige Häuser weiter bergauf – von der Ortsmitte wegführend – befindet sich auf der rechten Straßenseite ein sog. „Judenhaus" = das Geburtshaus des Juden *Leopold Sonne-*

Grabstätte des „Würzburger Raw" Rabbiner Seligmann Bär Bamberger, s. A. und seiner Ehefrau (links)

mann, des Begründers der Frankfurter Zeitung. Eine am Haus angebrachte kleine Tafel weist darauf hin.

Standort: Sonnemannstraße 62.

Lage des Friedhofs: Südliches Ortsende von Höchberg auf einem Hügel.

Standort: Von der Ortsmitte fährt man die frühere Ortsdurchfahrt in Richtung Tauberbischofsheim. Kurz vor dem Ortsende biegt man die letzte Straße links ab, fährt bis zum Stopp-Schild und biegt hier rechts ab.
Gleich hinter dieser Abbiegung biegt man die nächste, steil bergauf führende Straße links ab („Am Trieb"). Man fährt diese bergauf, überquert die Straße „Am Judengarten" und fährt noch ca. 30 m weiter. Hier ist rechter Hand der Friedhofseingang.

Zustand: Gepflegt.

Allgemeine Übersicht: Kalksteinmauer rund um den Friedhof; ein einziges Tor (Eisengittertor) an der Nordseite; links vom Tor Gedenkstein, in die Mauer eingelassen; viele alte Grabsteine (ältester 1824); Grabstätte von Rabbiner *Abraham Bing* s. A.; rechts vom Eingang Grab des weltberühmten *„Würzburger Raw"* Rabbiner *Seligmann Bär Bamberger* s. A. und seiner Ehefrau.

Höchheim (Rhön-Grabfeld)

Hier existierte ab ca. 1648 bis zum Frühjahr 1942 eine Jüdische Kultusgemeinde. Sie besaß eine 1798 erbaute Synagoge, ein Schulhaus, das bis 1813 genutzt wurde und eine Mikwe. 1938 wurden die Inneneinrichtung der Synagoge und die Ritualien vernichtet. Die Synagoge ist heute nicht mehr vorhanden. Sie ist in der Mitte der 70er Jahre abgerissen worden. Die kleine, zum Teil aus Holz bestehende Synagoge, die 1975 teilweise den Kindergarten beherbergt hatte, wurde durch einen modernen Kindergartenbau ersetzt, der zum Teil auf den Grundmauern der früheren Synagoge steht. Eine Gedenktafel mit folgendem Wortlaut – an der früheren Dorfschule (= dem heutigen Rathaus) in der Rothäuser Straße 9 angebracht – erinnert an die Existenz der Gemeinde und ihrer Synagoge: „In HÖCHHEIM bestand eine Jüdische Kultusgemeinde, deren Synagoge an der Stelle des jetzigen Kindergartens stand. Die Gemeinde gedenkt ihrer ehemaligen jüdischen Mitbürger."

Standort: Kindergarten der Gemeinde Höchberg.

Höllrich (Main-Spessart)

Hier existierte mit relativ großer Sicherheit im 19. Jahrhundert eine Jüdische Kultusgemeinde, denn laut Mitteilung der Gemeinde Karsbach, zu der Höllrich heute gehört, waren im Jahre 1830 in Höllrich ca. 30–40 Juden – also höchstwahrscheinlich ein Minjan – ansässig, die als orthodoxe Juden zwangsläufig eine Gemeinde (mit Gebetsstätte) bilden mußten!
Über irgendwelche Bauwerke war trotz intensivster Nachforschungen nichts in Erfahrung zu bringen!

Hörstein (Aschaffenburg)

Hier existierte bis 1940 eine Jüdische Kultusgemeinde. Sie besaß eine Synagoge, eine Mikwe, eine Volksschule mit Lehrerwohnung und einen Friedhof.
Die Inneneinrichtung der Synagoge wurde 1938 zusammen mit den Ritualien vernichtet. Die Synagoge steht heute nicht mehr. Nachdem das Gebäude bis Oktober 1982 als Feuerwehrhaus genutzt worden war, wurde es abgerissen, um einem Neubau (Geschäftshaus) Platz zu machen.

Standort: Hauptstraße Nr. 29.

Es wurde inzwischen beschlossen, an einem exponierten Platz in Hörstein ein Denkmal, das an die Synagoge erinnert, aufstellen zu lassen.

Lage des Friedhofs: Ortsende Richtung Alzenau weithin sichtbar.

Standort: Von Aschaffenburg kommend, verläßt man den Ort in Richtung Alzenau. Am Ortsende, vor dem letzten Haus, biegt man

den asphaltierten Feldweg links ab und fährt diesen geradeaus bis zum weithin gut sichtbaren Friedhof, dessen Eingang sich parallel zur Straße befindet.

Zustand: Gepflegt.

Allgemeine Übersicht: Solide Steinmauer rund um den Friedhof; ein Eisentor; sehr viele alte, sehr kunstvolle Grabsteine; viele neue Gräber am Eingangstor; rechts vom Eingangstor, parallel zur Friedhofsmauer, eine Reihe von Kindergräbern. (Schändungen: Januar 1936 und Januar 1937.)

Hofheim (Haßberge)

Hier bestand bis 1940 eine Jüdische Gemeinde. Sie besaß eine 1920 erbaute Synagoge, ein Ritualbad und eine Schule. Alle Baulichkeiten sind erhalten geblieben, die Inneneinrichtung ist jedoch 1938 vernichtet worden. Die Synagoge und die Mikwe sind heute noch als Bausubstanz erhalten. Die Synagoge wird heute, nach vielen Umbauten, als komfortables Wohnhaus benutzt. Die Mikwe, äußerlich ganz erhalten (das Tauchbecken ist zugeschüttet worden!), wird nun als Waschküche und Abstellkammer benutzt. Eine Gedenktafel mit folgendem Wortlaut – an der Mauer hinter dem Rathaus angebracht – erinnert heute an die Existenz der Gemeinde und ihrer Synagoge: „In HOFHEIM bestand eine Jüdische Kultusgemeinde mit Synagoge deren Inneneinrichtung am 10. November 1938 durch die damaligen Machthaber zerstört wurde. ZUR ERINNERUNG UND MAHNUNG."

Standort: Kirchgasse 11.

Besonderheiten: Mikwe äußerlich vollständig erhalten (innen umgebaut); Originalkeller unter dem ehemaligen Synagogengebäude.

Hofstetten (Miltenberg)

Hier existierte nachweislich im 18./19. Jahrhundert – möglicherweise auch schon früher – eine Jüdische Kultusgemeinde, denn es ist urkundlich gesichert, daß 1831 am Ort 48 Juden lebten und daß die Kultusgemeinde 1864 nicht mehr bestanden hat. Wahrscheinlich besaß sie eine Synagoge oder evtl. einen Betsaal, möglicherweise in einem der jüdischen Häuser.

Mikwe in Hofheim

Trotz intensiver Recherchen war es bis jetzt nicht möglich, weitere Informationen über diese ehemalige Jüdische Gemeinde zu erhalten.

Hohenfeld (Kitzingen)

Hier existierte nachweislich bis nach 1864 eine Jüdische Kultusgemeinde (1820 gab es hier 30 Juden, im Jahre 1831 wohnten hier sogar 36), die mit Sicherheit eine Synagoge oder einen Betsaal besaß. Trotz intensiver Recherchen war es bis jetzt nicht möglich, weitere Informationen über diese 1864 noch existierende frühere Jüdische Kultusgemeinde Hohenfeld oder einen ihrer Kultbauten zu erhalten. Ein weiteres Zeugnis jüdischer Vergangenheit in Hohenfeld war das Vorhandensein einer „Judengasse".

Hollstadt (Rhön-Grabfeld)

Hier existierte im vergangenen Jahrhundert (genaue Daten sind trotz intensiver Nachforschungen bisher unbekannt) eine Jüdische Gemeinde. Sie besaß eine Synagoge und eine Mikwe. Das Gebäude, in welchem sich beide Kultstätten befanden, ist heute noch vorhanden. Es wurde im Untergeschoß als Schmiede (heute außer Betrieb) und wird im Obergeschoß als Wohnhaus genutzt.

Standort: Brunnengasse 10, Ecke Schmiedsgasse.

In dem Ort gibt es auch eine Verbindungsgasse von der Hauptstraße hinauf zur Oberen Dorfstraße durch Treppen. Dieser Verbindungsweg wird von den Dorfbewohnern „Judenpfad" genannt.

Gedenktafel in Homburg am Main

Homburg am Main
(Main-Spessart)

Hier gab es bereits im 13. und 14. Jahrhundert nachweisbar eine Jüdische Kultusgemeinde, die aber, schon 1298 durch das Rindfleisch-Pogrom dezimiert, infolge von Ausschreitungen in den Jahren 1336/37 ausgelöscht wurde.

Ab der ersten Hälfte des 17. Jahrhunderts existierte dann wieder – bis 1942 – in Homburg eine Jüdische Kultusgemeinde (1769 wohnten hier 12 Familien mit 60 Mitgliedern; 1829 waren es 9 Familien, 1860 dann 14 Familien, 1878 wieder 23 Familien mit 100 Mitgliedern). Sie besaß ab dem Ende des 17. Jahrhunderts eine Synagoge, genannt *„Judenschule"*, deren Standort 1728 wahrscheinlich vom Ortsrand zur Mitte der Gemeinde hin verlegt worden war. Eine weitere, 1783 an der gleichen Stelle in der Ortsmitte erbaute und 1847 reparierte Synagoge wurde durch einen vergrößerten Synagogenneubau, der am 26. 6. 1873 eingeweiht wurde, ersetzt. Daneben besaß die Gemeinde im 18. und 19. Jahrhundert zeitweise eine jüdische Schule (1730 gab es hier einen jüdischen

Lehrer, 1859 eine Jüdische Elementarschule im Haus neben der Synagoge, außerdem war in dem Synagogenbau ein Schulraum vorhanden) sowie ein Ritualbad (ein 1827 geschlossenes, ein weiteres, das bis 1904 erwähnt wird). Am 10. 11. 1938 wurden die Inneneinrichtung und die Ritualien der Synagoge zerstört, am 25. 12. 1938 fiel das Gebäude einem Brandanschlag zum Opfer. Das Ruinengrundstück (die Grundmauern bestanden noch) wurde am 11. 12. 1939 von der Jüdischen Kultusgemeinde Homburg an die Gemeinde abgetreten.

Von der Synagoge sind heute nur noch die (gut sichtbaren) Grundmauern vorhanden. Das auf ihnen errichtete Gebäude war bis 1978 ein landwirtschaftliches Lagerhaus, heute befindet sich in dem Bauwerk ein modernes Geschäft. Eine sehr geschmackvolle Gedenktafel mit folgendem Wortlaut weist auf die frühere Existenz der Synagoge hin: „AN DIESER STELLE STAND DIE 1873 ERBAUTE SYNAGOGE DER JÜDISCHEN KULTUSGEMEINDE HOMBURG   AM 25. DEZ. 1938 ZERSTÖRTEN DIE NATIONALSOZIALISTEN DIESE KULTSTÄTTE DURCH BRANDSTIFTUNG   ZUR ERINNERUNG UND MAHNUNG   MARKT TRIEFENSTEIN."

Standort: Maintalstraße 26.

Besonderheiten: Grundmauern noch gut erkennbar.

Hüttenheim (Kitzingen)

Hier existierte bis 1942 eine Jüdische Gemeinde. Sie besaß eine 1754 erbaute Synagoge, ein Gemeindehaus, ein Ritualbad, eine Schule und einen Friedhof. Alle Baulichkeiten wurden 1938 beschädigt. Die Synagoge ist heute noch, ebenso wie die anderen Baulichkeiten, vorhanden. Sie befindet sich in Privatbesitz und wird teilweise als Werkzeugraum, teilweise als Unterkunftsraum für Traktoren benutzt. Auch das Gemeindehaus mit Wohnung für den Rabbiner ist, wenn auch in sehr schlechtem baulichen Zustand, von der Bausubstanz her noch erhalten.

Standort: Letzte Abzweigung von der Dorfstraße in Richtung Nenzenheim, schräg gegenüber dem Sportheim: Haus Nr. 8.

Besonderheiten: Größtenteils zerstörter Chuppastein rechts neben dem Eingang;

Synagoge Hüttenheim

Denkmal auf dem Friedhof Hüttenheim

trotz baulichen Verfalls sehr beeindruckendes Bauwerk. Schräg gegenüber der Synagoge befindet sich das ehemalige jüdische Schulhaus: auf seinem Giebel ist die Inschrift „Schul-Haus 1898" gut zu sehen. Das Gebäude befindet sich heute in Privatbesitz und wird als Wohnhaus genutzt.

Standort: Haus Nr. 3.

Die Mikwe wurde lange Zeit als Abstellraum neben der Wohnküche des Hauses Nr. 79 benutzt; die Quelle, die das Tauchbad speiste, führte sehr gipshaltiges Wasser und war schon längere Zeit versiegt. In den späten 50er Jahren (zwischen 1957 und 1960) wurde das ganze Haus umgebaut und dabei die Mikwe verbaut.

Standort: Haus Nr. 79.

Lage des Friedhofs: Inmitten von Weinbergen.

Standort: Von Hüttenheim in Richtung Nenzenheim fahrend biegt man am Ortsende die letzte Straße rechts ab, fährt an einem Weiher rechts vorbei, dann an einem Anhydritbergwerk rechts bis zu einem Hohlweg in den Weinbergen. (Dieser ist als Weinbergweg für Fahrzeuge gesperrt!) Wenn man diesen Hohlweg noch ca. 200 m weiter bergauf geht, biegt rechts ein Pfad ab. Folgt man diesem, dann steht man nach ca. 20 m vor dem Eingangstor.

Zustand: Der Zustand läßt erkennen, daß er gepflegt wird.

Allgemeine Übersicht: Ca. 200–300 Grabsteine; am Eingang links Kinder- und Wöchnerinnengräber, dahinter Kohanim; in der Mitte des Friedhofes, auf einem gemauerten Sockel, steht ein Denkmal mit der folgenden Inschrift: „DIESER FRIEDHOF WURDE 1938 UNTER DER NAZIHERRSCHAFT ZERSTÖRT, 1950 VON DEN OPFERN DES FASCHISMUSSES WIEDERHERGESTELLT."; Gitterzaun rund um den Friedhof; ein Tor (auch aus Gitterzaun).

Iphofen (Kitzingen)

Hier existierte bis 1298 eine Jüdische Kultusgemeinde. Sie wurde bei der „Rindfleisch-Verfolgung", vermutlich im gleichen Jahr, ausgerottet.

Eigentlich ist diese urkundlich gesicherte Tatsache heute das einzige Zeugnis jüdischer Vergangenheit in Iphofen – wäre da nicht die „Wallfahrtskirche zum Heiligen Blut" (auch unter den Namen „Blutskirche", „Kirche zum Hl. Grab" oder „Gräbenkirche" bekannt). Darin ist heute noch – allerdings in relativ abgeschwächter Form – ein Beispiel für Antisemitismus in Form von Verleumdung von Juden („Hostienfrevel") zu sehen. (1294 sollen hier zwei Juden eine Hostie geschändet haben; als aus ihr Blut geflossen sei, sollen sie sie in eine geheime Kammer in ihrem Haus oder in eine Senkgrube weggeworfen haben, da sie Angst bekamen. Dort sei die Hostie in einem Spinnennetz hängengeblieben und habe die ganze Umgebung wunderbar erleuchtet. Als dieser „Frevel" durch das „übernatürliche Licht" bemerkt worden sei, habe man das „Verbrechen" entdeckt. Die Juden seien hingerichtet, ihr Haus zerstört und auf seinem Grund die Kapelle „Zum Heiligen Blut" errichtet worden.)

An der linken Seite der Kirche, in der nordöstlichen Turmkapelle, steht jetzt eine stei-

Darstellung der „Freveltat" auf einem der Bilder der Tumba

Weiteres „Denkmal der Freveltat" am „Hauptaltar"

77

nerne Tumba (sie stand bis 1979 in der Mitte der Kirche). In neugotisch ornamentierten Feldern auf der Vorder- und Hinterseite der Tumba wird der bösartige Frevelvorwurf dargestellt, in Bildern, die nazarenischen Einfluß verraten. Hier kann der Betrachter – allerdings nur derjenige, der sich ganz genau auskennt, denn die beiden antisemitischen Darstellungen sind gegen die Außenmauer der Kirche gerichtet, dort kommt kaum ein Besucher hin – ein Beispiel für mittelalterlichen Judenhaß in Form von bildlich dargestellten Szenen betrachten. Es ist jedoch das Bemühen festzustellen, die beiden judenfeindlichen Darstellungen möglichst wenigen Kirchenbesuchern zu zeigen. Ein weiteres „Denkmal der Freveltat" ist am „Hauptaltar" (errichtet 1984) zu erkennen: Ein zwischen den vier Stützen im Fußboden eingelassenes, in Bronze gegossenes Spinnennetz mit einer Hostie markiert angeblich die Stelle, an der sich die Senkgrube des Judenhauses befunden haben soll. Noch heute werden zu dieser Kirche „Wallfahrten" veranstaltet.

Standort der Wallfahrtskirche: „Julius-Echter-Platz" (auch Lindenplatz genannt).

Priestergrab in Ipthausen

Ipthausen (Rhön-Grabfeld)

Lage des Friedhofs: Mitten im Neubaugebiet von Bad Königshofen – OT Ipthausen.

Standort: Von Bad Königshofen kommend biegt man die erste Straße nach dem Ortsschild links ein und fährt in das Neubaugebiet bis zur zweiten Straße (= Judenfriedhof). Nach ca. 10 m befindet sich hier der Eingang zum Friedhof.

Zustand: Ordentlich.

Allgemeine Übersicht: Drahtzaun mit „lebender Hecke" rund um den Friedhof; ein Eingangstor; links vom Tor Kupferschild mit folgender Inschrift: „JUDENFRIEDHOF – angelegt 1921 – IM BESITZ DER ISRAELITISCHEN KULTUSGEMEINDEN IN BAYERN"; gegenüber dem Eingangstor Mahnmal für die Opfer der NS-Herrschaft mit folgender Inschrift: „1920 – 1942 DEN TOTEN ZUR EHRE UND EWIGEN ERINNERUNG AN DIE HIER BESTATTETEN JÜDISCHEN BÜRGER AUS KÖNIGSHOFEN UND UMGEBUNG UND ZUM GEDENKEN DER IN DEN VERNICHTUNGSLAGERN 1933–1945 GRAUSAM HINGEMORDETEN UNS LEBENDEN ZUR MAHNUNG DEN KOMMENDEN GESCHLECHTERN ZUR EINDRINGLICHEN LEHRE ERRICHTET IM JAHRE 1974 VOM LANDESVERBAND DER ISRAELITISCHEN KULTUSGEMEINDEN IN BAYERN AUF ANREGUNG DER EHEMALIGEN JÜDISCHEN BÜRGER VON KÖNIGSHOFEN IM GRBF. UND UMGEBUNG"; zwei Gruppen von Gräbern hinter dem Mahnmal; insgesamt 14 Grabsteine zu erkennen, davon 4 umgeworfen; bekannte Schändungen: 1921, 1925, 1933.

Järkendorf (Kitzingen)

Hier existierte mit großer Wahrscheinlichkeit keine *offizielle* Jüdische Kultusgemeinde, aber es lebten hier, wahrscheinlich ab 1701 6 Judenfamilien in einem sog. *„Judenhaus"* (1830 waren hier 32 Juden! – diese bildeten dann aber mit größter Sicherheit eine Gemeinde!). – Die letzte jüdische Einwohnerin verstarb 1883.

Das Judenhaus ging 1803 in den Besitz der Gemeinde über, wurde dann Mitte des vori-

Grabstein auf dem Friedhof Karbach

Gedenkstein auf dem Friedhof Karbach

gen Jahrhunderts an Privat verkauft und im Jahre 1958 (!) abgerissen.

Heute erinnert nichts mehr an die frühere Existenz der Juden in Järkendorf.

Standort: Zwischen den Anwesen Hs.-Nr. 19 und 21, 20 m hinter der Häuserfront.

Karbach (Main-Spessart)

Hier existierte bis zum Jahre 1942 eine Jüdische Gemeinde. Sie besaß eine 1844 erbaute und 1903 renovierte Synagoge, eine Mikwe und einen Friedhof.

Die Inneneinrichtung aller Bauwerke wurde 1938 vernichtet. Die Synagoge ist heute noch vorhanden. Sie befindet sich im Besitz der Gemeinde Karbach und wird als Rathaus verwendet.

Standort: Marktplatz Nr. 1 (Rathaus).

Besonderheiten: Originalfenster (Rundbogenfenster) an beiden Längsseiten des Gebäudes noch sehr gut erkennbar erhalten.

Auch die ehemalige Mikwe ist noch zu erkennen: nach Umbaumaßnahmen wird das Gebäude heute als örtliches „Milchhäuschen" genutzt.

Standort: Neben dem Rathaus, links vom Eingang.

Lage des Friedhofs: Hügel südwestlich von Karbach.

Standort: Von Marktheidenfeld kommend folgt man nach der Tafel am Ortseingang nicht der Hauptstraße, die hier links abbiegt, sondern fährt die Nebenstraße „Am Ebenbild" geradeaus weiter und biegt dann die erste Abzweigung nach rechts zum Sportplatz ab. Nach ca. 1 km asphaltierten Feldweges biegt man den ersten Feldweg rechts zum Sportplatz ab und fährt dann bis zu diesem. Hier muß man am Spielfeld rechts in den Wald gehen und erreicht dann nach ca. 35 m Waldweg den Friedhofseingang.

Zustand: Gut gepflegt.

Allgemeine Übersicht: Massive, relativ hohe Steinmauer rund um den Friedhof; ein eisernes Eingangstor; großer alter, kleinerer neuerer Teil; im alten Teil sehr viele, sehr kunstvolle, besonders schöne Grabsteine; Denkmal mit folgender Inschrift links vom Eingang: „DEN TOTEN ZUR EHRE UND ZUM EWIGEN GEDENKEN AN UNSERE JÜDISCHEN MITBÜRGER, AN IHRE VERFOLGUNG, AN IHR

Fenster der Synagoge Karbach

Mikwe Karbach

LEID UND IHREN TOD. UNS LEBENDEN SEI ES MAHNUNG, KOMMENDEN GESCHLECHTERN EINE EINDRINGLICHE LEHRE. ERRICHTET IM JAHRE 1983 VON DEN GEMEINDEN KARBACH, HOMBURG UND MARKTHEIDENFELD."; Friedhof wurde im Jahre 1981 geschändet (2 Gräber ausgehoben).

Karlstadt (Main-Spessart)

Hier existierte ab dem Mittelalter bis 1940 eine Jüdische Gemeinde. Sie besaß einen Betsaal mit einem Thoraschrein, an dem sich auch zwei Steintafeln der um 1900 aufgelösten Jüdischen Gemeinde Unterleinach befanden. Das Innere des Betsaales wurde 1938 vernichtet, ebenfalls die Ritualien. Das Haus, in dem sich der Betsaal befand, existiert heute noch. Es befindet sich in Privatbesitz und wird als Wohnung benutzt.

Zwei Häuser daneben steht ein weiteres recht altes Bauwerk – das Haus Hauptstraße Nr. 28 – dessen Giebel eine Steinplatte mit der folgenden Inschrift ziert: „Anno d. 1602 den 30. May hab ich Hanß Berckmüller angefangen, diesen Bau aufzurichten. – Dieses Haus stehet in Gottes Hand und ist zu der Jüdenschuel genannt."

Der Hausname weist also auf das frühere Vorhandensein einer Synagoge an diesem Platz hin. So alt wie angegeben sind aber weder Haus noch Inschrift. Bereits 1440 ist an dieser Stelle ein Haus „dicta Jüdenschul" bezeugt, das aber christlichen Besitzern gehörte. Es muß also bereits vor 1440 in Karlstadt eine Jüdische Gemeinde mit einer Synagoge gegeben haben! (Der Hausname „Judenschul" war übrigens bis in die jüngste Zeit gebräuchlich. Erst in der jetzigen Generation wird er langsam vergessen).

Standort des früheren Betsaales: Hauptstraße 24.

Standort des Hauses mit dem Hausnamen „Judenschul": Hauptstraße 28.

Besonderheiten (Betsaal): Fachwerkhaus vollständig erhalten; Gedenktafel mit folgendem Wortlaut: „IN DIESEM HAUS BEFAND SICH BIS ZUM 9. NOVEMBER 1938 DIE SYNAGOGE DER EHEM. KARLSTADTER JUDENGEMEINDE."

Kirchheim (Würzburg)

Hier existierte vom 16. Jahrhundert bis ca. 1908 eine Jüdische Kultusgemeinde. Sie besaß ein 1667 erbautes Haus, in dem eine Synagoge, eine Schule und eine Mikwe untergebracht waren. Die Gemeinde löste sich vermutlich 1908 auf. Die Synagoge – ein 5,4 m langer und 6,5 m breiter Raum im Obergeschoß des Hauses, vom jüdischen Künstler Elieser Sussmann künstlerisch ausgestaltet, wurde (zusammen mit dem ganzen Gebäude) 1910 verkauft und danach umgebaut.

Die Inneneinrichtung der Synagoge (und die Malereien) kamen in das Luitpold-Museum, wo sie später vernichtet wurden. Das ehemalige Synagogengebäude ist heute noch vorhanden. Es befindet sich in Privatbesitz und wird als Wohnhaus benutzt.

Standort: Gartenstraße 3.

Kirchschönbach (Kitzingen)

Hier existierte im vergangenen Jahrhundert eine Jüdische Kultusgemeinde, die im Jahre 1813 47 Mitglieder zählte. Sie besaß eine Synagoge – am Ort *„Judenschule"* genannt. Nach 1910 nahm die Zahl der Juden rapide ab, die *„Judenschule"* wurde abgerissen; heute steht auf dem einstigen Synagogengrundstück eine Scheune.

Standort: Haus-Nr. 34.

Kitzingen

Hier existierte, 1147 erstmals erwähnt (obwohl Juden mit Sicherheit schon vorher da waren), eine Jüdische Kultusgemeinde. Trotz vieler Pogrome (so am 5. August 1243, 30. Juni 1298 ‹Rindfleisch-Verfolgung› und am 28. Februar 1336) und oft drohender Gefahr der Ausweisung (so Ende des 15. Jahrhunderts, in den Jahren 1515, 1540, 1608 und 1637) konnte sie sich bis zum Jahr 1789 – dem Jahr der endgültigen Ausweisung der Juden aus Kitzingen – am Ort behaupten. Sie besaß eine Synagoge direkt hinter dem Stadtgraben in der Nähe der Klostermauer auf einem ziemlich hohen Platz mit einer Mikwe im Keller des Synagogengebäudes. Das ehemalige Synagogengebäude ist heute

Synagoge Kitzingen, vom Mainufer her gesehen

nicht mehr erhalten. Es befand sich von 1789 bis 1945 in Privatbesitz und war – zwischenzeitlich mehrfach umgebaut – bis zu seiner Zerstörung bei einem Bombardement als Wohnhaus genutzt worden; die Mikwe im Keller war schon 1893 zugeschüttet worden. Heute befindet sich auf dem Grundstück der ehemaligen „alten" Synagoge ein Garten mit einem Wohnhaus.

Standort der ehemaligen „alten" Synagoge: Obere Bachgasse 6.

Ab 1863 gab es in Kitzingen wieder Juden, die jedoch erst ab dem 01. 01. 1865 wieder eine eigene Kultusgemeinde bildeten. Sie besaßen zunächst eine Betstube im Hause des Herrn Emil Hellermann s. A. in der Ritterstraße, danach, ab 1867, einen größeren Betsaal in einem Schulzimmer des der Stadt gehörenden protestantischen Schulgebäudes (heute Paul-Eber-Haus) und ab 1883 eine Synagoge. Der großen Kultusgemeinde, die auch Sitz des Bezirksrabbinats war, gehörte neben der Synagoge eine ebenfalls 1883 fertiggestellte und 1901 umgebaute Mikwe (im Erdgeschoß der Synagoge), eine jüdische Volksschule mit Wohnungen und Betsaal, sowie zwei weitere Gemeindehäuser. Alle

Baulichkeiten wurden 1938 mehr oder weniger stark beschädigt, die Synagoge wurde in Brand gesteckt. Sie ist jedoch heute noch vorhanden. Sie befindet sich im Besitz der Stadt Kitzingen. Nach Nutzung als Zwangsarbeitslager, Fabrik, Clubraum, Lagerhalle, Proberaum für eine Musikkapelle sowie als zunächst provisorischer Veranstaltungsraum (Ausstellungen, Konzerte u.s.w.) wird sie augenblicklich einer Renovierung unterzogen und soll in Zukunft als „Kulturzentrum und Begegnungsstätte in der Synagoge" genutzt werden.

Standort: Landwehrstraße 1.

Besonderheiten: Originalfenster und -türen noch erhalten; Bausubstanz noch recht gut und fast vollständig erhalten; von der Flußseite Anbau für den Aron Hakodesch gut sichtbar; Mikwe noch gut erkennbar; Gedenktafel links neben dem Haupteingang der Synagoge mit dem folgenden Text: „EHEMALIGE SYNAGOGE DER ISRAELITISCHEN KULTUSGEMEINDE KITZINGEN ERRICHTET 1883 – ZERSTÖRT 10. 11. 1938. DIE STADT KITZINGEN SCHUF DIESE TAFEL IM JAHRE 1967 ZUM GEDENKEN AN IHRE EHEMALIGEN JÜDISCHEN MITBÜRGER".

Die Gemeinde besaß ab 1914 auch eine jüdische Elementarschule. In dem Schulgebäude waren zwei Schulsäle (Klasse 1–3 und Klasse 4–7), die Wohnungen der Familien des Kantors *Bamberger* und des Gemeinderabbiners *Wohlgemuth*, die „Wochentagssynagoge" (ab 1938 dann Ortssynagoge) in einem der Klassenräume und ein Konferenzraum für den Vorstand der Kultusgemeinde untergebracht.

Auch dieses Bauwerk existiert heute noch. Es wird in verschiedenen Funktionen genutzt, z. T. auch als Stadtmuseum.

Standort: Landwehrstraße 23.

Besonderheiten: Gebäude insgesamt – wenn auch umgebaut – noch fast im Original erhalten; eine Gedenktafel, im Eingang des Museums auf Veranlassung von Frau Lehrerin Gisela Bamberg angebracht, erinnert heute an die frühere Funktion des Gebäudes und an das Wirken des letzten Lehrers: „DIESES GEBÄUDE DIENTE VON 1914 BIS ZUR ZERSCHLAGUNG DER KULTUSGEMEINDE ALS JÜDISCHE ELEMENTARSCHULE. HIER LEBTE UND WIRKTE DER LEHRER UND KANTOR DER GROSSEN ISRAELITISCHEN GEMEINDE VON KITZINGEN **NAPHTALIE BAMBERGER** MIT SEINER EHEFRAU IRMA BIS ZU SEINEM TODE AM 29. DEZEMBER 1938".

Kitzingen-Sickershausen

Hier existierte im 18./19. Jahrhundert – wahrscheinlich jedoch schon früher – eine Jüdische Kultusgemeinde. Sie besaß nachweislich eine Synagoge und mit großer Sicherheit auch eine Mikwe. Die Synagoge wurde nach der Auflösung der Kultusgemeinde ca. um die Jahrhundertwende bzw. durch den Anschluß der in Sickershausen verbliebenen Juden an die Kultusgemeinde Kitzingen von Privatleuten erworben und im Laufe der Zeit mehrmals umgebaut. Anfang dieses Jahrhunderts wurde das Bauwerk mit einem Obergeschoß versehen.

Das frühere Synagogengebäude existiert als Bausubstanz heute noch, obwohl mehrfach umgebaut und vergrößert. Es befindet sich in Privatbesitz und wird als Wohnhaus genutzt.

Standort: Michelfelder Straße 1 (links der Bäckerei Stang).

Besonderheiten: Bei den Grundmauern und einem Teil des Mauerwerks des Erdgeschosses handelt es sich noch um Original-Mauerwerk der Synagoge.

Kleinbardorf (Rhön-Grabfeld)

Hier existierte ab dem 16. Jahrhundert bis 1942 eine Jüdische Kultusgemeinde. Sie besaß eine 1896 erbaute Synagoge (eine vorher am Ort vorhandene Synagoge war vor 1896 anderweitig verwendet worden; sie stand auf dem heutigen Spielplatz der Schule vor Haus Nr. 4 ½, der früheren Judenschule. 1913 wurde sie auf Abbruch verkauft, 1917 noch die letzten Grundmauerreste ausgebuddelt) mit einer Wohnung, eine Mikwe und ein bereits in den 20er Jahren aufgegebenes und verkauftes Schulhaus. Zur Gemeinde gehörte auch der Bezirksfriedhof (für ursprünglich 27 Gemeinden) auf dem Wartberg. Die Synagoge war 1938 an einen Landwirt verkauft worden, der ursprünglich plante, daraus einen Kuhstall zu machen. Sie ist heute noch, wenn auch umgebaut, so doch sehr gut er-

Synagogengebäude Kleinbardorf

kennbar, vorhanden. Sie befindet sich in Privatbesitz und wird, zwischen landwirtschaftliche Gebäude eingebaut, als Abstell- und Lagerraum benutzt. Eine Gedenktafel mit dem folgenden Wortlaut – unverständlicherweise an der rechten Eingangsseite des Friedhofes angebracht – erinnert heute an die Jüdische Gemeinde KLEINBARDORF und ihre Synagoge: „In Kleinbardorf bestand eine Jüdische Kultusgemeinde, Synagoge Untere Hauptstraße 5. Die Gemeinde gedenkt ihrer ehemaligen jüdischen Mitbürger. ZUR ERINNERUNG UND MAHNUNG."

Standort der Synagoge: Untere Hauptstraße 5.

Besonderheiten: Auf beiden (Längs-)Seiten der ehemaligen Synagoge sind die Rundfenster erhalten; die Original-Eingangstür besteht ebenfalls noch; die Rundbogenfenster sind, wenn auch zugemauert, noch recht gut von der Gartenseite her erkennbar; einige Fensteröffnungen sind ebenfalls gut erkennbar, obwohl sie von außen zugemauert wurden.

Lage des Friedhofs: Steiler Berg (Wartberg, heute *Judenhügel),* ca. 2 km vom Ort entfernt.

Standort: Man verläßt Kleinbardorf in Richtung Bad Königshofen. Am Ortsende biegt man nach rechts ab und folgt dem Hinweisschild *„Judenhügel".* Man muß die sehr steile, jedoch gut geteerte „Straße" ca. 2 km hinauffahren, dann steht man vor dem Friedhofseingang.

Zustand: Hervorragend gepflegt. Steine werden laufend renoviert.

Allgemeine Übersicht: Ehemaliger Bezirksfriedhof für 27 Gemeinden (1933 gab es hier ca. 20 000 Grabstätten); seit 1574 als Begräbnisstätte benutzt; ältester noch erhaltener Grabstein aus dem Jahre 1702; Hinweise auf Schändungen in den Jahren 1925, 1957, 1977; sehr große Friedhofsfläche (21 050 m^2); 1989 waren noch ca. 4400 Grabsteine vorhanden; renovierte Tahara-Halla mit Inschrift (Hinweis auf den Spender des Waschhauses in hebräischer Schrift) über dem Eingang und vorbildlich (durch den jetzi-

83

Kriegerdenkmal auf dem Friedhof in Kleinbardorf

Grab eines Cohen, der auch Schofarbläser war, auf dem Friedhof Kleinbardorf

gen Friedhofspfleger Erwin Hermann) renovierter Innenausstattung; zwei Eingänge; durch den Friedhof führt ein offizieller Wanderweg; Kriegerdenkmal für jüdische Gefallene des 1. Weltkrieges aus den Gemeinden, die den Friedhof „mitbenutzten" (Bastheim, Eichenhausen, Höchheim, Kleinbardorf, Kleineibstadt, Königshofen, Poppenlauer, Rödelmaier, Trappstadt, Unsleben); Gedenkstein in der Mitte des Areals; Drahtzaun rund um das ganze Grundstück; viele alte Steine versinken im Boden, viele sind schon versunken; Gedenktafel für die ausgelöschte Gemeinde Kleinbardorf rechts am Friedhofseingang; sehr viele, sehr schöne Grabsteine! Letzte Beisetzung 1938.

Kleineibstadt (Rhön-Grabfeld)

Hier existierte vom Beginn des 18. Jahrhunderts, vielleicht auch schon früher, bis 1937 eine Jüdische Kultusgemeinde. Sie besaß eine 1828 erbaute Synagoge, ein 1876 erbautes Schulhaus (das von 1876 bis zum 1. Juli 1919 als jüdische Elementarschule genutzt wurde) und eine Mikwe. Die Gebäude wurden bereits 1937 an Privatleute verkauft. Das

ehemalige Synagogengebäude ist heute noch vorhanden, auch das ehemalige Schulhaus. Das Synagogengebäude befindet sich in Privatbesitz und wird als Lagerhaus genutzt. Eine Gedenktafel – an der Innenseite der Mauer des christlichen Friedhofs rechts vom Leichenhaus und links vom Kriegerdenkmal angebracht – weist mit dem folgenden Wortlaut auf die Jüdische Gemeinde und ihre Synagoge hin: „In KLEINEIBSTADT bestand bis 1937 eine Jüdische Kultusgemeinde. Synagoge An der Barget 18. Die Gemeinde gedenkt ihrer ehemaligen jüdischen Mitbürger. Zur Erinnerung und Mahnung."

Standort der ehemaligen Synagoge: An der Barget 18.

Besonderheiten: Bauwerk ist noch fast vollständig erhalten; Originalfenster und -türen (Holz) erhalten; Aufgang zur Frauensynagoge gut erkennbar; Bemalung der Innendecke (Sternenhimmel) gut erkennbar; Teile des Fußbodens erhalten; Teile der Frauensynagoge gut erkennbar; Inschrift im Synagogengebäude mit folgendem Wortlaut: „J. Freih. v. Münster. Patrim R. Reder. Eingeweiht am 22./23. August 1828. B. Ambach, Hauptstifter H. Wolfrom, Vorstand."

Synagoge Kleineibstadt

Das ehemalige jüdische Schulhaus ist ebenfalls noch erhalten. Es befindet sich in Privatbesitz und wird als Wohnhaus genutzt.

Standort: Hügelgasse 2 (hinter der Synagoge).

Kleinheubach (Miltenberg)

Hier existierte bis 1942 eine Jüdische Kultusgemeinde. Sie besaß eine Synagoge, ein Haus mit einem Schulzimmer, einer Lehrerwohnung und einer Mikwe und einen Friedhof. Die Inneneinrichtung aller Gebäude wurde 1938 zerstört, ebenso die Ritualien.
Die Synagoge ist heute noch – gut erkennbar – vorhanden. Sie befindet sich in Privatbesitz und wird als Abstellraum benutzt. Eine Gedenktafel mit folgendem Wortlaut – rechts vom Tor angebracht – weist auf die frühere Funktion des Gebäudes hin: „Hier stand die Synagoge der Jüdischen Gemeinde KLEINHEUBACH".

Standort: Zwischen den Häusern Gartenstraße 7 und 8 (ohne Nummer).

Standort der Mikwe: Fischgäßchen (hinter dem ehem. Anwesen Heeger).

Besonderheiten: Originalfenster z.T. erhalten; Gebäudesubstanz fast unverändert; auf der Rückseite zugemauerte, gut erkennbare Rundbogenfenster.

Lage des Friedhofs: Höhenzug südwestlich von Kleinheubach.

Standort: Man verläßt Kleinheubach auf der Schnellstraße in Richtung Aschaffenburg und biegt in Höhe des Ortsendes von der Straße links in einen geteerten Weg ab, der auf den Parkplatz des Naturparks „Galgenberg" führt. Hier stellt man den Wagen ab und geht ca. 800 m auf einer geteerten Straße vom Parkplatz rechts ab bis zum Gedenkstein „Mainblick". An diesem Stein biegt man nun links ab und geht noch 25 m in den Wald hinein, um dann von dem Weg erneut links abzubiegen und einem Pfad zu folgen, der

בֿ עֿשֿ
נֿעשׂה מֿ בֿ הֿ מֿאֿ ...
פֿרב ... לֿ הֿ ושׂמֿ תֿ
מֿ יֿ סֿ רֿ אֿ אֿ לֿ הֿ ...
וֿ גֿ וֿ וֿ וֿ וֿ כֿ בֿ רֿ בֿ ...
וֿ מֿ יֿ שׂ כֿ רֿ נֿ שׂ ...
תֿ קֿ צֿ ה לֿ פֿ ...
וֿ הֿ צֿ ... פֿ ...

Grab auf dem Friedhof Kleinheubach

nach 10 m vor den Eingang des Friedhofes führt.

Zustand: Gepflegt.

Allgemeine Übersicht: Umzäunung teilweise aus Stein, meist jedoch aus Maschendraht; schmiedeeisernes Tor in der Steinmauer; zwei Friedhofsteile, die im Winkel von 45 Grad zueinander angelegt sind: scharf rechts vom Tor sehr alter Teil, rechts vom Tor, geradeaus bergauf neuerer Teil; im alten Teil sehr schöne, alte Grabsteine; die Fläche geradeaus vom Tor ist stark bewaldet.

Kleinlangheim (Kitzingen)

Hier existierte bis Anfang 1940 eine Jüdische Gemeinde. Sie besaß eine 1832 erbaute und 1848 sowie 1927 renovierte Synagoge, ein Ritualbad und eine einklassige Schule. Alle Gebäude wurden 1938 beschädigt, die Inneneinrichtung der Synagoge und die Ritualien vernichtet. Die Synagoge besteht heute nicht mehr. Sie wurde nach dem Krieg abgerissen. Auf ihren Grundmauern wurde ein Haus erbaut, in dem sich heute die Post befindet.

Eine Gedenktafel mit folgendem Wortlaut – an der Außenwand des malerischen Rathausgebäudes angebracht – erinnert heute an die Jüdische Gemeinde und ihre Synagoge: „In Kleinlangheim bestand eine Jüdische Kultusgemeinde, deren Synagoge (Pfarrgasse 21) in der Pogromnacht 1938 verwüstet wurde. Zur Erinnerung an unsere ehemaligen Mitbürger."

Standort der Synagoge: Pfarrgasse 21 (Postamt).

Kleinostheim (Aschaffenburg)

Hier existierte von (vermutlich) 1692 bis 1875 eine Jüdische Kultusgemeinde. Sie besaß eine Synagoge und eine Mikwe. Mit der Auflösung der Gemeinde 1875 wurde der Grundbesitz mit Synagoge und Mikwe verkauft, beide Gebäude später offensichtlich abgerissen.

So existieren, außer dem urkundlich gesicherten Wissen um die Existenz der Gemeinde und ihrer beiden Kultusbauten, keinerlei bauliche Zeugnisse jüdischer Vergangenheit mehr in Kleinostheim.

Standorte: Synagoge: Hanauer Straße 14, *Mikwe:* Am Bachrain 2.

Kleinsteinach (Haßberge)

Hier existierte bis 1942 eine Jüdische Gemeinde. Sie besaß eine 1736 erbaute und 1903 renovierte Synagoge, ein Ritualbad, eine Schule und einen im Jahr 1453 angelegten Friedhof. 1938 wurde das Synagogeninnere zerstört, die an der Synagoge angebrachte Gedenktafel für 17 jüdische Gefallene des Ersten Weltkrieges aus Kleinsteinach und den Nachbargemeinden zerschlagen. In den 50er Jahren wurde das Kultgebäude, das, wenn auch beschädigt, das sog. III. Reich überstanden hatte, durch Blitzschlag zerstört. Danach wurde die Ruine abgerissen. Heute sind nur noch die Grundmauern – recht große Steinquader – auf dem leeren Grundstück neben Haus Nr. 89 vorhanden. Eine Gedenktafel mit folgendem Wortlaut – auf zwei Metallstäben neben dem „Synagogengrundstück" angebracht – weist auf die Existenz der Jüdischen Gemeinde und ihrer

Ehemaliges jüdisches Schulhaus in Kleinsteinach

Synagoge hin: „In KLEINSTEINACH bestand eine Jüdische Kultusgemeinde, deren Synagoge am 10. November 1938 durch die damaligen Machthaber verwüstet wurde. ZUR ERINNERUNG UND MAHNUNG."

Standort: Leeres Grundstück neben Haus Nr. 89.

Besonderheiten: Eine Grundmauer mit Steinquadern bis ca. 30 cm Höhe noch erhalten und gut erkennbar.

Das Gebäude der ehemaligen jüdischen Schule ist noch erhalten. Es befindet sich im Besitz der evangelischen Kirchengemeinde und beherbergt heute die Wohnung für eine Familie und den Betsaal der evangelischen Kirchengemeinde. Eine Gedenktafel mit folgendem Wortlaut soll an Funktionen des Gebäudes erinnern: „EVANG. GEMEINDEHEIM – FRÜHER JÜDISCHE SCHULE – GOTTES WORT BLEIBT IN EWIGKEIT."

Standort: Haus Nr. 47.

Lage des Friedhofs: Ca. 1,5 km südöstlich von Kleinsteinach.

Standort: Man fährt, von Schweinfurt kommend, in den Ort und biegt hier vor der Kirche nach rechts in Richtung Sportplatz ab. Man läßt den Sportplatz rechts liegen und fährt bis zum Ende dieser Teerstraße in die Felder hinein. Nach ca. 30 m steht man links vor dem Friedhofseingang.

Zustand: Gut gepflegt.

Allgemeine Übersicht: Der 1453 angelegte Friedhof (Urkunde!) ist teilweise von Drahtzaun, teilweise aber auch von sehr schönem, kunstschmiedeeisernen Metallgitter umgeben; ältester erkennbarer Grabstein von 1596; gut erhaltenes, großes, schönes Tahara-Haus mit fast komplettem Inventar; großer alter und neuer Teil mit ca. 1010 Gräbern; alter Teil sehr stark mit Bäumen bewachsen; im neuen Teil renovierte schöne Grabsteine; zum Teil kunstvolle Grabsteine; Kriegerdenkmal für Gefallene 1914–1918; ein noch erhaltener Eingang.

Ehemaliges Schulhaus der Jüdischen Gemeinde Kleinwallstadt

Kleinwallstadt (Miltenberg)

Hier existierte von ca. 1811 bis 1938 eine Jüdische Kultusgemeinde. Sie besaß eine 1827 erbaute und um 1884 renovierte Synagoge mit Mikwe und ein 1899 errichtetes Schulhaus mit Schulräumen, einem Betsaal, einer Mikwe und einer Lehrerwohnung. Die Schule stellte bereits 1920 den Unterrichtsbetrieb ein, sie wurde zu einem späteren Zeitpunkt verkauft.

Die Synagoge, in der schon vor 1938 kein ordentlicher Gottesdienst mehr stattfinden konnte, da zu wenig Männer zur Bildung eines Minjan vorhanden waren, wurde am 29. 3. 1938 an Privatleute verkauft. So befand sie sich zur Zeit des Pogroms bereits in nichtjüdischem Besitz und blieb daher unbeschädigt.

Das frühere Synagogengebäude ist heute noch vorhanden. Es befindet sich in Privatbesitz und wird – nachdem Umbauarbeiten erfolgt sind – als Wohnhaus genutzt.

Das jüdische Schulhaus – mit hebräischem und deutschem Erbauungsdatum (1899) über dem Eingang – ist heute ebenfalls noch vorhanden. Es befindet sich in Privatbesitz und wird als Wohnhaus benutzt.

Im Jahre 1986 wurde von der Gemeinde eine Gedenktafel mit folgendem Wortlaut an der Nordseite des historischen Rathauses in der Rathausgasse angebracht: „In KLEINWALLSTADT bestand bis 1938 eine Jüdische Gemeinde. Synagoge Rathausgasse 11. Zur Erinnerung und Mahnung." Diese Tafel wurde am 24. 12. 1986 von unbekannten Tätern entwendet.

Standort der früheren Synagoge: Rathausgasse 11.

Standort der früheren jüdischen Schule: Hauptstraße 29.

Klingenberg (Miltenberg)

Hier existierte bis 1939 eine Jüdische Kultusgemeinde. Sie besaß eine Synagoge, deren
Erbauungsdatum unbekannt ist. Das Gebäude wurde 1939 veräußert und zwischen dem
Verkaufsjahr und 1945 vollständig abgerissen. An der Stelle der ehemaligen Synagoge
befindet sich heute die Garage des Gasthofes „Fränkischer Hof" (Hinterhaus des
Gasthofes) in der Altstadt von Klingenberg.

Standort: Lindenstraße 13.

Besonderheiten: Die Stadt Klingenberg plant,
im Zuge der Altstadtsanierung eine Gedenktafel mit folgendem Wortlaut an eine exponierten Stelle anzubringen: „In Klingenberg a.
Main bestand bis zum Jahr 1939 eine jüdische Kultusgemeinde mit einer Synagoge in
der Lindenstraße. Zur Erinnerung und Mahnung."

Relief in der ehemaligen Synagoge Knetzgau

Knetzgau (Haßberge)

Hier existierte nachweislich in den vergangenen Jahrhunderten (möglicherweise ab dem
16. Jahrhundert) bis wahrscheinlich gegen
Ende des 19. Jahrhunderts eine Jüdische
Kultusgemeinde. Sie besaß eine im 17. Jahrhundert erbaute Synagoge mit Schulräumen
und eine Mikwe. Das Synagogengebäude ist
heute noch erhalten. Es befindet sich in Privatbesitz und steht heute leer, nachdem es
ca. 100 Jahre als Wohnraum genutzt worden
war.
In einem Schuppen vor dem ehemaligen
Synagogengebäude ist im Keller die Mikwe –
zum großen Teil – noch erhalten.

*Standort von ehemaliger Synagoge und Mik-
we:* Westheimer Straße 3.

Besonderheiten: Das ehemalige Synagogengebäude ist äußerlich als Bausubstanz noch
fast völlig erhalten, obwohl einige durchgeführte Umbaumaßnahmen zu erkennen sind
(einige Fenster und eine Tür sind zugemauert); im Inneren noch Originaltüren vorhanden; links vom Eingang im Hausinneren Relief (das evtl. eine Beschneidungszeremonie
(?) darstellt); Raumaufteilung noch im Original erhalten; in der ehemaligen Mikwe ist der
Bogen (steinern) am Eingang gut erhalten,
ebenso Teile des Inneren, obwohl ein Großteil des Tauchbeckens zugemauert wurde.

Königsberg i. B. (Haßberge)

Hier existierte von (wahrscheinlich) 1394 bis
zur Ausweisung 1725 eine Jüdische Kultusgemeinde. Sie besaß eine Synagoge in einem Wohnhaus. In einem der jüdischen Häuser wohnte der jüdische Lehrer und Vorsänger (Chasan). Die Juden hier bekamen (gegen Bezahlung!) außer 8 Häusern auch Land
(sog. „Judengärten") zur Verfügung gestellt
wo sie Gemüse anbauen konnten.
Während der Standort der Synagoge, trotz
sehr intensiver Recherchen, nicht mehr in
Erfahrung gebracht werden konnte, existiert
heute noch die amtliche Bezeichung „Ju-
dengärtlein". So ist dieser Name für ein Stück
Land das einzige noch erhaltene Zeugnis an
die Juden in Königsberg in Bayern.

Kraisdorf (Haßberge)

Hier existierte nachweislich im 19. Jahrhundert (genaues Datum ist unbekannt!) eine
Jüdische Kultusgemeinde. Sie besaß eine
Synagoge und eine Schule. Das Synagogengebäude wurde im Jahre 1905 an Privatleute
verkauft.

Chuppastein an der Synagoge Laudenbach bei Karlstadt

Beide Gebäude sind heute noch erhalten. Sie befinden sich in Privatbesitz und werden derzeit als Wohnhäuser genutzt.

Standort der ehem. Synagoge: Ortsstraße Nr. 20.

Besonderheiten: Linke Haushälfte Originalbau (= Synagoge); drei Originalfenster vorhanden; Eckstein der früheren deutlich erkennbar.

Standort der ehem. Schule: Ortsstraße Nr. 17.

Krautheim (Kitzingen)

Hier existierte bis 1336 eine Jüdische Kultusgemeinde. Sie wurde durch ein Pogrom („Armleder-Bewegung") ausgerottet. Außer dieser urkundlich gesicherten Tatsache gibt es heute kein weiteres Zeugnis jüdischer Vergangenheit mehr in Krautheim.

Kützberg (Schweinfurt)

Hier existierte bis zu ihrer Auflösung im 19. Jahrhundert eine Jüdische Kultusgemeinde, die im Jahre 1813 nachweislich 35 Mitglieder zählte. Ihre Gottesdienste hielten die Gemeindemitglieder mit großer Wahrscheinlichkeit in der Betstube in einem Privathaus ab. Trotz intensiver Recherchen war es bis jetzt nicht möglich, weitere Informationen über diese kleine Jüdische Kultusgemeinde zu erhalten.

Laudenbach (Main-Spessart)

Hier existierte bis 1942 eine Jüdische Kultusgemeinde, deren Entstehungsdatum unbekannt ist (möglich sind die Jahre 1359/60). Sie besaß eine 1736 erbaute, 1862 renovierte und 1876 erweiterte sowie innen wie außen einer neuen Renovierung unterzogene Synagoge mit Schulraum, eine 1862 renovierte Mikwe und einen großen Friedhof (Bezirks-

90

Friedhof Laudenbach bei Karlstadt – alter Teil

friedhof), der 1874 erweitert und dessen Um-
fassungsmauern im gleichen Jahr gründlich
erneuert wurden. Alle Baulichkeiten wurden
1938 beschädigt. Die Synagoge ist heute
noch als Bauwerk vorhanden. Sie befindet
sich in Privatbesitz und wird als Lagerhalle
benutzt.

Standort: Ende Bandwörthstraße o. Nr./
Mühlbacher Straße 6.

Besonderheiten: Hebräische Inschrift („Ich
habe ein Haus Dir gebaut" über der früheren
Eingangstür; Spuren der Mesusa an der Eingangstür. Grundstein bzw. Datierungsin-
schrift „ANNO 1794"(?); schöner Chuppastein auf der straßenwärts gelegenen Mauer
mit einem Davidstern, den üblichen hebräischen Buchstaben und der gut lesbaren Jahreszahl 1736; Inschriften (kabbalistische?) in
den Fenstersimsen auf der straßenwärts gelegenen Seite der ehemaligen Synagoge.
Eine Gedenktafel in der mainwärts gelegenen
Seite der Synagoge weist auf ihre frühere
Funktion mit folgendem Wortlaut hin: „In

LAUDENBACH bestand eine jüdische Kultusgemeinde, Synagoge Bandwörthstraße.
Sie wurde in der Pogromnacht im November
1938 verwüstet. Die Gemeinde gedenkt ihrer
ehemaligen jüdischen Mitbürger. ZUR ERIN-
NERUNG UND MAHNUNG."

Die Mikwe steht unweit der beiden früheren
Judenhöfe (noch im 18. Jh. gab es diese
Bezeichnung für den *Judenhof* des Schutzjuden des Juliusspitals und den *Judenhof* der
Schutzjuden von Rieneck) am Mühlbach. Sie
ist heute in ihrer Bausubstanz – wenn auch
als Ruine dem Verfall preisgegeben – noch
vorhanden. Das frühere Tauchbecken ist mit
Sand, der immer noch ungewöhnlich feucht
ist, aufgeschüttet. An den Wänden im Inneren des Bauwerks sind Kacheln vorhanden.
Die Originalmauern mit Fenster- und Türöffnungen existieren noch, das Dach ist schad-
haft. Das ganze Gebäude ist mit einer großen, recht dichten Rosenhecke umgeben. Es
befindet sich heute im Besitz der Stadt Karlstadt.

Überreste der Mikwe der Jüdischen Gemeinde Laudenbach

Standort: Neben der Ruine einer früheren Ölmühle an der Himmelstadter Straße (gegenüber Himmelstadter Straße 1, Bäckerei A. Fuchs) an der Hypothenuse eines Grundstücks zwischen der Mühlecke, der Himmelstadter Straße und der Heldstraße, direkt neben dem heute noch vorbeifließenden Mühlbach (von dessen Wasser die Mikwe gespeist wurde).

Lage des Friedhofs: Bergrücken über Laudenbach.

Standort: Von Karlstadt kommend verläßt man die Hauptstraße rechts vor der Kirche, fährt an dieser vorbei bergauf in Richtung „Schützenhaus". Ca. 200 m nach der Abzweigung zum Schützenhaus, an der man links vorbeifährt, befindet sich der Eingang zum Friedhof.

Zustand: Gepflegt.

Allgemeine Übersicht: ca. 2350 Grabsteine; Steinmauer rund um den Friedhof; drei Tore; große Tahara-Halle (= Leichenhalle, in der der/die Tote vor der Beerdigung einer rituellen Reinigung = *Tahara* unterzogen wird);

Aufteilung in drei „Abteilungen": ein sehr großer alter Teil, zwei neuere Abteilungen; viele Grabsteine aus Sandstein werden – zunehmend! – durch Umwelteinwirkung zerstört, sie „blättern" ab.

Laudenbach bei Klingenberg (Miltenberg)

Hier existierte nachweislich im 18./19. Jahrhundert – vielleicht auch schon früher – eine Jüdische Kultusgemeinde, denn 1831 lebten hier 49 Juden. Mit Sicherheit hatten sie eine Synagoge oder zumindest einen Betsaal (vielleicht in einem Privathaus). Die Kultusgemeinde muß sich um die Mitte des 19. Jahrhunderts aufgelöst haben, denn 1864 gab es hier keine Kultusgemeinde mehr, jedoch lebten noch Juden in Laudenbach.

Trotz intensiver Bemühungen war es bis jetzt nicht möglich, weitere Informationen über die Jüdische Kultusgemeinde von Laudenbach bei Klingenberg zu erhalten.

Lebenhan (Rhön-Grabfeld)

Hier gab es nachweislich seit Beginn des 19. Jahrhunderts (vielleicht auch schon früher!) Juden (1814/15: 36 Juden; 1840: 46 Juden), die mit größter Wahrscheinlichkeit eine Gemeinde bildeten. Es ist nicht unmöglich, daß einer der Räume des adeligen Hofes, auf dem sie lebten, ihnen als Betsaal diente. In der 2. Hälfte des 19. Jahrhunderts verließen die jüdischen Familien Lebenhan, um 1900 lebte hier kein Jude mehr.

Trotz intensivster Nachforschungen war es nicht möglich, den eventuellen Standort der Synagoge oder des Betsaales zu ermitteln.

Lendershausen (Haßberge)

Hier bestand bis 1920 eine Jüdische Gemeinde. Sie besaß eine 1836 erbaute Synagoge, die jedoch 1920 geschlossen wurde. Danach beteiligten sich die Juden von Lendershausen an den Gottesdiensten in der Synagoge zu Hofheim, deren Gemeinde sie ab 1933 angehörten.

Die Synagoge ist heute noch vorhanden. Nach verschiedenen baulichen Veränderungen dient sie jetzt als Wohnhaus, das sich in Privatbesitz befindet.

Standort: Hauptstraße 82.

Besonderheiten: Der Weg von der Hauptstraße zur ehemaligen Synagoge hatte früher keinen Namen. Auf Wunsch eines Bürgers von Lendershausen erhielt er durch einen Stadtratsbeschluß vom 13. 7. 1988 den Namen „SYNAGOGENWEG".

Limbach (Haßberge)

Lage des Friedhofs: Südöstlich des Ortes Limbach.

Standort: Von Bamberg kommend fährt man in die Ortsmitte und biegt dann am „Edeka"-Laden links in die Kindergartenstraße ab. Dieser Straße folgt man, auch am Hundedressierplatz immer weiter, wobei man sich nach dem Ort immer rechts hält. Ca. 30 m nach der letzten Abbiegung, die bergauf führt, sieht man linker Hand, ca. 50 m von dem Feldweg entfernt, jenseits einer Wiese, den Eingang des Friedhofes, der schon von weitem gut sichtbar ist.

Gedenkstein für die Kultusgemeinde Lohr

Zustand: Gepflegt.

Allgemeine Übersicht: Alter Friedhof (im 18. Jahrhundert angelegt); Drahtzaun mit Betonpfeilern (mit Stacheldraht) rund um den ganzen Friedhof; Holztor mit Steinsäulen; viele alte, sehr schöne Grabsteine; Bewuchs mit Eichenbäumen.

Lohr (Main-Spessart)

Hier gab es bereits im 13. Jahrhundert eine Jüdische Kultusgemeinde, die bei der „Rindfleisch-Verfolgung" im Jahre 1298 ausgerottet wurde. In den folgenden Jahrhunderten mögen Juden einzeln – immer wieder ausgewiesen – hier für ganz kurze Zeit gelebt haben, aber richtig ansässig wurden sie erst 1862 und gründeten im Jahre 1867 die Israelitische Kultusgemeinde Lohr, die bis 1940 existierte. Sie besaß ein 1868 erbautes Gemeindehaus mit einem Betsaal, einem Unterrichtsraum, einer Mikwe und einem Raum zum Schächten. Die Inneneinrichtung der Synagoge wurde 1938 vernichtet, ebenfalls die Ritualien.

Das ehemalige Gemeindehaus existiert heute noch als Bauwerk. Es befindet sich in Privatbesitz und wird als Wohnung genutzt.

Standort: Fischergasse 34.

Besonderheiten: Bausubstanz noch fast vollständig erhalten; einige Fenster- und Türöffnungen im Original erhalten.

In Lohr ist heute im Kriegerdenkmal auch der Name des (einzigen) jüdischen Kriegsgefallenen aus dem 1. Weltkrieg – *Benno Markus* – vorhanden. Neben dem Kriegerdenkmal wurde am 10. November 1991 ein Denkmal für die Juden von Lohr enthüllt. Eine Gedenktafel, die auf einem Findling aus dem Lohrer Stadtwald angebracht ist, trägt die folgende Inschrift: „DIE STADT LOHR A. MAIN GEDENKT IHRER EHEMALIGEN JÜDISCHEN MITBÜRGER UND DEN OPFERN DES NATIONALSOZIALISMUS ZUR ERINNERUNG UND MAHNUNG."

Standort der beiden Denkmäler: Grafen-von-Rieneck-Straße (gegenüber dem Krankenhaus).

Mesusa an der Türöffnung des Hauses Eichhornstraße 5

Lohr-Sendelbach
(Main-Spessart)

In Sendelbach gab es am Seeholzer Pfad, an der Straße von Lohr nach Steinbach den „JUDENBRUNNEN", bis zu welchem die Lohrer Juden ihre Toten auf dem Wege zum jüdischen Friedhof in Laudenbach zu begleiten pflegten; hier wuschen sie ihre Hände und sprachen den Segensspruch. Heute gibt es diesen Brunnen nur noch im Sprachgebrauch; er wurde in der Mitte dieses Jahrhunderts in der Pumpstation für die Sendelbacher Wasserleitung gefaßt.

Lohr-Steinbach (Main-Spessart)

Hier existierte ab etwa 1690 bis April 1896 eine Jüdische Kultusgemeinde, von der bekannt ist, daß sie sich in einem 1760 erbauten Getto, dem *„Judenhof"* (so wird das einstige Getto heute noch genannt!) befand. Sie zählte in der Mitte des 19. Jahrhunderts 47 Mitglieder – darunter 10 schulpflichtige Kinder – und hatte einen Stiftungsfonds in Höhe von 500 Gulden.

Die Jüdische Gemeinde Steinbach besaß eine Synagoge im Judenhof. Dieses Bauwerk – inzwischen umgebaut – existiert heute noch. Es befindet sich in Privatbesitz und wird als Wohnhaus genutzt.

Der einstige *„Judenhof"* (so wird das Areal in der Umgangssprache noch heute genannt) ist jetzt Teil der Eichhornstraße; der Eingang zu dem einstigen Getto liegt zwischen den Häusern Eichhornstraße 3 und 7.

Standort der ehemaligen Synagoge: Eichhornstraße 5 b.

Besonderheiten: Das Gebäude ist, trotz Umbaumaßnahmen, als Bauwerk insgesamt noch gut erhalten; Original-Tür- (mit Spuren der Mesusa) und -Fensteröffnungen sind vorhanden.

An der Türöffnung des Hauses Eichhornstraße 5 im ehemaligen Judenhof ist der Eindruck der Mesusa noch sehr gut erkennbar.

Lülsfeld (Schweinfurt)

Hier existierte bis ungefähr 1933 eine Jüdische Gemeinde. Sie besaß eine 1764 erbaute Synagoge, die schon 1935 als baufälliges Gebäude an einen Landwirt verkauft wurde. Teile des ehemaligen Synagogengebäudes existieren heute noch. Als Mauerreste sind sie Bestandteile eines landwirtschaftlichen Gebäudes.

Eine Gedenktafel mit folgendem Wortlaut – im Vorgarten des Rathauses an einem größeren Stein angebracht (Kirchstraße 17) – erinnert an die Existenz von Juden in Lülsfeld: „Die Gemeinde Lülsfeld gedenkt ihrer ehemaligen jüdischen Mitbürger. Zur Erinnerung und Mahnung."

Standort der ehemaligen Synagoge: Hauptstraße 14.

Besonderheiten: Wenige Mauerreste, in die Wand eines Gebäudes eines landwirtschaftlichen Betriebes integriert, sind noch erhalten.

Synagogengebäude in Mainstockheim

Mainbernheim (Kitzingen)

Hier existierte bis 1942 eine Jüdische Gemeinde. Sie besaß eine 1748 erbaute Synagoge und ein Schulgebäude. Beide Bauwerke wurden 1938 schwer beschädigt. Die Synagoge ist, allerdings zu ca. 80 % umgebaut, heute noch vorhanden. Sie befindet sich in Privatbesitz und wird als Wohnhaus genutzt.

Eine Gedenktafel mit folgendem Wortlaut – aus Sicherheitsgründen im Inneren des Rathauses angebracht – weist auf die Existenz der Jüdischen Gemeinde und ihrer Synagoge hin: „In Mainbernheim bestand bis 1942 eine Jüdische Kultusgemeinde, deren Synagoge sich im Hause Untere Brunnengasse 4 befand. Zur Erinnerung an unsere ehemaligen jüdischen Mitbürger."

Standort der Synagoge: Untere Brunnengasse 4.

Besonderheiten: Nur noch die Grundmauern bis zur Höhe von 1 m und ein Teil der Außenmauern gehörten zur Synagoge; Eckstein in der „Judengasse", in welcher eine Seitenmauer des Synagogengebäudes steht, ist original.

Mainstockheim (Kitzingen)

Hier existierte bis ca. 1940 eine Jüdische Kultusgemeinde. Sie besaß eine 1836 erbaute Synagoge mit Gemeindehaus, Mikwe und einer siebenklassigen Schule (zeitweise auch eine „Kleine Jeschiwa", eine Vorbereitungsanstalt zur Talmud-Schule). Die Inneneinrichtung der Gebäude wurde 1938 vernichtet, die Baulichkeiten jedoch nicht beschädigt. Die Synagoge ist, wenn auch umgebaut, als Gebäude heute noch vorhanden. Sie befindet sich im Besitz der katholischen Kirche und wird heute als römisch-katholisches Gotteshaus benutzt, nachdem sie vorher als Unterkunft für Flüchtlinge aus dem Osten gedient hatte. – Eine Gedenktafel mit folgendem Wortlaut – an der Außenwand angebracht – erinnert heute an die frühere Funktion des Gebäudes: „Dieses Gebäude, erbaut 1836, diente der Jüdischen Kultusgemeinde als Synagoge. Die Gemeinde gedenkt ihrer ehemaligen jüdischen Mitbürger. Zur Erinnerung und Mahnung."

Standort: Hauptstraße 213.

Besonderheiten: Rundes Fenster über dem (ehemaligen) Aron Hakodesch, das von innen

Kriegerdenkmal an der Synagoge in Marktbreit

zugemauert, von außen frei ist; der zugemauerte Thoraschrein, der von außen abgebrochen wurde, ist unter dem Putz hinter dem Kirchenaltar erkennbar.

Marktbreit (Kitzingen)

Hier bestand im Mittelalter und dann wieder ab der Mitte des 17. Jahrhunderts bis 1942 eine Jüdische Kultusgemeinde. Sie besaß zunächst bis 1717 eine erste Synagoge im sog. „Flayderhaus" (zerstört 1945), ab 1717 dann eine neue Synagoge mit Gemeindehaus, einem Vorbau mit Wohnung für einen jüdischen Lehrer, einem Ritualbad, einem „Cheder" (Schule für Knaben ab dem 3. Lebensjahr) im Erdgeschoß und eine Volksschule. Alle Baulichkeiten wurden 1938 innen stark beschädigt. Die Synagoge ist heute noch vorhanden. Sie befindet sich in Privatbesitz und wird als Lager- und Verkaufsraum einer Schuhfirma verwendet.

Standort: Vorne: Pförtleinstraße 10. Hinten: Lücke zwischen Schustergasse 12 und 14. Die Überreste der Synagoge können nur von der Schustergasse her gut eingesehen werden.

Besonderheiten: Mauervorsprung für den Aron Hakodesch vorhanden, darüber ein für Synagogen typisches „Misrach-Fenster" (= rundes Fenster, in Richtung Jerusalem), das zugemauert ist; Originaltür (Seitentür)

sehr gut erhalten vorhanden; an der Außenwand ist ein Kriegerdenkmal für die im Ersten Weltkrieg gefallenen Gemeindemitglieder angebracht; an der Längsseite zwei große Originalfenster vorhanden.

Marktheidenfeld (Main-Spessart)

Hier existierte von 1910 bis 1942 eine Jüdische Kultusgemeinde. Sie besaß jedoch keine eigene Synagoge, nur einen Betsaal: Die Gottesdienste wurden zunächst von 1910 bis ca. 1920 in einem Haus am Mainkai Nr. 26 – in einem Betsaal (das Haus wurde inzwischen durch einen Neubau ersetzt) – und ab 1920 im Hause der Familie *Adler* – in einem dort vorhandenen Raum, der ebenfalls als orthodoxer Betsaal genutzt wurde – abgehalten. Dieses Haus ist heute noch erhalten. Es befindet sich in Privatbesitz und wird auch jetzt noch als Wohnhaus benutzt.

Standort: Glaserstraße 5.

Besonderheiten: Außer einigen Begradigungen der Lehmwände und -decken ist das Haus noch vollständig erhalten und in gutem Zustand.

An die Anwesenheit von Juden in Marktheidenfeld und an ihre Ermordung erinnert heute ein von der Stadt Marktheidenfeld gemeinsam mit den Gemeinden Karbach und Triefenstein errichteter Gedenkstein auf dem jüdischen Friedhof in Karbach sowie das Gedenken an die deportierten Juden der Stadt auf dem Mahnmal der Stadt („Den Opfern von Krieg und Gewalt"). An der Mauer dieses Mahnmals sind 4 große Steinplatten aus rotem Sandstein angebracht: auf der linken sind die Namen der Kriegstoten 1914–1918 (unter ihnen auch Juden!) zu sehen, in der Mitte tragen zwei Platten die Namen der Gefallenen 1939–1945, auf der rechten Seite trägt die Platte die folgende Inschrift: „VERFOLGT AUS RASSISCHEN GRÜNDEN VERLOREN IHR LEBEN: ADLER WILLIAM GEB. 12. 8. 1888   ADLER REGINA GEB. FREIMARK   GEB.   29. 12.   1887   FREIMARK BERNHARD GEB. 7. 3. 1880   FREIMARK GETTA GEB. BIERICH GEB. 14. 5. 1879 FREIMARK REGINA GEB. 15. 11. 1879 GUTTMANN SAMUEL GEB. 4. 4. 1889 GUTTMANN ROSA GEB. LÖWENSTEIN GEB. 10. 11. 1888 LEVY LEOPOLD GEB. 18.

5. 1881   LEVY REGINA GEB. 28. 5. 1884
FREIMARK HERMINA GEB. 12. 12. 1876
HEIMANN ALBERT GEB. 16. 11. 1880 HEI-
MANN HELENE GEB. 11. 5. 1886
FERN IHRER HEIMAT FANDEN FÜNF RUS-
SISCHE KRIEGSGEFANGENE IN MARKT-
HEIDENFELD DEN TOD
OSTERN 1945 – RECHTSWIDRIG HINGE-
RICHTET: FRANZ TIPPMANN   GOTTLIEB
SPEIDEL   OSWIN LANG   UNBEKANNTER
SOLDAT"

Standort des Mahnmals: Anhöhe auf der der
Stadt gegenüberliegenden Mainseite (ge-
dachte Verlängerung der Brücke über den
Main).

Marktsteft (Kitzingen)

Hier existierte bis 1862 eine Jüdische Gemeinde. Sie besaß nachweislich eine Synagoge, eine Schule und eine Mikwe. Das
Gemeinderegister für die Jahre 1812–1862
wurde später in der Synagoge der Jüdischen
Gemeinde Rödelsee aufbewahrt.
Die Gebäude wurden um die Jahrhundertwende herum verkauft, 1956 abgerissen; die
Mikwe (Tauchbad) war schon vorher zugeschüttet worden. Wo früher Synagoge, Schule und Mikwe waren, befinden sich heute
zum Haus Güntherstr. 11 (alte Nr. 7 und 8)
gehörende Garagen. Von der Bausubstanz
der früheren Kultusgebäude ist nichts mehr
erhalten.

Standort: Güntherstraße 11.

Maroldsweisach (Haßberge)

Hier bestand bis 1938 eine Jüdische Gemeinde. Sie besaß eine Synagoge, Schulräume mit einer Lehrerwohnung und eine Mikwe. Die um ca. 1890 erbaute Synagoge war
bereits 1937 an Privatleute verkauft worden.
– Das ehemalige Synagogengebäude ist
heute noch vorhanden. Nach verschiedenen
Umbauten wird es, in Privatbesitz befindlich,
als Wohnhaus genutzt.

Standort: Vorstadtstraße 16.

Eine Gedenktafel mit folgendem Wortlaut –
an der Außenmauer des Friedhofes von Ermershausen angebracht – erinnert heute
noch an die Existenz einer Jüdischen Ge-

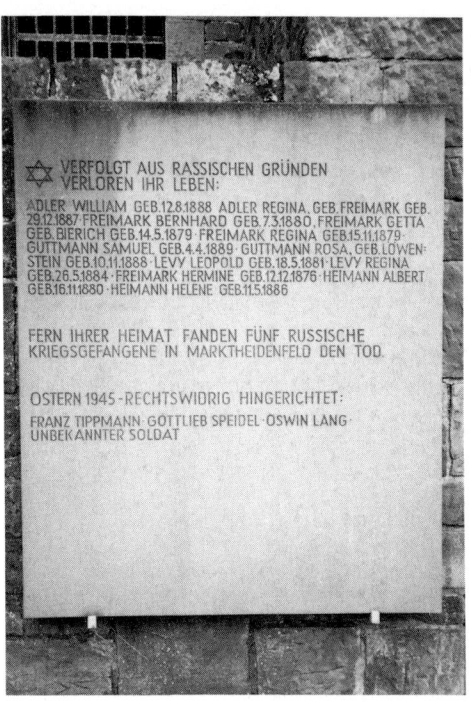

Gedenktafel mit den Namen der ermordeten Juden
am Kriegerdenkmal der Stadt Marktheidenfeld

meinde an diesem Ort: „Zum Gedenken an
unsere ehemaligen jüdischen Mitbürger aus
ERMERSHAUSEN und MAROLDSWEISACH
ZUR ERINNERUNG UND MAHNUNG".

Maßbach (Bad Kissingen)

Hier existierte bis 1942 eine Jüdische Gemeinde. Sie besaß eine um 1724 erbaute
Synagoge, ein Rabbiner-Haus mit Ritualbad
und einen Friedhof. Alle Baulichkeiten wurden 1938 beschädigt, Inneneinrichtungen
und Ritualien vernichtet. Die Synagoge ist
heute noch vorhanden. Sie befindet sich in
Privatbesitz und wird, nach mehreren Umbauten, heute als Schuhgeschäft und Wohnhaus benutzt.

Standort: Poppenlauer Straße 4.

Besonderheiten: Original-Mauerwerk erhalten; Dachgiebel original erhalten.

Lage des Friedhofs: Berghang südwestlich
von Maßbach.

Standort: Von der Ortsmitte kommend biegt
man an der Hauptkreuzung die Straße nach

Bad Kissingen links ab. Gleich darauf muß man die erste Seitenstraße rechts abbiegen. Man fährt am christlichen Friedhof, den man links liegenläßt, vorbei bis zur Gabelung. Hier muß man links abbiegen und steht dann nach ca. 10 m vor dem (recht verdeckten) Treppenaufgang zum Friedhof.

Zustand: Gepflegt.

Allgemeine Übersicht: Holztor (an Steinpfählen); neuer Maschendrahtzaun rund um den Friedhof; von „lebender Hecke" umgeben; Treppen mit Geländer führen zum Eingang; relativ steiler Berghang; relativ kleiner Friedhof (mit 41 Grabsteinen).

Mechenried (Haßberge)

Hier existierte von ca. 1800 bis wahrscheinlich nach der Hälfte des 19. Jahrhunderts (ca. 1865) eine Jüdische Kultusgemeinde (dies ist jedoch urkundlich nicht belegt), denn 1810/ 16 lebten hier 34 Juden, 1825 dann 26 Juden, 1831 schließlich 36 und 1867 nur noch 15. (Die erste urkundliche Erwähnung erfolgte 1699 – da lebten hier 12 Juden.) Wahrscheinlich besaß die Gemeinde eine Synagoge oder ein Bethaus, ziemlich sicher jedoch eine Mikwe.

Trotz intensiver Recherchen konnte der Standort der Synagoge oder des Bethauses nicht ermittelt werden. Als Standort der Mikwe ist mit großer Sicherheit ein landwirtschaftliches Anwesen in der Ortsstraße 6 anzusehen.

Standort Mikwe: Ortsstraße 6.

Mellrichstadt (Rhön-Grabfeld)

Hier existierte bis 1942 eine Jüdische Gemeinde. Sie besaß eine Synagoge, eine Schule (Volksschule), eine Mikwe, mehrere den Gemeindezwecken dienende Häuser und einen Friedhof, der 1922 erweitert worden war.

Die um 1849 erbaute und 1875 renovierte Synagoge wurde 1938 erheblich beschädigt und anschließend abgerissen; nur noch die Grundmauern blieben zunächst erhalten. Sie wurden im Zuge einer großzügigen Straßenerschließung 1948 beseitigt.

Die Synagoge ist heute nicht mehr vorhanden. Auf ihren Grundmauern steht jetzt das Gebäude der Bayerischen Hypotheken- und Wechselbank und der AOK Mellrichstadt.

Eine Gedenktafel am AOK-Gebäude erinnert an die frühere Jüdische Gemeinde Mellrichstadt und an ihre Synagoge mit folgenden Worten: „Ehemals stand hier an diesem Platz die Synagoge der jüdischen Kultusgemeinde Mellrichstadt. Haß und Willkür zerstörten im Jahre 1938 diese Kultstätte. Zur Erinnerung und zum Gedenken an unsere ehemaligen jüdischen Mitbürger und zur Versöhnung über die Gräber hinaus möge diese Gedenktafel Mahnung sein. Mellrichstadt, im Jahre 1988."

Standort: Hauptstraße 60.

Die Mikwe befand sich unweit der Synagoge in einer damaligen Seitenstraße. Sie wurde in den Nachkriegsjahren abgerissen und an ihrer Stelle ein Gartenhaus errichtet. Erhalten geblieben ist nur noch die Fassung für das Quellwasser (in einem Nebengebäude), von dem die Mikwe mit lebendem Wasser gespeist wurde. Von der Bausubstanz des Ritualbades ist nichts mehr erhalten.

Standort: Straße „Am See" (Gartengrundstück von Friseurmeister Franz Mayer).

Auf dem Marktplatz der Stadt befand sich bis 1938 der „Prinzregent-Luitpold-Brunnen", im Jahre 1912 vom Bankhaus Nathan Stern gestiftet. Dieser soll im Rahmen einer Neugestaltung des ganzen Marktplatzes wiedererrichtet werden.

Lage des Friedhofs: Hügel südlich der Stadt hinter der Kaserne.

Standort: Man verläßt Mellrichstadt in Richtung Bad Neustadt/Saale und biegt die Zufahrt zur Bundeswehr-Kaserne ein. Auf dieser Zubringerstraße fährt man bis kurz vor die Wache am Kasernentor, dann biegt man nach links ab. Man fährt die kleine Straße an den Wohnungen vorbei und biegt am Ende der Siedlung rechts ab. Nach ca. 50 m, die man direkt am Kasernenzaun entlangfährt, liegt ein paar Schritte bergauf links der 1., und wenige Meter weiter der zweite Eingang (nur der hintere Eingang wird benutzt).

Zustand: Relativ ordentlich.

Allgemeine Übersicht: Metallgitterzaun rund um den Friedhof; zwei Tore; zwei „Abteilungen": vorne (am Tor) Kindergräber, dahinter

Erwachsenengräber; einige Grabsteine, obwohl inzwischen renoviert, lassen Spuren von Verwüstungen erkennen.

Memmelsdorf (Haßberge)

Hier existierte seit der 2. Hälfte des 17. Jahrhunderts bis 1939 eine Jüdische Kultusgemeinde. Sie besaß eine 1728 erbaute Synagoge, eine Schule und einen Friedhof. Die Inneneinrichtung der Synagoge wurde 1938 beschädigt, die Ritualien vernichtet. Die Synagoge ist heute noch vorhanden. Sie befindet sich in Privatbesitz und wird als Hobbyraum benutzt.

Die alte Israelitische Schule befand sich in der Schloßgasse, Hs. Nr. 125; das neue, 1896 erbaute doppelstöckige Schulhaus, das z. T. auch als Gemeindehaus genutzt wurde, befindet sich in der Judengasse 11.

Standort der ehemaligen Synagoge: Gebäude rechts neben Schulstraße 25.

Standort der ehemaligen Jüdischen Schule: Judengasse 11.

Besonderheiten: Die ehemalige Synagoge ist als Bauwerk fast komplett erhalten; die Fenster, einige davon mit Gittern und Verzierung an dem Gitter (Hahnenfuß) im Original erhalten; Chuppastein sehr gut erhalten; im Inneren konnte früher der Aron Hakodesch besichtigt werden. Der Besitzer gestattet nicht mehr den Zutritt.

Lage des Friedhofs: Berghang südwestlich von Memmelsdorf, im Wald.

Standort: Von Memmelsdorf kommend fährt man über Heilgersdorf in Richtung Wiesen. Ca. 150 m vor dem Ortsbeginn von Wiesen biegt man in einen Feldweg rechts ab und fährt auf diesem bis zum Waldrand, wo sich rechts ein Parkplatz befindet. Hier fährt man den geschotterten Waldweg geradeaus (Vorsicht! – der Weg ist gesperrt, kostenpflichtige Sondererlaubnis des Forstamtes ist erforderlich) bis zur zweiten Abbiegung, in die man links hineinfährt und geradeaus bis zum Waldende weiterfährt bzw. -geht. Hier befindet sich rechts des Waldweges, am Waldende, der Friedhofseingang.

Zustand: Gut gepflegt.

Allgemeine Übersicht: Massive Steinmauer rund um den Friedhof; großes Holztor; hinten

Synagoge Memmelsdorf

alter Teil mit sehr schönen, alten Grabsteinen; nach vorne zu neuere Grabsteine des neueren Teiles; ca. 60 alte und neue Grabsteine; recht viele Laubbäume; 1926: Schändung durch Ortsbewohner.

Miltenberg

Hier existierte bereits im 14. Jahrhundert eine Jüdische Kultusgemeinde. Sie besaß eine gotische Synagoge – ebenfalls im 14. Jahrhundert erbaut – und wahrscheinlich auch eine Mikwe. Diese Synagoge wurde von den Juden der Stadt bis ins 19. Jahrhundert hinein fast ununterbrochen genutzt. Erst als infolge eines großen Zuzugs von Juden nach Miltenberg um 1850 der Raum immer enger wurde, entschloß man sich, eine größere Synagoge für die Gemeinde zu beschaffen. Daher wurde die mittelalterliche gotische Synagoge im Jahre 1875 an die Brauerei, in deren Besitz sie sich heute noch befindet, verkauft. Eine provisorische Synagoge in der Riesengasse wurde dann durch einen von dem Mäzen Wolf Klingenstein großzügig unterstützten Synagogenneubau ersetzt.

Priestergrab in einer Mauernische des alten
Friedhofs Miltenberg

Grabstein mit einem Herz auf dem alten Friedhof
Miltenberg

Die „alte" gotische Synagoge aus dem 14.
Jahrhundert existiert heute noch. Sie befindet sich in Privatbesitz und wird als Teil einer
Brauerei genutzt.

Standort: Hauptstraße 199/221 (im Hinterhof
der Brauerei „Kalt-Loch-Bräu").

Besonderheiten: Das historische Synagogengebäude ist – wenn auch mehrfach umgebaut – als Bausubstanz insgesamt noch
erhalten; die Eingangstür – zu der eine (neue)
Treppe hinaufführt, ist im Original erhalten;
zwei Kreuzgewölbe mit 5 Rippen sind als
Deckengewölbe im Original erhalten; 5 Fenster (ein rundes und 4 gotische) sind im Original erhalten; die Originalhöhe ist erkennbar
(trotz der Zwischendecke, die eingezogen
wurde); ein weiteres Fenster ist links vor dem
Eingang zu dem Raum, in dem das Deckengewölbe sichtbar ist, gut erkennbar; außerhalb des Synagogenraumes ist eine Inschrift
im Stein gut sichtbar; auf der rechten Außenseite der früheren Synagoge ist eines der
Fenster gut erkennbar.

Im Museum der Stadt Miltenberg sind auch
einige Teile der Inneneinrichtung der früheren
Synagoge vorzufinden: der obere Teil des

Aron Hakodesch, zwei Säulen und eine Tafel.
Die Tafel, auf der sich die 10 Gebote befanden und die auf gerade dieser Seite fast völlig
zerstört ist, könnte auch aus der neuen Synagoge stammen.

Ein weiteres Zeugnis jüdischer Vergangenheit von Miltenberg ist die Mikwe aus dem
19. Jahrhundert. Diese befand sich in einem
Haus, welches sich unweit der gotischen
Synagoge befindet. Eine Tafel an dem Haus
mit folgender Inschrift weist auf die frühere
Funktion des Bauwerkes hin: „FRAUENBAD
DER JUDEN IM 19. JAHRHUNDERT". Von
der Mikwe scheint nichts mehr zu sehen zu
sein; der Hausbesitzer gestattet auf keinen
Fall den Zutritt zum Keller.

Standort: Löwengasse 1.

Am Ort existierte bis 1942 eine fast 600jährige Jüdische Gemeinde. Nach dem Verkauf
der gotischen Synagoge aus dem 14. Jahrhundert baute sie um 1900 eine neue Synagoge, die sie bis 1942 besaß. Das neue
Synagogengebäude enthielt eine Synagoge,
ein Bethaus für Wochentage, eine Mikwe, ein
Schulhaus mit einem Klassenraum und einer
Bibliothek. Auch dieses Synagogengebäude

ist heute noch vorhanden. Es befindet sich in Privatbesitz und wird, nach inneren Umbauten (außen wurde der Magen David entfernt) als Wohnhaus genutzt.

Standort: Mainzer Straße 57.

Besonderheiten: Gebäude in seiner Bausubstanz voll erhalten; heute noch ein imposantes Bauwerk.

Lage des alten Friedhofs: Innerhalb der Stadt Miltenberg, zwischen den parallel zueinander verlaufenden Straßen Burgweg (oben) und Hauptstraße (unten).

Standort: Von der Stadtmitte fährt man zum großen Parkplatz hinter der evangelischen Kirche und geht dann, rechts von einem schloßähnlichen Haus, Treppen in die Stadt hinunter. In der Mitte dieser Treppen befindet sich auf der linken Seite der Friedhofseingang.

Zustand: Ordentlich.

Allgemeine Übersicht: Steinmauer gegen den Burgweg zu; Maschendrahtzaun gegen die Stadt zu; an der Treppe Eisengitter; Eingangstor aus Eisengittern zwischen zwei Steinsäulen; rechts des Eingangstores, an der zum Burgweg gehörenden Mauer, drei Nischen; in der 3. Nische befindet sich der Grabstein eines Kohen; rechts vom Eingangstor Gedenktafel mit folgendem Wortlaut: „Alter jüdischer Friedhof 15. Jahrhundert bis 1904"; sehr alte, schöne Grabsteine, von denen mehrere im Erdboden schon fast versunken sind; recht viele Bäume.

Lage des neuen Friedhofs: Südwestlich der Stadt.

Standort: Von der Innenstadt fährt man in Richtung Aschaffenburg. Hinter dem Stadttor in der Mainzer Straße biegt man scharf links ab und fährt in die Laurentiusstraße und nach ca. 5 m sofort wieder scharf links in die Mohnbrunner Straße, auf der man bis zum Ende bleibt. Am Endpunkt dieser Straße biegt man scharf links in einen Feldweg ein und geht dann noch ca. 25 m sanft bergan zum Eingangstor.

Zustand: Ordentlich.

Allgemeine Übersicht: Massive Steinmauer rund um den Friedhof; zwei Tore (vorne großes, hinten kleines Tor) aus Eisen; Treppen vom großen Tor zu den Gräbern; nur neuere Gräber (nach 1904); Doppelgrab mit zwei Zypressen; mehrere Grabsteine mit Goldinschrift; rechts des großen Tores – am rechten Torpfosten – Gedenktafel mit folgender Inschrift: „Neuer jüdischer Friedhof seit 1904"; Friedhofsgelände am Berghang ansteigend.

Mittelsinn (Main-Spessart)

Hier existierte bis 1939 eine Jüdische Kultusgemeinde. Sie besaß eine 1868 renovierte Synagoge, ein Gemeindehaus mit Ritualbad, eine nach 1865 neu erbaute Mikwe sowie eine Schule mit Lehrerwohnung. Alle Kultbauten wurden 1938 erheblich beschädigt. Synagoge und Gemeindehaus waren lange Zeit in Teilen sichtbar: von der Synagoge waren 10 Buntsandsteinquader als Mauerrest, von der Schule eine Giebelseite mit zugemauerten Fenstern erhalten. Heute, nachdem die beiden Gebäude neu verputzt sind, ist nichts mehr sichtbar.
Eine Gedenktafel mit folgendem Wortlaut – an der Sparkasse gegenüber den beiden ehemaligen Kultbauten (auf der gegenüberliegenden Straßenseite) angebracht – erinnert heute an die frühere Funktion eines der Bauwerke: „Gegenüber stand einstmals die Synagoge der Jüdischen Kultusgemeinde MITTELSINN. Zur Erinnerung und Mahnung."

Standort der ehemaligen Synagoge: Fellenbergstraße 14.

Standort der ehemaligen Schule: Fellenbergstraße 12.

Mittelstreu (Rhön-Grabfeld)

Hier existierte fast sicher im 18./19. Jahrhundert eine Jüdische Kultusgemeinde. Es ist urkundlich belegt, daß am Ort im Jahre 1832 30 Juden wohnten; ferner ist ebenfalls belegt, daß sich die Juden des Ortes im Jahre 1871 der Jüdischen Gemeinde Oberstreu angeschlossen haben. Daraus ist zu schließen, daß sich die Jüdische Gemeinde Mittelstreu vor oder im Jahre 1871 durch Anschluß an die Jüdische Gemeinde Oberstreu selbst aufgelöst hat.
Die 30 Juden des Ortes benutzten bis 1871 mit großer Wahrscheinlichkeit eine Synagoge oder – was noch viel wahrscheinlicher ist – eine Betstube in einem der von Juden bewohnten Häuser für kultische Zwecke.

Trotz gründlicher Recherche war es bis heute nicht möglich, weitere Informationen über die Jüdische Kultusgemeinde Mittelstreu zu erhalten.

Mömlingen (Miltenberg)

Hier siedelten nachweislich seit ca. 1730 jüdische Familien, die mit größter Sicherheit eine Jüdische Gemeinde bildeten (1820: 6 Familien mit 32 Mitgliedern).
Nach 1848 zogen die Juden von Mömlingen weg, die Gemeinde löste sich auf.
Es konnte, trotz intensivster Recherchen, nicht mehr festgestellt werden, wo sich eine Synagoge oder ein Betsaal befunden haben könnte.
Eine Waldabteilung der Gemeinde Mömlingen führt noch heute die Bezeichnung „Juden-Kirchhof". Es ist sehr wahrscheinlich, daß hier vor mehreren Jahrhunderten ein inzwischen verschwundener jüdischer Friedhof war.

Mönchberg (Miltenberg)

Hier existierte wahrscheinlich eine Jüdische Gemeinde, über die jedoch nichts mehr zu erfahren war. Die Anwesenheit von Juden in Mönchberg bezeugt jedoch ein Gehweg im alten Ortskern von Mönchberg mit dem Namen „Judenpfad"; außerdem gibt es auf der Gemarkung des Ortes noch den Flurnamen „Judengrube". Über irgendwelche Kultbauten war – trotz intensivster Recherchen – leider nichts in Erfahrung zu bringen.

Mühlfeld (Rhön-Grabfeld)

Hier existierte vermutlich bis 1917 eine Jüdische Gemeinde. Sie besaß eine Synagoge und eine Mikwe. Gleich nach Auflösung der Gemeinde wurde die Synagoge, deren Erbauungsdatum unbekannt ist, von der politischen Gemeinde erworben und zum Gemeindebackofen umgebaut. Zu einem späteren, nicht mehr zu ermittelnden Zeitpunkt wurde das Gebäude nochmals umgebaut, so daß nun ein Lebensmittelgeschäft mit Wohnung daraus entstanden ist. Von der ehemaligen Synagoge sind nur noch die Grundmauern und umgebaute Bausubstanz erhalten.

Standort: Am Mahlbach 7.

Besonderheiten: Bausubstanz noch gut erhalten.

Münnerstadt (Bad Kissingen)

Hier existierte bis zur Mitte des 14. Jahrhunderts eine Jüdische Kultusgemeinde. Sie besaß nachweislich eine Synagoge, von der bekannt ist, daß sie von der „Gräfin Juta von Henneberg zu Koburg" um 1350 den Bürgern von Münnerstadt als Schenkung übergeben wurde. Außer der Schenkungsurkunde gibt es keinerlei weitere Dokumente über die Jüdische Kultusgemeinde Münnerstadt.
Der Standort der Synagoge konnte, trotz intensivster Recherchen, bis jetzt nicht ermittelt werden.

Nenzenheim (Kitzingen)

Hier existierte bis 1938 eine Jüdische Kultusgemeinde. Sie besaß eine 1895 neu erbaute Synagoge mit Schulräumen, einer Lehrerwohnung und einem Ritualbad. Alle Baulichkeiten wurden 1938 durch Feuer beschädigt. Das Synagogengebäude ist heute noch vorhanden. Es befindet sich in Privatbesitz und wird – nach Umbauten – als Wohnhaus benutzt. Die Fassade wurde renoviert und neu verputzt. Eine Gedenktafel mit folgendem Wortlaut – im alten Torbogen rechs neben der Kirche auf der linken Seite des Torbogens angebracht – erinnert heute an die Jüdische Gemeinde und ihre Synagoge: „In Nenzenheim bestand bis 1938 eine Jüdische Kultusgemeinde. Synagoge Krassolzheimer Straße 4. Zur Erinnerung an unsere jüdischen Mitbürger."

Standort der ehem. Synagoge: Krassolzheimer Straße 4.

Besonderheiten: Originalfenster erhalten; Inschrift über dem mittleren Fenster des 1. Stockwerkes bzw. unter dem Dachfenster.

Neubrunn (Würzburg)

Hier existierte bis 1911 eine Jüdische Kultusgemeinde, deren Mitglieder – 1833 wohnten hier 11 jüdische Familien mit 49 Seelen, 1869 noch 18 Juden, 1891 nur noch 3 Familien –

Synagoge Nenzenheim

sich stark nach Wenkheim/Baden hin orientierten. Ihre Gottesdienste hielten sie in der 1844 reparierten Synagoge ab, die 1911 verkauft wurde und im Ort heute noch als „Judenschule" bekannt ist.

Standort: Steilersgasse 17.

Neustädtles (Rhön-Grabfeld)

Lage des Friedhofes: Anhöhe zwischen Willmars und Neustädtles.

Standort: Auf der Straße von Willmars nach Neustädtles fahrend biegt man in Höhe des letzten Aussiedlerhofes, der auf der linken Seite der Straße liegt rechts in einen unbefestigten Feldweg ein. Diesem folgt man ca. 70 m, dann steht man vor dem Eingang des Friedhofes.

Zustand: Sehr gut gepflegt. (Bei zahlreichen Besuchen auf dem Friedhof in den Jahren 1988–1991 konnte stets die Durchführung von Renovierungs- und Ausbesserungsarbeiten festgestellt werden; diese waren nötig geworden, weil mehrere Grabsteine durch naturbedingte Ereignisse (Stürme) beschädigt worden waren, vor 1987 auch durch

Friedhofsschändungen. Auch gegenwärtig werden noch Ausbesserungsarbeiten durchgeführt.)

Allgemeine Übersicht: Maschendrahtzaun rund um den Friedhof; ein Eingang (Tor aus Maschendraht); Friedhofsgelände recht hügelig; sehr großer alter Teil (ca. 1300 Gräber) – kleinerer neuerer Teil (ca. 60 Grabsteine); im alten Teil recht viele Kohanim; recht ungewöhnliches Zeichen für die Lewiim; letzte Bestattung 1938; Steine wurden durch Umwelteinflüsse immer mehr zerstört, sie werden gegenwärtig restauriert; in früheren Jahren Friedhofsschändungen (letzte um 1985/86).

Niedernberg (Miltenberg)

Hier existierte vom Ende des 17. Jahrhunderts bis in die Mitte des 19. Jahrhunderts (1692 lebten am Ort 3 Juden, 1755 waren es 2 jüdische Familien, 1801 schließlich 18 und 1830 sogar 24 Juden) eine jüdische Gemeinschaft, die zeitweise eine eigene Kultusgemeinde bildete. Die Juden von Niedernberg besaßen keine eigene Kultstätte, sie benutz-

103

Synagoge Niederwerrn

ten stets die Synagoge und zeitweise die Räumlichkeiten der Schule der Jüdischen Kultusgemeinde Großwallstadt. Noch vor 1870 verließen die letzten jüdischen Einwohner den Ort.

An die Juden von Niedernberg erinnerte lange Zeit ein altes Haus auf dem heutigen Grundstück in der Hauptstraße 24, das sich von 1809 bis ca. 1855 im Besitz der jüdischen Familie *Hamburg* befunden hatte; es wurde im Jahre 1988 abgerissen. So gibt es heute keinerlei steinerne Zeugen jüdischen Lebens mehr im Ort.

Niederwerrn (Schweinfurt)

Hier existierte wahrscheinlich ab 1657 (möglicherweise auch schon früher, ab 1555) bis 1942 eine Jüdische Kultusgemeinde. Sie besaß eine 1786 erbaute, 1885 umgebaute sowie 1913 renovierte Synagoge (eine vorher hier vorhandene Synagoge, 1762 urkundlich erwähnt, gehörte Löb Koh(e)n <auch Löb Kaz genannt>) und seiner Familie. Von dieser

ersten Synagoge ist weder der Standort noch das Aussehen bekannt), und ein 1878 erbautes Gemeindehaus mit Schulräumen, einer Wohnung für den Lehrer und Kantor und einer Mikwe. – Die Inneneinrichtungen aller Gebäude sowie die Ritualien wurden am 10. 11. 1938 vernichtet, die Synagoge in Brand gesteckt.

Synagoge und jüdisches Schulhaus existieren heute noch als Bauwerke. Beide Gebäude befinden sich im Besitz der Gemeinde Niederwerrn. Die Synagoge wird, nachdem sie verschiedenen Zwecken gedient hatte (Lichtspielhaus, Schulungsraum, Abstellhalle einer Fabrik) zur Zeit nicht genutzt. Über ihre zukünftige Verwendung als Gedenkstätte oder Kulturzentrum existieren Pläne.

Eine Gedenktafel mit folgendem Wortlaut erinnert an die einstige Funktion des Gebäudes: „Dieses Gebäude wurde 1786 erbaut und diente der jüdischen Kultusgemeinde als Synagoge. ZUR ERINNERUNG UND MAHNUNG."

Standort: Schweinfurter Straße 23.

Ehemalige jüdische Schule Niederwerrn

Besonderheiten: Große Ähnlichkeit mit der früheren Synagoge in Würzburg-Heidingsfeld deutlich erkennbar; Bausubstanz im Original vollkommen erhalten; einige offene und (später) zugemauerte Originalfenster sichtbar; Erinnerungsstein an der Außenwand erkennbar. Auch das ehemalige Schul- bzw. Gemeindehaus ist noch als Bauwerk erhalten. Es wird heute von der politischen Gemeinde Niederwerrn als Rathaus benutzt. Auch hier weist eine Gedenktafel mit dem folgenden Wortlaut auf die frühere Funktion des Gebäudes hin: „Dieses Gebäude diente der jüdischen Kultusgemeinde als Schule." Beide Tafeln – die an der früheren Synagoge und an der früheren „Judenschule" – wurden auf Initiative des sehr rührigen Bürgermeisters der Gemeinde Niederwerrn, Herrn Peter Heusinger, installiert.

Standort der ehemaligen jüdischen Schule: Schweinfurter Straße 54.

Zwei Ortsbezeichnungen – inzwischen zwar offiziell nicht mehr vorhanden, wohl aber noch in Archiven und z. T. auch noch im täglichen Sprachgebrauch in Niederwerrn vorkommend – erinnern heute noch an das Leben und Wirken der Juden im Ort.

In früheren Zeiten – wahrscheinlich im 17. Jahrhundert – gab es hier einen „Judenhof", einen Weg, in dem viele Juden wohnten. Dieser Weg erhielt später den Namen Burgweg, wird aber im täglichen Sprachgebrauch immer noch „Judenhof" genannt.

Von Niederwerrn führte nach Euerbach ein Hohlweg, der den Namen „Judenweg" hatte. Auf diesem Weg wurden die verstorbenen Juden von Niederwerrn zum jüdischen Friedhof nach Euerbach (dieser war die Begräbnisstätte der Juden von Niederwerrn) gebracht. In späterer Zeit wurde dieser Hohlweg zugeschüttet, so daß er heute – außer im Gedächtnis älterer Einwohner und in alten Ortsbeschreibungen – nicht mehr existiert.

Nordheim v. d. Rhön
(Rhön-Grabfeld)

Hier existierte bis 1942 eine Jüdische Gemeinde. Sie besaß eine 1852 erbaute Synagoge (ein älteres Bauwerk, bekannt unter dem Namen „Gelbes Schloß" oder „Judentempel", wurde ab der Jahrhundertwende nicht mehr als Bethaus genutzt), eine Schule und ein Ritualbad.

Turm des „Gelben Schlosses", genannt „Judentempel", in Nordheim

Das Innere der Synagoge wurde 1938, zusammen mit den Ritualien, vernichtet.

Alle Baulichkeiten – ehemaliges Synagogengebäude, Turm des „Judentempels", Israelitische Schule und „Judenbad" (Mikwe) sind heute – teilweise renoviert – als Bauwerke noch erhalten.

Die Synagoge befindet sich in Privatbesitz und wird als Wohnhaus benutzt. Die Anbringung einer Gedenktafel mit dem folgenden Wortlaut ist geplant: „Dieses Gebäude, erbaut 1852, dessen Inneneinrichtung im Jahre 1938 wiederholt verwüstet wurde, diente der Jüdischen Kultusgemeinde NORDHEIM als Synagoge. Die Gemeinde NORDHEIM gedenkt ihrer ehemaligen jüdischen Mitbürger."

Standort: Judengasse 4.

Besonderheiten: Die Bausubstanz ist, abgesehen von kleineren Veränderungen durch Umbauten, insgesamt noch vorhanden.

Auch der Turm des „Gelben Schlosses" – „Judentempel" genannt – der bis zur Jahrhundertwende an als Synagoge oder Betsaal gedient haben soll, ist als Bausubstaz noch vollständig – sehr schön renoviert – erhalten.

Auch hier soll eine Gedenktafel mit folgendem Wortlaut an die frühere Funktion erinnern: „In diesem Gebäude war zeitweise die Synagoge der Jüdischen Kultusgemeinde NORDHEIM untergebracht. Die Gemeinde NORDHEIM gedenkt ihrer ehemaligen jüdischen Mitbürger."

Standort: Hinterhof des Anwesens Alex-Hösl-Straße 20 (durch einen Torbogen erreichbar).

Erhalten geblieben sind auch die frühere Israelitische Schule und daneben die Mikwe. Beide Bauwerke sind als Bausubstanz noch vollständig erhalten.

Standort: Untere Torgasse 7.

Auch hier soll eine Gedenktafel mit folgendem Wortlaut auf die Bedeutung der Bauwerke hinweisen: „Dieses Gebäude diente der Jüdischen Kultusgemeinde NORDHEIM als Schule."

Besonderheiten: Inschrift über dem ehemaligen Schulportal
„18 ISRAELITISCHE SCHULE 93".

Obbach (Schweinfurt)

Hier existierte bis 1942 eine Jüdische Gemeinde. Sie besaß eine vor 1870 erbaute Synagoge, ein Gemeindehaus mit Räumen für die Volksschule und eine Wohnung, eine Mikwe sowie eine Schächteinrichtung. Die Synagoge wurde 1938 angezündet, die Inneneinrichtung und die Ritualien zerstört. Heute ist nur noch das ehemalige Gemeindehaus erhalten. Die Synagoge besteht nicht mehr. Sie wurde restlos abgerissen. An ihrer Stelle befindet sich heute ein Wendeplatz für Rübenfahrzeuge. Eine Gedenktafel mit folgendem Wortlaut – an der äußersten Mauerecke des Wendeplatzes angebracht – weist auf die Existenz der Synagoge hin: „An diesem Platz stand die Synagoge der jüdischen Gemeinde OBBACH."

Standort: Wendeplatz gegenüber Greßtaler Straße 5.

Oberaltertheim (Würzburg)

Hier existierte ab ca. 1700 bis 1942 eine Jüdische Gemeinde. Sie besaß eine 1727 errichtete *„Judenschule"* (= Synagoge) auf dem Anwesen „Am Schützengäßchen". Diese wurde 1825 bei einem Ortsbrand vernichtet. Daraufhin erbaute die Gemeinde 1826/27 eine neue Synagoge, deren Inneneinrichtung 1938 zusammen mit den Ritualien fast völlig zerstört wurde. Das geschändete Synagogengebäude wurde nach der Pogromnacht von der Gemeinde Oberaltertheim „käuflich erworben" und anschließend zu einem Feuerwehrgerätehaus umgebaut. In dieser Funktion wurde es von 1938 bis Mitte 1990 genutzt.

1987 war eine Gedenktafel mit folgendem Wortlaut an dem Gebäude angebracht worden: „Dieses Gebäude diente der jüdischen Kultusgemeinde OBERALTERTHEIM als Synagoge, deren Inneneinrichtung in der Pogromnacht 1938 zertrümmert wurde. Die Gemeinde Altertheim gedenkt ihrer ehemaligen

Synagoge Oberaltertheim (1990 abgerissen)

Synagoge Oberelsbach

Synagoge Obereuerheim

jüdischen Mitbürger. ZUR ERINNERUNG UND MAHNUNG.“
Im Jahr 1989 wurde die Gedenktafel entfernt, im ersten Halbjahr 1990 wurde das ehemalige Synagogengebäude auf Betreiben der Gemeinde Altertheim abgerissen.
Standort: Zaunlücke 2 (Ortsmitte).

Oberelsbach (Rhön-Grabfeld)

Hier existierte bis 1942 eine Jüdische Gemeinde. Sie besaß eine 1899 neu erbaute Synagoge (eine frühere Synagoge am gleichen Platz war 1895 abgebrannt) mit Räumen für den Religionsunterricht und ein Ritualbad. Die Synagoge wurde 1938 beschädigt, die Inneneinrichtung und die Ritualien vernichtet. Die Synagoge ist heute noch vorhanden. Sie befindet sich in Privatbesitz und wird als Wohnhaus und zugleich als Café und Diskothek benutzt.
Eine Gedenktafel – neben dem Haupteingang zum Café angebracht – weist mit folgenden Worten auf die frühere Funktion des Gebäudes hin: „Dieses Gebäude, erbaut 1899, diente der jüdischen Kultusgemeinde

OBERELSBACH als Synagoge. ZUR ERINNERUNG UND MAHNUNG.“
Standort: Ende des Weges „Elsweg“ (Sackgasse).
Besonderheiten: Gebäude noch vollständig erhalten und als ehemalige Synagoge deutlich erkennbar; Fenster und Türen im Original erhalten; Aron Hakodesch deutlich erkennbar; Zehn-Gebote-Tafeln über dem Giebel erhalten und gut sichtbar; ein in einem Dorf recht auffallendes Gebäude!

Obereuerheim (Schweinfurt)

Hier existierte vermutlich ab dem 17. Jahrhundert – vielleicht auch schon früher – bis zur Auflösung im Juni 1906 eine Jüdische Kultusgemeinde. Sie besaß eine nach 1870 neu erbaute Synagoge, eine Mikwe und eine ebenfalls nach 1870 neu errichtete Schule mit Lehrerwohnung. die Juden des Ortes wohnten in der *„Judengasse“*, aber auch in anderen Häusern von Obereuerheim.
Im Juni 1906 löste sich die Gemeinde infolge Wegzuges eines großen Teils der jüdischen

Bevölkerung von alleine auf: die im Ort verbliebenen Gemeindemitglieder schlossen sich der Kultusgemeinde Schweinfurt an. Die Synagoge und die anderen Kultgebäude wurden im gleichen Jahr an Privatleute verkauft.

Die Synagoge besteht heute noch. Sie befindet sich in Privatbesitz und wird – nachdem sie ab 1906 als Schreinerei, Werkstatt, Abstellraum usw. genutzt worden war – jetzt als Wohnhaus genutzt, nachdem sie vom gegenwärtigen Besitzer renoviert worden war.

Standort: Hirtengasse 8 (frühere *Judengasse)*

Besonderheiten: Bausubstanz im wesentlichen noch gut erhalten; Eingang zur Frauen- und Männersynagoge gut sichtbar vorhanden; sehr schöner Magen David am Giebel vorhanden; Spuren des Aron Hakodesch im Inneren erhalten; Reste der blauen Deckenbemalung im Inneren erkennbar; im Nebenhaus Original-Säule erhalten, ebenso im Nebenhaus Reste der Mikwe erkennbar.

Synagoge Obereuerheim

Oberlauringen (Rhön-Grabfeld)

Hier existierte ab dem Ende des 18. Jahrhunderts bis 1942 eine Jüdische Kultusgemeinde. Sie besaß eine Synagoge, deren Erbauungsdatum unbekannt ist, die jedoch 1865 erweitert wurde, ein angrenzendes Wohnhaus mit Schulräumen, eine 1872 errichtete Mikwe und einen Friedhof. – 1938 wurden Inneneinrichtung und Ritualien der Synagoge zertrümmert, die jüdischen „Mitbürger" teilweise aus den Wohnungen geworfen (z. B. Lehrer Samuel). Die Synagoge sowie die anderen Bauwerke sind heute noch erhalten. Sie befinden sich teilweise in Privat-, teilweise in Gemeindebesitz. In der Synagoge, die baulich ein wenig verändert wurde, jedoch als Bausubstanz voll erhalten ist, befindet sich heute eine Bank.

Eine Gedenktafel mit folgendem Wortlaut – an der Außenwand der ehemaligen Synagoge angebracht – erinnert heute noch an die frühere Funktion des Gebäudes: „An diesem Platz stand die Synagoge der jüdischen Gemeinde OBERLAURINGEN."

Standort: Friedrich-Rückert-Straße 13–19 (Mittelbau).

Besonderheiten: Im dritten Haus sind Spuren der Mesusa an der Tür erkennbar.

An die Anwesenheit von Juden erinnert heute auch noch das Vorhandensein von zwei „Judengassen": der *„Unteren Judengasse"* und der *„Oberen Judengasse".* (Hier hatte Ende des 18. Jahrhunderts Karl August von Truchseß „Schutzjuden" angesiedelt und ihnen Häuser bauen lassen.)

Lage des Friedhofs: Hügel, ca. 0,5 km südwestlich von Oberlauringen.

Standort: Von Schweinfurt kommend fährt man in den Ort bis vor den Gasthof „Zum Schwarzen Adler". Hier verläßt man die Hauptstraße und biegt in einen Feldweg nach links ein. Man folgt dem Hinweisschild *„Israelitischer Friedhof"* den Feldweg entlang. Die zweite Abbiegung nach rechts führt nach wenigen Metern bergauf an das Friedhofstor.

Zustand: Gepflegt.

Allgemeine Übersicht: Steinmauer (nicht besonders hoch); ein hölzernes Tor; viele alte, relativ wenige neue Grabsteine; letzte Bestattung 1938; flächenmäßig recht kleiner Friedhof.

Chuppastein an der Synagoge Obernbreit

Obernau (Aschaffenburg)

Hier bestand im 19. Jahrhundert eine Jüdische Gemeinschaft (1831 lebten 7 jüdische Familien in Obernau; von 1826–1870 wurde vom katholischen Pfarramt ein Judenmatrikel, das heute nicht mehr vorhanden ist, laut Inventarverzeichnis geführt), von der jedoch nicht mit Sicherheit feststeht, ob sie eine anerkannte jüdische Gemeinde bildete. Bis 1814 waren die im Ort ansässigen Juden Mitglieder der Jüdischen Gemeinde Sulzbach, die auch eine Synagoge besaß. Es konnte, trotz intensiver Recherchen, keine Information über das Vorhandensein einer Kultstätte gefunden werden. Es ist jedoch durchaus möglich, daß die Juden zu Obernau ihre Gottesdienste zeitweise in einer Betstube in einem der jüdischen Häuser abhielten.

Obernbreit (Kitzingen)

Hier existierte von 1528 bis 1912 eine Jüdische Gemeinde. Sie besaß eine 1748 erbaute Synagoge, eine Schule, die 1712 erbaut worden war, und vermutlich auch eine Mikwe. Sowohl Synagoge als auch Schule sind heute als Bauwerk noch vorhanden. Die Synago-

ge befindet sich im Privatbesitz und wird als Maschinenhalle benutzt; das Schulhaus wird nach Umbauten als Wohnhaus verwendet.

Standorte: Synagoge: Kirchgasse (früher Judengasse!) 4.
Schule: Kirchgasse 33.

Besonderheiten (Synagoge): Bausubstanz ist noch vollständig erhalten, sehr schöner, alter Chuppastein auf der Längsmauer; einige Originalfenster erhalten, andere zugemauert.

Oberschwarzach (Schweinfurt)

Hier existierte wahrscheinlich bis gegen Ende des 19. Jahrhunderts eine sehr kleine Jüdische Kultusgemeinde, über die jedoch keinerlei urkundliche Nachweise vorliegen. Bekannt ist lediglich, daß im Jahre 1813 in Oberschwarzach 18 Juden lebten. Ihre kultischen Handlungen hielten sie vermutlich im Betsaal eines Privathauses ab. Trotz intensiver Recherchen konnten bis jetzt keinerlei weitere Informationen über diese kleine Kultusgemeinde in Erfahrung gebracht werden.

Oberstreu (Rhön-Grabfeld)

Hier existierte wahrscheinlich vom Mittelalter bis nach der Jahrhundertwende (ca. 1912, Datum ist aber nicht sicher) eine recht große Jüdische Kultusgemeinde (1832 wohnten hier 80 Juden, 1848 immerhin noch 62 Juden in 16 Haushalten). Die jüdischen Gemeindemitglieder (zur Gemeinde zählten ab 1871 auch die Juden aus Mittelstreu) des Ortes wohnten im sog. *„Judenhof"*, einem kleinen Ghetto. Hier hatten sie eine Synagoge, eine Mikwe, einen eigenen Brunnen und eine Schule. Nach der Auflösung der Gemeinde durch Wegzug der Mitglieder wurden die Kultgebäude zusammen mit den Häusern an Privatleute verkauft.
Das Areal des Judenhofes ist heute noch, wenn auch umgebaut, erhalten. Die Ende des 18. Jahrhunderts errichtete Synagoge wurde zwar 1930 abgebrochen, aber Mauerreste sind noch vorhanden, ebenso Teile der Mikwe. Eine Gedenktafel – an der Außenmauer des ehemaligen Synagogengebäudes (heute eine Scheune) angebracht, erinnert mit folgenden Worten sehr eindrucksvoll an die frühere Funktion des Bauwerkes: „EHE-

MALIGE SYNAGOGE. Israel. Gotteshaus für die Oberstreuer und Mittelstreuer Juden. Wahrscheinlich Ende 18. Jh. erbaut und nach 1930 abgebrochen. Nun Scheune. Hier, in der Nähe des ehemaligen Schlosses, standen 5 Judenhäuser und eine Judenschule. 1848 noch 16 jüdische Haushalte mit 62 Personen in Oberstreu. gestiftet von Gemeinde Oberstreu."

Standort der früheren Synagoge und Mikwe: Dorfgrabenweg 9 (früher: Schenkengasse 37).

Besonderheiten: Teile der Grundmauern der Synagoge (Backstein) und der Mikwe noch im Inneren der Scheune erkennbar; früher floß am Hause ein Bach vorbei – daher war der Ahron Hakodesch über dem Wasser.

Obertheres (Haßberge)

Hier bestand seit mehreren Jahrhunderten eine Jüdische Gemeinschaft, die im *„Juden-hof"*, einer noch heute vorhandenen Straße, wohnte. Die Existenz der „Fürstlichen Schutzjuden" ist urkundlich belegt, leider nicht weitere Einzelheiten. Auch das Vorhandensein einer Jüdischen Kultusgemeinde konnte urkundlich nicht nachgewiesen werden. So sind die jahrhundertealte Straßenbezeichnung „JUDENHOF" und die Nennung des Ortes beim Verzeichnis der Ortschaften, „in welchen Fürstliche SCHUTZJUDEN sich dermalen befanden" heute die einzigen Zeugnisse jüdischen Lebens in Obertheres.

Oberthulba (Bad Kissingen)

Hier existierte bis 1942 eine Jüdische Gemeinde. Sie besaß ein vor 1790 neu erbautes und 1931 renoviertes Bethaus mit Schulzimmern und einer Lehrerwohnung sowie eine Mikwe. Die Inneneinrichtung der Synagoge wurde 1938 zerstört, die Ritualien vernichtet. Das Gebäude ist – wenn auch nur in Fragmenten – heute noch erhalten. Nach mehreren Umbaumaßnahmen befindet es sich jetzt in Privatbesitz und wird vom Bayerischen Roten Kreuz als Übungsraum genutzt. Eine Gedenktafel mit folgendem Wortlaut weist auf die frühere Funktion des Gebäudes hin: „Dieses Gebäude diente unseren ehemaligen jüdischen Mitbürgern bis 1938 als Synagoge und Schule."

Standort: Ledergasse 12 (früher: *„Judengas-se 113"*).

Besonderheiten: Bausubstanz (Mauerwerk) ist noch umfangreich erhalten, jedoch in den Neubau integriert.

Oberwaldbehrungen (Rhön-Grabfeld)

Hier existierte bis 1935 eine Jüdische Gemeinde. Sie besaß eine Synagoge, deren Erbauungsdatum unbekannt ist, ein Ritualbad, das bereits 1933 verkauft worden war, und einen Friedhof.

Die Synagoge, schon vor 1935 von der Polizei für einsturzgefährdet erklärt, wurde nach 1936 teilweise abgerissen. Unter Einbeziehung der Restmauern wurde auf den Grundmauern der Synagoge ein kleines Wohnhaus errichtet.

Eine Gedenktafel mit folgendem Wortlaut weist auf die Existenz der Synagoge hin: „Dieses Gebäude diente der jüdischen Kultusgemeinde Oberwaldbehrungen bis 1935 als Synagoge. Zur Erinnerung und Mahnung."

Standort: Hauptstraße 51.

Lage des Friedhofs: Wald nordöstlich von Oberwaldbehrungen.

Standort: Man verläßt den Ort in Richtung Oberelsbach. Nach dem Überqueren der nach Bastheim/Bad Neustadt führenden Straße biegt man die erste Abzweigung rechts, „Albert-Büttner-Straße", ab und folgt ihr bis zum Ende. Auch nach dem Ende der Teerstraße folgt man dem nun beginnenden Waldweg weiter, noch ca. 200 m. Dann biegt man bei der ersten Abzweigung im Wald links ab und steht fast direkt vor dem Friedhofseingang.

Zustand: Ordentlich.

Allgemeine Übersicht: Maschendrahtzaun rund um das Friedhofsgelände; ein Eingangstor aus Eisen zwischen zwei Steinpfählen; links überwiegend neuere, rechts des Tores meist alte bis sehr alte Grabsteine; einige Grabsteine weisen Spuren der Beschädigung auf; teilweise sehr schöne, alte Grabsteine; letzte Friedhofschändung hier im Jahre 1985.

Ochsenfurt (Würzburg)

Hier existierte vermutlich ab dem Ende des 11. Jahrhunderts – von schweren Pogromen in den Jahren 1298 (Rindfleisch-Verfolgung) und 1336 (Armleder-Verfolgung) heimgesucht – bis wahrscheinlich 1342 eine Jüdische Gemeinde. Sie besaß (urkundlich 1342 und 1431 erwähnt) eine Synagoge, genannt *„Judenschule"* hinter dem alten Rathaus und eine Herberge für durchreisende Juden, genannt *„Kemenate"*. Im Jahre 1342 wurden beide Bauwerke – Synagoge und Kemenate – an christliche Privatpersonen verkauft. Von diesem Zeitpunkt an waren Juden in Ochsenfurt nicht mehr ansässig, wohl aber bis ins letzte Jahrhundert hinein als Händler tätig; es gibt jedenfalls ab dem 14. Jahrhundert keine Hinweise mehr auf in Ochsenfurt wohnende Juden oder eine Kultusgemeinde. Die „Judenschule" und die „Kemenate" – einzige Zeugen jüdischer Vergangenheit in der Stadt Ochsenfurt – konnten trotz sehr intensiver Recherchen bis jetzt noch nicht gefunden werden.

Öttershausen (Kitzingen)

Hier existierte vermutlich ab dem Mittelalter bis ca. 1880 eine Jüdische Kultusgemeinde; der ganze Ort bestand bis ca. 1850 aus dem (heute noch existierenden) Gutshof des Grafen Schönborn und der rein jüdischen Siedlung außerhalb des Gutshofes.
Die Gemeinde löste sich um 1880 von selbst auf.
Von den ehemaligen Gebäuden sind heute noch einige erhalten. Vorn an der Straße sieht man die (inzwischen vermutlich mehrfach umgebaute) Lehrerwohnung, dahinter befinden sich Überreste der früheren Synagoge: zwei Mauern mit mehreren Original-Fenstern sind noch erhalten!

Standort: Erstes Haus rechts des Gutshofes über der Straße.

Pfaffenhausen (Bad Kissingen)

Lage des Friedhofs: Ortsmitte von Pfaffenhausen, unweit der Kirche, sanft gegen Hammelburg abfallender Hügel.

Standort: Man fährt von Hammelburg nach Pfaffenhausen, durch den Ort durch die Hauptstraße entlang bis zur Kirche, an der man links den Weg „Eich" abbiegt. An der Schule vorbei fährt man dann bis zum „Neuenberg", wo sich der Friedhofseingang befindet.

Zustand: Sauber und gepflegt.

Allgemeine Übersicht: Gegen die Straße zu Steinmauer, sonst Drahtzaun; zwei Eingänge (einer mit Steinpfosten und Gittertor, der andere Metallgitterzauntor); sehr gut erhaltene, renovierte Leichenhalle; eine Gedenktafel an dieser Halle gibt Auskunft über den Friedhof: „DIESER JÜDISCHE FRIEDHOF wurde seit dem 16. Jahrhdt. ununterbrochen benutzt. Im Juli 1938 wurden der jüdischen Kultusgemeinde weitere Begräbnisse verboten. ZUR ERINNERUNG UND MAHNUNG:"
Viele alte, z. T. aus dem letzten Viertel des 16. Jahrhunderts stammende Grabsteine (meist aus Sandstein, zerfallen zusehends). An der Mauer, die parallel zur Straße „Neuenberg" führt, befindet sich eine sehr geschmackvolle, schöne Inschrift: „DIE STADT HAMMELBURG GEDENKT IHRER EHEMALIGEN JÜDISCHEN MITBÜRGER".

Pfarrweisach (Haßberge)

Hier existierte wahrscheinlich – jedoch durch Urkunden nicht belegt – von ca. Ende des 18. Jahrhunderts bis Mitte des 19. Jahrhunderts eine Jüdische Gemeinde, denn 1801 gab es hier 9 Judenhaushaltungen, 1825 lebten hier 66 Juden, 1867 noch 19 und 1871 nur noch 10 Juden. Möglicherweise besaß sie eine Synagoge, mit großer Wahrscheinlichkeit jedoch einen Betsaal.
Trotz intensiver Recherchen gelang es nicht, den Standort oder sonstige Informationen über jüdische Kultbauten zu erhalten bzw. zu ermitteln.

Platz (Bad Kissingen)

Hier existierte wahrscheinlich bis 1910 (das Datum ist nicht ganz sicher, aber 1910 lebten hier noch 18 Juden, 1925 hingegen noch 12 und 1933 nur 8 Juden) eine Jüdische Gemeinde. Sie besaß eine Synagoge, die jedoch schon in den 20er Jahren verkauft worden war. Der Thora-Schrein (= Aron Hakodesch) wurde im Museum in Würzburg auf-

bewahrt, wo er 1945 durch einen Bomben-
treffer vernichtet wurde. Die Synagoge war
bis in die frühen 80er Jahre vorhanden. Sie
befand sich in Privatbesitz und wurde als
Abstellschuppen benutzt. Tür und Fenster
waren noch im Original erhalten. Um 1983
wurde dann das Bauwerk beseitigt. Heute ist
von der Synagoge nichts mehr übrig. An ihrer
Stelle ist heute ein zum Hause gehörender
Platz (Vorplatz), der mit Steinen gepflastert
ist.

Standort: Rückwärtiger Teil des zum Haus
„Marktstraße 25" gehörenden Hofes.

Poppenlauer (Bad Kissingen)

Hier existierte bis 1942 eine Jüdische Kultusgemeinde. Sie besaß eine 1867 neu erbaute
und 1928 renovierte Synagoge mit dazugehörigen Schulräumen, ein Ritualbad, ein
Wohnhaus und ein um 1865 renoviertes
Schulhaus. Alle Baulichkeiten wurden 1938
beschädigt, die Inneneinrichtungen und die
Ritualien zerstört. Das Synagogengebäude
ist heute noch vorhanden. Es befindet sich in
Privatbesitz und wird gegenwärtig nur noch
als Wohnhaus benutzt (der Teil des Gebäudes, der lange Jahre als Lichtspielhaus genutzt worden war, steht jetzt leer).

Standort: Gehringsgasse 5.

Besonderheiten: Originalmauern komplett erhalten; Originalfenster, bes. Giebelfenster gut
sichtbar.

Prichsenstadt (Kitzingen)

Hier existierte ca. vom 16. Jahrhundert bis
1942 eine Jüdische Kultusgemeinde. Sie besaß eine 1912 neu erbaute Synagoge mit
Mikwe und einem Schulhaus. Die Inneneinrichtungen aller Kultgebäude wurden 1938
vernichtet. Die ehemalige Synagoge mit dem
Schulgebäude ist heute noch vorhanden.
Das Doppelhaus befindet sich in Privatbesitz
und wird als Wohnhaus genutzt.

Standort: Freihofgasse 2 (Doppelhaus).

Besonderheiten: Bausubstanz insgesamt
noch vollständig erhalten; Türen und Fenster
im Original erhalten; an der Tür des Hauses
Freihofgasse 2 (2. Tür) Spuren der Mesusa
erkennbar.

Grabstein als Denkmal in Rehweiler

Eine Gedenktafel mit folgendem Wortlaut –
an der Mauer des christlichen Friedhofes angebracht – soll an die frühere Kultusgemeinde erinnern: „DIE STADT PRICHSENSTADT
GEDENKT IHRER EHEMALIGEN JÜDI-
SCHEN MITBÜRGER – ZUR ERINNERUNG
UND MAHNUNG."

Randersacker (Würzburg)

Hier existierte bis 1298 eine Jüdische Kultusgemeinde. Sie wurde bei der „Rindfleisch-
Verfolgung" ausgerottet.
Außer dieser urkundlich gesicherten Tatsache gibt es heute keine weiteren Zeugnisse
jüdischer Vergangenheit mehr in Randersacker.

Rehweiler (Kitzinger)

Hier existierte bis 1911 eine Jüdische Kultusgemeinde. Sie besaß eine Synagoge, deren
Erbauungsdatum unbekannt ist, eine Mikwe
und zwei Friedhöfe. Die Synagoge wurde
1924 an Privatleute verkauft und von diesem

Zeitpunkt an bis zu ihrem vollkommenen Abbruch im Jahre 1979 als Scheune genutzt.
Von der Synagoge ist nichts mehr erhalten. Sie wurde durch einen Neubau ersetzt.

Standort: Ortsstraße 33.

Lage des Friedhofs: Waldrand westlich des Ortes Rehweiler.

Standort: Von Abtswind kommend fährt man in den Ort Rehweiler hinein und hier dann in Richtung Haag. Kurz vor dem Ortsende biegt man die letzte Seitenstraße rechts ab und fährt diese bis zum Ende am Waldrand weiter. Ca. 10 m nach dem Ende des geteerten Weges befindet sich der einzige Zeuge des Jüdischen Friedhofes Rehweiler: ein auf einem gemauerten Podest stehender schwarzer Marmorstein, am Waldrand links des Weges.
Der im „Dritten Reich" vernichtete große Friedhof befand sich auf den Äckern und Wiesen auf der rechten Seite des Weges.

Allgemeine Übersicht:
Von dem einst großen Friedhof (eigentlich waren es zwei zusammenhängende Friedhöfe) ist nur noch ein einziger Grabstein erhalten. Die anderen Steine wurden als Baumaterial verwendet und sind heute fast unauffindbar. Der noch erhaltene Grabstein wurde Ende des Jahres 1987 auf ein gemauertes Podest mit der folgenden Inschrift gestellt: „In ehrwürdigem Gedenken an den jüdischen Friedhof Rehweiler, der auf dem Feld gegenüber dieses Weges lag und eingeebnet wurde. Künftigen Generationen zur Besinnung und Mahnung."
Die Inschrift auf dem heute als eindrucksvolles Denkmal installierten Grabstein lautet:
„Hier ruht in Frieden Mendlein Grabfelder, gestorben am 25. April 1859, begraben am 26. April 1859."

Reichenberg (Würzburg)

Hier existierte ab dem 17. Jahrhundert bis zum März 1942 eine Jüdische Kultusgemeinde. Sie besaß eine 1797 erbaute Synagoge, ein Schulhaus mit Lehrerwohnung und eine Mikwe.
Die Inneneinrichtung der Synagoge wurde am 24. November 1939 (!) von SA-Leuten zerstört. Danach wurde das Gebäude zunächst als Holzlager und später als Stofflager der Wehrmacht genutzt. 1949 wurde das Gebäude von der IRSO an die Katholische Kirche verkauft, die es von 1950–1972 als Kirche benutzte. Ab 1972 befindet sich das Bauwerk in Privatbesitz und dient bis heute als Wohnhaus.

Standort: Schinderberg 11.

Besonderheiten: Tafel mit folgender Inschrift: „1797–1938 Synagoge, 1950–1972 Kath. Kirche St. Bonifatius.". 1988 wurde unter dieser Tafel eine weitere Tafel mit folgendem Text angebracht: „Zum Gedenken an unsere ehemaligen jüdischen Mitbürger ,Wir klagen uns an, daß wir nicht mutiger bekannt, nicht treuer gebetet, nicht fröhlicher geglaubt, nicht brennender geliebt haben.' (Stuttgarter Erklärung der EKD, 1945) Reichenberg, den 9. November 1988. Evang.-Luth. Kirchengemeinde Reichenberg."

Reistenhausen (Miltenberg)

Lage des Friedhofs: Sehr steiler Hang nördlich von Reistenhausen.

Standort: Am Ortsanfang von Reistenhausen, von Fechenbach kommend, biegt man rechts in die Straße „An der Ziegelhütte" ab, um anschließend die zweite Querstraße nach links, den „Zeilweg", abzubiegen. Von dort biegt man jeden weiteren anfangenden Weg und jede Abzweigung links ab. Am Eichenwald, hinter einem Steinkreuz, erfolgt die letzte Abbiegung nach links, dann läßt man den Wagen hier stehen und geht die erste Abzweigung nochmals links gerade auf den Eingang des Friedhofs zu.

Zustand: Gepflegt.

Allgemeine Übersicht: Massive, hohe Steinmauer rund um den Friedhof; ein einziges Eisengittertor; links vom Eingang, direkt am Tor und geradeaus hinunter neuere, weiter links alte, gegen die linke Mauer zu sehr alte, schöne Grabsteine; einige Grabsteine wurden von der Natur (Bäume) zerstört, andere wurden von der Natur „vereinnahmt" (sie sind in Bäume eingewachsen!); sehr viele Grabsteine; besonders der alte Friedhofsteil ist stark mit Laubbäumen bewachsen; das gesamte Friedhofsareal befindet sich an einem sehr steilen Hügel.

Remlingen (Würzburg)

Hier existierte wahrscheinlich in den vergangenen zwei Jahrhunderten bis zum Ende des 19. Jahrhunderts (genaue Daten sind bis jetzt nicht bekannt) eine Jüdische Kultusgemeinde (nachweisbar lebten im Ort im Jahre 1832 26 Juden, im Jahre 1844 noch immer 4 Familien). Sie besaß (durch Urkunden belegt) eine Synagoge (auch *„Judenschule"* genannt) und eine Mikwe. Beide Gebäude wurden gegen Ende des 19. Jahrhunderts, kurz nach Auflösung der Kultusgemeinde, an Privatleute verkauft und am Anfang dieses Jahrhunderts abgerissen. Die beiden Grundstücke wurden bis heute nicht wieder bebaut.

Standorte:

Synagoge (früher Haus-Nr. 148): Grundstück zwischen den Straßen „Lange Gasse" und „Schloßgasse".

Mikwe (früher Haus-Nr. 108): Grundstück zwischen den Häusern „Untere Gasse" Nr. 8 und Nr. 10.

Gedenktafel am Kriegerdenkmal in Rieneck

Reyersbach (Rhön-Grabfeld)

Hier existierte nachweislich von ca. 1700 – vielleicht auch schon früher – bis zum Ersten Weltkrieg 1914/18 eine Jüdische Kultusgemeinde. Sie besaß eine Synagoge im „Haus Nr. 70½, die sich über dem Haus Nummer 70 befand und mit Judengemeinde aufgeführt" war. Die Synagoge hatte eine Holztreppe und war sehr klein. Nach dem 1. Weltkrieg fanden wegen Baufälligkeit keine Kulthandlungen mehr statt; das Gebäude wurde vermutlich in den 30er Jahren abgerissen.

Heute steht auf dem Platz der ehemaligen Synagoge ein moderner landwirtschaftlicher Nutzbau.

Standort: Wassertor 21.

Rieneck (Main-Spessart)

Hier existierte ab dem 17. Jahrhundert (1669 lebten am Ort 2 jüdische Familien, 1737 dann 3 Familien, 1790 schließlich 10 Familien) bis zum Jahre 1939 eine Jüdische Kultusgemeinde. Sie besaß eine Ende des 17. Jahrhunderts erbaute, nach 1872 renovierte und nach ihrer Entweihung durch die Nationalsozialisten am 30. 06. 1937 noch im August 1937 nochmals renovierte Synagoge, eine Mikwe und ein nach 1872 restauriertes Gemeindehaus mit Schulraum. Während des Pogroms 1938 wurde die Synagoge mit dem gesamten Inventar und den Ritualien vernichtet. Von der ehemaligen Synagoge sind nur noch die Grundmauern vorhanden. An die Anwesenheit von Juden erinnert ferner das Vorhandensein einer *„Judengasse".*

Eine Gedenktafel mit folgendem Wortlaut – am Denkmal für die Gefallenen beider Weltkriege angebracht – weist auf das Vorhandensein von Juden in Rieneck hin: „Die Stadt RIENECK gedenkt ihrer ehemaligen jüdischen Mitbürger und den Opfern des Nationalsozialismus. ZUR ERINNERUNG UND MAHNUNG."

Standort der ehemaligen Synagoge: Anwesen hinter dem Haus Schloßberg Nr. 10.

Rimbach (Kitzingen)

Hier existierte nachweislich im 18./19. Jahrhundert – möglicherweise aber auch schon früher – eine Jüdische Kultusgemeinde; im Jahre 1832 wohnten nämlich 49 Juden am

Ort. Sie hatten sehr wahrscheinlich eine Synagoge oder einen Betsaal in einem der von Juden bewohnten Häuser.

Trotz intensiver Recherchen war es bis heute nicht möglich, weitere Informationen über diese frühere Jüdische Kultusgemeinde Rimbach oder einen ihrer Kultbauten zu erhalten.

Rimpar (Würzburg)

Hier bestand möglicherweise ab der 2. Hälfte des 16. Jahrhunderts bis 1942 eine Jüdische Kultusgemeinde. Sie besaß eine 1729 erbaute und 1852 erweiterte Synagoge, eine Mikwe und ein Gemeindehaus mit Schulraum.

Bereits 1819 wurde bei den „Hep-Hep-Unruhen", die in Würzburg ihren Ursprung hatten, die Synagoge beschädigt. Alle jüdischen Baulichkeiten wurden beim Novemberpogrom 1938 beschädigt. Selbst vor der 1922 neben dem Aron Hakodesch für die Gefallenen des Ersten Weltkrieges errichteten steinernen Gedenktafel machte man keinen Halt. Die Synagoge existiert heute noch. Sie befindet sich in Privatbesitz und wird als Lagerhalle benutzt. Ein Zugang zu dem Bauwerk ist unmöglich, da es vollkommen von anderen Bauten umschlossen ist, deren Eigentümer den Zugang zur ehemaligen Synagoge nicht gestatten. Eine 1989 im Innenhof des früheren Schlosses und heutigen Rathauses angebrachte Gedenktafel weist auf die Synagoge und die frühere Kultusgemeinde hin: „In Rimpar bestand bis 1942 eine Jüdische Kultusgemeinde, Synagoge Marktplatz 9, die in der Pogromnacht außen beschädigt und innen verwüstet wurde. Zur Erinnerung an unsere ehemaligen jüdischen Mitbürger."

Standort der Synagoge: Hinterhof des Anwesens Marktplatz 9 (unzugänglich!).

Besonderheiten: Gebäude im Original noch vollständig erhalten; Chuppastein (= Hochzeitsstein) am Giebel (!); Türmchen (hier war der Eingang zur Frauensynagoge) rechts am Gebäude (recht ungewöhnlich!); Originalfenster und -türen noch erhalten; im Inneren zerstörte Gedenktafel für die Gefallenen des Ersten Weltkrieges vorhanden; farbig sehr schön ausgestaltete Decke teilweise noch erhalten.

Rödelmaier (Rhön-Grabfeld)

Hier existierte bis ca. 1910 (Datum ist nicht sicher, gewiß ist aber, daß 1832 am Ort 148 Juden und im Jahre 1871 noch 48 Juden lebten!) eine Jüdische Gemeinde. Sie besaß eine Synagoge.

Trotz intensivster Nachforschungen war es bis jetzt nicht möglich, den Standort der Kultstätte in Erfahrung zu bringen; die Tatsache der Existenz einer Synagoge war jedoch einem großen Teil der befragten alten Dorfbewohner bekannt.

Rödelsee (Kitzingen)

Hier existierte vermutlich bis 1907 oder 1908 eine Jüdische Kultusgemeinde. Sie besaß eine wahrscheinlich vor 1646 erbaute Synagoge, eine Mikwe, eine Leichenhalle auf dem Friedhof und ein Wohnhaus für den Friedhofswärter. 1938 wurde die Synagoge stark beschädigt, die Inneneinrichtung und die Ritualien vernichtet.

Die Synagoge ist heute nicht mehr vorhanden. Sie wurde abgerissen und in den 60er Jahren durch ein Wohnhaus „ersetzt".

Lage des Friedhofs: Am Fuße des Schwanberges.

Standort: Von der Ortsmitte von Rödelsee fährt man in die Weinberge in Richtung des Friedhofes, den man schon von weitem erkennt. Auf Weinbergswegen gelangt man bis fast vor den Eingang des Friedhofes.

Zustand: Insgesamt gepflegt.

Allgemeine Übersicht: Steinmauer mit Nischen (im Friedhofsinneren) rund um den Friedhof; ein Tor; mehrere zugemauerte Eingänge; Einteilung in einen ganz alten, alten, neueren und neuen Teil; renovierte Tahara-Halle; Gedenkstein für die Gefallenen des 1. Weltkrieges und mehrere Soldatengräber; Gedenkstein in der Mitte des Friedhofes mit folgender Inschrift: „Den Toten zur Ehre und zum ewigen Gedenken an die jüdischen Bürger aus Rödelsee und Umgebung, die in den Verfolgungsjahren 1933–1945 grausam umgekommen sind. Uns Lebenden zur Mahnung, den kommenden Geschlechtern zur eindringlichen Lehre . . . Nach Zerstörung im Jahre 198 vom Landesverband der Israelitischen Kulturgemeinden in Bayern neu errichtet."

Röllbach (Miltenberg)

Hier existierte bis ca. 1920 eine Jüdische Kultusgemeinde. Sie besaß eine Synagoge mit Religionsschule und Mikwe im gleichen Gebäude, dessen Erbauungsdatum unbekannt ist. Vermutlich wurde das Bauwerk schon in den 20er Jahren verkauft, denn 1938 wurde es nicht mehr beschädigt. Die ehemalige Synagoge, zwischen zwei andere Häuser eingebaut, ist noch fast vollständig erhalten. Das im Augenblick leerstehende Haus ist seit dem 3. 5. 1990 in Privatbesitz. In den 60er und 70er Jahren wurde es als Clubhaus der örtlichen Jugend benutzt, danach verfiel es immer mehr.

Standort: Gartenstraße 4.

Besonderheiten: Originalfenster und -türen sind noch erhalten; die gesamte Bausubstanz ist insgesamt noch erhalten; an der Eingangstür sind Spuren der Mesusa noch gut zu erkennen.

Synagoge Röllbach

Röttingen (Würzburg)

Hier existierte bis ins 14. Jahrhundert hinein eine Jüdische Kultusgemeinde, die durch das Pogrom von 1288 sehr dezimiert und durch die Verfolgung von 1336 dann vernichtet worden war. Sie besaß nachweislich eine Synagoge.
Sie wurde anläßlich der sog. „Hostienschändung" im Jahre 1288 bzw. der sich aus dieser üblen Verleumdung entwickelnden „Rindfleisch-Verfolgung" sehr stark dezimiert. Diese urkundlich gesicherten Tatsachen sind heute das einzige Zeugnis jüdischer Vergangenheit von Röttingen.
Bis Oktober 1988 gab es ein Ölgemälde im Langhaus der Pfarrkirche Sankt Kilian, auf welchem die sog. „Hostienschändung" durch Juden, die erfunden wurde, um diese ausrotten zu können, unter der Überschrift „Geschichte der siegenden Wahrheit" in sechs Bildern und mit der darunterstehenden Inschrift „Der gestraften Bosheit. Dieses geschah hier in Röttingen im Jahre 1288" dem Betrachter kommentarlos gezeigt wurde. Dieses antisemitische bzw. antijüdische Werk wurde im Oktober 1988 zunächst einmal aus der Pfarrkirche entfernt. Eine endgültige Entscheidung über seine zukünftige Verwendung und seinen künftigen Verbleib wur-

Bild aus der katholischen Kirche in Röttingen

de bis Ende Dezember 1991 nicht getroffen. Der Standort der Synagoge konnte, trotz intensiver Recherchen, bis heute nicht ermittelt werden.

Rothenfels (Main-Spessart)

Hier bestand vom Beginn des 13. bis zu ihrer Vernichtung am Ende des 13. oder am Anfang des 14. Jahrhunderts (1222 wird Nathan von Rothenfels urkundlich erwähnt) eine erste Jüdische Kultusgemeinde. Sie besaß nachweislich eine Synagoge und mit sehr großer Wahrscheinlichkeit einen Friedhof (noch 1531 gab es im Ort ein Gartengrundstück, das *"Judenkirchhof"* hieß).

Um die Mitte des 17. Jahrhunderts entstand hier wieder eine neue – die zweite – Jüdische Kultusgemeinde (1680 lebten am Ort 3 Familien, 1699 4 Familien mit 22 Seelen und 1732 5 Familien). Sie besaß bis 1773 eine eigene Synagoge mit Schulräumen und einen Lehrer. Um 1773 erfolgte wohl auch der Zusammenschluß der Gemeinden Rothenfels und Bergrothenfels zur Kultusgemeinde Bergrothenfels. Mit dem Absinken der Mitgliederzahlen wurde um 1840 die Synagoge und Schule aufgegeben. Ab 1890 gab es keine Juden mehr in Rothenfels.

Trotz intensiver Recherchen war es bis jetzt nicht möglich, den Standort der ehemaligen Synagoge in Erfahrung zu bringen.

Schöllkrippen (Aschaffenburg)

Hier bestand bis 1938 eine Jüdische Kultusgemeinde. Sie besaß eine 1826 erbaute und nach 1869 erweiterte Synagoge mit Schulräumen, ein Gemeindehaus und eine Mikwe. Die Synagoge wurde 1938 zunächst verwüstet und dann in die Luft gesprengt. Von der Synagoge ist heute nichts mehr erhalten. An ihrer Stelle befindet sich jetzt eine Druckerei.

Standort: Laudenbacher Straße 4–6.

Schondra (Bad Kissingen)

Hier existierte vom 18./19. Jahrhundert, möglicherweise aber auch schon früher, bis ca. 1910 eine Jüdische Kultusgemeinde. Sie besaß eine Synagoge, deren Erbauungsdatum bis jetzt noch unbekannt ist, deren Thoraschrein jedoch nachweislich in den 20er Jahren der Kultusgemeinde München übergeben worden ist. Von der Synagoge verblieben nur noch wenige Mauerreste. Diese befinden sich neben dem Haus „Am Kreßberg 2", das vor der Naziherrschaft der Familie Heinrich Katzmann s.A. gehörte.

Es gab am Ort auch eine Mikwe, deren Standort jedoch bis jetzt trotz intensiver Recherchen nicht in Erfahrung gebracht werden konnte.

Standort der ehemaligen Synagoge: Gartengrundstück mit Mauerresten rechts neben dem Haus „Am Kreßberg 2".

Besonderheiten: Nur noch ganz wenige Original-Mauersteine erhalten.

Schonungen (Schweinfurt)

Hier existierte bis 1941 eine Jüdische Gemeinde. Sie besaß eine 1856 erbaute Synagoge, ein Gemeindehaus mit Schulräumen und ein Ritualbad. Alle Gebäude wurden 1938 teilweise zerstört, die Inneneinrichtung vollständig. Die Synagoge ist als Bausubstanz heute noch vorhanden. Sie befindet sich in Privatbesitz und wird teils als Autogarage (früher Feuerwehrhaus), teils als Wohnhaus benutzt. Eine Gedenktafel mit folgendem Wortlaut weist auf die frühere Funktion des Gebäudes hin: „Dieses Gebäude, dessen Inneneinrichtung 1938 zerstört wurde, diente der jüdischen Kultusgemeinde SCHONUNGEN als Synagoge. Zur Erinnerung und zum Andenken an unsere ehemaligen jüdischen Mitbürger."

Standort: Bachstraße 21.

Schwanfeld (Schweinfurt)

Hier existierte bis 1298 eine erste Jüdische Kultusgemeinde. Sie wurde bei der „Rindfleisch-Verfolgung", vermutlich im gleichen Jahr, ausgerottet.

Seit 1579 gab es dann wieder bis 1942 eine Jüdische Gemeinde. Sie besaß eine 1786 erbaute Synagoge, ein Ritualbad, eine 1784 errichtete Schule und einen 1579 eingerichteten Friedhof mit einer doppelstöckigen Leichenhalle. 1938 wurden die Einrichtung und die Ritualien der Synagoge zerstört, jedoch

Bezirksfriedhof Schwanfeld

nicht das Gebäude. Die Synagoge ist heute als Bausubstanz noch vorhanden. Sie befindet sich ab dem Kriegsende in Privatbesitz und wird – nachdem lange Zeit darin ein Kino untergebracht war – heute als Wohnung genutzt.

Die Judenschule diente von 1938 bis 1946 als Gemeindekanzlei und Schulraum. Danach wurde sie von der IRSO an eine Privatfamilie verkauft.

Standort der Synagoge: Wipfelder Straße 17.

Besonderheiten der Synagoge: Fenster im Original erhalten.

Lage des Friedhofs: Hügel südöstlich von Schwanfeld.

Standort: Von der Ortsmitte Schwanfelds fährt man in Richtung Dippach. Am Ortsende biegt man dann in Richtung Obereisenheim ab. Der erste Feldweg auf dieser Straße rechts – er heißt inzwischen „Ludwig-Guttmann-Weg" (benannt nach dem letzten in Schwanfeld geborenen Juden, der am 1. 2. 1984 im Alter von 82 Jahren starb) – ist mit „*Judenfriedhof*" ausgeschildert. Man folgt diesem Weg ca. 50 m und biegt dann links ab. Nach ungefähr 200 weiteren Metern steht man dann vor dem Eingangstor des Friedhofes.

Zustand: Sehr gepflegt.

Allgemeine Übersicht: Zwei große Tore (eines ist mit Zaun versperrt); große, doppelstöckige Taharahalle (darinnen steinerner Waschtisch zur Durchführung der rituellen Reinigung <Tahara> und Brunnen <innerhalb des Gebäudes!>); unsymmetrische Friedhofsfläche; mehrere alte und neuere „Gräbergruppen"; Friedhofsfläche sehr hügelig; einige sehr alte Grabsteine; am Taharahaus ist eine Gedenkplakette mit der folgenden Inschrift angebracht worden: „In der Gemeinde SCHWANFELD lebten seit 1298 zahlreiche jüdische Familien. Seit 1579 bestand eine Jüdische Kultusgemeinde mit Gericht, Schule, Synagoge u. Friedhof. ZUR ERINNERUNG UND MAHNUNG."

Synagoge Schwebheim

Soldatengrab im Friedhof Schweinfurt

Schwebheim (Schweinfurt)

Hier bestand ab der Mitte des 16. Jahrhunderts bis zu ihrer Auflösung und Angliederung an die Jüdische Gemeinde Gochsheim im Juli 1905 eine Jüdische Kultusgemeinde. Die Juden hier wohnten bis zur Emanzipation in einem Ghetto, dem *„Judenhof"* (eine Art Reihenhaussiedlung), bestehend aus einer Synagoge, einem Nebengebäude, einer Mikwe und elf „Judenhäusern". 1905 löste sich die Gemeinde auf, die Kultgebäude wurden verkauft.

Das Synagogengebäude besteht heute noch. Nach Umbauten wird es jetzt als Wohnhaus genutzt. Rechts neben der ehemaligen Synagoge ist noch ein altes „Judenhaus" in ursprünglicher Form zu erkennen. Zwei Häuser weiter war früher die Mikwe.

Standort der Synagoge: Judenhof Nr. 6.

Besonderheiten: Bausubstanz der ehemaligen Synagoge noch fast vollständig erhalten.

An die Anwesenheit von Juden in Schwebheim erinnert heute auch noch die „Abraham-Adler-Straße", die nach einem 1850 im Ort geborenen Juden, der 1922 als Professor und Verfasser zahlreicher wissenschaftlicher Werke in Leipzig starb, benannt wurde.

Schweinfurt

Hier existierte bis 1942 eine Jüdische Kultusgemeinde. Sie besaß eine 1888 errichtete und 1928 renovierte Synagoge, ein Gemeindehaus, eine Mikwe, eine Bibliothek und einen Friedhof, ab 1936 auch eine jüdische Volksschule.

Beim Pogrom von 1938 wurde die Synagoge verwüstet, ihre Inneneinrichtung zerstört. Das gleiche geschah mit den anderen Baulichkeiten der Gemeinde. Im März 1939 mußte die Kultusgemeinde die Synagoge und das Gemeindehaus zu einem Spottpreis an die Stadtverwaltung verkaufen. Das Synagogengebäude diente als Feuerwehr-Depot.

Heute ist das Synagogengebäude nicht mehr vorhanden. Es wurde abgerissen. An seiner Stelle befindet sich der zur Städtischen Sparkasse Schweinfurt gehörende Parkplatz. Dort steht der Gedenkstein für die Synagoge mit folgender Inschrift: „HIER STAND DIE SYNAGOGE DER ISRAELITISCHEN KULTUSGEMEINDE UNSERER STADT. SIE WURDE AM 9. NOVEMBER 1938 EIN OPFER DES RASSENWAHNS – DEN TOTEN ZUM EHRENDEN GEDENKEN – DEN LEBENDEN ZUR ERINNERUNG UND MAHNUNG."

Standort der ehemaligen Synagoge: Parkplatz der Stadtsparkasse Schweinfurt zwischen dem Roßmarkt und der Siebenbrückleinsgasse.

Lage des Friedhofs: In der Stadt Schweinfurt.

Standort: Der Friedhof der Israelitischen Kultusgemeinde Schweinfurt s. A. ist ein Teil des Städtischen Friedhofes der Stadt Schweinfurt (Abteilung 10). Er befindet sich im Städt. Friedhof, Haupteingang „Am Friedhof". Nach dem Eingangsportal muß man sich immer links halten.

Zustand: Sehr gut gepflegt.

Allgemeine Übersicht: Abrenzung vom übrigen Friedhof durch eine „lebende Hecke"; wenige alte, viele neue Gräber; rel. viele „Familiengräber"; einige Bestattungen auch nach dem 2. Weltkrieg; drei Soldatengräber aus dem Ersten Weltkrieg, davor mehrere Kindergräber. Am 21. Juli 1991 wurde ein Denkmal mit folgender Inschrift enthüllt: „SHALOM – FRIEDE ● IN DEN JAHREN VON 1933 BIS 1945 WURDE DEN JÜDISCHEN MENSCHEN AUCH IN SCHWEINFURT VIEL LEID UND UNHEIL ZUGEFÜGT. VIELE MUSSTEN ALS OPFER DER NAZIHERRSCHAFT IN KONZENTRATIONSLAGERN IHR LEBEN LASSEN. WIR WERDEN IHNEN EIN EHRENVOLLES ANDENKEN BEWAHREN. ● SCHWEINFURT DEN 21. JULI 1991 SHALOM – FRIEDE"

Denkmal für die ermordeten Juden in Schweinfurt

Schweinshaupten (Haßberge)

Hier existierte bis 1935 eine Jüdische Gemeinde. Sie besaß ein Gemeindehaus aus der Mitte des 18. Jahrhunderts mit einer Synagoge, eine Mikwe, eine Lehrerwohnung und einen Friedhof. Im August 1937 wurde das Gemeindehaus mit Synagoge zum Kauf angeboten, Anfang 1938 wurde es dann verkauft. Laut Auskunft mehrerer bejahrter Ortsbewohner (Alter: 75 und älter) wurde die Synagoge im Krieg oder gleich danach abgerissen. So ist heute keinerlei Bausubstanz mehr vorhanden. An der Stelle, an der sich einst die Synagoge befand, ist heute ein Garten angelegt.

Standort: Garten gehörig zum Anwesen Ortsstraße 57.

Gedenkstein in Schweinfurt

Besonderes: Eine Gedenktafel mit folgendem Wortlaut – ganz in der Nähe des Friedhofes auf einem dort eigens zu diesem Zweck aufgestellten Felsbrocken installiert – erinnert an die Jüdische Gemeinde hier: „In SCHWEINSHAUPTEN bestand bis 1935 eine jüdische Kultusgemeinde. ZUR ERINNERUNG und MAHNUNG."

Lage des Friedhofs: Östlich von Schweinshaupten am Waldrand.

Standort: Von Hofheim kommend fährt man in die Mitte des Dorfes in Richtung Ermershausen. Am christlichen Friedhof biegt man in die Seitenstraße links ab und folgt dann dem geteerten Feldweg, und, wenn der Belag aufhört, dem ungeteerten, nur aufgeschütteten Weg. Am Waldrand biegt man, kurz nachdem der Feldweg plötzlich wieder geteert ist, rechts ab und steht dann nach ca. 20 m bergauf vor dem Friedhofseingang.

Zustand: Gepflegt.

Allgemeine Übersicht: Drahtzaun rund um den ganzen Friedhof; Tor (eines) aus Drahtzahn; relativ kleine Fläche; ca. 50 Grabsteine vorhanden; einige sehr kunstvolle Grabsteine; einige Steine bereits stark verwittert; auffallend viele kleine Grabsteine; relativ viele Kohanim. Eine Gedenktafel mit folgendem Wortlaut – auf einem kleinen Felsstein an der letzten Abzweigung vor dem Friedhof angebracht – erinnert an die Existenz der Gemeinde am Ort: „In SCHWEINSHAUPTEN bestand bis 1935 eine jüdische Kultusgemeinde. ZUR ERINNERUNG und MAHNUNG."

Segnitz (Kitzingen)

Hier existierte im 18./19. Jahrhundert, vielleicht aber auch schon früher, bis um die Jahrhundertwende (ca. 1888) eine Jüdische Kultusgemeinde, die in einem Gebiet in der heutigen Linsengasse wohnte. Dort besaß sie eine Synagoge mit Lehrerwohnung und einer Mikwe im Keller. Nach der Auflösung der Gemeinde durch Wegzug der jüdischen Bevölkerung vom Ort um 1888 wurde aus dem ehemaligen Synagogengebäude das Gemeindearmenhaus der polit. Gemeinde Segnitz.

Das Bauwerk der ehemaligen Synagoge existiert heute noch, wenn auch umgebaut. Es befindet sich in Privatbesitz und wird als Wohnhaus genutzt. Die Mikwe im Keller wurde zugeschüttet.

Standort: Linsengasse 14.

Besonderheiten: Bausubstanz (bes. im Obergeschoß) noch fast im Original erhalten; Originaltüren und -fenster vorhanden; Spuren der Mesuse an der kleineren Tür (Nebentür mit Hochwassermarken) sehr gut erkennbar; Spuren der Mesuse auch im Haupteingang des Nachbarhauses, Linsengasse 16, gut sichtbar.

Ein weiteres Zeugnis jüdischer Vergangenheit des Ortes ist das heute noch vorhandene Gebäude (bzw. ein ganzes Gebäudeensemble) der im Jahre 1848 von dem jüdischen Lehrer Julius Brüssel gegründeten Höheren Handelsschule – des „Brüssel'schen Handels- und Erziehungsinstituts", welches 1878 aufgelöst und 1883 veräußert wurde. Diese Schule war weithin berühmt und wurde von vielen (jüdischen) Schülern (die auch in einem Internat untergebracht waren!) aus aller Welt besucht, unter anderem auch von dem Schriftsteller Italo Svevo (eigentl. Ettore Schmitz).

Standort: Mainstraße 26.

Besonderheiten: Gebäudesubstanz noch fast im Original erhalten.

Sommerach (Kitzingen)

Hier existierte wahrscheinlich vom Mittelalter bis 1884 eine Jüdische Kultusgemeinde. Sie besaß nachweislich eine Synagoge. Das Gebäude, ca. 200 Jahre alt, wurde vor der Jahrhundertwende umgebaut und als Werkstatt und Unterstellraum benutzt. Es waren noch zahlreiche Gebäudeteile (Eingangstür, Fenster, u. a. m.) im Original erhalten. Am 23. 05. 1991 wurde das Bauwerk abgerissen. Von der ehemaligen Synagoge ist heute n i c h t s mehr vorhanden.

Standort: Turmstraße 7.

Sommerau (Miltenberg)

Hier existierte bis 1933 eine Jüdische Kultusgemeinde. Sie besaß eine Synagoge, deren Erbauungsdatum jedoch unbekannt ist, die 1935 an Privatleute verkauft wurde.

Abrißarbeiten an der früheren Synagoge Sommerach am 23. 5. 1991

Das ehemalige Synagogengebäude ist heute noch vorhanden. Es befindet sich in Privatbesitz und wird – nachdem es umgebaut wurde – als Wohnhaus genutzt.

Standort: Elsavastraße 141.

Besonderheiten: Bausubstanz noch im wesentlichen erhalten.

Sommerhausen (Würzburg)

Hier bestand ab der Mitte des 18. Jahrhunderts bis zum 28. Juli 1938 eine Jüdische Kultusgemeinde. Sie besaß eine ca. 1819 erbaute Synagoge mit zwei Wohnungen. (Es hatte am Ort bereits vorher zwei Synagogen gegeben, von denen die ältere 1705 abgetragen und 1749 durch eine zweite ersetzt worden war, die dann vor 1819 ihrerseits abgebaut worden war). Sie wurde, obwohl hier ab 1928 keine Gottesdienste mehr stattfanden und sie 1938 bereits als Getreidespeicher diente, doch am Abend des 10. 11. 1938 durch SS-Angehörige beschädigt.
Die Synagoge ist heute noch als Bauwerk voll erhalten, ebenfalls die Wohnungen. Sie befindet sich im Besitz der katholischen Kirche und wird, nachdem sie 1938 als Getreidespeicher und danach als Unterkunft für Arbeiterinnen, später auch als Möbellager gedient hatte, heute als katholische Kirche benutzt.

Standort: Casparigasse 2.

Besonderheiten: Synagogenfenster (original); Eingangstür noch im Original erhalten; Frauenempore (renoviert) vorhanden; Aron Hakodesch hinter dem Altar gut erkennbar. Eine Gedenktafel mit folgendem Wortlaut weist heute auf die Existenz der früheren Synagoge hin: „Dieses Gebäude diente der Jüdischen Kultusgemeinde Sommerhausen als Synagoge. Zur Erinnerung an unsere ehemaligen jüdischen Mitbürger." In der Casparigasse gibt es außerdem mindestens zwei Häuser, die durch Spuren von Mesusen erkennen lassen, daß hier früher Juden gelebt haben.

Steinach (Bad Kissingen)

Hier existierte bis 1942 eine Jüdische Gemeinde. Sie besaß eine 1676 erbaute Synagoge, ein Schulhaus mit Lehrerwohnung
und Bibliothek, eine Mikwe und einen Friedhof. Die Inneneinrichtungen aller Gebäude
wurden zusammen mit den Ritualien 1938
zerstört. Die Synagoge existiert heute nicht
mehr. Sie wurde nach Kriegsende abgerissen. Auf dem Gelände der Synagoge wurde
1971 die Volksschule Steinach als Neubau
errichtet. Eine Tafel auf der linken Außenmauer des Schulgebäudes erinnert heute an
die frühere Funktion des Ortes: „Auf diesem
Platz stand die Synagoge der jüdischen Gemeinde STEINACH." Links von der Außenmauer führt eine Gasse um eine Linkskurve in
den Ort hinein; diese wurde früher von den
Juden als Zugang vom Ort zur Synagoge
benutzt. Seit 1987 heißt diese Gasse offiziell
„Judengäßchen".

Standort der Synagoge: Fürstengasse
(Schulhaus).

Lage des Friedhofs: Nördlich von Steinach
im Walde an der Straße nach Bad Neustadt/
Saale.

Standort: Man verläßt Steinach in Richtung
Bad Neustadt/Saale. Ca. 1 km nach dem
Ortsende biegt man in den ersten Waldweg
links ab. Man folgt diesem mit einem normalen PKW schlecht befahrbaren Waldweg bis
zum Ende, wobei man bei der ersten Abzweigung nach rechts abbiegen muß. So kommt
man direkt vor den Friedhofseingang, vor
dem links ein Wendeplatz für Fahrzeuge (Leichenwagen!) im Abhang vorhanden ist.

Zustand: Ordentlich.

Allgemeine Übersicht: Neue Betonmauer
rund um den Friedhof; Eisentor mit Davidstern; viele alte Grabsteine; gelbgrüner Belag
auf vielen Grabsteinen; rechts vom Eingang
Kindergräber.

Sulzbach am Main (Miltenberg)

Hier existierte mit großer Wahrscheinlichkeit
im 18./19. Jahrhundert eine kleine Jüdische
Gemeinde, die 1832 eine Mitgliederzahl von
33 Juden aufweisen konnte. Wahrscheinlich
besaß sie einen Betsaal in einem der von
Juden bewohnten Häuser. Im Jahre 1871
schlossen sich dann die Juden von Sulz-
bach/Main der Jüdischen Kultusgemeinde
Kleinwallstadt an. Somit kann man schließen,
daß sich die Jüdische Kultusgemeinde Sulz-
bach/Main vor oder im Jahre 1871 durch
Zusammenschluß mit Kleinwallstadt aufgelöst hat.

Trotz sehr intensiver Nachforschungen war
es bis jetzt nicht möglich, weitere Informationen über diese Kultusgemeinde oder ihre
Kultstätten zu erhalten.

Sulzdorf an der Lederhecke
(Rhön-Grabfeld)

Hier existierte vom 17. Jahrhundert (erste
Nennung von Juden 1656) bis 1922 eine
Jüdische Kultusgemeinde. Sie besaß eine
1760 erbaute Synagoge (eine bereits früher
am Ort vorhandene Synagoge, deren Erbauungsdatum unbekannt ist, war um 1760 für
die recht groß gewordene Gemeinde zu klein
und daher aufgegeben worden) und eine eigene Schule. Das Synagogengebäude wurde
nach der Auflösung der Gemeinde 1922 zum
Abbruch verkauft und abgerissen, das Schulgebäude war schon 1919 in nichtjüdischen
Besitz übergegangen und auch abgerissen
worden. Beide Gebäude existieren also heute nicht mehr. An der Stelle des Synagogengebäudes befindet sich heute ein Garten.

Standort der Synagoge: Sophiengasse.

Lage des Friedhofs: Ca. 1 km nördlich von
Sulzdorf a. d. L., an einem leichten Südhang
inmitten von Feldern.

Standort: Man verläßt Sulzdorf a. d. L. in
Richtung Sternberg. Ca. 1 km nach dem Ort,
noch vor Überquerung der Verbindungsstra-
ße Ermershausen–Bad Königshofen biegt
man an einer Pferdekoppel links ein und folgt
dem asphaltierten Feldweg bis zum Ende.
Hier biegt man nochmals links ein und folgt
dem Feldweg, der nach ca. 50 m vor das
Friedhofstor führt.

Zustand: Sehr gut gepflegt.

Allgemeine Übersicht: Sehr hohe (ca. 1,80 m)
Sandsteinmauer umgibt die rechteckige
Friedhofsfläche von 1,07 km^2; auf der linken
Seite, vom Eingang aus gesehen, im Inneren
der Mauer stark verwitterte Gedenkplatte für
die 4 nach Nordamerika ausgewanderten Ju-

den, die 1885 die Mauer gestiftet hatten; ein Holztor; insgesamt heute noch 88 Grabsteine vorhanden; z. T. sehr kunstvolle, schöne, alte Grabsteine; ältester Grabstein von 1833 (Jahr, in dem der Friedhof angelegt worden war), jüngster von 1905.

Tauberrettersheim (Würzburg)

Hier existierte ab ca. 1700 bis 1937 eine Jüdische Kultusgemeinde. Sie besaß eine 1845 neu erbaute Synagoge (die „alte" Synagoge, deren Erbauungsdatum bereits 1817 nicht bekannt war, war wohl vorher abgetragen worden) und ein Ritualbad. Am Ort war von 1834–1899 auch eine eigene Religionsschule vorhanden. Im Jahr 1936 wurde die Synagoge aufgegeben. Am 10. November 1938 zertrümmerten Angehörige der SA und SS die Inneneinrichtung; danach wurde das Synagogengebäude an die Gemeindeverwaltung verkauft.
Das Bauwerk steht heute noch; nach mehrfachen Umbauten wird es nun als Wohnhaus genutzt.

Standort: Judenhof 6.

Besonderheiten: Keller an der Vorderseite (Eingang); mehrere Originalfenster erhalten.

Theilheim (Schweinfurt)

Hier existierte bis 1942 eine Jüdische Gemeinde. Sie besaß eine 1850 erbaute Synagoge, ein Ritualbad und ein Gemeindehaus mit Schulraum. Alle Baulichkeiten wurden 1938 beschädigt. Die Synagoge ist heute noch vorhanden. Sie befindet sich in Privatbesitz und wird als Lagerhalle für landwirtschaftliche Maschinen und Produkte benutzt. – Eine Gedenktafel mit folgendem Wortlaut, vor dem ehemaligen Synagogengebäude angebracht, weist auf die einstige Funktion des Bauwerkes hin: „Dieses Gebäude diente der jüdischen Kultusgemeinde THEILHEIM als Synagoge und wurde 1938 zerstört. Zur Erinnerung und zum Andenken an unsere ehemaligen jüdischen Mitbürger."

Standort: v.-Erthal-Straße 21/23.

Besonderheiten: Rundbogenfenste; als „Sakralbau" heute noch ganz deutlich erkennbar.

Grab eines Cohen, der gleichzeitig Mohel (Beschneider) und Schofarbläser war, auf dem Friedhof in Sulzdorf a. d. L.

Thüngen (Main-Spessart)

Hier existierte bis 1942 eine Jüdische Gemeinde. Sie besaß eine 1860 erbaute Synagoge, ein Ritualbad, eine Volksschule und ein Haus des Vereins „ASEFA". Alle Baulichkeiten wurden 1938 beschädigt. Die Synagoge ist als Bauwerk heute noch vorhanden. Sie befindet sich in Privatbesitz und wird als Fabrikgebäude einer Handweberei genutzt.

Standort: Obere Gasse 1.

Besonderheiten: Der Aufgang in die Synagoge ist noch gut erkennbar; fast alle Fenster sind im Original erhalten.

Thundorf (Bad Kissingen)

Hier existierte vom Ende des 30jährigen Krieges (nachweislich ab 1739) bis 1887 eine Jüdische Kultusgemeinde. Sie besaß eine Synagoge, eine Schule und eine Mikwe. Nach der Auflösung der Gemeinde durch Wegzug wurden die Gebäude an Privatleute verkauft. Die Synagoge existiert heute noch.

Nach Umbauten wird das Gebäude heute als Wohnhaus benutzt.

Standort: Am Kirchberg 2.

Besonderheiten: Die Bausubstanz des alten Gebäudes ist noch erhalten; am Flurplan hatte eine kleine Parzelle vor der ehemaligen Synagoge die Bezeichnung *„Judentauche"* (= Mikwe!)

Trappstadt (Rhön-Grabfeld)

Hier existierte seit dem Beginn des 18. Jahrhunderts bis 1937 eine Jüdische Kultusgemeinde. Sie besaß eine um 1800 errichtete Synagoge und eine Mikwe. Das Synagogengebäude wurde 1937 an Privatleute verkauft. Nach gründlichen Umbau- und Renovierungsarbeiten wird es heute als Wohnhaus genutzt. Es ist nur noch in kleinen Resten erhalten.

Standort: Linsengasse 10.

Besonderheiten: Kleines Nebengebäude; der Markt Trappstadt plant (schon seit 1987!) die Errichtung einer Gedenktafel.

Traustadt (Schweinfurt)

Hier existierte – vermutlich bis zur Jahrhundertwende – eine Jüdische Kultusgemeinde. Sie besaß eine Synagoge. Diese ist als Bausubstanz noch erhalten. Sie befindet sich in Privatbesitz und wird heute, vermutlich nach mehreren Umbauten, als Wohnhaus benutzt.

Standort: In den Weinbergen 6.

Besonderheiten: Einige Original-Fenster noch erhalten.

Trennfeld (Main-Spessart)

Hier existierte möglicherweise von der Mitte des 17. bis zum Beginn des 18. Jahrhunderts eine kleine Jüdische Kultusgemeinde. Sie soll – nach einer nicht ganz eindeutigen Überlieferung – eine Synagoge und einen Friedhof gehabt haben.

Auf das mögliche Vorhandensein einer Synagoge deutet die Tatsache hin, daß ein altes, heute unbewohntes Haus (Haus Nr. 40) früher als *„Judenschule"* bezeichnet wurde. Da-

nach hieß das Bauwerk im 18./19. Jahrhundert „Kartaus".

Standort: Kirchgasse 9.

Auf das mögliche Vorhandensein eines jüdischen Friedhofes am Ort weist die Tatsache hin, daß es in Trennfeld ein Grundstück mit dem Namen *„Judenkirchhof"* gibt. Spuren einer Begräbnisstätte konnten jedoch nicht gefunden werden; es ist aber durchaus möglich, daß es im 14. oder 15. Jahrhundert hier einen jüdischen Friedhof gab, der zur alten Jüdischen Gemeinde Homburg (vernichtet 1336/37) gehörte.

Trennfurt (Miltenberg)

Hier existierte nachweislich im 18./19. Jahrhundert eine Jüdische Kultusgemeinde, möglicherweise aber auch schon früher. Es ist urkundlich gesichert, daß im Jahre 1832 in Trennfurt 26 Juden lebten, die wohl einen Betsaal in einem von Juden bewohnten Haus für kultische Zwecke benutzten. Bekannt ist auch, daß sich die Juden von Trennfurt 1871 der Jüdischen Kultusgemeinde zu Klingenberg anschlossen; dies läßt den Schluß zu, daß sich die Kultusgemeinde Trennfurt durch Anschluß an die Gemeinde Klingenberg 1871 oder davor selbst aufgelöst hat.

Trotz intensiver Recherchen war es bis heute nicht möglich, weitere Informationen über die Jüdische Kultusgemeinde Trennfurt oder einen ihrer eventuell vorhandenen Kultbauten zu erhalten.

Unsleben (Rhön-Grabfeld)

Hier existierte bis 1942 eine Jüdische Gemeinde. Sie besaß eine 1835 erbaute Synagoge, ein Gemeindehaus, ein Ritualbad, eine Volksschule und einen Friedhof. Die Inneneinrichtungen der Baulichkeiten wurden 1938 zum Teil zerstört, zum anderen Teil versteckt, die Gebäude blieben aber als Bausubstanz erhalten. Die Synagoge ist heute noch vorhanden. Sie befindet sich im Besitz der Gemeinde Unsleben und wird als „Haus der Bäuerin" benutzt. Eine Gedenktafel mit folgendem Wortlaut – am ehemaligen Synagogengebäude angebracht – erinnert heute an die Funktion des Bauwerks: „An diesem

Friedhof Unsleben

Synagoge Unteraltertheim

Platz stand die Synagoge der Jüdischen Gemeinde UNSLEBEN."

Standort: Ecke Schloßgasse/Kemmenate.

Besonderheiten: Gut erhaltene Fassade; große, mit Sicherheit originale Tür.

Lage des Friedhofs: Hügel östlich von Unsleben.

Standort: Von Bad Neustadt/Saale aus kommend biegt man in der Ortschaft Unsleben bei der zweiten Querstraße rechts ab (Streugasse) und fährt diese Gasse dann weiter über eine Steinbrücke und an einer Kapelle vorbei bis zu einer Kurve (mit einem nicht asphaltierten Wendeplatz), vor dem Wald. Hier stellt man das Fahrzeug ab und geht ca. 150 m steil bergauf bis zum Eingang.

Zustand: Gepflegt.

Allgemeine Übersicht: Stabiler Maschendrahtzaun rund um den Friedhof; ein Eingangstor aus Eisen zwischen zwei Steinsäulen; rechts vom Eingang Gedenkstein mit den Gesetzestafeln aus der früheren Synagoge in Unsleben (als Mahnung); viele alte, aber auch zahlreiche neue Grabsteine; Weg mitten durch den Friedhof – die Steine „blicken" auf den Weg hin; letzter Grabstein von 1942; auf der rechten Friedhofsseite viele Bäume.

Unteraltertheim (Würzburg)

Hier bestand bis 1942 eine Jüdische Gemeinde. Sie besaß eine 1841 erbaute Synagoge mit Klassenräumen und eine Mikwe. Die Mikwe wurde 1938 gänzlich, die Synagoge innen zerstört. Die Synagoge, als Gebäude heute noch ins Auge fallend, besteht noch. Sie befindet sich in Privatbesitz und wird als Lagerhalle für landwirtschaftliche Produkte genutzt.

Standort: Brunnenstraße 13.

Besonderheiten: Ganzes Gebäude (außer Haupttür) noch fast vollständig erhalten.

Untereisenheim (Würzburg)

Hier existierte bis Juli 1938 eine Jüdische Gemeinde. Sie besaß eine 1868 erbaute Synagoge. Diese wurde im Jahre 1938 verkauft und nach dem Kriege, nachdem sie längere Zeit als Getreidespeicher gedient hatte, abgerissen. Heute befindet sich an der Stelle, wo einst die Synagoge gestanden hatte, eine Autogarage, an die sich ein Gemüsegarten anschließt.

Standort: Hadergasse 2.

127

Untererthal (Bad Kissingen)

Hier existierte bis 1942 eine Jüdische Gemeinde. Sie besaß einen Betsaal im Obergeschoß eines jüdischen Hauses, einen Schulraum und eine Mikwe. In der Pogromnacht 1938 wurden die Inneneinrichtung und die Ritualien des Betsaales zerstört. Das Bauwerk, in dem sich der Betsaal befand, existiert heute noch. Es befindet sich in Privatbesitz und wird ganz als Wohnhaus benutzt.

Standort: Judengasse 15 (Sackgasse; das ehemalige Getto hieß früher *„Judenhof"*).

Besonderheiten: Sehr massives, altes Haus (erbaut 1737); Originaltüren und -fenster erhalten; Tordurchfahrt im Haus, dahinter Bauernhof.

Unterleichtersbach
(Bad Kissingen)

Hier existierte mit sehr großer Wahrscheinlichkeit im 18./19. Jahrhundert, vielleicht auch schon früher, eine kleine Jüdische Kultusgemeinde. Es ist urkundlich gesichert, daß sie im Jahre 1832 36 Mitglieder hatte und daß sich die Juden von Unterleichtersbach im Jahre 1871 der Jüdischen Kultusgemeinde zu Bad Brückenau anschlossen. Somit löste sich die Gemeinde 1871 durch Zusammenschluß mit der größeren Gemeinde zu Bad Brückenau selbst auf.
Trotz intensiver Nachforschungen war es bis heute nicht möglich, weitere Informationen über diese frühere Jüdische Kultusgemeinde zu erhalten.

Unterleinach (Würzburg)

Hier existierte im 18./19. Jahrhundert – mit einiger Wahrscheinlichkeit aber schon früher – eine Jüdische Kultusgemeinde. Urkunden besagen, daß im Ort im Jahre 1832 55 Juden und im Jahre 1871 noch immer 49 Juden lebten und der Gemeinde angehörten.
Die Kultusgemeinde besaß eine Synagoge. Diese wurde nach dem Wegzug der jüdischen Bevölkerung und der damit verbundenen Auflösung der Kultusgemeinde um 1900 (Datum ist nicht sicher!) zunächst an Privatleute und später an die politische Gemeinde Unterleinach verkauft; sie wurde für verschiedene Zwecke benutzt, zuletzt als Dorfkühlhaus. Das frühere Synagogengebäude ist heute noch relativ gut erhalten. Es befindet sich jetzt in Privatbesitz und soll nach einer Renovierung als Wohnraum genutzt werden.

Standort: Hinter dem (landwirtschaftlichen) Anwesen in der Rathausstraße 1 (Familie Weisenberger); zu erreichen auch über ein Grundstück in der Hauptstraße ‹nach Rücksprache mit dem Besitzer, Herrn Weisenberger›.

Besonderheiten: Bausubstanz insgesamt noch fast vollständig erhalten; alle Fenster und Türen im Original erhalten; Spuren des Aron Hakodesch gut erkennbar; verputzte große steinere Fläche (Denkmal?) links von der Eingangstür; in dem Ort heute noch ein ganz hervorstechendes Gebäude!

Untermerzbach (Haßberge)

Hier existierte vermutlich seit Mitte des 17. Jahrhunderts bis 1929 eine Jüdische Kultusgemeinde. Sie besaß eine Synagoge mit Schulräumen für den Religionsunterricht und einen Friedhof. Die Synagoge, zu Beginn des 19. Jahrhunderts erbaut, wurde 1930 verkauft und diente danach als Getreidespeicher. Das ehemalige Synagogengebäude ist heute noch vorhanden. Es befindet sich in Privatbesitz und wird, nachdem es umgebaut und renoviert worden ist, heute als Wohnhaus benutzt.

Standort: Judengasse 1.

Besonderheiten: Bausubstanz (mit Fachwerk!) größtenteils erhalten; einige Originalfenster erhalten.

Lage des Friedhofs: Berghang südlich von Untermerzbach an der Straße nach Bamberg.

Standort: Von Bamberg kommend biegt man vor der letzten Kurve am Ortseingang rechts in den (unbefahrenen) Feldweg ab. Man geht durch einen Hohlweg bergauf, dann biegt man am Ende des Hohlweges links ab und geht über eine Wiese und einen Acker. Am Ende des Ackers biegt man rechts ab und geht den Rain entlang zum Eingang des Friedhofes.

Zustand: Gepflegt.

Allgemeine Übersicht: Maschendrahtzaun rund um den Friedhof; ein Eingang (schmiedeeisernes Tor zwischen zwei Steinpfosten); ca. 52 neuere (und wenige alte) Grabsteine im Hintergrund des Friedhofes; vorne, am Tor, große freie Fläche; Baumbewuchs; schmale Friedhofsfläche; in der äußersten linken Ecke erster Grabstein des Friedhofes (mit entsprechender Inschrift auf beiden Seiten der Mazewa) aus dem Jahr 1841; Grabstein eines Gelehrten Josef Reis aus Nymwegen in der Mitte des Friedhofes.

Unterriedenberg (Bad Kissingen)

Hier bestand bis 1938 eine Jüdische Gemeinde. Sie besaß eine um 1752 erbaute Synagoge, eine Schule mit Lehrerwohnung und ein 1909 renoviertes Ritualbad. Alle Baulichkeiten wurden 1938 beschädigt. Die Synagoge ist heute nicht mehr vorhanden. Sie wurde bis auf die Grundmauern abgerissen; an ihrer Stelle wurde ein neues, modernes Wohnhaus errichtet. Nur die Grundmauern, die jedoch nicht zu sehen sind, stammen noch von der Synagoge.

Standort: Ringweg 2.

Urspringen (Main-Spessart)

Hier existierte ab dem 17. Jahrhundert bis 1942 eine Jüdische Gemeinde. Sie besaß eine 1803 erbaute, 1860 umgebaute und im Jahr 1932 renovierte Synagoge (auf den Grundmauern einer älteren, kleineren Synagoge, die vor 1803 dort gestanden hatte), ein Ritualbad und eine Schule.
Die Inneneinrichtung der Synagoge mit den Ritualien wurde 1938 beschädigt. Danach wurde sie – nach der Auflösung der Kultusgemeinde – als Gefangenenlager und nach Kriegsende bis ca. 1988 als landwirtschaftliche Lagerhalle genutzt. Die Synagoge ist heute, ebenso wie die Schule, noch vorhanden. Sie befindet sich im Besitz der Gemeinde Urspringen. Am 24. 4. 1991 wurde sie einer neuen Bestimmung übergeben: sie ist jetzt „Gedenk-, Mahn- und Dokumentationsstätte für die Geschichte des Judentums im Landkreis Main-Spessart", deren Träger der „Förderkreis Synagoge Urspringen" ist.

Chuppastein an der Synagoge Urspringen

Im Jahre 1988 wurden bei den Instandsetzungsarbeiten auf dem Dachboden bedeutende Genisafunde gemacht. Die dort gefundenen Dokumente sind als Dauerausstellung auf der Frauenempore zu sehen.

Standort der ehemaligen Synagoge: In der *Judengasse.*
Besonderheiten: Die Synagoge ist außen vollkommen erhalten: sie wurde im Inneren gründlich restauriert; bei der Instandsetzung wurde der Aron Hakodesch (mit mehreren hebräischen Inschriften, u. a. den 10 Geboten), der in der „Kristallnacht" entweiht und beschädigt worden war (Brandspuren sichtbar!), aber noch gut erhalten ist, mit den sichtbaren Spuren der Schändung als Mahnmal unverändert belassen; die Frauensynagoge war durch Witterung beschädigt, aber voll erhalten; sie ist jetzt renoviert; tragende Säulen sind gut erhalten; Bögen in der Frauensynagoge (original) sind vollkommen erhalten; aus Überresten konnte die Bima wieder restauriert werden; große Teile des originalen Steinplattenbodens – der Boden wurde nun renoviert – sind erhalten; sehr schöner Chuppastein (roter Sandstein) an der Außenmauer sehr gut erhalten.

129

Eingangstor der Synagoge Urspringen

Am 24. 4. 1991 wurde neben der Übergabe der Synagoge als Dokumentationsstätte ein in seiner Art einmaliges Gedenken vollzogen: Die Tür der Synagoge wurde als Denkmal für die im KZ ermordeten Juden aus Urspringen enthüllt. Die Metalltür zeigt den Leidensweg der 42 jüdischen Urspringer Bürger mit folgender Inschrift auf:
„42 BÜRGER AUS URSPRINGEN 25. 4. Würzburg Bamberg 26. 4. Neulauba Ostrowo Lask Kalisz 27. 4. Tomaszow Radom Demblin 28. 4. Lublin Izbica 29. 4. 1942 BELZEC".
Das ehemalige jüdische Schulhaus wurde lange als Dorfschule genutzt. Jetzt steht sie leer, durch einen Brand beschädigt. Die Mikwe im Keller wurde aufgeschüttet.

Standort: Haus rechts am Eingang der *Judengasse*

Besonderheiten: Spuren der Mesusa an der Tür.

Im Haus, das bis Ende Februar 1991 gegenüber dem Chuppastein der Synagoge stand – es diente in früheren Zeiten als Schulhaus mit Mikwe im Keller – konnte anläßlich einer Untersuchung 1988 wegen eines Abbruchantrages die Konstruktion einer ständig installierten Laubhütte im Dachgeschoß

festgestellt werden (2 Luken in der Kehlbalkenanlage konnten mit wenigen Handgriffen geöffnet werden. Bei abgenommener Dachbedeckung war der ungehinderte Blick aus der Dachkammer unter der Kehlbalkenanlage zum Himmel möglich). Leider brannte dieses historisch wertvolle Gebäude, zusammen mit einem Nachbargebäude, Ende Februar 1991 vollständig ab.

Standort: Grundstück Judengasse 1.

Zahlreiche Häuser in der *Judengasse,* aber auch im Ort weisen heute noch Spuren und Überreste von Mesusot auf.

Veitshöchheim (Würzburg)

Hier existierte ab der zweiten Hälfte des 17. Jahrhunderts (die erste urkundliche Erwähnung von Juden erfolgte 1644) bis 1938 eine Jüdische Kultusgemeinde. Sie besaß eine um 1727 erbaute Synagoge mit einem Schulraum (Cheder), einer Lehrer- und Vorsängerwohnung und einer Mikwe.
In der Pogromnacht 1938 wurde die Synagoge nicht zerstört, auch von Beschädigungen der Inneneinrichtung ist nichts bekannt; denn bereits im August 1938 war das Gebäude in den Besitz der Gemeinde Veitshöchheim übergegangen. Es ist heute noch vorhanden. Nachdem die einstige Synagoge ab 1940 zunächst als Kfz-Abstellhalle, Feuerwehrdepot und ein Teil des Gebäudes auch als Wohnung genutzt worden war, wird sie – immer noch im Besitz der Gemeinde Veitshöchheim – ab Mitte 1992 als *„Jüdisches Kulturmuseum und Synagoge"* eine einmalige neue Verwendung finden (zusammen mit zwei weiteren Gebäuden), nachdem sie ab 1986 einer gründlichen Restaurierung und Renovierung unterzogen worden war. Auch die (bis 1986 verschüttete) Mikwe wurde ausgegraben und wiederhergestellt; die Inneneinrichtung der Synagoge (Aron Hakodesch, Bima, Gedenktafel für die jüdischen Gefallenen des Ersten Weltkrieges, u. a. m.) – sie war beim Auffüllen des Synagogenbodens, der unter Straßenhöhe lag, um 1940 einfach zertrümmert und der daraus gewonnene „Bauschutt" als Füllmaterial verwendet worden – wurden mittlerweile restauriert. In Ausstellungen werden in verschiedenen Räumen des Synagogenbaus, aber auch der beiden anderen Gebäude des neuen Museumskom-

Renovierte Synagoge Veitshöchheim

plexes mehrere Themen (z. B. die Geschichte des Gebäudes, Inhalt und Ablauf des jüdischen Religionsunterrichts, Stationen jüdischen Lebens, jüdische Feste, die einmaligen Funde aus der Genisa unter dem Dach
des Synagogenbaues, u. a. m.) als Dauer-
ausstellungen dem Publikum vorgestellt
werden.

Standort der Synagoge: Mühlgasse 6.

Besonderheiten: Die Bausubstanz ist vollständig erhalten! Originaltüren und -fenster
(z. T. sogar noch mit bunten Scheiben),
ebenso das Dach erhalten; an der Haustüre
zum Haus Thüngersheimer Str. 19 (sog.
Strausenhaus) – es gehört nicht zum Mu-
seumskomplex – Spuren der Mesusa gut
erkennbar; sowohl die Synagoge, als auch
das barocke, früher im jüdischen Besitz (der
Familie *Straus)* befindliche Wohnhaus
(*„Strausenhaus"),* die früher zusammen mit
dem dazwischenliegenden großen gemein-
samen Innenhof und dem Synagogenvor-
platz im Westen einen eigenen, mit einer bis
zu 4 m hohen Mauer umschlossenen Gebäu-

Synagoge Veitshöchheim (1984)

dekomplex bildeten, stehen jetzt unter Denkmalschutz. An der Synagoge wurden mehrere, später angebrachte Öffnungen (Fenster, Tor) inzwischen beseitigt. Auf der Seite des Synagogengebäudes, das an den Parkplatz grenzt, wurde eine Gedenktafel mit folgender Inschrift angebracht: „Synagoge 1727–1730 von der jüdischen Gemeinde erbaut und bis 1933 als Kultstätte genutzt."

Standort des „Strausenhauses": Thüngersheimer Straße 19.

Schräg nach vorne, links von der einstigen Synagoge befindet sich ein früher in jüdischem Besitz befindliches, 1739 erbautes Haus, in dem das „GENISAMUSEUM" errichtet wird. Ein bedeutendes Zeugnis jüdischer Vergangenheit sind die heute noch hier im Dachboden vorhandenen Fresken, die das Laubhüttenfest als Thema haben (möglicherweise war hier früher eine Sukka) und weitere Malereien. Es ist sehr wahrscheinlich, daß hier im 18. Jahrhundert eine Betstube war, auf jeden Fall aber ein Raum, der für kultische Handlungen genutzt wurde.

Standort des „Genisamuseums": Mühlgasse 8.

Vor dem Genisamuseum, links vom „Strausenhaus", befindet sich jetzt ein Neubau auf dem Grundstück eines früher ebenfalls in jüdischem Besitz befindlichen Hauses. Dieser Neubau – das *„Seminargebäude"* – enthält einen einführenden Ausstellungsbereich, Archiv- und Depoträume und einen Saal für Veranstaltungen – den Seminarraum.

Standort des „Seminargebäudes": Thüngersheimer Str. 17.

Synagogengebäude, Genisamuseum, Seminarbau und der größte Teil (⅔) des dazwischenliegenden, sehr schön gestalteten *„Synagogenhofes"* bilden zusammen den Komplex *„Jüdisches Kulturmuseum und Synagoge Veitshöchheim".* Gemeinsam mit den zahlreichen, teilweise einmaligen Exponaten (z. B. den Genisafunden) sind sie, in dieser Art, in Deutschland, wenn nicht gar in Europa, wahrscheinlich einmalig!

Völkersleier (Bad Kissingen)

Hier bestand bis 1942 eine Jüdische Gemeinde. Sie besaß eine 1762 erbaute Synagoge mit sehr wertvollem Aron Hakodesch,

ein Gemeindehaus und eine Mikwe. Alle Baulichkeiten wurden 1938 beschädigt. Die Synagoge existiert heute nicht mehr. Sie wurde nach dem Krieg zunächst als Schuppen verwendet und in den 70er Jahren gänzlich abgerissen. An ihrer Stelle wurde eine Scheune errichtet.

Eine Gedenktafel am Gemeindehaus in der Rhönstraße 18 weist auf die Existenz der Gemeinde und ihrer Synagoge hin: „In VÖLKERSLEIER bestand eine Jüdische Kultusgemeinde deren Synagoge sich in der Frohnstr. 4 befand, und deren Inneneinrichtung in der Pogromnacht 1938 zerstört wurde. Die Gemeinde gedenkt ihrer ehemaligen jüdischen Mitbürger. ZUR ERINNERUNG UND MAHNUNG."

Standort der Synagoge: Frohnstraße 4.

Volkach (Kitzingen)

Hier existierte bis 1298 eine Jüdische Kultusgemeinde. Sie wurde bei der „Rindfleisch-Verfolgung", vermutlich im gleichen Jahr, ausgerottet.

Außer dieser Tatsache gibt es bis heute kein weiteres Zeugnis jüdischer Vergangenheit mehr in Volkach.

Wässerndorf (Kitzingen)

Hier existierte bis 1298 eine Jüdische Kultusgemeinde. Sie wurde bei der „Rindfleisch-Verfolgung", vermutlich im gleichen Jahr, ausgerottet.

Außer dieser Tatsache gibt es bis jetzt keine weiteren Zeugnisse jüdischer Vergangenheit mehr in Wässerndorf.

Waltershausen (Rhön-Grabfeld)

Hier existierte bereits vor Beginn des 17. Jahrhunderts bis in die Mitte des 19. Jahrhunderts eine Jüdische Kultusgemeinde (1799 bestand sie aus 38 Mitgliedern, 1839 aus 54 Juden, 1848 aus 46, 1850 aus 35 und 1871 aus noch 14 Juden). Sie besaß eine 1731 errichtete Synagoge, die wahrscheinlich spätestens 1895 auf Abbruch verkauft wurde, möglicherweise auch einen Schulraum und mit Sicherheit eine Mikwe.

Trotz gründlicher Recherchen war es bis heute nicht möglich, den Standort der Kultgebäude in Erfahrung zu bringen.

Wasserlos (Aschaffenburg)

Hier existierte nachweislich im 18./19. Jahrhundert – möglicherweise aber auch schon früher – eine Jüdische Kultusgemeinde. Es ist aus Urkunden zu entnehmen, daß es im Jahre 1864 diese Kultusgemeinde noch gegeben hat; ferner war zu erfahren, daß sich die Juden von Wasserlos 1871 der Jüdischen Kultusgemeinde Alzenau anschlossen – die Gemeinde Wasserlos also durch Anschluß an die Gemeinde Alzenau sich selbst wohl aufgelöst hat.

Die Gemeinde Wasserlos besaß nachweislich eine Synagoge – die bayerische Israelitische Gemeindezeitung 1926 erwähnt, daß in Wasserlos eine Synagoge bestanden hat.

Trotz intensiver Nachforschungen war es bis heute nicht möglich, weitere Informationen über die Jüdische Gemeinde Wasserlos, besonders hinsichtlich der Synagoge (Standort, Erbauungsdatum, Schicksal) zu erhalten.

Weickersgrüben (Main-Spessart)

Hier existierte nachweislich im 18./19. Jahrhundert – vielleicht aber auch schon früher – eine Jüdische Kultusgemeinde, denn es ist urkundlich gesichert, daß im Jahre 1832 im Ort 58 Juden lebten und daß 1864 noch eine Gemeinde bestanden hat. Wahrscheinlich besaß sie eine Synagoge oder einen Betsaal, der evtl. in einem der von Juden bewohnten Häuser installiert worden war. Trotz intensiver Recherchen war es bis heute nicht möglich, weitere Informationen über diese ehemalige Jüdische Kultusgemeinde zu erhalten.

Weikersheim
(Baden-Württemberg)

Der jüdische Friedhof von Weikersheim liegt nicht in Unterfranken. Da hier jedoch die Verstorbenen vieler unterfränkischer Grenzgemeinden (z. B. Bütthart, Tauberrettersheim, Gaukönigshofen, Acholshausen, u. a.) be-

Friedhof Weimarschmieden

stattet wurden, wurde dieser Friedhof in die Dokumentation miteinbezogen.

Lage des Friedhofs: Bergrücken südlich von Weikersheim, ca. 250 m vom Fernsehfüllsender entfernt an der alten Straße nach Honsbronn.

Standort: Alte Straße von Weikersheim nach Honsbronn (2. Straße hinter der Abzweigung „Schule" links, auf der neuen Straße nach Honsbronn). Kurz bevor diese Straße wieder ins Tal hinabführt, befindet sich rechter Hand eine Abzweigung. Hier kann man auf einem geteerten Feldweg den Friedhof bequem erreichen.

Zustand: Der Friedhof wirkt nicht besonders gepflegt, jedoch keineswegs verwahrlost. Die beiden älteren Teile sind mit Bäumen stark zugewachsen.

Allgemeine Übersicht: Massive, recht hohe Steinmauer rund um den Friedhof; ein Eisentor; sehr alter, alter und neuerer Teil; im alten Teil sehr schöne, wuchtige Steine; beide alten Teile stark mit Bäumen bewachsen.

Friedhof Wenkheim

Weimarschmieden (Rhön-Grabfeld)

Hier existierte bis ca. 1919 eine Jüdische Gemeinde. Sie besaß eine Synagoge, einen Friedhof und mit großer Wahrscheinlichkeit auch eine Mikwe. Die Synagoge wurde bereits 1919 an Privatleute verkauft. Von da ab wurde sie, und zwar bis heute, als Wohnhaus benutzt.

Standort: Gutsstraße 2.

Lage des Friedhofs: Ca. 250 m von der früheren Grenze zur ehemaligen DDR (heute Landesgrenze Bayern–Thüringen).

Standort: Von Willmars kommend biegt man kurz vor dem Ortsanfang von Weimarschmieden den geteerten Weg rechts ab. Man fährt auf ihm bis zum Waldrand, wo man der rechten Abzweigung folgt. Nach weiteren 20 m liegt der Friedhof auf der linken Seite des Weges.

Zustand: Gepflegt.

Allgemeine Übersicht: Drahtzaun rund um den Friedhof; ein Tor (ebenfalls aus Drahtzaun); ca. 100 Grabsteine (recht gut erhalten, z. T. schon recht alt); letzte Bestattung 1909.

Weisbach (Rhön-Grabfeld)

Hier befand sich vermutlich bis zur Jahrhundertwende eine Jüdische Gemeinde, die jedoch um 1900 aufgelöst wurde, da nur noch ein oder zwei jüdische Familien in Weisbach wohnten. Sie besaß nachweislich einen Betsaal, der jedoch schon lange nicht mehr benutzt und daher verkauft worden war. Der genaue Standort dieses Betsaales konnte trotz intensivster Nachforschungen nicht ermittelt werden. Er war selbst den ältesten Einwohnern des Ortes nicht mehr bekannt, jedoch wußten sie definitiv, daß ein solcher „einst" hier am Ort existiert hatte.

Wenkheim (Baden-Württemberg)

Der jüdische Friedhof zu Wenkheim liegt nicht in Unterfranken, sondern im Nachbarland Baden-Württemberg. Da hier jedoch die Toten vieler bayerischer Grenzgemeinden (z. B. Oberaltertheim, Unteraltertheim, Geroldshausen, aber auch Karbach u. a.) bestattet wurden, wurde dieser Friedhof in die Dokumentation miteinbezogen.

Lage des Friedhofs: Hügel, recht steil, ca. 2 km vom Ort Wenkheim entfernt.

Standort: Von der Ortsmitte kommend biegt man die Straße in Richtung Großrinderfeld ab. Sofort an der ersten Querstraße links biegt man nochmals in den Weg „Mühleck" ein. Diesem asphaltierten Feldweg folgt man dann ca. 2,5 km bis in den Wald zum Kinderspielplatz. 50 m links von diesem liegt dann der Friedhof.

Zustand: Gepflegt.

Allgemeine Übersicht: Die Umfriedung besteht halb aus massiver Steinmauer, halb aus Maschendrahtzaun mit lebender Hecke; ein Eingangstor aus Holz; Einteilung in vier Teile: sehr alt, alt, neuer, neu; sehr viele Bäume.

Werneck (Schweinfurt)

Hier existierte bis zu ihrer Auflösung (und den Anschluß an die Israelitische Kultusgemeinde Schweinfurt) im November 1904 eine Jüdische Kultusgemeinde (im Jahre 1839 lebten am Ort 39, im Jahre 1871 dann 42 Juden). Sie besaß eine Synagoge mit Schullokal und eine Mikwe. In Werneck gab es auch eine koschere Metzgerei.
Nach der Auflösung der Kultusgemeinde wurde deren ganzer Besitz an Privatleute veräußert. Die ehemalige Synagoge diente zunächst als Wohnhaus; 1976/77 wurde der Teil des Gebäudes (Rückgebäude), in dem einst die Synagoge war, abgerissen. Der vordere Teil des Bauwerks existiert heute noch und wird als Wohnhaus genutzt.

Standort: Schönbornstraße 3.

Die Mikwe, einige Meter links der Synagoge unmittelbar neben dem „alten Werngraben" (= umgeleiteter Bach Wern!) gelegen, wurde von der Gemeinde an einen Buchdruckermeister verkauft. Sie diente lange Zeit als Werkstatt und Ablage. Nachdem sie mehrfach den Besitzer gewechselt hatte, wurde sie 1976/77 abgerissen. Das Gelände, auf dem Synagoge und Mikwe gestanden hatten, wurde ca. 2 m tief ausgebaggert. Heute befinden sich hier ein Hof und eine Garage. Von der ehemaligen Mikwe ist nichts mehr erhalten.

Standort: Hinterhof des Grundstücks Schönbornstraße 3.

Westheim (Bad Kissingen)

Hier bestand bis 1942 eine Jüdische Kultusgemeinde. Sie besaß eine vor 1731 erbaute Synagoge, ein Ritualbad, ein Wohnhaus und eine Volksschule.
Die Synagoge ist als Bauwerk heute noch vorhanden. Sie befindet sich in Privatbesitz und wird, nachdem sie als Holzlager gedient hatte, nach Umbauarbeiten nun als Wohnhaus genutzt.

Standort: Kellergasse 7.

Besonderheiten: Bausubstanz fast vollständig erhalten; oberstes Fenster (mit Gitter) original erhalten; Stuckgewölbe unter dem Dach fast vollständig erhalten; eine geschmackvolle kleine Gedenktafel mit folgendem Wortlaut – an der linken Seite des Hauses angebracht – erinnert heute an die frühere Funktion des Gebäudes: „JÜDISCHE GEMEINDE MIT SYNAGOGE RITUALBAD UND SCHULE 1731–1942." Der um 1770 geschaffene Aron Hakodesch (Thoraschrein) aus der Synagoge ist erhalten. Er kann als Exponat im Mainfränkischen Museum in Würzburg betrachtet werden (links vom Eingang).

Synagoge Westheim bei Hammelburg

Aron Hakodesch der Synagoge Westheim bei Hammelburg im Mainfränkischen Museum

Westheim (Haßberge)

Hier existierte bis 1942 eine Jüdische Kultusgemeinde. Sie besaß bis 1913 eine alte, danach eine im gleichen Jahr erbaute neue
Synagoge, ein Gemeindehaus mit Schulräumen und eine Mikwe.

Die alte Synagoge, deren Erbauungsdatum
unbekannt ist, wurde 1913 zusammen mit
einem dazugehörenden Häuschen und dem
Grundstück an Privatleute verkauft. Während
sie in den folgenden Jahren als Holzhalle
genutzt wurde, war das kleine Haus bis 1913
von einer alten Frau bewohnt. Das Synagogengebäude stürzte 1926 in sich zusammen.
Von ihm – auf seinem Platz steht jetzt wieder
ein Holzschuppen – sind nur noch die Grundmauern zu sehen; ein Stück des alten Weges,
der zur Synagoge führte, ist ebenso noch
gut erhalten vorhanden wie das alte Haus,
das einst zur Synagoge gehörte.

*Standort der alten Synagoge mit Synagogen-
weg und dazugehörendem Häuschen:*
Grundstück Hauptstraße 38.

Alle neuen Gemeindebauten – Synagoge,
Gemeindehaus und Mikwe – wurden beim
Novemberpogrom 1938 beschädigt, die Inneneinrichtungen und die Ritualien vernichtet. Die neue Synagoge ist, genauso wie das
benachbarte ehemalige Gemeindehaus (mit
Schule) heute noch vorhanden. Beide Gebäude befinden sich in Privatbesitz: die Synagoge wurde als Wohnhaus umgebaut und
wird jetzt auch als solches genutzt, das ehemalige Gemeindehaus wird nun als Speicher
bzw. Abstellgebäude verwendet.

*Standort der neuen Synagoge mit Gemein-
dehaus:* Kirchgasse 4.

Besonderheiten: Bausubstanz der Synagoge
noch fast vollständig vorhanden; Fenster und
Türen im Original erhalten; Aron Hakodesch
als Anbau gut sichtbar und recht auffällig
erhalten; Gemeindehaus mit Schule noch im
Original erhalten (Originaltüren, Originalfenster, Mesusa-Abdruck auf dem rechten Pfosten).

An der alten (großen) Schule des Ortes, auf
der Hofseite, wurde 1989 eine Gedenktafel
mit der folgenden Inschrift angebracht: „In
WESTHEIM bestand eine Jüdische Kultusgemeinde, deren Synagoge Kirchgasse 4 in der
Kristallnacht 1938 vernichtet wurde. ZUR
ERINNERUNG UND MAHNUNG."

Standort der Gedenktafel: Hauptstraße 42
(im Hof).

Aron Hakodesch (außen) der Synagoge
Westheim bei Haßfurt

Original-Schultür der jüdischen Schule Westheim
bei Haßfurt

Wiesenbronn (Kitzingen)

Hier bestand bis zum Oktober 1939 eine
Jüdische Kultusgemeinde. Sie besaß eine
um 1800 erbaute Synagoge, ein Wohnhaus
und ein Ritualbad. Die Synagoge ist heute
noch erhalten. Sie befindet sich in Privatbesitz und wird – nach mehreren Umbauten –
heute noch als Wohnhaus genutzt.

Standort: Badersgasse 4.

Besonderheiten: Gebäudesubstanz vollständig erhalten; Originalfenster und -türen erhalten (einige zugemauert); unter dem Dach ist
noch die Originaldecke der Synagoge (blauer
Sternenhimmel), für Privatpersonen leider
nicht zugänglich, erhalten; in diesem Ort heute noch ein hervorstechendes Gebäude.
Ein weiteres Zeugnis jüdischer Vergangenheit war das Geburtshaus des weltberühmten Rabbiners Seligmann Bär Bamberger,
s. A., bekannt als der „Würzburger Raw“. Es
wurde im Jahre 1981 abgerissen. Nun wurde
in der Nachbarschaft – in der Eichenstraße
Nr. 1 – am Nachbargebäude des Bamberger-
Geburtshauses, eine Gedenktafel mit folgender Inschrift angebracht: „Auf diesem Platz
stand das Geburtshaus des ‚Würzburger

Raw‘ Seligmann Bär Bamberger. Die Gemeinde WIESENBRONN gedenkt ihrer ehemaligen jüdischen Mitbürger.“

Standort: Eichenstraße 1.

Wiesenfeld (Main-Spessart)

Hier existierte ab dem 17. Jahrhundert (1652
erste Erwähnung von Juden) bis zum Februar
1942 eine Jüdische Kultusgemeinde. Sie besaß noch vor 1700 eine Synagoge, die jedoch 1860 wegen Baufälligkeit geschlossen
wurde. An ihrer Stelle wurde 1862 ein neues
Synagogengebäude errichtet, das 1929 renoviert wurde. Neben der Synagoge besaß
die Gemeinde schon früh ein Schulhaus mit
Lehrerwohnung, das 1881 einer Renovierung
unterzogen wurde und eine Mikwe. Die Inneneinrichtung der Synagoge wurde 1938
zusammen mit den Ritualien zerstört. Das
Synagogengebäude – heute noch ein auffallendes, sehr schönes Bauwerk – ist noch
vorhanden. Es ist bis jetzt eine „Bauruine“
und wird von dem Landwirt, auf dessen Boden es steht und dessen Besitz es offensichtlich ist, als Schuppen und Aufbewah-

Synagoge Wiesenfeld

rungsort für landwirtschaftliche Erzeugnisse genutzt.

Standort: Kreuzung Erlenbacher Straße/Schloßmannsgasse/Schätzleingasse.

Besonderheiten: Der ganze Bau ist noch fast vollständig erhalten; alle Öffnungen des Bauwerks (Tür- und Fensteröffnungen) noch im Original erhalten; Verzierungen im runden (Misrach-)Fenster (achteckiger Stern) auch noch erhalten; Rudimente der Frauenempore noch sichtbar; im Innenraum Nische des Aron Hakodesch gut erkennbar; Sandsteinspindeltreppen zur Frauensynagoge erhalten; Giebelspitze mit einem Blockabschluß, in dem das Datum 1862 in hebräischer Schreibweise gut zu erkennen ist. (ה ת ר כ ב = 622; diese Zahl ergibt mit dem notwendigen Zusatz der Jahreszahl 1240 das Erbauungsdatum der Synagoge: 622+1240=1862!).

Willmars (Rhön-Grabfeld)

Hier bestand bis 1941 eine Jüdische Gemeinde. Sie besaß eine 1900 neu erbaute Synagoge samt Schulsaal und Lehrerwohnung sowie ein Ritualbad. Das Gebäude wurde 1938 zwar nicht beschädigt, die Inneneinrichtung jedoch von Ortsbewohnern zerstört.

Die Synagoge ist heute noch vorhanden. Sie befindet sich in Privatbesitz und wird als Wohnhaus genutzt.

Eine Gedenktafel mit folgendem Wortlaut (an einer Mauer neben dem Gebäude angebracht, da dessen Besitzerin die Anbringung einer Tafel am Gebäude selbst nicht erlaubt) weist auf die frühere Funktion des Bauwerks hin: „Dieses Gebäude war Synagoge der jüdischen Gemeinde Willmars von 1900–1938."

Standort: Dorfstraße 90.

Besonderheiten: Heute noch imposanter, roter Backsteinbau, äußerlich fast im Original erhalten.

Winterhausen (Würzburg)

An die Anwesenheit von Juden an diesem Ort, wo es möglicherweise auch eine Jüdische Gemeinde gegeben haben kann, erinnert heute nur noch eine Flur-Bezeichnung mit dem Namen *„Judenbühl"* und ein Wegpfad = Verbindungspfad zwischen Maingasse und Mittlerer Gasse mit dem Namen *„Judenhöflein"*.

Wörth (Miltenberg)

Hier existierte bis 1938 eine Jüdische Kultusgemeinde. Sie besaß eine ca. 1889 erbaute
Synagoge. Diese wurde 1938, zusammen mit
den Ritualien, von Ortsbewohnern zerstört
und anschließend dem Erdboden gleichge-
macht.
Die Synagoge steht heute nicht mehr. An
ihrer Stelle ist nun ein Parkplatz.
Standort: Mainstraße (hinter Gasthaus „Engel"/Tanzstube „Slatina").

Wolfsmünster (Main-Spessart)

Hier existierte möglicherweise bis gegen Mitte des 19. Jahrhunderts eine sehr kleine Jüdische Kultusgemeinde (vielleicht auch nur eine kleine jüdische Gemeinschaft), über die
jedoch keinerlei urkundliche Nachweise vorliegen. Bekannt ist lediglich, daß im Jahr
1813 in Wolfsmünster 16 Juden in 3 Haushaltungen lebten. Ihre kultischen Handlungen
hielten sie vermutlich im Betsaal eines Privathauses ab. Trotz intensiver Recherchen
konnten bis jetzt keinerlei weitere Informationen über die jüdische Gemeinschaft in Wolfsmünster in Erfahrung gebracht werden.

Wonfurt (Haßberge)

Hier existierte von ca. 1600 bis 1920 eine
Jüdische Gemeinde. Sie besaß eine Synagoge mit Lehrerwohnung, die im *Fuchshof*, einem um 1550–1600 vom Adelsgeschlecht
der Freiherren von *Fuchs* erbauten langen
Wohnhausbau mit 4 Eingängen (ausreichend
für 12 Familien, die alle *Juden* waren) – untergebracht war, eine Mikwe und eine koschere Metzgerei. Fuchshof (früher hieß er
Judenhof!) und das Gebäude der ehemaligen
Synagoge stehen heute noch, wenn auch
teilweise umgebaut.
Standort: Fuchshof 28 g (früher „Judenhof").
Besonderheiten: Die Bausubstanz der ehemaligen Synagoge ist noch fast vollständig
(äußerlich) erhalten. Auch zeigt der heutige
Fuchshof noch Anzeichen eines früheren
kleinen Gettos.

Wülflingen (Haßberge)

Hier existierte möglicherweise in früheren
Zeiten eine Jüdische Gemeinde, über die jedoch keinerlei Informationen vorliegen. An
die Anwesenheit von Juden in dem Ort in
früherer Zeit erinnert heute nur noch das
Wissen um die Tatsache, daß es hier bis
1986 eine „Judengasse" gab, die jedoch im
gleichen Jahr in „Sandpfad" umbenannt wurde. Es gibt auch eine Erwähnung von Juden
in Wülflingen aus dem Jahre 1699.

Würzburg

Hier existierte bereits zu Beginn des
12. Jahrhunderts (erste Nachrichten über Juden in Würzburg stammen aus dem Jahr
1147!) eine Jüdische Kultusgemeinde. Sie
besaß mit Sicherheit eine Synagoge, eine
Mikwe und einen Friedhof. Die erste urkundliche Erwähnung vom 24. Februar 1147 ist
schon sehr traurig – sie kündet von einem
Pogrom gegen die Juden, verursacht durch
Kreuzfahrer, bei welchem die Gemeinde (sie
muß also schon vor 1147 bestanden haben!)
ausgerottet wurde. Die folgenden 180 Jahre,
die diesem Pogrom folgten, waren zwar immer von Ausfällen gegen die Juden erfüllt
(z. B. 1188, 1221), müssen aber trotzdem als
lange Periode relativer Sicherheit, wirtschaft-
licher, kultureller und religiöser Blüte angesehen werden. Die von 1147 bis zum 23. Juli
1298 in Würzburg bestehende Gemeinde
lebte in einem Getto, welches sich in der
Gegend der heutigen Schustergasse, des
Schmalzmarktes und des Oberen Marktes
befand: Schustergasse und Schmalzmarkt
hießen damals *„Judengasse".* Das Zentrum
des Gettos bildete die 1170 erstmals erwähnte Synagoge (Judenschule), in der gebetet und gelernt wurde. Der Standort der
Synagoge ist exakt der der heutigen „Marienkapelle".
Ende der siebziger Jahre dieses Jahrhunderts wurde unter der Marienkapelle ein
Raum entdeckt, der mit sehr großer Wahrscheinlichkeit die erste Mikwe der Kultusgemeinde war.

Standort der mittelalterlichen Mikwe: Raum
unter der Marienkapelle.

Die Würzburger Jüdische Kultusgemeinde
vergrößerte sich ab 1147 baulich und institu-

Gedenktafel für die Würzburger Synagoge

sie wurden von den fanatisierten Massen der Christen ermordet.

Heute erinnert eine Gedenktafel – rechts neben dem Haupteingang der Marienkapelle angebracht – mit den folgenden Worten an die ehemalige Synagoge, die auf diesem Platz stand: „Marienkapelle an der Stelle einer Synagoge, die 1348 mit dem Judenviertel zerstört wurde, 1377–1480 von der Bürgerschaft errichtet."

Standort der 1348 abgebrochenen Synagoge: Ort der Marienkapelle.

In der auf diese Untat der Würzburger Bürgerschaft folgenden Zeit war ab 1373 erneut ein Zuzug von Juden in die Stadt festzustellen. Ab 1400 begann sich dann die sehr kleine und arme Gemeinde wieder zu organisieren; sie mußte sich aber außerhalb der Stadtmauern im heutigen „Pleicher Viertel" neben dem „Judengarten" ‹Friedhof› wo die jüdischen Bewohner sehr wahrscheinlich eine kleine Synagoge und eine Mikwe hatten, ansiedeln; der ehemalige Platz des Gettos, der *„Judenplatz"*, wurde nun für andere Funktionen benötigt; die Synagoge wurde durch die Marienkapelle „ersetzt", 1434 erfolgte endgültig der Abriß der letzten Judenhäuser. In den folgenden Jahren lebten zwar immer wieder Juden in Würzburg und hatten hier wohl auch eine Gemeinde, ständig jedoch wurden sie vom Landesherrn (= Bischof) oder von der Bürgerschaft durch Verbote, Steuern, Vertreibungen und andere schikanöse und entwürdigende Behandlungen dermaßen gequält, daß viele die Stadt verließen: ab 1466 wurde Heidingsfeld, Reichsunmittelbarer Ort, sogar Sitz des Landes-Oberrabbinats! Im Jahre 1562 war Würzburg, wahrscheinlich sehr zur Freude des Fürstbischofs und der Bürger, bedingt durch einen Ausweisungsbefehl des Fürstbischofs Friedrich von Wirsberg, ohne Juden. Erst zu Beginn des 19. Jahrhunderts, in den Jahren 1802/03, begann in Würzburg wieder jüdisches Leben: Mit Moses Hirsch und seinen beiden Söhnen Jakob und Salomon wurden im Jahre 1803 wieder Juden in der Stadt ansässig. Sie waren jedoch noch lange, bis 1871, Beschränkungen und Demütigungen unterworfen.

Im Jahre 1836 wurde die Jüdische Kultusgemeinde Würzburg gegründet, 1841 die Synagoge in der Domerschulstraße 21 einge-

tionell immer weiter: Zu den religiösen Einrichtungen – Synagoge, Mikwe und Friedhof – kam eine Jeschiwa hinzu, die wahrscheinlich bereits um 1200 bestand (sie machte Würzburg zu einem Zentrum jüdischer Gelehrsamkeit, berühmte Rabbiner lehrten und lernten hier), außerdem nach 1230 die Herberge der Gemeinde.

Der 23. Juli 1298 bedeutete gleichsam das Ende dieser blühenden Gemeinde: Im Zuge der „Rindfleisch-Verfolgung" (entstanden durch das Gerücht über eine angebliche Hostienschändung in Röttingen) wurde die Jüdische Gemeinde Würzburg (ca. 900 Menschen, unter ihnen 100 Durchreisende) fast restlos ausgerottet.

Durch Zuzug von außen (z. B. Ulm, Weimar, Meiningen, u. a. m.) wuchs in den Jahren nach dem „Rindfleisch-Pogrom" die jüdische Gemeinde langsam wieder und siedelte sich am früheren Ort – dem einstigen Getto und heutigen „Grünen Markt" – an. Immer wieder jedoch wurden die Juden durch Pogrome in ständige Angst um Gut, Gesundheit und Leben versetzt: Am 21. April 1349 wurde das ganze Getto mit der Synagoge ein Raub der Flammen. Alle Juden starben bei diesem Massaker entweder durch eigene Hand oder

weiht. Ab 1803 wurden Gottesdienste zunächst in sieben Haussynagogen wohlhabender Würzburger Juden abgehalten, ab dem Beginn des Jahres 1831 zeitweise in einem Saal über Stallungen in der Ursulinergasse 8, danach in einem Hintergebäude auf dem späteren Synagogenplatz. Geistliches Oberhaupt der Israelitischen Kultusgemeinde Würzburg war Oberrabbiner Abraham Bing, der es fertigbrachte, daß 1813 der Sitz des Landes-Oberrabbinats wieder nach Würzburg zurückverlegt wurde. Unter Rabbiner Seligmann Bär Bamberger, bekannt als der „Würzburger Raw", dem Nachfolger Rabbiner Abraham Bings, wurde Würzburg das Zentrum des orthodoxen deutschen Judentums. Der „Würzburger Raw" gründete bereits im Jahre 1856 eine „Private Israelitische Erziehungs- und Unterrichtsanstalt", die im alten Hinterhaus im Hof der Synagoge untergebracht war und dann 1864 das „Jüdische Lehrerseminar" zunächst in der Kettengasse, danach in der Bibrastraße, das 1929 durch einen Neubau in der Sandbergstraße 1 unter Direktor Jacob Stoll ersetzt wurde.

Das Gebäude des Jüdischen Lehrerseminars in der Bibrastraße existiert heute noch vollständig als Bausubstanz. Es befindet sich in Privatbesitz und wird – nach einigen Umbauten – als Kloster genutzt. Ein Abdruck der Mesuse auf der rechten Seite des Tores und eine rechts neben dem Tor angebrachte Gedenktafel mit dem folgenden Wortlaut weisen heute noch auf die frühere Funktion des Gebäudes hin: „HIER WIRKTE RABBINER SELIGMANN BÄR BAMBERGER DER ‚WÜRZBURGER RAW' 1807–1878 IN DER VON IHM 1864 GEGR. ISRAELITISCHEN LEHRERBILDUNGSANSTALT."

Standort: Bibrastraße 6.

Die heute in der Sandbergstraße 1 als Realschule I für Knaben vorhandene ehemalige ILBA (Israelitische Lehrerbildungsanstalt) weist durch ihren Namen – *„Jakob-Stoll-Schule"* ‹Jakob Stoll, Leiter der iLBA von 1919–1938› und durch eine Gedenktafel – im Inneren des Gebäudes Ende des Jahres 1987 angebracht – mit folgendem Wortlaut eindrucksvoll auf die Geschichte des Bauwerkes und seines letzten Direktors hin: „DIESES GEBÄUDE WURDE 1930–31 ALS ISRAELITISCHE LEHRERBILDUNGSANSTALT – ILBA – AUF INITIATIVE DES ER-
FOLGREICHEN PÄDAGOGEN JAKOB STOLL, 21. 1. 1876 – 29. 11. 1962, ERRICHTET. ER LEITETE DIESE BEKANNTE BILDUNGSSTÄTTE BIS ZU IHRER AUFLÖSUNG DURCH DIE NATIONALSOZIALISTEN IM JAHRE 1938. NACH KZ-HAFT GELANG IHM DIE AUSWANDERUNG IN DIE USA."

„Auf den Blättern der Geschichte der Anstalt in ihren letzten Jahrzehnten ist mit goldenen Lettern eingeschrieben der Name Jakob Stoll." Aus einer Festschrift, New York 1954.

Standort: Sandbergstraße 1.

Nach dem Wegfall der Beschränkungen in den Jahren 1861 und 1871 stieg die Zahl der in Würzburg lebenden Juden an; neue jüdische Einrichtungen kamen zu den bereits vorhandenen hinzu: 1885 das jüdische Krankenhaus in der Dürerstraße, 1891 ein jüdisches Altersheim (1930 wurde es mit einem Altersheim, das dem Verband Bayerischer Israelitischer Gemeinden gehörte, auch räumlich verbunden) in der Valentin-Becker-Straße, 1882 der Würzburger jüdische Friedhof in der Werner-von-Siemens-Straße, außerdem ein jüdischer Kindergarten, ein jüdisches Schwesternheim (kurz vor Beginn des 1. Weltkrieges) und ab 1933 ein weiteres jüdisches Altersheim in der Konradstraße 2.

Gedenktafel für Jakob Stoll s. A.

Um 1930 gab es in Würzburg sieben Synagogen: Die Hauptsynagoge in der Domerschulstraße (mit Gemeindehaus, Ritualbad, Schächthaus und Wohnungen), dazu die „kleine Synagoge" oder „Mazzestube" (ab 1926 von den „Ostjuden" als Gebetsstätte für den Schabbathgottesdienst genutzt) im Erdgeschoß des Gemeindehauses in der gleichen Straße, eine Privatsynagoge im Haus der Familie Bamberger in der Bibrastraße 17, eine weitere Synagoge, 1927 erneuert, in der Israelitischen Lehrerbildungsanstalt in der Bibrastraße 6, ferner einen Betsaal im Altersheim in der Dürerstraße. Außerdem gab es als sechste Synagoge die des zu Würzburg gehörenden Vorortes Heidingsfeld und als siebente die kleine, von Elieser Sussmann 1739 ausgestaltete Kirchheimer Synagoge, eine zimmergroße Synagoge, die sich im Luitpoldmuseum in der Maxstraße befand.

In Würzburg gab es eine größere Anzahl jüdischer Vereinigungen und Verbände, z. B. drei jüdische Studentenverbindungen, Zionistische Vereinigungen, der Reichsbund Jüdischer Frontsoldaten, der Centralverein deutscher Staatsbürger jüdischen Glaubens, Jüdische Sportverbände u. v. a. m.

Die Kultusgemeinde in der Mainmetropole hatte im NS-Staat sehr schwer zu leiden; sie existierte als größte jüdische Gemeinde Unterfrankens bis zum 22. 9. 1942.

Die Hauptsynagoge, am 10. September 1841 eingeweiht, wurde beim Novemberpogrom 1938 nicht niedergebrannt, jedoch vollständig demoliert. Das Inventar wurde verbrannt, wertvolle Ritualien gestohlen. Das gleiche Schicksal widerfuhr der „Wochentags-Synagoge". Die Hauptsynagoge wurde, zusammen mit der „Mazze-Stube", dem Gemeindehaus und anderen Gemeindeeinrichtungen, 1945 durch Bomben endgültig vernichtet. Von der Hauptsynagoge und von den anderen Gemeindeeinrichtungen in der Domerschulstraße ist heute nichts mehr vorhanden. Auf dem Platz, wo einst das „Gemeindezentrum" war, befindet sich heute ein Sportplatz. An der Mauer, die an diesen Sportplatz angrenzt, ist seit 1964 eine Erinnerungsplakette mit folgendem Wortlaut angebracht, die an die Hauptsynagoge Würzburg erinnert: „HIER STAND DIE 1837 ERBAUTE UND AM 9. 11. 1938 DURCH DIE DAMALIGEN MACHTHABER ZERSTÖRTE SYNAGOGE

DER ISRAELITISCHEN KULTUSGEMEINDE WÜRZBURG."

Standort: Domerschulstraße ca. 50 m vor der Einfahrt (rechts) in die Bibrastraße.

Nach dem Zusammenbruch des „Dritten Reiches" erstand in Würzburg die jüdische Gemeinde wieder: die *Israelitische Kultusgemeinde Würzburg.* Sie besitzt eine neuerbaute Synagoge mit Gemeindezentrum (einer Mikwe, einem Informationszentrum, einem Altersheim mit koscherer Küche, einem Gemeindesaal und einem Büro) und einen Friedhof.

Der Einzugsbereich der Gemeinde erstreckt sich auf ganz Unterfranken. In der am 24. März 1970 neu eingeweihten Synagoge finden regelmäßig Gottesdienste statt. Am Eingang zum Synagogengebäude sind Erinnerungen an zerstörte Synagogen an der Mauer angebracht: ein Stein aus der Hauptsynagoge, der „Chuppah-Stein" aus der vernichteten Synagoge zu Heidingsfeld, außerdem ein Stein mit den Zehn Geboten und mehrere „Zedakah"-„Opferstöcke" aus unbekannten, vermutlich ebenfalls vernichteten Synagogen Unterfrankens.

Standort: Valentin-Becker-Straße 11.

Friedhöfe

Hier existierte bereits zu Beginn des 12. Jahrhunderts (die ersten Nachrichten über Juden in Würzburg stammen aus dem Jahr 1147) ein Jüdischer Friedhof, der sich an der Ecke der heutigen Blasiusgasse zum Schmalzmarkt befunden hat. ‹Von den Häusern Blasiusgasse 11 – 15 wird überliefert, daß sie einst „hinten an das Judenkirchhöflein" stießen.› Als diese erste Begräbnisstätte wahrscheinlich zu klein wurde – infolge der Pogrome gab es viele Tote! – kaufte laut Bericht von *Efrajiim bar Jaaqov Rabbi Chisqijja* zusammen mit seiner Frau *Judit* im Jahre 1147 eine ziemlich große Fläche im Pleicher Viertel, welches damals durch einen Seitenarm der Pleichach begrenzt wurde. Von der Stadt war der Friedhof durch die Kürnach – über die wahrscheinlich nur eine kleine Brücke führte – getrennt. Der Abstand zur Stadtmauer war also recht groß. Gegen Westen reichte der Friedhof nicht ganz so weit wie das heutige Juliusspital, auf dessen späterem Territorium er sich ausbreitete. Der Friedhof wurde bis zum Jahre 1349 – dem Zeitpunkt des

Pogroms und der Vertreibung der Juden aus der Stadt – belegt. Dann hörte die Belegung auf. Am 30. 09. 1349 verkaufte König Karl IV. das ganze Eigentum der Judengemeinde Würzburg – auch den Friedhof – an Fürstbischof Albrecht von Hohenlohe. Der Friedhof verwaiste also ab 1349 – seine Grabsteine wurden von diesem Zeitpunkt an bei verschiedenen Bauarbeiten – u. a. auch beim Bau der Kirche des benachbarten St.-Markus-Klosters – als Baumaterial verwendet. Im Jahre 1576 wurde dann das Friedhofsgelände (die Grabsteine waren schon verschwunden) von Fürstbischof Julius Echter enteignet und als Bauplatz für das heute noch dort stehende Juliusspital bestimmt.

Im Laufe der Jahre wurden immer wieder Grabsteine des „alten" Jüdischen Friedhofes gefunden: 1860 beim Bau des Gaswerkes in der dortigen alten Stadtmauer (6 Grabsteine), 1949 im Anwesen Augustinerstraße 5 (4 Grabsteine) und 1962 im Gebäude der Stadtwerke (3 Steine). Der größte Fund wurde im Januar des Jahres 1987 beim Abriß des Gebäudes der „Landelektra" (früheres St.-Markus-Kloster) gemacht: eine große Anzahl von Grabsteinen und Grabsteinfragmenten konnte hier geborgen werden, eine weitere unbekannte Zahl befindet sich wohl noch in den Mauern des ehemaligen Klosters (die Abbrucharbeiten wurden gestoppt). Dieser sensationelle Fund wird erst in den kommenden Jahren vollständig ausgewertet werden.

Lage des Friedhofs: Nordöstlicher Stadtrand von Würzburg.

Standort: Von Würzburg-Stadtmitte kommend fährt man in Richtung Kitzingen/Nürnberg auf der Bundesstraße. Kurz nach der US-Kaserne auf der linken Straßenseite biegt man die nach dem Ortsteil Lengfeld ausgeschilderte Straße nach links ab und fährt hier nach ca. 25 m geradeaus auf den Haupteingang des Friedhofes zu.

Zustand: Der Friedhof wird noch benutzt, ist daher auch in einem sehr guten Zustand.

Allgemeine Übersicht: Massive Steinmauer rund um den ganzen Friedhof; an der Werner-von-Siemens-Straße großes Haupttor, daneben je ein Seitentürchen; auf der linken Seite des Friedhofes in der Mauer nochmals kleines Eisentürchen; vor dem Haupteingang großes Friedhofshaus mit Leichenhalle, Ta-

Ältester Grabstein auf dem Friedhof Würzburg

hara-Halle, Keller, Wohnung des Friedhofswärters und Aufenthaltsräumen; in der „Leichenhalle", in der bei der Bestattung die Gebete gesprochen werden, befindet sich auf der rechten Seite der bisher älteste in Würzburg gefundene Grabstein, auf der linken Seite der Gedenkschrein für die im 1. Weltkrieg gefallenen Mitglieder der Würzburger Jüdischen Studentenverbindung „Salia"; große alte Abteilung (mit dem ältesten Grabstein dieses Friedhofes, dem der Amalie Bechhöfer s. A. aus dem Jahre 1881; viele Gräber und Grabsteine (z. T. recht ärmlich) aus der Zeit der nationalsozialistischen Herrschaft und Verfolgung; viele neue und neueste Gräber und Grabsteine; rechts vom Eingang Urnenhalle; weiter rechts von der Urnenhalle Ehrenhain für die Gefallenen des Ersten Weltkrieges; im Ehrenhain Gedenkstein für die in den vielen Konzentrationslagern durch die Nationalsozialisten ermordeten Juden; an der dem Haupteingang gegenüberliegenden Mauer Grabstätte der Familie „Hirsch auf Gereuth" in der Art eines Mausoleums; Grabstätten einer großen Anzahl bedeutender Persönlichkeiten, z. B. des Barons Ernst von Mannstein und seiner Gattin; letzte Schändung des Friedhofs im Jahre 1982.

Würzburg-Heidingsfeld

Hier existierte ab dem 13. Jahrhundert (erste urkundliche Erwähnung 1298 und dann weitere in den Jahren 1391, 1431 und 1628) bis zur Vereinigung mit der Israelitischen Kultusgemeinde Würzburg im Juni 1937 eine der – neben Frankfurt/Main, Worms und Oettingen – ältesten Jüdischen Gemeinden Deutschlands. Sie besaß eine 1780 fertiggestellte und 1929 gründlich renovierte Synagoge (die erste Synagoge des Ortes, zwischen 1693 und 1698 erbaut, war bis 1780 so baufällig geworden, daß sie durch den Neubau ersetzt werden mußte), daneben ein Wohnhaus mit Schulräumen und Lehrerwohnung (Synagoge und Schulhaus waren mit einer Mauer umgeben, bildeten also schon damals ein „Gemeindezentrum"), eine Mikwe und einen Friedhof mit Leichenhalle. Ab 1695 war Heidingsfeld der Sitz des Oberrabbinats: der damalige Fürstbischof gewährte dem Oberrabbiner von Heidingsfeld eigene Gerichtsbarkeit in innerjüdischen Streitfällen.

Die Synagoge – einer der architektonisch schönsten und imposantesten jüdischen Kultbauten der damaligen Zeit, der vom Barock stark beeinflußt war – wurde 1938 in Brand gesetzt. Die Ruine wurde dann 1945 abgerissen. Das Bauwerk besteht heute nicht mehr. An seiner Stelle stehen zwei Wohnhäuser. Lediglich der Chuppastein aus der Synagoge wurde nach Kriegsende wiedergefunden. Er befindet sich heute an der Außenmauer der Synagoge der Israelitischen Kultusgemeinde Würzburg.

Standort der ehemaligen Synagoge: Dürrenberg 4.

Im Dezember 1986 wurde für die ehemalige Kultusgemeinde Heidingsfeld in der Nähe des einstigen Synagogengrundstücks (gegenüber Haus Dürrenberg 1 a) eine künstlerisch gestaltete Gedenksäule errichtet, deren mehrfach unterbrochener Schaft die Geschichte des jüdischen Volkes symbolisiert, während stilisierte Tränen und Stacheldraht auf die Leiden der Juden – auch der von Heidingsfeld – hinweisen. Die Inschriften: „GOTTLOSE MENSCHEN ZERSTÖRTEN AM 9. NOV. 1938 DIE HIER GESTANDENE SYNAGOGE" und „ZUR ERINNERUNG AN DEN LEIDENSWEG DER JÜDISCHEN GEMEINDE" sowie in Iwrith „ZUR ERINNERUNG AN DIE HEILIGE GEMEINDE HEIDINGSFELD".

Standort des Denkmals: Einmündung Dürrenberg/Zündelgasse.

An das Leben und Wirken von Juden in Heidingsfeld erinnert ferner das Vorhandensein einer Straße mit dem Namen „Judenhof". Dieses Anwesen erhielt 1628 seinen Namen. Damals kam das Reichsdorf unter die Herrschaft des Fürstbischofs von Würzburg. Da sich die Heidingsfelder Bürger weigerten, den Juden weiterhin Wohnraum zur Verfügung zu stellen, kaufte das Domkapitel, dem die Juden zinspflichtig waren, ein Adelshaus mit dazugehörendem Hof in der Klostergasse und brachte die Juden in diesem „Judenhof" unter. Bis heute trägt das Anwesen offiziell diesen geschichtsträchtigen Namen.

Lage des Friedhofs: Süden des Stadtteils – zwischen Hofmannstraße und Bundesbahngleisen.

Standort: Von Würzburg kommend fährt man die Straße in Richtung Rottenbauer/Ulm. Nach der zweiten großen Abbiegung im Ort, kurz vor der Eisenbahnunterführung, muß man die letzte Seitenstraße – die Hofmannstraße – nach rechts abbiegen. Hier befindet sich nach dem zweiten Haus auf der linken

Gedenksäule für die Synagoge Würzburg-Heidingsfeld

Grabsteine auf dem Friedhof Würzburg-Heidingsfeld

Straßenseite – einer Gärtnerei – der Haupteingang des Friedhofes.

Zustand: Gepflegt.

Allgemeine Übersicht: Steinmauer (massiv) rund um den ganzen Friedhof; großes Eingangstor aus Schmiedeeisen mit massiven Steinpfeilern am Haupteingang an der Hofmannstraße; zweites großes Eisentor auf der linken Seite des Friedhofes (angrenzend an das Gärtnereigrundstück); kleines Eisentor auf der rechten Friedhofsseite; hügelige Lage des Friedhofsgeländes (vom Haupteingangstor aus gesehen rechts steigt es nach rechts steil bergan); Treppen vom Haupteingangstor rechts in den „alten" Teil; großer alter und großer neuer Teil; einige der alten Grabsteine „schauen" nach Westen; sehr viele kunstvolle, recht alte Grabsteine; geradeaus vom Haupteingangstor neuere Grabsteine; an der dem Haupteingang gegenüberliegenden Mauer (angrenzend an das DB-Gelände) neue Grabsteine (aus den Jahren 1930–1942); links vom Haupteingang kleine Leichenhalle.

Würzburg-Rottenbauer

Hier existierte nachweislich im 18. und 19. Jahrhundert – mit großer Wahrscheinlichkeit jedoch schon früher – eine Jüdische Kultusgemeinde (1832 wohnten im Ort 57 Juden, 1871 waren es noch immer 17). Sie besaßen hier eine Synagoge und eine Mikwe, mit großer Wahrscheinlichkeit im Synagogengebäude auch ein Schulzimmer. Um die Jahrhundertwende wurde das Synagogengebäude – es war inzwischen in nichtjüdischen Besitz übergegangen – zu einer Scheune umgebaut und in der ersten Hälfte dieses Jahrhunderts abgerissen und durch einen Neubau ersetzt. Vom Synagogengebäude und den angeschlossenen Kultbauten ist heute n i c h t s mehr vorhanden.

Standort: Grundstück Schulzenstraße 9.

Zeil am Main (Haßberge)

Hier existierte seit dem 14. Jahrhundert (mit einigen Unterbrechungen) bis 1920 eine Jüdische Kultusgemeinde. Sie besaß eine 1854 (neu) errichtete Synagoge und eine Mikwe.

145

Synagoge Zeil am Main

haus mit Lehrerwohnung. Das Synagogen-gebäude wurde 1938 beschädigt und nach 1945 abgerissen. Das Schulhaus mit Lehrer-wohnung blieb stehen und existiert heute noch. An der Stelle, wo früher die Synagoge stand, befindet sich heute ein Gemüsegar-ten, der zum Haus „Am Steg 2" gehört.

Standort: Am Steg 2.

Besonderheiten: Die Gemeinde Kolitzheim, deren Teil heute der Ort Zeilitzheim ist, plant die Anbringung einer Gedenktafel mit dem folgenden Wortlaut: „In ZEILITZHEIM be-stand eine Jüdische Kultusgemeinde. Syn-agoge Am Steg 2. Die Gemeinde gedenkt ihrer ehemaligen jüdischen Mitbürger. Zur Erinnerung und Mahnung."

Zeitlofs (Bad Kissingen)

Hier existierte bis 1938 eine Jüdische Ge-meinde. Sie besaß eine 1885 neu erbaute Synagoge, ein im gleichen Jahr neu errichte-tes Gemeindehaus mit Vorsängerwohnung und Schulzimmer und ein 1925 erbautes Ri-tualbad. Die Synagoge war bereits 1938 an Privatleute verkauft worden. Nach dem Krie-ge war darin zeitweise der Kindergarten un-tergebracht. Das Gebäude ist heute noch vorhanden. Es befindet sich immer noch in Privatbesitz und wird, teilweise umgebaut, als Wohnhaus genutzt. Eine Gedenktafel mit folgendem Wortlaut – an der rechten Seite des Rathauses angebracht – erinnert heute an die Existenz der Jüdischen Gemeinde und an ihre Synagoge: „In ZEITLOFS bestand bis 1938 eine jüdische Kultusgemeinde, Synago-ge Untere Judengasse 1. ZUR ERINNE-RUNG UND MAHNUNG."

Standort: Untere Judengasse 1.

Besonderheiten: Originalfenster und -türen z. T. noch erhalten; Spuren der großen Rund-bogenfenster der Synagoge gut erkennbar; Gebäude als Bausubstanz insgesamt voll er-halten.

Die Synagoge besteht heute noch. Sie befin-det sich in Privatbesitz und wird als Wohn-haus benutzt.
Eine geschmackvolle Gedenktafel mit folgen-dem Wortlaut (unter dem Aron Hakodesch angebracht) erinnert heute noch an die Exi-stenz der Jüdischen Kultusgemeinde zu Zeil/Main:
„Ehem. Synagoge 1854 neu errichtet mit Ri-tualbad und Thoraschrein an der Ostseite. Im 14. Jh. erstmals Juden in Zeil. 1920 Auflö-sung der Jüd. Kultusgemeinde. Seitdem Pri-vatbesitz."

Standort: Speiergasse 18/Ecke Judengasse

Besonderheiten: Haus als Bausubstanz noch vollständig erhalten. Türen und Fenster noch im Original erhalten; Aron Hakodesch im er-sten Stock sehr gut erkennbar.

Zeilitzheim (Schweinfurt)

Hier existierte vom 16. Jahrhundert (erste Erwähnung der Juden in Zeilitzheim: 1588!) bis 1942 eine Jüdische Kultusgemeinde. Sie besaß eine um 1835 erbaute Synagoge mit Ritualbad und Gemeindehaus und ein Schul-

Zell/Main (Würzburg)

Hier existierte vom 19. 07. 1818 bis ca. 1908 eine Jüdische Gemeinde, deren weltliches und geistliches „Oberhaupt" von 1818 bis 1860 *Mendel Rosenbaum* war. Er war es, der mit Hilfe seines Freundes, des Würzburger Oberrabbiners *Bing* den später weltberühmten „Würzburger Raw" *Seligmann Bär Bamberger* nach Würzburg brachte.

Die Zeller Jüdische Gemeinde besaß eine Synagoge bzw. einen Betsaal, eine Mikwe im Keller des gleichen Hauses, eine Sukka und wahrscheinlich auch ein Schulzimmer. Die Gemeinde war im „Judenhof" – einem kleinen Getto im säkularisierten Kloster Unterzell untergebracht. Außerdem soll es in Zell auch einen „Judenfriedhof", also einen Begräbnisplatz gegeben haben, der jedoch heute nicht mehr auffindbar ist.

Von der früheren Gemeinde ist noch einiges erhalten: Geblieben ist der Name „Judenhof" mit den Zeichen der Mesusot an beiden Toren des einstigen Gettos – dem vorderen und dem hinteren (Wiesen)-Tor. Erhalten ist auch die Original-Bausubstanz der Sukkah mit Spuren der Mesusa an der Eingangstür; ebenfalls erhalten geblieben ist das Haus, in dem sich Betsaal, Schulsaal und Mikwe befunden haben. Auch hier sind Spuren der Mesusa zu erahnen. Erhalten geblieben ist auch ein Grundstück in halber Höhe der sog. „Neuen Straße", das im Kataster heute noch den namen „Judenfriedhof" führt.

Standort der Gemeinde: Judenhof.

Standort der Synagoge und der Mikwe: Judenhof, Haus Nr. 189.

Lage des Friedhofs: Westhang links der Straße Unterzell–Margetshöchheim.

Standort: Von der Ortsmitte des Marktes Zell fährt man in Richtung Margetshöchheim auf der Hauptstraße. In Höhe des Judenhofes biegt man von der Hauptstraße links in die Neue Straße ab, die man bis zum Ende des Straßenbelages weiterfährt, auch dann noch, wenn die geteerte Straße in einen befestigten Weg übergeht. Auf diesem Weg fährt man weiter bis zur ersten Gabelung, kurz hinter einer Steinbrücke. Das Grundstück rechts von der Brücke ist der ehemalige jüdische Friedhof.

Zustand: Heute Kleeacker – vom Friedhof ist *nichts* mehr erhalten.

Allgemeine Übersicht: Auf dem Kleeacker rechts der Steinbrücke soll in den Jahren 1800–1860 (Datum ist nicht gesichert!) ein jüdischer Friedhof existiert haben. Der 1927 verstorbene Oberlehrer der Volksschule Zell

Spuren der Mesusa am Wiesentor des Judenhofes in Zell/Main

erzählte dem heute über 70 Jahre alten Heimatforscher Eduard Kohl, er habe als Kind noch zwischen den Grabsteinen gespielt.

Zellingen (Main-Spessart)

Hier bestand bis Ende des 19. Jahrhunderts eine kleine jüdische Gemeinschaft, von der lediglich bekannt ist, daß sie sich im Jahre 1813 aus 20 Juden in 4 Haushalten zusammensetzte. Möglicherweise bildeten sie auch eine ganz kleine Kultusgemeinde, über die jedoch keinerlei urkundliche Nachweise vorliegen. Ihre kultischen Handlungen hielten sie im Betsaal eines Privathauses ab. Dieses Gebäude – im Volksmund wurde es seit der Jahrhundertwende „Synagoge" genannt – ist heute noch vorhanden und wird gegenwärtig als Wohnhaus genutzt.

Standort: Hintere Gasse 27/29.

Regierungsbezirk
Mittelfranken

Aufsatz des Thoraschreins in der Synagoge
Nürnberg

Soldatengrab in Schopfloch

Orte in Mittelfranken

Abenberg (h)
Adelsdorf
Altdorf bei Nürnberg (h)
Altenmuhr
Ansbach
Aurach (h)
Bad Windsheim
Baiersdorf
Bechhofen
Behringersdorf (h)
Berolzheim, Markt
Bullenheim
Burgambach
Burgbernheim
Burghaslach
Colmberg
Cronheim
Dennenlohe (h)
Diespeck
Dietenhofen
Dinkelsbühl
Dittenheim (h)
Dottenheim
Dürrwangen (h)
Egenhausen
Ehingen (h)
Ellingen
Erlangen
Erlangen-Bruck
Erlangen-Büchenbach
Erlbach, Markt
Ermetzhofen
Feuchtwangen
Förrenbach
Forth

Fürstenforst
Fürth (mehrere)
Georgensgmünd
Greding (h)
Gunzenhausen
Heideck (h)
Heidenheim
Hersbruck (h)
Herzogenaurach (h)
Höchstadt (h)
Hohentrüdingen (h)
Hubmersberg-Pommelsbrunn
Hüttenbach
Ickelheim
Illesheim
Jochsberg
Kairlindach
Kaubenheim
Krautostheim (h)
Langenzenn
Lauf an der Pegnitz (h)
Lehrberg, Markt
Leuterhausen
Lonnerstadt (h)
Markt Bibart (h)
Meckenhausen (h)
Mönchsroth
Mühlhausen
Neustadt/Aisch
Nürnberg (mehrere)
Obernzenn (h)
Ornbau (h)
Ottensoos
Pahres (h)
Pappenheim

Roth bei Nürnberg
Rothenburg ob der Tauber
Rückersdorf (h)
Scheinfeld
Schnaittach
Schnodsenbach
Schobdach (h)
Schopfloch
Schornweisach
Schupf-Förrenbach
Schwabach
Spielberg (h)
Steinsfeld-Endsee (h)
Sugenheim
Thalmässing
Thüngfled (h)
Treuchtlingen
Uehlfeld
Uffenheim
Ullstadt
Vestenbergsgreuth
Wachenroth (h)
Wassertrüdingen
Weigenheim
Weimersheim (h)
Weisendorf (h)
Weißenburg in Bayern (h)
Welbhausen
Wilhermsdorf
Windsbach
Wittelshofen
Zeckern
Zirndorf

Abenberg (Roth b. N.)

Hier existierte im frühen Mittelalter möglicherweise eine kleine jüdische Gemeinde, über die jedoch nichts mehr bekannt ist. Als einziges Zeugnis jüdischer Vergangenheit existiert heute in Abenberg noch die *Judengasse.*

Adelsdorf (Erlangen-Höchstadt)

Hier bestand vermutlich ab 1677, vielleicht aber auch schon eher, bis 1939 eine Jüdische Kultusgemeinde. Sie besaß zunächst ab ca. 1699 eine Synagoge, die dann seit 1822 durch einen neuen Synagogenbau ersetzt worden war, eine Schule mit Wohnung für den Lehrer und Vorbeter im gleichen Gebäude und einen Friedhof (bei Zeckern). Synagoge mit Schule wurden am 10. 11. 1938 demoliert, die Inneneinrichtung und die Ritualien auf dem Marktplatz des Ortes verbrannt. Das Gebäude blieb jedoch erhalten. 1941 wurde es von der Gemeinde Adelsdorf erworben und bis 1978 von der Freiwilligen Feuerwehr Adelsdorf als Geräte- und Fahrzeughalle benutzt; nach der Errichtung eines neuen Feuerwehrzentrums erfolgte der Verkauf des ehemaligen Synagogengebäudes an eine ortsansässige Metzgerei, die das Bauwerk 1979 abreißen ließ. Zum Teil wurde das Grundstück mit Garagen überbaut, die Restfläche dient der Metzgerei heute als Hofraum. Von der Synagoge ist heute n i c h t s mehr erhalten!

Standort: Adelhardsgasse 3.

Stadt Altdorf b. Nürnberg
(Nürnberger Land)

Die Existenz einer Jüdischen Kultusgemeinde in der Stadt Altdorf b. Nürnberg in früheren Jahrhunderten ist vielleicht möglich, jedoch nirgends urkundlich nachweisbar.

An das mögliche Vorhandensein von Juden erinnert jedoch eine althistorisch überlieferte und heute auch amtliche Platzbezeichnung „Am Judenbühl", obwohl, so die Auskunft des Stadtarchivs, „zu keiner Zeit eine israelische (!) Gemeinde in Altdorf bestanden hat". Der Name des Ortes wird vielmehr wie folgt erklärt: „Der Name wurde von einem Historiker des 18. Jahrhunderts names Georg Andreas Will, so erklärt, daß einer jüdischen Familie namens Symelin im 14. Jahrhundert ein Wohnrecht in verschiedenen Orten, darunter auch in Altdorf, verbrieft wurde, die Familie zog aber nicht nach Altdorf. Trotzdem behielt der dafür vorgesehene Platz den Namen."

So ist die Ortsbezeichnung „Am Judenbühl" der einzige Zeuge einer – möglichen oder eventuellen – jüdischen Vergangenheit der Stadt.

Altenmuhr
(Weißenburg-Gunzenhausen)

Hier existierte ab 1593 eine Jüdische Kultusgemeinde. Sie besaß eine 1731 erbaute Synagoge, die im Jahre 1802 durch einen Neubau ersetzt worden war, nachdem sie baufällig war, ab 1832 ein Gemeindehaus mit Schule, die jedoch schon 1924 wegen Schülermangels geschlossen werden mußte, ein Ritualbad, sowie eine Leichenhalle für die Verstorbenen, die auf dem Friedhof zu Gunzenhausen bestattet wurden. Die Synagoge wurde wegen des Wegzuges der Juden, die hier unter der extrem feindlichen Haltung der Bevölkerung sehr litten, bereits am 26. 10. 1938 geräumt. Trotzdem wurde sie am 10. 11. 1938 stark beschädigt, das Inventar, soweit nicht vorher weggeschafft, vernichtet.

Das Synagogengebäude steht heute nicht mehr. Es wurde im Jahre 1968 abgerissen. An seiner Stelle wurde ein neues Wohnhaus errichtet. Ein Gedenkstein mit dem folgenden Wortlaut – auf Betreiben von Lehrer Wilfried Jung gegen den erbitterten Widerstand eines

beträchtlichen Teiles der Bevölkerung und des Gemeinderates an dem würdigen Ort im Jahre 1985 aufgestellt – erinnert heute an die einstige Funktion des Platzes: „HIER STAND BIS 1968 EINE SYNAGOGE. 1985 ZUM GEDENKEN AN DIE JÜDISCHE GEMEINDE DIE ÜBER 300 JAHRE IN ALTENMUHR BESTAND."

Standort: Judenhof 25.

Das Gebäude der jüdischen Schule mit Gemeindehaus existiert heute noch. Es befindet sich in Privatbesitz und wird als Wohnhaus genutzt. Die dort offenbar vorhandene Mikwe wurde zugeschüttet.

Standort: Judenhof 21.

Außer dem ehemaligen Schulgebäude und dem Gedenkstein erinnert noch der Name *„Judenhof"* an die Existenz der Gemeinde; viele Häuser waren hier in jüdischem Besitz; sie werden auch heute noch von den Einheimischen „Judenhäuser" genannt: Judenhof 6–11, 13, 15, 17, 31; Kirchenstraße 23; Schloßstraße 7 und 8; Gebäude zwischen Judenhof 15 und 17.

Ansbach

Hier existierte bereits im 14. Jahrhundert – vielleicht auch schon früher – eine Jüdische Kultusgemeinde, die im Pestjahr 1349 vernichtet wurde. Die Juden damals wohnten mit großer Wahrscheinlichkeit in der *„Judengasse"*, die erstmals in den 70er Jahren des 15. Jahrhunderts und letztmals 1743 schriftlich belegt ist (später wurde sie in „Kirchengasse" umbenannt und heißt heute „Platenstraße").

Ab dem Ende des 14. Jahrhunderts gab es wahrscheinlich bis 1940 in Ansbach eine neue Jüdische Gemeinde – allerdings mit einer Unterbrechung, verursacht durch die Ausweisung 1564. Aber bereits kurze Zeit später siedelten sich wieder Juden in Ansbach an. 1631 wohnten hier bereits 27 Familien. Die Zahl der jüdischen Bewohner Ansbachs war jedoch stets starken Schwankungen unterworfen.

Bis 1675 fanden Gottesdienste in der Betstube eines Privathauses (das des Samson *Model*) statt; später wurde wegen Streitigkeiten eine neue Gebetsstätte – nun eine Synagoge im Hause des Simon *Model* geschaffen; 1739

Aron Hakodesch der Synagoge Ansbach

erhielt der Hoffaktor *Isaak Nathan Schwaba-cher* vom Markgrafen die Genehmigung zur Errichtung einer eigenen privaten Synagoge und Schule. Daraus entwickelte sich dann die Gemeindesynagoge. Die Gemeinde be-saß eine 1744/46 von Leopold Retty im Ba-rockstil erbaute und am 2. September 1746 eingeweihte Synagoge (mit einer großen Frauensynagoge und einer Mikwe im Keller); daneben waren noch ein ebenfalls 1744/46 errichtetes Gemeindehaus (genannt „Diener-haus") mit einem Gemeinderaum im 2. OG und einer Wohnung für den Kantor bzw. Leh-rer, ein Schulsaal über der Frauenempore, eine neue, 1861 im nördlich an die Synagoge angrenzenden Hof in einem kleinen Bade-haus errichtete Mikwe (das alte Ritualbad unter der Synagoge wurde ab diesem Zeit-punkt nicht mehr genutzt) und ein im Jahre 1815 angelegter Friedhof Eigentum der Kul-tusgemeinde. Synagoge, Gemeinde- und Badehaus umschlossen gemeinsam einen Hof. Von 1926 bis 1937 war Bezirksrabbiner Dr. Eli *Munk* gleichzeitig Gemeinderabbiner von Ansbach.

Die Synagoge wurde beim Pogrom 1938 zwar entweiht und beschädigt, aber nicht niedergebrannt. Im Auftrage des Oberbür-germeisters inszenierten zwar SA-Leute in der Synagoge, die schon damals unter Denk-malschutz stand, einen symbolischen Brand. Dabei wurden Bänke, Thorarollen, wertvolle Thoraschreinvorhänge und Ritualien vernich-tet. Größerer Schaden sollte aber verhindert werden, denn schon vor dem Brand war vom Oberbürgermeister die Feuerwehr verstän-digt worden, die unkontrollierte Brandstiftun-gen verhindern sollte. Nach dem Pogrom wurde das Synagogengebäude für RM 4000,– an die Stadtverwaltung „ver-kauft". Es ist heute noch vorhanden. Nach Instandsetzungs- und Renovierungsarbeiten in den Jahren 1945–1947 und 1963 wurde es ab 1964 zum „musealen und symbolischen Gotteshaus," erklärt.

Einmal im Jahr findet darin – besucht von vielen jüdischen Gemeinden Bayerns – ein Gedenkgottesdienst statt. Sporadisch wer-den hier auch Gottesdienste für die Angehö-rigen der US-Streitkräfte von ihrem jeweili-gen Militärrabbiner abgehalten. In den Jah-ren 1985–1987 wurden weitere Renovie-rungsarbeiten an dem Bauwerk durchge-führt. So gibt es in Ansbach heute eine herrli-che Synagoge in gutem baulichen Zustand, aber keine Jüdische Kultusgemeinde.

Der Hof mit dem Gemeindehaus und der Mikwe befinden sich jetzt im Besitz der Stadt Ansbach; sie sind im Augenblick ungenutzt. Für die Zukunft ist die Einrichtung einer Do-kumentation zur Geschichte der Juden in Ansbach geplant.

Standort der Synagoge: Rosenbadstraße 3.

Besonderheiten: Fünf hohe Rundbogenfen-ster; Almemor aus dem Jahr um 1745; Aron Hakodesch (1745); sieben vielarmige Leuch-ter (1745).

Auch das Gemeindehaus mit Gemeindesaal und Kantorenwohnung sowie das 1861 er-baute Badehaus mit Mikwe sind noch erhal-ten. Nachdem sie früher Wohnzwecken ge-dient hatten, sind sie heute unbenutzt.

Standort des Gemeindehauses und des Ba-dehauses: Reuterstraße 2 a.

Nach Kriegsende gab es in Ansbach von 1945 bis ca. 1956 eine Jüdische Gemeinde – eine *UNRRA*-Gemeinde, der im Dezember 1946 210 Juden angehörten – die in der heu-tigen Bleidornkaserne (gegenwärtig noch von der US-Army genutzt) untergebracht war. Hier warteten die DPs auf ihre Ausreise nach Israel oder in andere Länder. Die dort leben-

Gedenkstein auf dem Friedhof Ansbach

Grabstein auf dem Friedhof Ansbach

den Juden hielten ihre Gottesdienste sowohl in der renovierten Synagoge in der Stadt als auch in einer Betstube im DP-Camp ab; ab 1945 konnte auch die Mikwe benutzt werden. Trotz intensiver Recherchen konnte der Standort der Betstube in der Bleidornkaserne bis heute nicht in Erfahrung gebracht werden.

An die Anwesenheit und an das Wirken von Juden in Ansbach, besonders im 17. und 18. Jahrhundert, erinnern heute noch einige vornehme Häuser, die einst reichen jüdischen Hoffaktoren der Markgrafen gehörten.

Standort der früheren Häuser von Isaak Nathan Schwabacher: Kannenstraße 3 und Kannenstraße 8.

Standort des früheren Hauses von Marx Model: Platenstraße 26.

Lage des Friedhofs: Nördlicher Stadtrand: Joseph-Fruth-Platz.

Standort: Von der Stadtmitte fährt man auf der Bundesstraße Nürnberg–Würzburg (= Residenzstraße). Man biegt vor der Holzbrücke auf der linken Straßenseite rechts in die Brauhausstraße (= Vorfahrtsstraße in Richtung Neustadt a. d. Aisch/Rügland) ein und folgt dieser Straße (links an einer US-

Kaserne vorbei) bis zu einer Kirche auf der rechten Straßenseite, hinter der man dann scharf rechts in die Uhlandstraße und dann, nach wenigen Metern, wieder rechts in den Joseph-Fruth-Platz einbiegt. Hier befindet sich der Friedhofseingang direkt neben dem Eingang zur kath. Pfarrei.

Zustand: Gepflegt.

Allgemeine Übersicht: Stabile Steinmauer; großes und daneben kleines Eisentor; Mittelgang, an dessen Ende ein Gedenkstein steht; linke Friedhofseite mit 5 Reihen Grabsteine; rechte Friedhofseite mit zwei Grabsteingruppen: die hinteren Grabsteine „schauen" nach Westen (!), die vorderen normal nach Osten; Spuren ehemaliger Schändungen (1927 und 1933) heute noch erkennbar.

Aurach (Ansbach)

Hier existierte bis 1298 eine Jüdische Kultusgemeinde. Sie wurde bei der „Rindfleisch-Verfolgung", vermutlich im gleichen Jahr, ausgerottet.

Außer dieser urkundlich gesicherten Tatsache gibt es heute kein weiteres Zeugnis jüdischer Vergangenheit in Aurach mehr.

Grabstein eines Mohel in Baiersdorf

Gedenktafel für die Synagoge Baiersdorf

Bad Windsheim (Neustadt a. d. A.-Bad Windsheim)

Hier existierte bereits im 14. Jahrhundert, vielleicht auch schon früher, eine Jüdische Kultusgemeinde, die aber durch ein Pogrom im Jahre 1348 ausgerottet wurde. Die Juden wohnten damals in einem Getto, dem „Judenhöflein".

Erst ab dem 19. Jahrhundert gab es in Windsheim wieder eine Jüdische Kultusge-

meinde, und zwar vom 5. 5. 1877 bis zum 17. 1. 1939. Sie besaß eine 1877 erbaute Synagoge, ein Wohnhaus mit Schulräumen, ein 1888 errichtetes Ritualbad und einen Friedhof in Obernzenn, auf dem 1903 ein Tahara-Haus errichtet worden war. Die Synagoge wurde in der Pogromnacht 1938 zerstört, sie ist heute nicht mehr vorhanden.

Standort: Hafenmarkt (395).

An die 1348 vernichtete Jüdische Gemeinde erinnert heute noch das „Judenhöflein".

Stadt Baiersdorf (Erlangen-Höchstadt)

Hier existierte ungefähr vom 17. Jahrhundert bis 1938 eine Jüdische Kultusgemeinde, die zum Bezirksrabbinat Fürth gehörte. Sie besaß eine 1711 errichtete Synagoge, ein Wohnhaus, eine Mikwe und einen Friedhof. Alle Baulichkeiten wurden am 10. 11. 1938 beschädigt: Die Synagoge mit Inventar, darunter Ritualien und kostbare Gegenstände von angeblich sehr hohem Wert, wurde vernichtet, kurze Zeit nach dem Pogrom abgebrochen; der Friedhof wurde geschändet, die Mikwe vernichtet.

Standort: Judengasse o. Nr. Von der Synagoge ist heute nichts mehr erhalten.

An die frühere Synagoge erinnert heute eine 1989 am Gebäude der Sparkasse in der Judengasse angebrachte Gedenktafel mit einem Abbild der Synagoge und der Inschrift „Synagoge 1711–1938". Neben dieser Gedenktafel erinnert heute noch der Friedhof, die „Judengasse" und auch Zeichen von Türpfostensymbolen an einem Haus an die Anwesenheit und das Wirken von Juden in der Stadt Baiersdorf.

Lage des Friedhofs: Mitten im Ort, rechts vom protestantischen Friedhof.

Standort: Vom Rathaus geht man über den Rathausplatz links in die Hauptstraße, der man bis zur Abzweigung Judengasse folgt. Hier biegt man rechts ab und geht bis zum Ende der Judengasse, wo man nach links in eine Gasse abbiegt. Dieser Gasse folgt man, durch einen kleinen Torbogen bis zum Ende, wo linker Hand ein Kriegerdenkmal steht. Am Ende der Gasse biegt man ganz scharf nach rechts ab und geht zu einem grünen Zauntor.

Man geht durch dieses hindurch auf einem Asphaltweg entlang, vorbei rechter Hand an einem Wohnhaus bis fast zum Ende, wo man nach ca. 50 m rechts vor dem Friedhofstor steht.

Zustand: Gepflegt.

Allgemeine Übersicht: Umgeben von einer hohen, sehr massiven Steinmauer; schmiedeeisernes Eingangstor (mit 2 Davidsternen); mehrere Bäume; verschiedene Gräbergruppen; sehr viele sehr alte, sehr kunstvolle, herrliche Grabsteine; Einteilung: am Eingang neuer Teil, danach älterer, anschließend ganz alter Teil. Vordere Reihe des älteren Teils: fast nur Kohanim-Gräber; in der Mitte des Friedhofes an der hinteren Mauer Gedenkstein.

Bechhofen (Ansbach)

Hier existierte bis zum 11. August 1938 eine Jüdische Kultusgemeinde. Sie besaß eine Mitte des 16. Jahrhunderts erbaute Synagoge – eine sog. „Scheunensynagoge" (= von außen gleicht sie einer Scheune, ihr Inneres ist voller Kostbarkeiten) –, eine Mikwe und einen Friedhof.
Am Morgen des 9. 11. 1938, noch vor dem Pogrom, wurde die alte, kunsthistorisch sehr wertvolle Synagoge mit Inventar und Ritualien niedergebrannt.
Von der Synagoge ist heute *nichts* mehr erhalten!

Lage des Friedhofs: Anhöhe nordwestlich des Ortes.

Standort: Von Ansbach über den Ort Großenried kommend fährt man in den Ort und bleibt vom Anfang bis zur Ortsmitte auf der Hauptstraße (= Ansbacher Straße). In der Ortsmitte, am Beginn (Ende) der Ansbacher Straße biegt man rechts in die Ziegeleistraße ab und folgt dieser (wobei man sich immer links hält!) bis zum Ende, wo man links in die Blütenstraße einbiegt. Auf dieser fährt man noch einige Meter geradeaus, bis man am Ende der Straße vor der Friedhofsmauer steht. Hier befindet sich rechts der Straße der Friedhofseingang.

Zustand: Ordentlich.

Besonderes: ca. 2,5 ha große Friedhofsfläche; ca. 8000 Grabsteine; massive Steinmauer rund um den Friedhof; eisernes

Großes Wasserbecken auf dem Friedhof Bechhofen

Haupttor rechts der Straße, dahinter links altes, steinernes Wasserbecken; in der rechten Quermauer kleines Seitentor; viele stark verwitterte Steine; starker Baum- und besonders Strauchbewuchs; auf der linken Friedhofsseite sehr alte, in der Mitte alte, rechts (besonders vorne!) auch neuere Grabsteine.

Behringersdorf
(Nürnberger Land)

Hier existierte mit großer Sicherheit bis Juli 1932 eine Jüdische Kultusgemeinde, über die jedoch nichts in Erfahrung gebracht werden konnte.
Sicher ist, daß sich die Juden der ehemaligen Kultusgemeinde Behringersdorf im Juli 1932 der Kultusgemeinde Nürnberg anschlossen.
Der Standort einer Synagoge oder eines Gebetsraumes konnte trotz intensivster Nachforschungen nicht ermittelt werden.

Markt Berolzheim
(Weißenburg-Gunzenhausen)

Hier existierte von vermutlich vor 1891 (Gemeindestatuten) bis 1938 eine Jüdische Gemeinde. Sie besaß eine Synagoge mit Schulraum sowie ein Ritualbad.
In der Pogromnacht im November 1938 wurde die Synagoge niedergebrannt. Von dem Bauwerk existiert nichts mehr.

Standort: „In der Hölle" (= Bezeichnung des Platzes, auf dem das Synagogengebäude stand).

Bullenheim (Neustadt a. d. A.-Bad Windsheim)

Hier existierte, wahrscheinlich bis zur Jahrhundertwende, eine Jüdische Kultusgemeinde. Sie besaß nachweislich eine Synagoge und eine Mikwe. Diese wurde bereits vor dem 1. Weltkrieg veräußert.
Auf dem Grundstück der ehemaligen Synagoge (die Grundmauern sind noch im Original erhalten) wurde in den 60er Jahren ein kleines Lagergebäude mit Schreinerwerkstatt errichtet.

Standort: Haus Nr. 5.

Auf die Ansiedlung und die Tätigkeit von Juden weist auch heute noch ein Flurteil südlich von Bullenheim mit dem Namen *„Judenbuck"* hin.
Im Garten des Hauses direkt hinter dem Rathaus befand sich einst die Mikwe. Auch diese verschwand in den 50er Jahren.

Burgambach (Neustadt a. d. A.-Bad Windsheim)

Hier existierte vermutlich bis zur Mitte des vergangenen Jahrhunderts eine Jüdische Kultusgemeinde. Sie besaß nachweislich eine Synagoge mit Schulräumen.
Das Gebäude wurde noch im vorigen Jahrhundert, nachdem sich die Gemeinde aufgelöst hatte verkauft und ca. um 1920–30 zum größten Teil abgerissen. Heute steht auf dem ehemaligen Synagogengrundstück ein Haus, in dem (möglicherweise?) einige Teile des früheren Synagogengebäudes enthalten sind.

Standort: Hauptstraße Nr. 13 (Hintergebäude – hinter dem roten Backsteinhaus, erbaut 1706).

Burgbernheim (Neustadt a. d. A.-Bad Windsheim)

Hier existierte nachweislich im 14. und später ab dem 18. Jahrhundert eine Jüdische Gemeinde. Sie besaß eine Synagoge (diese wurde 1353 vom Kaiser zusammen mit Häusern der getöteten oder vertriebenen Juden der Stadt geschenkt) und ab 1802 einen Betsaal im Haus Nr. 151.
Trotz intensiver Nachforschungen konnte nicht ermittelt werden, an welchem heutigen Ort sich die früheren Gebetsstätten befunden haben. Mit größter Wahrscheinlichkeit sind sie nicht mehr erhalten. Als ein weiteres Zeugnis jüdischer Vergangenheit in Burgbernheim kann man die heute noch vorhandene Straßenbezeichnung „Judengäßchen" ansehen.

Burghaslach (Neustadt a. d. A.-Bad Windsheim)

Hier existierte bis 1938 eine Jüdische Gemeinde. Sie besaß eine 1870 eingeweihte und 1929 renovierte Synagoge, einen Raum für den Religionsunterricht, eine 1932 renovierte Mikwe und einen Friedhof. Es bestanden auch mehrere Vereine und Organisationen am Ort. Am 10. 11. 1938 wurde die Synagoge niedergebrannt, Inventar und Ritualien vernichtet. Das zerstörte Gotteshaus wurde in eine Werkstatt eines örtlichen NSDAP-Funktionärs umgewandelt, nachdem nach dem Pogrom nur die Außenwände stehengeblieben waren. Danach wurde die Ruine in ein Wohnhaus umgebaut.
Die Synagoge existiert heute noch als Bausubstanz. Sie ist als Wohnhaus ausgebaut und befindet sich in Privatbesitz.

Standort: Neustädter Straße 1.

Besonderheiten: Bausubstanz (bes. Rundbögen der Fenster!) vollkommen erhalten!

Lage des Friedhofs: Südwestlicher Dorfrand.

Standort: Von der Ortsmitte geht man in die Neustädter Straße und biegt dann rechts in

Levitengrab auf dem Friedhof Burghaslach

Cronheim
(Weißenburg-Gunzenhausen)

Hier existierte seit mindestens 1673 bis 1938 eine Jüdische Kultusgemeinde. Sie besaß eine Synagoge, ein Gemeindehaus mit Wohn- und Unterrichtsräumen und eine Mikwe.
Die Synagoge wurde, nachdem sie am 21. 10. 1938 aufgebrochen und geschändet worden war, am 01. 11. 1938 verkauft, ebenso die anderen Gebäude der Gemeinde.
Das Synagogengebäude existiert heute noch. Es befindet sich, nachdem es umgebaut worden ist, heute als Wohnhaus in Privatbesitz.

Standort: Cronheim Nr. 75.

Besonderheiten: Haus ist als Bausubstanz noch vollständig erhalten; einige Originalfensterrahmen erhalten. Heute ist auf dem Dach eine Feuerwehrsirene.

Dennenlohe (Ansbach)

Hier existierte wahrscheinlich im Mittelalter eine Jüdische Gemeinde, deren Vorhandensein heute jedoch urkundlich nicht mehr nachgewiesen werden kann.
An die tatsächliche Anwesenheit von Juden in Dennenlohe erinnert heute nur noch das Vorhandensein einer *„Judengasse"*.

Diespeck (Neustadt a. d. A.-Bad Windsheim)

Hier existierte bis ca. 1918 eine Jüdische Kultusgemeinde. Sie besaß eine Synagoge, eine Mikwe, ein Schulhaus, ein Schlachthaus mit Wohnhaus für den Schochet (= Schächter) und ab dem 18. Jahrhundert einen Gemeindefriedhof. Die Synagoge wurde 1932 zu einer Turnhalle umgebaut. Im Jahre 1935 wurde das Gebäude an den unmittelbaren Nachbarn verkauft, der es dann abgerissen und an gleicher Stelle ein Wohnhaus errichtet hat.

Standort der ehemaligen Synagoge: Birkenhof (früher *Judenhof!*) Nr. 4. Die Gemeindemikwe befand sich in der gleichen Straße. Sie existiert heute nicht mehr. Erhalten geblieben ist jedoch das Kellergewölbe in einer inzwischen dort errichteten Scheune mit Keller-

die Mühlgasse ein. Dieser folgt man bis zum Haus Nr. 19, hinter dem, vor Haus Nr. 21, ein Pfad hügelaufwärts führt. Nach ca. 30 m steht man dann vor dem Friedhofseingang.

Zustand: Gepflegt.

Allgemeine Übersicht: langes, schmales Gelände; massive Steinmauer rund um den Friedhof; kunstvolles, schmiedeeisernes Tor; direkt vor dem Tor großes, ganz stabiles Tahara-Häuschen (4 Räume) mit komplettem Inventar; rechts des Eingangs Gräber: vorne neuere und neue, dahinter, bis zur Mauer, immer ältere, an der rechten Seitenmauer ganz alte.

Colmberg (Ansbach)

Hier existierte vermutlich bis 1931 eine Jüdische Gemeinde. Sie besaß nachweislich eine Synagoge. Diese war an einem Privathaus angebaut. Das Synagogengebäude wurde in den vierziger Jahren abgebrochen und auf dem Gelände ein Wohnhaus errichtet.

Standort: Rothenburger Straße 6.

Von der Synagoge ist *nichts* mehr erhalten!

Gefallenendenkmal auf dem Friedhof Diespeck

schachtumrandung, welches ein sichtbar profiliertes Portal als Eingang zur Mikwe mit der Jahreszahl 1848 erkennen läßt.

Standort der ehemaligen Mikwe: Scheune des Anwesens Birkenhof 15. Das Schlacht-haus ist ebenfalls erhalten. Am Scheunentor ist die Ritzung des letzten Besitzers „Cos-man Cohn" erkennbar.

Standort des ehemaligen Schlachthauses: Birkenhof 15.

Die Jüdische Schule des Ortes ging ebenfalls in Privatbesitz über. Das Gebäude steht heu-te noch. Es wird, nachdem es modernisiert und aufgestockt worden ist, jetzt als Wohn-haus benutzt.

Standort: Neustädter Straße 8.

Lage des Friedhofs: Östlich des Ortes Dies-peck auf einer Anhöhe.

Standort: Man verläßt Diespeck in Richtung Dettendorf auf der Kreisstraße NEA 15. Nach ca. 1,5 km liegt der Friedhof rechts der Stra-ße kurz vor dem Waldrand auf einer Anhöhe. Der einzige Eingang liegt auf der Straßen-seite.

Zustand: Gut gepflegt.

Allgemeine Übersicht: Massive Steinmauer rund um den Friedhof; Eisentor; rechts vom Eingang massives Tahara-Haus; links vom Eingang – auf der Straßenseite – Denkmal für die jüdischen Gefallenen des 1. Weltkrieges; am Tahara-Haus ganz alte, nach vorne zu gegen den Wald immer neuere Grabsteine.

Dietenhofen (Ansbach)

Hier existierte in der 2. Hälfte des 18. Jahr-hunderts und während des gesamten 19. Jahrhunderts – bis ca. 1900 – eine Jüdische Gemeinde. Sie besaß eine Synagoge mit Schule.

Nach dem Wegzug der Juden und damit der Auflösung der Gemeinde wurde das zwi-schen 1750–1780 erbaute Synagogen- und Schulhaus veräußert. Es befindet sich heute in Privatbesitz und wird als Wohnhaus be-nutzt.

Standort: Rüderner Straße 30.

Außer dem Synagogengebäude gibt es in Dietenhofen heute noch ein Zeugnis jüdi-scher Vergangenheit: Die heute Georg-Flory-Straße genannte frühere Judengasse heißt im Volksmund weiterhin *„Judengasse"*.

Dinkelsbühl (Ansbach)

Hier existierte von 1929 bis 1938 eine Jüdi-sche Kultusgemeinde. Sie besaß einen Bet-saal, der ihr ab 1923 von dem späteren Ge-meindevorsitzenden in seinem Privathaus in einem Zimmer zur Verfügung gestellt worden war.

Standort: Klostergasse Nr. 5.

Dittenheim
(Weißenburg-Gunzenhausen)

Hier existierte in vergangenen Jahrhunderten eine Jüdische Kultusgemeinde mit 76 See-len. Sie besaß angeblich eine Religionsschu-le mit 12 Kindern. Trotz intensiver Recher-chen konnten keine weiteren Informationen über die ehemalige jüdische Gemeinde in Dittenheim in Erfahrung gebracht werden.

Synagoge Dietenhofen

Dottenheim (Neustadt a. d. A.-Bad Windsheim)

Hier existierte vermutlich bis zur Jahrhundertwende eine kleine Jüdische Gemeinde, die auch eine Synagoge oder Betstube besaß. Weitere Angaben waren, trotz intensivster Nachforschungen nicht erhältlich.

Standort: Hauptstraße 20.

Dürrwangen (Ansbach)

Hier existierte vermutlich seit 1331 eine Jüdische Gemeinde, wahrscheinlich bis Mitte des 19. Jahrhunderts. Sie besaß mit Sicherheit eine Synagoge und eine Mikwe, über deren Standort trotz intensivster Nachforschung nichts mehr zu erfahren war. An die Existenz der ehemaligen Jüdischen Gemeinde in Dürrwangen erinnert heute neben dem Wissen um diese Gemeinde nur noch der sog. *„Judenweiher".*

An die Jüdische Kultusgemeinde Dürrwangen erinnert ferner ein kleiner Teil des Dorfes – vermutlich ein früheres Getto – das noch um die Jahrhundertwende die (nicht amtliche) Bezeichnung *„Judenviertel"* hatte.

Egenhausen (Neustadt a. d. A.-Bad Windsheim)

Hier existierte bis ungefähr 1920 eine Jüdische Kultusgemeinde. Sie besaß eine Synagoge mit Schule und Lehrerwohnung.
Das T-förmig gebaute „Doppelhaus" ist heute noch erhalten. Es befindet sich in Privatbesitz und wird als Wohnhaus benutzt.

Standort: Judengasse 11.

Ehingen (Kreis Ansbach)

Hier bestand möglicherweise in vergangenen Jahrhunderten eine jüdische Gemeinschaft, von der jedoch keinerlei Dokumente oder Bauwerke vorhanden sind. Und doch gibt es in dem Ort ein Zeugnis jüdischer Vergangenheit in Mittelfranken: den sog. „Judensteig". Dieser Judensteig, der auch heute noch den Namen hat, war ein Weg, auf dem die Juden (jüdische Viehhändler) von Bechhofen früher ihr Vieh zum Verkauf zur „Viehmesse" auf den nahegelegenen Hesselberg trieben.

Ellingen
(Weißenburg-Gunzenhausen)

Hier existierte bis zum 10. 11. 1938 eine Jüdische Gemeinde. Sie besaß ein 1759 eingeweihte und 1929 renovierte Synagoge, eine Volksschule mit Lehrerwohnung und ein Ritualbad.
Die Synagoge mußte bereits während der Hohen Feiertage „verkauft" werden. In den Morgenstunden des 10. 11. 1938 kamen SS-Leute und vernichteten Inventar und Ritualien der Synagoge. Das Gebäude wurde mit Sicherheit nicht in Brand gesteckt.
Die Synagoge in Ellingen existiert heute noch als Bauwerk. Das Gebäude wurde mehrmals umgebaut und enthält heute eine Wohnung sowie Garagen.

Standort: Neue Gasse 14.

Besonderheiten: Die Synagoge ist als Bausubstanz – auch wenn mehrfach umgebaut und heute als Sakralbau unkenntlich – heute noch vollständig erhalten. Spuren der Mesuse sind noch gut sichtbar.
Im „Hotel Römischer Kaiser" befindet sich heute noch eine barocke Privatsynagoge, die jedoch der Öffentlichkeit nicht immer zugänglich ist.

Standort: Weißenburger Straße 17.

Erlangen

Hier existierte vom 15. 3. 1873 bis zum 21. 10. 1943 eine Jüdische Kultusgemeinde. Sie besaß vom 31. 3. 1878 bis zum 1. 7. 1937 zwei Betsäle in den oberen Räumen des Hauses in der Dreikönigstraße 1–3, danach, als diese aufgegeben werden mußten, vom Juli 1937 bis zum 10. 11. 1938 einen Betsaal in der Einhornstraße 5 sowie ab 1873 einen Friedhof.

Denkmal für Jakob Herz in Erlangen

Der ca. 40 m^2 große Betsaal in der Einhornstraße 5 wurde beim Novemberpogrom 1938 zerstört, Kultgegenstände aus den Fenstern geworfen und dann gestohlen.
Beide Häuser, in denen sich früher die Betsäle befanden, sind heute noch vorhanden. Sie befinden sich im Privatbesitz und werden, nach einigen Umbauten, als Wohnhäuser benutzt.

Standorte der ehemaligen Betsäle:
31. 3. 1878 –
 1. 7. 1937 = Dreikönigstraße 1–3
bis
10. 11. 1938 = Einhornstraße 5.

Zwei weitere Zeugnisse jüdischen Lebens in der Stadt Erlangen sind ihrem großen Sohn und Ehrenbürger – dem Arzt Dr. *Jakob Herz* – gewidmet. An seiner Erlanger Wohnung in der Heuwaagstraße 18 wurde am 6. 4. 1967 eine Gedenktafel mit folgender Inschrift angebracht: „UNIVERSITÄTSPROFESSOR DR. JAKOB HERZ * BAYREUTH 2. II. 1816 † ERLANGEN 27. IX. 1871 DEM SELBSTLOSEN ARZT ZUM GEDÄCHTNIS SEIT 1867 EHRENBÜRGER DER STADT ERLANGEN."

Gedenktafel für Jakob Herz an seiner Erlanger Wohnung

Standort: Heuwaagstraße 18.

Im Jahre 1983 wurde an der Ecke Krankenhausstraße/Universitätsstraße ein Gedenkstein für den Erlanger Ehrenbürger Prof. Dr. *Jakob Herz* errichtet (das frühere Denkmal auf dem damaligen Holzmarkt war am 15. 9. 1933 abgerissen worden); vorne trägt der Gedenkstein die folgende Inschrift: „Wir denken an Jakob Herz, dem Bürger dieser Stadt ein Denkmal setzten und zerstörten." Auf der Rückseite ist zu lesen: „Dr. Jakob Herz 1816–1871   1874 Prosektor der Anatomie 1863 Außerordentlicher Professor   Als Arzt Wohltäter vieler Menschen   1867 Ehrenbürger der Stadt   1869 Ordentlicher Professor 1875 Errichtung eines Denkmals auf dem Holzmarkt, heute Hugenottenplatz   1933 Zerstörung durch die Nationalsozialisten."

Lage des Friedhofs: Nordhang des Burgberges.

Standort: Von der Innenstadt fährt man in Richtung Bubenreuth. Ca. 500 m nach dem Ortsende von Erlangen biegt man rechts in die Straße nach Bubenreuth ein. Man fährt durch einen Eisenbahntunnel, folgt der S-förmigen Biegung der Straße und biegt dann, sofort nach der Biegung, bei der 1. Abzweigung rechts in die Rudelsweiherstraße ab. Hier fährt man noch 20 m, dann führt eine Abzweigung rechts (nicht asphaltiert) hinauf zum Friedhofseingang. Das Haus hier hat die Bezeichnung „Rudelsweiherstraße 85".

Zustand: Hervorragend gepflegt.

Allgemeine Übersicht: Einweihung: 1873; letzte Bestattung 1945; großes Tahara-Haus (roter Backsteinbau): heute Wohnung; Maschendrahtzaun rund um den Friedhof; Me-

Grabstein auf dem Friedhof Erlangen

talltor zwischen Steinpfosten; vor dem Tor großes Tahara-Haus, danach große freie Fläche; im Hintergrund mehrere Gräberreihen mit alten, kunstvollen Gräbern (auch Kindergräber dazwischen!); Mittelgang fast bis zu den Gräberreihen; links des Mittelganges am Zaun geschmackvoller Gedenkstein; rechts des Mittelganges – in der 1. Grabreihe – Kohen-Gräber; im hinteren „Gräberfeld" Gräber bedeutender Erlanger Bürger; links der Kohen-Gräber Grab des Friedhofserbauers; mehrere Laubbäume.

Erlangen-Bruck

Hier existierte wahrscheinlich ab dem frühen 16. Jahrhundert bis zur Jahrhundertwende eine Jüdische Kultusgemeinde. Sie besaß eine 1708 erbaute Synagoge mit Schulräumen und einer Lehrerwohnung sowie eine – vermutlich im frühen 16. Jahrhundert errichtete – Mikwe. Beide Bauwerke existieren heute noch. Die ehemalige Synagoge mit „Judenschule" wurde bis zum Beginn des Jahres 1985 als Scheune benutzt. Jetzt ist sie renoviert und dient als Kulturdenkmal.

Standort: Schorlachstraße 23 a.

Besonderheiten: Innenausstattung z. T. erkennbar; Fresken teilweise im Original erhalten; Fenster zugemauert, aber noch gut zu erkennen; Spuren des Aron Hakodesch; Bausubstanz fast vollständig erhalten und nun renoviert.

Die Mikwe, im frühen 16. Jahrhundert erbaut, wurde über Grundwasserspiegel aufgefüllt. Wahrscheinlich handelt es sich hier um das älteste Ritualbad in Bayern. Das kleinräumig verzweigte Gewölbe bot im hinteren Teil Platz zum Umkleiden, im mittleren Teil konnten sich die Besucher aufhalten, in der kleinen Nische – gleich neben dem heutigen Zugang, der aber erst im 19. Jahrhundert geschaffen worden war – befand sich das eigentliche Tauchbad. Dieses faßt nur 500 Liter Wasser.

Standort: Fürther Straße 36.

An die Existenz der einst blühenden Jüdischen Gemeinde erinnert heute noch ferner die nahe der ehemaligen Synagoge gelegene „Judengasse" mit mehreren ehemaligen „Judenhäusern" (z. B. Nr. 2 und 6), offensichtlich das frühere Getto.

Erlangen-Büchenbach

Hier existierte im 18./19. Jahrhundert, vielleicht auch schon früher, nachweislich eine Jüdische Kultusgemeinde. Sie besaß mit Sicherheit eine Synagoge oder einen Betsaal, eine Schule und eine Mikwe.

Die Schule mit der Mikwe im Keller ist heute noch erhalten. Sie befindet sich, nachdem sie 1912 renoviert worden war und gegenwärtig wieder einer Renovierung unterzogen wird, in Privatbesitz und wird als Wohnhaus genutzt.

Die Mikwe im Keller ist in Rudimenten (Wandnische im Kellerraum, zugemauerter Wassereinlaß für die im Hofe heute noch vorhandene Quelle, Reste blauer Fresken) heute noch existent.

Standort der ehemaligen Schule mit Mikwe: Kolpingweg 1 a.

Markt Erlbach (Neustadt a. d. A.- Bad Windsheim)

Hier existierte ab dem Beginn des 16. Jahrhunderts eine Jüdische Kultusgemeinde. Sie besaß im Jahre 1895 eine Synagoge, ferner eine Mikwe, eine eigene deutsche und eine israelitische Religionsschule. Vermutlich um die Jahrhundertwende starb die Gemeinde durch Abwanderung aus. Die Synagoge wurde an Privatpersonen verkauft und später abgerissen.

Standort der ehemaligen Synagoge: Hauptstraße 16.

Es gibt heute noch Schrifttum, das an das einstige Leben und Wirken der Juden im Markt Erlbach erinnert: das Sal- und Lagbuch von 1532 mit aufgeführten Judenhäusern, der Judenschutzbrief des Markgrafen Georg für einen Juden in Markt Erlbach (aus dem Jahr 1535); das Landjugendschaftsregister ‹mit 2 aufgeführten Judenfamilien› (aus dem Jahr 1714.

Ermetzhofen (Neustadt a. d. A.- Bad Windsheim)

Hier bestand bis November 1938 eine Jüdische Kultusgemeinde. Sie besaß eine Synagoge, eine Mikwe, einen Friedhof und ein Schlachthaus für das koschere Schächten von Tieren. Es gab am Ort neben der offiziellen Gemeindemikwe wahrscheinlich noch einige „Privatmikwaot" (Mikwes in Privatbesitz), und zwar in den sog. „Judenhäusern", also in Anwesen, die (oft schon seit Generationen) in jüdischem Besitz waren.

Die Synagoge und das Schlachthaus sind heute noch vorhanden. Sie befinden sich – nach diversen Umbauten in Privatbesitz und werden heute als Wohnhäuser benutzt.

Standort der ehemaligen Synagoge: Haus Nr. 52.

Besonderheiten: Ausbuchtung des Aron Hakodesch noch deutlich erkennbar; Original-Bausubstanz noch insgesamt erhalten.

Es gibt noch eine ganze Reihe von Häusern, die eine religiöse Funktion hatten oder mit der Gemeinde in Verbindung standen:
Haus Nr. 55 = Schlachthaus.
Haus Nr. 33 = Wohnhaus des
             Gemeindelehrers.

Tahara-Haus auf dem Friedhof Ermetzhofen

Haus Nr. 58 = Gemeindehaus
(mit inzwischen
abgerissener Mikwe).
Haus Nr. 56 = Wohnhaus mit heute noch
funktionsfähiger Mikwe(?).
Haus Nr. 24 = Wohnhaus („Judenhaus").
Haus Nr. 26 = Wohnhaus („Judenhaus").

Lage des Friedhofs: Am Ortsende an der Gabelung der Wege nach Bergtshofen und Pfaffenhofen.

Standort: Von Uffenheim kommend fährt man der Hauptstraße folgend durch den Ort hindurch bis zur Kreuzung Mörlbach–Bergtshofen–Pfaffenhofen. Hier befindet sich linker Hand der Friedhof, dessen Eingang ca. 20 m rechts auf dem Weg nach Pfaffenhofen liegt.

Zustand: gepflegt.

Allgemeine Übersicht: Steinmauer mit aufgesetztem Maschendrahtzaun im vorderen Teil, im hinteren Teil nur Steinmauer; eisernes Eingangstor mit 2 Davidsternen; zweites Tor (Eisen) am hinteren Ausgang (links der Straße nach Bergtshofen); gemauertes Tahara-

Häuschen (Leichenhaus) mit komplettem Inventar; vorderer Teil frei, im mittleren Teil viele alte, sehr schöne Grabsteine, im hinteren Teil neuere Steine; Stufen im mittleren Teil zum Erleichtern des Hinaufsteigens.

Feuchtwangen (Ansbach)

Hier existierte bis 1938 eine Jüdische Gemeinde. Sie besaß eine Synagoge mit Schulraum, ein Gemeindehaus und eine Mikwe.
Am 10. 11. 1938 wurde die Synagoge, obwohl zum Verkauf angeboten, niedergebrannt. Das verbliebene Mauerwerk wurde Wochen später gesprengt. Im Jahre 1939 erwarb der örtliche Verein für Volkskunst und Volkskunde als Eigentümer des nachbarlichen Museums den ehemaligen Synagogenplatz. Darauf wurde in den 60er Jahren ein Anbau an das Heimatmuseum errichtet.
Von der Synagoge in Feuchtwangen ist *nichts* mehr erhalten.

Standort: Museumstraße 19.

Gedenkstein an die Synagoge Feuchtwangen

Förrenbach
(Kr. Nürnberger Land)

Lage der KZ-Gedenkstätte: Rechts der Straße Hersbruck–Förrenbach.

Standort: Von Hersbruck kommend fährt man in Richtung Förrenbach. Ca. 1 km vor dem Ort befindet sich auf der rechten Straßenseite ein Hinweisschild, das rechts in den Wald hindeutet. Man geht ca. 50 m von der Straße bergauf auf den Waldrand zu und hier den ersten Waldweg rechts und nach ca. 5 m wieder scharf links. Hier befindet sich nun der Gedenkstein.

Zustand: Ordentlich.

Allgemeine Übersicht: Gedenkstein mit folgender Inschrift. „DEN OPFERN DES KZ-KOMMANDOS HERSBRUCK 1944–45".

Forth (Erlangen-Höchstadt)

Hier existierte von der Mitte des 17. Jahrhunderts bis 1938 eine Jüdische Kultusgemeinde. Sie besaß eine Synagoge, ein Gemeindehaus mit Schule, ein Rabbinerwohnhaus und eine Mikwe. Über Ereignis im Jahre 1938 ist nichts bekannt geworden. Die Synagoge besteht trotzdem nicht mehr. Sie wurde abgebrochen. Auf dem Grundstück der früheren Synagoge stehen heute Wohnhäuser.

Standort der ehemaligen Synagoge: Hauptstraße 38 und 38 a.

Der linke Eingang des Hauses Hauptstraße 42 soll der Aufgang zur Frauenempore gewesen sein.

Die „Judenschule" und der ihr vorgelagerte Keller, der mit großer Sicherheit eine Mikwe beherbergte, existiert heute noch. Nach Umbauarbeiten wird das frühere Schulgebäude heute als Wohnhaus in Privatbesitz genutzt.

Standort: Hauptstraße 62.

Das Rabbinerwohnhaus existiert heute auch noch. Es befindet sich in Privatbesitz und wird als Wohnhaus genutzt.

Standort: Martin-Luther-Straße 1.

Fürth

Hier existierte ab 1525 bis zur Zwangsauflösung am 18. 6. 1943 eine Jüdische Kultusgemeinde. Sie besaß 8 Synagogen bzw. Bethäuser – die Hauptsynagoge wurde noch 1925 renoviert –, ein jüdisches Waisenhaus, ein Krankenhaus, mehrere Mikwaot, Gemeindebüros, eine 6klassige Realschule, zwei Kindergärten, drei koschere Metzgereien, zwei koschere Bäckereien (auch für Mazzot), einen rituellen Milchhändler und mindestens zwei Schneidereien für „koschere" Kleidung, einen alten, im Jahre 1607 angelegten und einen neuen, 1880 erworbenen und in den ersten Jahren unseres Jahrhunderts belegten Friedhof. Am Ort gab es außerdem mindestens zwei Privatbauten mit einer „Privatsynagoge" und das KAAL-Haus, in dem sich bis 1925 die Wohnung des Distriktsrabbiners und ab 1933 das Gemeindehaus mit einer sehr großen Bibliothek befand.

Ab 1961 gab es in Fürth neben einer im Jahre 1827 geschlossenen Talmud-Hochschule eine größere Anzahl, vermutlich 17, jüdische Druckereibetriebe, z. B. die erste Druckerei im Schindelhof 1737, gegründet von *Chaim Ben Zwi Hirsch* aus Wilhermsdorf; *Isaak (Itzig) Ben David Zirndorfer* führte diese Druckerei 1775–1820 weiter; *Izik Ben Leib Buchbinder* war 1761–1792 in der Alexanderstraße tätig. Das Haus, in dem *Isaak Ben David Zirndorfer* das 1802 erschienene Pentateuch gedruckt hatte, ist heute als Bauwerk ebenfalls noch erhalten; es steht in der Schindel-

לזכרון נצה
ביום ד' ניסן ה'תש"ב הוצאו להרג
לגיא ההריגה לאיזביצא – פולין
שלשה ושלשים היתומים האחרונים
חניכי ח"ק דמגדלי יתומים פה פיורד
עם המורה והמנהל שלהם מר ד"ר יצחק הלמן הי"ד
זכר כולם לברכה

AM 22. MÄRZ 1942 WURDEN DIE LETZTEN INSASSEN
DIESES HAUSES 33 WAISENKINDER MIT IHREM
LEHRER u. DIREKTOR DR. ISAAK HALLEMANN
IN DEN TOD NACH IZBICA GESCHICKT.

Gedenkstein an die Waisenkinder aus Fürth

gasse 10. Im Jahre 1868 ging die letzte Fürther hebräische Druckerei in die Hände der christlichen Firma *Schröder* über, die noch lange hebräische Drucke editierte und die bis in die Tage NS-Deutschlands hinein als Druckerei *Albrecht Schröder* in der Rosengasse 82 (schräg gegenüber der heutigen Synagoge) bestand; die Außenbeschriftung dieser Firma ist bis jetzt gut erhalten; die ersten Drucker waren *Josef Ben Salomon Schneior und Zwi Hirsch Ben Josef Halevi,* der letzte war *Juda Sommer* (gest. am 12. 12. 1866).

In der Pogromnacht am 10. 11. 1938 wurden die meisten öffentlichen Gebäude der Kultusgemeinde zerstört. Das Vernichtungswerk führten zahlreiche SA-Leute – vom Oberbürgermeister der Stadt Fürth aktiv unterstützt – durch. Der größte Teil der Synagogen wurde vollkommen vernichtet. Übriggeblieben sind nach Kriegsende das Gebäude der jüdischen Realschule, das 1869 errichtet worden war, das ehemalige Waisenhaus und die beiden Friedhöfe, wobei vom alten Friedhof nur noch Reste vorhanden waren, weil auf dem Friedhofsareal während des Krieges ein Löschweiher eingerichtet worden war.

Nach dem Zusammenbruch NS-Deutschlands erstand in Fürth wieder eine jüdische Gemeinde: die Israelitische Kultusgemeinde *Fürth.* Sie besitzt – im ehemaligen Waisenhaus – eine Synagoge, zahlreiche Wohnungen, eine Mikwe, eine Sukka; außerdem befindet sich ein Gemeindehaus mit zwei Gemeindesälen, jeweils einer für Milchig und für Fleischig, sowie die beiden erwähnten Friedhöfe im Besitz der Kultusgemeinde.

Standorte ehemaliger Synagogen und Bethäuser:
Hauptsynagoge (Altschul): Mohrenstraße, im Schulhof.
Neuschul (errichtet 1697): Mohrenstraße, im Schulhof.
Klaussynagoge (errichtet 1691): Mohrenstraße, im Schulhof.
Mannheimer Schul': Mohrenstraße, im Schulhof.
Waisenhaus-Synagoge: Dr.-Hallemann-Straße 2.
Spital-Synagoge: Theaterstraße 36.
„Polnische Synagoge": Maxstraße.
„Gabriel-Schul'" <nicht nachweisbar>: Nähe Rathaus.

In der ganzen Altstadt finden sich an zahlreichen Häusern Spuren von Mesusot, die zeigen, daß hier früher fromme Juden wohnten.

Grabstein des Ehrenbürgers der Stadt Fürth auf dem alten Friedhof

Rabbinergrab auf dem alten Friedhof

Standorte ehemaliger Gemeindeinstitutionen:
Ehemalige Israelitische Schule:
vom 29. 10. 1862: Eckhaus Theater-/Blumenstraße.
ein Jahr später: „Schweizerisches Haus" in der Hirschenstraße
ab 21. 7. 1869: Blumenstraße 31.
ab 1879 erfolgte die Umwandlung zur jüdischen Realschule.
Ehemaliges Jüdisches Krankenhaus (bezogen 1846 – das erste jüdische Krankenhaus in Fürth war 1653 gegründet worden): Theaterstraße 36.
Ehemalige Mikwaot: In mehreren Häusern der Altstadt, z. B. Königstr. 89 (Museum), Keller des Hauses Mühlstr. 2, u. a. m.
Standorte heutiger Gemeindeeinrichtungen:
Synagoge: Dr.-Hallemann-Straße 2.
Die heutige Gemeindesynagoge ist die ehemalige „Waisenhaussynagoge" des im Jahre 1763 gegründeten, 1868 neu erbauten und 1884 erweiterten Waisenhauses – übrigens des ältesten jüdischen Waisenhauses in Deutschland. Ein Gedenkstein an der Außenwand kündet davon. Im Inneren des großen Gebäudes ist ein weiterer Gedenkstein angebracht. In deutscher und hebräischer Spra-

che gibt er Zeugnis von der erschütternden Vergangenheit dieses Gebäudes. „AM 22. MÄRZ 1942 WURDEN DIE LETZTEN INSASSEN DIESES HAUSES, 33 WAISENKINDER MIT IHREM LEHRER U. DIREKTOR DR. ISAAK HALLEMANN, IN DEN TOD NACH IZBIZA GESCHICKT."
Die Verwaltung und die Unterrichtsräume der Gemeinde befinden sich im ehemaligen Gebäude der jüdischen Realschule. Im Flur des Gemeindehauses sind rechts nach der Eingangstür zwei Gedenksteine für die im 1. Weltkrieg gefallenen Mitglieder der Jüdischen Gemeinde Fürth angebracht.

Standort: Blumenstraße 31.

Schräg gegenüber der heutigen Synagoge ist am Haus Rosenstraße 82 noch heute die Inschrift „Albrecht Schröder's Buchdruckerei" zu sehen.
Neben den Bauwerken, die zumeist religiösen oder gemeindeeigenen Zwecken dienten, gibt es in Fürth noch weitere Zeugnisse jüdischer Vergangenheit, die jedoch mehr „weltlicher" Art sind: das „Berolzheimerianum" wurde im Jahre 1904 vom jüdischen Bleistiftfabrikanten Heinrich Berolzheimer gestiftet und 1906 als Volksbildungsheim in

Gräber auf dem neuen Friedhof

Betrieb genommen. Bis kurz vor der „Machtübernahme" diente es allen Bürgern der Stadt als Volkshochschule, danach war Juden der Zutritt verboten. Heute wird das Gebäude wieder als Volkshochschule und Volksbücherei genutzt.

Standort: Theresienstraße 1/Ecke Schwabacher Straße.

Ein weiteres Zeugnis sozialen jüdischen Denkens ist das ehemalige *Nathanstift.* Das Gebäude war 1909 vom jüdischen Geheimen Hofrat Alfred *Nathan* als Wöchnerinnen- und Säuglingsheim gestiftet worden. 1909 wurde das Heim eröffnet und diente – immer wieder durch jüdische finanzielle Hilfe unterstützt und erweitert – bis 1966 als Wöchnerinnen- und Säuglingsheim. 1967 wurde in dem Gebäude eine Schule installiert: die „Hans-Böckler-Schule".

Standort: Hans-Böckler-Schule, gegenüber der Einmündung der Tannenstraße in die Sigmund-Nathan-Straße.

Neben dem Nathanstift gab es als weitere soziale Einrichtung die *Krautheimer Krippe,* eine von der Kaufmannswitwe Martha *Krautheimer* zur Entlastung arbeitender Frauen im Jahre 1912 initiierte Kinderkrippe. Bis 1966

diente das Gebäude – heute wird es privat genutzt – dem ursprünglichen Zweck.

Standort: Gegenüber der Maischule, auf dem Schulhof des Helene-Lange-Gymnasiums.

Außer den für soziale Zwecke genutzten Gebäuden gibt es in Fürth noch weitere Monumente, die auf jüdische Vergangenheit hinweisen: Der *Königswarter-Gedenkstein* im Stadtpark, am oberen Hauptweg/Nordseite erinnert an Dr. Wilhelm *Königswarter,* der sich besonders um die sozial Schwachen und Armen kümmerte und der Kultur, Jugenderziehung und Stadtverschönerung stark förderte. Er war Ehrenbürger der Stadt. Auch der *Centaurenbrunnen* in der Mitte des Bahnhofsplatzes und das *Stadttheater Fürth* wäre ohne die tätige Mithilfe vieler Juden in Fürth nicht entstanden.

Standorte der Monumente:
Königswarter-Gedenkstein: Stadtpark, oberer Hauptweg/Nordseite.
Centaurenbrunnen: Mitte des Bahnhofsplatzes.
Stadttheater Fürth: Hallplatz/Königstraße.
Es gibt auch eine Reihe von Straßennamen – z. B. die *„Sigmund-Nathan-Straße,* die *„Königswarterstraße"* und die *„Dr.-Mack-Stra-*

ße", die an das Leben und segensreiche Wirken jüdischer Persönlichkeiten in der Stadt Fürth erinnern.

Am 26. Juni 1986 wurde in der Geleitsgasse, ziemlich genau an dem Platz, an dem sich früher einmal vier Synagogen befunden hatten, ein Denkmal enthüllt: die Granitplastik, die mehrere Symbole des Judentums aufweist, ist ein Mahnmal für die früheren jüdischen Bürger der Stadt Fürth.

Geplant ist die baldige Errichtung eines Jüdischen Museums in Fürth.

Neben der Israelitischen Kultusgemeinde Fürth mit ihren Einrichtungen gibt es seit 1945/46 bis heute noch eine zweite Jüdische Kultusgemeinde in der Stadt Fürth, die jedoch in ganz Süddeutschland ihren Wirkungsbereich hat: die Office of the Jewish Chaplain, HQ USMCA Nürnberg. In der US-Kaserne in der Frohnmüllerstraße besitzt diese Kultusgemeinde eine eigene Synagoge – die *einzige* US-Militärsynagoge in ganz Europa überhaupt. Sie wurde im Dezember 1951 vom damaligen Militärrabbiner für den US-Militärdistrikt Franken, Chaplain Captain Rabbi Mordecai Max *Daina* errichtet. Sie ist heute der religiöse Mittelpunkt aller jüdischen US-Armee-Angehörigen in Bayern.

Standort: Darby-Kaserne (US-Army).

Lage des alten Friedhofs: In der Stadt, neben der Stadthalle, zwischen Schlehenstraße-Weiherstraße und Rosenstraße.

Standort: Vom Bahnhofsplatz fährt man links in die Maxstraße, von dort nach Überquerung der Hirschenstraße in die Theresienstraße, dann über die Badstraße in die Schlehenstraße. Hier befindet sich auf der linken Straßenseite, etwa in der Mitte der Schlehenstraße, der Friedhofseingang.

Zustand: Ungepflegt.

Allgemeine Übersicht: „Sehr große Fläche, meist sehr dicht mit Bäumen, Sträuchern und Gestrüpp bewachsen; massive Steinmauer rund um den Friedhof; von der Schlehenstraße abfallende Fläche; schmiedeeisernes Eingangstor; rechts neben dem Tor Grabstein (es handelt sich um ein Urnengrab) des Fürther Ehrenbürgers *Dr. Wilhelm Königswarter*; links und rechts des Eingangs Wege bis zum Ende des Friedhofes; auf beiden Seiten des linken Weges sehr viele Grabsteine, in der Mitte der oberen Hälfte Gedenkstein; im

Friedhofsinneren sehr dichtes Gehölz, dazwischen sehr viele alte, schöne Grabsteine, zum Teil auch beschädigt.

Lage des neuen Friedhofes: In der Stadt, Erlanger Straße 99.

Standort: Vom Hauptbahnhof biegt man zunächst in die Maxstraße und dann rechts in die Schwabacher Straße ein, die man bis zur Einmündung Hirschenstraße und dann Brandenburgerstraße weiterfährt. Auf dieser bleibt man bis zur Ludwigsbrücke, überquert diese und biegt dann links in die Erlanger Straße ein. Dieser folgt man dann noch ca. 2 km, dann liegt auf der linken Straßenseite (in Richtung Stadeln) der Friedhofseingang.

Zustand: Sehr gut gepflegt.

Allgemeine Übersicht: An der Straßenseite massive Steinmauer, auf den anderen 3 Seiten (2 gegen christlichen Friedhof) Maschendrahtzaun; schönes, kunstvolles, schmiedeeisernes Tor; gegenüber dem Tor sehr großes Tahara-Haus (mit Friedhofswärterwohnung); rechts neben dem Eingang 2 Erinnerungstafeln; weiter rechts vom Eingang Kriegerdenkmal für die jüdischen Gefallenen des 1. Weltkrieges; links neben dem Eingang Gedenkstein für die Opfer der NS-Barbarei; noch weiter rechts vom Eingang neuere und neueste Grabsteine; im linken hinteren Teil des jüdischen Friedhofes Urnengräber; im rechten hinteren Teil Kindergräber; im mittleren, ganz rechten Teil neueste Gräber.

Denkmal: (Granitplastik) in der Geleitsgasse

Hebräische Inschrift auf dem Dachboden der „Judenschule" in Fürstenforst. Hier war ein Betsaal.

Fürstenforst (Neustadt a. d. A.- Bad Windsheim)

Hier existierte im 18./19. Jahrhundert – vielleicht aber auch schon früher – eine Jüdische Kultusgemeinde. Sie besaß mit Sicherheit einen Betsaal, eine Schule und eine Mikwe.
Während vom Betsaal und von der Mikwe nichts mehr zu finden ist, ist die Schule als Bauwerk noch recht gut erhalten. Sie befindet sich in Privatbesitz und wird als Wohnhaus genutzt.

Standort: Fürstenforst Nr. 19.

Besonderheiten: Das Haus ist weiß verputzt und zeigt als eine Besonderheit zwei nebeneinanderliegende Eingangstüren. Am Dachboden sind Inschriften in hebräischer Sprache heute noch erhalten.

Georgensgmünd (Roth b. Nbg.)

Hier existierte ab 1545 – vielleicht sogar schon eher – bis 1938 eine alte Jüdische Kultusgemeinde. Sie besaß eine im Jahre 1734 erbaute Synagoge (mit einer Mikwe

darunter, die 1734 errichtet worden war), eine an das Synagogengebäude L-förmig im Jahre 1836 angebaute Schule, eine im Gebäudekomplex integrierte Wohnung für den Lehrer und Vorbeter (in einem Raum der Lehrerwohnung, die ja zur Synagoge gehörte, befanden sich zwei in die Erde eingelassene Badewannen, welche der Körperreinigung mit warmem Wasser vor der Benutzung der Mikwe dienten) und einen um 1545 errichteten Friedhof.

Beim Novemberpogrom 1938 wurde die Inneneinrichtung und die Ritualien zerstört, die Baulichkeiten blieben jedoch erhalten. Die Synagoge wurde ab 1945 zunächst als provisorische Turnhalle benutzt, danach befand sie sich als Holzlager in Privatbesitz. Sie stand unter Denkmalschutz. Am 4. 8. 1988 ging sie durch Ankauf in den Besitz der Gemeinde Georgensgmünd über. Es ist geplant, in gemeinsamer Trägerschaft mit dem Kreis Roth bei Nürnberg in der ehemaligen Synagoge als Außenstelle des Fürther Museums die Geschichte und Kultur der jüdischen Landgemeinden zu dokumentieren. Dort sollen auch die bedeutenden Funde der 1989 gefundenen Genisa der Synagoge ausgestellt werden.

Die Schule wird augenblicklich als Wohnhaus genutzt. Auch die Mikwe ist noch erhalten. Sie ist unversehrt und war dem Verfall preisgegeben. Jetzt wird sie ebenfalls saniert. Das im Tauchbecken immer noch vorhandene Wasser ist glasklar! Die beiden Badewannen im ehemaligen Lehrerhaus wurden nach dem Krieg zugeschüttet und mit Beton egalisiert.

Standort des ehemaligen jüdischen „Gemeindezentrums": Am Anger 9.

Besonderheiten der Synagoge: Aron Hakodesch innen und außen sehr gut erkennbar; Türen- und Fensterrahmen im Original erhalten, auch die Haupttür und die diversen Fensterläden; Spendenbüchse neben dem Eingang in die Mauer eingelassen; hebräische Inschrift („Öffnet uns das Tor der Gerechtigkeit") mit der Jahreszahl 1734 über dem Eingangstor vorhanden; Wandmalereien aus dem Jahr 1734 (die Fresken könnten vom bedeutendsten Synagogenmaler der Barockzeit, *Elieser Sussmann,* stammen) wurden 1989 entdeckt; Tonnengewölbe aus Holz; zweigeteilte Frauensynagoge im Inneren noch im Original erhalten; gesamte Bausubstanz noch im Original erhalten.

Eingang zur Synagoge in Georgensgmünd

Lage des Friedhofs: Nordwestlicher Ortsrand von Georgensgmünd.

Standort: Von der Ortsmitte fährt man über eine Brücke (rechts vor der Brücke ist ein Wasserrad!) zum Marktplatz zu und biegt dann in die zweite Querstraße nach der Brücke (= Rittersbacher Straße) rechts ab. Dort biegt man sofort nach einer Schmiede links in die „Judenbastei" ab. Den Weg fährt man rechts steil bergauf bis zum Wendeplatz vor dem Haus „Judenbastei 9", wo sich der Friedhofseingang befindet. Das Haus Judenbastei 9 ist das frühere Taharahaus mit Wohnung für den Friedhofswärter.

Zustand: Sehr gut gepflegt.

Allgemeine Übersicht: Als Verbandsfriedhof (für Georgensgmünd, Hilpoltstein, Roth, Thalmässing, Schwabach und Windsbach) im Jahr 1545 angelegt; Erweiterung im Jahre 1700 nach Norden; massive Steinmauer rund um den Friedhof; großes, doppeltes Eisentor (mit zwei Davidsternen), daneben kleines Eingangstor; rechts des Haupttores weiteres Tor (= zweiter Eingang); links neben dem Eingang Tahara-Haus mit Tahara-Raum, Warteraum für Männer, Dienstwohnung für den Friedhofswärter und Warteraum für Frauen (im Obergeschoß); im Tahara-Raum Brunnen aus dem Jahr 1723; hölzerner Vorbau aus dem Jahre 1890; Tafel mit Angaben über die Erbauer des Tahara-Hauses neben dem Eingang zum Haus; ältester Grabstein aus dem Jahr 1605 (besagt, daß Isak, Sohn des Joel, am sechsten Wochentag, den 13. Tevet 5366 (= 26.12.1605) zwischen Steinhart und Trendel erschlagen (!) und am 19. Tevet (= 1.1. 1606) hier bestattet wurde); letzte Beerdigung im Jahre 1948; zahlreiche Bäume; rechts des Haupteingangs auf einer Anhöhe neuer Teil (ca. 503 Gräber), geradeaus und links alter Teil des Friedhofes (ca. 1263 Gräber); an der Westmauer des nördlichen Friedhofsabschnittes gesondertes Gräberfeld; im alten Friedhofsteil viele sehr schöne, alte (auch einige restaurierte) Grabsteine; im neuen Teil sehr viele kunstvolle Grabsteine; 3 Cohen-Gräber.

Greding (Roth b. Nbg.)

Hier existierte bis 1298 eine Jüdische Kultusgemeinde. Sie wurde bei der „Rindfleisch-Verfolgung", vermutlich im gleichen Jahr, ausgerottet.

Außer dieser urkundlich gesicherten Tatsache gibt es heute kein weiteres Zeugnis jüdischer Vergangenheit in Greding mehr.

Gunzenhausen
(Weißenburg-Gunzenhausen)

Hier existierte bis etwa Januar 1939 eine Jüdische Gemeinde. Sie besaß eine 1932 renovierte Synagoge, ein Gemeindehaus, eine Volksschule, ein Ritualbad und einen Friedhof. In Gunzenhausen war außerdem eine größere Anzahl jüdischer Vereine und Organisationen tätig.

Beim Pogrom am 10. November 1938, dem in dieser Stadt schon mehrere antisemitische Straftaten bis zum Mord vorausgegangen waren, wurde die Synagoge (auf Weigerung des Leiters der städtischen Feuerwehr hin!) nicht in Brand gesteckt, sondern lediglich die beiden Kuppeln zerstört.

Ab Januar 1939, nachdem Gunzenhausen „judenfrei" erklärt worden war, diente die Synagoge als städt. Markthalle bis 1942. Danach waren in dem Gotteshaus französische Kriegsgefangene untergebracht. Von 1947–1949 war die ehemalige Synagoge eine Kaufhalle, anschließend wurde sie als Werkhalle benutzt. Schließlich wurde das Gebäude im Jahre 1981 abgerissen, ebenso wie die ehemalige jüdische Schule. An die Stelle der beiden jüdischen Gebäude wurde jetzt eine Tiefgarage mit Randbebauung erstellt.

Standorte: Synagoge: Mariusstraße 20. Schule: Mariusstraße 18.

Von beiden Gebäuden – Synagoge und Schule – ist heute nichts mehr erhalten!

Lage des Friedhofs: Stadtrand von Gunzenhausen.

Standort: Von der Stadtmitte biegt man in die Sonnenstraße ein und folgt dieser bergauf, über mehrere Kreuzungen hinweg, bis zur Leonhardsruhstraße, in die man rechts einbiegt. Auf dieser Straße bleibt man noch 100 m, dann befindet sich links beim Haus Nr. 15 um die Ecke der Friedhofseingang.

Zustand: Sehr gepflegt.

Allgemeine Übersicht: Parkähnlicher Friedhof (viele Steine fehlen, sie wurden nach 1938 angeblich zum Aufschottern der Straßen benutzt); Massive Mauer rund um den Friedhof; gut erhaltenes Tahara-Haus, heute Wohnung der Friedhofsbetreuer; ca. 28 Grabsteine verstreut erhalten; viele Laubbäume; Mauer mitten in der Friedhofsfläche mit 3 eingemauerten Grabsteinen und 8 Grabsteinen davor; hinter dieser „Mittelmauer" Erweiterung des Friedhofes mit ganz wenigen Grabsteinen; Gedenkstein für Opfer des Faschismus; Schmiedeeisernes, sehr schönes Eingangstor.

Heideck (Roth b. Nbg.)

Hier existierte bis 1298 eine jüdische Kultusgemeinde. Sie wurde bei der „Rindfleisch-Verfolgung", vermutlich im gleichen Jahr, ausgerottet.

Außer dieser urkundlich gesicherten Tatsache gibt es heute kein weiteres Zeugnis jüdischer Vergangenheit in Heideck mehr.

Heidenheim
(Weißenburg-Gunzenhausen)

Hier existierte bis Mitte 1938 eine Jüdische Gemeinde. Sie besaß eine Synagoge, ein Schulhaus und ein Ritualbad.

In der Pogromnacht 1938 wurde die Synagoge angezündet und mit dem gesamten Inventar und den Ritualien zerstört. Die Außenmauern blieben jedoch erhalten. Sie wurden dann in der gleichen Höhe mit einem Dach versehen. Nachdem an dem Gebäude Veränderungen vorgenommen wurden (Verkleinerung der Fenster – sie haben nun „Normalgröße" wie bei einem Wohnhaus, Anbringen einer rechteckigen Zweiflügeltür am Eingang, Anbau einer Verladerampe vor dem Eingang) wurde es von da an als Warenlager benutzt. Heute befindet sich die ehemalige Synagoge in Privatbesitz und wird als Gebäude eines landwirtschaftlichen Anwesens benutzt.

Standort: Hechlinger Straße 7.

Besonderheiten: Original-Bausubstanz ist noch erhalten.

Hersbruck (Nürnberger Land)

Hier existierte bis 1298 eine Jüdische Kultusgemeinde. Sie wurde bei der „Rindfleisch-Verfolgung", vermutlich im gleichen Jahr, ausgerottet.
Außer dieser urkundlich gesicherten Tatsache gibt es heute kein weiteres Zeugnis jüdischer Vergangenheit mehr in Hersbruck.

Herzogenaurach
(Erlangen-Höchstadt)

Hier existierte mit großer Wahrscheinlichkeit im 14./15. Jahrhundert bis 1422 eine jüdische Gemeinde, die dann vom Bischof Friedrich Aufseß von Bamberg und Bischof Johann von Würzburg ausgewiesen wurden. Danach gab es zwar immer wieder einzelne Juden in Herzogenaurach. Die Gemeinde besaß mit großer Wahrscheinlichkeit eine Synagoge, mit Sicherheit jedoch einen Friedhof, über deren Standort jedoch nichts in Erfahrung gebracht werden konnte.
Bis zum 19./20. Jahrhundert wohnten in Herzogenaurach immer einzelne Juden, es kam jedoch nie mehr zur Neugründung einer Gemeinde.
Heute erinnert außer dem Wissen um einen früheren jüdischen Friedhof und den Namen einzelner jüdischer Bewohner der Stadt in den Archiven nichts mehr an die Anwesenheit von Juden in Herzogenaurach.

Höchstadt (Erlangen-Höchstadt)

Hier existierte bis 1298 eine Jüdische Kultusgemeinde. Sie wurde bei der „Rindfleisch-Verfolgung", vermutlich im gleichen Jahr, ausgerottet.
Außer dieser urkundlich gesicherten Tatsache gibt es heute kein weiteres Zeugnis jüdischer Vergangenheit mehr in Höchstadt.

Hohentrüdingen
Weißenburg-Gunzenhausen)

Hier existierte bis 1298 eine Jüdische Kultusgemeinde. Sie wurde bei den „Rindfleisch-Verfolgungen", vermutlich im gleichen Jahr, ausgerottet.

Außer dieser urkundlich gesicherten Tatsache gibt es heute kein weiteres Zeugnis jüdischer Vergangenheit mehr in Hohentrüdingen.

Hubmersberg-Pommelsbrunn
(Nürnberger Land)

Lage der KZ-Gedenkstätte: Rechts der Straße von Pommelsbrunn nach Hubmersberg.

Standort: Von Pommelsbrunn fährt man in Richtung Hubmersberg. Ca. 2 km vor dem Ort liegt das Mahnmal rechts der Straße, ca. 20 m von der Fahrbahn, im Wald. Ein Hinweisschild mit der Aufschrift *„Mahnmal der KZ-Opfer"* weist den Weg.

Zustand: Ordentlich.

Allgemeine Übersicht: Freier, mit Gras bewachsener Platz im Wald, in dessen Mitte eine stilisierte Grabplatte mit folgender Inschrift steht: „SOLL HIER EWIG LODERND DIE FLAMME ERHEBEN DIE KLAGE SEHT ZU STEIN SIE ERSTARRT   STUMM AUCH REDET DER STEIN   ERRICHTET 1950". Rechts von diesem Mahnmal ein hoher Block mit der folgenden Inschrift in der Mitte: „DEN OPFERN DES KZ-LAGERS HERSBRUCK DIE 1944–45 AN DIESER STELLE EINGEÄSCHERT WURDEN".

Hüttenbach (Nürnberger Land)

Hier existierte ab dem 16. Jahrhundert (1580 ist ein Schutzbrief für die Juden des Ortes als Urkunde vorhanden) bis 1938 eine Jüdische Kultusgemeinde. Sie besaß eine 1706 erbaute Synagoge, eine Schule und eine Mikwe.
Am 10. 11. 1938 wurde die Synagoge niedergebrannt, die Ritualien vernichtet. Bald danach wurde die Synagogenruine abgerissen. Heute ist das ehemalige Synagogengrundstück wieder bebaut: Hier steht jetzt die Metzgerei und Gastwirtschaft Daut.

Standort: Haunacher Straße 47.

Die „Judenschule" (mit der Mikwe im Keller) überdauerte die NS-Zeit. Das frühere jüdische Schulhaus befindet sich in Privatbesitz und wird als Wohnhaus genutzt.

Standort: Burghardgasse 3.

Synagoge Kairlindach

Ickelheim (Neustadt a. d. A.- Bad Windsheim)

Hier existierte vermutlich bis ca. 1920 eine Jüdische Kultusgemeinde. Sie besaß eine Synagoge mit Mikwe, Schule und Lehrerwohnung, die jedoch bereits vor der NS-Zeit veräußert wurde. Das Gebäude wurde umgebaut, die Mikwe im Keller zugeschüttet.

Das ehemalige Synagogengebäude, ein großer dunkelbrauner Sandsteinbau, ist heute als Bausubstanz noch vollständig erhalten. Es befindet sich in Privatbesitz und wird als Wohnhaus genutzt.

Standort: Mittelgasse 11.

Eine weitere Mikwe befand sich in einem sog. „Judenhaus", ebenfalls in der Mittelgasse. Das Kellergewölbe ist noch erhalten, ebenso eine starke Senkung im Bereich des Schachtes im Kellerboden. Das frühere „Judenhaus" wurde abgerissen, über dem Keller ist heute ein Neubau.

Standort der Mikwe: Mittelgasse 8.

Illesheim (Neustadt a. d. A.- Bad Windsheim)

Hier existierte möglicherweise im 16. Jahrhundert eine Jüdische Kultusgemeinde. Wahrscheinlich besaß sie eine Synagoge und eine Mikwe. Das Vorhandensein beider Kultgebäude kann jedoch bis heute noch nicht definitiv nachgewiesen werden. Es ist indessen sehr wahrscheinlich, daß sich unter dem Haus Nr. 24 eine Mikwe befand; es ist dort ein Kellergewölbe vorhanden und darin ein weiterer zugemauerter Zugang. Nach Ortsakten wurde das Anwesen vor 1542 als *„Judengütlein"* verkauft.

Standort: Haus Nr. 24 in Illesheim.

Jochsberg (Ansbach)

Hier existierte bis ungefähr 1930 eine Jüdische Kultusgemeinde. Sie besaß eine 1804 erbaute und 1868 renovierte Synagoge mit Schulräumen und eine Mikwe.

Das Gebäude ist heute noch vorhanden: es befindet sich in Privatbesitz und wird als Wohnhaus (der hintere Teil, die frühere Schule) und als Stall (der vordere Teil, die frühere Synagoge) genutzt, wobei das Bauwerk stark verändert worden ist, sowohl im hinteren wie auch im vorderen Teil.

Standort: Am Ring 15.

Besonderheiten: Die Balustrade der Synagoge wird heute als Einfassung für den Misthaufen verwendet; ein Chuppastein (noch recht ordentlich erhalten) befindet sich im Inneren des Stalles; die Original-Bausubstanz ist, trotz größerer baulicher Veränderungen, insgesamt noch erhalten.

Kairlindach
(Erlangen-Höchstadt)

Hier existierte vermutlich ab 1660/86 bis ungefähr 1901 eine Jüdische Kultusgemeinde. Sie besaß eine Synagoge mit einer Mikwe im Keller (Tonnengewölbe). Das Synagogengebäude – 1880 an nichtjüdische Eigentümer veräußert – ist heute noch vorhanden. Es befindet sich in Privatbesitz und wird landwirtschaftlich genutzt; es sieht jedoch sehr heruntergekommen aus.
Die Mikwe soll noch erhalten sein und als Rübenkeller dienen. Der derzeitige Hausbesitzer erlaubt *keinerlei* Besichtigung der Räumlichkeiten.

Standort: Haus Nr. 24 (3. Haus links hinter der Kurve, sog. Sänger-Haus.

Es existiert zudem noch ein *„Judenweg"*. Dieser führt von Kairlindach am heutigen Ortseingang von Reuth vorüber, über die Hochstraße durch das Waldgebiet nach Herzogenaurach.

Kaubenheim (Neustadt a. d. A.-Bad Windsheim)

Hier existierte vom 18. Jahrhundert bis ca. 1920 eine Jüdische Kultusgemeinde. Sie besaß eine Synagoge, eine Mikwe und eine Schule. Um 1910 bereits wurde das Synagogengebäude veräußert und in ein Wohnhaus umgewandelt. In dieser Funktion wurde es bis 1984 benutzt, im Januar 1985 abgerissen. Heute steht auf dem Gelände ein land-

wirtschaftlich genutztes Gebäude. Von der ehemaligen Synagoge ist nichts mehr erhalten. Auch die Mikwe wurde zugeschüttet.

Standort der ehemaligen Synagoge: Kaubenheim, Hs.-Nr. 25.

Das Bauwerk der „Judenschul", aus der 1. Hälfte des 19. Jahrhunderts stammend, mit einem Krüppelwalmdach versehen, besteht heute noch. Es befindet sich in Privatbesitz und wird als Wohn- und Geschäftshaus genutzt. Das Gestühl der Schule ist jetzt noch erhalten. Die Mikwe im Keller wurde um 1910 zugeschüttet.

Standort der ehemaligen „Judenschul": Kaubenheim Nr. 39 f.

An die Anwesenheit von Juden in Kaubenheim erinnert heute noch ein Grundstück mit dem amtlichen Namen *„Judenseelein"*, das zunächst als Acker und Wiese, später als Fohlengarten genutzt wurde.

Krautostheim (Neustadt a. d. A.-Bad Windsheim)

Hier existierte im 18./19. Jahrhundert – vielleicht aber auch schon früher – mit großer Wahrscheinlichkeit eine kleine Jüdische Kultusgemeinde. Bis heute liegen über irgendwelche Kultgebäude keine Informationen vor. Sicher ist aber, daß das Wohnhaus Nr. 54 bis zum Jahre 1870 von einem Juden bewohnt war, der es im gleichen Jahr veräußerte. Im Kellergewölbe des Hauses sollen Reste einer Mikwe zu erkennen sein. Eine Schachtumrandung ist ebenfalls sichtbar. In den Keller gelangt man durch eine Falltür.
Im Hause ist außerdem als weiteres sichtbares Zeugnis jüdischer Vergangenheit des Ortes eine Fensterscheibenritzung von 1808 erhalten.

Standort des „Judenhauses": Krautostheim Nr. 54.

Langenzenn (Fürth)

Hier existierte von ca. 1535 bis ca. 1900 eine Jüdische Kultusgemeinde. Sie besaß eine um 1808 erbaute Synagoge mit einer Mikwe im Keller und einen Friedhof. In dem Synagogengebäude waren auch Klassenräume für den Religionsunterricht vorhanden.

Im Jahre 1900 wurde das Bauwerk an Privatleute verkauft und in ein Wohnhaus umgewandelt. Es existiert heute noch. Die Mikwe („Judenduck"), zu der 12 Stufen herunterführten, wurde mit Beton ausgefüllt.

Standort: Rosenstraße 8 (frühere Judengasse!)

Besonderheiten: Große, mit Maßwerk versehene Rundbogenfenster an der Rückseite des Hauses; Türstock zur Mikwe mit Jahreszahl 1828 (Sandstein) an der Rückfront ebenfalls erhalten.

Lage des Friedhofs: Südhang des Alitzberges, nordöstlich von Langenzenn.

Allgemeine Übersicht: Am Südhang des Alitzberges, nordöstlich von Langenzenn, ist ein kleiner, gut sichtbarer Birkenwald. Er wird von alten Langenzennern *„Judenfredhuf"* (= Judenfriedhof) genannt, obwohl bei einer gründlichen Suche kein Grabstein gefunden werden konnte. Es ist jedoch durchaus möglich, daß der Friedhof hier vor mehreren Jahrhunderten existierte und im Laufe der Zeit verschwunden ist.

Synagogengebäude im Markt Lehrberg

Lauf an der Pegnitz
(Nürnberger Land)

Hier existierte vor mehreren Jahrhunderten möglicherweise eine Jüdische Gemeinde, über deren Existenz jedoch, trotz intensivster Nachforschungen, keine Belege vorhanden sind.
Daß hier trotz allem Juden gewesen sind, das bezeugt ein Turm in dieser mittelalterlichen Stadt, der, an der Pegnitz gelegen, den Namen *„Judenturm"* trägt.

Standort: Höllgasse 20.

Markt Lehrberg (Ansbach)

Hier existierte, vermutlich bis um die Jahrhundertwende, eine Jüdische Kultusgemeinde. Sie besaß eine Synagoge und eine Schule mit Wohnung für den Lehrer, eine Mikwe, sowie in einem landwirtschaftlichen Anwesen einen kleinen Anbau, „in dem das jüdische ‚Laubhüttenfest' gefeiert wurde. Die Decke dieses Anbaues war bemalt mit dem Sternenhimmel und ließ sich nach oben öffnen". Synagoge, Schule und Überreste der Mikwe

sind heute als Fragmente noch erhalten. Das „Gemeindegebäude" befindet sich in Privatbesitz und wird als Wohnhaus genutzt.

Standort: Obere Hindenburgstraße 10.

Besonderheiten: Bausubstanz (vorne Schule und Wohnhaus, hinten Synagoge) noch insgesamt erhalten; Rundbogenfenster sichtbar; Mikwe bis über Grundwasserspiegel aufgeschüttet.

Ein weiteres Zeugnis jüdischer Vergangenheit am Ort ist das Vorhandensein sog. „Judenhäuser" (= Häuser, die sich früher in jüdischem Besitz befunden haben). Im Volksmund heißen hier zwei „Judenhäuser" nach ihren früheren Besitzern:
„Kleiner Seligmann" in der Hindenburgstraße 20.
„Großer Seligmann" in der Hindenburgstraße 31.
Noch ein Zeugnis jüdischer Vergangenheit von Lehrberg ist die Existenz eines Fußweges, der heute noch die amtliche Bezeichnung „Judenweg nach Buhlsbach" führt.
Auch ein schriftliches Dokument aus dem Jahre 1834 erinnert an jüdisches Leben am Ort.

Leutershausen (Ansbach)

Hier existierte bis 1938 eine Jüdische Gemeinde. Sie besaß eine Synagoge mit Schulräumen und einer Mikwe. Am 16. Oktober 1938 drangen 40–50 Dorfbewohner in das Gotteshaus ein und zerstörten das gesamte Inventar mit Ritualien.

Das Synagogengebäude ist heute noch erhalten. Es befindet sich in Privatbesitz und wird als Wohnhaus benutzt.

Standort: Untere Marktgasse 6.

Lonnerstadt
(Erlangen-Höchstadt)

Hier existierte von 1676 bis 1909 eine kleine Jüdische Gemeinde. Sie besaß offensichtlich eine kleine Schule; die Gottesdienste wurden wahrscheinlich in Privathäusern abgehalten, denn eine Synagoge konnte, trotz intensiver Nachforschungen, nicht festgestellt werden. Heute erinnert nichts mehr an die Existenz der kleinen Jüdischen Kultusgemeinde Lonnerstadt.

Markt Bibart (Neustadt a. d. A.-Bad Windsheim)

Hier existierte bis 1298 eine Jüdische Kultusgemeinde. Diese wurde bei den „Rindfleisch-Verfolgungen", vermutlich im gleichen Jahr, ausgerottet.

Außer dieser urkundlich gesicherten Tatsache gibt es heute kein weiteres Zeugnis jüdischer Vergangenheit mehr in Markt Bibart.

Meckenhausen (Roth b. Nbg.)

Hier existierte bis 1298 eine Jüdische Kultusgemeinde. Sie wurde bei den „Rindfleisch-Verfolgungen", vermutlich im gleichen Jahr, ausgerottet.

Außer dieser urkundlich gesicherten Tatsache gibt es heute kein weiteres Zeugnis jüdischer Vergangenheit in Meckenhausen mehr.

Mönchsroth (Ansbach)

Hier existierte bis August 1938 eine Jüdische Kultusgemeinde. Sie besaß eine (wahrscheinlich 1765 erbaute) Synagoge mit Schulräumen und eine Mikwe.

Am 10. 11. 1938 drangen NS-Anhänger in die Synagoge ein und zerstörten alles Inventar, das Gebäude jedoch beschädigten sie nicht. Daher besteht es heute noch. Es befindet sich in Privatbesitz und wird als Wohnhaus mit Lagerräumen für Limonade-Auslieferung benutzt.

Standort: Rathausstraße 1.

Besonderheiten: Die Bausubstanz des Synagogengebäudes ist, trotz einiger Umbauten, insgesamt noch erhalten.

Im Jahre 1989 wurde unter den Dielen im Dachboden (= in einer Genisa) ein aufsehenerregender Fund von altem jüdischen Kulturgut (religiöse Schriften in hebräischer und jiddischer Sprache, ein äußerst seltenes Exemplar des Gebetbuches aus Sulzbacher Druck, jüdische Amulette, umfangreiche Korrespondenz, u. a. m.) gemacht.

Mühlhausen
(Erlangen-Höchstadt)

Hier existierte seit dem Spätmittelalter (urkundliche Erwähnung 1464) bis 1942 eine Jüdische Kultusgemeinde. Sie besaß eine 1754 erbaute und in den Jahren 1832 oder 1846 renovierte Synagoge (eine erste Synagoge war vor 1686 vorhanden, diese war jedoch abgerissen und zunächst durch einen Neubau ersetzt worden, der aber 1754 wieder zu klein geworden war) mit je einer Wohnung für Rabbiner und Lehrer und einem Schulsaal, eine 1832 eingerichtete Mikwe und einen 1738 errichteten Friedhof.

Die Synagoge wurde 1938 aufgebrochen, Thorarollen und Ritualien herausgeschleppt und von SS-Leuten auf dem Marktplatz verbrannt, die Inneneinrichtung geplündert. Das Gebäude der Synagoge blieb jedoch erhalten. 1939 wurde das Synagogengebäude von nichtjüdischen Privatleuten erworben; zunächst wurde im Saal der Synagoge eine Schreinerwerkstatt errichtet, danach, ab ca. 1968, wurde das Gebäude von einem Landwirt erworben, der es teilweise als Ma-

Wappen über dem Eingang der Synagoge Mühlhausen

schinenhalle für landwirtschaftliche Fahrzeuge, teilweise als unbewohntes Wohnhaus (die frühere Rabbiner- und Lehrerwohnung und den Schulsaal) nutzt.

Standort: Schloßweg 5.

Besonderheiten: Bausubstanz noch fast vollständig erhalten; „synagogale Fenster" (ganz oder teilweise zugemauert) klar erkennbar; sehr gut erhaltene bemerkenswerte Deckenbemalung in der Synagoge; gut erhaltenes Misrachfenster mit Stuckverzierung; Allianzwappen der Herren von Egloffstein über einer Seitentür; heute noch sehr imposantes Gebäude!

Die Mikwe der Gemeinde (daneben gab es noch private Mikwaot in jüdischen Wohnhäusern) befand sich früher in der aus dem Dorfe in Richtung Höchstadt hinausführenden *Judengasse.* Das 1832 errichtete Gebäude wurde ab 1910 nicht mehr genutzt und daher verkauft und zwischen 1915 und 1925 abgerissen.

Lage des Friedhofs: Bergrücken ca. 1 km nordwestlich von Mühlhausen.

Standort: Von der Ortsmitte Mühlhausens kommend fährt man in Richtung Bamberg.

Am 1. Bahnübergang biegt man in die Straße links ein, überquert die Schienen und biegt in die Straße links ab. Dieser folgt man immer geradeaus, durch eine Neubausiedlung, in die Felder bis zu einer Maschinenhalle. Hier verläßt man die Betonpiste links und folgt einem Feldweg ca. 100 m bis vor das Tor des Friedhofes.

Zustand: Sehr gepflegt.

Allgemeine Übersicht: Rechteckige Fläche (8000 m²); Maschendrahtzaun rund um den Friedhof; großes, 1738 erbautes und vor einigen Jahren erneuertes Taharahaus (mit 3 Räumen, in einem befindet sich ein steinerner Tahara-Tisch); eisernes Tor mit 2 Steinpfählen; 377 Grabsteine: hinten viele, nach vorne zu wenig Grabsteine; vorne Grabsteine mit schmiedeeisernen Grabeinfassungen; diverse Bäume (Eichen, Mischwald).

Neustadt an der Aisch (Neustadt a. d. A.-Bad Windsheim)

Hier existierte von 1864 bis 1938 eine Jüdische Gemeinde (offiziell jedoch erst ab 1915, nachdem die „Kultusgemeinde" von Dies-

Gedenktafel für die Jüdische Kultusgemeinde
Neustadt a. d. Aisch

peck nach Neustadt a. d. A. übertragen worden war!). Sie besaß eine 1878 von Pahres
nach Neustadt a. d. A. geschaffte und am 31.
Mai 1880 eingeweihte Synagoge. Diese wurde mit allem Inventar und den Ritualien beim
Pogrom am 10. 11. 1938, bei dem sogar ein
vierjähriges Kind so brutal mißhandelt worden war, daß es in das jüdische Krankenhaus
Fürth eingeliefert werden mußte, völlig zerstört, im gleichen Jahr auch abgebrochen.
Von der Synagoge ist heute nichts mehr vor-
handen!
Im Jahre 1988 wurde von der Stadt Neustadt
an der Aisch am ehemaligen Standort der
Synagoge, an dem sich heute ein neu erbau-
tes Wohnhaus befindet, eine Gedenktafel mit
der folgenden Inschrift der Öffentlichkeit
übergeben: „ZUM EWIGEN GEDENKEN AN
UNSERE JÜDISCHEN MITBÜRGER, DIE
WÄHREND DER JAHRE 1933 BIS 1945 IHR
LEBEN LASSEN MUSSTEN. IHRE SEELEN
MÖGEN EINGEBUNDEN SEIN IM BUNDE
DER LEBENDEN. AN DIESER STELLE
STAND DIE SYNAGOGE DER JÜDISCHEN
KULTUSGEMEINDE VON NEUSTADT
A. D. AISCH EINGEWEIHT AM 31. MAI
1880 ZERSTÖRT AM 10. NOVEMBER
1938".

Standort der ehemaligen Synagoge: Gartenstraße 6.

Nürnberg

Hier existierte seit dem frühen Mittelalter
(1147) eine Jüdische Kultusgemeinde. Sie
wurde allerdings immer wieder durch Verfolgungen Pogrome oder Ausweisungen dezimiert oder ausgelöscht: 1298 wurden hier
alle Juden bei der „Rindfleisch-Verfolgung"

umgebracht, 1349 kam es zum großen Pogrom wegen der Pest, in dessen Verlauf mit
Zustimmung von König Karl IV, die Juden
vertrieben und ermordet wurden. 1499 kam
es dann zur endgültigen Austreibung der Juden aus Nürnberg.
Die Jüdischen Gemeinden hier wohnten immer in eigenen Bezirken; in diesen Gettos
hatten sie stets eine Synagoge, eine Mikwe
und einen Friedhof. Das älteste ehemalige
Getto befand sich an der Stelle des heutigen
Hauptmarktes und der nördlichen und nordöstlichen Nachbargrundstücke. 1349 wurden
hier alle „Judenhäuser" und die Synagoge
abgerissen. An der Stelle der „Judenhäuser"
wurden zwei Marktplätze angelegt, auf dem
Synagogengrundstück wurde die Frauenkir-
che errichtet. Bei diesem Pogrom sollen 562
Juden auf dem *Judenbühl*, dem Areal des
heutigen Stadtparks, verbrannt worden sein
(nach einer anderen Version soll hierher der
Schutt der abgerissenen „Judenhäuser" verbracht worden sein). Auch der jüdische
Friedhof wurde aufgelöst – seine Grabsteine
wurden als Baumaterial (z. B. als Trittstufen
für eine Wendeltreppe des Südturmes von
St. Lorenz) verwendet. Ein Teil der Grabsteine befindet sich im Germanischen Natio-
nalmuseum, vier Steinfragmente aus der St.-
Lorenz-Kirche sind in der Trauerhalle und im
Seitenraum auf dem jüdischen Friedhof in
der Schnieglinger Straße 155 zu sehen (Es
handelt sich hierbei um Grabsteine von zwei
Frauen und zwei Männern, die zwischen
1321 und 1333 verstorben waren). Von der
ersten Judensiedlung bis 1349 sind heute –
abgesehen von den Grabsteinen des 1349
vernichteten Friedhofes – keine weiteren
steinernen Zeugnisse mehr vorhanden.
Doch schon bald nach dem Pogrom – 1352 –
siedelten sich erneut Juden in Nürnberg an
und erbauten eine zweite Synagoge (und daneben ein „Tanzhaus") in der Wunderburggasse. Hier wurde ein neues Getto errichtet,
und zwar ein geschlossener Häuserkranz mit
zwei Zugängen um einen großen Hof, in dem
sich möglicherweise der älteste Judenfriedhof (zerstört 1349!) befunden hatte. Bei der
„großen Ausweisung" 1499 wurde die zweite
Synagoge ebenfalls abgebrochen. Ein Aufsatz ihres Thoraschreines aus Sandstein, ein
Material, aus dem wohl der ganze Aron Hakodesch bestand, der die hebräische Inschrift „KETER TORA" (Krone der Tora) trägt,

Gedenktafel im Inneren des neuen Gemeindezentrums

gelangte nach dem Abbruch des Synago-
gengebäudes in das sog. Messerer'sche
Haus in der Wunderburggasse 8, wo er viele
Jahre, bis zum Beginn dieses Jahrhunderts,
in der Wand einen Platz hatte. Nach vielen
Stationen hat der Aufsatz jetzt wieder den
ihm gebührenden Platz gefunden: seit Rosch
Haschana 1987 nimmt er in der neuen Syn-
agoge der Israelitischen Kultusgemeinde
Nürnberg einen Ehrenplatz ein. Außer dem
Aufsatz des Thoraschreins ist von der zwei-
ten Synagoge nichts mehr erhalten.

Standort der zweiten Synagoge: Wunderburggasse 18.

Der Friedhof der zweiten Gettogemeinde befand sich bis 1449 östlich vom Inneren Laufacher Platz links und rechts der Münzgasse.
Im Jahr der Vertreibung wurde der Friedhof
eingeebnet, die Grabsteine als Baumaterial
(z. B. zum Bau der Mauthalle 1499) verwendet.

Standort des zweiten Friedhofes: Links und
rechts der Münzgasse, östlich vom Inneren
Laufacher Platz.

Aus der mittelalterlichen Zeit stammt wohl
auch die Mikwe, die im Jahre 1986 in einer
kleinen Stollenkrypta nahe der Lorenzkirche
gut neun Meter unterhalb des Schuhge-
schäfts in der Königstraße 18 bei Grabungen
wiedergefunden worden war (sie war schon
vorher bekannt, denn 1903 fertigte das Städt.
Bauamt eine Skizze des gesamten Ritual-
badkomplexes an): einen Stock tiefer als der

Mahnmal für die große Synagoge auf dem Hans-
Sachs-Platz

Aufsatz des Thoraschreins in der neuen Synagoge
des Gemeindezentrums der Israelitischen Kultusgemeinde Nürnberg

Grabsteine auf dem Friedhof Bärenschanzstraße 40

Keller des Hauses verläuft ein ca. 6 m langer, kaum mannshoch in den Sandstein gehauener Gang zu einem kleinen rechteckigen, etwa drei mal drei Meter großen Raum. Vier Stufen führen auf der linken Seite zu einer Nische hinab, wo sich klares Wasser gesammelt hat. In einer vormals zugemauerten Nische an der Stirnseite des Raumes steht eine gut 80 cm lange schräge Steinplatte mit einer trapezförmigen Rinne. Trotz anfänglicher Bedenken gilt es nun als sicher, daß es sich bei diesem Raum um die mittelalterliche Mikwe der Juden in Nürnberg handelt.

Standort der mittelalterlichen Mikwe: Königstraße 18.

Erst ab 1862 gab es in Nürnberg wieder eine Jüdische Gemeinde; innerhalb der Einheitsgemeinde, die zumeist liberal ausgerichtet war, kam es im Laufe der Zeit zur Gründung eines kleineren orthodoxen Adat-Jisrael-Vereins (mit eigener Synagoge und eigenem Rabbiner). Die Jüdische Kultusgemeinde Nürnberg besaß zwei Synagogen: die große (liberale) Hauptsynagoge, die Synagoge der

Adat Jisrael (mit Mikwe) und einen Betsaal des Vereins der Juden aus Osteuropa (Achi'eser), ferner eine jüdische Volksschule, eine Religionsschule der Adat Jisrael, ein Seniorenheim, ein Mädchenheim, ein Jugendheim, ein Kinderheim (in Bad Kissingen), ein Jugendheim des Logen-Ordens Bnei Brith, ein Gemeindehaus, sowie ab 1864 einen ersten und ab 1910 einen zweiten Friedhof. In Nürnberg gab es sehr viele jüdische Vereine und Organisationen.

Antisemitismus war in Nürnberg wie im ganzen Deutschen Reich eine alte Angelegenheit; er wurde hier jedoch nach 1918 viel stärker als im übrigen „Reich" praktiziert (aber auch der Widerstand gegen das NS-Regime war hier sehr groß!). Schon am 10. 8. 1938 wurde auf Befehl von Julius Streicher die große Synagoge und das angrenzende Gemeindehaus zerstört.

Am 10. 11. 1938 drangen, schon lange vorbereitet, SA-Leute zuerst in die Synagoge der Adat Jisrael ein, zerstörten hier alles und steckten schließlich das Gebäude in Brand.

Zahlreiche wertvolle Kultgegenstände wurden vernichtet oder gestohlen. In der Nacht wurde auch das Bethaus der Ostjuden und die Mikwe zerstört. Nach dem Zusammenbruch NS-Deutschlands existierten von der „alten Gemeinde" als Baubestand nur noch das Schwesternheim (in dem bis 1984 dann der Betsaal, das Gemeindebüro und ein Altersheim der nach Kriegsende wiedererstandenen Jüdischen Gemeinde untergebracht waren) in der Wielandstraße 6, die beiden Friedhöfe und einige Gebäude, die jedoch der Gemeinde nicht mehr gehörten, da sie mittlerweile von der IRSO verkauft worden waren. Die Kultgebäude waren jedoch zerstört.

An die große Synagoge erinnert ein am 7. August 1988 enthülltes Mahnmal, in das ein älterer Gedenkstein aus Basalt mit folgender Inschrift einbezogen wurde: „AN DIESER STELLE STAND DIE IM JAHRE 1874 FERTIGGESTELLTE UND IM MAURISCHEN STIL ERBAUTE NÜRNBERGER HAUPTSYNAGOGE NOCH VOR DER KRISTALLNACHT WURDE SIE AM 10. 8. 1938 VON DEN NS-MACHTHABERN ZERSTÖRT UND ABGETRAGEN". Das neue Mahnmal zeigt ein Abbild der Synagoge. Auf den beiden Sandsteinmauern, die das Denkmal einfassen, steht in Hebräisch und Deutsch der Satz aus „Sprüche 24/12"; UND WENN MAN SAGT: SIEH', WIR WUSSTEN NICHTS DAVON! GLAUBST DU NICHT, DASS ER, DER DAS HERZ DES MENSCHEN KENNT, IHN DURCHSCHAUT? ER VERGILT DEM MENSCHEN NACH SEINEN TATEN. *SPRÜCHE 24/12".

Standort des Mahnmals für die ehemalige Synagoge: Hans-Sachs-Platz.

Auch für die Synagoge der Adat Jisrael (Adas Jisroel) wurde am 9. November 1988 ein Mahnmal in der Essenweinstraße errichtet. Auf der vorderen Seite ist ein Relief der Synagoge mit der folgenden Inschrift zu sehen: „GEGENÜBER STAND DIE 1903 ERBAUTE SYNAGOGE DES „ADAS JISROEL" DIE SYNAGOGE WURDE VON DEN NATIONALSOZIALISTEN IN DER POGROMNACHT AM 9./ 10. NOVEMBER 1938 ZERSTÖRT". Auf der Rückseite des Gedenksteins steht in Hebräisch und Deutsch der Satz aus dem 5. Buch Moses Kapitel 25/17,19: „GEDENKE WAS MAN DIR ANGETAN: VERGISS ES NICHT! 5. MOSES 25/17,19", unter einem Relief.

Standort des Denkmals der Synagoge der Adat Jisrael: Essenweinstraße 7.

Standort der ehemaligen großen Synagoge: Hans-Sachs-Platz.

Standort des Synagogen-Gedenksteins: Übergang Hans-Sachs-Platz/Spitalbrücke

Standort der Synagoge der Adat Jisrael: Essenweinstraße 7.

Standort des Betsaals des Vereins Achi'eser: Feuerweg 12.

Altersheim und Betsaal bis 1984 (= früheres Schwesternwohnheim): Wielandstraße 6.

Seit 1984 besitzt die Israelitische Kultusgemeinde Nürnberg eine neues Gemeindezentrum mit Synagoge, Mikwe, Gemeindebüro, Jugendräumen und dem „Adolf-Hamburger-Seniorenheim" am Stadtrand von Nürnberg.

Standort: Johann-Priem-Straße 20.

Seit Rosch Haschana 5748, dem Jüdischen Neujahrsfest (23. 9. 1987) befindet sich in der Synagoge der Kultusgemeinde der bereits erwähnte Aufsatz des Thoraschreins aus der Mitte des 15. Jahrhunderts. Zwei Tafeln unter dem filigranen Maßwerk weisen auf die bewegte Geschichte des einstigen Teils des Aron Hakodesch aus der mittelalterlichen Synagoge hin: „Ein Wahrzeichen aus den Tagen vor der Vertreibung der Juden 1499. Von der Israelitischen Kultusgemeinde erworben und aufgestellt 1909. – Eine Zeit kommt, da Steine verworfen und wieder eine Zeit, da Steine gesammelt werden" steht auf der einen Tafel. Auf der anderen heißt es: „Gerettet aus den 1499 und 1938 zerstörten Nürnberger Synagogen. Heimgekehrt 1987. – Siehe, dieser Stein soll unter euch Zeugnis sein, daß ihr nicht verleugnen sollt euren Gott."

Standort: Johann-Priem-Straße 20.

Neben den Kultgebäuden und den Bauwerken, die im Besitz der Kultusgemeinde waren oder sind, erinnern in Nürnberg auch eine Reihe anderer Baulichkeiten an das Leben und Wirken von Juden in der Stadt.

In der Stadtbibliothek ist ein Relief von *Heinrich Berolzheimer* zu sehen. Der gebürtige Fürther hatte für das Künstlerhaus am Königstor und für das 1911 am Gewerbemuseumsplatz eröffnete Luitpoldhaus, das der Volksbildung und einer Reihe weiterer sozialer und naturwissenschaftlicher Ziele dienen

Steine mit den Namen der gefallenen Juden des Ersten Weltkrieges

Grabstein auf dem Friedhof Schnieglinger Straße

Denkmal für die jüdischen Gefallenen des Ersten Weltkrieges und für die Opfer der Nazi-Herrschaft

sollte, erhebliche Geldmittel zur Verfügung gestellt. An ihn erinnert heute noch ein Relief im Profil; darunter erinnert eine Gedenktafel an die Errichtung, Zerstörung und an den Wiederaufbau des Hauses.

Standort: Stadtbibliothek, Gewerbemuseumsplatz 4. (Relief ist links im Haupteingang).

Der Neptunbrunnen – heute südlich der Stadtparkmitte ausgestellt – erinnert indirekt auch an das Wirken von Juden, war er doch vom jüdischen Hopfengroßhändlerehepaar Ludwig und Julie *Gerngroß* 1901 der Stadt großzügig gespendet worden. der 9 m hohe Brunnen hat eine lange Geschichte – sie reicht in das Jahr 1650 zurück, als auf Anregung von Ottavio Piccolomini, dem kaiserlichen Bevollmächtigten bei den Abschlußverhandlungen zum Westfälischen Frieden der Rat der Stadt beim Bau dieses Monumentalbrunnens zugestimmt hatte. Im Dritten Reich war er dann von seinem Standplatz am Hauptmarkt entfernt worden und ab 1937 auf dem Marienplatz ausgelagert gewesen. Das Terrain des heutigen Standortes – früher *„Judenbühl"* genannt – erinnert an das Ende der ersten Jüdischen Gemeinde.

Standort: Südöstlich der Stadtparkmitte.

Das ehemalige Israelitische Mädchenstift – 1903 von den Eheleuten Max und Elise *Heim* gestiftet – diente der Unterbringung jüdischer Mädchen während ihrer Berufsausbildung. Das fünfgeschossige Haus mit markanten achteckigen Erkern, das über 20 Plätze verfügte, sollte den jüdischen Mädchen ein jüdisches Zuhause bieten und sie vor Gefahren der Großstadt schützen. Das Gebäude existiert heute noch.

Standort: Hochstraße 2.

Lage des ersten Friedhofs: Bärenschanzstraße 40.

Standort: Man verläßt den Hauptbahnhof nach links und fährt den Frauentorgraben entlang, über den Plärrer hinweg in die Fürther Straße, bis man auf dieser rechts in die Willstraße abbiegt. Bei der ersten Kreuzung biegt man links in die Bärenschanzstraße ein, wo sich nach ca. 150 m der Friedhof auf der rechten Straßenseite – 2. Eingang (Hs.-Nr. 40) – befindet.

Zustand: Recht ordentlich, im hinteren Teil Zeichen von Schändungen deutlich sichtbar.

Allgemeine Übersicht: Auf der linken und rechten Seite schmiedeeiserne Tore; zwischen beiden Toren umgebautes früheres Tahara-Haus (heute Friedhofswärterhaus); nur noch Reste (z. B. zwei Fensterbögen auf der rechten Seite und Treppenaufgang in der Mitte) des früheren, durch Bomben vernichteten Tahara-Hauses erkennbar; langgestreckte, schmale Friedhofsfläche; zwei lange Gräberreihen im 90°-Winkel zur Straße an beiden Begrenzungsmauern; Steinmauer, nicht mehr stabil, rund um den Friedhof; in der Mauer vis-à-vis dem Taharahaus zugemauerter früherer (3.) Eingang; in der Mitte zwischen den beiden Gräberreihen Baumallee; sehr viele alte, kostbare und kunstvolle Grabsteine; in der rechten hinteren Abteilung Kindergräber; beide hintere Viertel weisen Spuren von Vandalismus durch antisemitische Grabschänder auf (besonders die Kindergräber); Grabschändungsspuren auch in der Mitte der rechten Gräberreihe; rechte Friedhofsmauer beschädigt; in der rechten Gräberreihe gegen vorne zu Sarkophag des Nürnberger Gemeinderabbiners Bernhard Ziemlich; Gräber von Heinrich Berolzheimer (Ehrenbürger von Nürnberg und Fürth) und von Gustav Josephtal (Erster Vorsitzender der Jüdischen Kultusgemeinde Nürnberg) in der Nähe des Rabbinergrabes.

Lage des zweiten Friedhofs: Schnieglinger Straße 155.

Standort: Man verläßt den Hauptbahnhof nach links, fährt den Frauentorgraben entlang, über den Plärrer hinweg in die Fürther Straße, auf der man so lange bleibt, bis man zur Maximilianstraße kommt, in die man rechts abbiegt. Der Maximilianstraße folgt man, auch nachdem sie in den Nordwestring übergegangen ist, über die Pegnitzbrücke hinweg bis zur Ecke Schnieglinger Straße, in die man nach links einbiegt. Dieser Straße folgt man noch ca. 1,5 km, dann liegt, hinter dem Westfriedhof und dem sich anschließenden Krematorium auf der linken Straßenseite, kurz vor einer Eisenbahnbrücke, der Friedhofseingang.

Zustand: Hervorragend gepflegt.

Allgemeine Übersicht: An der Straßenseite zur Schnieglinger Straße stabile Mauer mit zwei Toren; an den Seiten und an der Rückseite verschiedene Umzäunungen; zwei Einfahrten, in den zweiten Personentürchen, aus

Gedenkstein für die Synagoge ADAS JISROEL in
der Essenweinstraße

Holz; sehr große, beeindruckende Friedhofshalle, bestehend aus großer Trauerhalle,
Kondolenzraum, Rabbinerzimmer, Räumen
für Leichenwärterinnen und -wärter, Aufbah-
rungshallen für Frauen und Männer und einer
Tahara-Halle (vor dem Haupteingang); links
vom Haupteingang großes Verwaltungsgebäude mit ummauertem Grundstück (Wohnung, Hof, Garten, usw.); rechts vom Haupteingang große Abteilung mit Urnengräbern;
anschließend, zum Friedhofsinneren zu,
mehrere Abteilungen mit älteren, sehr prunkvollen Gräbern; ungefähr in der Mitte des
Friedhofsareals großes Monument für die jüdischen Gefallenen des Ersten Weltkrieges
und für die Opfer der Nazi-Herrschaft; rechts
und links des Denkmals Steine mit den Namen der Gefallenen; zwischen dem Monument und der Leichenhalle großer Vier-Röh-
ren-Brunnen; rechts von der Leichenhalle
(schräg) zwei Reihen mit Soldatengräbern
des Ersten Weltkrieges, darunter auch zwei
Grabsteine für in Nürnberg verstorbene jüdische russische Kriegsgefangene; im rechten
vorderen und mittleren Teil Gräber aus der
Zeit 1920/30, im rechten hinteren Teil Gräber
aus der Zeit 1938/43/33; im mittleren vorderen Teil und in der Mitte Gräber aus der Zeit

1910/30, an der linken Seite Kindergräber
und gegen hinten zu neuere und neueste
Gräber; im mittleren hinteren Teil Gräber aus
der Zeit 1933/40; im linken mittleren Teil
neueste Gräber; der Mittelgang (Leichenhalle
– Brunnen – Gedenkstein – Schlußbegren-
zung) ist teilweise eine Baumallee (bis zum
Gedenkstein); viele Bäume auf dem ganzen
Friedhof; Gräber aus der Zeit der Nazi-Dikta-
tur renoviert; sehr viele Gräber weisen durch
Erinnerungsinschriften auf Familienangehöri-
ge seligen Andenkens (s. A.) der dort Ruhenden hin, die in einem der vielen deutschen
Konzentrations- oder Vernichtungslagern ermordet wurden; Grabmäler bedeutender
Persönlichkeiten: Eheleute *Gerngros*, Eheleute *Hamburger*, Hans-Joachim *Schoeps,*
u. a. m.; Steinfragmente des 1349 zerstörten
(ersten) jüdischen Friedhofs von Nürnberg in
der Trauerhalle.

Obernzenn (Neustadt a. d. A.-
Bad Windsheim)

Hier existierte im 17./18. Jahrhundert eine
Jüdische Kultusgemeinde. Sie besaß mit
Sicherheit eine Synagoge, eine Schule, eine
Mikwe und einen 1613 angelegten Friedhof.
Bereits vor Jahrhunderten löste sich die Gemeinde auf. Von den Kultgebäuden ist deshalb kaum etwas erhalten. Synagoge und
Schule wurden abgerissen. Von der Schule
ist nur bekannt, daß sie als Bestandteil des
Bauwerkes in dem ehem. Steingartenweg 18
noch teilweise erhalten sein soll. Dort sollen
sich auch noch Überreste einer zugeschütte-
ten Mikwe befinden.
Trotz Recherchen war es bis heute nicht
möglich, weitere Informationen über die ehemalige Jüdische Kultusgemeinde in Obernzenn zu erhalten.

Lage des Friedhofs: Südwestlich des Ortes
an einem Hügel beim See.

Standort: Man verläßt Obernzenn in Richtung
Westheim/Ickelheim. Kurz nach dem Ende
des Ortes ist links der Straße ein See mit
einem Fußballplatz davor. Sofort nach dem
Gewässer, noch vor der Sportgaststätte,
biegt ein geteerter Weg nach links ab. Diesem Weg folgt man 50 m, dann sieht man
rechts des Teerweges den Friedhof an einem
Hügel, der vom See ansteigt.

Zustand: Ordentlich

Allgemeine Übersicht: Massive Steinmauer rund um den Friedhof; zwei Eingänge: ein kleinerer neben der Straße, ein großer 10 m von der Straße entfernt; beide Eingänge mit Holztoren versehen; sehr alte, sehr schöne Grabsteine (in Gruppen); im hinteren Teil neuere Grabsteine.

Ornbau (Ansbach)

Hier existierte bis 1298 eine Jüdische Kultusgemeinde. Sie wurde bei den „Rindfleisch-Verfolgungen", vermutlich im gleichen Jahr, ausgerottet.
Außer dieser urkundlich gesicherten Tatsache gibt es heute kein weiteres Zeugnis jüdischer Vergangenheit mehr in Ornbau.

Ottensoos (Nürnberger Land)

Hier bestand wahrscheinlich ab dem Ende des 15. Jahrhunderts, vielleicht auch schon früher, bis 1939 eine Jüdische Kultusgemeinde. Sie besaß eine nach 1871 neu erbaute Synagoge (eine erste Synagoge und ein Schulhaus waren bei einem Brand am 01./ 02. 09. 1871 vernichtet worden), daran L-förmig angebaut eine ebenfalls nach 1871 erbaute Schule (für den Religionsunterricht) mit Lehrerwohnung und einer Mikwe. Bei dem Pogrom 1938 wurde das Synagogengebäude teilweise und die Inneneinrichtung total zerstört. Die Ritualien verschwanden spurlos.
Das Synagogengebäude mit angebauter Schule steht heute noch. Die beiden Sandsteingebäude befinden sich im Besitz der Gemeinde Ottensoos und werden nach notwendigen Umbauten heute als Sozialwohnungen genutzt.

Standort: Dorfplatz 5.

Originalfenster und -türen erhalten; Bausubstanz beider Gebäude vollkommen erhalten; Aron Hakodesch innen und außen sichtbar; sehr schöne Fassade im Original erhalten; Tonnengewölbe unter Dach erkennbar. Im Schulgebäude zwei Türen mit Spuren der Mesuse erkennbar; Überreste der Mikwe vorhanden.

Am Ort befand sich auch noch ein Schächterhaus. Dieses ist heute noch vorhanden. Es befindet sich in Privatbesitz und wird als Wohnhaus genutzt.

Standort: Wiesenweg 1.

Pahres (Neustadt a. d. A.-Bad Windsheim)

Hier existierte von ungefähr 1840 bis 1878 eine Jüdische Kultusgemeinde. Sie besaß eine 1842 erbaute Synagoge, eine Schule und eine Mikwe. Um 1878 schrumpfte die Gemeinde so sehr zusammen, daß kein Minjan mehr vorhanden war und die Synagoge nicht mehr benötigt wurde. Sie wurde also abgebaut und in Neustadt an der Aisch wieder aufgebaut und am 31. Mai 1878 eingeweiht. Auf dem Platz der Synagoge steht heute die zum Anwesen Neustädter Straße 3 (zwischen Aischgrund 1 und Braugasse 2) gehörende Scheune.

Standort: Anwesen zwischen Aischgrund 1 und Braugasse 2 (Neustädter Straße 3).
Das Schulgebäude ist heute, wenn auch stark baufällig, noch erhalten. In seinem Keller soll sich eine Mikwe befunden haben, die jedoch bis heute nicht gefunden werden konnte.

Standort: Neustädter Straße 3.

An die Anwesenheit von Juden im Ort erinnert heute die Braugasse, die früher Judengasse hieß, ferner ein sog. Judenhaus, ein Doppelwohnhaus in der Neustädter Straße 2–4, in dem eine Bauinschrift vorhanden sein soll.

Standort: Neustädter Straße 2–4.

Pappenheim (Weißenburg-Gunzenhausen)

Hier bestand bis zum Oktober 1935 eine Jüdische Kultusgemeinde. Sie besaß eine Synagoge, ein Schulhaus, eine Mikwe und zwei Friedhöfe. Der alte Friedhof wurde im November 1938 fast völlig zerstört, die Grabsteine von den Stadtbewohnern als Baumaterial benutzt. Das Synagogengebäude und das Schulgebäude wurden offensichtlich nicht beschädigt (die Ritualien aus der Syn-

Denkmal auf dem Friedhof I in Pappenheim

agoge waren schon vorher nach Treuchtlingen gebracht worden). Das frühere Synagogengebäude steht heute noch. Es befindet sich in städtischem Besitz und wird gegenwärtig als Feuerwehrhaus, Station der Rettungswache des BRK und kleine Mietwohnung benutzt.

Standort: Graf-Karl-Straße 27.

Auch das ehemalige Gebäude der jüdischen Schule steht noch. Es befindet sich in Privatbesitz und wird als Wohnhaus genutzt.

Standort: Deisingstraße 19.

Lage des Friedhofs I: Am Ende der Stadt in Richtung Weißenburg/Treuchtlingen.

Standort: Vom Rathaus aus geht man über die Altmühlbrücke und folgt dann immer der Bürgermeister-Rudwick-Straße, die ca. 200 m hinter der Brücke nach links in Richtung Weißenburg zur B 2 abbiegt. Ungefähr 100 m nach der Biegung liegen links und rechts der Straße beide Friedhöfe.

Zustand: gepflegt.
Friedhof rechts der Straße: (aus dem 11. Jahrhundert!)

Besonderheiten: Steinmauer an der Straßenseite, links und rechts Maschendrahtzaun; Steinbogen mit Holzzaun; sehr steiler Berghang; viele sehr beschädigte Mazewes (alte); mehrere Laubbäume; Denkmal.

Lage des Friedhofs II: Links der Straße nach Treuchtlingen.

Besonderheiten: Drei Seiten Steinmauer; steinerner Torbogen mit Original-Holztor; im Hintergrund ältere und neuere Mazewes (teilweise nur als Kleinst-Bruchstücke erhalten!).

Roth bei Nürnberg (Roth b. N.)

Hier bestand bis Ende 1935 eine Jüdische Kultusgemeinde. Sie besaß eine 1737 erbaute Synagoge mit Schulräumen, einer Lehrerwohnung und einer Mikwe.
Nach der Ausweisung der Juden aus Roth wurde im Jahre 1935 der Innenraum der Synagoge demoliert.
Das Gebäude ist heute noch, wenn auch umgebaut, erhalten. Es befindet sich in öffentlichem Besitz und beherbergt heute Wohnungen sowie Räume der Stadtjugendpflege und des Stadtjugendringes der Stadt Roth.

Standort: Kugelbühlstraße 44.

Besonderheiten: Außenmauern noch im Original erhalten; Thoranische vorhanden; Kronenstein unter Nische vermauert; Kellergewölbe der Mikwe (sie wurde über Grundwasserspiegel aufgeschüttet) erhalten, jedoch mit neuem Zugang versehen.

Rothenburg ob der Tauber (Ansbach)

Hier existierte wohl ab dem 12. Jahrhundert (1180 und 1212 erfolgten urkundliche Erwähnungen) eine Jüdische Kultusgemeinde. Auf dem Areal des heutigen Kapellenplatzes, östlich an die erste Stadtbefestigung stoßend, besaßen die 400 bis 600 Juden eine Synagoge und ein „Tanzhaus" (heute würde man sagen „Gemeindezentrum"), sicherlich auch noch eine Mikwe. Außerdem gab es hier auch eine Jeschiwa, eine große Talmudschule, deren Vorstand zeitweise der von etwa 1245 bis 1286 hier lebende Rabbi Meir ben Baruch (1215 – 1293) war; mit einer Garten-

185

Siegeltypar der jüdischen Gemeinde Rothenburg o. d. T. (Foto Reichsstadtmuseum)

Grabstein für Moses und Rächlein, die Kinder des Juda Halevi, 1379 (Foto Reichsstadtmuseum)

anlage am Weißen Turm wird bis heute die Erinnerung an diesen sehr bedeutenden Talmudgelehrten bewahrt. Von den jüdischen Einrichtungen der damaligen Zeit ist jedoch heute, ausgenommen von Grabsteinen aus dem damaligen jüdischen Friedhof, nichts mehr erhalten.

Standort des früheren Gettos mit allen Kultstätten: Kapellenplatz.

Im Jahre 1349/50 fand in Rothenburg o. d. T. ein Pogrom statt; die Häuser wurden den Juden weggenommen und im Jahre 1353 der Stadt gegeben. Die Juden durften sich zwar wieder ansiedeln, jedoch nicht mehr am alten Platz, sondern in der *Judengasse,* dem aufgefüllten Graben der früheren Stadtbefestigung. Sie waren zwar aus dem Stadtzentrum verdrängt, hatten dennoch leichten Zugang zu den Märkten. Die alte Synagoge blieb noch bis 1404 in Benutzung. Um 1400 wurde am östlichen Eingang der Judengasse ein neues „Tanzhaus" und 1407 auf dem Areal des Judenfriedhofes (dem heutigen Schrannenplatz) eine neue Synagoge errichtet. In einem Haus der Judengasse wurde 1409 eine Mikwe installiert, die sich bis heute erhalten hat.

Standort der Mikwe: Judengasse 10.

Im Jahre 1520 wurden die Juden als Folgen neu aufflammender Hetze gegen die Juden

(durch die Reformation) endgültig aus der Stadt vertrieben.

Erst nach 1800 konnten sich in Rothenburg wieder Juden frei niederlassen. Die damals neu gegründete Jüdische Kultusgemeinde besaß bis zum 22.10.1938 eine Synagoge, eine Mikwe und einen Friedhof, von dem heute noch Teile erhalten sind. Nach der Vertreibung der Juden aus der Stadt wurde die Synagoge von Privatleuten aufgekauft. Das Gebäude existiert heute noch. Es wird als Wohn- und Geschäftshaus in Privathand genutzt.

Standort: Herrngasse 21.

Es gibt in Rothenburg ob der Tauber heute noch eine ganze Reihe von Zeugnissen jüdischer Vergangenheit: im Reichsstadtmuseum, Klosterhof 5.

Hier befinden sich 30 der insgesamt 47 heute in der Stadt bekannten jüdischen Gedenk- und Grabsteine aus der Zeit zwischen 1270 und 1395. Die meisten Steine wurden auf dem Gelände des ehemaligen Judenfriedhofes, dem heutigen Schrannenplatz ausgegraben. Manche von ihnen geben Auskunft über persönliche Familienschicksale. Der wichtigste Stein erinnert an das *Pogrom von 1298,* welches der verarmte fränkische Edelmann *Rindfleisch* aus Röttingen begonnen hatte und bei welchem mit dem Mord an etwa 450 Juden so gut wie die ganze Jüdische Ge-

Gedenkstein (Torso) zum Pogrom von 1298 (Foto Reichsstadtmuseum)

meinde Rothenburg ob der Tauber ausgerottet wurde.

Nur für Rothenburg hat sich ein „Siegeltypar" der Jüdischen Gemeinde, und zwar aus dem frühen 15. Jahrhundert, erhalten. Wie in anderen Orten besaß hier die „communitas judeorum", die „judischeit" (ein Führungsgremium der Gemeinde), den „magistratus judeorum" (Judenrat), der viele Kompetenzen besaß und bei Unstimmigkeiten eingreifen konnte. Das hier noch vorhandene Siegel – eine Rarität! – diente der Bestätigung von Urkunden.

Standorte weiterer Grabsteine:
„Rabbi-Meir-Gärtchen" (10)
Schranne West (2)
Burg, Mauerkrone (4)
Burg, Außenmauer (1 Teilstück)
Burg, Haus Nr. 2 (Keller) (1).

Lage des Friedhofes: Nordwestlicher Stadtrand von Rothenburg o. d. T. – Wiesenstraße.

Standort: Von der Stadtmitte fährt man in Richtung Würzburg. Nach dem Stadttor bleibt man auf der Würzburger Straße bis zur Höhe der AGIP-Tankstelle, wo man vor einem roten Backsteinhaus rechts in die Wiesenstraße abbiegt. Sofort hinter dem Haus befindet sich auf der linken Straßenseite der Friedhofseingang ca. 5 m von der Straße in einem Stufenweg.

Zustand: Gut gepflegt.

Allgemeine Übersicht: Vierzig Grabsteine (davon 38 mit der Jahreszahl 1947!); massive Mauer (stufenförmig) rings um den Friedhof; eisernes Eingangstor mit zwei Davidsternen; Kiesbelag auf dem ganzen Friedhof; einige Bäume.

Rückersdorf (Nürnberger Land)

Hier existierte mit großer Sicherheit bis Juli 1932 eine Jüdische Kultusgemeinde, über die jedoch, trotz intensivster Nachforschungen, nichts in Erfahrung gebracht werden konnte. Sicher ist, daß sich die Juden von Rückersdorf im Juli 1932 der Jüdischen Kultusgemeinde Nürnberg anschlossen.

Der Standort einer Synagoge, einer Betstube oder eines sonstigen religiös genutzten Bauwerkes konnte nicht ermittelt werden.

Scheinfeld (Neustadt a. d. A.- Bad Windsheim)

Hier existierte bis 1941 eine Jüdische Kultusgemeinde. Sie besaß eine 1800 erbaute und 1926 renovierte Synagoge, ein Schulhaus („*Judenschule*" genannt) mit Lehrerwohnung und einer Mikwe. Das Synagogengebäude wurde während des Pogroms 1938 mit allem Inventar und die Ritualien vernichtet, die Bausubstanz blieb zunächst erhalten. Später wurde das Bauwerk abgerissen. Heute steht noch die ehemalige Schule, in der sich früher im Erdgeschoß die Unterrichtsräume, im 1. Stock die Lehrerwohnung befanden. Das ehemalige Schulgebäude befindet sich in Privatbesitz und wird heute als Wohnhaus genutzt. Das Mikwehäuschen steht ebenfalls noch, wird jetzt jedoch nach Umbaumaßnahmen anderweitig genutzt.

Standorte: Ehemalige Synagoge: Bogenstraße 11 (früher „*Judengasse*"). Ehemalige „*Judenschule*": Bogenstraße 13 (früher „*Judengasse*").

Schnaittach (Nürnberger Land)

Hier existierte ab dem 16. Jahrhundert (erste urkundliche Erwähnung von Juden 1478) bis Ende 1938 eine Jüdische Kultusgemeinde. Sie besaß eine alte, wahrscheinlich schon vor 1550 erbaute Synagoge, die in den Jahren 1570, 1858 und 1932 erweitert oder renoviert worden war, ein Gemeindehaus mit Schulräumen und Wohnung für den Rabbiner und Vorbeter, eine Behausung für den „Schulklopfer" (das war der Gemeindeangestellte, der die Männer der Gemeinde durch Klopfen an Türen und Fenster zum Gebet in die Synagoge rief), eine Mikwe und drei Friedhöfe. In der Synagoge wurde ein Gedenkstein von 1570 (in dem Jahr war die damals schon bestehende Synagoge renoviert oder erweitert worden) und mehrere äußerst wertvolle Ritualien aufbewahrt.

Am 10. 11. 1938 wurde das Inventar der Synagoge gänzlich zerstört. Die Synagoge, das Gemeindehaus, das Schulklopferhaus und die Mikwe sind heute noch vorhanden. Die Synagoge ist jetzt Heimatmuseum im Besitz der Marktgemeinde Schnaittach.

Standort der Synagoge: Museumsgasse 12 (früher „*Judenschulgasse*")

Besonderheiten: Mittelalterliches Gebäude noch vollständig erhalten, Originalfenster und -türen erhalten; Aron Hakodesch (Nische) vorhanden; Eingänge zur Männer- und Frauensynagoge gut erkennbar; Einteilung der Synagoge in Männer- und Frauensynagoge ebenfalls gut erkennbar; kunstvolle schmiedeeiserne Gitter zwischen Männer- und Frauensynagoge (restauriert); Originaldecke der Synagoge (Tonnengewölbe) ohne Lampen erhalten; Jahreszahl in der Außenmauer der Synagoge.

Das Vorsänger- und das Schulklopferhaus wurden im 17. Jahrhundert erbaut, die Frauensynagoge im 18. Jahrhundert.

Standort des Rabbiner- und Vorsängerhauses: Museumsgasse 14.

Standort des Hauses des Schulklopfers: Museumsgasse 16.

Lage der Friedhöfe: Am nordwestlichen Ortsrand, am Krankenhausweg.

Standort: Vom Marktplatz geht man in die Erlangener Straße. Dort biegt man hinter der Sparkasse und dann einer Gaststätte rechts in den Krankenhausweg ein und folgt ihm so lange, bis man im Krankenhausweg links und rechts die Friedhofseingänge sieht. In Schnaittach befinden sich insgesamt 3 nebeneinanderliegende Friedhöfe:

Friedhof I ist der älteste. Er wurde 1537 angelegt.

Friedhof II ist jünger. Er wurde 1834 angelegt.

Friedhof III ist der jüngste. Er wurde 1897 angelegt und bis in die siebziger Jahre des 20. Jahrhunderts benutzt.

Lage des Friedhofs I: Zwischen Krankenhausweg 9 und 7. Dies ist der älteste Friedhof.

Synagoge Schnaittach

Aron Hakodesch in der Synagoge Schnaittach

Besonderheiten: Steinmauer rund um den Friedhof; metallenes Eingangstor. Inschrift neben dem Tor (links); nur noch ein einziger Grabstein erhalten. Dieser Friedhof wurde 1938 von eigens aus Berlin geholten HJ-Angehörigen total verwüstet. Die erhaltenen Grabmäler wurden auf den „mittleren" Friedhof verbracht, nachdem ein Heimatforscher alle drei Friedhöfe unter Denkmalschutz gestellt hatte.

Lage des Friedhofes II. Zwischen dem Krankenhausweg und dem Weg „Am Schloßgarten". Dies ist der mittlere Friedhof.

Besonderheiten: Dreieckförmige Fläche (keine Grabsteine bis zur Hälfte von der Spitze aus gesehen); drei Tore (an der Spitze, an beiden Seiten); von der Spitze (auf beiden Seiten) bis fast zur Mitte Maschendrahtzaun, dahinter auf beiden Seiten und auf der Hypothenuse massive Steinmauer; neben dem Tor auf der rechten Seite Inschrift: „Seit dem 14. Jahrhundert israelitischer Friedhof; im Jahre 1950 von der bayerischen Staatsregierung instandgesetzt. Wer fröhlich noch wandelt im goldenen Licht, Zoll Ehrfurcht dem Schlummer der Toten." Sehr viele sehr alte, sehr massive Grabsteine (z. T. vom Friedhof I!);

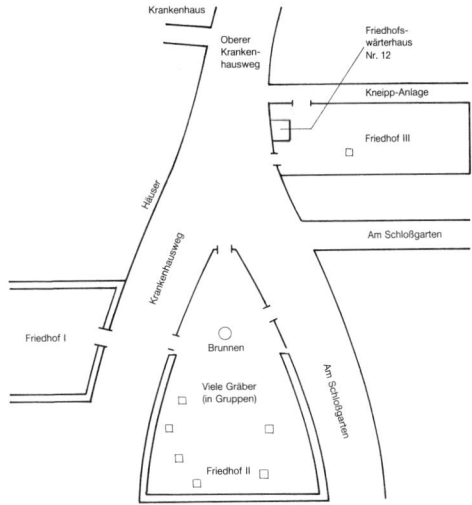

am Maschendrahtzaun lebende Hecke; bei den Grabsteinen Laubbäume, vorne Tannenbäume; ca. 20 m von der „Spitze" Spuren eines Brunnens.

Lage des Friedhofs III: Gelände hinter dem Friedhofswärterhaus, in dem Krankenhausweg Nr. 12 (roter Backsteinbau), zwischen den Wegen „Kneipp-Anlage" und „Am Schloßgarten".

Gedenkstein für die Opfer der Nazi-Herrschaft auf dem neuen Friedhof (Nr. III) in Schnaittach

Synagoge Schnodsenbach

Dies ist der jüngste Friedhof mit vielen Grabsteinen aus diesem Jahrhundert.

Besonderheiten: Maschendrahtzaun rund um den Friedhof; vorne an der Straße Eingangstürchen; links vom Türchen Tahara-Haus mit Friedhofswärterwohnung; hinter dem Haus großes Eingangstor (am Weg „Kneipp-Anlage"); rechts neben dem Haus 3–4 Reihen neuer Gräber (19./20. Jahrhundert); rechts von den Grabreihen, geradeaus vom kleinen Eingang, Gedenkstein; großer Tannenbaum in der Mitte; letzte Bestattung im Jahre 1964.

Schnodsenbach (Neustadt a. d. A.-Bad Windsheim)

Hier existierte – wahrscheinlich bis kurz nach der Jahrhundertwende – eine Jüdische Kultusgemeinde. Sie besaß eine Synagoge mit Lehrerwohnung und eine Mikwe. Zu Beginn dieses Jahrhunderts ging das Synagogengebäude in Privatbesitz über. Es existiert heute noch und wird teils als Wohnung, teils als landwirtschaftlicher Abstellraum mit Scheu-

ne genutzt. Als Bausubstanz ist die Synagoge mit Schule heute jedoch noch vollständig erhalten.

Standort: Ortsstraße Nr. 45 a.

Besonderheiten: Vier Original-Synagogenfenster erhalten; mehrere Fenster in der Lehrerwohnung ebenfalls noch im Original vorhanden; im ehemaligen Synagogenraum Reste des Aron Hakodesch sehr gut erkennbar; Original-Stuckdecke und Deckenbemalung gut erhalten; einige Säulen im Original vorhanden; Spuren der Mesusa an der mittleren Tür sehr gut erkennbar.

Schobdach (Ansbach)

An die Anwesenheit von Juden in diesem Ort – ob es eine Jüdische Gemeinde gab ist völlig ungewiß und auch nirgends belegt – zeugt heute ein Grundstück mit dem Namen „Judenfeld".

190

Alter Grabstein in Schopfloch

Neuer Grabstein in Schopfloch

Schopfloch (Ansbach)

Hier existierte vermutlich seit dem 16. Jahrhundert (erste Nennung von Juden soll angeblich 1315 erfolgt sein) bis 1938 eine Jüdische Kultusgemeinde. Sie besaß eine 1877 neu erbaute und 1932 renovierte und neu eingeweihte Synagoge (die erste, 1679 erbaute Synagoge war um 1874 baufällig geworden und mußte abgerissen werden) mit Mikwe, ein Schulhaus mit Rabbinerwohnung und einen 1612 errichteten Friedhof. Die Kultusgemeinde löste sich 1938 auf. Die Synagoge mußte „verkauft" werden. Trotzdem wurde das Gebäude im Frühjahr 1939, obwohl nicht mehr in jüdischem Besitz, mit allem Inventar zerstört und danach abgerissen. Von der Synagoge und von der Mikwe ist heute n i c h t s mehr vorhanden. An ihrer Stelle steht jetzt ein privates Wohnhaus, an dem im Jahre 1988 eine Gedenktafel mit folgender Inschrift angebracht wurde: „Zum Gedenken an die jüdischen Mitbürger und an die Synagoge die hier stand. Den Lebenden zur Mahnung. Markt Schopfloch 10. 11. 1988."

Standort der früheren Synagoge mit Mikwe: Bahnhofstraße 7 (bis 1881 *Judengasse*, der

Name wurde mit Zustimmung der IKG Schopfloch geändert!)

Das Gebäude der früheren jüdischen Schule (mit Rabbinerwohnung) steht heute noch. Es wird jetzt als privates Wohnhaus genutzt. Eine Tafel mit der Aufschrift „ehemalige Judenschule" weist auf die frühere Funktion des Gebäudes hin.

Standort der ehemaligen „Judenschule": Bahnhofstraße 8.

Ein weiteres steinernes Zeugnis jüdischer Präsenz am Ort ist eine Gedenktafel, die im Inneren der ev.-luth. Kirche (Martinskirche an der Friedrich-Ebert-Straße) angebracht ist. Hier heißt es: „Zur Erinnerung an den deutsch-französischen Krieg 1870/71. Gewidmet den Kampfgenossen Schopfloch." Zu den „Kampfgenossen" zählten damals auch drei jüdische Gefallene: Sa. Lauchheimer, Gemeinderat und Mitglied des Schützenvereins, Herm. Rosenfeld und David Eisemann.

Lage des Friedhofs: Von Feuchtwangen kommend fährt man auf die Ortsmitte zu und biegt hinter der Kirche vor dem Rathaus rechts in die Badestraße ab. Dieser folgt man in Richtung des Ortsteiles Deuenbach ca.

300–400 m. bevor man, gegenüber dem Haus Badestraße 10 auf der linken Straßenseite, rechts vor dem Friedhofseingang steht.

Zustand: Hervorragend gepflegt.

Allgemeine Übersicht: Massive Steinmauer um den 1612 errichteten, 1802 auf ca. 14 000 m² erweiterten Friedhof; ein großes Tor (an der Baderstraße), ein kleineres Eisentor an der rechten Friedhofsmauer; neben dem großen Tor kleiner, im November 1988 angebrachter Gedenkstein mit der Inschrift „Judenfriedhof 1612"; große Friedhofsfläche mit sehr vielen kunstvollen Grabsteinen; an der Rückwärtigen Mauer sehr alte, in der Friedhofsmitte alte und neuere, vorne, am Tor, neue Grabsteine; mehrere Soldatengräber aus dem 1. Weltkrieg; 1356 noch stehende Grabsteine.

Neben den steinernen Zeugnissen jüdischen Lebens gibt es in Schopfloch eine weitere, ganz besondere Art von Zeugnis: eine frühere im Ort von Juden und einem großen Teil von Nichtjuden gebrauchte Sprache – das *Lachoudisch* – eine Art Geheimsprache mit sehr vielen hebräischen Worten oder Worten hebräischen Ursprungs, die bis in die NS-Zeit von einer großen Zahl von Bewohnern des Orts wenn nicht gesprochen, so doch verstanden wurde. Bis 1945 war diese Sprache freilich als „jüdisch" verpönt. Sie geriet bis in die Mitte der 80er Jahre immer mehr in Vergessenheit, nur noch ganz wenige alte Leute konnten sich ihrer bedienen. Seit der Mitte der achtziger Jahre bemüht sich Bürgermeister Hans Rainer Hofmann mit großem Erfolg um eine Wiederbelebung dieses sprachlichen Zeugnisses jüdischen Lebens in Bayern.

Schornweisach (Neustadt a. d. A.-Bad Windsheim)

Hier existierte von ca. 1579 bis 1877 eine Jüdische Kultusgemeinde. Sie besaß eine Synagoge mit Schulräumen, eine Mikwe und zeitweise auch – unweit der Kirche – bis ca. 1750 einen Friedhof, der jedoch auf Betreiben der christlichen Geistlichkeit des Ortes wieder aufgegeben werden mußte. 1875 löste sich die Gemeinde infolge Auswanderung

Gedenkstein für die Synagoge in Schopfloch

und Aussterben von alleine auf. Die Synagoge wurde erst 1877 geschlossen. Sie ging zu diesem Zeitpunkt vermutlich in nichtjüdischen Besitz über.

Die Synagoge ist heute noch – allerdings sehr stark umgebaut – als Bausubstanz erhalten. Sie befindet sich in Privatbesitz und wird als Bäckerei verwendet.

Standort: Ortsstraße 43.

Lage des Friedhofs: Im Dorf, unweit der Kirche (nördlich).

Standort: Der genaue Standort des Friedhofes konnte bis heute nicht ermittelt werden.

Allgemeine Übersicht: Hier existierte in der ersten Hälfte des 17. Jahrhunderts – etwa bis 1750 – unweit der Kirche ein Friedhof; es gibt nämlich Urkunden, die Beschwerden der christlichen Geistlichkeit wegen dieses Friedhofs beinhalten; auch wird von tätlichen Auseinandersetzungen bei Bestattungen berichtet. Zwischen 1750 und 1850 wurde der Friedhof dann wohl aufgegeben. Er verfiel und wurde schließlich von den christlichen Einwohnern des Ortes anderweitig verwendet, bis keinerlei Spuren mehr übrig waren.

Schupf-Förrenbach
(Nürnberger Land)

Lage des Friedhofs: Links der Straße Hersbruck–Kainsbach im Wald.

Standort: Von Hersbruck fährt man nach Kainsbach. Ca. 2 km vor dem Ort befindet sich links der Straße ein Hinweisstein zu dem KZ-Denkmal. Man biegt von der Straße ab und fährt den Feldweg, parallel zu der Straße, ca. 50 m zurück, bis man an eine Gabelung kommt, wo man nach rechts, auf den Wald zu, abbiegt. Nun geht man diesen Weg weiter bis ca. 20 m in den Wald hinein, dann biegt man nochmals nach links ab und steht dann nach weiteren 10 m vor dem KZ-Denkmal.

Zustand: Ordentlich.

Allgemeine Übersicht: Niedrige Steinmauer, ohne Tor, rund um das Ehrenmal; in der Mitte des Platzes ein rundes Denkmal in Form einer Urne, um deren Mitte folgende Inschrift zu lesen ist: „WAS HASS BLIND ZERSTREUT TREUE FROMM VEREINT – Errichtet 1950"; eine weitere Inschrift am Sockel: „DEN OPFERN DES KZ-LAGERS HERSBRUCK DIE IN DEN JAHREN 1944–45 AN DIESER STELLE EINGEÄSCHERT WURDEN"; Rasen rund um das Denkmal; breiter Kiesweg vom Eingang bis zum Denkmal; Zierbäume.

Schwabach

Hier existierte seit dem 16. Jahrhundert – wahrscheinlich aber schon viel früher – eine Jüdische Kultusgemeinde. Sie besaß eine im Jahre 1799 erbaute Synagoge (an der Stelle einer älteren Synagoge aus dem 17. Jahrhundert), die sehr viele, sehr kostbare Ritualien beherbergte, ein Rabbinerhaus, eine Schule und eine Mikwe. Das Rabbinerhaus mit Schule und das Synagogengebäude wurden im Sommer 1938 verkauft.

Das ehemalige Synagogengebäude existiert heute noch als Bauwerk. Es befindet sich in Privatbesitz und wird jetzt als Brauereilager mit Wohnung im 1. Stock genutzt.

Standort: Schlötzergasse 6 (früher: „Synagogengasse 7").

Besonderheiten: Original-Walmdach erhalten; 3 Fensterachsen mit Stichbodenfenstern

noch im Original erhalten; Bauwerk zwar umgebaut, als Bausubstanz jedoch noch vorhanden.

Auch die 1707 erbaute „Judenschule" mit Rabbinerwohnung existiert heute noch als Bauwerk. Nach Umbauarbeiten wird das Gebäude jetzt als Wohnhaus benutzt.

Standort: Schlötzergasse 5 (früher „Synagogengasse").

Besonderheiten: Eingänge wie Gesetzestafeln angeordnet.

Das Schächterhaus aus den Jahren 1843–63 besteht heute ebenfalls noch. Das alte Kellergewölbe, mit Backsteinmauer unterfangen, zu welchem eine Falltür Einlaß gewährte, wurde in der Vergangenheit bis über den Grundwasserspiegel aufgeschüttet. Es ist sehr wahrscheinlich, daß sich hier die Mikwe befand.

Standort: Schlötzergasse 8 (früher „Synagogengasse", im Volksmund auch „Judengasse" genannt).

Es gibt in Schwabach gegenwärtig eine ganze Reihe sog. „Judenhäuser", Häuser also, die Juden (oft seit vielen Generationen!) gehörten oder zumindest von ihnen bewohnt wurden. Hier einige Beispiele: Schlötzergasse 7 und 14; Pinzerberg 1, 3, 6, 21 und 36; Glockengießergasse 3, 4, 5 und 7.

Spielberg
(Weißenburg-Gunzenhausen)

Hier existierte bis 1298 eine Jüdische Kultusgemeinde. Sie wurde bei den „Rindfleisch-Verfolgungen", vermutlich im gleichen Jahr, ausgerottet.

Außer dieser urkundlich gesicherten Tatsache gibt es heute kein weiteres Zeugnis jüdischer Vergangenheit mehr in Spielberg.

Steinsfeld-Endsee (Ansbach)

Hier existierte bis 1298 eine Jüdische Kultusgemeinde. Sie wurde bei der „Rindfleisch-Verfolgung", vermutlich im gleichen Jahr, ausgerottet.

Außer dieser urkundlich gesicherten Tatsache gibt es heute kein weiteres Zeugnis jüdischer Vergangenheit in Steinsfeld-Endsee mehr.

Sugenheim (Neustadt a. d. A.- Bad Windsheim)

Hier existierte offiziell bis 1938 eine Jüdische Kultusgemeinde. Sie besaß eine Synagoge, eine Mikwe und ein Schulhaus, in dem bereits 1924 der Unterrichtsbetrieb eingestellt worden war. Beim Pogrom vom 10. 11. 1938 wurden die Inneneinrichtung von Synagoge und Schule zusammen mit den Ritualien zerstört, die Baulichkeiten blieben jedoch erhalten.

Die Synagoge ist heute noch als Bauwerk vorhanden. Sie befindet sich in Privatbesitz und wird jetzt nach Umbaumaßnahmen als Wohnhaus genutzt. Die Mikwe wurde zugeschüttet.

Standort: Schloßstraße 35 (früher: *„Judengasse 93"*).

Neben diesen Zeugnissen steht noch ein *„Judenhaus"* mit der Bauinschrift „SIMON GUDMANN 1848" in der Marktgemeinde.

Standort: Hauptstraße 7.

Grabstein in Thalmässing

Thalmässing (Roth b. Nbg.)

Hier bestand bis 1937 eine Jüdische Kultusgemeinde. Sie besaß eine Synagoge, eine Schule, eine Mikwe und einen Friedhof. Die Synagoge wurde beim Pogrom 1938 verwüstet, Möbel und Ritualien vernichtet. Das Gebäude blieb in seiner Bausubstanz bis zum Abriß bestehen. Heute steht auf dem Grundstück der ehemaligen Synagoge ein Wohnhaus. Von der Synagoge ist nichts mehr erhalten.

Standort der ehemaligen Synagoge: Ringstraße (am Trafo-Haus).

Das Gebäude der jüdischen Schule ist heute noch erhalten. Das aus der 1. Hälfte des 19. Jahrhunderts stammende Bauwerk wird als Wohnhaus genutzt und befindet sich in Privatbesitz.

Standort: Schulstraße 10.

Das in der Nähe der Synagoge befindliche Bauwerk, das die Mikwe enthielt, steht heute noch, allerdings wurde das Ritualbad zugeschüttet.

Standort der ehemaligen Mikwe: Ringstr. 6.

Lage des Friedhofs: Östlich der Hauptschule.

Standort: Man fährt, von Nürnberg kommend, auf der Hauptstraße in Richtung Weißenburg, fast bis zum Ortsende durch und biegt dann, kurz hinter einer Kirche auf der rechten Straßenseite links in die Badstraße ein. Die fährt man bis zum Ende durch und biegt dann links ab. Man folgt diesem Feldweg zwischen einer Turnhalle auf der linken und einem Sportplatz auf der rechten Seite und steht dann, ca. 30 m hinter den beiden Sportstätten, links vor dem Friedhofseingang.

Zustand: Sehr gepflegt.

Allgemeine Übersicht: Massive Steinmauer; Eisentor mit Davidstern; sehr viele schöne, alte Grabsteine; mehrere Grabsteine mit sehr schönen (deutschen) Sprüchen auf der Rückseite; mehrere Birkenbäume.

Thüngfeld (Erlangen-Höchstadt)

Hier existierte in der Zeit vor 1800 – höchstwahrscheinlich im 15. Jahrhundert – nachweislich eine Jüdische Kultusgemeinde, über die bis jetzt, außer der urkundlich gesicherten Tatsache ihres Bestehens, keine weiteren Informationen vorliegen.

Levitengrab in Treuchtlingen

Treuchtlingen
(Weißenburg-Gunzenhausen)

Hier existierte bis 1939 eine Jüdische Kultus-gemeinde. Sie besaß eine 1730 erbaute Synagoge (mit sehr wertvollem, antikem Inventar), zwei Häuser mit Schulräumen und Wohnungen für Lehrer und Kantor, ein Ritualbad und einen Friedhof.

Beim Pogrom vom 10. 11. 1938 wurde die Synagoge mit Inventar und Ritualien niedergebrannt, auch die beiden anderen Häuser und die Mikwe wurden in Brand gesteckt. Nach dem Pogrom im Jahre 1938 bemächtigte sich die Stadtverwaltung des Grundstücks, auf dem die Synagoge und die Gemeindehäuser gestanden waren, um (angeblich) die Ausgaben für die Beseitigung der Trümmer der Kultgebäude decken zu können.

Von der Synagoge und von den anderen jüdischen Kultbauten (zwei Häuser und Mikwe) ist heute nichts mehr vorhanden.

Standort: Uhlengasse 5 und 7.

Lage des Friedhofs: Uhlbergstraße am Fuße des Schloßberges (in der Stadt).

Standort: Von der Stadtmitte fährt man die Hauptstraße in Richtung Oettingen. Nach der Eisenbahnunterführung biegt man links in die Uhlbergstraße ab, wo sich rechter Hand ca. 50 m hinter der Abzweigung der Friedhofseingang befindet.

Zustand: Sehr gut gepflegt.

Allgemeine Übersicht: Massive Steinmauer rund um den Friedhof; großes Eisentor an der Straße (daneben Hinweistafel); kleines Eisentor beim Tahara-Haus (heute Wohnung des Friedhofswärters); Errichtung des Friedhofes 1780; Erweiterung 1929; hinten (links vom Eingang) wenige alte, nach vorne zu sehr viele neue, teilweise sehr teure Grabsteine; ganz vorne links vom Eingang Kindergräber; rechts vom Eingang Obstbäume.

Am 9. November 1990 wurde ein Gedenkstein (in Form einer Menora) auf dem Gelände des Friedhofes – gegenüber dem großen Eisentor – zur Erinnerung an die Juden von Treuchtlingen errichtet.

Uehlfeld (Neustadt a. d. A.-Bad Windsheim)

Hier existierte bis zum 10. 11. 1938 eine Jüdische Kultusgemeinde. Sie besaß eine 1888 neu erbaute Synagoge (die alte Synagoge, die am gleichen Platz stand, war 1887 abgebrannt), eine im gleichen Jahr erbaute Schule, ein Ritualbad und einen Friedhof mit Leichenhalle.

Die Synagoge wurde in der Pogromnacht 1938 niedergebrannt. Nach 1945 wurde die Ruine von der Raiffeisenbank Uehlfeld aufgekauft und als Lagerhalle ausgebaut. Daher ist das frühere Synagogengebäude in seiner Bausubstanz heute noch erhalten.

Standort: Raiffeisenstr. 7.

Besonderheiten: Bausubstanz außen noch relativ gut erhalten; Originalfenster und -türen ebenfalls noch gut erhalten (einige Fenster sind zugemauert); Spuren des Aron Hakodesch sehr gut erkennbar.

Auch die ehemalige jüdische Schule ist als Bauwerk noch gut erhalten. Sie befindet sich in Privatbesitz und wird jetzt als Wohnhaus genutzt.

Standort: Kirchenstraße 6.

Lage des Friedhofs: Hügel nordwestlich von Uehlfeld.

Standort: Von der Ortsmitte Uehlfeld aus fährt man die Burghaslacher Straße in Richtung Burghaslach–Vestenbergsgreuth. Ca. 1 km hinter der Ortsgrenze, kurz vor eine Hügelkuppe (Kurvenzeichen!) liegt links von der Straße, ca. 10 m von dieser entfernt, der Friedhofseingang, kurz vor einem gepflasterten Feldweg, der ebenfalls von der Straße links einbiegt.

Zustand: Gut gepflegt.

Allgemeine Übersicht: Massive Steinmauer rund um den Friedhof; schmiedeeisernes Eingangstor; sehr viele kunstvolle alte, relativ wenige neue Grabsteine.

Uffenheim (Neustadt a. d. A.-Bad Windsheim)

Hier existierte bereits im 14. Jahrhundert, vielleicht auch schon früher, eine Jüdische Kultusgemeinde, die jedoch 1336 durch ein Pogrom (Armleder-Bewegung) ausgerottet wurde.

Wann sich später hier wieder Juden niederließen, ist nicht bekannt, aber bis Oktober 1938 gab es in Uffenheim eine Jüdische Gemeinde. Sie besaß eine Synagoge, ein Schulhaus und eine Mikwe.

Über das Schicksal aller drei Bauwerke wärend des Novemberpogroms konnten keinerlei Informationen erlangt werden. Bekannt ist aber, daß die Synagoge nach der Auflösung der Kultusgemeinde an die Stadt Uffenheim „veräußert" wurde. Sie wurde abgerissen – an ihrer Stelle wurden Wohnhäuser errichtet.

Standort: Ringstraße 20 und 22.

Von der Synagoge ist heute n i c h t s mehr vorhanden.

Ullstadt (Neustadt a. d. A.-Bad Windsheim)

Hier existierte bis 1936 eine Jüdische Kultusgemeinde. Sie besaß eine 1823 erbaute Synagoge mit Schulräumen und einer Lehrerwohnung, eine Mikwe und einen Friedhof.

Bereits 1925 wurde die Synagoge an einen Einwohner aus Sugenheim zum Abbruch ver-

kauft. Er ließ das Gebäude jedoch stehen, so daß heute noch der Großteil der ehemaligen Synagoge erhalten ist. Das Bauwerk befindet sich in Privatbesitz und steht gegenwärtig leer.

Standort: Buchstraße 10 (grünes Gebäude).

Besonderheiten: Teile der Bausubstanz gut erhalten; Original-Tür vorhanden; Reste von Wandfresken um den Aron Hakodesch und Aron-Hakodesch-Nische gut erhalten.

Lage des Friedhofs: Waldhang nordöstlich des Ortes in Richtung Langenfeld.

Standort: Von der Ortsmitte Ullstadt fährt man in Richtung Langenfeld. Ca. 500–600 m hinter dem Ortsende biegt eine asphaltierte Feldstraße rechts von der Staatsstraße ab. Diesem Asphaltweg folgt man in Richtung des bewaldeten Hügels, bis man vor dem Waldrand rechts abbiegt und nach ca. 75 m Feldweg rechts zum Friedhofseingang kommt.

Der Friedhof ist von der Straße Ullstadt–Langenfeld gut zu sehen!

Zustand: gut gepflegt.

Allgemeine Übersicht: großes Tahara-Haus (direkt vor dem Eingang); Mauer (massiv) an der Vorderfront und an beiden Seiten; Holzzaun an der Rückfront; schmiedeeisernes Eingangstor; viele Bäume (Birken); sehr viele alte, z. T. verwitterte Grabsteine; an der Straße (Mauer) alte, hangaufwärts (auf den Zaun zu) neuere Gräber; großflächiger Friedhof.

Taharahaus auf dem Friedhof Ullstadt

„Judenschule" in Vestenbergsgreuth

Vestenbergsgreuth
(Erlangen-Höchstadt)

Hier existierte von ca. 1700 – vielleicht aber auch schon früher – bis 1870 eine Jüdische Kultusgemeinde. Sie besaß ein Gebäude, in dem sich eine Synagoge, eine Mikwe und von 1829 bis 1858 eine Religionsschule befanden. Nach 1870 löste sich die Kultusgemeinde infolge der Abwanderung der jüdischen Bevölkerung von alleine auf.

Das Bauwerk, in welchem die Kultstätten untergebracht waren, ist heute zum Teil noch erhalten. Die Mikwe wurde schon vor vielen Jahren entfernt, Teile des Synagogenkomplexes wurden ebenfalls abgerissen.

Standort: Dutendorfer Straße 4.

Besonderheiten: Teile der ehemaligen „Judenschule" (Fenster- und Türrahmen) sind als Bausubstanz noch erhalten.

Wachenroth
(Erlangen-Höchstadt)

Hier existierte in der Zeit vor 1800 nachweislich eine Jüdische Kultusgemeinde, über die bis jetzt außer der urkundlich gesicherten Tatsache ihres Bestehens keine weiteren Informationen vorliegen.

Wassertrüdingen (Ansbach)

Hier bestand von vor 1650 bis 1938 eine Jüdische Kultusgemeinde. Sie besaß eine Synagoge und ein Gemeindehaus.

Am Morgen des 10. 11. 1938 wurden Inventar und Ritualien der Synagoge zerstört; eine Sprengung des Gebäudes wurde verhindert. Das Synagogengebäude ist heute noch vorhanden. Es wurde nach 1938 umgebaut und beherbergt heute die Zweigstelle des Arbeitsamtes. Außerdem werden Teile des 1858 erbauten Gebäudes als Wohnraum genutzt.

Standort: Kapellgasse 38.

Besonderheiten: Originalfenster- und Türbögen noch erhalten; Gebäude als Bausubstanz vollständig erhalten.

Weigenheim (Neustadt a. d. A.-Bad Windsheim)

Hier existierte bis ca. 1900 eine Jüdische Kultusgemeinde. Sie besaß eine Synagoge und eine Mikwe. Das Synagogengebäude wurde noch vor Beginn des 1. Weltkrieges an Privatleute verkauft. Bis 1962 wurde sie, als Bauwerk vollständig erhalten, verschieden genutzt, danach erfolgte der letzte Umbau;

heute dient sie als Halle für landwirtschaftliche Maschinen. Die Mikwe im Synagogengebäude wurde schon vor langer Zeit zugeschüttet.

Standort: Mönchstraße 9.

Besonderheiten: Das Bauwerk ist – trotz Umbauarbeiten – in der Grundsubstanz noch im wesentlichen erhalten: die nördliche, westliche und östliche Seite im Original. Aron Hakodesch (mit Gründungsinschrift) sichtbar; drei Fenster – durch die dahinterliegende Wand einer angrenzenden Scheune fast völlig verdeckt – sind zugemauert, jedoch noch im Original erhalten, „Ochsenauge" über dem Aron Hakodesch noch sichtbar.

Weimersheim
(Weißenburg-Gunzenhausen)

Hier existierte möglicherweise bis 1890 (Datum ist nicht sicher!) eine kleine jüdische Gemeinde. Urkundlich gesichert ist nur die Tatsache, daß es im 19. Jahrhundert im Ort 23 Juden gab.
Trotz sehr intensiver Nachforschungen war es bis jetzt nicht möglich, weitere Informationen über diese mögliche Kultusgemeinde zu bekommen.

Weisendorf
(Erlangen-Höchstadt)

Hier existierte vermutlich ab 1685 bis zur Jahrhundertwende eine Jüdische Kultusgemeinde. Sie besaß eine Synagoge mit Holztonnengewölbe im 1. Stock, eine Schule und eine Mikwe; alle 3 Kulteinrichtungen waren in einem Gebäude untergebracht. Dieses Bauwerk wurde nach der Auflösung der Kultusgemeinde um 1904 veräußert und anschließend im Jahre 1905 bis auf die Grundmauern abgerissen. Das Kellergewölbe wurde bis über den Grundwasserspiegel aufgeschüttet, ein neuer Zugang zum Keller wurde geschaffen. Der alte Zugang zum Keller (und mit großer Sicherheit auch zur Mikwe) ist noch erkennbar.
Außer den Grundmauern ist von der Synagoge nichts mehr erhalten.

Standort: Hauptstraße Nr. 17.

Besonderheiten: Nur noch die Grundmauern des Synagogen- und Schulgebäudes sowie der noch erkennbare Eingang zur Mikwe sind heute Zeugnisse jüdischer Vergangenheit von Weisendorf.

Weißenburg i. B.
(Weißenburg-Gunzenhausen)

Hier existierte bis 1518 eine Jüdische Kultusgemeinde. Sie besaß eine Synagoge und eine Mikwe, die in der heutigen „Schranne" vermutet werden. Über den Verbleib der beiden jüdischen Kultusgebäude ist heute nichts mehr bekannt. Erhalten geblieben ist jedoch die *„Judengasse"* (wahrscheinlich ein früheres Getto), die Zeugnis vom Leben und Wirken jüdischer Menschen und einer jüdischen Gemeinschaft im mittelalterlichen Weißenburg abgibt. Außerdem befindet sich im städtischen Museum ein Grabstein mit hebräischer Inschrift, dessen Ursprung jedoch völlig ungeklärt und rätselhaft ist.

Welbhausen (Neustadt a. d. A.-Bad Windsheim)

Hier existierte vermutlich bis zur Jahrhundertwende eine Jüdische Kultusgemeinde. Sie besaß eine um 1840 erbaute Synagoge mit Schulräumen und eine (oder mehrere) Mikwe. Bereits in den ersten Jahren dieses Jahrhunderts ging das Gebäude in den Besitz der politischen Gemeinde Welbhausen über.
Das ehemalige Synagogengebäude, heute von den Ortsbewohnern noch „Judenschule" genannt, befindet sich auch heute noch in kommunalem Besitz und wird als Wohnhaus genutzt. Die im Keller befindliche Mikwe war bereits zu Beginn des Jahrhunderts zugemauert worden.

Standort: Welbhausen Haus-Nr. 14 a (in der Ortsmitte an der Schmiede abbiegen!).

Besonderheiten: Sehr gut erhaltener Chuppastein über der Eingangstür des ehemaligen Synagogengebäudes vorhanden; Fenster- und Türrahmen, aber auch der Treppenaufgang noch im Original erhalten; Bausubstanz insgesamt noch vollständig erhalten.

Chuppastein in Welbhausen

Grabstein auf dem Friedhof Wilhermsdorf

Am Ort gab es offensichtlich mehrere sog. „Judenhäuser" – Häuser, die seit (oft mehreren Generationen) in jüdischem Familienbesitz waren – von denen einige sogar eine „Privat-Mikwe" besaßen. Diese Mikwaot wurden von den späteren Besitzern beseitigt, Spuren oder Überreste sind jedoch immer noch vorhanden, z.B. in den Häusern Nr. 14 b, Nr. 54 a und Nr. 30.

Gegenüber dem Hause „Liebfrauengasse 66 a" wurde vor langer Zeit eine weitere „Judendauch" abgerissen. Außerdem soll eine weitere Mikwe auf dem Privatgrundstück neben „Welbhausen – Nr. 15" gewesen sein. Es ist durchaus möglich, daß die verschiedenen Mikwaot zu verschiedenen Zeiten genutzt wurden.

Wilhermsdorf (Fürth)

Hier existierte vermutlich vom 17. Jahrhundert bis 1938 eine Jüdische Kultusgemeinde. Sie besaß eine Synagoge, eine Schule, eine Mikwe und einen Friedhof.

Im Jahre 1938 wurde die Gemeinde aufgelöst und die Synagoge am 22. 10. 38 verkauft, nachdem sie vorher beschädigt und ihre Inneneinrichtung total zerstört worden war.

Die Synagoge steht heute noch: sie befindet sich in Privatbesitz und dient als Lagerhalle.

Standort: Hauptstraße 1 (im Hinterhof).

Besonderheiten: Originalmauern (-türen und -fenster!) erhalten; Gebäude als Bausubstanz vollkommen erhalten; von der Straße recht schwer einsehbar und zu erreichen.

Lage des Friedhofs: Anhöhe südwestlich des Ortes in Richtung Siedelbach.

Standort: Von der Ortsmitte fährt man zunächst die Straße nach Langenzenn und biegt dann in Richtung Emskirchen–Siedelbach von der Hauptstraße links ab. Der Weg führt bergauf und macht auf der Höhe eine Linkskurve; man bleibt auf diesem Weg und fährt rechts an einem Fußballplatz vorbei – nach ca. 800 m hinter der Sportstätte ca. 300 m vor einem Aussiedlerhof ebenfalls auf der rechten Straßenseite liegt links der Straße der Friedhofseingang.

Zustand: gepflegt.

Allgemeine Übersicht: Fast V-förmige Friedhofsfläche; gemauerte, stufenförmige Backsteinmauer; Holztor vorne (an der Straße); an der rechten Längsseite, kurz vor der Rückfront, eisernes Türchen; viele Bäume; Viele sehr alte, wunderschöne Grabsteine; auf der linken Seite neuere Steine; vor der Rückfront ebenfalls neue Steine; rechts vom Eingang Steine direkt an der Wand.

Windsbach (Ansbach)

Hier existierte bis 1938 eine Jüdische Kultusgemeinde. Sie besaß eine 1848/49 errichtete Synagoge mit Schulräumen und eine Mikwe. Am 10. 11. 1938 wurde das Mobiliar der Synagoge zertrümmert und die Ritualien vernichtet, der Synagogenbau jedoch blieb, genau wie die Mikwe, erhalten. Er befindet sich heute in Privatbesitz und wird als Zahnarztpraxis benutzt.

Standort: Heinrich-Brandt-Straße 2 (vor dem Oberen Stadttor).

Wittelshofen (Ansbach)

Hier existierte seit mindestens 1735 bis 1938 eine Jüdische gemeinde. Sie besaß eine Synagoge mit einem Schulraum. Am 10. 11. 1938 wurde sie bis auf die Grundmauern niedergebrannt, 1939 vollständig abgebrochen. Heute stehen auf dem ehemaligen Synagogengrundstück Garagen und eine Scheune. Von der Synagoge ist nichts mehr erhalten!

Standort: Zwischen Postweg 2 und Postweg 6.

Zeckern (Erlangen-Höchstadt)

Lage des Friedhofs: Nordwestlich des Ortes Zeckern an einer Kläranlage.

Standort: Von Baiersdorf aus fährt man auf der B 470 in Richtung Forchheim. Man biegt in die Ortschaft Zeckern ab und dort gleich nach dem christlichen Friedhof in die Kaspar-Lang-Straße. Dieser Teerstraße folgt man so lange, bis sie in einen Feldweg übergeht. Man folgt diesem Feldweg an 2 Fischteichen vorbei, die man rechts hinter sich läßt, und biegt dann hinter dem 2. Fischteich rechts in einen holprigen Feldweg ab, der nach ca. 30 m vor das Friedhofstor führt.

Zustand: Hervorragend gepflegt.

Allgemeine Übersicht: schmiedeeisernes Tor mit 2 Steinpfosten; um den Friedhof herum Maschendrahtzaun; sehr gut erhaltenes Tahara-Haus; vorne links neben dem Eingang neuere Grabsteine; vorne rechts neben dem Eingang alte Grabsteine; an der Rückfront von der Mitte des Friedhofes ab sehr alte, kunstvolle, wunderbare Grabsteine; viele Bäume.

Zirndorf (Kr. Fürth)

Hier existierte bis 1938 eine Jüdische Kultusgemeinde. Sie besaß eine Synagoge mit einer Wohnung und Schulräumen.
In der Pogromnacht vom 10. 11. 1938 wurden die Inneneinrichtung und die Ritualien (z. B. eine Thorarolle aus dem Jahr 1757) der Synagoge gänzlich vernichtet. Das Gebäude wurde von der Stadt Zirndorf „erworben". Es diente als Sanitätswache des BRK und danach waren dort Klassen der Realschule untergebracht. Die Errichtung eines Heimatmuseums ist geplant.
Das Gebäude ist heute noch vorhanden.

Standort: Kleinstraße 2.

Besonderheiten: Gedenkplatte aus Metall an der Straßenseite; Spuren der ursprünglichen Synagogenfenster gut erkennbar; Spuren der Mesusa an einer Tür gut erkennbar.

Regierungsbezirk
Oberfranken

Aron Hakodesch in der Synagoge der
Israelitischen Kultusgemeinde Bayreuth

Denkmal für die jüdischen NS-Opfer auf dem
Friedhof der Israelitischen Kultusgemeinde Hof in
Hof-Wölbattendorf

Orte in Oberfranken

Altenkunstadt
Aschbach
Aufseß
Autenhausen
Bad Steben
Bamberg
Baunach (h)
Bayreuth (2)
Bischberg
Burgebrach
Burgellern (h)
Burgkunstadt
Burglesau (h)
Buttenheim
Coburg
Creussen (h)
Demmelsdorf
Dormitz
Ebensfeld (h)
Ebermannstadt (h)
Ebneth (h)
Eggolsheim (h)
Egloffstein
Ermreuth
Fassoldshof
Forchheim
Frensdorf
Friesen bei Kronach
Gräfenberg
Grasmannsdorf (h)
Gügel (h)
Gunzendorf

Hagenbach
Hallerndorf
Hallstadt (h)
Heiligenstadt (h)
Hirschaid
Hochstadt/Main (h)
Hof
Hollfeld (h)
Horb
Königsfeld (h)
Kolmsdorf (h)
Kronach
Küps
Kulmbach
Kunreuth (h)
Lichtenfels
Lisberg
Maineck (h)
Marktleuthen
Marktredwitz
Memmelsdorf (h)
Mistelfeld (h)
Mittelehrenbach (h)
Mittelweilersbach
Mitwitz
Münchberg (h)
Naila
Neudorf (h)
Oberkotzau (h)
Oberlangenstadt
Pegnitz (h)
Pinzberg (h)

Pottenstein (h)
Pretzfeld
Reckendorf
Redwitz a. d. Rodach (h)
Reichmannsdorf
Reifenberg (h)
Sassanfahrt (h)
Scheßlitz (h)
Schlüsselau (h)
Schwarzenbach/Saale
Seßlach (h)
Seubelsdorf (h)
Seußen (h)
Stadelhofen
Steinberg (h)
Steppach (h)
Stübig (h)
Thurnau (h)
Trabelsdorf
Trunstadt
Tüchersfeld
Viereth
Walsdorf
Wannbach
Weidenberg (h)
Weidnitz (h)
Wiesenthau (h)
Wirsberg (h)
Wölbattendorf (h)
Wonsees (h)
Zeckendorf

Altenkunstadt (Lichtenfels)

Hier existierte spätestens im 13. Jahrhundert eine erste Jüdische Kultusgemeinde, die wahrscheinlich 1298 bei der „Rindfleisch-Verfolgung" dezimiert oder gar ausgerottet worden war. Juden gab es hier aber die ganzen Jahrhunderte über, denn es erfolgten urkundliche Erwähnungen in den Jahren 1390, 1475, 1596 und 1699. Im Jahre 1700 lebten im Ort 200 Juden, 1767 waren es 267 und im Jahre 1837 war die Jüdische Gemeinde auf 400 Mitglieder (fast die Hälfte der Gesamtbevölkerung des Dorfes) angewachsen. Danach nahm die Mitgliederzahl wieder kontinuierlich ab, bis die Gemeinde um 1938 aufgelöst wurde. Sie besaß eine 1726 erbaute Synagoge (die 1822 durch einen Anbau an der Ostseite erweitert wurde, in dem sich zeitweise Lehrerwohnung und Schule befan-

den), die im Jahre 1862 renoviert wurde, eine 1809 bezogene Religionsschule, die 1869 den Rang einer jüdischen Volksschule erhielt, bis sie am 10. Januar 1920 geschlossen wurde und ein 1841 errichtetes jüdisches Armenhaus.

Am 10. 11. 1938 wurden Inventar und Ritualien der Synagoge von der SA vernichtet, das Gebäude blieb jedoch erhalten. Es ging um 1939 in den Besitz der Gemeinde Altenkunstadt über und wurde bis 1945 als Unterkunft für Kriegsgefangene, nach Kriegsende als Wohnung für Flüchtlinge genutzt. Anschließend diente es der Gemeinde Altenkunstadt als Lagerraum für das gemeindliche Wasserwerk. Nach einer gründlichen Außen- und Innenrenovierung soll es in Zukunft als Kulturzentrum der Gemeinde verwendet werden.

Standort: Judenhof 3.

![Friedhof Aschbach]

Friedhof Aschbach

Besonderheiten: Bausubstanz noch fast vollständig erhalten (bes. Fenster und Türen); Chuppastein aus dem Jahre 1726 recht gut erhalten.

Auch die Gebäude der Jüdischen Schule und des Jüdischen Armenhauses blieben, wie fast alle anderen „Judenhäuser" (ein Teil davon befand sich im *Judenhof,* einem kleinen Getto), erhalten.

Standort der jüdischen Schule: Judenhof Nr. 15

Standort des jüdischen Armenhauses: Rinnig 1

An ganz wenigen ehemaligen jüdischen Häusern in Altenkunstadt kann man heute noch Spuren der Mesusa erkennen.

Aschbach (Bamberg)

Hier existierte ab ca. 1731 – vermutlich aber schon wesentlich früher – bis 1941 eine Jüdische Kultusgemeinde. Sie besaß bis 1763

Synagoge Aschbach

eine alte und ab diesem Datum eine neue Synagoge mit Lehrerwohnung und Schulräumen, ein Ritualbad und einen um 1720 angelegten Friedhof. Am Ort gab es mehrere private Mikwaot in jüdischen Häusern. Außerdem hatte die Kultusgemeinde ab der Mitte der 30er Jahre des 19. Jahrhunderts ein eingenes Schulgebäude (mit einer Mikwe im Keller), das zunächst als jüdische Religionsschule und ab 1890 als israelitische Elementarschule genutzt wurde, bis man sie am 01. 05. 1923 behördlich schloß.

Am Morgen des 10. 11. 1938 drangen SA-Männer in die Synagoge ein, zertrümmerten die Fenster, zerschlugen das Inventar und verbrannten es zusammen mit den Ritualien auf dem Marktplatz. Das Gebäude wurde nur leicht beschädigt. Die Bauwerke der früheren Jüdischen Gemeinde sind bis heute erhalten. Die Synagoge befindet sich in Privatbesitz und wird als Wohnung mit Abstellräumen benutzt.

Standort: Bachgasse 8

Besonderheiten: Bausubstanz noch vollständig erhalten; Originalfensterbögen erhalten und als „Synagogenfenster" gut erkennbar; Nische des Aron Hakodesch mit darüberliegendem runden Misrach-Fenster erhalten und gut sichtbar. Auch im Hausinneren sind zahlreiche bauliche Überreste aus der Synagogenzeit noch sehr gut erhalten.

Auch das Schulgebäude – das Schulzimmer befand sich im 2. Stock – ist als Bauwerk noch gut erhalten.

Standort: Bachgasse 10

Eines der früheren „Judenhäuser", in denen sich eine Mikwe befand, die zeitweise auch als Gemeinderitualbad genutzt wurde, ist gleichfalls noch existent.

Standort: Heimgasse 9

Lage des Friedhofs: Am christlichen Friedhof im Ort

Standort: Von der Ortsmitte (Dorfsee/Rathaus) fährt man der Hauptstraße nach in Richtung Schlüsselfeld. An der Kreuzung Würzburger Straße/Heuchelheimer Straße biegt man in die Heuchelheimer Straße ein und folgt dieser, bis man rechts in den zum christlichen Friedhof führenden Sandweg abbiegt. Hier fährt man so weit, bis man links den christlichen Friedhof und rechts die Firma *Frankenstolz* hinter sich hat. Sofort an

den christlichen Friedhof schließt sich unmittelbar der jüdische Friedhof an – der Eingang ist dicht hinter dem Anfang der „jüdischen" Friedhofsmauer.

Zustand: Gepflegt.

Allgemeine Übersicht: Massive Steinmauer rund um den Friedhof; eisernes Eingangstor; auf das Eingangstor folgend großes Tahara-Haus mit zwei großen Räumen, (erbaut 1887), dazwischen ein großer Durchgang (im rechten Raum befinden sich alle für Tahara und Lewaja notwendigen Dinge, komplett; der rechte Raum ist leer); neben und vor dem Tahara-Haus (nach Osten zu) sehr alte und alte Grabsteine, an der dem Eingang gegenüberliegenden Mauer neuere Grabsteine; die ca. 350 Grabsteine sind in 20 Reihen angeordnet; letzte Beerdigung 1947; zwischen Eingang und Tahara-Haus Granit-Gedenkstein mit Namen der 15 Opfer des Faschismus aus Aschbach.

Aufseß (Bayreuth)

Hier existierte ab 1699 (andere Quellen geben das 14. Jahrhundert an) bis 1938 eine Jüdische Kultusgemeinde. Sie besaß eine Synagoge mit Schule und Mikwe, eine weitere, 1898 erbaute Mikwe und einen 1722 errichteten Friedhof. Die Synagoge (es gab vor diesem Kultgebäude bereits zwei andere Synagogen im Ort, deren Standort jedoch nicht nachweisbar ist) war im Obergeschoß des Synagogengebäudes, welches ab 1932 nicht mehr für Gottesdienste benutzt wurde, untergebracht. Im September 1938 wurde die Synagoge an die Gemeindeverwaltung verkauft, daher blieb sie auch unbeschädigt. Das Bauwerk existiert heute nicht mehr. Es wurde 1938 an Privatleute verkauft und 1939 wegen Baufälligkeit vom Besitzer abgerissen. Heute steht auf dem ehemaligen Synagogengelände eine Schreinerwerkstatt. Von der Synagoge ist heute *nichts* mehr erhalten!

Standort: Kirchberg 25

Das Badehaus, errichtet 1898, ist als Bauwerk heute noch erhalten, allerdings völlig umgebaut.

Standort: Neuhauser Straße 44

An einigen alten Häusern des Ortes (bes. in den Straßen „Kirchberg" und „Brunnengas-

Levitengrab auf dem Friedhof Aufseß

Grab auf dem Friedhof Aufseß

se", es gab auch eine sog. „Judengasse") sind heute noch Spuren von Mesusot erkennbar.

Lage des Friedhofs: 800 m nordwestlich des Ortes.

Standort: Von Hollfeld kommend biegt man kurz nach dem Ortsanfang rechts bei dem Schild „Gasthof Stern" von der Straße ab und fährt über eine kleine Brücke auf der Straße „Obere Brücke". An ihrem Ende gabelt sich die Straße – man muß rechts in den Brunner Weg einbiegen. Diesem folgt man bergauf, bis er auf der Bergkuppe nach links abbiegt. Man folgt dieser Linksabbiegung nicht, sondern fährt geradeaus auf einem Feldweg weiter. Diesem folgt man noch 400 m, dann liegt der Friedhof hangaufwärts links des Weges.

Zustand: Ordentlich.

Allgemeine Übersicht: 143 Grabsteine; erste urkundliche Erwähnung 1722: ältester Grabstein von 1735, letzte Bestattung 1938; umgeben von einem Maschendrahtzaun; schmiedeeisernes Tor; links des Tores 4–5 Reihen älterer Grabsteine; im linken oberen Viertel des Friedhofes sehr alte Grabsteine;

ganz vorne rechts am Zaun mehrere neuere Grabsteine; Hanglage: vom Tor aus hangaufwärts.

Autenhausen (Coburg)

Hier existierte von ungefähr 1675 bis 1923 eine Jüdische Kultusgemeinde. Sie besaß eine 1829 erbaute Synagoge mit einer 1874 gegründeten jüdischen Elementarschule im gleichen Gebäude, eine Mikwe und einen um 1836 angelegten Friedhof. Nach einem Überfall durch Nationalsozialisten auf die Juden des Ortes am 04. 11. 1923 (!) verließen alle Juden den Ort. Die Synagoge wurde 1928 verkauft, nachdem vorher die Thorarollen und die Ritualien unter die umliegenden Nachbargemeinden aufgeteilt worden waren. In späteren Jahren (Datum unbekannt) wurde das Synagogengebäude abgerissen.

Standort: Judenberg 2 (Hauptstraße in Richtung Gemünda, ungefähr in Höhe des letzten Hauses auf einer Anhöhe auf der rechten Straßenseite).

Grab auf dem Friedhof Autenhausen

An die Anwesenheit von Juden erinnert heute noch die Mikwe, die in Spuren erhalten ist, wenn auch nur als schlecht erhaltenes Mauerfragment. Der Rest des Bauwerks steht in einem Privatanwesen.

Standort der ehemaligen Mikwe: Garten hinter dem Haus Lindenstraße 11 (gegenüber dem Synagogengrundstück Judenberg 2)

Ein weiteres Zeugnis jüdischer Vergangenheit des Ortes ist der Weg vom Dorf zum jüdischen Friedhof, der heute noch *„Judenfriedhofsweg"* genannt wird.

Lage des Friedhofs: Bergrücken südwestlich von Autenhausen.

Standort: Von der Ortsmitte Autenhausen fährt man in Richtung Gemünda. Sofort am Ortsende, hinter einer Lindengruppe und dahinter einer Gaststätte, biegt man die erste (geteerte) Feldstraße nach rechts ab und folgt dieser ca. 300 m hügelauf. Auf der linken Seite steht man dann, ca. 10 m von dem Weg entfernt, vor dem Seiteneingang des Friedhofes.

Zustand: Gepflegt.

Allgemeine Übersicht: Umgeben von einer massiven, stufenförmig dem Hügel entspre-

chenden Sandsteinmauer; zwei Eisentore (ein großer Haupteingang und ein kleiner Seiteneingang); 97 meist schöne, alte Grabsteine (erster aus dem Jahr 1839, letzter aus dem Jahr 1917).

Bad Steben (Hof)

Lage des Friedhofs: Friedhof der Evangelisch-Lutherischen Kirche im Ort.

Standort: Vom Rathaus fährt man in Richtung Langenbach. Man biegt links in die vierte Querstraße, die nach Obersteben fährt (= Oberstebener Straße), ab und fährt auf dieser Straße, bis rechter Hand der Schulweg abzweigt. Hinter der Abzweigung, auf der Oberstebener Straße, stellt man das Auto ab. Man geht den Schulweg hinauf bis zum Friedhofshaus, biegt an diesem rechts ab und geht in den Friedhof. Am zweiten Querweg (hinter den Kindergräbern) befindet sich auf der linken Seite das Massengrab mit einem Denkmal in der Mitte.

Zustand: Gepflegt.

Allgemeine Übersicht: Großes Massengrab, mit Zierbaumbewuchs; in der Mitte Denkmal (Granit) mit folgendem Wortlaut: „HIER RUHEN 20 UNBEKANNTE KZ-HÄFTLINGE + APRIL 1945 HIER HÄLT MENSCHLICHKEIT DIE EHRENWACHT". Es ist sehr wahrscheinlich, daß sich unter den toten KZ-Opfern auch Juden befunden haben.

Bamberg

Hier existierte von der 2. Hälfte des 12. Jahrhunderts – obwohl Juden schon 1096 erwähnt werden – immer wieder durch Ausweisungen, Pogrome, Verfolgungen und Zwangstaufen (z. B. in den Jahren 1298, 1302, 1332, 1346, 1448, 1478 u. v. a. m.) unterbrochen – bis zum 17. 06. 1943 die größte Jüdische Gemeinde Oberfrankens. Sie bewohnte im 12. Jahrhundert ein *„Judenviertel"* am heutigen Pfahlplätzchen, das sich von der *Judengasse* bis zur Eisgrube erstreckte. Ein ganzer Block von Gebäuden zwischen Pfahlplätzchen, Theresienplatz, Balthasargäßchen und Lugbank bildete den *„Judenhof"*, das Getto in Bamberg. Dort befand sich die Synagoge, im 12. Jahrhundert

„Judenkapelle" in Bamberg

eine Jeschiwe, die „Judenschule", die Mikwe (*„Judenbad"*), das *„Judentanzhaus"*, eine Herberge zur Aufnahme von Kranken und Durchreisenden und viele jüdische Wohnhäuser. Der Friedhof der Gemeinde lag außerhalb des Sandtores, am Fuße des Michelsberges.

1349 wurden die Juden in Bamberg enteignet; aller jüdischer Besitz wurde beschlagnahmt und an „verdiente Staatsbürger" zum Lehen und Erbteil vergeben. Die Synagoge wurde in eine katholische Kapelle „umfunktioniert". Die „Judenkapelle" – so hieß die ehemalige Synagoge ab jetzt – wurde bis 1803 als katholische Gebetsstätte benutzt. Nach ihrer Profanisierung im gleichen Jahr diente sie als Wohnung und als Möbelmagazin. Während der NS-Herrschaft passierte dort nichts. Nach 1945 wurde das Gebäude als Turnhalle, Lagerraum und als protestantischer Gebetsraum der US-Armee benutzt. Heute dient das Bauwerk – mehrfach umgebaut, aber in der Bausubstanz noch immer das erste Synagogengebäude von Bamberg

– der ev. Freikirchlichen Gemeinde der Baptisten als Bethaus.

Standort: Judenstraße 1.

Auch andere Bauwerke des ehemaligen Gettos, des Judenhofes, existieren heute noch und werden – freilich mehrfach Umbauten unterzogen – privat genutzt. Die *„Judenschule"*, ab 1428 das „Haus mit dem steinernen Fuß" und ab 1526 das „Haus zum güldenen Fäßchen" genannt ist heute ein Privathaus.

Standort: Pfahlplätzchen 3.

Auch das Gebäude des *Judentanzhauses* gibt es heute noch; nachdem es ab 1431 „Pfründehaus" war und ab 1630 „Haus zum Krebs" hieß, wird es heute privat genutzt.

Standort: Pfahlplätzchen 1.

Bekannt ist auch der Standort des *„Judenbadehauses"*, das sich in der heutigen Judengasse 12 befunden hat.
Im Jahre 1766 wurde der Judenhof aufgelöst, seine Hoffläche wurde jedoch weiterhin gemeinsam benutzt (besonders der Brunnen).

Grabstätte des Königlichen Kommerzienrats Max E. Gutman s. A. auf dem Friedhof Bamberg

Soldatengrab auf dem Friedhof Bamberg

Im 17. Jahrhundert kam es dann wieder zur Ansiedlung von Juden in Bamberg (obwohl es zwischen dem 14. und 17. Jahrhundert immer eine kleinere Anzahl von Juden in der Stadt gab, die aber wohl keine eigene Kultusgemeinde bildeten) und zur Wiederbegründung einer Jüdischen Gemeinde. Sie ließen sich in der neuen *Judengasse* (heute Generalsgasse) nieder, wo sie im hinteren Teil des Hauses im Zinkenwörth 1 – heute Generalsgasse 15 – ein Bethaus errichteten. 1694 wurde das ganze Gebäude – das als Bethaus benutzte Hinterhaus samt dem erweiterten Vorderhaus – offiziell Synagoge der Jüdischen Gemeinde Bamberg. Bis 1853 blieb das Synagogengebäude unverändert, dann wurde es völlig umgebaut. 1910 wurde die Synagoge in der Generalsgasse 15 als Gebetsstätte der Juden durch den Neubau der Großen Synagoge in der Herzog-Max-Straße abgelöst. Das ehemalige Synagogengebäude wurde später an den St. Otto-Verlag verkauft, der es bis 1984/85 als Lagerhalle zur Unterbringung von Druckmaschinen und -material benutzte. Es war nur noch eine Hülle von 4 romanischen Fenstern und einem

sehr schönen Torbogen aus Sandstein erhalten. Der Bau wurde 1985 abgerissen, heute erinnert nichts mehr an die zweite Synagoge der Juden in Bamberg.

Standort: Rückgebäude Lange Straße 22 und 24/Hinterhaus Generalsgasse 1.

Ab 1910 besaß die Jüdische Gemeinde Bamberg eine große Synagoge mit Schulräumen für den Religionsunterricht, ein Gemeindehaus mit Wohnungen, ein Ritualbad und einen 1850 angelegten Friedhof mit einer großen 1885 errichteten Taharahalle. In Bamberg waren viele jüdische Vereine und Organisationen tätig.

Die neue, große, 1910 in der Herzog-Max-Straße 13 errichtete Synagoge wurde am 09. 11. 1938 von SA- und SS-Angehörigen angezündet, nachdem man vorher in Anwesenheit des Stadtarchitekten alle Metallteile abmontiert hatte und das Gebäude mit Benzin überschüttet worden war. Bei dem Brand wurden zahlreiche wertvolle Ritualien und kostbares Mobiliar, auch aus umliegenden, bereits aufgelösten Jüdischen Gemeinden, mutwillig vernichtet. Die Synagoge brannte

24 Stunden. Im März 1939 wurde das verkohlte Gemäuer von städtischen Technikern gesprengt. Heute befindet sich auf dem ehemaligen Synagogenareal das Gebäude der AOK Bamberg. Vom früheren Synagogenbau ist nichts mehr erhalten. Ein Gedenkstein erinnert heute nur noch an die Synagoge.

Standort: Grünanlage zwischen Herzog-Max- und Urbanstraße.

Ein weiteres Zeugnis jüdischer Vergangenheit in Bamberg ist heute noch das ehemalige „Getto der Ostjuden" in der Generalsgasse mit dem Betsaal, der heute als privates Wohnhaus genutzt wird.

Standort: Generalsgasse 3.

Nach dem Kriegsende und dem Zusammenbruch NS-Deutschlands erstand in Bamberg die Jüdische Gemeinde wieder; die Israelitische Kultusgemeinde Bamberg. Sie besitzt einen schönen Betsaal und ein geräumiges Gemeindezentrum im Erdgeschoß des gemeindeeigenen Hauses, welches der Kultusgemeinde von der im KZ Theresienstadt umgekommenen Frau Leoni *Kupfer* s. A. geschenkt worden war.

Standort: Willy-Lessing-Straße 7.

In Bamberg gibt es zahlreiche schöne Bürgerhäuser, die früher Juden gehörten und die vom Reichtum und Geschmack einiger in der Stadt wohnenden Juden zeugen. Auch zwei Straßen der Stadt sind nach jüdischen Persönlichkeiten benannt worden: die *Willy-Aron-Straße* nach dem im KZ Dachau ermordeten Gerichtsreferendar Willy Aron und die *Willy-Lessing-Straße* nach dem Kommerzienrat Willy Lessing, der an den Folgen der Mißhandlungen starb, die er in der Nacht vom 9. 11. 1938 von der SA hatte erdulden müssen.

Der mittelalterliche Friedhof der Jüdischen Gemeinde Bamberg lag am oberen Ende der Schrottenbergstraße, an der heutigen Unteren Sandstraße Nr. 29. Im Laufe des 15. Jahrhunderts wurde der „*Judenhofe am Sand*" (außerhalb des Sandtores, am Fuße des Michelsberges) ausgehend vom Ottoplatz bis hinter das alte Frauenhaus, später unter dem Namen „Pelikan" bekannt, erweitert. 1478 vertrieb der damalige Fürstbischof die Juden aus der Stadt, zwei Jahre später, 1480, wurde der Friedhof an das Kloster Mönchsberg und an Privatleute verkauft, die

ihn abräumten bzw. völlig zerstörten (Noch um 1750 hatte man hinter dem Hause Untere Sandstraße 29 jüdische Grabsteine gefunden; das Gebiet hieß im Volksmund lange Zeit „*Judenfreythof*"). Heute ist von dem mittelalterlichen jüdischen Friedhof nichts mehr erhalten.

Standort: Hinter dem Hause Untere Sandstraße 29 (Oberes Ende der Schrottenbergstraße).

Nach der Vernichtung des Friedhofes durften die Juden ihre Toten bis zur Errichtung eines neuen Friedhofes im Jahre 1850 nicht in der Stadt beerdigen. Sie benutzten für die Bestattungen besonders den jüdischen Friedhof in Walsdorf.

Lage des neuen Friedhofs: Nördlicher Stadtrand von Bamberg.

Standort: Vom Bahnhof kommend folgt man der Ludwigstraße stadtauswärts bis zur Memmelsdorfer Straße. Hier biegt man nach links ab und folgt der Memmelsdorfer Straße bis zur Kreuzung mit der Siechenstraße. Man biegt an dieser Kreuzung rechts ab und folgt der Siechenstraße am christlichen Friedhof mit einer Kirche bzw. Kapelle vorbei so lange bis rechter Hand ein Weg ganz leicht rechts an den Häusern vorbei abzweigt. Vor einer großen Friedhofshalle ist der Eingang zum jüdischen Friedhof sichtbar.

Zustand: Der Friedhof befindet sich in einem hervorragend gepflegten Zustand.

Allgemeine Übersicht: Zaun (Metall) auf der Vorderseite, an der rechten Seite (teilweise an der linken Seite und an der hinteren Seite Mauer; der eigentliche Haupteingang (zum großen Tor des Friedhofsgebäudes führend) ist verschlossen; Betreten des Friedhofes durch den Seiteneingang rechts möglich, große Leichenhalle mit geräumiger Wärterwohnung auf beiden Seiten der „Halle"; in der eigentlichen Leichenhalle befindet sich ein großer Gedenkstein für die gefallenen jüdischen Soldaten des Ersten Weltkrieges aus Bamberg – linker Hand vom heutigen Eingang (mit Rednerpult); rechts vom Eingang befindet sich eine runde Nische mit Rednerpult aus schwarzem Holz; die rechte Abteilung – von der Halle aus gesehen – des Friedhofes ist abgezäunt, man gelangt durch eine Tür mit dem Schild „Betreten auf eigene Gefahr" hinein; in der mittleren Abteilung sind sehr viele schöne und kostbare Grabsteine; in der linken Abteilung sind zumeist neue Gräber; an der rückwärtigen Mauer (Grenze zum christlichen Friedhof) sind rechter Hand Gräber der Jahre 1936–46; linker Hand sind – teilweise sehr ärmliche – Gräber der unmittelbaren Nachkriegszeit; in der vorderen Reihe – am Eingang – ist eine ganze Reihe besonders schöner Soldatengräber, dahinter befindet sich ein Rabbinergrab; rechts vom heutigen Eingang ist eine Gedenkstätte für die Opfer des Holocaust, dahinter das Familiengrab der Familie (von) Wassermann.

Baunach (Bamberg)

Hier existierte bis 1298 eine Jüdische Kultusgemeinde. Diese wurde bei der „Rindfleisch-Verfolgung", vermutlich im gleichen Jahr, ausgerottet.
Außer dieser urkundlich gesicherten Tatsache gibt es bis heute keinerlei weitere Zeugnisse jüdischer Vergangenheit in Baunach.

Aron Hakodesch der Synagoge der Israelitischen Kultusgemeinde Bayreuth

Bayreuth

Hier existierte schon von 1372/73 bis zum 15. Jahrhundert und dann wieder von 1759 bis 1942 eine Jüdische Kultusgemeinde, die zeitweise sogar Sitz des Bezirksrabbinats Bayreuth war.
Sie besaß eine große und eine kleine, 1934 renovierte Synagoge, eine Mikwe, ein Gemeindehaus, eine Schule und einen Friedhof mit großer Leichenhalle. In Bayreuth, wo die Gemeinde im Jahre 1933 261 Mitglieder zählte, (1837 waren es sogar 530!) waren zahlreiche jüdische Vereine und Organisationen tätig.
In der Nacht des 10. 11. 38 drangen SA-Mitglieder in die große Synagoge ein und vernichteten Inneneinrichtung und Ritualien. Das Gebäude selbst blieb wegen seiner unmittelbaren Nähe zum markgräflichen Opernhaus erhalten. Es besteht heute noch und wird als Synagoge genutzt.
Nach dem Zusammenbruch der Naziherrschaft erstand in Bayreuth wieder eine Jüdische Gemeinde. Sie benutzt die ehemalige große Synagoge als Gemeindesynagoge, außerdem befindet sich im gleichen Gebäude

ein Clubraum, das Sekretariat und ein Sitzungssaal.
Standort: Münzgasse Nr. 2 (= ursprüngliche Synagoge).
Lage des Friedhofs: Nürnberger Straße 9 (B2/B85) im östlichen Stadtteil.
Standort: Von der Stadtmitte folgt man immer den blauen Hinweisschildern „Autobahn Berlin–Nürnberg" bis kurz vor die Ortsgrenze. Bei der Ausschilderung zu einer großen Gärtnerei folgt man dieser, biegt links ab und sieht dann, links vor der Gärtnerei, auf einer kleinen Anhöhe die Friedhofseingänge.
Zustand: Zufriedenstellend.
Allgemeine Übersicht: Großes, dreischiffiges Leichenhaus; rechts und links des Leichenhauses schöne schmiedeeiserne Tore; massive Steinmauer rund um den Friedhof; rechts neben dem rechten Tor (Eingang) Brunnen mit Pumpe; in der Mauer im Winkel von 90° zum rechten Tor weiteres Tor und Türchen; drei „Gräberabteilungen" im Winkel von 90° zum Eingangstor: 1. Gruppe links neben Eingang: alte, sehr kunstvolle Grabsteine vorne Grabsteine ohne Aufschrift (Sol-

Friedhof Bayreuth mit Spuren einer Schändung

datengräber?); 2. Gruppe (Mitte): sehr alte, sehr schöne und kunstvolle Grabsteine – vorne am 3. Tor sehr alte, gegen hinten zu neuere; 3. Gruppe (rechts der Mitte): neuere und neueste Grabsteine; an der Mauer gegenüber dem 3. Tor Gedenktafeln.

Bischberg (Bamberg)

Hier existierte vom Jahre 1602 bis zum 29. April 1904 eine Jüdische Kultusgemeinde. Eine große Anzahl ihrer Mitglieder wohnte in einem eigenen Getto, dem heute noch vorhandenen „Judenhof". Die Gemeinde besaß eine zwischen 1680 bis 1690 (andere Quellen sprechen von 1717) erbaute Synagoge mit Unterrichtsräumen, einer Wohnung für den Lehrer und Kantor und eine Mikwe im Keller. Im Jahre 1908 ging der Gemeindebesitz durch Verkauf in nichtjüdisches Eigentum über.
Die Synagoge, in der zwischenzeit zu einem Mehrfamilienhaus umgebaut, existiert heute noch. Sie befindet sich in Privatbesitz und wird als Wohnhaus benutzt.
Standort: Hauptstraße 84

Burgebrach (Bamberg)

Hier existierte ab dem 17. Jahrhundert bis etwa 1926/27 eine Jüdische Gemeinde. Sie besaß eine Synagoge, eine Schule und eine Mikwe. Die Synagoge – gegen Ende des 17. Jahrhunderts erbaut – ging am 21. März 1927 durch Verkauf in christlichen Besitz über. Das Bauwerk existiert heute noch als Bausubstanz. Es wird – nach diversen Umbauarbeiten – als Wohnung benutzt, die über dem darunterliegenden Friseurgeschäft liegt. (Die ehemaligen Synagogenräume waren auch im Obergeschoß des Hauses).
Standort: Marktstraße 8/Hauptstraße 23

Die Mikwe (auch „*Judentauche*" genannt) befand sich im Anwesen Hauptstraße 45/ Ecke Bamberger Straße. Das 1833 errichtete Bauwerk wurde 1926 verkauft und wird heute, nach Umbauarbeiten, als Garage genutzt.
Standort: Hauptstraße 45/Ecke Bamberger Straße

Das Schulgebäude – eigentlich war es ein Wohnhaus mit einem Schulzimmer im ersten Stock – wurde von 1828 bis ca. 1855 benutzt und danach im Jahre 1887 verkauft. Ab der Jahrhundertwende wurde dann das Synagogengebäude auch für schulische Zwecke genutzt.
Standort der einstigen Schule: Hauptstraße 27.

Burgellern (Bamberg)

Hier existierte wahrscheinlich vom Mittelalter bis zum 18. Jahrhundert eine Jüdische Kultusgemeinde, von der, außer dem Jahrhundert ihrer Auflösung, trotz intensiver Recherchen keinerlei weiterer Informationen mehr vorliegen.

Burgkunstadt (Lichtenfels)

Hier existierte vom Beginn des 17. Jahrhunderts bis 1942 eine Jüdische Kultusgemeinde. Sie besaß eine Synagoge, ein Gemeindehaus, eine Schule und einen um 1620 errichteten großen Friedhof.
In der Pogromnacht 1938 drangen SA-Männer in die Synagoge ein und stahlen bzw. vernichteten Inventar und Ritualien. Danach

Eingangstor des Friedhofes Burgkunstadt

Grabstein mit mehreren Symbolen in Buttenheim

wurde das Synagogengebäude abgebrochen.

Heute befindet sich auf dem ehemaligen Synagogengrundstück eine Grünanlage. Vom Gebäude ist nichts mehr erhalten.

Standort: Kulmbacher Straße 26

Lage des Friedhofs: 1 km nördlich der Stadt im Wald an der Straße nach Ebneth („am Ebnether Berg").

Standort: Von Burgkunstadt-Stadtmitte fährt man die direkte Straße in Richtung Ebneth. Ca. 1 km hinter dem Ortsausgang biegt man, direkt vor dem Waldrand, in einen gepflegten Feldweg links ab und fährt dann noch ca. 200 m weiter, bis man direkt vor dem Friedhofseingang steht.

Zustand: Gepflegt.

Allgemeine Übersicht: Sehr weiträumige, große Friedhofsfläche; massive, mehrfach verstärkte Steinmauer rund um den Friedhof; kunstvolles schmiedeeisernes Tor; links des Tores stabiles Tahara-Häuschen; links vom Eingang neuere Grabsteine, rechts ältere, geradeaus ganz alte Grabsteine (ältester Grabstein aus dem Jahr 1623 auf dem Grab

einer jüdischen Frau aus Altenkunstadt), an der Rückfront (dem Tor gegenüber) wieder Gruppen nicht ganz so alter Grabsteine; sehr viele kunstvolle, herrliche Grabsteine (sehr viele aus der Barock-, Rokoko- und Biedermeierzeit); noch über 2000 Grabsteine vorhanden; etliche Bäume (Birken, Zypressen); letzte Bestattung 1942; 1973 Schändung des Friedhofes (mehrere hundert Grabsteine umgestoßen).

Burglesau (Bamberg)

Hier existierte in der Zeit vor 1800 nachweislich eine jüdische Kultusgemeinde, über die bis jetzt – trotz intensiver Recherchen – außer der urkundlich gesicherten Tatsache ihres Bestehens keine weiteren Informationen vorliegen.

Buttenheim (Bamberg)

Hier existierte ungefähr vom 15. Jahrhundert bis zum 28. März 1892 eine Jüdische Kultusgemeinde. Sie besaß eine 1741 erbaute Synagoge (eine frühere Synagoge soll es bereits

1525 in den Ruinen des im Bauernkrieg zerstörten Schlosses gegeben haben) mit Mikwe, Schule und Herberge für durchreisende Juden und einen 1819 angelegten Friedhof. Das Synagogengebäude wurde 1937 an eine Buttenheimer Brauerei verkauft. Teile davon stehen noch, und zwar als Stall im Hinterhof des Anwesens Marktstraße 6 (Löwenbräu).

Standort: Hinterhof der Marktstraße 6.

Lage des Friedhofs: 1,5 km nördlich von Buttenheim am Waldrand, rechts der Straße nach Seigendorf.

Standort: Man verläßt Buttenheim in Richtung Seigendorf. Ungefähr 1500 m hinter dem Ort, vor einem großen Obstbaum auf der linken Straßenseite, biegt man in einen geschotterten Seitenweg rechts ab und bleibt auf ihm ca. 200 m bis zum Waldrand. Hier liegt rechts des Weges der Friedhof, zu dessen Eingang man auf dem Weg im Wald noch ca. 50 m bleibt und dann rechts in den 1. Seitenweg hinter dem Friedhofsende abbiegt.

Zustand: Gepflegt.

Allgemeine Übersicht: Maschendrahtzaun rund um den Friedhof; schönes schmiedeeisernes Tor; solides Tahara-Haus (von allen Seiten zugemauert); im Hintergrund viele sehr schöne, alte Steine (letzte Reihe viele Kohanim); vordere drei Reihen neuere Grabsteine; Friedhof von Laubbäumen „eingezäunt"; erste Bestattung 1819; 280 Grabsteine noch vorhanden; mehrere Friedhofsschändungen.

Coburg

Hier existierte schon im Mittelalter – von der frühen Mitte des 14. Jahrhunderts bis zur Mitte des 15. Jahrhunderts – eine jüdische Gemeinde. Sie besaß eine 1393 urkundlich erwähnte Synagoge (diese soll sich im Einzugsbereich des Hauses *Judengasse 9"* befunden haben), mit großer Wahrscheinlichkeit eine Mikwe und zwei – ebenfalls durch Urkunden nachgewiesene Friedhöfe (*Judengruben*). An diese mittelalterliche Gemeinde erinnern heute noch viele aus der damaligen Zeit stammende Straßen- und Ortsbezeichnungen: *Judengasse, Judentor, Judengrube,*

Grabstein auf dem alten Friedhof in Coburg

Judenplatz, Judenstiege bzw. *Judensteg* oder *Judenbrücke* und *Judenberg*.

Nach der Auflösung der Gemeinde in der späten Mitte des 15. Jahrhunderts waren bis zum 19. Jahrhundert in der Stadt nur noch wenige Juden ansässig. Erst 1872 wurde wieder eine Gemeinde gegründet, die bis 1941 existierte. Sie besaß zeitweise eine Synagoge, eine Schule mit Internat und zwei Friedhöfe. In Coburg waren zahlreiche jüdische Vereine und Organisationen tätig.

Mitte März 1933 wurde die Synagoge, die sich in der Nikolauskapelle – einer früheren Kirche – befand, die den Juden 1873 von der Stadt Coburg zur Verfügung gestellt worden war, auf polizeiliche Anordnung hin geschlossen. Die Gottesdienste fanden danach in einem Betsaal im Haus des Predigers der Jüdischen Gemeinde, *Herman Hirsch*, in der heutigen Hohen Straße 30, statt. Beim Pogrom 1938 wurde der Betsaal mit Inventar und Ritualien von SA-Männern demoliert.

Das frühere Synagogengebäude existiert noch. Es ist heute wieder eine Kirche, die von der Altkatholischen Kirche genutzt wird.

Standort: Ketschendorfer Straße 31 (Nikolauskapelle).

Ehrenmal für jüdische Gefallene auf dem neuen Friedhof Coburg

Ehrenmal der Opfer des Faschismus auf dem neuen Friedhof in Coburg

214

Nikolauskapelle

Gedenktafel an der ehem. Synagoge

Besonderheiten: Bausubstanz insgesamt vorhanden, aber durch Anbauten erweitert; Ornamente aus der Zeit der Nutzung als Synagoge – teilweise ganz, teilweise als Bruchstücke – erhalten.

Eine Gedenktafel links vom Haupteingang trägt die folgende Inschrift: „EHEMALIGE SIECHENKAPELLE ST. NIKOLAUS ERBAUT MITTE 15. JH. AB 1529 KAPELLE DER EVANGELISCHEN GEMEINDE AB 1806 KAPELLE DER KATHOLISCHEN GEMEINDE 1873–1932 JÜDISCHE SYNAGOGE AB 1946 KAPELLE DER FREIKIRCHLICHEN GEMEINDE AB 1962 KAPELLE DER ALTKATHOLISCHEN GEMEINDE".

Die Wohnung des Gemeindekantors *Hermann Hirsch*, in welcher sich nach der Schließung der Synagoge bis 1938 die Betstube befand, ist heute ein privat genutztes Gebäude. In dem Bauwerk war vom April 1935 bis November 1938 auch noch die jüdische Schule untergebracht. Ab Oktober 1935 wurde der Unterricht im Haus Hohe Straße 16 abgehalten, die auswärtigen Kinder wohnten aber in dem als Wohnhaus des Vorbeters, Betsaal, Schule und Internat genutzten Gebäude.

Standort: Hohe Straße 30.

Ein weiteres Zeugnis jüdischer Vergangenheit ist das Wohnhaus der Familie *Ehrlich,* an welchem eine Gedenktafel für *Sally Ehrlich* mit dem folgenden Wortlaut angebracht ist: „In diesem Hause wohnte vom 17. 2. 1878 bis 24. 4. 1942 *Sally Ehrlich.* Er wurde in Polen aus Gründen seiner Religionszugehörigkeit mit tausenden seiner Glaubensgenossen auf Befehl der Regierung Hitler ermordet."

Standort: Sally-Ehrlich-Straße 10.

Lage des alten Friedhofs: Nordöstlicher Stadtrand, Rodacher Straße.

Standort: Vom Marktplatz fährt man am Bahnhof vorbei in Richtung Rodach. Man bleibt auf der Rodacher Straße bis vor der Abzweigung Spittelleite, wo man vor dem Zebrastreifen rechts abbiegt. Rechter Hand befindet sich eine parkähnliche Anlage.

Zustand: Gepflegt.

Allgemeine Übersicht: Der alte Friedhof, der der Familie *Simon* als Privatfriedhof diente, wurde noch vor 1860 angelegt und nach dem Weggang der Familie *Simon* aus Coburg im Jahr 1913 nicht mehr genutzt. Keinerlei Umzäunung oder Tor; sechs Steine und die Spur eines Grabsteines; Anordnung: Reihe mit vier Grabsteinen, dahinter zwei versetzte Steine;

am vorletzten Grabstein Puttenköpfe; einige Steine sehr stark verwittert.

Lage des neuen Friedhofs: In der Stadt östlich im ständtischen Friedhof.

Standort: Vom Marktplatz aus geht man durch die Steingasse und durch das Steintor und biegt dann rechts in den Glockenberg ein. Man geht immer der Straße nach, bis man vor dem Haupttor (zweites Eisentor links) steht. Man folgt dem Hauptweg auf dem Friedhof bis zum Ende. Hier befindet sich hinter einem Holztor der Jüdische Friedhof.

Zustand: Gut gepflegt.

Allgemeine Übersicht: Erworben 1873; erste Bestattung am 12. 07. 1874; gegen den christlichen Friedhof durch lebende Hecke abgegrenzt; Haupteingang: Holztor; Nebeneingang (separat): Eisentor; links vom Haupttor alter Teil, rechts neuerer Teil; gerade vor dem Haupttor Ehrenmal für die jüdischen Gefallenen des Ersten Weltkrieges; links neben dem Ehrenmal Gedenkstein für die Opfer des Faschismus und der NS-Herrschaft; an der Mauer der linken Begrenzung (neben Nebeneingang): Ruhestätte der Familie *Löwenherz*; im Friedhof: Ruhestätte der Familie *„Jacob Freiherr von Mayer"* (mit Familienwappen); Bestattungen vor und nach dem Kriege.

Ruhestätte der Familie (Familienwappen)
Jacob Freiherr von Mayer

Creußen (Bayreuth)

Hier existierte in der Zeit vor 1800 nachweislich eine Jüdische Kultusgemeinde, über die bis jetzt, außer der urkundlich gesicherten Tatsache ihres Bestehens, keinerlei weitere Informationen vorliegen.

Demmelsdorf (Bamberg)

Hier existierte bis 1942 eine Jüdische Kultusgemeinde. Sie besaß eine Synagoge mit Lehrerwohnung, eine 1870 erbaute Mikwe und, zusammen mit der Gemeinde Zeckendorf, einen Friedhof. Beim Pogrom vom 10. 11. 1938 stürmten SA-Männer die Synagoge, zerstörten das Inventar und vernichteten die Ritualien. Der Bau wurde danach auf Anordnung des Landrates von Bamberg völlig zerstört, das Synagogengrundstück beschlagnahmt.

Heute existiert nichts mehr von der Synagoge. Auf dem ehemaligen Synagogenplatz wurde das örtliche Feuerwehrhaus errichtet.

Standort: Feuerwehrhaus.

Im Herbst 1991 wurde an der Staatsstraße zwischen Demmelsdorf und Zeckendorf – ca. 150 m nach dem Ortsausgang von Demmelsdorf in Richtung Zeckendorf – auf der linken Straßenseite ein Gedenkstein (Findling) enthüllt, auf dem in 3 verschiedenen Metallplatten die Namen der 44 Opfer NS-Deutschlands aus *Zeckendorf* (oben), *Demmelsdorf* (unten, links) und *Scheßlitz* (unten, rechts) aufgeführt sind. Unter den drei Tafeln befindet sich eine weitere Metallplatte mit folgender Inschrift: „IM GEDENKEN AN DIE JÜDISCHEN OPFER 1933–1945".

Dormitz (Forchheim)

Hier existierte vom Beginn des 18. Jahrhunderts bis zum 24. Juni 1919 eine Jüdische Kultusgemeinde. Sie besaß eine Synagoge, ein Schulhaus und eine Mikwe.

Die Synagoge – 1764 errichtet – existiert heute noch. Sie befindet sich seit 1919 im Privatbesitz und wird als Unterstellraum, am Wohnhaus der Hauptstraße Nr. 18 angebaut, benutzt.

Standort: Anbau im Hinterhof des Wohnhauses Hauptstraße 18

Besonderheiten: Die Bausubstanz ist noch recht gut erhalten; Originalfenster und -türen (Bögen) sind ebenso vorhanden wie die Ausbuchtung des Aron Hakodesch, das Misrachfenster, einige Stuckreste im Rokokostil an Decke und Wänden sowie einige Wandmalereien.

Die ab dem Jahre 1824 bestehende Religionsschule wurde 1911 verkauft.

Standort: Hauptstraße 42 a.

Die 1829 urkundlich erwähnte Mikwe wurde im Jahre 1912 abgebrochen.

Standort: Hauptstraße 42 b.

Ebensfeld (Lichtenfels)

Hier existierte in der Zeit vor 1800 – wahrscheinlich im 15. Jahrhundert – nachweislich eine Jüdische Kultusgemeinde, über die bis jetzt – trotz intensiver Recherchen – außer der urkundlich gesicherten Tatsache ihres Bestehens keine weiteren Informationen vorliegen.

Ebermannstadt (Forchheim)

Hier existierte bis 1298 eine Jüdische Kultusgemeinde. Sie wurde bei der „Rindfleisch-Verfolgung", wahrscheinlich im gleichen Jahr, ausgerottet.

Außer dieser urkundlich belegten Tatsache gibt es bis heute keinerlei weitere Zeugnisse jüdischer Vergangenheit in Ebermannstadt mehr.

Ebneth (Lichtenfels)

Hier existierte – wahrscheinlich vom Mittelalter bis zur Auflösung im Jahr 1880 – eine Jüdische Kultusgemeinde, vor der, außer dem Datum der Auflösung, trotz intensiver Recherchen keinerlei weiteren Informationen vorliegen.

Eggolsheim (Forchheim)

Hier existierte in der Zeit vor 1800 nachweislich eine Jüdische Kultusgemeinde, über die bis jetzt außer der urkundlich gesicherten Tatsache ihres Bestehens keine weiteren Informationen vorliegen.

Gedenkstein für die ermordeten Juden aus Demmelsdorf, Scheßlitz und Zeckendorf

Egloffstein (Forchheim)

Hier existierte von ungefähr 1808 bis zum Jahre 1866 nachweislich eine Jüdische Kultusgemeinde. Sie besaß eine Synagoge und einen Unterrichtssaal in einem Haus der Kultusgemeinde. Nach der Auflösung der Gemeinde wurde das Gebäude an Privatleute verkauft; von 1900 bis 1914 war ein privater Kindergarten in dem Haus untergebracht. Danach wurde das Bauwerk umgebaut und wird heute noch als Wohnhaus genutzt.

Standort: Malerwinkel 89

Ermreuth (Forchheim)

Hier bestand vom Beginn des 18. Jahrhunderts bis ungefähr 1938 eine Jüdische Kultusgemeinde. Sie besaß eine 1819 erbaute Synagoge (eine erste Synagoge war bereits 1738 erbaut worden), einen 1711 angelegten und 1797 und 1862 erweiterten Friedhof und eine Schule. Am 10. 11. 1938 wurde die Synagoge beschädigt, das Inventar und die Ritualien vernichtet. Das Gebäude blieb jedoch erhalten. Sie besteht heute noch als Bau-

Friedhof Ermreuth

Synagoge Ermreuth

werk. Sie wurde zunächst von der Raiffeisenbank als Lagerhaus genutzt, danach als
Lagerhalle für Streusalz des Winter-Stra-
ßendienstes. Heute ist die ehemalige Synagoge im Besitz der Verwaltungsgemein-
schaft Neuenkirchen und soll in den nächsten Jahren renoviert werden, um dann evtl.
als Gedächtnisstätte oder Außenstelle eines
Museums zu dienen.

Das Haus liegt eingebaut zwischen den Häusern der Ermreuther Hauptstraße, der Dachstatter Straße und der Wagnergasse.

Standort: Hinter dem Haus Dachstatter Straße 1 und hinter dem Eckhaus auf der Ermreuther Str. o. Nr.

Besonderheiten: Bausubstanz (Fenster- und
Türbögen, Dach, usw.) vollständig erhalten;
Nische des Aron Hakodesch innen gut er-
kennbar (Bemalung noch z. T. da); Thorani-
sche außen noch sehr gut erhalten; frühere
Einteilung der Synagoge gut erkennbar.

Eine jüdische Schule wurde 1833 im jüdischen Armenhaus, das bis zu diesem Zeitpunkt als Schlafstätte für durchreisende ar-

218

me Juden genutzt wurde, eingerichtet. 1840 wurden die Unterrichtsräume dann in ein Schulhaus verlegt. Dieses ehemalige jüdische Schulhaus besteht heute noch als Bauwerk.

Standort: Ermreuther Hauptstraße 30

Lage des Friedhofs: 1 km nordwestlich des Ortes auf der Höhe des Hetzleser Berges.

Standort: Von Neuenkirchen am Brand kommend fährt man durch den Ort bis zur Kreuzung Ermreuther Hauptstraße/Herrenbergstraße/Dachstatter Straße. Hier biegt man links in die Herrengasse ein und folgt ihr ca. 1 km lang, bis man, kurz vor dem christlichen Friedhof, rechts in einen Feldweg (zweite Seitenstraße auf der rechten Straßenseite) abbiegt. Diesem Feldweg folgt man so lange, bis er sich, nachdem er 150 m asphaltiert war, kurz vor dem Wald auf der linken Seite gabelt. Hier läßt man das Auto stehen und geht nun durch den Wald und dann den Feldweg ca. 250 m steil auf den Hügel hinauf. Auf der Bergkuppe liegt der Friedhof, dessen Eingang sich ganz auf der rechten Seite befindet.

Allgemeine Übersicht: Auf der rechten Friedhofsseite solide Steinmauer mit zwei Toren: erstes Tor mit schmiedeeisernem Gitter; zweites Tor mit Torbogen: Gitter ist fest eingemauert, davor Gesträuch; ganz oben in der Nähe der Hügelkuppe ganz alte Steine (ältester aus dem Jahre 1730), vorne am Zaun jüngere Steine; der Friedhof ist an 3 Seiten von Mauer und an einer Seite von Maschendraht umgeben; auf der linken Friedhofsseite mehrere Bäume; auf der ca. 3000 m² großen Fläche gibt es noch 215 Grabsteine.

Fassoldshof (Kulmbach) (heute: Mainleus)

Hier existierte von Beginn des 19. Jahrhunderts bis ca. 1852 eine Jüdische Kultusgemeinde (1824 lebten hier 12 Juden, 1843 waren es 40, 1852 dann 27, 1875 nur noch 9 und 1900 nur 1). Sie besaß eine 1802 geplante und 1803 im Haus des damaligen Gemeindevorstandes Nathan Jacob untergebrachte Synagoge. Sie wurde am 8. März 1893 an Privat verkauft.

Das Gebäude ist heute noch vorhanden; nach Umbau- Renovierungsmaßnahmen wird es jetzt als privates Wohnhaus genutzt.

Standort: Ringstraße 2

Forchheim

Hier existierte bis ca. 1941/42 eine Jüdische Kultusgemeinde. Sie besaß eine 1675 erbaute Synagoge mit Schulräumen und einer Lehrerwohnung sowie eine Mikwe.

Beim Pogrom 1938 wurde die Synagoge beschädigt, Inneneinrichtung und Ritualien zerstört, das Synagogengebäude am 10. 11. 1938 gesprengt. Heute ist das Grundstück, ehemals Haus Nr. 15, unbebaut. Auf der gegenüberliegenden Straßenseite, am Bach (Wiesent), befindet sich ein Gedenkstein.

Standort: Wiesentstraße (ehemals Haus Nr. 15).

Inschrift des Gedenksteins:

Rechts:	Hier gegenüber stand die SYNAGOGE sie wurde am 10. November 1938 zerstört (rechte Seite des Steins)
Mitte:	Menora (Vorderansicht)
Links:	In Ehrfurcht und Dankbarkeit gedenkt die Stadt der Leistung und der Leiden ihrer Jüdischen Mitbürger (linke Steinseite)
Hintere Steinseite:	Wappen mit 2 Fischen (Rückansicht).

Frensdorf (Bamberg)

Hier existierte von ca. 1617 bis 1898 eine Jüdische Kultusgemeinde. Sie besaß eine 1709 erbaute Synagoge und eine Schule. Im Jahre 1894 wurden Schule und Synagoge verkauft, 1980 wurden beide Gebäude abgebrochen.

Von der Synagoge und von der Schule ist heute nichts mehr erhalten!

Standort: Hauptstraße 18.

Friesen (Kronach)

Hier existierte ab dem 17. Jahrhundert (wahrscheinlich ab 1667) bis zum 21. Oktober 1902 eine Jüdische Kultusgemeinde. Sie besaß eine Synagoge (bis 1755 im Haus Nr. 48, ab 1756 im Haus Nr. 47) mit Schule und, da die Leute hier (laut Urkunden!) sehr strenggläubig waren, eine Mikwe, genannt *„Judentauche"*, die 1829 eingerichtet wurde und zur Synagoge gehörte. Die Mikwe wurde 1902 eingeebnet. Nach der Auflösung der Gemeinde 1902 kam die Synagoge in den Besitz der Israelitischen Kultusgemeinde Kronach, 1910 in den der politischen Gemeinde Friesen, ab 1919 ging sie in Privatbesitz über. Sie besteht als Bauwerk noch heute und wird als Wohnhaus benutzt.

Standort: Moschaweg 4.

Das ehemalige Schulgebäude – von 1725 bis 1856 war die Schule im Synagogengebäude untergebracht, danach in einem separaten Nachbarhaus – besteht heute auch noch.

Standort: Moschaweg 6.

Der heutige Moschaweg ist bei dem älteren Teil der Bevölkerung heute noch unter den Namen „Judensiedlung" oder auch „Tempelweg" bekannt.

Gräfenberg (Forchheim)

Hier existierte wahrscheinlich im Mittelalter eine Jüdische Kultusgemeinde, über die jedoch keinerlei Urkunden und Nachweise auffindbar waren, trotz intensivster Nachforschung.
An die tatsächliche Anwesenheit von Juden in Gräfenberg erinnert heute nur noch ein Feldweg nördlich des Ortes mit dem Namen *„Judenweg".*

Grasmannsdorf (Bamberg)

Hier existierte – möglicherweise schon ab dem Mittelalter bis zu ihrer Auflösung im Jahre 1867 – eine Jüdische Kultusgemeinde (1852 lebten am Ort 22 Juden) – von der, außer dem Datum ihrer Auflösung und ihrer Mitgliederzahl im Jahr 1852 – trotz intensiver Recherchen bis heute keinerlei weiterer Informationen vorliegen.

Gügel (Bamberg)
(heute: Stadt Scheßlitz)

Hier existierte möglicherweise vom Mittelalter bis zum 15. Jahrhundert eine Jüdische Gemeinde, von der, außer dem Jahrhundert ihrer Auflösung, trotz intensiver Recherchen, keinerlei weiterer Informationen mehr vorliegen.

Gunzendorf (Bamberg)

Hier existierte ungefähr bis zur Jahrhundertwende eine Jüdische Kultusgemeinde (1852 lebten 19 Juden am Ort). Sie besaß im Schloß eine Synagoge. Diese wurde nach der Auflösung der Gemeinde um ca. 1890 verkauft. Im Jahre 1913 wurde das inzwischen in nichtjüdischem Besitz befindliche Bauwerk abgerissen.

Standort: Jurastraße 26

In Gunzendorf gab es auch ein jüdisches Schlachthaus (zum Schächten von Tieren). Auch dieses Bauwerk ging nach der Auflösung der Gemeinde in nichtjüdischen Besitz über und wurde ungefähr 1948 abgerissen.

Standort: Jurastraße 27

Heute gibt es hier keinerlei steinernes Zeugnis jüdischer Vergangenheit mehr.

Hagenbach (Forchheim)

Hier existierte – vermutlich ab dem 17. Jahrhundert – bis 1934 eine Jüdische Kultusgemeinde (ab 1911 war sie mit der Kultusgemeinde Wannbach als Kultusgemeinde Hagenbach-Wannbach vereinigt). Sie besaß eine 1727 erbaute und 1868 erweiterte Synagoge mit angebauter Schule und Lehrerwohnung, eine Mikwe und einen 1737 eingeweihten Friedhof. Die Synagoge mit Schule (die Schule war von 1827 bis 1909 für Unterrichtszwecke verwendet worden) wurde am 16. 09. 1938 an nichtjüdische Privatleute verkauft. Am 10. November 1938 wurde das Inventar verbrannt. Noch im gleichen Jahr wurde die Synagoge mit allen Nebengebäuden abgerissen und an ihrer Stelle ein Garten angelegt, der heute noch besteht. Von der Synagoge ist n i c h t s mehr erhalten.

Standort: Garten des Anwesens Nr. 37

Grabstein auf dem Friedhof Hagenbach

Das Schulhaus war an der Rückseite der Synagoge angebaut; es wurde 1827 als „modernes doppelstöckiges Haus" errichtet. Im Obergeschoß war die Lehrerwohnung, die einige Zeit als Unterrichtsraum genutzt wurde, im Erdgeschoß der eigentliche Unterrichtsraum, der allerdings zeitweise auch als Unterkunft für arme Juden genutzt wurde. Nach der Schließung der Schule im Jahre 1909 wurde ab 1910 das Schulhaus als Wohnung für Nichtjuden genutzt.

Standort: Haus-Nr. 37

Lage des Friedhofs: 400 m westlich des Ortes zwischen Wiesen und Feldern.

Standort: Von Pretzfeld kommend fährt man in den Ort hinein und biegt dann hinter Haus Nr. 22 bei der ersten Abzweigung rechts ab, und dann, ca. 20 m nach der Abbiegung, bei der Gabelung nochmals rechts. Diesem Weg, der nach ca. 15 m aus einem Asphalt- in einen Feldweg übergeht, folgt man noch 400 m, links vorbei an einem Geräteschuppen; ca. 25 m danach liegt linker Hand ungefähr 20 m vom Weg entfernt der Friedhofseingang.

Zustand: Sehr gut gepflegt.

Besonderheiten: Schmiedeeisernes Tor und schmiedeeiserne Tür zwischen drei massiven, großen Steinsäulen; lebende, fast undurchlässige Hecke; 386 Grabsteine: in den hinteren Reihen – parallel zur Längsseite der Hecke, rechts vom Eingang – sehr alte und kunstvolle Grabsteine, davor alte, ebenfalls kunstvolle Steine; vordere Reihe: vier prunkvolle Grabsteine der Familie *Wassermann*; letzte Bestattung am 02. 03. 1934.

Hallerndorf (Forchheim)

Hier existierte – möglicherweise schon ab dem Mittelalter bis zu ihrer Auflösung im Jahr 1880 – eine Jüdische Kultusgemeinde, die 1852 einen Mitgliederstand von 24 und 1875 den von 11 Juden hatte. Außer der Anzahl der Mitglieder und dem Datum der Auflösung konnten, trotz intensiver Recherchen, bis jetzt keinerlei weiteren Informationen ermittelt werden.

An die Anwesenheit von Juden in Hallerndorf erinnert heute zusätzlich noch eine Flurbezeichnung mit dem Namen *„Judenfeld"*.

Hallstadt (Bamberg)

Hier existierte in der Zeit vor 1800 nachweislich eine Jüdische Kultusgemeinde, über die bis jetzt außer der urkundlich gesicherten Tatsache ihres Bestehens keine weiteren Informationen vorliegen.

Heiligenstadt (Bamberg)

Hier existierte ab ca. 1617 (erste urkundliche Erwähnung von Juden am Ort!) bis zur Auflösung (und Anschluß an die Gemeinde Aufseß) im Jahre 1902 eine Jüdische Kultusgemeinde. Sie besaß eine erstmals ab 1760 als „Synagoge" bezeichnete Betstube (hier wurde wohl auch der Religionsunterricht für die Kinder erteilt) mit einer Mikwe im Keller, vier weitere Mikwaot in jüdischen Privathäusern und einen ebenfalls um ca. 1760 angelegten Friedhof. Am Ort gab es im Haus Nr. 61 auch eine Schächterei mit Metzgerei (in diesem Haus war eines der privaten Ritualbäder).

Das Bethaus (Synagoge) befand sich im Haus von *Salomon Joseph Schlamb* im frü-

Grabstein auf dem Friedhof Heiligenstadt

man in den Steinweg ein und bleibt so lange auf diesem, bis er, ca. 1,5 km bergaufwärts, eine scharfe Rechtskurve macht. Vor dieser Rechtskurve biegt man ganz scharf links in einen Schotterweg ein und folgt diesem ca. 250 m bis zu einem Wegweiser, auf dem das rechte Schild „*Judenfriedhof* 0,8 km" anzeigt. Man biegt also von diesem Schotterweg rechts ab (das Auto muß man hier stehenlassen) und geht einen Wanderweg bis kurz vor einer Bank am Waldrand. Vor dieser Bank, direkt hinter einer Hecke, biegt man ganz scharf rechts in einen weiteren Wanderweg mit dem Hinweisschild „*Judenfriedhof*" ab. Diesem Wanderweg folgt man bergauf ca. 600 m, wobei man sich immer links hält, dann steht man, kurz vor der Bergkuppe, vor dem Friedhofseingang linker Hand.

Zustand: Sehr gut gepflegt.

Besonderheiten: Stabile, halbhohe Kalksteinmauer um den ganzen Friedhof; schmiedeeisernes Tor zwischen zwei Steinsäulen; rechteckig zugeschnittene Fläche von 0,288 ha; im Sommer „Dach" aus Laubbäumen (sehr dunkel!) 91 sehr alte und alte Grabsteine; letzte Bestattung 1895; Friedhofsschändungen 1921 und 1936.

heren Haus Nr. 32 und 32 b. Nach der Auflösung der Kultusgemeinde Heiligenstadt wurde das Bauwerk Besitz der Kultusgemeinde Aufseß, die es 1903 an Privatleute verkaufte. Es wurde zu einem unbekannten Zeitpunkt abgerissen und auf dem Grundstück ein Wohnhaus errichtet.

Standort: Hauptstraße 17.

In Heiligenstadt gab es in den vergangenen Jahrhunderten vier weitere Mikwaot in jüdischen Privathäusern, von denen aber keines mehr existiert. Auch von den Ritualbädern ist nichts mehr vorhanden.

Standorte der Mikwaot:
Marktplatz 12 (früher Hs.-Nr. 61): heute steht hier ein Geschäftsgebäude.
Marktplatz 3 (früher Hs.-Nr. 26): heute steht hier ein Wohnhaus.
Die früheren Häuser Nr. 54 und 55 gibt es überhaupt nicht mehr.

Lage des Friedhofs: 700 m nordöstlich von Heiligenstadt auf einer Anhöhe.

Standort: Von Bamberg kommend fährt man auf der Hauptstraße durch den Ort in Richtung Ebermannstadt. Bei dem Wegweiser „Familienzentrum Pavillon Werntal" biegt

Hirschaid (Bamberg)

Hier existierte von 1582 bis 1939 eine Jüdische Kultusgemeinde. Sie besaß zunächst eine Synagoge mit Mikwe in der heutigen Nürnberger Straße 16, die jedoch ab 1851 nicht mehr benutzt, später verkauft und vermutlich abgerissen wurde. Die Mikwe wurde zugeschüttet. Ab 1851 besaß die Kultusgemeinde eine neue Synagoge, die 1928 renoviert worden war, dazu ein Schulhaus mit Lehrerwohnung, eine Mikwe und einen Friedhof.
Die Synagoge wurde am 10. 11. 1938 von der SA angezündet. Danach wurde sowohl das Synagogengrundstück als auch das Schulhaus beschlagnahmt. Heute ist von der Synagoge nichts mehr vorhanden. Das Grundstück ist unbebaut – es erinnert ein Gedenkstein an das frühere jüdische Kultgebäude.

Standort: Nürnberger Straße 11.

Die ehemalige „Judenschule" – bis 1903 war dort die jüdische Religionsschule, danach,

HIER STAND VON 1927 BIS 1938
DIE SYNAGOGE DER
ISRAELITISCHEN KULTUSGEMEINDE HOF.
AM 10. XI. 1938, IN DER „KRISTALLNACHT",
WURDE DIESES GOTTESHAUS DURCH
NATIONALSOZIALISTISCHE GEWALT ZERSTÖRT.
DIE STADT HOF ERINNERT MIT DIESER TAFEL
AN DIE VERFOLGUNG UND DIE LEIDEN
UNSERER JÜDISCHEN MITBÜRGER.
10. XI. 1983

Gedenkstein für die Gemeinde Hof

bis zur Schließung am 01. Mai 1924 die „jüdische Elementarschule" untergebracht – existiert heute noch als Bauwerk. Das letzte Schulhaus der Kultusgemeinde – im Scheunenanbau sind bis heute die Mauerreste einer Mikwe vorhanden – befindet sich in Privatbesitz und wird als Wohnhaus genutzt.

Standort: Nürnberger Straße 12.

Hochstadt am Main (Lichtenfels)

Hier existierte in der Zeit vor 1800 nachweislich eine Jüdische Kultusgemeinde, über die bis jetzt außer der urkundlich gesicherten Tatsache ihres Bestehens keine weiteren Informationen vorliegen.

Hof

Hier existierte von 1372 bis 1515 und dann wieder von 1901 bis 1939 eine Jüdische Kultusgemeinde. Sie besaß eine 1927 eingeweihte Synagoge, eine Schule und einen 1911 eröffneten Friedhof in Wölbattendorf.

Am 10. 11. 1938 drangen SS-Angehörige in die Synagoge ein und zerstörten bzw. verbrannten die Inneneinrichtung und die Ritualien. Das Gebäude wurde niedergebrannt und restlos zerstört.

Heute erinnert eine Gedenktafel aus Granit, eingefügt in die Mauer des Theatervorbaus am Hallplatz an die erste Synagoge der Jüdischen Gemeinde Hof.

Standort: Hallplatz.

Nach dem Zusammenbruch NS-Deutschlands erstand in Hof wieder eine Jüdische Gemeinde, wiederbegründet vom langjährigen Vorstand, Herrn Wolf Weil, s. A.: die Israelitische Kultusgemeinde Hof. Sie besaß 1973 eine Synagoge in der Karolinenstraße 13; ab dem 01. 09.1973 ist ein neues Jüdisches Bethaus in Betrieb; das Gebäude wurde von der Stadt Hof durch die Kultusgemeinde angemietet.

Standort: Kulmbacher Straße 1 a.

Die Zerstörung der Synagoge in Hof am 10. 11. 1938

Hollfeld (Bayreuth)

Hier existierte bereits im 13. Jahrhundert eine Jüdische Kultusgemeinde, die teilweise Opfer der „Rindfleisch-Verfolgung" wurde, denn es ist urkundlich gesichert, daß anläßlich dieses Pogroms 1298 am Ort mehr als 20 Personen erschlagen worden sind. Die damalige Gemeinde besaß nachweislich eine Mikwe.

Von 1348 bis zur endgültigen Ausweisung 1475 lebten nochmals Juden in Hollfeld, die hier auch eine Gemeinde hatten, über die jedoch bis heute keinerlei Informationen in Erfahrung gebracht werden konnten.

Außer dem urkundlich gesicherten Wissen um die Gemeinden bis 1298 und von 1348 – 1475 zeugt noch das Vorhandensein der Judengasse in der Oberstadt (schon 1571 genannt) vom jüdischen Leben hier in der Stadt Hollfeld.

Horb am Main (Lichtenfels)

Hier existierte vom 17. bis kurz vor Beginn des 20. Jahrhunderts eine Jüdische Kultusgemeinde. Sie besaß eine – wahrscheinlich um 1707 errichtete – Betstube im Obergeschoß eines Fachwerkhauses südlich der Brauerei Gampert (im Erdgeschoß des Hauses war eine Schächterei eingerichtet). Dieses Bethaus – bekannt als „*Horber Betstube*" – war in den Jahren 1733–1735 von Eliezer Sussmann sehr kunstvoll mit Dekorationen und Gemälden ausgestattet worden. Im Jahre 1864 wurde das Fachwerkhaus mit Synagoge – der heute weltberühmten „*Horber Betstube*" – verkauft, da die Jüdische Gemeinde sich durch Wegzug aufgelöst hatte. Bis 1905 wurde das Gebäude als Scheune genutzt, danach wurden die wertvollen dekorierten Holzrippen nach Bamberg verbracht, wo sie als Geschenk von Max Gutmann 1913 Eigentum der Gemäldesammlung der Stadt Bamberg wurden, die sie nur kurz ausstellte und danach in einem Magazin aufbewahrte. Das Fachwerkhaus selber wurde nach dem Zweiten Weltkrieg abgerissen.

Standort: Platz südlich der Brauerei Gampert (Haus-Nr. 27 a)

Das Modell der ehemaligen *Horber Betstube* befindet sich heute im historischen Museum am Domplatz in Bamberg. Das über die NS-

Synagoge Kronach

Zeit und den Zweiten Weltkrieg hinweg gerettete Original befindet sich seit 1968 als Dauerleihgabe im Israel-Museum in Jerusalem.

Königsfeld (Bamberg)

Über die Existenz einer Jüdischen Gemeinde in Königsfeld liegen keinerlei Angaben vor. Vom Vorhandensein von Juden in diesem Ort zeugt lediglich der *Judenweg* – ein Pfad von Königsfeld nach Aufseß (vielleicht ein Weg zum Friedhof zu Aufseß?) – der im Zuge der Flurbereinigung im Jahre 1980 dem Namen nach aufgehoben wurde.

Kolmsdorf (Bamberg)

Hier existierte vom 17. oder 18. Jahrhundert bis ungefähr 1868 eine Jüdische Kultusgemeinde. Sie besaß eine 1826 gegründete Religionsschule. Außer diesen urkundlich gesicherten Fakten gibt es bis jetzt, trotz intensiver Recherchen, keine weiteren Informationen über die Jüdische Kultusgemeinde Kolmsdorf.

225

Gedenkstein für die Kultusgemeinde Kronach s. A. auf dem christlichen Friedhof

Kronach

Hier existierte bis 1942 eine Jüdische Kultusgemeinde. Sie besaß eine 1883 neu erbaute Synagoge und ein Gemeindehaus. Obwohl bereits im Februar 1938 verkauft, wurde das Gebetshaus im gleichen Jahr gestürmt und die Inneneinrichtung demoliert. Danach wurde das Gebäude 1939 von der Stadt Kronach beschlagnahmt und als Lagerschuppen verwendet. 1953 wurde es vom BRK erworben, 1966 erwarb es die Stadt Kronach zurück. Das Gebäude ist heute noch gut erhalten. Es befindet sich im Besitz der Stadt Kronach und wird als Lagerhalle einer ortsansässigen Firma verwendet.

Standort: Johann-Nikolaus-Zitter-Straße 27.

Besonderheiten: Rundbogenfenster noch im Original erhalten.

An die frühere Jüdische Gemeinde erinnert ferner ein durch die Stadt Kronach im Jahre 1984 errichteter Gedenkstein (im Form eines Grabsteins) auf dem christlichen Friedhof der Stadt Kronach.

Standort: Städt. Friedhof – links neben der „Stößlein"-Gruft.

Denkmal für den vernichteten Friedhof in Küps

Küps (Kronach)

Hier existierte mindestens seit dem 16. Jahrhundert bis 1900 eine Jüdische Kultusgemeinde. Sie besaß eine 1694 errichtete Synagoge mit Schule und Lehrerwohnung, eine Mikwe und (seit ca. 1580) einen Friedhof. Im Jahre 1769 wurde die Synagoge neu errichtet (aus Stein). Ab 1870 wurde das Kultgebäude nicht mehr genutzt, es diente ab 1874 zur Aufbewahrung von Heu und Stroh und wurde 1900 an den Turnverein Küps verkauft, der es abreißen und an seiner Stelle eine Turnhalle errichten ließ.

Einige Steine (mit hebräischer Inschrift) aus der ehemaligen Synagoge befinden sich heute noch in der Mauer der Turnhalle, die jetzt als evangelischer Pfarrsaal dient.

Standort: „Luthersaal" im Hirtengraben 1.

Lage des Friedhofs: Im Ort an der Straße nach Kulmbach.

Standort: Von der Ortsmitte folgt man der Kulmbacher Straße. Kurz vor dem Ortsende liegt auf der rechten Straßenseite ein Kinderspielplatz, hinter dem die Ringstraße abbiegt. Folgt man der Ringstraße, so biegt man von dieser nach ca. 30 m rechts in die *Judengasse* ab. Auf dem Gelände zwischen Kulmbacher Straße – Ringstraße und Judengasse lag der 1580 angelegte jüdische Friedhof. Im Jahre 1831 wurde er von den Behörden „aufgelassen", d. h., es durften hier keine Beerdigungen mehr stattfinden. 1937 wurde das Gelände mit zahlreichen Grabsteinen von der

Denkmal für den vernichteten Friedhof in Küps

Gemeinde Küps beschlagnahmt, 1938 die Grabsteine beseitigt und auf einem Teil des Friedhofsgeländes behelfsmäßige Wohnheime errichtet. Im Jahre 1945 wurde das Gelände im Zuge der sog. „Wiedergutmachung" von der IRSO an die Gemeinde Küps für 1750,– RM verkauft. Heute ist dort ein Kinderspielplatz.

Von den zahlreichen Grabsteinen (ein Teil der Grabsteine war in NS-Deutschland zur Befestigung des Rodachbettes bzw. als Fundament eines HJ-Heimes verwendet worden) ist kein einziger mehr vorhanden.

Am 28. August 1990 wurde auf dem Gelände des ehemaligen jüdischen Friedhofes, an der Ecke Kulmbacher Straße/Ringstraße ein Denkmal enthüllt, das aus zwei Teilen besteht: einer großen Menora aus Sandstein und links daneben einem Steinblock mit folgender Inschrift: „FRIEDHOF DER JUDEN VON KÜPS UND UMGEBUNG. AN DIESEM GUTEN ORT RUHEN UNSERE EHEMALIGEN JÜDISCHEN MITBÜRGER. ACHTET IHRER RUHE UND IHREM ANDENKEN. SIE MÖGEN EINGEBUNDEN SEIN IN DAS EWIGE LEBEN.   1990"

Kulmbach

Hier existierte bis wahrscheinlich 1939 eine kleine Jüdische Kultusgemeinde, vermutlich ab dem 14. Jahrhundert (mit Unterbrechungen).

Sie verfügte über einen bescheidenen Betsaal. Trotz intensivster Nachforschungen konnte sein Standort leider nicht ermittelt werden.

An das Wirken der Juden im 15. Jahrhundert (1408 urkundlich erwähnt) erinnert heute noch die Waaggasse, die früher *Judengasse* hieß und in der sich der *Judenplatz* und die *Judenschule* befanden.

Heute gibt es in Kulmbach keinerlei sichtbare Zeugnisse jüdischer Vergangenheit mehr.

Kunreuth (Forchheim)

Hier existierte im vergangenen Jahrhundert bis zur Auflösung im Jahr 1920 eine Jüdische Kultusgemeinde (1852 lebten am Ort 105 Juden, 1875 waren es noch 26). Sie besaß eine Synagoge und eine Mikwe. Das Synagogengebäude war angebaut an die Scheune des früheren Lebensmittelgeschäftes Schmidt. Es wurde im Jahre 1908 abgerissen. Von der ehemaligen Synagoge ist heute n i c h t s mehr erhalten.

Standort: Kirchberg 3

Lichtenfels (Lichtenfels)

Hier existierte bis 1942 eine Jüdische Kultusgemeinde. Sie besaß eine 1797 errichtete und 1867 renovierte Synagoge, eine 1804 erbaute Schule und einen Friedhof.

In der Nacht vom 10. 11. 1938 drangen SA-Männer in die Synagoge ein und vernichteten Inventar und Ritualien. Der Bau blieb erhalten. Das Synagogengebäude und das Schulhaus wurden bald nach dem Pogrom an die Stadt verkauft. Das ehemalige Kultgebäude wurde dann als Alteisenlager, an Markttagen als Schweinestall verwendet; heute wird es als Warenlager benutzt.

Standort: Judengasse Nr. 12.

Besonderheiten: Das Gebäude ist als Bausubstanz noch vollständig erhalten!

Lage des Friedhofs: Östlich der Stadt am Weg zur Friedenslinde.

Standort: Von der Stadtmitte geht man zum Meraner Gymnasium. Von hier aus geht man in den Rennleinsweg, bleibt auf diesem auf der ganzen Länge und überquert eine Straßenbrücke, danach kommt man zu einer Hauptschule. Hier biegt man nach Gartengrundstücken rechts in einen Feldweg ein und folgt diesem ca. 250 m bis man am Ende dieses Weges rechts einbiegt und vor dem Friedhofseingang steht.

Zustand: Gepflegt.

Allgemeine Übersicht: Der im Jahre 1840 angelegte Friedhof hat eine Länge von 65 m und eine Breite von 50 m; Maschendrahtzaun mit lebender Hecke um den ganzen Friedhof; schmiedeeisernes Eingangstor; links vom Eingang Gedenkstein für die Opfer des Faschismus; einige Bäume; Grabsteine auf den ganzen Friedhof verteilt.

Lisberg (Bamberg)

Hier existierte vom 18. Jahrhundert bis zum 15. September 1904 (Zusammenschluß der Kultusgemeinde Lisberg mit der Kultusgemeinde Trabelsdorf) eine Jüdische Kultusgemeinde. Sie besaß eine Synagoge (eigentlich ein Synagogenzimmer in einem jüdischen Wohnhaus), eine Mikwe und einen in der 1. Hälfte des 18. Jahrhunderts angelegten Friedhof. Die Synagoge war im 1. Stock des Wohnhauses untergebracht; sie wurde zusammen mit dem ganzen Haus 1871 umgebaut. Ab 1904 wurde sie nicht mehr benötigt und verkauft.

Das Synagogengebäude ist heute noch erhalten. Nach Umbauten wird es als Wohnhaus genutzt.

Standort: Kaulberg 5

Lage des Friedhofs: Bergrücken südlich von Lisberg, an der Straße Steinsdorf–Frenshof.

Standort: Von Lisberg aus fährt man in Kurven bergauf in Richtung Frenshof. In Höhe des Wasserhäuschens biegt man von der Straße in einen Feldweg nach links ab. Auf diesem Feldweg erreicht man nach ca. 100 m den Eingang des Friedhofes.

Allgemeine Übersicht: Umgeben von einem Maschendrahtzaun mit sehr dichter lebender Hecke; eisernes Eingangstor; 139 alte und neue Grabsteine; rechts vom Eingangstor restaurierte Grundmauern des Taharahauses mit steinernem Tahara-Tisch in der Mitte; Schändung 1938.

Tahara-Tisch auf dem Friedhof Lisberg

Maineck (Lichtenfels)

Hier existierte vermutlich ab dem 17. Jahrhundert bis 1879 eine Jüdische Kultusgemeinde. Sie besaß ab 1697 eine Synagoge mit Wohnraum für den Vorsänger und Lehrer und einer Mikwe (Tauche) und eine Schule, die wohl 1874 abgebrochen worden war. Auf dem Grundstück der Synagoge war von 1874 bis 1954 ein Gemüsegarten. 1956 wurde das Gelände wieder mit einem Wohnhaus bebaut, in dessen Grundmauern sich noch Steine der ehemaligen Synagoge befinden.

Standort: Kirchplatz 11 (PlanNr. 27).

Über der Stalltür eines landwirtschaftlichen Anwesens ist noch heute der in Stein gemeißelte Name des früheren jüdischen Hausbesitzers „Michael Kohn" zu lesen.

Standort: Am Sand 2.

Marktleuthen (Wunsiedel)

Lage des Friedhofs: Ortsfriedhof in der Stadtmitte.

Standort: Vom Marktplatz fährt man die Humboldstraße in Richtung Wunsiedel. Nach ca. 50 m befindet sich auf der linken Straßenseite die Stadtsparkasse – Humboldstraße 15. Hinter diesem Haus befindet sich ein großer Platz – der Eingang zum Friedhof. Man geht über diesen Platz und durch die linke Seite des Friedhofsgebäudes (Durchgänge) hindurch in den Friedhof hinein. Bei der ersten Kreuzung der Friedhofswege biegt man links ab und geht geradeaus bis zu einem großen Kreuz, an dem man rechts abbiegt. Hier befindet sich das Massengrab.

Zustand: Gepflegt.

Allgemeine Übersicht: Massengrab mit 17 Opfern eines Todesmarsches von Buchenwald nach Flossenbürg vom April 1945. Unter den Opfern befinden sich mit großer Wahrscheinlichkeit auch Juden. In der Mitte des Grabes steht ein Denkmal mit den folgenden Worten: „DEN OPFERN DES FASCHISMUS".

Marktredwitz (Wunsiedel)

Hier existierte bis ca. 1910 eine kleine Jüdische Kultusgemeinde. Sie besaß einen Betsaal, dessen Standort und Schicksal trotz intensiver Recherchen nicht in Erfahrung gebracht werden konnte. Nach 1945 existierte hier dann kurzfristig nochmals eine Jüdische Gemeinschaft: 1945 wurde ein Gebäude in der Klingerstraße 15 beschlagnahmt, das dessen Bewohnern – jüdischen DPs, die hier auf ihre Ausreise nach Israel warteten – auch als Betsaal diente. Es ist jetzt eine Gaststätte (Pizzeria) in Privatbesitz.

Standort des Hauses: Klingerstraße 15.

Heute gibt es in Marktredwitz keinerlei Zeugnisse jüdischer Vergangenheit mehr.

Memmelsdorf (Bamberg)

Hier existierte in der Zeit vor 1800 nachweislich eine Jüdische Kultusgemeinde, über die bis jetzt, außer der urkundlich gesicherten Tatsache ihres Bestehens, keine weiteren Informationen vorliegen.
An die Existenz von Juden am Ort erinnert der Name „Judenwiese" für ein Grundstück an der linken Seite des „Gründleinsbaches" zwischen den Orten Memmelsdorf und Pödeldorf.

Mistelfeld (Lichtenfels)
(heute: **Stadt Lichtenfels)**

Hier existierte bis zur Auflösung im Jahr 1874 (1852 lebten hier noch 20 Juden) eine Jüdische Kultusgemeinde. Sie besaß eine Synagoge. Dieses Gebäude existiert heute nicht mehr; es wurde abgerissen. Nur das Haus, das neben der Synagoge stand, gibt es heute noch.

Standort der Synagoge: Neben dem Haus Leo-Veth-Str. 27.

Mittelehrenbach (Forchheim)

Hier existierte bis zu ihrer Auflösung im Jahre 1871 eine Jüdische Kultusgemeinde, von der jedoch, außer dem Jahr ihrer Auflösung, trotz intensiver Recherchen bis heute keinerlei Informationen vorliegen.

Denkmal für Opfer des Faschismus auf dem (christlichen) Friedhof Naila

Mittelweilersbach (Forchheim) (heute: **Weilersbach)**

Hier existierte von 1685 bis zum 10. März 1876 eine Jüdische Kultusgemeinde. Sie besaß im *„Judenhof"* – einem Getto, das in einem früheren Schloß untergebracht war – eine 1718 errichtete und 1865 renovierte Synagoge mit einer letztmals 1849 urkundlich erwähnten Mikwe und einer bis 1865/66 funktionierenden Schule. Außerdem ist das Vorhandensein eines Friedhofs – ein Flurname im heutigen Staatswald mit der Bezeichnung *„Judenanger"* deutet vage darauf hin – möglich, aber nicht urkundlich nachgewiesen. Im Ort gab es neben der Mikwe bei der Synagoge ein weiteres, neues, wohl ab 1849 genutztes Ritualbad gegenüber der Synagoge.

1876 wurde die Synagoge mit den übrigen Kultgebäuden (Mikwe, Schule) und Inventargegenständen verkauft. Das Synagogengebäude mit alter Mikwe und Schule ist heute nicht mehr vorhanden. Es wurde abgerissen und durch ein modernes Wohngebäude ersetzt.

Standort: Schloßplatz 5 (früher: Judenhof 5).

Die nach 1849 neu errichtete Mikwe ist im Keller des heute als Wohnhaus dienenden Gebäudes noch gut erhalten.

Standort: Schloßplatz 7 (früher: Judenhof 7).

Mitwitz (Kronach)

Hier existierte vom letzten Jahrzehnt des 16. Jahrhunderts, vielleicht aber auch schon früher, bis zum 31. Mai 1883 eine Jüdische Kultusgemeinde. Sie besaß eine 1789 errichtete Synagoge, eine 1838 errichtete Mikwe und eine 1829 im Synagogengebäude eingerichtete jüdische Elementar- und Religionsschule. Das Synagogengebäude wurde 1887 an Privatleute verkauft und zu einem Wohnhaus umgebaut. Es ist heute noch als Wohnhaus mit einem Lebensmittelladen vorhanden.

Standort: Kirchstraße 10.

Münchberg (Hof)

Hier existierte vor dem 1. Weltkrieg mit Sicherheit eine Jüdische Kultusgemeinde, über deren Entstehung, Bestand und Auflösung jedoch keinerlei Unterlagen oder Informationen zu erhalten waren. Mit großer Wahrscheinlichkeit besaß sie eine Synagoge oder zumindest einen Betsaal, dessen Standort ebenfalls unbekannt ist.
Heute existieren daher wohl keinerlei Zeugen jüdischer Vergangenheit mehr in Münchberg.

Naila (Hof)

Lage des Friedhofs: Städtischer Teil des Friedhofes an der Albin-Klöber-Straße.

Standort: Vom Rathaus geht man rechts auf die Weststraße zu und überquert diese. Man kommt in die Albin-Klöber-Straße, die man noch ca. 150 m weitergeht. Dann befindet sich auf der rechten Straßenseite der Haupteingang zum Friedhof. Man geht durch den Haupteingang hindurch, geradeaus weiter, am Friedhofshaus links vorbei. Am Beginn des zweiten Querweges links hinter dem Friedhofshaus befindet sich das Denkmal.

Zustand: Sehr gepflegt.

Allgemeine Übersicht: Massengrab von 9 männlichen KZ-Opfern, die in der Nähe der Stadt am 10. 04. 1945 auf dem „Todesmarsch" vom KZ Buchenwald von der SS-Bewachung mit Gewehrkolben erschlagen worden waren. Es ist wahrscheinlich, daß unter den Opfern auch Juden waren. Die Stadt errichtete ein Denkmal aus Fichtelgebirgsporphyr mit der Inschrift: „DEN OPFERN DES FASCHISMUS".

Neudorf (Lichtenfels)

Hier existierte bis 1298 eine Jüdische Kultusgemeinde. Sie wurde bei der „Rindfleisch-Verfolgung", vermutlich im gleichen Jahr, ausgerottet.
Außer dieser urkundlich gesicherten Tatsache gibt es bis jetzt keinerlei weitere Zeugnisse jüdischen Lebens mehr in Neudorf.

Markt Oberkotzau (Hof)

Hier existierte in der Zeit vor 1800 nachweislich eine Jüdische Kultusgemeinde. Sie scheint einen Friedhof besessen zu haben, denn in Oberkotzau ist heute noch im Gemeindewald eine Waldabteilung vorhanden, die die Bezeichnung „Judenbegräbnis" hat. Weder über die Gemeinde, deren Bestehen urkundlich gesichert ist, noch über den sehr wahrscheinlichen Friedhof konnten – trotz intensiver Recherchen – weitere Informationen gewonnen werden.

Oberlangenstadt (Kronach)

Hier existierte wahrscheinlich vom 17. Jahrhundert (ca. 1693 soll es in Oberlangenstadt mindestens 24 jüdische Familien gegeben haben, die eine Synagoge besaßen) bis etwa zur Jahrhundertwende eine Jüdische Kultusgemeinde. Sie besaß eine 1758 erbaute Synagoge (es war also schon die 2. Synagoge am Ort) mit einer Schullehrerwohnung und einer Mikwe in Parterre. Das Synagogenanwesen mit -gebäude wurde am 02. 01. 1930 – die Gemeinde hatte sich schon vorher aufgelöst – an den Freien Turn- und Sängerbund Oberlangenstadt verkauft. Während der NS-Herrschaft (ab 1934) wurde das Gebäude Eigentum der politischen Gemeinde Oberlangenstadt, die es am 14. 07. 1939 an Privatleute verkaufte. Es wurde im gleichen Jahr vollständig renoviert und aufgestockt. Es existiert heute noch: es befindet sich weiterhin in Privatbesitz und wird im Erdgeschoß als Sparkassengebäude, im Obergeschoß als Wohnhaus benutzt.
Standort: Alte Poststraße 8.

Pegnitz (Bayreuth)

In Pegnitz wurden in den Jahren 1455 sowie 1626, 1512, 1520, 1590 und 1629 Juden urkundlich erwähnt, eine eigene Gemeinde ist jedoch nicht sicher nachweisbar.
Bekannt waren aber die sog. *„Judengräber"* im Pl.Nr. 1535 a auf dem Abhang rechts der von Pegnitz nach dem Ortsteil Rosenhof führenden Straße, zwei jüdische Grabsteine, die jedoch in der letzten Zeit nicht mehr auffindbar sind. Sie konnten trotz intensivster Suche nicht mehr gefunden werden.
So ist lediglich das Wissen um die Judengräber und die urkundliche Erwähnung in verschiedenen Jahren des Mittelalters ein, wenn auch schwaches Zeugnis jüdischer Vergangenheit in Pegnitz.

Pinzberg (Forchheim)

Hier existierte in der Zeit vor 1800 nachweislich eine Jüdische Kultusgemeinde, über die bis jetzt – trotz intensiver Recherchen – außer der urkundlich gesicherten Tatsache ihres Bestehens keine weiteren Informationen vorliegen.

Pottenstein (Bayreuth)

Hier gab es in vergangenen Jahrhunderten möglicherweise eine Jüdische Gemeinde, deren Existenz jedoch urkundlich nicht nachgewiesen werden kann. Das einzige, das heute noch an die Anwesenheit von Juden im Ort erinnert, ist das Vorhandensein einer *„Judengasse"*.

Mikwe Pretzfeld (Quadergewölbe, Treppen, Tauchbecken mit Wasser)

Rest eines Grabsteins auf dem Friedhof Pretzfeld

Pretzfeld (Forchheim)

Hier existierte vermutlich im 15. Jahrhundert (urkundliche Erwähnung von Juden in den Jahren 1326 und 1327!) bis zur Auflösung im Jahre 1866 eine Jüdische Kultusgemeinde. Sie besaß eine im 17. Jahrhundert (1620, 1624 und 1626 urkundlich erwähnte) erbaute Synagoge mit Vorsänger-Wohnung, ein daran angebautes Schulhaus, eine in der Mitte des 14. Jahrhunderts errichtete Mikwe (vielleicht die älteste in Bayern!) und einen vor 1607 angelegten Friedhof.

Nach der Auflösung der Kultusgemeinde wurde die Synagoge 1876 verkauft und danach abgerissen. Von der Synagoge ist heute nichts mehr erhalten. Das an die Synagoge angebaute Schulhaus wurde in eine Scheune verwandelt. Diese ist heute noch vorhanden.

Standort (Synagoge): Fläche neben dem Häuschen Schloßberg Nr. 5.

Standort (Schule): Scheune auf Grundstück Schloßberg Nr. 5.

Auch das Mikwe-Häuschen wurde abgerissen, jedoch ist heute noch an der einen Wand der Scheune (damals Schule!) die Ein-

gangstür erkennbar: ein Teil der Mauer der Mikwe blieb also erhalten. Die Mikwe selbst – ohne Überbau – blieb über die Jahrhunderte vollständig erhalten! Über 26 Kalksteinstufen, die von einem massiven Quadergewölbe überdeckt werden, gelangt man in einer Tiefe von 4 m zu dem kompletten Waschbecken, in dem sich heute noch reines, kristallklares Wasser befindet.

Standort: Hinter dem Häuschen „Am Schloßberg Nr. 5".

An die Anwesenheit einer einst großen Judengemeinde erinnert hier heute noch die Existenz einer *„Judengasse".*

Lage des Friedhofs: 2 km nordöstlich vom Markt Pretzfeld auf der Höhe des Judenberges.

Standort: Man verläßt das Rathaus von Pretzfeld und fährt durch das Dorf hindurch in Richtung Ebermannstadt. Ca. 1 km hinter dem Ortsende biegt man rechts in einen großen Parkplatz ein und folgt dem äußerst rechts von dem Parkplatz wegführenden Asphaltweg, durch einen Hohlweg rechts und links voller Weinkeller, bis zum Denkmal des Waldbauerndoktors Valentin Fröhlich.

Synagoge Reckendorf

Grabstein auf dem Friedhof Reckendorf

Hier gabelt sich der Weg – man folgt dem mittleren Waldweg, immer geradeaus, ca. 1 km durch den Wald, dann biegt man die zweite Abzweigung rechts ab und befindet sich ca. 5 m nach dieser Abbiegung rechts vor dem Friedhofseingang.

Zustand: Sehr gut gepflegt.

Besonderheiten: 216 Grabsteine: 40 vollständig, 35 zusammengefügt, 141 nur noch Fragmente; ältester Grabstein von 1732; letzte Beerdigung 1894; schmiedeeisernes Tor; massive Steinmauer rund um den Friedhof; drei Gräbergruppen: vorne, hinten, seitwärts; vorne sehr alte, sehr schöne, zumeist ganze Grabsteine; hinten viele Fragmente; mehrere Nadelbäume.

Reckendorf (Bamberg)

Hier existierte von der Mitte des 17. Jahrhunderts bis 1942 eine Jüdische Kultusgemeinde. Sie besaß eine 1732 erbaute, 1752 erweiterte und 1851 renovierte Synagoge, eine 1835 errichtete Schule mit Lehrerwohnung, eine 1821 installierte Mikwe und einen im Jahr 1798 eingerichteten Friedhof.

Die Synagoge wurde 1752 nicht nur erweitert, sondern es wurde auch eine Wohnung für den Vorsänger (Chasan) eingerichtet. Die Inneneinrichtung wurde 1938 geplündert und beschädigt, die Ritualien verbrannt. Nach 1938 wurde das Bauwerk verkauft und diente als Schuhfabrik. Nach 1945 wieder in jüdischem Besitz (IRSO), wurde die ehemalige Synagoge 1952 an eine benachbarte Brauerei verkauft, die das Gebäude heute noch als Lagerhalle benutzt. Das Synagogengebäude ist heute noch ein sehr beeindruckendes Bauwerk.

Standort: Ahornweg 2.

Besonderheiten: Bausubstanz äußerlich noch vollkommen erhalten; Originalfenster und -türen vorhanden; an der Rückseite Ausbuchtung des Aron Hakodesch erhalten; rechts neben der beeindruckenden Eingangstür Spuren eines zerstörten Chuppasteines; im Inneren Spuren bzw. Überreste einer Empore nachweisbar.

Das Gebäude der jüdischen Schule, 1835 errichtet und 1887 aufgestockt, ist heute ebenfalls noch gut erhalten. Nach der Schließung der Schule 1910 wurde das Bauwerk bis 1928 als Kindergarten genutzt. 1938 wurde es von nichtjüdischen Privatleuten erworben, die es seitdem als Wohnhaus benutzen.

Standort: Ahornweg 6.

Die ehemalige Mikwe wurde 1821 im Keller eines Hauses in der Bahnhofstraße installiert. Bis in die Tage NS-Deutschlands in Benutzung, wurde sie 1940 verkauft. Sie ist im Keller noch einigermaßen erkennbar.

Standort: Bahnhofstraße 10.

Lage des Friedhofs: 1 km südwestlich des Ortes am Waldrand.

Standort: Von Bamberg kommend fährt man durch den Ort und biegt an der sog. „Lourdes-Kapelle" von der Hauptstraße in den Weg links ab. Diesem Weg folgt man geradeaus bis zum Waldrand (er ist geteert, nur die letzten paar Meter sind geschottert). Dort stellt man das Fahrzeug vor dem Schlagbaum ab und geht dann ca. 20 m treppauf nach links, wobei man einem schönen Holzschild „Zum Israelitischen Friedhof" folgt. Dann steht man vor dem Friedhofseingang.

Zustand: Sehr gut gepflegt.

Allgemeine Übersicht: Trutzige, beeindruckende Sandsteinmauer rund um den 0,3 ha großen Friedhof; eisernes Eingangstor, Treppen führen zum Friedhof hinauf; vorne am Tor neuer, dahinter alter Teil; 394 Grabsteine, der älteste von 1798; wunderschöne alte und neue Grabsteine.

Redwitz an der Rodach (Lichtenfels)

Hier existierte im 18. und bis zum Ende des 19. Jahrhunderts eine Jüdische Kultusgemeinde (1852 lebten hier 120 Juden, 1890 waren es noch 17), die sich um die Jahrhundertwende auflöste. Sie besaß eine Synagoge und eine Mikwe (Redwitz war vom 14. 11. 1825 bis zum 27. 05. 1862 Sitz eines Distriktrabbinats, dem die Kultusgemeinden Lichtenfels, Kronach, Oberlangenstadt und Redwitz angeschlossen waren). Am 23. 04. 1903 lebten in Redwitz noch 22 Juden, so daß zu diesem Zeitpunkt mit Sicherheit noch eine Gemeinde bestand. Nach der Auflösung der Gemeinde wurde das Synagogengebäude verkauft und später abgerissen.

Standort: Hauptstraße Nr. 1.

Der Standort der Mikwe konnte trotz intensiver Recherchen bis heute nicht ermittelt werden.

Heute gibt es keinerlei steinerne Zeugnisse jüdischer Vergangenheit mehr in Redwitz a. d. Rodach.

Reichmannsdorf (Bamberg)

Hier existierte von der zweiten Hälfte des 17. Jahrhunderts bis zum 24. Januar 1907 eine Jüdische Kultusgemeinde. Sie besaß eine um 1674 erbaute Synagoge mit einer Wohnung im Untergeschoß, eine Mikwe und einen 1840 eingerichteten Friedhof.

Das Synagogengebäude – es befand sich bis 1842 im Besitz der Gutsherrschaft und ging erst am 31. März 1842 durch Kauf in den Besitz der Israelitischen Kultusgemeinde über – wurde nach der Vereinigung der Kultusgemeinde Reichmannsdorf mit der Kultusgemeinde Burgebrach nicht mehr genutzt. 1926 wurde es an nichtjüdische Privatleute verkauft. Das Synagogengebäude existiert heute noch als Bauwerk. Nach gründlichen Umbaumaßnahmen wird es gegenwärtig als Wohnhaus genutzt.

Standort: Judenhof 7.

Die Mikwe befand sich entfernt von der Synagoge. Das „Badhaus" wurde 1952 von nichtjüdischen Privatleuten erworben und abgerissen. Der Standort der Mikwe konnte, trotz eingehender Recherchen, bis jetzt noch nicht ermittelt werden.

Der Fußweg, der in die Straße „Judenhof" mündet, wird heute noch als „Judentraufe" bezeichnet. Da es dort jedoch keine Wohngebäude gibt, ist dies kein Straßenname.

Lage des Friedhofs: Kleine Anhöhe nördlich des Ortes in den Feldern.

Standort: Von Schlüsselfeld kommend biegt man in die erste Ortsstraße links ein und bleibt auf dieser Straße bis ca. 30 m nach dem letzten Haus des Ortes. Der Friedhof liegt dann rechts neben der Straße – eine Baumallee führt bis zum Eingang.

Zustand: Sehr gepflegt.

Allgemeine Übersicht: Hohe Ummauerung der Fläche von nur 68 m²; Eisentor; die 31 Grabsteine aus Sandstein sind in vier Reihen (9/9/10/3) angeordnet; viele Laubbäume.

Reifenberg (Forchheim)

Hier existierte in der Zeit vor 1800 – wahrscheinlich im 15. Jahrhundert – nachweislich eine Jüdische Kultusgemeinde, über die bis jetzt, außer der urkundlich gesicherten Tatsache ihres Bestehens, keine weiteren Informationen vorliegen.

Sassanfahrt (Bamberg)

Hier gab es in vergangenen Jahrhunderten möglicherweise eine Jüdische Kultusgemeinde – 1852 lebten am Ort 21 Juden, 1890 gab es keinen jüdischen Ortsbewohner mehr – von der, außer der Tatsache, daß hier zeitweise eine größere Anzahl von Juden ansässig war, trotz intensiver Recherchen bis jetzt keinerlei Informationen vorliegen.

Scheßlitz (Bamberg)

Hier existierte bis ca. 1942 eine Jüdische Gemeinschaft, die der von Demmelsdorf angeschlossen war. Die Juden von Scheßlitz besuchten die Synagogen von Demmelsdorf oder Zeckendorf, ebenfalls den Friedhof dieser Gemeinden. Es gab keinerlei Gebäude. Außer dem Wissen um die jüdischen Einwohner von Scheßlitz, im Jahre 1910 waren es 33, und im Jahre 1942 immerhin noch 13, gibt es heute keinerlei Zeugnisse jüdischer Vergangenheit mehr in der Stadt Scheßlitz.

Schlüsselau (Bamberg) (heute: Frensdorf, OT Schlüsselau)

Hier existierte wahrscheinlich vom Mittelalter bis zum 18. Jahrhundert eine Jüdische Kultusgemeinde, von der, außer dem Jahrhundert ihrer Auflösung, trotz intensiver Recherchen keinerlei weiteren Informationen mehr vorliegen.

Schwarzenbach/Saale (Hof)

Lage des Friedhofs: Kirchlicher Friedhof im Ort.

Standort: Von der Ortsmitte fährt man in Richtung Kirche und kann links neben dem

Judengasse in Seßlach

Gebäude parken. Man geht an der Kirchhofsmauer des christlichen Friedhofes bis hinter die Friedhofshalle. Hier, vor dem Wohnhaus des Friedhofswärters geht man links in den Friedhof hinein und nach dem Betreten gleich wieder links. Hier befindet sich ein Massengrab.

Zustand: Gepflegt.

Allgemeine Übersicht: Großes Massengrab, durch eine Hecke vom übrigen Friedhof abgetrennt. Hier befinden sich Grabsteine für polnische und sowjetische (ukrainische) Kriegstote. Laut Mitteilung der Stadt Schwarzenbach sind in diesem Massengrab auch sieben jüdische KZ-Opfer (eine jüdische Frau, sechs jüdische Männer) polnischer Staatsangehörigkeit, die im April 1945 auf dem Todesmarsch vom KZ Buchenwald ermordet wurden, bestattet worden. Das Massengrab – in dessen Mitte ein Kreuz steht – befindet sich nahe des Seiteneinganges neben dem Wohnhaus des Bestatters.

Seßlach (Coburg)

Hier existierte in der Zeit vor 1800 – wahrscheinlich im Mittelalter – nachweislich eine Jüdische Kultusgemeinde, über die bis jetzt –

trotz intensiver Recherchen – außer der urkundlich gesicherten Tatsache ihres Bestehens, keine weiteren Informationen vorliegen. Von der früheren Anwesenheit von Juden am Ort zeugt auch die mittelalterliche
„Judengasse", die heute noch den Eindruck
eines Gettos vermittelt.

Seubelsdorf (Lichtenfels)

Hier existierte in der Zeit vor 1800 nachweislich eine Jüdische Kultusgemeinde, über die
bis jetzt – trotz intensiver Recherchen – außer der urkundlich gesicherten Tatsache ihres Bestehens, keine weiteren Informationen
vorliegen.

Seußen (Wunsiedel) (heute: Stadt Arzberg)

Hier existierte in der Zeit vor 1800 nachweislich eine Jüdische Kultusgemeinde, über die
bis jetzt außer der urkundlich gesicherten
Tatsache ihres Bestehens, keinerlei weitere
Informationen vorliegen.

Stadelhofen (Bamberg)

Hier existierte im Mittelalter möglicherweise
eine kleine Jüdische Gemeinde, die jedoch
nirgends urkundlich erwähnt ist. Über die
Existenz einer Synagoge oder eines sonstigen jüdischen Gebäudes ist heute nichts
mehr bekannt.
An eine Anwesenheit von Juden in Stadelhofen erinnert heute jedoch noch das Vorhandensein einer Straßenbezeichnung „Judengasse" im Ort.

Steinberg (Kronach) (heute: Gemeinde Wilhelmsthal)

Hier existierte in der Zeit vor 1800 nachweislich eine Jüdische Kultusgemeinde, über die
bis jetzt – trotz intensiver Recherchen – außer der urkundlich gesicherten Tatsache ihres Bestehens, keine weiteren Informationen
vorliegen.

Steppach (Bamberg) (heute: Gemeinde Pommers-felden)

Hier existierte in der Zeit vor 1800 nachweislich eine Jüdische Kultusgemeinde, über die
bis jetzt, außer der urkundlich gesicherten
Tatsache ihres Bestehens, keinerlei weitere
Informationen vorliegen.

Stübig (Bamberg)

Hier existierte in der Zeit vor 1800 nachweislich eine Jüdische Kultusgemeinde, über die
bis jetzt, außer der urkundlich gesicherten
Tatsache ihres Bestehens, keine weiteren Informationen vorliegen.

Thurnau (Kulmbach)

Hier existierte bis 1298 eine erste Jüdische
Kultusgemeinde. Sie wurde bei der „Rindfleisch-Verfolgung", vermutlich im gleichen
Jahr, ausgerottet.
Später, in der Zeit vor 1800, gab es hier
nachweislich nochmals eine Jüdische Gemeinde, über die bis jetzt, außer der urkundlich gesicherten Tatsache ihres Bestehens,
keine weiteren Informationen vorliegen.

Trabelsdorf (Bamberg)

Hier bestand von ungefähr 1736 bis 1933
eine Jüdische Kultusgemeinde. Sie besaß eine um ca. 1800 erbaute und zwischen 1871
und 1875 renovierte Synagoge mit Schulräumen und einer Wohnung für den Lehrer und
Vorsänger. Die Baulichkeiten wurden 1938
beschädigt, die Inneneinrichtung vernichtet.
Die Synagoge ist heute als Bauwerk noch
vorhanden. Sie befindet sich in Privatbesitz
und wird als Wohnhaus benutzt.

Standort: Kirchblick 1.

Besonderheiten: Bausubstanz (Fenster) erhalten.

„Judenschloß" in Trunstadt

Wandbemalung (original) aus der ehem. Synagoge Tüchersfeld

Trunstadt (Bamberg)

Hier existierte von ungefähr 1597 bis zum Jahre 1905 eine Jüdische Kultusgemeinde. Schon 1760 hatte sie eine Synagoge, deren Standort jedoch heute nicht bekannt ist. Später besaß die Kultusgemeinde eine Synagoge *(„Judenschule")* im 1. Stock des ehemaligen Zehnthauses, daneben noch Schulräume auf der gleichen Etage und eine Mikwe an einer entfernteren Stelle. Im Ort lebten zahlreiche Juden. Außerdem befand sich das Schloß in Trunstadt über einen langen Zeitraum hin in jüdischem Besitz, u. a. in dem des Würzburger Bankiers Jacob Hirsch auf Gereuth (bestattet mit seiner Gattin im Mausoleum auf dem jüdischen Friedhof in Würzburg).

Das Haus, in dem sich Synagoge und Schule befanden, ist heute noch erhalten. Es befindet sich in Privatbesitz und wird nach Umbauarbeiten als Wohnhaus genutzt.

Standort: Hauptstraße 17.

Die 1855/56 errichtete Mikwe wurde zu Beginn der 80er Jahre abgerissen.

Standort: Anwesen Sandstraße 6.

Tüchersfeld (Bayreuth)

Hier existierte vom 18. Jahrhundert bis 1872 eine Jüdische Kultusgemeinde. Sie wohnte geschlossen im *Judenhof,* der Unteren Burg Tüchersfeld, wo ihr 13 Wohnungen zur Verfügung standen: 9 waren Eigentum der jüdischen Bewohner, die übrigen 4 und die Synagoge wurden der Gemeinde von der freiherrlich von Großischen Gutsherrschaft vermietet. Die Kultusgemeinde verfügte auch über eine Mikwe am Flüßchen und vermutlich eine weitere Mikwe in der Burg. Infolge Überalterung und Wegzuges löste sich die Gemeinde im Jahre 1872 auf. Die Burg Tüchersfeld und die dort befindliche, zwischen 1760 und 1763 entstandene Synagoge, wurden profanisiert und anderweitig genutzt.

Die Synagoge existiert heute noch als Bauwerk. Sie wird als Teil – und zwar in ihrer ursprünglichen Funktion als Synagoge – des im *Judenhof* in Tüchersfeld errichteten „Fränkische-Schweiz-Museums" benutzt. Erhalten geblieben ist die ganze Bausubstanz: Treppenaufgang, Türenbögen, Fensterbögen, Spuren des Aron Hakodesch, die

Putzgestaltung und die gewölbte Decke mit dem Stuckrahmen. Außerdem ist die Frauensynagoge besonders gut erkennbar.

Heute sind hier ein Aron Hakodesch und einige Ritualien als Ausstellungsstücke untergebracht.

Die Synagoge ist innerhalb der anderen Unterkünfte sehr gut und schnell an den runden Fensterbögen erkennbar.

Standort: Obergeschoß der Häuser 31 und 31 a (Judenhof = Untere Burg Tüchersfeld = Fränkische-Schweiz-Museum).

Die Mikwe der Kultusgemeinde Tüchersfeld im Tal am Flüßchen Püttlach fiel dem Straßenbau zum Opfer.

Standort: alte Haus-Nr. 42.

Es ist möglich, daß der sehr große Raum unter dem Backofen (dieser soll für das Bakken von Mazzot verwendet worden sein) – etwas äußerst Ungewöhnliches! – als mit Regenwasser gefüllte Mikwe benutzt worden ist.

Viereth (Bamberg)

Hier existierte von etwa 1586 bis zum Zusammenschluß mit den Gemeinden Bischberg und Trunstadt im Jahre 1891 eine Jüdische Kultusgemeinde. Sie besaß eine Synagoge (die erste Synagoge entstand kurz vor 1760) mit Wohn- und Schulräumen, *Judenschule* genannt, und eine Mikwe. 1849 gab es in Viereth noch 10 Häuser in jüdischem Besitz, einschließlich der „Judenschule".

Die erste Synagoge 1760 errichtet, beherbergte den Gebetsraum, ein Schulzimmer und die Wohnung für den Lehrer sowie die Mikwe. Sie bestand bis 1862 und wurde dann an Privatleute verkauft, die sie umbauten und als Wohnhaus benutzten. Als solches ist es heute noch erhalten.

Standort: Blumenstraße 11.

1862 erwarb die Kultusgemeinde Viereth ein Gebäude und baute es zu einer Synagoge mit angeschlossener Religionsschule um. Dieses Bauwerk wurde 1904 grundlegend erneuert. 1906 wurde es Eigentum von Privatleuten, die es 1909 an nichtjüdische Eigentümer veräußerten. Von diesen wurde es 1910 in ein Wohnhaus umgebaut, in dem der Kern der Synagoge – ein großer Raum im

Obergeschoß – insgesamt erhalten blieb. Auch heute noch wird das ehemalige Synagogengebäude als Wohnhaus genutzt.

Standort: Blumenstraße 17.

Besonderheiten: Großes rundes Fenster am Giebel.

Die Mikwe – im Jahre 1848 urkundlich erwähnt – ist heute als Teil der Bausubstanz noch erhalten. Auf dem Gelände des Anwesens Blumenstraße 11 führt neben dem Keller eine lange, steile, ungewöhnlich gerade Treppe hinunter. Das Tauchbecken ist heute aber verschüttet. Links vor dem Tauchbecken ist eine recht große Nische erkennbar, in der Überreste einer niedrigen Bank zu sehen sind.

Standort: Blumenstraße 11.

Walsdorf (Bamberg)

Hier existierte von ca. 1609 bis zum Jahre 1630 und dann wieder vom Ende des 17. Jahrhunderts ab bis 1942 eine Jüdische Kultusgemeinde. Sie besaß eine 1731 erbaute Synagoge, ein Gemeindehaus mit zwei Stockwerken, eine Mikwe und einen in der 1. Hälfte des 17. Jahrhunderts angelegten Friedhof. Die Synagoge war zunächst in Privatbesitz und ging erst 1862 in den Besitz der Kultusgemeinde über. In den Jahren 1903 und 1930 wurde das Gebäude gründlich renoviert, da es auch nach der Vereinigung der Kultusgemeinde Walsdorf mit der Kultusgemeinde Trabelsdorf im Jahre 1907 bis 1938 weiterhin als Synagoge benutzt wurde. Am 10. 11. 1938 wurde die Synagoge aufgebrochen und das gesamte Inventar geplündert. Die Ritualien wurden herausgeworfen und verbrannt. Durch Verkauf ging das Synagogengebäude 1940 in nichtjüdischen Besitz über.

Die Synagoge ist heute noch als Bauwerk vollständig erhalten. Sie befindet sich in Privatbesitz und wird als Abstell- und Lagerraum benutzt.

Standort: Brunnenweg 12.

Besonderheiten: Saalbau mit ehemals hohen rundbogigen Fenstern noch vollständig erhalten; Original-Holztür erhalten.

Das Gemeindehaus mit Schule und Mikwe, um 1766 erbaut, ging bereits ohne Mikwe

Inschrift am Tahara-Haus in Walsdorf

(diese erwarb 1860 ein Jude) im Jahre 1859 in Privatbesitz über. Das Gebäude besteht heute noch als Bauwerk und wird als Wohnhaus genutzt.

Standort: Am Schafberg 17.

Lage des Friedhofs: 1 km von Walsdorf.

Standort: Man verläßt die Ortsmitte Walsdorf auf der Staatsstraße 2279 in Richtung Steinsdorf. Nach ca. 1 km Weg liegt der große Friedhof gut sichtbar auf der linken Seite der Straße.

Zustand: Ordentlich.

Allgemeine Übersicht: Der Friedhof wurde bereits 1628 urkundlich erwähnt; großer alter und rel. kleiner neuer Teil; im alten Teil viele Grabsteine des 18./19. Jahrhunderts mit verschiedenen Symbolen (Besonderheit: Uhr!); Taharahaus (Fachwerkhaus, erbaut 1742) mit 2 Tafeln (mit Gebeten) in hebräischer Schrift; gemauerter „Hohlweg" durch den sehr alten und alten Teil zum neueren, an einem Abhang gelegenen Teil (Treppen) im Süden des Friedhofes; insgesamt heute noch ca. 1086 Grabsteine vorhanden, der älteste aus dem Jahr 1632; Umzäunung des Friedhofs durch Maschendrahtzaun mit Heckenbewuchs; im Norden des Friedhofes eisernes Eingangstor zwischen zwei massiven Steinpfählen.

Wannbach (Forchheim)

Hier existierte vermutlich bis zur Jahrhundertwende eine Jüdische Kultusgemeinde. Sie besaß eine ca. 1770 erbaute Synagoge. Diese wurde im Jahre 1918 an Privatleute verkauft und, laut Aussage des damaligen Besitzers, ab 1919 als Lagergebäude für landwirtschaftliche Produkte benutzt.
Beim Novemberpogrom wurde das Synagogengebäude, nachdem vorher noch die vorhandene Inneneinrichtung zerstört worden war, verwüstet. Wenig später wurde es niedergerissen und an seiner Stelle ein Garten angelegt.
Vom Synagogengebäude ist heute nichts mehr erhalten!

Standort: Grundstück Haus Nr. 25.

Weidenberg (Bayreuth)

Hier existierte in der Zeit vor 1800 (wahrscheinlich um 1752 in den heutigen Ortsteilen Sophienthal und Görschnitz) nachweislich eine Jüdische Kultusgemeinde, über die bis jetzt – trotz intensiver Recherchen – außer der urkundlich gesicherten Tatsache ihres Bestehens keine weiteren Informationen vorliegen.

Weidnitz (Lichtenfels)

Hier existierte in vergangenen Jahrhunderten möglicherweise eine Jüdische Kultusgemeinde – denn 1852 lebten am Ort 35 Juden, im Jahre 1890 nur noch 3 – von der, außer der Tatsache, daß dort zeitweise eine größere Anzahl von Juden lebte, trotz intensiver Recherchen bis jetzt keinerlei Informationen vorliegen.

Wiesenthau (Forchheim)

Hier existierte – möglicherweise schon ab dem Mittelalter bis zu ihrer Auflösung im Jahr 1867 – eine Jüdische Kultusgemeinde, von der, außer dem Datum ihrer Auflösung, trotz intensiver Recherchen, bis jetzt keinerlei weitere Informationen vorliegen.

Denkmal für 142 ermordete KZ-Häftlinge in Hof-Wölbattendorf

Wirsberg (Kulmbach)

Hier existierte bis 1298 eine Jüdische Kultus-gemeinde. Sie wurde bei der „Rindfleisch-Verfolgung" vermutlich im gleichen Jahr, ausgerottet. Es ist jedoch möglich, wenn auch nicht nachweisbar, daß es hier auch zu einem späteren Zeitpunkt nochmals eine kleine Judengemeinde gab.

Außer der urkundlich gesicherten Tatsache der Vernichtung der Kultusgemeinde im Jahre 1298 erinnert noch das Vorhandensein des „Judengäßleins" (Pl.Nr. 965) an Leben und Wirken von Juden an diesem Ort.

Wölbattendorf (Hof)

Hier existierte in der Zeit vor 1800 nachweis-lich eine Jüdische Kultusgemeinde, über die bis jetzt außer der urkundlich gesicherten Tatsache ihres Bestehens keine weiteren In-formationen vorliegen.

Lage des Friedhofs: An der B 15 am süd-westlichen Stadtrand.

Standort: Man verläßt die Stadtmitte von Hof und folgt immer dem ausgeschilderten Weg zur Autobahn Nürnberg–Berlin. Kurz hinter dem Ortsende liegt, gegenüber der Abzwei-gung nach Osseck, an der rechten Stra-ßenseite der Friedhofseingang.

Zustand: Sehr gut gepflegt.

Allgemeine Übersicht: Die Vorderfront und beide Seiten bestehen aus massiver Stein-mauer; die Hinterfront besteht aus einem Drahtzaun mit lebender Hecke; Eingang: schmiedeeisernes Tor; vor der Hinterfront: Denkmal auf einem Massengrab von 142 er-mordeten jüdischen KZ-Häftlingen; Baum-allee im Friedhof; linke Friedhofseite im Vor-dergrund alte Gräber; im Hintergrund alte und ganz neue Gräber; ganz vorne in der linken Friedhofseite Spuren des Tahara-Hau-ses; rechte Friedhofseite im Vordergrund einige Kindergräber.

Wonsees (Kulmbach)

Hier existierte in der Zeit vor 1800 – wahr-scheinlich im 15. Jahrhundert – nachweislich eine Jüdische Kultusgemeinde, über die bis jetzt außer der urkundlich gesicherten Tatsa-che ihres Bestehens keine weiteren Informa-tionen vorliegen.

Zeckendorf (Bamberg)

Hier existierte ab dem 17. Jahrhundert – möglicherweise aber auch schon ab dem Ende des 16. Jahrhunderts – bis zum April 1942 eine Jüdische Kultusgemeinde. Sie be-saß zunächst eine Betstube, die 1660 durch eine Synagoge ersetzt wurde, die jedoch 1742 abbrannte. Ab ca. 1748 besaß sie dann eine neue Synagoge mit Schulräumen, eine Mikwe und schon ab ca. 1656 einen Friedhof (erweitert 1784), der allerdings auf der Ge-markung Demmelsdorf liegt.

In den Nachmittagsstunden des 10. 11. 1938 wurde die Synagoge gestürmt, Inneneinrich-tung und Ritualien vernichtet, die Möbel auf freiem Feld verbrannt. Auf Anweisung des Landrates von Bamberg wurde das Synago-gengebäude vollständig abgerissen.

Heute gibt es außer dem Friedhof und zahl-reichen sog. „Judenhäusern" (Häuser, die vor dem Holocaust von Juden bewohnt wa-ren bzw. ihnen gehörten) keine weiteren Zeugnisse jüdischer Vergangenheit mehr in

Altes Levitengrab in Zeckendorf

Gedenkstein für die Opfer des NS-Terrors aus
Zeckendorf, Scheßlitz und Demmelsdorf

Zeckendorf. Von der Synagoge ist n i c h t s
mehr erhalten. Auf dem ehemaligen Synagogengrundstück ist heute ein Gemüsegarten;
im Hintergrund ist das sog. Judenhaus.

Standort: Haus-Nr. 18 (Garten gegenüber
der Schule, Haus-Nr. 17½ bzw. zwischen
den Häusern Nr. 17 und Nr. 19).

Lage des Friedhofes: 700 m nördlich des Ortes auf einer Anhöhe am Waldrand.

Standort: Man verläßt Demmelsdorf (auf dessen Gemarkung ja der Friedhof liegt) und
fährt in Richtung Zeckendorf. Ca. 30 m nach
dem Ortsende biegt man in einen Feldweg
(Richtung Wald) links ab und fährt dann auf
diesem Weg bis zum Waldanfang, wo er sich
gabelt. Man verläßt hier das Fahrzeug und
geht auf dem mittleren Weg ca. 20 m weiter,
dann biegt man, hinter einer Wiese, rechts in
einen Hohlweg im Wald ein. Diesem Hohlweg
folgt man ca. 1 km über alle Windungen hinweg und biegt, wo er in einen normalen
Waldweg übergeht, nicht ab, sondern folgt
ihm immer weiter, dann steht man nach weiteren ca. 200 m links vor dem Friedhofseingang.

Zustand: Gepflegt

Allgemeine Übersicht: Fläche hat die Form
von zwei aneinander verschobenen Rechtek-
ken; auf den ca. 5900 m² sind heute noch
598 Grabsteine vorhanden; Maschendrahtzaun, Metalltor mit Davidstern; in der hinteren linken Ecke bis zur Mitte sehr alte, wunderschöne Grabsteine (vermutlich aus der
Zeit vor der Erweiterung 1784); auf der rechten Seite hinten alte, vorne neuere Grabsteine; links am Eingang Grabstein der letzten
Bestattung (1947); ältester Grabstein aus
dem Jahr 1656; viele Bäume; sehr alte, stark
verschnittene Hainbuchenhecke zeigt die
Friedhofsgrenze vor der Erweiterung noch
recht gut an.

Im Herbst 1991 wurde an der Staatsstraße
zwischen Demmelsdorf und Zeckendorf – ca.
150 m vor dem Ortsbeginn von Demmelsdorf
aus her Zeckendorf kommend – auf der rechten Straßenseite ein Gedenkstein enthüllt,
auf dem in 3 verschiedenen Metallplatten die
Namen der 44 Opfer des NS-Staates aus
Zeckendorf (oben), *Demmelsdorf* (unten,
links) und *Scheßlitz* (unten, rechts) verzeichnet sind. Unter den drei Tafeln befindet sich
eine weitere Metallplatte mit folgender Inschrift: „IM GEDENKEN AN DIE JÜDISCHEN
OPFER 1933–1945".

Regierungsbezirk
Schwaben

Renovierte Synagoge der früheren Kultusgemeinde Ichenhausen

Orte in Schwaben

Allmannshofen
Altenstadt-Illereichen
Augsburg
Augsburg-Kriegshaber
Augsburg-Pfersee
Bad Wörishofen
Binswangen
Bissingen (h)
Burgau
Buttenwiesen
Deisenhausen (h)
Donauwörth (h)
Ederheim
Fellheim
Fischach
Günzburg (h)
Gundelfingen an der Donau (h)

Hainsfarth
Haldenwang (h)
Harburg
Höchstädt an der Donau (h)
Ichenhausen
Illereichen-Altenstadl
Kaufbeuren (h)
Kempten
Kleinerdlingen
Krumbach
Lager Lechfeld
Lauingen an der Donau
Lindau (h)
Memmingen
Mönchsdeggingen
Monheim
Münsterhausen (h)

Neuburg a. d. Kammel (h)
Neu-Ulm
Nördlingen
Oettingen i. Bayern
Osterberg
Scheppach (h)
Schlipsheim
Steinhart
Steinholz-Mauerstetten
Steppach
Thannhausen (h)
Türkheim
Tussenhausen (h)
Wallerstein
Wertingen (h)
Zöschingen (h)

Allmannshofen (Augsburg)

Hier bestand mit großer Wahrscheinlichkeit in früheren Jahrhunderten eine Jüdische Gemeinde. Ihre Existenz ist jedoch urkundlich nicht nachweisbar.

An das Vorhandensein von Juden in Allmannshofen erinnerte jedoch der Name einer Straße, die bis 1938 „Judengasse" hieß. Der Straßenname wurde im gleichen Jahr in „Waldstraße" umbenannt. Die Existenz des früheren Namens „Judengasse" läßt die Vermutung zu, daß es hier, trotz fehlender Unterlagen, in früherer Zeit eine Jüdische Gemeinde gegeben haben mag.

Altenstadt-Illereichen
(Neu-Ulm)

Hier existierte ab der ungefähren Mitte des 17. Jahrhunderts bis 1942 eine Jüdische Kultusgemeinde. Sie besaß eine im Jahre 1802 erbaute Synagoge (diese stand auf der Stelle einer Holzsynagoge mit hohen Bogenfenstern, die 1725 fertiggestellt worden war), ein 1804 erbautes Gemeindehaus mit Schulräumen (vorher war der Unterricht in einem Wohnhaus abgehalten worden), eine 1831 erbaute und noch um 1900 renovierte Mikwe und in Illereichen einen 1719 errichteten Friedhof. Am Ort war außerdem eine koschere Metzgerei (Neuburger). Die Synagoge besteht heute nicht mehr. Sie wurde, nachdem sie beim November-Pogrom 1938 geschändet, ein Großteil der Einrichtung und der Ritualien verbrannt sowie der Aron Hakodesch angezündet worden war, bis 1955 zu verschiedenen Zwecken „verwendet", im Jahre 1955 dann abgerissen. Ein Geschäftshaus wurde auf dem ehemaligen Synagogengrundstück errichtet. Eine große Gedenktafel mit folgendem Wortlaut, am Eingang auf der rechten Seite dieses als Geschäfts- und Wohnhaus dienenden Gebäudes angebracht, weist auf die Existenz der Synagoge hin: „HIER STAND DIE IM JAHRE 1802 ERBAUTE SYNAGOGE DER ISRAELITISCHEN KULTUSGEMEINDE ALTENSTADT. SIE WURDE BEI DEN VERFOLGUNGEN UNSERER JÜDISCHEN MITBÜRGER IM NOVEMBER 1938 BESCHÄDIGT UND IM JAHRE 1955 ABGEBROCHEN. GRAS VERDORRT BLUME VERWELKT ABER DAS WORT UNSERES GOTTES BESTEHT EWIGLICH."

Standort: Memminger Straße 47.

Das Schulgebäude mit Gemeindehaus und die Mikwe standen zurückgesetzt neben der Synagoge. Während die Mikwe schon in den 20er Jahren abgerissen worden war, wurde die Schule (nach Kriegsende als Kindergarten benutzt) mit Gemeindehaus (auch Armenhaus genannt) 1977 von Privatleuten ge-

Ehemalige koschere Metzgerei in Altenstadt

kauft und zu einem Geschäftshaus umgebaut. Dieses ist heute noch vorhanden.

Standort: Memminger Straße 49.

Besonderheiten: Bausubstanz ist insgesamt noch voll erhalten. In Altenstadt existiert noch das Bauwerk der früheren koscheren Metzgerei Neuburger. Sowohl das Schächthaus als auch der Verkaufsraum für das koschere Fleisch sind noch vollständig erhalten.

Standort: Hinterhaus der Memminger Straße 32.

Augsburg

Hier existierte bereits 1250 (erste urkundliche Erwähnung von Juden in Augsburg erfolgte 1212!) eine Jüdische Kultusgemeinde, die schon 1270 schweren Verfolgungen ausgesetzt war, 1290 jedoch ein eigenes Bad, das „Judenbad" erbauen durfte. Sie besaß nachweisbar ab 1231 einen jüdischen Friedhof, ab 1259 ein sog. „Judenhaus" (ein Gebäude, in dem ein Lehrhaus, ein jüdisches Rathaus und ein Gerichtshaus untergebracht war) und – möglicherweise auch schon früher – eine Synagoge. Außerdem wude der „Regierung

der Kultusgemeinde", dem „Rat der Jüdischen Gemeinde" im Jahre 1296 ein Amtssiegel (mit Augsburger Doppeladler und Judenhut) verliehen.

1348/49 mußten die Juden in Augsburg sehr viel unter der Pest, aber noch mehr unter christlichen Verfolgungen leiden. Die Gemeinde besaß 1355 nachweisbar eine Synagoge, eine Schule, ein Tanzhaus, eine eigene Fleischbank (für koscheres Fleisch), einen eigenen Backofen, ein Badehaus sowie einen Friedhof am Katzenstadel, der 1449 aufgelassen wurde. Außerdem gab es 1355 in Augsburg bereits eine „Judengasse" in unmittelbarer Nähe zur Bischofsstadt. Ab 1404 ist der „Judenberg" nachgewiesen, wahrscheinlich eine zweite, weitere jüdische Siedlung hinter dem Rathaus.

Der gesamte jüdische Besitz wurde bei der „großen" Vertreibung vom 8. Juli 1438 von der Stadt „eingezogen": ab dieser Vertreibung gab es bis 1861 keine Jüdische Gemeinde mehr in Augsburg!

Obwohl oft ausgewiesen (z. B. 1547, 1646, 1800) waren die Juden doch immer rege in der Stadt tätig, und zwar auf vielerlei Gebieten: in den Jahren 1539 bis 1543 wurden in Augsburg durch den jüdischen Buchdrucker *Chaim Schwarz* aus *Prag* hebräische und jiddische Bücher gedruckt, auch gab es eine besondere Augsburger Methode des Talmudstudiums; das läßt den Schluß zu, daß es hier zeitweise sogar eine Jeschiwa, eine Talmudhochschule gegeben haben mag.

Einige Namen und Standorte erinnern heute noch an das Leben und Wirken von Juden in Augsburg bis zu deren endgültigen Vertreibung 1438: Die in einer Urkunde vom 24. 2. 1361 erwähnte *„Judengasse"*, die heutige Karlstraße (hier soll an der Stelle, an der sich heute die St.-Leonhards-Kapelle befindet, die erste Synagoge Augsburgs gestanden haben).

Standort: Karlstraße 21.

Auch der *„Judenberg"*, ein langgezogenes viereckiges Siedlungsgebiet zwischen der Weißen Gasse, der Pflader-Gasse, dem Elias-Holl-Platz und dem Hunoldsgraben hinter dem Rathaus, ist von 1404 bis heute ein dauerhaftes Zeugnis jüdischer Präsenz in Augsburg.

Standort: Judenberg.

Das jüdische Badehaus – auch „Rabbinerbad, Rabbibad, Rappenbad" und später „Rabenbad" genannt, wurde um 1290 am heutigen Lochbach angelegt. Möglicherweise gab es in diesem Gebäude auch eine Mikwe. 1438 wurde es dann – zusammen mit allen anderen jüdischen Immobilien – enteignet und kam in den Besitz des Heilig-Geist-Spitals, welches dorthin 1841 die Spitalmühle verlegte. Von dem Badehaus ist heute nichts mehr erhalten.

Standort des ehemaligen „Rabbinerbades": Beim Rabenbach 6.

Erst ab 1803 konnten sich Juden in Augsburg wieder niederlassen: von diesem Jahr an gab es auch Kulträume: im Jahre 1803 wurde ein jüdisches Bethaus – eine private Gebetsstätte – durch *Jakob Obermayer* im heutigen Obstmarkt errichtet (auf dem Grundstück, auf dem heute das „Haus fürs Baby" steht). Dieses Bethaus wurde dann im Jahre 1858 durch eine Synagoge in der Wintergasse (eigentlich Hunoldsgraben), in die man durch

Synagoge der Israelitischen Kultusgemeinde Augsburg

Gedenktafel (Synagogeneinweihung) in Augsburg   Exponat im Jüdischen Kulturmuseum Augsburg

das Haus Wintergasse 11 – einst das Rabbiner- und Lehrerhaus – gelangte, ersetzt.

Bis 1917 blieb diese Synagoge Zentrum des jüdischen Lebens in Augsburg. Auch aus der Zeit von 1800 bis 1900 gibt es einige wichtige Standorte in Augsburg, die an frühere jüdische Aktivitäten erinnern: den ersten Betsaal, 1803 seinen Glaubensgenossen durch *Jakob Obermayer* zur Verfügung gestellt, die 1858 errichtete Synagoge und eines der Stadttore – das *Gögginger Tor* auf dem Königsplatz – durch welches von 1438 bis 1806 Juden gegen Zahlung eines „Geleitgeldes" die Stadt betreten durften.

Standorte:

Bethaus von Jakob Obermayer: Obstmarkt Nr. 12 („Haus fürs Baby")

Gemeindesynagoge von 1858 (mit dazugehörenden Lehrer- und Rabbinerwohnungen): Wintergasse 11.

Ehemaliges „Gögginger Tor": Königsplatz.

Da sich die Synagoge in der Wintergasse im Laufe der Zeit als zu klein erwies, faßte man den Plan zur Errichtung einer neuen, großen Synagoge. Diese wurde in den Jahren 1914–1917 von Friedrich *Landauer* und

Heinrich Lömpel erbaut und im April 1917 feierlich eingeweiht. Mit der Synagoge als Mittelpunkt war gleichzeitig ein „Gemeindezentrum" errichtet worden, welches folgende Räumlichkeiten beherbergte: Werktags-Synagoge, Trausaal, Garderoben (getrennt für Männer und Frauen), Mikwe (im Keller), Gemeindebüro, Wohnung für den Schächter, Schule mit zwei Räumen, Sitzungs-, Versammlungs- und Archivraum, Wohnungen für den Kantor, für den Hausmeister, den Synagogendiener, Wohnung (mit direktem Zugang zur Synagoge) für den Rabbiner und eine Gästewohnung (sechs Zimmer). Die Gemeinde besaß ferner einen ab 1868 belegten Friedhof mit Leichenhalle, der mehrfach Ziel von Schändungen war (1924, 1930, 1950).

Die alte Synagoge in der Wintergasse wurde um 1917 verkauft, danach als Hutfabrik genutzt, im Zweiten Weltkrieg vollständig zerstört, die Trümmer nach 1945 restlos beseitigt. Heute ist die Fläche umbaut und wird als Parkplatz genutzt.

In Augsburg war eine große Anzahl jüdischer Vereine und Organisationen tätig.

Am 10. 11. 1938 wurde in der Synagoge Feuer gelegt, dieses jedoch sehr bald wieder gelöscht. So blieb das Bauwerk erhalten. Sehr wertvolle Einrichtungsgegenstände allerdings wurden zusammen mit den Ritualien vernichtet, die Thorarollen verschleppt. Ebenso wurden Urkunden und Dokumente des Gemeindebüros vernichtet.

Obwohl im Jahre 1944 in Augsburg noch 57 Juden (in „Mischehe") und 1945 immerhin noch 44 jüdische Menschen lebten (hinzu kamen 1945 noch 500 ungarische Jüdinnen, die man hierher zur Sklavenarbeit verschleppt hatte), hatte die Kultusgemeinde aufgehört zu existieren. 1946 bildete sich in der Stadt ein „Jüdisches Komitee" („Jewish Committee"), in welchem die aus den Konzentrationslagern entlassenen Juden registriert waren; sie bildeten eine eigene Gemeinde, eine sog. UNRRA-Gemeinde, die fast nur aus KZ-Opfern aus Osteuropa (DPs) bestand. Sie hatten eine koschere Küche mit ritueller Metzgerei. Bald danach, ca. um 1946/47, lebte auch die ehemalige Jüdische Kultusgemeinde, der vor allem ehemalige Augsburger Juden angehörten, die aus dem KZ Theresienstadt zurückgekehrt waren, wieder auf. 1950 verschmolzen beide Gemeinden zur „Israelitischen Kultusgemeinde Schwaben-Augsburg". Lange Jahre war die „kleine Synagoge", im östlichen Trakt des großen Synagogen-Objekts eingebaut, geistiger und geistlicher Mittelpunkt der Gemeinde; im früheren Trausaal war der Beetraum für die Männer, in der ehemaligen Werktagssynagoge der Frauenbetraum untergebracht. Auch ein Festsaal mit zugehörigen Räumen im Erd- und Obergeschoß des westlichen Traktes wurde errichtet: das ehemalige Männerfoyer wurde zum Festsaal, das Frauenfoyer zur Wandelhalle umgestaltet. Dank unermüdlichen intensiven Einsatzes des langjährigen Präsidenten der Israelitischen Kultusgemeinde Schwaben-Augsburg, Herrn Senator *Julius Spokojny*, wurde am 1. 9. 1985 die von den Nazis demolierte große Synagoge, die eigentliche Gemeindesynagoge, wieder eingeweiht, nachdem zwei Jahrzehnte lang schwierigste Renovierungsarbeiten hatten durchgeführt werden müssen. Sie wird nun an den Feiertagen für Gebetszwecke von der Gemeinde genutzt. Gleichzeitig mit der Wiedereinweihung der Synagoge 1985 wurde im linken Teil des Komplexes das Jüdische Kulturmuseum mit sehr wertvollen Ausstellungsstücken eröff-

net. Dort kann man Gegenstände und Exponate aus allen Bereichen des jüdischen Lebens betrachten.

Standort des gesamten Gemeindezentrums: Halderstraße 6–8.

Besonderheiten: Renovierte große Synagoge, die heute wieder in ihrer ursprünglichen Funktion genutzt wird; großer Synagogenvorhof (Innenhof) mit Brunnen; Mikwe im Keller; rechts und links des Einganges, der durch drei starke, hohe schmiedeeiserne Tore gebildet wird, die den ganzen Gemeindekomplex gegen die Außenwelt sehr effektvoll absichern, verschiedene Gedenktafeln; Amtssiegel von 1296 und Augsburger Zirbelnuß (beide in Stein) über den Haupteingang des Synagogenkomplexes; rechter Teil des Gesamtkomplexes ist Jüdisches Kulturmuseum, rechts und links des Einganges im Inneren Gedenktafeln für die jüdischen Gefallenen des Ersten Weltkrieges; Wochentagssynagoge (außer an den Festtagen) „in Betrieb"; Schulräume für Religionsunterricht und Verwaltungsräume vorhanden; Wohnraum für Synagogenwärter vorhanden; in der Synagoge eine Vielzahl von Symbolen, Ornamenten und Inschriften (in Iwrith) vorhanden. Der gesamte Komplex – besonders die neue große Synagoge und das Jüdische Kulturmuseum – sind eine Einmaligkeit in der Bundesrepublik Deutschland und stets einer Besichtigung wert!

In der Stadt gibt es noch ein weiteres Zeugnis jüdischer Vergangenheit Augsburgs: Im Peutinger-Haus in der Peutingerstraße (hier lebte der Augsburger Gelehrte Conrad Peutinger) sind alte jüdische Grabsteine eingemauert, die auch heute noch zu sehen sind. Sie stammen wohl von dem alten jüdischen Friedhof am Katzenstadel/Ecke An der Blauen Kappe, der 1449 aufgelassen wurde und in der Folgezeit „abgeräumt" worden ist. Besonders interessant ist der Stein für zwei hintereinander gestorbene Geschwister in Form zweier Gesetzestafeln im Innenhof des Gebäudes. Ein weiterer Grabstein, im Portal des Hauses eingemauert, stammt vermutlich aus dem Jahre 1240.

Standort der beiden Grabsteine: Peutingerstraße 11 (Toreinfahrt zum „Peutingerhaus").

Lage des Friedhofs: Südlicher Stadtrandbezirk „Hochfeld", Gelände zwischen Haunstetter Straße und Altem Postweg.

Gedenkstein für die Opfer der Nazi-Barbarei auf dem Friedhof Augsburg

Standort: Vom Bahnhof aus folgt man der Straßenbahnlinie 2 bis zum Königsplatz und von dort aus der Straßenbahnlinie 4 in Richtung Haunstetten (am besten benutzt man die Straßenbahn!). Von der Haltestelle „Berufsschule" geht man noch ca. 30 m in nördlicher Richtung, wo sich auf der rechten Seite der Friedhofseingang „Haunstetter Straße" befindet.

Zustand: Hervorragend gepflegt.

Allgemeine Übersicht: Stabile Backsteinmauer – weiß verputzt – rund um den Friedhof, der 1867 gekauft und 1868 belegt wurde; großes schmiedeeisernes Tor (Haupttor) an der Haunstetter Straße; zweites, kleineres, ebenfalls schmiedeeisernes Tor an der gegenüberliegenden Friedhofsseite am Alten Postweg; Friedhofsmauer 1868 errichtet und nach 1945 renoviert; breiter, mit Kies gestreuter Weg von einem Tor zum anderen; in der Mitte des Friedhofes (und des breiten Weges) Tahara- und Leichenhaus (erbaut 1868, erweitert 1888, durch Bomben 1944 zerstört, wiederaufgebaut nach dem Kriege,

Grabsteine im Peutingerhaus

1979 bis 1982 gründlich renoviert) – heute steht hier ein modernes, neues Tahara- und Leichenhaus); viele sehr schöne alte (und neue) Grabsteine auf beiden Seiten des Mittelweges; an der rechten Friedhofsmauer, unweit des Haupttores (dort, wo früher das Friedhofswärterhaus stand) 1950 von der Stadt Augsburg errichteter Gedenkstein für die Opfer der Nazi-Barbarei (unter ihnen ca. 450 Augsburger Juden, die in den KZs ermordet wurden) mit folgender Inschrift: „DENN UM DEINETWILLEN WURDEN WIR TÄGLICH GETÖTET, WIE SCHLACHTVIEH GEÄCHTET" (PSALM 44,23) ZUM GEDENKEN DER SECHS MILLIONEN UNSERER BRÜDER, UNTER IHNEN MITGLIEDER DER GEMEINDE SCHWABEN-AUGSBURG DIE VOM NAZI-REGIME VON 1933–1945 UMGEBRACHT WURDEN." An der linken Friedhofsmauer, auch nicht weit vom Haupteingang, Gedenkstein für die 24 gefallenen jüdischen Soldaten des Ersten Weltkrieges; auf dem breiten Weg zwischen Tahara-Haus und Ausgang Alte Poststraße (dieser Teil des Friedhofes ist noch nicht genutzt) weiteres, im Jahr 1982 von der Stadt errichtetes Denkmal (eine riesige, in Stein gehauene Menora); Bewuchs des Friedhofes mit schönen Zierbäumen.

Inschrift über dem Eingang des Friedhofswärterhauses auf dem Friedhof Augsburg-Kriegshaber

Augsburg–Kriegshaber

Hier existierte von ca. 1570 bis 1910 eine Jüdische Kultusgemeinde. Sie besaß eine 1850 erbaute Synagoge mit einer Wohnung im Erdgeschoß, eine Mikwe und einen 1627 angelegten und in den Jahren 1695 und 1722 erweiterten Friedhof. Die erste Synagoge („Judenschuol" genannt und im Jahre 1570 erstmals urkundlich erwähnt) und die angrenzenden Häuser, früher alle von Juden bewohnt und daher (als kleines Getto) auch „Judenhäuser" genannt (eine Besonderheit: sie sollen durch einen Gang, der im 1. Stock von Wohnung zu Wohnung ging, mit der Synagoge verbunden gewesen sein, so daß die Juden von Kriegshaber in Krisenzeiten die Synagoge von ihren Häusern aus erreichen konnten, ohne die Straße benutzen zu müssen), sind im 16. und 17. Jahrhundert (belegt ist der Bau von „Judenhäusern" durch die Markgrafschaft Burgau in den Jahren 1570, 1653 und 1750) entstanden.
Während der Pogromnacht 1938 wurde die Synagoge nicht beschädigt. So diente sie der Israelitischen Kultusgemeinde Augsburg, deren große Gemeindesynagoge ja erheblich beschädigt worden war, von 1938 bis zur Deportation als Gemeindesynagoge. Nach 1945 hatte sie mehrere Funktionen: Zunächst diente sie jüdischen US-Soldaten als Synagoge, danach griechisch-orthodoxen Chri-

Eingang zur Synagoge Augsburg-Kriegshaber

Grabstein von Oberst Gerstle s. A.

Hölzernes Grabdenkmal

sten als Gebetsraum, anschließend lange Jahre als Lagerraum.

Die Synagoge ist heute Eigentum der Stadt Augsburg. Nach einer äußerlichen Renovierung im Jahre 1985 steht sie augenblicklich leer, da Unklarheiten hinsichtlich der Besitzverhältnisse zu bestehen scheinen. Äußerlich ist sie aber vollkommen erhalten.

Standort der Synagoge: Ulmer Straße 228.

Besonderheiten: Synagogengebäude (in dem trotz des Anschlusses 1910 an die Kultusgemeinde Augsburg bis 1942 regelmäßig orthodoxe Gottesdienste abgehalten wurden!) ist, äußerlich renoviert, fast im Original erhalten; Aron Hakodesch gut sichtbar; hohe Bogenfenster und Frauensynagoge gut erhalten; Originalfenster und -türen sowie Magen David über der Eingangstür sehr gut erhalten; Originalgitter vor der Synagoge (beim Treppenaufgang und vor der Wohnung im Erdgeschoß) erhalten.

Standorte der „Judenhäuser" der früheren „Gettos": Ulmer Straße 192–230 (an die Synagoge angrenzend); Ulmer Straße 203–207

(auf der gegenüberliegenden Straßenseite); Gieseckerstraße 6 und 16 (an die Ulmer Straße angrenzend).

Lage des Friedhofs: Ecke Madison-/Hooverstraße nahe der westlichen Kriegshaberer Gemarkungsgrenze, um US-amerikanischen Wohngebiet Center Village.

Standort: Von der Stadtmitte Augsburg fährt man immer in Richtung Ulm/Memmingen/ Krumbach auf der Ulmer Straße. Bei der Abzweigung nach dem Markt Stadtbergen (auch US-Hinweisschilder auf US-Wohngebiet!) verläßt man die Ulmer Straße und biegt links in die Kriegshaberer Straße ein. Auf dieser fährt man geradeaus, kreuzt die Paul-Ackermann-Straße und fährt dann weiter in die beginnende Hagenmähderstraße. Von dieser biegt man kurz vor dem Ende des Ortsschildes bzw. vor dem Ortsanfangsschild „Markt Stadtbergen" nach links in das US-amerikanische Wohngebiet ab, fährt die Tylerstraße bis zum Ende durch, biegt dann rechts in die Madisonstreet ab, um bei der nächsten Abbiegung links in die Hooverstreet nochmals abzubiegen. Hier liegt nach ca. 200 m auf der rechten Straßenseite, Hooverstreet 15, der Eingang zum Friedhof.

Zustand: Hervorragend gepflegt.

Allgemeine Übersicht: Hohe, massive, stabile Steinmauer rund um den ganzen Friedhof; ein schmiedeeisernes Tor an der Hooverstreet; direkt gegenüber dem Eingang, ca. 40 m von diesem entfernt, bewohntes, 1802 erbautes Friedhofswärterhaus mit folgender Inschrift über der Eingangstür: „1636 wurde dieser Friedhof eröffnet 1802 Der leidenden Menschheit jüdischer Nation dieses Haus erbaut u. gewid. von Pfersee, Steppach u. Kriegshaber 1871 die Umfassungsmauer neu aufgeführt"; links vom Tor Denkmal (von US-Soldaten nach dem Krieg aus umgestürzten und zerstörten Grabsteinen errichtet); links vom Tor, auf die linke Mauer zu, alte Grabsteine; rechts vom Tor, ganz vorne, neue Grabsteine (nach 1945), dahinter neue und alte Grabsteine, hinten an der Begrenzungsmauer ganz alte Grabsteine; an der dem Tor parallel gegenüberliegenden Längsmauer durchgehend alte, sehr schöne (z. T. sehr dünne) Grabsteine (einige mit Wappen!); im hinteren linken Abschnitt des Friedhofes Grabstätte eines hohen jüdischen Offiziers der bayerischen Armee; im Friedhofswärterhaus gut erhaltenes hölzernes Grabdenkmal (eines von 3 z. Z. in Bayern bekannten noch vorhandenen hölzernen Grabdenkmälern!); Baum- und Ziersträucherbewuchs, im rechten und linken hinteren Teil des Friedhofes etwas dichter.

Augsburg-Pfersee

Hier existierte seit 1568/69 bis in die zweite Hälfte des 19. Jahrhunderts eine Jüdische Kultusgemeinde. Sie besaß nachweislich eine Synagoge. Bekannt ist auch, daß von dieser Kultusgemeinde noch ein Memorbuch und eine vollständige Talmudhandschrift erhalten sein soll.
Vermutlich gegen Ende der 2. Hälfte des 19. Jahrhunderts (1871 gab es in Pfersee noch 45 Juden) löste sich die Gemeinde auf, d. h., die Mitglieder der Kultusgemeinde Pfersee schlossen sich der größeren Kultusgemeinde Augsburg an. Die Synagoge wurde an Privatleute verkauft und 1876 abgebro-

chen. Sie existiert heute nicht mehr. Sie befand sich nahe der St.-Michaels-Kirche direkt neben der heutigen ARAL-Tankstelle. Auf diesem Platz befindet sich nun ein Neubau.

Standort: Ecke Leitershofer Straße/Fröbelstraße.

Bad Wörishofen (Unterallgäu)

Lage des Friedhofs: In der Stadt Bad Wörishofen, innerhalb des städt. Friedhofes.

Standort: Der Stadtfriedhof von Bad Wörishofen hat zwei Eingänge: einen von der Sankt-Anna-Straße und parallel dazu einen von der Kolpingstraße. Die „Jüdische Abteilung", ein Massengrab, liegt inmitten des Friedhofes. Zu diesem Zeugnis jüdischer Vergangenheit in Bayern gelangt man durch das Tor in der Sankt-Anna-Straße. Man geht geradeaus, am Mausoleum (= Grabkirche von Pfarrer Kneipp) vorbei und auch noch an der großen Friedhofskapelle. Hinter der Friedhofskapelle, auch Aussegnungshalle genannt, befindet sich in der 2. Reihe rechts das Denkmal des Jüdischen Komitees Bad Wörishofen. Das Massengrab ist schön begrünt, mit Ketten auf Steinpfosten gegen den übrigen Friedhof abgegrenzt. In seiner Mitte, von Ziersträuchern fast verdeckt, steht ein Gedenkstein. Er trägt folgenden Text: „HIER RUHEN DIE OPFER DES BLUTIGEN NAZIREGIMES EHRE IHREM ANDENKEN! DAS JÜDISCHE KOMITEE BAD WÖRISHOFEN IM MAI 1945." Darunter steht noch rechts: „ANDENKEN VON MISS EISENBERG U.S.A." und links „ZUM ANDENKEN AN DEN GEF. LT. H. EISENBERG".

Zustand: Das Massengrab ist schön bepflanzt und sehr gut gepflegt.

Binswangen
(Dillingen a. d. Donau)

Hier existierte von 1450 (erste Nennung von Juden bereits 1439) bis ca. 1940 eine Jüdische Kultusgemeinde. Sie besaß zunächst eine Synagoge, deren Erbauungsdatum unbekannt, deren Standort jedoch bekannt ist und dann ab 1836 eine neue Synagoge, eine Mazze-Bäckerei, eine um 1656 errichtete Mikwe, ein im 19. Jahrhundert erbautes

Synagoge Binswangen

Schulhaus und einen um 1663 angelegten Friedhof.

1938 wurde die Synagoge beschädigt, die gesamte Einrichtung und die Ritualien vernichtet.

Das Synagogengebäude besteht heute noch. Es befindet sich in Privatbesitz und wird, baulich ziemlich heruntergekommen, jetzt nicht mehr genutzt, nachdem es lange Zeit als Lager einer Baufirma verwendet worden war. Es wird geplant, das Bauwerk zu renovieren und es in Zukunft für kulturelle Zwecke zu nutzen.

Standort: Judengasse 3.

Besonderheiten: Bausubstanz (äußerlich) noch fast vollständig erhalten; Originalfenster und -dach erhalten.

Lage des Friedhofs: An der Staatsstraße 2033 zwischen Binswangen und Wertingen.

Standort: Man verläßt Binswangen in Richtung Stadt Wertingen. Ca. 600 m nach dem Ortsende biegt man auf der Staatsstraße in einen Feldweg links ein, der nach wenigen Metern zum Eingang des Friedhofs führt.

Grabstein des französischen Kriegsgefangenen aus dem Krieg 1870/71

252

Zustand: Gepflegt.

Allgemeine Übersicht: Vor dem Friedhof Gedenkstein mit folgender Aufschrift: „JÜDISCHER FRIEDHOF DER EHEM. ISRAELITISCHEN KULTUSGEMEINDE BINSWANGEN"; stabile, massive Steinmauer rund um den Friedhof (errichtet 1840); Erweiterungen des Friedhofs 1761 und 1840; Eingang am unteren Viertel der Mauer; Eisengittertor; Gelände des Friedhofs steigt bergauf an; drei Stufenreihen im Friedhof führen bergauf; mehrere „Gräberfelder" (vermutlich durch Friedhofsschändungen bewirkt >1924, 1925, 1940<): links des Eingangs, in der gegenüberliegenden linken Ecke, mehrere Marmorgrabsteine; nach der 3. Stufenreihe kreisförmige Anordnung von alten bzw. sehr alten Grabsteinen (darunter ein Grabstein für einen in Dillingen gestorbenen französischen Kriegsgefangenen des Krieges 1870/71); im hinteren Drittel der Friedhofsfläche ältere, vorne neuere Grabsteine; im hinteren rechten Abschnitt des Friedhofes sehr alte Grabsteine.

Bissingen (Dillingen a. d. Donau)

Hier existierte möglicherweise in früheren Jahrhunderten eine Jüdische Gemeinde, deren Vorhandensein heute jedoch weder bekannt noch urkundlich irgendwie belegt ist. An die Anwesenheit von Juden in Bissingen erinnern heute nur noch zwei Flurnamen, von Hauptlehrer Georg Engel 1936 niedergelegt.

1. *Judenacker* NO ehemal. Nr. 274–329

2. *Judenbegräbnis* N ehemal. 387–407

Hier sollen in alter Zeit Juden beerdigt worden sein (angeblich nachgewiesen durch alte Gemeinderechnungen, die jedoch heute nicht mehr auffindbar sind).

Lage des historischen Friedhofs: In der Gemarkung Bissingen. Der Flurname „Judenbegräbnis" läßt darauf schließen, daß hier vor langer Zeit Juden bestattet worden sind. Dies konnte auch eine Zeitlang durch alte Gemeinderechnungen nachgewiesen werden, die jedoch heute nicht mehr auffindbar sind. Es ist mit großer Sicherheit anzunehmen, daß hier in früherer Zeit ein jüdischer Friedhof existiert hat, von dem jedoch, außer dem Flurnamen, nichts mehr erhalten geblieben ist.

Burgau (Günzburg)

Hier existierte bereits im Mittelalter bis 1634/35 eine Jüdische Kultusgemeinde, die während der Pestepidemie 1348/49 sehr unter einem Pogrom mit anschließender Vertreibung zu leiden hatte. Im 16. Jahrhundert wurde sie recht groß und fand deshalb auch Erwähnung. Sie besaß eine Synagoge und einen Friedhof, auf dem Juden aus der ganzen Umgebung bestattet wurden. Sie starb in den Pestjahren 1634/35 aus. Von der Synagoge, die 1660 von dem Hafner Michael Neuner erworben wurde, konnte trotz intensiver Nachforschung weder der Standort noch das fernere Schicksal in Erfahrung gebracht werden. Die Anwesenheit von Juden in der ehemaligen Grafschaft Burgau bezeugen heute noch etliche Flurnamen wie *„Am Judenbegräbnis", „Judenmahd"* und *„Judenweg".*

„Am Judenbegräbnis" – dieser heute noch gültige Flurname in der Gemarkung der Stadt Burgau weist eindeutig auf den jüdischen Friedhof hin, der sich früher auf diesem Flurgrundstück befunden hatte – dies konnte nachgewiesen werden! – was heute jedoch völlig in Vergessenheit geraten ist. Nach dem Aussterben der Jüdischen Gemeinde in Burgau im 30jährigen Krieg wurde der Burgauer Judenfriedhof noch einige Zeit von Juden anderer Orte als Begräbnisstätte benutzt.

Heute ist, nachdem 1725 noch zwei Grabsteine auf dem Friedhof gestanden hatten, von dem Friedhof oder von evtl. vorhandenen Grabsteinen trotz sehr intensiver Suche nichts mehr vorhanden.

Buttenwiesen
(Dillingen a. d. Donau)

Hier existierte ab dem 16. Jahrhundert (erste urkundliche Nennung 1599) bis 1942 eine Jüdische Kultusgemeinde. Sie besaß eine 1856/57 erbaute Synagoge (nachdem die um ca. 1630 errichtete „alte" Synagoge 1852 bei einem Brand erheblich beschädigt worden war), ein 1846 erbautes und 1906 renoviertes Schulhaus, eine Mikwe und einen Friedhof mit Tahara-Haus.

Einige Tage nach der sog. „Reichskristallnacht" wurden die Inneneinrichtung und die

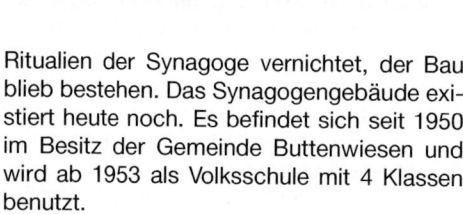

Synagoge Buttenwiesen

Grabstein auf dem Friedhof Buttenwiesen

Ritualien der Synagoge vernichtet, der Bau blieb bestehen. Das Synagogengebäude existiert heute noch. Es befindet sich seit 1950 im Besitz der Gemeinde Buttenwiesen und wird ab 1953 als Volksschule mit 4 Klassen benutzt.

Standort: Schulplatz 6 (Volksschule)

Besonderheiten: Gebäudesubstanz noch vollständig (außen) erhalten; frühere Fenster und früherer Eingang (an der Westseite) gut erkennbar.

Die ehemalige Mikwe wurde zwischenzeitlich in ein Wohnhaus umgebaut. Hier wohnte die Frau, die sich um den jüdischen Friedhof kümmerte.

Standort: Schulplatz 8.

Besonderheiten: Bausubstanz noch vollständig erhalten.

Das ehemalige israelitische Schulhaus, 1848 von der Kultusgemeinde erworben, wurde bereits 1937 von der Gemeinde Buttenwiesen gekauft. Bis 1945 diente es als Gendarmeriestation, dann war es Wohnhaus und bis 1983 Apotheke, jetzt wird es wieder als Wohnhaus genutzt.

Standort: Geistbergstraße 4.

Der heutige Marktplatz von Buttenwiesen

heißt im Volksmund immer noch „Judenhof".

Lage des Friedhofs: Mitten im Ort.

Standort: Vom Rathaus aus geht man rechts auf den Schulplatz, an dem Schulgebäude vorbei, sofort dahinter biegt man rechts in eine schmale Gasse ohne Namen ein. Am Ende dieses Gäßchens liegt der Friedhofseingang (auf der linken Seite die frühere Mikwe).

Zustand: Gepflegt.

Allgemeine Übersicht: Der Friedhof wurde nachweislich 1632/33 angelegt; er ist mit Mauer und Hecke (gegenüber dem christl. Friedhof) umgeben; schmiedeeisernes Tor; Leichen- und Waschhaus (Tahara-Haus) ist heute Garage des Hauses Marktplatz 4; östlicher Teil des Friedhofes wird, nachdem er mit Sand und Erdreich aufgefüllt worden ist, seit 1950 als christlicher Ortsfriedhof benutzt; rechts des Tores alte, sehr schöne Grabsteine aus dem vergangenen Jahrhundert (im 17./18. Jahrhundert wurden hier hölzerne Grabsteine verwendet, diese sind heute nicht mehr erhalten!); links des Eingangstores vorne neuere Grabsteine, dahinter großes Gräberfeld mit älteren und alten Grabsteinen; L-förmige Fläche des Friedhofes; Bewuchs mit Trauerweiden.

Deisenhausen (Günzburg)

Hier existierte möglicherweise in früheren Jahrhunderten eine Jüdische Gemeinde. Es erinnert heute kaum etwas an diese Gemeinde – außer einer Straße, die von alten Bürgern der Gemeinde *„Judengasse"* genannt wird.

Außerdem sind hier im Sprachgebrauch noch „Hausnamen" gebräuchlich, wie z. B. „Judengaßschuster", „Judenjörg", „Judentonele" u. a. m. Woher diese Namen stammen, konnte nicht festgestellt werden.

Donauwörth (Donauwörth)

Hier existierte, urkundlich belegt, im Mittelalter (ca. 1350–1519) eine Jüdische Gemeinde. Sie besaß bis 1517/18, dem Jahr der Vertreibung der Juden aus Donauwörth, eine Synagoge, bis 1496 ein großes, 16 Wohnungen enthaltendes „Judenhaus" und einen Friedhof. Seit 1496 mußten hier die Juden in einem Getto, in der Judengasse, der heutigen Ölgasse, leben und schon damals Abzeichen tragen. Nach ihrer Vertreibung wurde die Synagoge abgerissen, der Friedhof vernichtet.

Bis 1933 hieß die heutige Ölgasse „Judengasse". Sie erinnerte an die Existenz einer Jüdischen Kultusgemeinde in Donauwörth. Trotz intensiver Suche konnte der Standort der Synagoge nicht festgestellt werden; sicher ist jedoch, daß sie sich in der heutigen Ölgasse befunden hat.

Der nachweislich von ca. 1350 bis 1519 zur Jüdischen Kultusgemeinde Donauwörth gehörende Friedhof wurde nach der Vertreibung der Juden im Jahre 1518/19 vernichtet. Trotz intensivster Recherchen konnten weder sein Standort noch sonstige Informationen ermittelt werden.

Ederheim (Donau-Ries)

Hier existierte ab 1674 bis 1871 eine Jüdische Kultusgemeinde, denn von 1806–1821 wohnten hier 25 jüdische Familien, 1862 immer noch 17 jüdische Familien. Die Gemeinde besaß eine 1726 erbaute Synagoge und eine 1828 errichtete Schule. 1870, noch vor Kriegsbeginn, zogen die Juden endgültig von Ederheim weg. Die Synagoge wurde ver-

Neuerer Grabstein auf dem Friedhof Fellheim

kauft, später umgebaut. Sie ist heute gemeindeeigenes Haus, in welchem die Feuerwehr und einige Mietwohnungen untergebracht sind. Die Straße, an der die ehemalige Synagoge liegt, heißt heute im Volksmund noch „Judenbuck" (= Judenberg).

Standort: Dorfstraße 40.

Fellheim (Unterallgäu)

Hier bestand ab der Mitte des 17. Jahrhunderts bis ca. 1933 eine Jüdische Kultusgemeinde. Sie besaß eine 1738 erbaute Synagoge, eine 1794 fertiggestellte Mikwe und einen Friedhof.

Die Synagoge wurde 1938 innen total zerstört, Mobiliar und sehr kostbare Ritualien vernichtet. Danach wurde das ehemalige Synagogengebäude als Unterkunftshalle für Flugzeugmotoren benutzt.

Nachdem das Bauwerk 1951 an Privatleute verkauft worden war wurde es 1954 renoviert und zu einem Wohnhaus umgestaltet. Diese Funktion hat es heute noch.

Standort: Memminger Straße 17.

Hölzerne Grabsteine auf dem Friedhof Fischach

Besonderheiten: Außenmauern noch gut erhalten; auf der linken Hausseite Originaltüren und -fenster gut erkennbar; Bausubstanz außen im wesentlichen noch vollständig erhalten.

Lage des Friedhofs: In der Gemeinde Fellheim, hinter dem Gebäude in der Memminger Straße 17.

Standort: Auf der Memminger Straße, der Hauptstraße des Ortes, biegt man, von Memmingen kommend, vor dem Haus Memminger Str. 17 rechts ab, geht über einen Hof schräg durch und steht vor dem Eingang des Friedhofes.

Zustand: Gepflegt.

Allgemeine Übersicht: Massive Steinmauer rund um den Friedhof; ein Eingang mit schmiedeeisernem Eingangstor; drei Gräberfelder; Weg vom Eingangstor bis zur gegenüberliegenden Mauer; ein Gräberfeld an der dem Eingang gegenüberliegenden Mauer; zwei Gräberfelder links vom Eingang; bei dem am Eingang liegenden Gräberfeld Rabbinergrab; z. T. türmchenförmige Grabsteine; einige Grabsteine mit Goldinschrift; Baumbewuchs (meist Laubbäume).

Fischach (Augsburg)

Hier existierte von ungefähr 1570 bis 1942 eine Jüdische Kultusgemeinde. Zunächst besaß sie eine provisorische Synagoge, die dann 1739 durch einen Neubau ersetzt wurde. Dieser wurde in den Jahren 1900 und 1934 renoviert. Daneben besaß die Gemeinde noch eine 1720 erstmals erwähnte Mikwe, ein 1845–1847 erbautes Gemeindehaus mit Schulräumen und einen Ende des 18. Jahrhunderts angelegten Friedhof.

1938 kam es hier nicht zur Zerstörung der Synagoge oder zur Vernichtung des Inventars und der Ritualien. Das Bauwerk wurde verkauft oder später als Wohnhaus umgebaut. Auch heute wird es noch in dieser Funktion genutzt.

Standort: Am Judenhof 4.

Besonderheiten: Bausubstanz ist noch vollständig erhalten.

Auch das Gemeindehaus (mit Schulräumen, daher von der Bevölkerung heute noch *„Judenschule"* genannt) steht noch. Es befindet sich in Privatbesitz und wird als Wohnhaus genutzt.

Standort: Am Judenhof 6.

Besonderheiten: Ein wegen seiner Größe und Wuchtigkeit auffallendes Gebäude!

Lage des Friedhofs: Im Markt Fischach.

Standort: Vom Rathaus kommend geht man in der Hauptstraße in Richtung Ortsausgang. Bei der Kohlbergstraße biegt man links von der Hauptstraße ab; dieser folgt man, bis sie links in die Waldstraße abbiegt bzw. schräg geradeaus führt. An dieser „Kreuzung" biegt man scharf rechts in einen mit Birken gesäumten Feldweg (ohne Namen) ab, der nach ca. 30 m vor dem Eingang des Friedhofes endet.

Zustand: Gepflegt.

Allgemeine Übersicht: Massive Steinmauer rund um den Friedhof; ein Eisengittertor zwischen zwei Steinpfosten; in der Ecke rechts vom Eingang großes Tahara-Haus mit zwei Toren (linkes Tor: im Raum dahinter ein Kriegerdenkmal und vier große Tafeln mit Wohltätern der Gemeinde; rechtes Tor: Leichenwagen noch vorhanden); Weg vom Tor bis zum gegenüberliegenden hinteren Ende des Friedhofes; rechts des Tores Gedenkstein mit folgender Inschrift: „DEN OPFERN DER RASSENVERFOLGUNG GEWIDMET

Synagogengebäude in Fischach

1933–1945 DEN TOTEN ZUM GEDENKEN DEN LEBENDEN ZUR MAHNUNG"; wenige Grabsteine (nur eine Reihe) auf der rechten (flächenmäßig kleinen) Seite des Friedhofs; links des Tores, direkt an der Mauer, Kindergrab; links des Weges sehr großes Gräberfeld mit neueren, alten und z. T. sehr alten Grabsteinen; in diesem Feld sind auch zwei hölzerne Grabsteine (jetzt durch Glas geschützt); einige vergoldete Grabinschriften; einige Laubbäume vorhanden; Schändungen in den Jahren 1928 (2x), 1932 und 1935.

Günzburg (Günzburg)

Im Mittelalter existierte hier bis zur Austreibung 1617 eine Jüdische Gemeinde. Mit Sicherheit besaß sie eine Synagoge, die jedoch nach der Vertreibung abgerissen wurde.

Heute gibt es außer dem Wissen um die durch Vertreibung im Jahre 1617 vernichtete Jüdische Gemeinde nichts mehr, was an die einstige Anwesenheit von Juden in der Stadt Günzburg erinnert.

Gundelfingen
(Dillingen a. d. Donau)

Zu Beginn des 19. Jahrhunderts sollen sich hier am Ort etwa 90 Juden aufgehalten haben, die mit größter Wahrscheinlichkeit eine Gemeinde bildeten und auch ein Bethaus oder eine Synagoge hatten. Es ist jedoch trotz sehr intensiver Nachforschung bisher kein Hinweis auf die Existenz einer Synagoge aufgetaucht.

In Gundelfingen existierte bis 1937 das sogenannte „Judenhaus", ein L-förmiges Gebäude, bestehend aus Wohnhaus und Stadel. Es befand sich hinter dem heutigen Alten- und Pflegeheim in der Färbergasse.

Hainsfarth (Donau-Ries)

Hier existierte vom 15. Jahrhundert bis 1941 eine Jüdische Kultusgemeinde. Sie besaß eine 1723 genehmigte, von 1857 bis 1860 erbaute und am 24. 8. 1860 geweihte Synagoge (diese wurde auf der Stelle einer ersten, im Jahre 1672 als *„Judenschul"* erwähnten Syn-

Eingang (für Männer und Frauen getrennt!) in der Synagoge Hainsfarth

Grabstein (Rückseite) auf dem Friedhof Hainsfahrt

agoge errichtet), ein Gemeindehaus mit Wohnungen und Schulräumen (hier war von 1727 eine Talmudschule, die 1822 durch eine Elementarschule, die bis 1920 als jüdische Volksschule bestand, abgelöst wurde, untergebracht), eine Mikwe und einen 1850 eingerichteten Friedhof. In der Pogromnacht 1938 wurde die Synagoge ausgeplündert, die Ritualien vernichtet.

Die Synagoge und das Gemeindehaus sind heute noch als Bauwerke vorhanden. Die Synagoge – sie war nach dem Krieg als Lagerraum und Kühlhaus verwendet worden, wobei z. T. zerstörende bauliche Veränderungen erfolgt waren – befindet sich jetzt im Besitz der Gemeinde Hainsfahrt und wird zur Zeit renoviert. Sie soll nach dem Ende der Renovierungsarbeiten als Kulturstätte Verwendung finden.

Standort: Jurastraße 12 (früher: *Judengasse!*).

Besonderheiten: Die Bausubstanz ist noch fast vollkommen erhalten; Aron Hakodesch, Originalfenster und -türen, z. T. Innenbemalung (z. B. die Zehn Gebote = Asseret Hadibroth neben dem Thoraschrein im Inneren

des Gebäudes) erhalten; „Ochsenauge" im Giebel im Original erhalten.

Das frühere Gemeindehaus existiert ebenfalls noch. Es befindet sich in Privatbesitz und soll nach gründlicher Renovierung, die sehr notwendig ist, als Wohnhaus mit speziellen Verwaltungsräumen Verwendung finden.

Standort: Jurastraße 12 (links neben der Synagoge, die mit dem ehemaligen Gemeindehaus eine in sich geschlossene Einheit bildet).

Die Mikwe ist nicht mehr erhalten. Sie wurde in den 60er Jahren abgerissen. Auf dem Grund der früheren Mikwe wurde ein Wohnhaus errichtet.

Standort: Kohlgasse 7.

Lage des Friedhofs: Osten von Hainsfahrt, links der Straße nach Steinhart.

Standort: Aus Richtung Oettingen kommend fährt man durch den ganzen Ort, zuerst auf der Heimostraße, dann auf der Jurastraße (früher *Judengasse*), wobei man immer dem Schild zur Mehrzweckhalle folgt. Kurz vor dem Ortsende biegt man, immer noch auf der Jurastraße und immer noch dem Schild zur Mehrzweckhalle folgend, links ab und sieht dann rechter Hand, von der Straße ca. 20 m abgesetzt, den Friedhofseingang (in der Jurastraße 43).

Zustand: Gepflegt.

Allgemeine Übersicht: Massive hohe Steinmauer rund um den 1850 errichteten Friedhof; ein Haupteingang vorne und eine kleine Pforte in der rechten Seitenmauer; rechts vom Tor Friedhofswärterhäuschen, ehemaliges Tahara-Haus (heute bewohnt); links vom Tor Geräte- und Holzschuppen (gemauert); ⅓ des Friedhofs vom Eingang her gesehen wird als Wiese genutzt; 272 Grabsteine, nach Osten mit hebräischer, nach Westen mit deutscher Schrift; im hinteren Teil mehr sehr alte und alte, vorne mehr neuere, in der ersten Reihe vorne ganz neue (vor 1945) Grabsteine; zahlreiche neugotische Grabsteine; im ganzen Friedhof sehr alte, sehr schöne, kunstvolle Grabsteine; Schändung des Friedhofs im „Dritten Reich"; Grabstätten der Verwandten der Schauspielerin Giehse.

Synagogengebäude in Harburg

Haldenwang (Günzburg)

Im Mittelalter existierte hier bis zur Austreibung 1617 eine Jüdische Gemeinde. Mit Sicherheit besaß sie eine Synagoge, die jedoch nach der Vertreibung abgerissen wurde.

Heute gibt es außer dem Wissen um die durch die Vertreibung im Jahre 1617 vernichtete Jüdische Gemeinde nichts mehr, was an die einstige Anwesenheit von Juden in Haldenwang erinnert.

Harburg (Donau-Ries)

Hier bestand bereits vor 1349 eine Jüdische Gemeinde, die jedoch durch Pogrome im Zusammenhang mit der Pest ausgerottet wurde. Ab ca. 1671 gab es dann im Ort bis 1936 wieder eine Kultusgemeinde. Sie besaß eine um 1754 erbaute Synagoge mit Rabbinerwohnung und Gemeindestube im Erdgeschoß, Mikwe im Keller und dem eigentlichen Betraum im 1. Obergeschoß (zuvor hatte man ab 1672 eine Betstube im Geschäftshaus des Mosche *Weil* am Marktplatz, ab 1720 dann eine erste Synagoge in Holzbau-

weise am jetzigen Standort in der Egelseestraße am Wörnitzufer), ein Schulhaus, das von 1821 bis 1888 als jüdische Volksschule benutzt wurde und einen 1671 erworbenen Friedhof. Ab 1840 war Harburg Sitz eines eigenen Rabbinats.

Im Jahr 1936 war die Mitgliederzahl der Kultusgemeinde so gering geworden, daß ein Anschluß an die Kultusgemeinde Nördlingen erfolgte. Das Synagogengebäude ging 1939 in den Besitz des Deutschen Roten Kreuzes über. Während des Krieges diente es mehreren Firmen als Lagerhalle. Ab 1945 wechselte es mehrfach den Besitzer. Es ist heute noch in sehr gutem baulichen Zustand erhalten. Nach grundlegenden Umbauten in den 60er Jahren ist das Innere des Bauwerks nicht mehr historisch (es wurde durch Einzug von Zwischendecken zum Geschoßbau verändert), das Äußere entspricht weitgehend dem Originalzustand, da die Gesamtfassade in früherer Form unverändert blieb. Nachdem das in Privatbesitz befindliche Geäude in den 80er Jahren als Wohnhaus bzw. Büro (im Erdgeschoß Garage) genutzt worden war, wurde es von 1989 bis 1991 in Privatinitiative als anspruchsvolles kleines Kulturzentrum (mit Wohnmöglichkeiten im Haus) verwendet.

Grabstein eines Schofarbläsers auf dem Friedhof Harburg

Da leider kein öffentliches Interesse zu bestehen scheint, ist die Zukunft des Bauwerkes – aufgrund seiner Einbindung ins mittelalterliche Harburger Stadtbild von einmaliger Besonderheit! – gegenwärtig ungewiß. Zum Jahreswechsel 1991/92 soll ein Besitzerwechsel erfolgen.

Standort: Egelseestraße 8.

Besonderheiten: Bausubstanz (Außenfassage) im Original erhalten; Aron Hakodesch an dem Fluß Wörnitz deutlich erkennbar; Tür- und mehrere Fensteröffnungen sowie „Ochsenauge" im Original erhalten; in dem mittelalterlichen Ort ein herrliches, stark auffallendes Gebäude! Das Schulhaus steht heute auch noch. Es befindet sich, nach einer Reihe von Umbaumaßnahmen, in Privatbesitz und wird jetzt als Wohnhaus genutzt. (Zeitweilig hatte es der Kultusgemeinde auch als Armenhaus gedient!).

Standort: Egelseestraße 15.

Besonderheiten: Original-Bausubstanz inkl. Tür- und Fensteröffnungen gut erhalten; auch in das Haus hochführende Originaltreppen erhalten. Ein weiteres Zeugnis jüdischer Vergangenheit in Harburg ist das Vorhanden-

sein einer *Judengasse* , die schräg links gegenüber der ehemaligen Synagoge zur Nördlinger Straße hinaufführt. Hier ist nach dem Abriß zweier Häuser ein gepflasterter Parkplatz entstanden.

Lage des Friedhofes: Außerhalb der Stadt, in der Nähe des „Bocksberges", am „Hühnerberg", westlich von Harburg.

Standort: Von der Stadtmitte kommend fährt man in Richtung Burg. (Straßenschilder: Richtung Schaffhausen/Nördlingen). Man fährt die Burgstraße links an der Burg vorbei, aus dem Ort hinaus, und biegt dann nach dem Ortsende den 2. Feldweg rechts ab (genau unterhalb des Fernsehsenders). Diesen Feldweg fährt man bis zur 1. Abzweigung, dort biegt man rechts ab und steht nach wenigen Metern vor dem Friedhofseingang.

Zustand: Gepflegt.

Allgemeine Übersicht: 1671 erworben, wurde der Friedhof 1838 erweitert; Schändungen: 1744, 1800 und letztmals 1937; stabile, massive Steinmauer rund um den Friedhof; Tahara-Haus (mit einem Ausgang zum Friedhof und einem zweiten auf das Areal außerhalb des Friedhofs); ein Tor aus Schmiedeeisen; links dieses Tores besagte Tahara-Halle; rechts davon ein Grabfeld mit alten und sehr alten Grabsteinen; rechts des Tores zwei Grabfelder mit alten, sehr alten aber auch neueren Steinen; rechts des Tores, ganz an der Mauer, einige Einzelgräber; Spuren früherer Schändung noch deutlich erkennbar; (die ältesten „Grabsteine" des Friedhofs – sie waren aus Holz – sind leider nicht mehr vorhanden: sie wurden 1744 und 1800 von durchziehenden Soldaten zum Feuermachen verwendet).

Höchstädt a. d. Donau
(Dillingen a. d. Donau)

Hier existierte im späten Mittelalter von ca. 1560 bis 1741, unterbrochen durch zahlreiche Ausweisungen in den Jahren 1552/53, 1646, 1671, eine Jüdische Gemeinde. Sie besaß eine Synagoge und einen Friedhof. Nach der letzten Vertreibung 1741 wurde die Synagoge wahrscheinlich zerstört, das gleiche Schicksal ereilte auch den jüdischen Friedhof. Trotz intensiver Recherchen war es leider nicht möglich, sowohl Schicksal als auch Standorte beider Kultstätten festzustellen.

An die Anwesenheit einer Jüdischen Gemeinde erinnert heute noch der *„Judenberg"* der Stadt.

Die hier von ca. 1500 bis 1741 existierende Jüdische Kultusgemeinde besaß nachweislich einen eigenen Friedhof.

Trotz intensivster Recherchen war es nicht möglich, seinen Standort zu ermitteln. Es ist jedoch möglich, daß er sich im Gebiet des „Judenberges" in der Stadt befunden hat.

Ichenhausen (Günzburg)

Hier existierte von 1541, vielleicht aber auch schon früher, bis 1942 eine große und bedeutende Jüdische Kultusgemeinde. Sie besaß eine erste, im Jahre 1687 erbaute Synagoge, danach, auf der gleichen Stelle, eine 1781 neu errichtete. Der neue Synagogenbau wird dem berühmten Wettenhausener Stiftsbaumeister *Joseph Dossenberger* zugeschrieben. Eine neue Ausstattung des Innenraumes wurde um 1890 vorgenommen: das Innere wurde mit einem großen Deckenoval, mit Stuck und mit mystischer raumdeckender Ausmalung ausgestattet, nachdem bereits 1852 Erweiterungsmaßnahmen (Einbau von zwei Emporen) durchgeführt worden waren. 1781 wurde ein dreigeschossiger Anbau errichtet, in dem eine Schule und eine Rabbinerwohnung (der hiesige Ortsrabbiner war zeitweise auch Landes- und Distriktsrabbiner) untergebracht waren. Der Synagogendiener wohnte in einem Nachbarhaus. Nachdem 1833 ein großes jüdisches Schulhaus (mit Wohnungen für zwei Lehrer und für zwei Lehrergehilfen) errichtet und 1840 durch die Marktverwaltung ein Schlachthaus zum Schächten (am Badberg) erstellt worden war, wurde 1894/95 in der Nähe der Synagoge ein wunderschönes repräsentatives Rabbinatsgebäude erstellt; das alte Rabbinatsgebäude an der Synagoge wurde Rabbinerdienerhaus.

Am Ort gab es um 1543 eine jüdische Buchdruckerei des *Chaim Ben David Schwarz*, denn ein Pentateuch aus dieser Zeit, hergestellt in Ichenhausen, ist heute noch erhalten. Außerdem gab es bereits vor 1660 eine Mikwe auf einer Wiese bei Ichenhausen, die

Eine der Gedenktafeln für gefallene Gemeindeangehörige der Kultusgemeinde Ichenhausen

nach 1660 in den Keller des Hauses Wiesgasse 1 (vor dem unteren Tor, da, wo heute das *„Friedbergerhaus"* steht) verlegt wurde, ein im Jahre 1808 neu errichtetes Ritualbad in der Krötenau (heute: Neue Bahnhofstraße 11), ein zu Beginn des 19. Jahrhunderts installiertes Jüdisches Gemeindehaus, sowie im 19. Jahrhundert das *„Judenspital"*, ein jüdisches Altersheim. Fast die Hälfte aller Häuser des Ortes war von Juden bewohnt oder zumindest in ihrem Besitz.

Am 10. 11. 1938 wurde die Synagoge im Inneren zerstört, das Gebäude blieb jedoch erhalten. Es diente während des Krieges als Heulager und als Depot für Farben der Wehrmacht; zeitweise stand es auch leer. Die IRSO bot vom Jahre 1949 bis zum Jahre 1952 vielen Betrieben des Ortes das Gebäude zum Verkauf oder zum Abbruch an. 1953 erwarb die Stadt Ichenhausen das ehemalige Synagogengebäude mit Anbauten von der IRSO; es wurde von da ab als Feuerwehrhaus verwendet und konnte so vor weiterem Verfall bewahrt werden.

Rabbinatsbau in Ichenhausen

Ab Juni 1980 wurde dank unermüdlichen Bestrebens von Herrn *Moritz Schmid* der „Aktionskreis Synagoge" gegründet, der es nunmehr auf erstaunliche Weise mit Mut und Beharrlichkeit fertiggebracht hat, daß die Synagoge gründlich renoviert und im Dezember 1987 als „Synagoge: Kultur- und Begegnungszentrum" der Öffentlichkeit übergeben werden konnte.

Standort des Synagogengebäudes: Vordere Ostergasse 24.

Besonderheiten: Das Synagogengebäude wurde als Bauwerk komplett wiederhergestellt; hebräische Inschriften auf Tafeln rechts vom südlichen Eingang; weitere Inschrift (auf blauem Untergrund) über dem linken Tor der „Pforte", noch erhaltenes Original-Tor der ersten Synagoge aus dem Jahr 1687; im Inneren des Gebäudes, rechts und links vom Nordtor, Gedenktafeln für die jüdischen Gefallenen der Kultusgemeinde aus dem Ersten Weltkrieg; Frauenempore (z. T. noch sehr gut im Original erhalten) wurde hervorragend restauriert; Deckenbemalung und -stuck renoviert; Bemalung der Seitenschiffe z. T. reno-

viert; Einbau neuer (farbiger) Fenster; – die Synagoge, wie sie heute als Kulturdenkmal dasteht, ist einmalig und stets eines Besuches wert!

Auch das 1894/95 erbaute Rabbinatshaus – ein imposantes Bauwerk! – existiert heute noch, wenn auch ein wenig umgebaut. Es wurde ab 1988 renoviert und wird als Archiv Verwendung finden.

Standort des ehemaligen Rabbinatshauses: Von-Stain-Straße 8.

Das 1832/33 erbaute jüdische Schulhaus wurde im Jahre 1971 abgerissen.

Standort des früheren „Israelitischen Schulhauses": Herzog-Leopold-Straße 3.

Das Haus, in welchem die neueste Mikwe untergebracht war – in diesem Bauwerk befand sich auch die Dienstwohnung der Kantoren – ist heute ebenfalls noch vorhanden. Es befindet sich in Privatbesitz und wird als Wohnhaus benutzt.

Standort der neuesten Mikwe: Neue Bahnhofstraße 11.

Ichenhausen: Bauliche Wiederherstellung vom Feuerwehrhaus zur Synagoge

Die Synagoge als Feuerwehrhaus vor Beginn der Restaurierung (1983), links ist das Rabbinerhaus von 1894 zu sehen

Die Synagoge Ichenhausen am Tage der Neueröffnung als „Haus der Begegnung" am 4. Dezember 1987

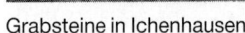

Grabsteine in Ichenhausen

Am Ort haben viele Häuser sog. „Hausnamen" = Namen der Besitzer: viele ehemals jüdische Häuser werden noch heute nach ihren früheren jüdischen Besitzern genannt: *Friedbergerhaus, Roßkammhaus, Regensburgerhaus, Reichenbergerhaus, u. a. m.*

Lage des Friedhofs: An der Straße nach Krumach.

Standort: Vom Rathaus aus fährt man rechts in die Heinrich-Sinz-Straße und folgt dieser immer geradeaus, auch als sie den Namen wechselt und in die Krumbacher Straße übergeht. Nach dem Ortsende, kurz vor dem Bahnübergang, biegt man von der Straße links in einen Feldweg ein und folgt diesem immer geradeaus, bis man vor das Eingangstor gelangt.

Zustand: Vorbildlich gepflegt.

Allgemeine Übersicht: Errichtet 1568; ca. 7000–8000 Gräber; 13 000 m² Fläche; zwei Eingänge; teilweise Mauer, teilweise Drahtzaun um den Friedhof; links vom Haupteingang bzw. rechts vom Nebeneingang große, 1934/35 errichtete Leichenhalle (mit Tahara-

Grabstein auf dem Friedhof Ichenhausen: Sohn Isak – gefallen für Deutschland, Sohn Gustav – deportiert und ermordet, Mutter Sophie – vergast in Auschwitz

Halle als Anbau); Eisengittertor zwischen zwei Steinpfeilern; rechts vom Haupteingang Einteilung in drei Abteilungen: zunächst ein neuerer Teil, dann ein sehr alter Teil (mit einer „Gruppe" von Rabbinergräbern = *Rabbihügel*), dann alter Teil; im sehr alten Teil Bewuchs mit mehrhundertjährigen Eichenbäumen; vom Eingang aus gesehen sehr stark hügelig aufsteigendes Gelände (besonders im sehr alten Teil); mehrere Grabsteine für Juden aus Ungarn, die nach dem Naziregime an den Folgen der Qualen im KZ verstorben sind.

Illereichen-Altenstadt
(Neu-Ulm)

Lage des Friedhofs: An einem Berghang südlich von Illereichen.

Standort: Vom Rathaus Altenstadt fährt man die Memminger Straße in Richtung BAB bis zur Unteren Illereicher Straße, in die man links einbiegt. Dieser Straße folgt man, bis sie in die Obere Illereicher Straße übergegangen ist. Am Ortsanfang Illereichen befindet sich, noch vor dem ersten Haus auf der rechten Straßenseite, ein mit Kies gestreuter Weg. Dieser führt direkt vor den Haupteingang des Friedhofes.

Zustand: Hervorragend gepflegt.

Besonderheiten: Massive Steinmauer rund um den Friedhof; zwei Tore: ein kleines Tor und ein großes Tor mit sehr schönen schmiedeeisernen Türflügeln und mit hebräischer Inschrift über dem Torbogen: „DIE LEBENDEN WERDEN STERBEN UND DIE TOTEN WERDEN LEBEN." Im Inneren des Torbogens, auf der dem Friedhofsinneren zugewandten Seite, befindet sich auf der linken Torseite ein Gedenkstein für ein im Kriege 1870/71 gefallenes Gemeindemitglied, auf der rechten Torseite ein Gedenkstein für gefallene Gemeindemitglieder des Ersten Weltkrieges; beide Inschriften reich verziert und in Goldbuchstaben; links des Tores an der Innenseite der Friedhofsmauer Gedenktafel mit folgendem Wortlaut: „DIESER FRIEDHOF WURDE IM JAHRE 1719 VON GRÄFIN MARIA ANNA V. LYMBURG STYRUM ZU ILLEREICHEN DER ISRAELITISCHEN KULTUSGEMEINDE ANGEWIESEN IN DEN JAHREN 1785 U. 1867 WURDE DERSELBE ERWEI-

TERT U. 1928 MIT DIESER MAUER UMGEBEN"; vorne am Tor neuerer, dahinter älterer Teil; rechts vom Haupteingang gegen die Mauer zu Kindergräber; relativ viele Kohanim; Goldinschrift auf relativ vielen Grabsteinen; starker Baumbewuchs (z. T. über 100 Jahre alte Eichen).

Kaufbeuren

Hier existierte im 14. Jahrhundert eine Jüdische Kultusgemeinde, von der nur noch urkundlich nachweisbar ist, daß sie unter einem Pogrom und anschließender Vertreibung während der Pestepidemie von 1348/49 sehr zu leiden hatte. Außer dieser historisch gesicherten Tatsache – wahrscheinlich wurde die Kultusgemeinde 1349 endgültig ausgelöscht – gibt es keine weiteren Zeugnisse jüdischer Existenz in Kaufbeuren mehr.

Kempten

Hier existierte bis 1942 eine Jüdische Kultusgemeinde. Sie besaß einen Betsaal (im Landhaussaal des Hauses am Residenzplatz 33) und einen Friedhof. 1938 fanden hier keine Ausschreitungen gegen Juden statt. Der Betsaal und die Ritualien blieben erhalten.
Das Gebäude, in dem sich früher der Betsaal befand, ist heute noch vorhanden.

Standort: Residenzplatz 33.

Lage des Friedhofs: In der Stadt Kempten (abgetrennter Teil auf dem katholischen Friedhof).

Standort: Von der Stadtmitte fährt man in Richtung der BAB Ulm/Füssen. Der Friedhof befindet sich stadtauswärts auf der linken Seite der Rattalstraße. Man muß vom Haupteingangstor geradeaus durch den ganzen Friedhof gehen, bis man auf der gegenüberliegenden Seite auf den Eingang der jüdischen Abteilung des katholischen Friedhofes stößt.

Zustand: Sehr gepflegt.

Allgemeine Übersicht: Mit Hecke und Maschendrahtzaun vom übrigen Friedhof abgeteilt; Metallgittertor; alle Gräber links des Eingangstores; wenige alte, relativ viele neue Grabsteine; an der äußersten Seite Kindergräber; einige alte Kindergräber ganz in der

Ecke; zwei Gedenksteine für die Opfer der NS-Verfolgung; in der äußersten hinteren Ecke, hinter der Hecke, Gedenkstein für die ausländischen Kriegsopfer (Fremdarbeiter/Kriegsgefangene).

Kleinerdlingen (Donau-Ries)

Hier existierte wahrscheinlich bereits seit dem Mittelalter bis kurz vor der Jahrhundertwende eine Jüdische Kultusgemeinde, die zeitweise sogar Sitz eines Rabbinats war. Sie besaß eine Synagoge mit Schulzimmer und mit großer Wahrscheinlichkeit auch eine Mikwe. Die Juden hier wohnten zum großen Teil in einem Getto, dem heutigen *Judenhof*. Die Synagoge, 1786 erbaut, ist heute als Bauwerk noch erhalten. Sie befindet sich in Privatbesitz und wird als Lagerhalle genutzt.

Standort: Erninger Straße 24 (hinter dem Haus) bzw. Brühlweg – 3. Gebäude auf der linken Seite (Stadel).

Besonderheiten: Gebäude äußerlich fast noch vollständig erhalten; Aron Hakodesch noch gut erkennbar, ebenso mehrere Fenster und der Giebel, die im Original erhalten sind.

Grabstein, z. T. kunstgeschmiedet, auf dem Friedhof Krumbach

Krumbach (Günzburg)

Hier existierte ab ca. 1500 bis 1942 eine Jüdische Kultusgemeinde. Sie besaß eine 1675 erbaute und in den Jahren 1710 und 1765 erweiterte, sodann 1819 nochmals einem Um- bzw. Neubau unterzogene Synagoge, die 1863 noch einmal renoviert wurde, eine Mikwe von ca. 1830, ein Schulhaus, einen Friedhof, außerdem von 1933–1938 ein Kindererholungsheim einer jüdischen Hilfsorganisation aus München.

In der sog. Reichskristallnacht wurde die Synagoge in Hürben, einem Stadtteil Krumbachs, nicht beschädigt. Inventar und Ritualien jedoch wurden vernichtet. Am 26. November 1939 brannte das Gebäude, das seit Kriegsbeginn Heulager der Wehrmachts-Rauhfuttersammelstelle war, nieder. Die Schäden waren beträchtlich: Der Dachstuhl war vollkommen vernichtet, die Mauern teilweise beschädigt. Am 30. 08. 1940 wurde die Ruine mit dem Grundstück durch die Stadt Krumbach „erworben" und am 30. 09. 1940 auf Anordnung des Regierungspräsidenten von Schwaben das Synagogengebäude beseitigt. Die Abbrucharbeiten waren im Dezember 1941 beendet.

Heute erinnert ein Gedenkstein mit folgender Aufschrift – in der Ecke des als Grünanlage genutzten Synagogenplatzes errichtet – neben dem Namen der Straße an die einstige Funktion der Stätte: „HIER STAND VON 1675–1939 DIE SYNAGOGE DER ISRAELITISCHEN KULTUSGEMEINDE ZU HÜRBEN."

Standort: Linke Seite der Synagogengasse (in Hürben).

Lage des Friedhofs: Im Westen der Stadt im hügeligen Gelände nördlich der Augsburger Straße.

Standort: Vom neuen Rathaus fährt man über die Nattenhauser Straße, von der man dann links in die Babenhauser Straße abbiegt, zum alten Rathaus auf dem Marktplatz, an diesem geradeaus in die Karl-Mantel-Straße, der man bis zur Abbiegung in die Heinrich-Sinz-Straße folgt, wo man rechts abbiegt. Dieser Straße folgt man, bis sie auf die Burgauer Straße stößt, wo man rechts und ein paar Meter weiter wieder links in die Augsburger

Straße abbiegt. Der Augsburger Straße folgt man bis zur Abzweigung Kirchberg, wo man links abbiegt. Nun fährt man immer geradeaus, auch wenn der Kirchberg in den Badweg übergeht. In Höhe des Altersheimes der Arbeiterwohlfahrt biegt man dann von dem in einen Feldweg übergehenden Badweg links ab und folgt dieser linken Abzweigung des Feldweges, die nach einer Biegung nach rechts und einer weiteren Biegung nach links vor das Eingangstor des Friedhofes führt.

Zustand: Gepflegt.

Allgemeine Übersicht: Von rechteckiger massiver Mauer mit zahlreichen Stützpfeilern umgeben; Eingang an der östlichen Längsseite; ein schmiedeeisernes Tor zwischen zwei massiven Steinpfeilern; weiterer Stichbogeneingang südlich der Ostmauer mit zwei Pfeilern; in der nordöstlichen Ecke, rechts des Haupteinganges, Tahara-Haus; Grabdenkmäler im nordwestlichen Teil des Friedhofes zusammengedrängt; eine Reihe Grabsteine an der dem Haupteingang gegenüberliegenden Mauer; im unteren linken Teil des großen Gräberfeldes Kindergräber; einzelnes Grab links des Haupteinganges; sehr viele alte, aber auch neue Grabsteine; ein Grabstein mit Goldinschrift; im vorderen rechten Teil des großen Grabfeldes neuere und ganz neue Grabsteine; Baumbewuchs, besonders auf dem Teil des Friedhofes links des Einganges.

Lager Lechfeld (Augsburg)

Hier existierte vom Jahre 1948 bis 1953 in der heutigen Lechfeldkaserne eine Jüdische Kultusgemeinde, eine sog. UNRRA-Gemeinde, die sich zumeist aus KZ-Opfern und Flüchtlingen aus Osteuropa zusammensetzte, die hier auf ihre Auswanderung nach Israel oder in ein anderes Aufnahmeland in einem sog. DP-Camp warteten. Neben Unterkünften für jüdische Familien und für Einzelpersonen gab es im „DP-Camp Lechfeld" Unterrichtsräume, eine Synagoge, einen Speiseraum und wahrscheinlich eine Krankenstation.

Das ehemalige „DP-Camp Lechfeld" ist die heutige Lechfeldkaserne der Bundeswehr. Die Gebäude, die einst die jüdischen Einrichtungen beherbergten, sind heute als Bausubstanz noch erhalten und werden als Kaser-

nengebäude der Technischen Schule der Luftwaffe 2 genutzt.

Standorte der früheren Einrichtungen (alle in der Lechfeldkaserne).

Gebäude 8: Unterkünfte jüdischer Familien, Unterrichtsraum und Synagoge.

Gebäude 35: Vermutlich Krankenstation.

Gebäude 38–40: Unterkünfte (soweit bewohnbar).

Gebäude 44: Speiseraum mit Essensausgabe im Parterre; Unterkünfte im I. Stock.

Heute erinnert nichts mehr an die UNRRA-Gemeinde im ehemaligen DP-Camp Lechfeld.

Lauingen (Dillingen a. d. Donau)

Hier existierte von 1246 bis 1348/49, dem Jahr der Vertreibung, eine Jüdische Kultusgemeinde. Sie besaß eine Synagoge mit Schule. Dieses Gebäude ist heute noch erhalten. Nach mehrfachem Besitz- und Verwendungswechsel, es war lange Zeit Pilgerherberge und „Seelhaus", wird es heute nach einer inzwischen erfolgten Renovierung als Wohnhaus genutzt. Über dem Eingang zur ehemaligen Synagoge befindet sich in hebräischer Schrift die Inschrift S-CH-L. Eine Tafel mit dem folgenden Wortlaut weist auf die Geschichte des Bauwerkes hin: „>SEELHAUS< EHEM. JUDENSCHULE PILGER- U. ARMENHAUS HEBRÄISCHE INSCHRIFT ÜBER DEM EINGANG >DAS IST DAS TOR ZU JAHWE< SEIT 1348 IM BESITZ DER SPITALSTIFTUNG."

Standort: Hirschstraße 19 (die frühere Judengasse).

Lindau (Lindau)

Hier existierte im Mittelalter, 13./14. Jahrhundert, eine Jüdische Gemeinde, die bereits um 1400 wieder verschwunden ist. Sie besaß, wahrscheinlich im heutigen Mautgässele, eine Synagoge. Wann diese abgebrochen wurde, ist nicht bekannt.

Später, möglicherweise im 14. oder 15. Jahrhundert, wurde hier laut Chronik das städtische Gardehaus errichtet.

Lage des Friedhofs: Städt. Friedhof in der Ludwig-Kick-Straße 49.

Standort: Von Lindau-Zentrum fährt man immer in Richtung Immenstadt/München/Oberstdorf. Kurz vor dem Ortsende befindet sich der Friedhof stadtauswärts auf der linken Seite der Ludwig-Kick-Straße (Nr. 49). Zum Denkmal gelangt man durch den Haupteingang, wo man rechts an der Kapelle vorbei den halbrechten großen Weg benutzt. Diesen geht man bis vor die große Hecke, dahinter ist ein breiter Querweg, hinter dem die Urnengräber sind. Zwei Seitenwege vor diesem breiten Querweg biegt man in den vorletzten Seitenweg links ab und geht diesen bis zum Ende durch. Hier befindet sich das Massengrab.

Zustand: Gepflegt.

Allgemeine Übersicht: Massengrab, auf dem ein kleiner Obelisk inmitten von Bepflanzung steht. Unter einem Kreuz stehen die Namen der NS-Opfer (darunter offensichtlich auch Juden, z. B. IDCAK). Unter den Namen steht, kaum leserlich: „OPFER DER JAHRE 1943–45"; über den Namen steht: „ZUM GEDÄCHTNIS".

Neuer Grabstein auf dem Friedhof Memmingen

Memmingen

Hier existierte vom Mittelalter (bei der Pestepidemie 1348/49 hatte sie unter einem Pogrom mit anschließender Ausweisung sehr zu leiden) bis 1942 eine Jüdische Kultusgemeinde. Sie besaß eine 1909 erbaute Synagoge mit einem Betsaal für die Wochentage und Gemeinderäumen, eine Lehrerwohnung, eine Mikwe und einen Friedhof. Am 10. 11. 1938 wurden aus der Synagoge Bänke, Leuchter, Gebetbücher und Ritualien abtransportiert, danach, noch im gleichen Jahr, das Gebäude abgerissen.

Heute befindet sich auf dem Grundstück der ehemaligen Synagoge das Haus der Verwaltung der Lech-Elektrizitätswerke. Die Stadt Memmingen hat zum Gedenken an dieser Stelle eine Gedenktafel angebracht.

Standort: Am Schweizerberg 17.

Rechts neben dem Verwaltungsgebäude befindet sich ein Gedenkstein mit dem folgenden Wortlaut: „AN DIESER STELLE WURDE 1909 DIE SYNAGOGE FUER UNSERE MITBÜRGER JÜDISCHEN GLAUBENS ERRICHTET. IM JAHRE 1938 FIEL SIE DER GEWALTHERRSCHAFT ZUM OPFER. Dem Ge-

Gedenktafel für die Synagoge Memmingen

denken und zur Mahnung diene dies. NICHT DURCH MACHT UND NICHT DURCH STÄRKE SONDERN DURCH MEINEN GEIST SPRICHT DER HERR."

Lage des Friedhofs: Im Osten der Stadt.

Standort: Vom Bahnhof fährt man die Bahnhofstraße rechts ab und dann in Richtung München auf der Augsburger Straße entlang. Von dieser biegt man links in die Ellenbogenstraße und von dieser wiederum links in die

Alte Synagoge in Mönchsdeggingen; rechts Herr Wiedemann s. A.

Maserstraße ein, deren Verlängerung der Weg „Am Judenfriedhof" darstellt. Hier befindet sich linker Hand der Eingang.

Zustand: Gepflegt.

Allgemeine Übersicht: Stabile, massive, hohe weißgetünchte Steinmauer um den ganzen Friedhof; ein keines Tor aus Eisen und ein großes, ebenfalls eisernes Haupttor; links des Tores Gedenkstein für Gefallene des Ersten Weltkrieges; rechts vom Haupttor Möglichkeit zum Waschen der Hände; Bepflanzung mit Zierbäumen; viele neuere, wenig alte, wenig neue Grabsteine; Bestattungen auch nach 1945; gepflegte Gänge längs und quer; auf der rechten unteren Abteilung nur wenige Gräber.

Mönchsdeggingen (Donau-Ries)

Hier existierte von 1684 bis 1879 die Jüdische Gemeinde Deggingen. Von 1684 bis 1734 benutzte sie eine erste Synagoge in einem 1542 erbauten Haus, danach von 1734 bis 1828 eine zweite Synagoge und von 1828 bis 1879 eine dritte, die auf dem Platz der zweiten errichtet worden war. Die Gemeinde besaß noch eine Mikwe und einen Friedhof.

Nachdem die Kultusgemeinde kleiner geworden war, wurde die 3. Synagoge – eine Jüdische Gemeinde existierte schon nicht mehr – verkauft. Sie wurde abgerissen.

Heute gibt es noch das Gebäude der alten (ersten) Synagoge. Es befindet sich in Privatbesitz und wird jetzt nach einer gründlichen Renovierung als Wohnhaus genutzt. Eine Gedenktafel mit folgender Inschrift – an dem Haus dank des unermüdlichen Einsatzes des im Juni 1991 verstorbenen Herrn Wiedemann angebracht – erinnert heute noch an die einstige Funktion des über 400 Jahre alten Gebäudes: „IN DIESEM 1542 ERBAUTEN HAUSE BEFAND SICH VON 1684 BIS 1734 DIE ERSTE SYNAGOGE DER IM JAHRE 1879 AUFGELÖSTEN ISRAELITISCHEN KULTUSGEMEINDE DEGGINGEN."

Standort: Albstraße 20.

269

Friedhof Mönchsdeggingen mit großem Tahara-Haus

Ehemalige Mikwe in Mönchsdeggingen

Besonderheiten: Äußere Bausubstanz fast noch vollständig erhalten.

Von der zweiten bzw. dritten Synagoge ist nichts mehr erhalten. Wo sie einst standen, befindet sich heute ein Obstgarten. Auch hier hatte der über 90 Jahre alte Herr Wiedemann einen Gedenkstein aufstellen lassen, auf dem folgendes zu lesen ist: „IN DIESEM OBST-GARTEN HS.NR. 52 ALTER ORDNUNG STAND VON 1734 BIS 1828 DIE ZWEITE UND VON 1828 BIS 1879 DIE DRITTE SYN-AGOGE DER IM LETZTGENANNTEN JAHRE AUFGELÖSTEN ISRAELITISCHEN KULTUS-GEMEINDE DEGGINGEN."

Standort: Römerstraße 11.

Das Gebäude der ehemaligen Mikwe – er-richtet 1841 – ist noch erhalten. Es befindet sich im Besitz der Gemeinde Mönchsdeggin-gen und dient heute als Museum, von Herrn Wiedemann bis zu seinem Ableben liebevoll betreut.

Standort: Alemannenstraße 17.

Besonderheiten: Äußeres des Gebäudes noch im Original erhalten.

Lage des Friedhofes: An der Magerbeiner Steige.

Standort: Vom Rathaus aus fährt man die Albstraße Richtung Bissingen aus dem Ort hinaus. 2 m hinter dem Ortsschild biegt man scharf links in einen Schotterweg ein. Nach 10 m befindet sich auf der rechten Wegseite der Friedhofseingang.

Zustand: Gepflegt.

Allgemeine Übersicht: Im Quadrat (130×130 Fuß:) angelegt mit massiver Umfassungs-mauer; großes Tahara-Haus; sechs Reihen Grabsteine, zum Teil sehr alte, sehr schöne Steine, vermutlich vom Einweihungsjahr 1833; ein schmiedeeisernes Tor, rechts da-von die erwähnte Tahara-Halle; links des To-res einige Kindergräber; wenig Baumbe-wuchs.

Monheim (Donau-Ries)

Hier existierte von 1697 bis 1741 eine Jüdi-sche Kultusgemeinde. Sie besaß ab 1712 eine Synagoge und eine Rabbinerwohnung. Die Synagoge befand sich im Hinterhaus der früheren Gastwirtschaft „Zum Ochsen", links neben dem Rathaus, und zwar zwischen

Wohnhaus und Stadel. Heute ist nach meh-reren Umbauten von der einstigen Synagoge nichts mehr zu erkennen. Möglich ist jedoch, daß ein Teil des Mauerwerks in die frühere Synagoge gehörte.

Standort: Marktplatz 21.

Außerdem befand sich in jüdischem Eigen-tum des ABRAHAM ELIAS MODEL in den Jahren 1714–1720 das heutige Rathaus, in dessen heutigem Sitzungssaal eine Stuck-decke mit jüdischen Motiven (aus der Thora) vorhanden ist. Die Decke hat fünf Inschriften. Das Rathaus mit der Stuckdecke im Sit-zungssaal existiert heute noch. Es befindet sich im Besitz der Stadt Monheim. Es ist in dem Gebäude noch ein Zimmer mit einer Stuckdecke, das König David mit der Harfe darstellt.

Standort: Marktplatz 23.

Münsterhausen (Günzburg)

Hier existierte vom Mittelalter bis um ca. 1570 – als Münsterhausen aus dem Besitz des Erzherzogs Ferdinand von Österreich in den des Abtes Georg Lecheler von Ursberg überging – eine Jüdische Gemeinde. Vermut-lich besaß sie entweder eine Synagoge oder zumindest ein Bethaus.

Trotz aller nur möglichen Nachforschungen gelang es nicht, den Standort der Synagoge zu erfahren.

So gibt es heute außer dem Wissen um die ehemalige Gemeinde und Aufzeichnungen aus dem Jahr 1804 keinerlei Zeugnisse jüdi-schen Lebens in Münsterhausen mehr.

Neuburg a. d. Kammel (Günzburg)

Hier existierte urkundlich belegt von 1431 bis ca. 1675 eine Jüdische Kultusgemeinde. Sie besaß eine Judengasse, wo damals wohl alle Juden wohnten, eine Synagoge, eine Schule und die „Metzg", also eine koschere Metzge-rei, in der Tiere geschächtet wurden.

Laut Tradition stand die Synagoge auf dem Platz zwischen den Wohnhäusern Nr. 59 und 62. Ein 1957 abgerissenes Haus Nr. 59 war vermutlich das Wohnhaus des „Schulklop-fers" (= Synagogendieners und Lehrers).

Jüdische Abteilung des Friedhofes Neu-Ulm

Von den genannten Gebäuden existiert heute keines mehr. Sie wurden im Laufe der Zeit abgerissen. Aus der früheren Judengasse wurde die Bergstraße.

Standort der ehemaligen Synagoge: Gelände zwischen Bergstraße 1 u. 3.

Standort der früheren Wohnung des Synagogendieners: Bergstraße 3.

Lage des Friedhofs: Auf dem nördl. des Eisberges gelegenen Höhenrücken „Judenberg".

Standort: Von Neuburg a. d. Kammel fährt man in Richtung Wattenweiler. Ca. 1 km nach dem Ort biegt man vom Weg links ab und gelangt nach ca. 150 m auf den *Judenberg*, wo sich ab 1565 nachweisbar ein jüdischer Friedhof befunden hat.

Heute ist hier nichts mehr vorzufinden. Trotz eingehender und gründlicher Recherchen konnten keinerlei Spuren mehr festgestellt werden.

Neu-Ulm (Neu-Ulm)

Hier existierte bis 1942 eine Jüdische Kultusgemeinde. Sie hatte keine eigene Synagoge, sondern benutzte die der Jüdischen Kultusgemeinde Ulm in Baden-Württemberg.

Die Synagoge zu Ulm wurde in der Pogromnacht 1938 niedergebrannt und im Frühjahr 1939 abgerissen. An ihrer Stelle befindet sich heute ein Zweckbau (Sparkassengebäude, in dessen Erdgeschoß die Einsatzzentrale des Roten Kreuzes ist).

Eine Gedenktafel mit folgendem Wortlaut, über dem Tor der Zentrale angebracht, weist auf die frühere Funktion des auf diesem Ort gewesenen Bauwerks hin: „An dieser Stelle stand die Synagoge. Sie wurde im Jahre 1873 erbaut und bei den Verfolgungen unserer jüdischen Mitbürger am 9. 11. 1938 zerstört."

Standort: Am Weidenhof 2.

Lage des Friedhofs: In der Stadt Neu-Ulm innerhalb des kommunalen Neu-Ulmer Friedhofes.

Standort: Vom Bahnhofsgebäude herausgehend wendet man sich nach rechts und geht die Bahnhofstraße in nördlicher Richtung bis zur nächsten Ampelkreuzung. Dort biegt man nach rechts in die Reuttier Straße ein und geht diese über die folgende Ampelkreuzung mit der Riungstraße hinaus bis zum Zypressenweg. Dort befindet sich linker Hand der Eingang zum kommunalen Friedhof. Man geht nun durch das Verwaltungsgebäude durch, biegt dahinter scharf rechts ab und steht dann nach wenigen Metern vor der „Jüdischen Abteilung" des Neu-Ulmer kommunalen Friedhofes.

Zustand: Gepflegt.

Allgemeine Übersicht: Abgrenzung gegenüber dem christlichen Friedhof durch Hecke; 25 Einzelgräber, 6 Doppelgräber, 6 Kindergräber; am Eingang der jüdischen Abteilung Denkmal „RUHESTÄTTE JÜDISCHER MITBÜRGER"; letzte Bestattung 1973.

Gedenkstein für die Jüdische Kultusgemeinde
Nördlingen

Nördlingen (Donau-Ries)

Hier existierte bereits in der ersten Hälfte des 13. Jahrhunderts (etwa 1240 sind Juden in der Stadt urkundlich erwähnt) eine Jüdische Gemeinde, die außerhalb der eigentlichen Stadt, wahrscheinlich auf dem Gebiet vor dem Reimlinger Tor ansässig war. Das jüdische Wohngebiet war ungefähr dort, wo sich das heutige Finanzamt befindet. Diese erste Jüdische Gemeinde wurde 1298 durch die „Rindfleisch-Verfolgung" heimgesucht und wohl auch fast ausgerottet. Ab 1331 gab es dann in Nördlingen eine neue Jüdische Gemeinde (mit eigener Gerichtsbarkeit), die während der Pestzeit 1348 einem grausamen Pogrom zum Opfer fiel. Von Bauwerken, die die Existenz der beiden ersten Kultusgemeinden bezeugen können, ist heute leider nichts mehr vorhanden. Ziemlich sicher ist aber der *Ort der Ansiedlung*: Grundstück Reimlinger Straße 7.

Bald nach dem Pest-Pogrom 1348 siedelten sich in Nördlingen wieder Juden an und bildeten dort eine Gemeinde, jetzt allerdings in einer innerstädtischen Sackgasse, der heutigen *Judengasse* (die im Jahre 1394 erstmals urkundlich erwähnt wird). Hier besaßen sie bis zur Austreibung 1507 eine Synagoge, von der im Jahre 1914 nach einem Brand originale Gebäudeteile zum Vorschein kamen. Heute ist an der Stelle der spätmittelalterlichen Synagoge ein Pelzgeschäft.

Standort der spätmittelalterlichen Synagoge: Judengasse/Ecke Schrannenstraße.

Am Ende der *Judengasse* und in der heute überbauten „Talbreite" könnte möglicherweise der älteste jüdische Friedhof gewesen sein. Nach 1415 ist dann allerdings ein jüdischer Friedhof auf dem Henkelberg bezeugt. Von beiden Friedhöfen ist heute nichts mehr erhalten. Nach der Vertreibung 1507 durften keine Juden mehr in der Stadt wohnen, aber sie durften sich tagsüber am Ort aufhalten. Sie mußten sich an der „*Judenmauer*" am Baldiger Tor sammeln, bevor man ihnen erlaubte, gemeinsam die Stadt zu betreten. Diese Mauer außerhalb des Baldinger Tores wurde 1820 abgerissen. An dieses für die Juden demütigende Verhalten erinnert heute noch eine Erinnerungstafel an der der Stadt zugewandten Seite des Tores.

Ab 1860 existierte in Nördlingen bis 1942 wieder eine Jüdische Kultusgemeinde (gebil-

Gefallenengedenkstein auf dem Friedhof
Nördlingen

det aus Juden, die aus Deggingen hierher zugezogen waren). Sie besaß eine 1885 errichtete Synagoge (deren Inneneinrichtung und Ritualien ebenfalls aus Deggingen stammten), eine jüdische Volksschule mit Lehrer- und Kantorenwohnung, eine Mikwe, zwei weitere gemeindeeigene Wohnhäuser und einen 1877 errichteten Friedhof. In der Pogromnacht 1938 wurden die Inneneinrichtung und die Ritualien vernichtet, das Gebäude aber nicht beschädigt. Später wurde es von der Stadt aufgekauft und als Getreidespeicher verwendet. Nach Kriegsende wurde die ehemalige Synagoge von der Evangelisch-Lutherischen Kirchengemeinde erworben und abgerissen. An ihrer Stelle wurde das heutige Evangelische Gemeindehaus errichtet. Im Erdgeschoß des Gebäudes befindet sich die Nebenstelle des Arbeitsamtes Nördlingen, im 1. Stock ein etwa 400 Personen fassender Saal. Am Eingang zur Arbeitsamtsnebenstelle erinnert eine Gedenktafel mit folgendem Wortlaut an die frühere Synagoge: „HIER STAND DIE 1885 ERBAUTE UND AM 8. NOVEMBER 1938 VON DEN DAMALIGEN MACHTHABERN ENTWEIHTE SYNAGOGE DER ISRAELITISCHEN KULTUSGEMEINDE NÖRDLINGEN."

Standort: Kreuzgasse 1.

Besonderheiten: Auffallende Diagonal-Lage des Gebäudes (im Vergleich zu den benachbarten Gebäuden).

An das Vorhandensein von Juden in der Stadt erinnert heute noch das Vorhandensein einer *Judengasse*. In dieser wurde am 22. 11. 1989 ein Denkmal, gestiftet von dem ehemaligen Nördlinger Juden Albert *Schenavsky,* errichtet, das an die Jüdische Gemeinde Nördlingens und ihre Mitglieder mit folgender Inschrift erinnert: „ZUR ERINNERUNG AN DIE JÜDISCHEN BÜRGER DER STADT DIE HIER LEBTEN". Neben der Inschrift sind an der Stele noch bildliche Darstellungen zu sehen.

Standort des Denkmals: Vor der früheren Volksschule (und jetzigen Volkshochschule, rechts vom Haupteingang) in der Judengasse 3. Das Gebäude, in dem früher die jüdische Schule untergebracht war – es stand vor der Einmündung zur Schrannenstraße – ist nicht mehr vorhanden.

Lage des Friedhofs: Am Nähermemminger Weg.

Standort: Vom Marktplatz geht man in die Polizeigasse und folgt dieser über den Weinmarkt in die Bergerstraße. Dieser folgt man dann durch das Berger Tor in die Ulmer Straße, von der man sofort nach dem Gebäude der Sixen-Brauerei rechts in den Nähermemminger Weg einbiegt. Diesem Weg folgt man bis zu einem Sägewerk, wo man ganz scharf links in einen am Bach entlang führenden schmalen Weg (der zum Sportplatz führt) abbiegt. Nach noch ca. 150 m liegt auf der linken Seite auf einer leichten Anhöhe der Friedhof, dessen Eingang vom Weg aus gut zu sehen ist.

Zustand: Ordentlich.

Allgemeine Übersicht: Vorne und auf der rechten Längsseite des Friehofs stabile Mauer; an der linken Friedhofsseite Maschendrahtzaun, an der dem Eingang gegenüberliegenden Rückseite Bretterzaun; Eisengitter (mit zwei Davidsternen) zwischen zwei massiven Steinpfosten; links des Eingangs Gedenkstein mit folgendem Wortlaut: „DEN TOTEN ZUR EHRE UND ZUM EWIGEN GEDENKEN AN DIE JUEDISCHEN BÜRGER AUS NÖRDLINGEN UND UMGEBUNG DIE IN DEN VERFOLGUNGSJAHREN 1933–1945 GRAUSAM UMGEKOMMEN SIND UNS LEBENDEN ZUR MAHNUNG DEN KOMMENDEN GESCHLECHTERN ZUR EINDRINGLICHEN LEHRE ERRICHTET IM JAHRE 1979 VOM LANDESVERBAND DER ISRAELITISCHEN KULTUSGEMEINDEN IN BAYERN"; Gang vom Eingangstor durch den Friedhof; hinter dem Gedenkstein Kindergräber; sehr viele Gräber, neue und alte, beiderseits des Mittelganges; über 200 Grabsteine (von einst über 260) erhalten: der Friedhof war im „Dritten Reich" zerstört, fast alle Grabsteine entfernt worden, die Mauer abgerissen!; dichter Baumbestand; in der Mauer Gedenkstein für die jüdischen Gefallenen des Weltkrieges 1914–1918; letzte Bestattung im Jahr 1986.

Oettingen (Donau-Ries)

Hier existierte seit dem Mittelalter bis 1942 eine Jüdische Gemeinde. Sie besaß eine Synagoge mit Gemeindesaal, darinnen wertvolle Thoraschrein-Vorhänge, sehr alte, religiöse Bücher, ein Haus mit Wohnung für den Rabbiner und mit Unterrichtsräumen und einen Friedhof.

In der Pogromnacht 10. 11. 1938 wurde die Synagoge nicht niedergebrannt, jedoch die Fenster und das gesamte Inventar, kostbare Kupferleuchter, Ritualien, Thorarollen, Thoraschrein-Vorhänge, Silbergerät, vernichtet bzw. entwendet.

Die Synagoge besteht heute noch als Bauwerk. Sie befindet sich in Privatbesitz und wird als Reparaturwerkstätte mit darüberliegender Wohnung genutzt.

Standort: Schäfflergasse 1.

Besonderheiten: Bausubstanz trotz einiger Umbauten insgesamt noch erhalten; Fenster an der Ostseite des Gebäudes ist heute noch mit einem Magen David ausgestattet.

Auch das Schulgebäude mit Rabbiner- und Lehrerwohnung ist noch vorhanden. Es befindet sich in Privatbesitz und wird nach einigen Umbaumaßnahmen als Wohnhaus genutzt. Der Garten gegenüber dem Haus ist der ehemalige Schulgarten.

Standort: Ringgasse 5 (Rückgebäude des Schuhhauses Friedel) – früher hieß die Ringgasse *Judengasse!*

Besonderheiten: Bausubstanz insgesamt noch vollständig erhalten; Originalfenster und -türen erhalten, ebenfalls der Giebel.

Lage des Friedhofs: Am Ende der Mühlstraße, Kreisstraße DON 14, Ortsende in Richtung Dornstadt.

Standort: Von der Stadtmitte führt der Weg durch die Schloßstraße, durch das Schloßtor hindurch, links am fürstlichen Hofgarten vorbei, quer über die Straße „Schloßbuck" in die Mühlstraße. Diese fährt man ganz, fast bis zum Ortsende, durch. Der Friedhofseingang befindet sich am vorletzten Haus auf der rechten Straßenseite am Ende der Mühlstraße.

Zustand: Gepflegt.

Allgemeine Übersicht: Stabile, massive, hohe Mauer rund um den Friedhof; in der rechten Ecke an der Straße kleines Tor (Eingang zur Wohnung), links daneben großes Eisentor mit zwei Davidsternen; in der rechten Friedhofsecke an der Straßenseite großes Haus, daneben Grünfläche und Garten (das ehemalige Tahara- und Friedhofswärterhaus ist bewohnt, das Haus und der „bewohnte" Teil des Friedhofes sind vom übrigen Friedhof durch einen stabilen Drahtzaun – durch den

ein Eisentor in den eigentlichen Friedhof führt – abgetrennt); am heute bewohnten, ehemaligen Tahara-Haus sind außen Gebete zum rituellen Händewaschen, eine Zedaka-Büchse, ebenso eine Erinnerungstafel und ein Gedenkstein mit der Inschrift: „ERBAUT IM JAHRE D. H. 5611 – 1830" in Stein angebracht; L-förmige Form der eigentlichen Friedhofsfläche heute; Zaun mit Türchen um das bewohnte Areal; Weg von diesem Türchen zur gegenüberliegenden Friedhofsmauer; rechts und links des Weges sehr viele sehr schöne, sehr alte, kunstvolle Grabsteine, manche sehr prunkvoll, alle konsequent gegen Osten hebräisch, gegen Westen deutsch beschriftet; links vom 2. Türchen zahlreiche Kindergräber.

Der Gedenkstein am ehemaligen Tahara-Haus trägt folgende Inschrift: „der du mich hast schauen lassen viel Not und Leiden du wirst wiederum mich beleben und aus den Tiefen der Erde mich wiederum erheben Ps. 71/20 Ihren jüdischen deutschen Mitbürgern zur Sühne und Ehre Stadt Oettingen i. Bay."

Osterberg (Neu-Ulm)

Hier existierte vom 17. Jahrhundert bis ca. 1905 eine Jüdische Kultusgemeinde. Sie besaß eine Synagoge, eine Mikwe und eine Schule, außerdem noch einen Friedhof. Die Mehrzahl der am Ort ansässigen Juden wohnte in einer der drei Judengassen, die parallel zueinander von der Hauptstraße wegführen.

Die Synagoge wurde nach der Auflösung der Gemeinde zu Beginn des Jahrhunderts, genauso wie das Schulgebäude, verkauft. Die ehemalige Synagoge wurde zwischen 1910–1920 abgerissen.

Standort: Judengasse o. Nr. (frühere Hausnummer 114).

Die ehemalige Judenschule ist nach diversen Umbauten noch als Teilbausubstanz erhalten. Sie dient heute als Wohnhaus.

Standort: Judengasse 24.

Das Vorhandensein von 3 Judengassen ist heute noch ein Zeugnis jüdischer Anwesenheit in Osterberg.

Lage des Friedhofs: Am Kolbenweg am Ortsende.

Friedhof Osterberg

Standort: Von der Ortsmitte kommend fährt man die Hauptstraße entlang bis man rechter Hand auf einer Anhöhe die Schule – ein recht auffallendes Gebäude – sieht. Vor der Schule biegt man rechts in den Kolbenweg ein und stellt das Fahrzeug hinter dem Haus Nr. 2 ab. Man öffnet hinter dem Haus Kolbenweg 2 ein Tor, das einen Hohlweg absperrt und geht auf diesem ca. 10 m, dann biegt man rechts ab und steht vor einem Türchen. Man geht durch dieses durch und gelangt über eine Wiese vor ein weiteres Türchen: den Eingang des Friedhofes.

Zustand: Vorbildlich gepflegt.

Allgemeine Übersicht: Maschendrahtzaun (mit Stacheldraht darüber) rund um den ganzen Friedhof; ein Türchen; ca. 46 Grabsteine; Friedhofsgelände sanft ansteigend; rechts des Eingangs im hinteren Teil alte, geradeaus neuere, sehr schöne Grabsteine (z. T. mit Goldinschrift); ein Cohen-Grab; sehr starker Nadelwaldbewuchs.

Scheppach (Günzburg)

Hier existierte bis zur Austreibung im Jahre 1617 eine Jüdische Kultusgemeinde, die mit großer Sicherheit eine Synagoge besaß, welche nach der Vertreibung abgerissen wurde. Heute gibt es, außer dem urkundlich gesicherten Wissen um die durch die Vertreibung von 1617 vernichteten jüdischen Gemeinde nichts mehr, was an die Existenz der Juden in Scheppach im 17. Jahrhundert erinnert.

Schlipsheim (Augsburg)

Hier existierte vom Mittelalter bis zur Mitte des 19. Jahrhunderts eine Jüdische Kultusgemeinde. Die Juden wohnten in einem „Judenhaus", wahrscheinlich mit Synagoge oder Betsaal. Das Judenhaus, früher ein ganz besonderes Haus, eigentlich mehrere zusammengebaute Häuser, besaß 10–11 Wohnungen, alle von Juden bewohnt. Nach dem Wegzug der jüdischen Bevölkerung und damit der Auflösung der Gemeinde wurde das Gebäude zu einem Wohnhaus umgebaut. Dieses steht heute noch. Es wird immer noch als Wohnhaus für mehrere Familien genutzt.

Standort: Schlipsheimer Straße 124–128.

Daneben weist der Flurnamen „Judendauche" (Hinweis auf eine frühere Mikwe?) ebenfalls auf das Vorhandensein von Juden am Ort hin. Auch im Ort Hainhofen, einem Nachbarort von Schlipsheim, gab es Flurnamen, die auf Juden hindeuten, obwohl dort nie eine Kultusgemeinde existiert hat: Judenweg und Judenberg.

Steinhart (Donau-Ries)

Hier existierte seit ca. 1700 bis ungefähr 1910 eine Jüdische Kultusgemeinde. Sie besaß eine Synagoge, eine Schule und ein 1847 errichtetes, 1959 renoviertes und 1981 neu verputztes Bad. Die Synagoge steht heute noch als Anbau des Hauses Nr. 7 in der Schützenstraße. Sie befindet sich in Privatbesitz und wird als Wohnung benutzt.

Standort: Schützenstraße 7, angebautes kleines Hinterhäuschen.

Besonderheiten: Bausubstanz außen im Original erhalten; Fenster und zwei Türbögen im Original erhalten.

Auch die Schule und das hier untergebrachte Bad stehen noch.

Standort: Burgstraße 7.

Besonderes: Gebäude als Bausubstanz noch vollständig erhalten; Mesuse-Spuren an einem Türpfosten sichtbar.

Lage des Friedhofs: Außerhalb des Ortes neben einer Burgruine.

Standort: Von Oettingen/Hainsfarth kommend biegt man im Ort in die Burgstraße rechts ein und folgt dann immer dem Hinweisschild „Burgruine", allen Windungen der Burgstraße entlang, am christlichen Friedhof rechts und an einem großen Bauernhof links vorbei, dann biegt man von der geteerten Straße scharf links ein und fährt bis in den Wald, wo man bald rechts neben der Burgruine steht. Man geht von hier aus links zum Waldrand, diesen dann wieder links 20 m bergab, kurz bis vor das Waldende, dann, wenn man den Bauernhof vor sich sieht, biegt man scharf rechts ab und steigt einige Stufen hinab zum Eingang des Friedhofes.

Zustand: Gepflegt.

Allgemeine Übersicht: Der Friedhof erscheint neu renoviert zu sein; das Friedhofsgelände ist sehr stark hügelig; Jägerzaun rund um den Friedhof; Metalltor zwischen zwei Steinpfosten; rechts und links vom Tor, auch geradeaus, stark bis sehr stark ansteigendes Gelände; mehrere alte und sehr alte Grabsteine in sehr verschiedenen Himmelsrichtungen (es sind alle vertreten): sicherlich ist dies nicht der ursprüngliche Platz der Grabsteine; Grab eines Veterans des Krieges 1813/14; auffallend dünne, weiße, schöne Grabsteine.

Steinholz – Mauerstetten (Ostallgäu)

Lage des Friedhofs: Am Waldrand, ca. 1 km links des Weges von Mauerstetten nach Steinholz.

Standort: Von Mauerstetten kommend fährt man in den Ort Steinholz hinein und biegt dort die 2. Querstraße links – die Isergebirgsstraße – ab, die man dann bis zur Abzweigung Haslerstraße weiterfährt, wo man wiederum links abbiegt. Auf dieser Straße bleibt man, auch, als sie in den Steinholzer Weg übergeht, der in die Felder hinausführt. Nach den Häusern biegt man dann nach ca. 50 m in den 1. Feldweg rechts ab, den man bis zum Waldrand geradeaus fährt. Am Waldrand biegt man nochmals nach links ab und steht dann nach ca. 25 m vor dem Eingang zum Friedhof rechter Hand.

Zustand: Gepflegt.

Allgemeine Übersicht: Stabile, massive Steinmauer rund um den Friedhof; Metalltor mit 2 Davidsternen; mit Steinen gepflasterter breiter Weg, der vom Eingang zu einem Denkmal auf der dem Eingang entgegengesetzten Seite des Friedhofes führt; Denkmal mit folgender Inschrift: „BRUDERGRAB VON 472 JÜDISCHEN HÄFTLINGSOPFERN DES NAZISCHEN ARBEITSLAGERS IN RIEDERLOH BEI KAUFBEUREN"; rechts des Denkmals in der Mauer Gedenktafel; Flächen rechts und links des Weges zum Denkmal mit Gras bewachsen; rechts des Denkmals auf der Grasfläche 3 Grabsteine, links 1 Grabstein; Bewuchs mit Laubbäumen; der Friedhof ist von Nadelwald umgeben.

Steppach (Augsburg)

Hier existierte von ca. 1700, mit großer Wahrscheinlichkeit schon früher, bis 1873 eine Jüdische Kultusgemeinde, die 1832 270 Mitglieder und 1871 immerhin noch 40 Mitglieder zählte. Sie besaß eine um 1700 erbaute und 1753 erweiterte Synagoge, eine Schule und seit 1607 eine Mikwe. Als sich die Gemeinde im Jahre 1873 an die Kultusgemeinde Augsburg anschloß bzw. angegliedert wurde, wurden die Gebäude nicht mehr genutzt und im Laufe der Jahre verkauft.

Die Gebäude wurden abgerissen. Bekannt ist noch der Standort der Synagoge, zwischen den Häusern Alte Reichsstraße 14 (ehemaliges Judenhaus) und 16; diese wurde vermutlich vor ca. 100 Jahren abgerissen. Auf ihrem Grund ist heute ein Garten.

Standort: Garten (im Hintergrund) zwischen den Häusern Alte Reichsstraße 14 und 16.

Thannhausen (Günzburg)

Hier existierte von ca. 1400 bis zum August 1717 – unterbrochen durch eine kurzzeitige Vertreibung nach dem Dreißigjährigen Krieg – eine recht große Jüdische Gemeinde, die zeitweise bis zu 400 Mitglieder zählte. Sie besaß nachweislich eine Synagoge und ab August 1567 einen Friedhof. Außerdem wurde von 1592 bis 1594 eine eigene jüdische Druckerei – hier wurde das Machsor gedruckt – am Ort betrieben.

Im August 1717 wurden die Juden aus Thannhausen vertrieben. Die Synagoge wurde im Jahre 1722 niedergerissen und durch die gräflich von Stadionsch Kapelle „ersetzt". Rechts, am Eingang der heutigen Kapelle (die von einem sehr großen Teil der Bevölkerung immer noch Synagoge genannt wird!) steht noch der „Synagogenopferstock" (die Zedaka-Büchse) „mit einem Gemälde, das den Gesetzgeber des Alten Bundes darstellt".

Neben der „Stadionskapelle" mit dem darin befindlichen „Synagogenopferstock" gibt es noch weitere Zeugnisse jüdischer Vergangenheit in Thannhausen: Die heute noch vorhandene „Judengasse", den „Hausnamen" *Abraham-Haus* (Nr. 92: Massalong), den Flurnamen *Aberhau* (= volkstümlich: Abrahamteile) und ein Waldteil in der Nähe des

„Synagogenopferstock" in der ehemaligen Synagoge in Thannhausen

Ortes mit dem Namen *„Judenbegräbnis"* (= ehemaliger, heute nicht mehr bestehender jüdischer Friedhof).

Standort der früheren Synagoge: Bahnhofstraße 19.

Lage des Friedhofs: Straße nach Ziemetshausen – Waldteil *„Judenbegräbnis"*.

Ein eigentlicher Friedhof ist in Thannhausen heute nicht mehr vorhanden. Es gilt jedoch als urkundlich gesichert, daß von der Jüdischen Kultusgemeinde Thannhausen nach langen, vergeblichen Verhandlungen seit der Mitte des 16. Jahrhunderts endlich im Jahre 1567 ein Friedhof angelegt werden durfte. Dieser befand sich an der Stelle, wo sich heute ein Waldteil mit dem Namen *„Judenbegräbnis"* befindet. Vom ehemaligen jüdischen Friedhof ist mit Ausnahme des Flurnamens nichts mehr erhalten.

Türkheim (Unterallgäu)

Lage des Friedhofs: Westlich des Ortes am Wald.

Standort: Von Türkheim aus fährt man nach dem Ortsteil Türkheim-Bahnhof. Hier biegt man vor der Unterführung von der nach Bad Wörishofen führenden Straße rechts in die Alfred-Drexel-Straße ab, wobei man immer die Beschilderung „KZ-Friedhof" im Auge behält. Kurz vor dem Bahnhof verläßt man die Alfred-Drexel-Straße und biegt recht in die Martinstraße ab, auf der man immer bleibt. Man fährt rechts und links an mehreren Häusern vorbei, dann durch einen Wald und danach noch ca. 500 m bis kurz vor den Beginn des nächsten Wäldchens. Hier befindet sich dann auf der linken Seite des Feldweges der Friedhofseingang.

Zustand: Vorbildlich gepflegt.

Allgemeine Übersicht: Jägerzaun aus Holz rund um das Friedhofsgelände; große Hecke an diesem Zaun; eine Eingangstür; links des Türchens Gedenkstein mit folgender Inschrift: „1944/45 WIR MAHNEN DIE OPFER DER AUSSENSTELLE TÜRKHEIM DES KZ DACHAU"; ein mit großen flachen Steinen gepflasterter Weg führt zu einer Kapelle mit Kreuz und Magen David auf der dem Türchen gegenüberliegenden Friedhofsseite; Bewuchs mit zahlreichen Laub- und Zierbäumen; auf der Seite links des Weges vom Türchen aus ein Grabstein, auf der rechts des Weges vier, davon der eines Kindes.

Tussenhausen (Unterallgäu)

Hier existierte möglicherweise im Mittelalter (15./16. Jahrhundert) eine Jüdische Gemeinde, von der jedoch keinerlei Zeugnisse mehr vorhanden sind. Bekannt ist jedoch, daß es hier früher Juden gab. Das einzige Zeugnis, das auf die Anwesenheit von Juden in Tussenhausen hindeutet, ist ein Waldteil im „Angelberger Forst", ganz in der Nähe von Tussenhausen, der heute noch den Namen *„Judengehau" (Judenwald)* trägt.

Wallerstein (Donau-Ries)

Hier bestand vermutlich schon vor 1348 bis 1939 eine Jüdische Gemeinde (in der Pest-zeit 1348–1350 wurde sie durch Verfolgungen dezimiert!). Zunächst wohnte sie in einem Getto am südöstlichen Ortsrand, dem *Judenhof,* der 1787 abgerissen wurde. Hier besaß sie eine Schule mit Lehrer- und Rabbinerwohnung am 1804 abgerissenen *Judentor.* (In diesem Getto wurden auch 1579 der bedeutende Talmudgelehrte und Rabbiner *Jomtow Lipmann Heller-Wallerstein,* der in Prag und Krakau wirkte, wo er 1654 starb, geboren). 1787 wurden dann die Juden aus dem *Judenhof* in die *Judengasse,* die heutige Felsengasse, umgesiedelt. 1808 bauten sie eine Synagoge mit Wohnung für Lehrer und Rabbiner (im 19. Jahrhundert war Wallerstein königlich-bayerisches Bezirksrabbinat!) in der heutigen Hauptstraße. Neben der Synagoge besaß die Gemeinde auch einen Friedhof. Während des Pogroms vom 10. 11. 1938 wurde die Synagoge beschädigt, die gesamte Einrichtung einschließlich kostbarer Ritualien, z. B. ein Kiddusch-Becher aus dem Jahr 1750, wurden vernichtet. Nach dem Kriege wurde sie dann als Kino benutzt und im Jahre 1979 abgerissen. Auf ihrem Grund wurde 1980 das Gebäude der Sparkasse errichtet.

Standort: Hauptstraße 61.

Im Jahre 1989 wurde an dem heutigen Sparkassengebäude – auf der linken Hausseite – eine kleine Tafel mit der folgenden Inschrift angebracht: „HIER STAND BIS 1979 DAS GEBÄUDE DER EHEMALIGEN SYNAGOGE".

Lage des Friedhofes: Östlich des Ortes.

Standort: Vom Rathaus in der Weinstraße 15 kommend biegt man nach wenigen Metern links in die Riegelstraße ein und fährt diese dann durch, bis unter die Bahnunterführung. Direkt nach der Unterführung folgt man dem mittleren Feldweg immer geradeaus, noch ca. 750 m. Dann biegt man von diesem Feldweg ab und fährt noch ca. 150 m rechts, wo man das Fahrzeug stehenlassen kann. Nun geht man an der Hecke links ab über den Rand der (sehr sumpfigen) Wiese und gelangt nach ca. 30 m vor den Eingang des Friedhofes.

Zustand: Ordentlich.

Allgemeine Übersicht: Relativ großes Friedhofsgelände; Umzäunung aus Maschendraht und Hecke; sehr sumpfiges, nasses Gelände;

Gedenktafel für die Synagoge Wallerstein

Eisengittertor mit zwei Davidsternen zwischen zwei Steinpfosten; alle (noch vorhandenen) Grabsteine „blicken" nach Westen (mögliche Folge der Schändung von 1926 und evtl. später); links vom Tor Gruppe mit fünf großen Grabsteinen (= Rabbiner- und Lehrergräber), deutlich von den anderen abgesondert; rechts vom Tor großes Gräberfeld mit sehr alten, dünnen Grabsteinen; gegenüber dem Tor, auf der gegenüberliegenden Friedhofsseite, durchgehendes, sehr großes Gräberfeld rechts mit alten, in der Mitte mit neueren, links mit neuen (bis ca. 1940) Grabsteinen; gegenüber dem Tor ungewöhnliches Großdenkmal (= Grabstein in Monumentalform) für Michael Riess (Michael Reese) s. A.; auf den großen, freien Flächen sind wahrscheinlich Gräber, die Grabsteine sind aber versunken.

Denkmal (= Grabstein) für Michael Riess s. A. in Wallerstein

Wertingen (Dillingen a. d. Donau)

Es ist nicht urkundlich gesichert, ob es hier eine Jüdische Gemeinde gegeben hat, aber es ist durchaus möglich.
An die tatsächliche Anwesenheit von Juden am Ort erinnert heute noch der Flurname „Judenberg" und, im Wertinger Stadtteil Hettlingen, der Flurname „Judenhalde".

Zöschingen
(Dillingen a. d. Donau)

Hier existierte nachweislich von 1658 bis 1748 eine Jüdische Kultusgemeinde. Sie besaß mit größter Wahrscheinlichkeit eine Synagoge, die sich vermutlich in der „Judengasse" (ab 1933 Bachgasse) befand.
Außer dem urkundlich gesicherten Wissen um Gemeinde, Synagoge und „Judengasse" gibt es heute keine weiteren Zeugnisse jüdischer Vergangenheit mehr in Zöschingen.

Grabstein auf dem Friedhof Wallerstein

Regierungsbezirk
Oberpfalz

Thoravorhang (Parochet) in der Jüdischen
Gemeinde Regensburg

Rabbinergrab auf dem Friedhof in Regensburg

Orte in der Oberpfalz

Amberg	Muschenried-Winklarn	Schwandorf i. Bayern
Berching (h)	Nabburg	Schwarzenfeld
Bernried-Rötz	Neualbenreuth (h)	Stamsried
Bruck i. d. Opf.	Neumarkt i. d. Opf.	Sulzbach-Rosenberg
Cham	Neunburg vorm Wald	Sulzbürg
Falkenstein	Neustadt a. d. Waldnaab (h)	Tirschenreuth
Floß	Pfreimd (h)	Töging (h)
Flossenbürg	Regensburg	Velburg (h)
Freystadt (h)	Regensburg-Sallern (h)	Vilseck
Furth im Wald (h)	Regensburg-Stadtamhof (h)	Weiden
Hermannsberg	Rettenbach	Wetterfeld
Kulmain (h)	Roding	Wörth
Mörsdorf (h)	Rötz	Wolfsegg (h)

Amberg

Hier existierte bis 1942 eine Jüdische Kultusgemeinde. Sie besaß zwei Gemeindehäuser mit einer Synagoge und Schulräumen und einen Friedhof.

Am 10. 11. 1938 wurde die Einrichtung der Synagoge demoliert, die Ritualien vollständig vernichtet.

Nach dem Ende der Naziherrschaft erstand in Amberg die Jüdische Gemeinde wieder: die Israelitische Kultusgemeinde Amberg. Sie besitzt heute eine Synagoge im Gemeindehaus und einen Friedhof.

Standort: Salzgasse 5.

Lage des Friedhofs: Stadtrand von Amberg in Richtung Regensburg.

Standort: Vom Bahnhof her geht man links in den Kaiser-Ludwig-Ring und bleibt auf dieser Straße bis sie in einen Kreis einmündet (Kreisverkehr!). Hier fährt man dem Wegweiser in Richtung Cham/Regensburg/Schwandorf nach, unter einer Bahnunterführung durch, links am christlichen Friedhof vorbei bis kurz vor die Ortsgrenze, wo man links in die Merianstraße einbiegt und dann gleich wieder, nach ca. 10 m rechts in die Philipp-Melanchthon-Straße, die man bis zum Ende durchfährt. Am Ende befindet sich auf der linken Straßenseite der Friedhofseingang.

Zustand: Gepflegt.

Allgemeine Übersicht: Steinmauer, recht massiv, rund um den Friedhof; schmiedeeisernes Tor; vom Tor bis in die Mitte ein Weg; links des Weges 3 Grabreihen (die letzte vollständig); rechts des Weges zwei Grabreihen (wenig Gräber); relativ viele alte Grabsteine; viele Gräber aus der Zeit nach 1945; Baumbewuchs (meist Birken); Datum der Einweihung des Friedhofs: 1927.

Berching (Neumarkt i. d. Opf.)

Hier existierte mit großer Wahrscheinlichkeit im 11. und 12. Jahrhundert eine Jüdische Kultusgemeinde. Sie wohnte in einem Judenviertel (= Getto), das nach heute noch kursierender mündlicher Überlieferung im Dritten Viertel im Bereich der sogenannten Schweden- und der Bindergasse lag. Hier besaß die Gemeinde mit Sicherheit eine Synagoge und auch einen Friedhof.

Heute sind in Berching außer der mündlichen Überlieferung keinerlei Zeugnisse Jüdischer Vergangenheit mehr vorhanden.

(Vermutlicher) Standort des Gettos: Anwesen Bauer in der Schwedengasse; Wohnhausrückseite mit anschließendem Garten.

Bernried-Rötz (Cham)

Lage des Friedhofs: Im Ort neben der kath. Kirche.

Standort: Von Rötz kommend fährt man durch Bernried durch, bis man, kurz vor dem Ortsende, auf der rechten Seite der Straße die Ortskirche sieht. Man fährt auf diese zu, parkt den Wagen vor der Kirche links, geht an der Kirche links vorbei durch das Fried-

Gedenkstein für die KZ-Toten auf dem christlichen Friedhof in Bernried-Rötz

hofstor (Haupttor) durch. Rechts neben der Leichenhalle, geradeaus vom Eingang befindet sich das Denkmal.

Zustand: Gepflegt.

Allgemeine Übersicht: Gedenkstein mit folgender Inschrift inmitten immergrüner Bepflanzung: „HIER RUHEN 164 OPFER DES NATIONALSOZIALISMUS † 1945 ZU TODE GEHETZT, IN FRIEDEN GEBORGEN UMGEBETTET IM JUNI 1957 NACH FLOSSENBÜRG".

Bruck (Schwandorf)

Hier existierte nach dem Ende des Zweiten Weltkrieges, der Zeitpunkt ist unbekannt, eine kleine Jüdische Kultusgemeinde, eine sog. UNRRA-Gemeinde, die sich aus DPs, jüdischen KZ-Opfern, die aus den Konzentrationslagern befreit worden waren, zusammensetzte, die hier auf ihre Auswanderung nach Israel oder in eines der anderen Länder warteten.

Mit großer Wahrscheinlichkeit hielten die Mitglieder dieser Gemeinde ihre Gottesdienste,

von der nichtjüdischen Umwelt unbemerkt, in einem Raum eines von Juden damals bewohnten Privathauses ab, dessen Standort bis heute nicht mehr ermittelt werden konnte. Trotz sehr intensiver Recherchen war es bis jetzt nicht möglich, weitere Informationen über diese kleine jüdische Nachkriegsgemeinde zu erhalten.

Cham (Cham)

Hier existierte seit 1270 – vermutlich aber schon wesentlich früher – eine Jüdische Kultusgemeinde. Ihre Mitglieder bewohnten ein Getto in der 1353 urkundlich erstmals erwähnten *„Judengasse"* (im südöstlichen Stadtteil zwischen Fuhrmannstraße und Rindermarkt), in der sich neben der Synagoge und der Schule auch der 1531 urkundlich erwähnte *„Judenthurm"* (= Gefängnis für die Juden von Cham) befand. Wie lange diese mittelalterliche Jüdische Gemeinde in Cham bestanden hat, ist durch Urkunden nicht belegt: es ist möglich, daß sie bereits 1338 Opfer der damals grassierenden Beulenpest wurde; es ist aber ebensogut möglich, daß

Grabstein eines KZ-Opfers auf dem Friedhof Cham

die Juden im Jahre 1519 aus Cham vertrieben wurden (genau wie die aus Regensburg). Die jüdischen Kultbauten – Synagoge und Schule – blieben als Gebäude bis 1873 erhalten; in diesem Jahr wurden sie beim großen Stadtbrand ein Opfer der Flammen. Der ebenfalls noch – wenn auch in einem sehr schlechten baulichen Zustand – erhaltene „Judenturm" wurde um 1880 im Zuge der Neuschaffung der Fuhrmannstraße als Verkehrshindernis abgebrochen.

Erst um die Mitte des 19. Jahrhunderts siedelten sich in Cham wieder Juden an; von ca. 1886 bis 1938 gab es dann am Ort wieder eine Jüdische Kultusgemeinde. Sie besaß eine Synagoge bzw. einen Betsaal in einem gemieteten Haus und einen Friedhof. Im Jahre 1938 löste sich die Kultusgemeinde auf. Möbel und Ritualien des Betsaales wurden in einem Privathaus untergebracht und überstanden dort die NS-Zeit. Als von Überlebenden der Konzentrationslager 1945 eine DP-Gemeinde gegründet wurde, konnten sie den neuen Gemeindemitgliedern zur Verfügung gestellt werden. Um 1951 löste sich die UNRA-Gemeinde infolge Wegzuges ihrer Mitglieder von alleine auf, auch die Synagoge wurde aufgegeben. Das Haus, das von 1886 bis 1938 und dann wieder von 1945 bis 1951

die Synagoge bzw. den Betsaal beherbergt hatte, existiert heute noch. Bis 1989 befand es sich als unbewohnte Bauruine in einem schlechten baulichen Zustand. 1983 von den „Armen Schulschwestern, Provinzialat München" erworben, wurde es ab 1989 gründlichen Umbau- und Renovierungsarbeiten unterzogen. In der 1. Hälfte des Jahres 1992 wird es als Teil der „Realschule für Mädchen" fertiggestellt werden. Der Saal, der einst die Synagoge beherbergte, wird dann als Musiksaal Verwendung finden. Eine Gedenktafel, die an die frühere Funktion des Gebäudes erinnert, wird nach Abschluß der Umbau- und Renovierungsarbeiten am Gebäude angebracht werden.

Standort: Propsteistraße 4.

Ein weiteres Zeugnis jüdischer Vergangenheit ist ein Grabstein aus dem Jahre 1230, der in früheren Zeiten in das Rathaus oben am linken Erkerfenster eingemauert worden ist (vermutlich als Ziergegenstand); im Volksmund heißt er *Judenmoastoa (= Judenmahnstein).* Unter der hebräischen Grabinschrift kann man, wenn auch mit sehr großer Mühe, die am Sockel in lateinischer Schrift zu einem späteren Zeitpunkt eingemeißelte Inschrift lesen „1519 sündt di Juden zu Regenspurg vertrieben". Dieser Grabstein, der heute noch zu sehen ist, stammt nicht aus Cham, sondern von dem ab 1519 geplünderten Friedhof der im gleichen Jahr zerstörten Jüdischen Gemeinde Regensburg.

Standort: Rathaus der Stadt Cham.

Ein weiteres Zeugnis der Geschichte der Juden von Cham ist die bis heute als Straßenname erhaltene, 1831 erstmals urkundlich aufgeführte *„Judenstraße".*

Lage des Friedhofs: Zwischen der Stadt Cham und dem Ortsteil Windischbergerdorf, an der rechten Seite der ehemaligen Bundesstraße 20.

Standort: Vom Marktplatz fährt man durch den Ort Cham in Richtung des Ortsteils Windischbergerdorf. Nach der Ortsgrenze von Cham fährt man immer geradeaus den Berg hinauf bis zum Bergrücken, wo man auf der Spitze scharf nach rechts abbiegt. Nach ca. 50 m Feldweg steht man vor dem Friedhofseingang. Der Friedhof ist bereits von weitem gut zu sehen.

Zustand: Sehr gepflegt.

Innenansicht der restaurierten Synagoge Floß   Grabstein auf dem Friedhof Floß

Allgemeine Übersicht: Massive Steinmauer rund um den Friedhof; schmiedeeisernes, sehr schönes Tor; 6 Gräberreihen; rechts vom Eingang sehr viele Kindergräber; an der Steinmauer, dem Eingang gegenüber, drei Gedenktafeln für gefallene bzw. vermißte Gemeindemitglieder aus dem Ersten Weltkrieg; relativ viele Grabsteine aus der Zeit nach 1945; viele neue Grabsteine.

Falkenstein (Cham)

Hier existierte von 1945 bis ungefähr 1950 eine Jüdische Gemeinschaft – eine sog. UNRRA-Gemeinde – die sich aus KZ-Opfern zusammensetzte, die hier auf ihre Auswanderung nach Israel oder in andere Länder warteten. Die DPs wohnten überwiegend in zwei Häusern – in Falkenstein Nr. 32 und 65 – wo sie mit großer Wahrscheinlichkeit einen Betsaal hatten, von dem jedoch heute im Ort nichts mehr bekannt ist. Beide Häuser existieren noch als Wohnhäuser in Privateigentum.

Standorte der beiden Häuser heute: Sonnenstr. 5 (früher Falkenstein 32), Burgstr. 6 (früher Falkenstein 65).

Floß (Neustadt a. d. Waldnaab)

Hier bestand ab 1684 bis zum Sommer 1938 eine Jüdische Kultusgemeinde. Sie besaß zunächst eine 1719 genehmigte und 1722 erbaute Holzsynagoge am Rande der Floßer jüdischen Siedlung, des *„Judenberges"*. Als diese 1780 erweiterte Synagoge 1813 niederbrannte, wurde im Jahre 1815 an exponierter Stelle der Grundstein für eine neue Synagoge gelegt, die dann 1817 geweiht und 1867 erweitert wurde. Neben der Synagoge besaß die Gemeinde ein kleines Gemeindehaus, eine Dienstwohnung für den Rabbiner, eine 1810 errichtete Elementarschule für jüdische Kinder, einen eigenen Backofen, eine Mikwe und einen Friedhof.
Beim Pogrom am 10. 11. 1938 wurde die Synagoge angezündet, das gesamte Inventar, die Thorarollen und die übrigen Ritualien wurden vernichtet. Auch die Rabbinerwohnung und das Gemeindehaus wurden zerstört. Seit 1945 wurde das Synagogengebäude als Notunterkunft, Schule, Schuhfabrik, Abstellraum und schließlich als Müllplatz verwendet. Das 1953 von der IRSO an Privat verkaufte Bauwerk wurde 1964 vom Landesverband der Israelitischen Kultusge-

meinden in Bayern erworben. Ab 1972 wurde die Synagoge, das frühere Zentrum des *Judenberges,* in der ursprünglichen, herrlichen Form vom Markt Floß originalgetreu wiederhergestellt und am 9. November 1980 der Öffentlichkeit übergeben. Es dient jetzt teilweise als Kulturdenkmal, wird aber manchmal auch von der Israelitischen Kultusgemeinde Weiden in seiner ursprünglichen Funktion als Synagoge genutzt.

Standort: „Am Berg, Haus Nr. 1" (Einmündung der Straße „Am Berg" in die „Bergstraße". Die Synagoge liegt auch an der Ortsstraße „Judengasse").

Besonderheiten: Die Synagoge ist vollständig restauriert! An der äußeren Südostseite ist an der einen Zufahrt eine Datumsangabe (das Jahr 1815) in hebräischen und arabischen Zahlen zu lesen. In der Nachbarschaft der Synagoge – eigentlich im gesamten Bereich des früheren *„Judenberges",* der ja lange Zeit eine selbständige religiöse und politische Einheit war (eine eigenständige jüdische Siedlung) – weisen heute noch zahlreiche Häuser Spuren von Mesusen auf.

Lage des Friedhofs: Anhöhe südöstlich des Ortes.

Standort: Von der Ortsmitte des Marktes Floß fährt man die Flossenbürger Straße in Richtung Flossenbürg. 130 m hinter dem Ortsende befindet sich ein Parkplatz, in dessen Mitte rechts der Eingang des Friedhofes ist.

Zustand: Gepflegt.

Allgemeine Übersicht: Der Friedhof wurde um 1692 angelegt und in den Jahren 1754, 1780 und 1806 erweitert; massive Steinmauer (1775 errichtet, 1778 und 1846 erweitert) rund um den Friedhof; Eisentor mit anschließenden Treppen; am Berghang angelegt; vorne am Eingang alte Grabsteine (ältester aus dem Jahre 1692), nach hinten zu immer neuere Steine (neuester aus dem Jahr 1946); besondere Form einiger Grabsteine; Gedenkstein für die jüdischen Opfer des KZ Flossenbürg; besondere dreieckige Form des Friedhofsgeländes; 401 Grabstätten erhalten.

Flossenbürg
(Neustadt a. d. Waldnaab)

Die KZ- Grab- und Gedenkstätte Flossenbürg gehört auch zu den „Zeugnissen jüdischer Vergangenheit in Bayern", wenn auch nicht in dem Sinne wie Synagogen und jüdische Friedhöfe. Aber hier geben zwei Gedenksteine Zeugnis vom Leiden und Sterben von Juden in diesem Konzentrationslager.
Unmittelbar oberhalb des Krematoriums, zu dem man vom Parkplatz über den Friedhof gelangt, biegt links ein Plattenweg ab. Hier befindet sich der ältere Gedenkstein.
Vom Krematorium geht man an einer Erdpyramide – hier befindet sich die Asche vieler tausend Häftlinge – vorbei zu einer Terrasse, an deren beiden Seiten Gedenktafeln verschiedener Länder in den Boden eingelassen sind. Man durchschreitet diese Terrasse und geht dann die Treppen links hoch. Nun gelangt man an das zweite – neuere Mahnmal für die jüdischen Opfer des KZ Flossenbürg. Neben der KZ-Grab- und Gedenkstätte gibt es in Flossenbürg im Ort auch noch einen KZ-Friedhof mit Ehrenmal.

Lage des KZ-Friedhofs: Mitten im Ort, gegenüber dem Staatl. Forstamt.

Älterer jüdischer Gedenkstein in der KZ-Grab- und Gedenkstätte Flossenbürg

Grab eines unbekannten jüdischen KZ-Opfers auf dem KZ-Friedhof in Flossenbürg

Jüdisches Grab auf dem KZ-Friedhof in Flossenbürg

Standort: Von Floß kommend fährt man auf der Floßer Straße in den Ort Flossenbürg hinein. Man bleibt auf dieser Straße, bis rechts von ihr der Stieberweg abzweigt und sie den Namen Hohenstaufenstraße bekommt. Genau gegenüber der Abzweigung liegt, auf der linken Seite der Floßer- bzw. Hohenstaufenstraße, das Areal des KZ-Friedhofes.

Zustand: Gepflegt.

Allgemeine Übersicht: Steinmauer rund um den Friedhof; Steintreppen führen von der Straße auf das Friedhofsgelände; rechts von der Treppe steinernes Ehrenmal; dahinter, durch weitere Treppen erreichbar, Fläche mit 120 Gräbern, die durch einen kleinen Kissenstein gekennzeichnet sind. Jeder Kissenstein trägt entweder einen Davidstern oder ein Kreuz und (wo er bekannt ist), den Namen des KZ-Opfers. (Auf diesem Friedhof ruhen KZ-Opfer, die zwar ihre Befreiung im April 1945 erleben konnten, die aber kurz danach an den Folgen der KZ-Qualen starben).

Freystadt (Neumarkt i. d. Opf.)

Hier existierte bis 1298 eine Jüdische Kultusgemeinde, die bei der „Rindfleisch-Verfolgung", vermutlich im gleichen Jahr, ausgerottet wurde.

Außer dieser urkundlich gesicherten Tatsache gibt es heute kein weiteres Zeugnis jüdischer Vergangenheit mehr in Freystadt.

Furth im Wald (Cham)

Hier existierte möglicherweise im Mittelalter eine Jüdische Gemeinde, über deren Bestehen jedoch nichts mehr bekannt ist. Von der Existenz von Juden in Furth im Wald zeugte jedoch bis 1959 eine Straße im Altstadtgebiet, die die Bezeichnung *„Judengasse"* führte, und zwar ab 1830 (erstmalige Vermessung). Die Straße wurde 1959 in Kellnergasse umbenannt.

Hermannsberg (Regensburg)

Hier existierte vom Beginn des Jahrhunderts bis zu seiner zwangsweisen Schließung zu Beginn des Jahres 1939 eine Jüdische Gemeinschaft, die Gemeindecharakter hatte.

Das Gut Hermannsberg war ein landwirtschaftliches Gut im Besitz des jüdischen Geschäftsmannes und Gelehrten *Hermann Hirsch Neubauer,* der der frommen chassidischen Gemeinschaft von *Belz* angehörte. Er war Vater des bekannten Judaisten und Gelehrten *Jekutiel Jakob Neubauer.* Das Gut, hebr. Bet Chaluz, diente neben dem Talmud-Thora-Studium auch der landwirtschaftlichen Ausbildung frommer junger Juden, die sich auf die Auswanderung in das damalige Palästina vorbereiteten. Nach seiner Schließung ging es in nichtjüdischen Besitz über.

Das Gut Hermannsberg existiert heute noch. Es befindet sich im Besitz der katholischen Kirche und wird als Ferienhaus der Katholischen Jugendfürsorge genutzt.

Irgendwelche Anzeichen auf den früheren jüdischen Besitz konnten nicht festgestellt werden. Es gibt jedoch noch Bauwerke aus der damaligen Zeit, obwohl ein Großteil der Gebäude inzwischen renoviert und umgebaut worden ist.

Standort: Gut Hermannsberg bei Wiesent.

Kulmain (Tirschenreuth)

Hier existierte bis 1298 eine Jüdische Kultusgemeinde, die bei der „Rindfleisch-Verfolgung", vermutlich im gleichen Jahr, ausgerottet wurde.

Außer dieser urkundlich gesicherten Tatsache gibt es heute kein weiteres Zeugnis jüdischer Vergangenheit mehr in Kulmain.

Mörsdorf (Neumarkt i. d. Opf.)

Hier existierte vermutlich im Mittelalter eine Jüdische Gemeinde, über die jedoch heute keinerlei schriftliche Unterlagen vorhanden sind.

Die Existenz von Juden bezeugt heute jedoch eine Straße in Mörsdorf, die in alten Katasterunterlagen als *„Judengasse"* bezeichnet wird.

Muschenried-Winklarn (Schwandorf)

Lage der KZ-Gedenkstätte: Ortsende von Muschenried in Richtung Kulz (B 22).

Standort: Von Winklarn kommend biegt man am Ortsbeginn, ca. 10 m hinter dem Ortsschild, sofort rechts in die erste Seitenstraße, die Lettenstraße, ein und fährt diese in Richtung Kulz (B 22) bis hinter dem letzten Haus, befindet sich auf der linken Seite – von der Straße ca. 15 m abgesetzt – am Waldesrand ein Denkmal.

Zustand: Gepflegt.

Allgemeine Übersicht: Kleine, massive, halbrunde Steinmauer; die Fläche, die sie umschließt, ist mit immergrünen Gewächsen bepflanzt; in der Mitte der Bepflanzung ist eine steinerne Gedenkplatte mit folgender Inschrift: „HIER RUHTEN 333 K.Z.-HÄFTLINGE † AUS DEM LAGER FLOSSENBUERG † APRIL 1945   1958 UMGEBETTET NACH FLOSSENBUERG SÜHNE KANN EUCH UND DEN EUREN NIMMER DIES DENKMAL BEDEUTEN DOCH ZUM TROSTE DIE GEWÄHR DASS IHR IN EHREN HIER RUHET".

Nabburg (Schwandorf)

Hier existierte nach Kriegsende ab 1945 kurzfristig (die Zeitdauer ist leider unbekannt) eine kleine Jüdische Kultusgemeinde – eine sog. UNRRA-Gemeinde, die sich nur aus DPs, aus deutschen Konzentrationslagern befreiten NS-Opfern zusammensetzte, die hier auf ihre Ausreise nach Israel oder in ein anderes Land warteten. Mit großer Wahrscheinlichkeit hielten sie ihre Gottesdienste in einem Betsaal in einem Privathaus, unerkannt von ihrer Umwelt, ab.

Trotz gründlicher Recherchen war es bis heute nicht möglich, irgendwelche weiteren Informationen über die Nachkriegsgemeinde in Nabburg zu erhalten.

Neualbenreuth (Tirschenreuth)

Hier existierte in vergangenen Jahrhunderten, vielleicht, eine Jüdische Gemeinde, über die jedoch keinerlei Informationen oder Urkunden vorhanden sind. Am Ort gibt es jedoch heute noch eine „Judengasse", die darauf schließen läßt, daß hier doch vor langer Zeit (mehrere) Juden gelebt und (was in früheren Jahrhunderten üblich war) eine Gemeinde gebildet haben.

Heute erinnert nur noch die „Judengasse" an die Anwesenheit von Juden in Neualbenreuth.

Neumarkt in der Oberpfalz
(Neumarkt i. d. Opf.)

Hier bestand bis wahrscheinlich 1940 eine Jüdische Kultusgemeinde. Sie besaß eine Synagoge mit Wohnung und Schulräumen, eine Mikwe und einen Friedhof.

In der Nacht zum 10. 11. 1938 drangen SA-Leute und viele Stadtbewohner in die Synagoge ein, beschädigten sie und vernichteten die Inneneinrichtung sowie die Ritualien. Das Gemeindearchiv wurde von der Stadt beschlagnahmt, ebenso das Synagogengebäude, das im April 1945 bei einem Luftangriff zerstört wurde.

Heute steht auf dem Grundstück der früheren Synagoge ein Neubau mit einem Laden im Erdgeschoß und Wohnungen im 1. Stock. Von der Synagoge ist heute nichts mehr erhalten!

Standort: Hallertorstraße 9 a.

Lage des Friedhofs: In der Stadt Neumarkt i. d. Opf., Gießereistraße 3.

Standort: Von der Ortsmitte (Rathaus) begibt man sich in Richtung Ingolstadt. Bei der Abzweigung Landshut fährt man ca. 300 m in Richtung Landshut und biegt dann nach links direkt in die Gießereistraße ein. Nach ca. 80 m in der Gießereistraße liegt der Friedhof auf der linken Seite der Straße, vor dem Holzwerk Ehmann.

Zustand: Sehr gepflegt.

Allgemeine Übersicht: Stabile, massive Steinmauer; ein schmiedeeisernes Tor; rechts vom Tor Tahara- und Friedhofswärterhaus (bewohnt) mit einer Gedenktafel mit folgender Inschrift: „FRIEDHOF der ehemaligen israelitischen Kultusgemeinde angelegt 1879/80"; Gang vom Tahara-Haus durch die Mitte des Friedhofes zur gegenüberliegenden Wand; in den linken hinteren zwei Reihen ca. sieben Kindergräber (direkt an der Wand); rechts und links des Mittelganges zahlreiche

Grabstein auf dem Friedhof in Neumarkt in der Oberpfalz

Grabsteine aus schwarzem Marmor; relativ viele Grabsteine sind seitenverkehrt aufgestellt bzw. scheinen einige Gräber seitenverkehrt angelegt; Bewuchs mit einigen Laubbäumen.

Neunburg vorm Wald
(Schwandorf)

Hier existierte vom Mai 1945 bis etwa 1952 eine Jüdische Kultusgemeinde, eine sog. UNRRA-Gemeinde, die sich aus KZ-Opfern zusammensetzte, die hier nach ihrer Befreiung aus den Konzentrationslagern auf die Auswanderung nach Israel oder in andere Länder warteten. Die Mitglieder dieser Gemeinde hielten die Gottesdienste im Gastzimmer der damaligen Gastwirtschaft Wellenhofer in der Hauptstraße, Hs.-Nr. 65 ab. Dort war auch das „Jüdische Komitee" untergebracht.

Das Gebäude wurde nach der Auflösung der Gemeinde infolge Auswanderung veräußert und in ein Wohnhaus in Privateigentum umgebaut; es besteht heute noch als privates Wohnhaus.

Gedenkstein mit dem Symbol des Stammes Benjamin

Standort: Hauptstraße, Hs.-Nr. 65.

Lage des Friedhofs: Plattenberg.

Standort: Von der Ortsmitte fährt man in Richtung Amberg/Schwarzenfeld. Kurz vor dem Ortsende biegt man von der Straße rechts in eine Schotterstraße (Hinweisschild!) ein und fährt diese dann ca. 400 m bis zum Friedhofseingang, der sich rechts von der Schotterstraße befindet.

Zustand: Sehr schön gepflegt.

Allgemeine Übersicht: Hier wurde in den Jahren 1946/47 ein KZ-Friedhof, auch Judenfriedhof genannt, errichtet. Es liegen hier etwa 615 KZ-Opfer des Lagers Flossenbürg bestattet, die Opfer des Todesmarsches wurden.

Massive Mauer rund um den ganzen Friedhof; Gelände des Fiedhofes führt vom Haupttor sanft bergan; Haupttor aus Metall mit der Inschrift „ZU EHREN DER TOTEN 1933–1945"; zwei Seitentore (auf der linken Seite) aus Metall mit je einem Magen David; breiter Weg vom Haupttor zum Mahnmal; rechts und links des Weges jeweils vier Massengräber (auf je einem Grabfeld zwei christliche oder zwei jüdische symbolische Grab-

steine); gegenüber dem Haupttor „Ehrenhain" mit einem Mahnmal, auf dem folgender Wortlaut steht: „IHR STARBET, DAMIT WIR LEBEN ZUR ERINNERUNG AN 615 UNBEKANNTE OPFER DES TODESMARSCHES FLOSSENBÜRG – DACHAU APRIL 1945"; im Halbrund von beiden Seiten „Grabsteine" für je ein Stamm der zwölf Stämme Israels; links: Benjamin, Josef, Ascher, Gad, Naftali, Dan; rechts: Reuwen, Schimeon, Levi, Jehuda, Issachar, Zevulun.

Um den Ehrenhain herum hohe Hecke aus Buchsbaum.

Neustadt an der Waldnaab
(Neustadt a. d. W.)

Hier existierte ab dem 14. Jahrhundert bis zum Jahre 1684 eine Jüdische Gemeinde. Sie besaß eine Synagoge, eine Mikwe, einen Friedhof und (im Jahre 1621 bei Eisenstadt urkundlich erwähnt) eine bedeutende Hochschule zur Ausbildung von Rabbinern und jüdischen Gelehrten (= *Jeschiwa),* an deren Spitze der berühmte Rabbi Isak Katzenellenbogen (später Jeschiwa Prag) stand. Die Jeschiwa stellte bereits 1621 im 30jährigen Krieg ihre Tätigkeit ein und wurde z. T. zerstört.

Heute gibt es in Neustadt a. d. Waldnaab noch einige Zeugen jüdischer Vergangenheit: die Häuserzeile in der Freyung, die früher von Juden bewohnt war.

Im Schwarz-Haus ist heute noch eine Mikwe im Keller vorhanden.

Standort: Freyung 25.

Standort der Jeschiwa: Freyung 23.

Im Museum ist heute noch ein Grabstein vom ehemaligen jüdischen Friedhof (natürlich in hebräischer Schrift) aus dem Jahre 1648 erhalten.

Die Straße hinter der südlichen Häuserzeile der Freyung trägt heute noch den Namen *„Judengraben".*

Der Standort der Synagoge konnte nicht mehr ermittelt werden.

Lage des Friedhofs: Südseite der Freyung (heute noch „Judengraben" genannt).

Standort: Der ehemalige Friedhof, von dem heute nur noch ein Grabstein im Museum vorhanden ist, war an der Stelle der Gärten,

Judengasse in Pfreimd

„Judenturm" in der Judengasse Pfreimd

die sich, hinter dem heutigen Hotel Grader beginnend, äußerst schmal zum Gasthof Krone hinziehen.

Als ehemaliger jüdischer Friedhof kommen nur die Pflanzgärten in Frage, nicht die anschließenden Grasgärten.

Pfreimd (Schwandorf)

Hier existierte von ca. 1397 bis vermutlich 1630 eine kleine Jüdische Kultusgemeinde. Sie besaß eine Synagoge. Diese ist mit großer Wahrscheinlichkeit als „Judenturm", ein turmähnlicher Rundbau, der heute noch zu Wohnzwecken genutzt wird, vorhanden.

An die Anwesenheit von Juden in Pfreimd erinnert ferner die Judengasse, die sich vom ehemaligen Unteren Tor (= Nabburger Tor) entlang der früheren Stadtmauer in südlicher Richtung bis zum alten „Burggütl", dem sog. Schlößl, hinzieht, und die heute noch den Charakter einer mittelalterlichen Gasse (eines kleinen Gettos) aufweist.

Standort der ehem. Synagoge: „Judenturm" in der Judengasse Nr. 8.

Regensburg

Hier existierte, 981 erstmals erwähnt, obwohl Juden schon vorher da waren, eine Jüdische Gemeinde. Die Juden wohnten damals in einer „Judenstadt", die in die Karolingerzeit zurückging, und ab dem 13. Jahrhundert ummauert war. Die erste Jüdische Gemeinde in Regensburg besaß eine Synagoge, an die wohl auch eine Jeschiwa angeschlossen war, einen eigenen Brunnen, mit Sicherheit auch eine Mikwe (evtl. in der Südwestecke des heutigen Neupfarrplatzes) und einen großen Friedhof. Diese Gemeinde überstand alle Verfolgungen bis 1519. In diesem Jahr, dem Jahr der Vertreibung, wurde am Tage der Vertreibung die Synagoge abgerissen und an ihrer Stelle später die sog. Neupfarrkirche, heute am Neupfarrplatz, errichtet. Von der damaligen Synagoge existieren noch Teile der Bima im Museum, vom damaligen Friedhof noch ca. 60 Grabsteine (bzw. Abschriften) an mehreren Orten um Regensburg, in Regensburg selbst und im Museum.

Standort der früheren Synagoge: Heutige Neupfarrkirche auf dem Neupfarrplatz.

Eine neue Jüdische Kultusgemeinde wurde Ende des 18. Jahrhunderts gegründet. Da sie

Bruchstücke der Bima der früheren Synagoge in Regensburg, heute im Museum

keine Synagoge bauen durfte, mietete sie Räume als Betsäle (z. B. im Haus Untere Bachgasse 3/5, 1838 abgerissen – ab 1841 befand sich hier auch eine Mikwe im Keller) in verschiedenen Häusern. Als 1907 beim Sabbatgottesdienst die Wand abfiel, wurde das ganze Gebäude (mit Mikwe) gesperrt, erst dann erlaubte die Stadt nach längeren Verhandlungen den Neubau einer Synagoge. So besaß die Jüdische Kultusgemeinde Regensburg, die 1942 durch Deportation der letzten Juden vom Ort vernichtet wurde, eine 1911 erbaute Synagoge, ein Gemeindehaus mit Schulräumen, einem Betsaal, zwei Wohnungen, einer Mikwe, einer Einrichtung zum Schächten von Geflügel, einer öffentlichen Bibliothek, ferner ein Altersheim und einen Friedhof mit Leichenhalle. In Regensburg waren zahlreiche jüdische Vereine und Organisationen tätig.

Beim November-Pogrom am 10. 11. 1938 wurde die Synagoge von SA, SS und NSKK verwüstet, das Gebäude wurde in Brand gesteckt, nachdem vorher die Inneneinrichtung und die Ritualien vernichtet worden waren. Das Archiv wurde beschlagnahmt, es ist heute in Jerusalem. Das Gemeindehaus mit allen erwähnten Einrichtungen wurde zwar demoliert, aber wegen zu großer Gefahr für die Nachbarhäuser nicht angezündet. Daher existiert es heute noch.

Nach dem Zusammenbruch Nazi-Deutschlands erstand in Regensburg wieder eine Jüdische Gemeinde: die Jüdische Gemeinde Regensburg. Gleichzeitig gab es hier noch vier andere vorläufige Kultusgemeinden, deren Mitglieder ausschließlich ehemalige KZ-Opfer waren, die von der UNRRA betreut wurden.

Diese Gemeinden lösten sich mit dem Wegzug der ehemaligen DPs nach Israel oder den USA von alleine auf, bzw. Angehörige dieser Gemeinden schlossen sich später der Jüdischen Gemeinde Regensburg an. Sie unterhält heute ein Gemeindehaus mit Mehrzwecksaal, einen Betsaal, einen Schulsaal und eine um 1912 installierte Mikwe. Eine Gedenktafel, an der Außenwand des Gemeindehauses angebracht, erinnert heute an die ehemalige Synagoge: „HIER STAND DIE SYNAGOGE DER JÜDISCHEN GEMEINDE REGENSBURG ERBAUT 1912 ZERSTÖRT AM 9. NOVEMBER 1938 DURCH DIE NATIONALSOZIALISTEN AM 10. NOVEMBER 1938 WURDEN JÜDISCHE BÜRGER IN EINEM BEISPIELLOSEN SCHANDMARSCH DURCH DIE STADT GETRIEBEN. AM 2. APRIL WURDEN HIER AUF DEM PLATZ DER ABGEBRANNTEN SYNAGOGE 106 JÜDISCHE BÜRGER ZUSAMMENGETRIEBEN UND IN DIE KONZENTRATIONSLAGER DEPORTIERT. AM 15. JULI UND 23. SEPTEMBER 1942 FOLGTEN WEITERE OPFER DEM LEIDENSWEG VON MILLIONEN JUDEN DIE WEGEN IHRES GLAUBENS LITTEN UND STARBEN. NOCH IN DEN LETZTEN KRIEGSTAGEN FANDEN DEPORTATIONEN VON REGENSBURG AUS STATT." Der Gemeindesaal befindet sich an der Stelle der früheren Synagoge; das Gemeindehaus ist noch vollständig erhalten und beherbergt auf der linken Hausseite die Synagoge.

Standort: Am Brixener Hof 2.

Gemälde der früheren Synagoge in Regensburg

Ein weiteres Zeugnis jüdischer Vergangenheit in Regensburg ist – neben dem „Jüdischen Gemeindezentrum" und den Überresten der früheren Synagoge und den Friedhöfen – das *Colosseum* – ein Außenlager des KZ Flossenbürg, in dem in den Jahren 1944/45 jüdische KZ-Opfer untergebracht waren, die zu besonders gefährlichen Arbeiten herangezogen wurden (145 bezahlten diese „Arbeit" mit dem Leben). Das Gebäude ist heute Bauerntheater.

Standort: Am Hauptplatz Stadtamthof 5.

Im Jahre 1988 wurde auf Grund von Recherchen bei Sanierungsarbeiten und einer damit verbundenen Grabung ein weiteres Zeugnis jüdischen Lebens in Regensburg gefunden – die erste Mikwe der 2. Regensburger Jüdischen Gemeinde. Das Ritualbad war frühestens ab 1800 im Keller des Hauses errichtet worden, in dem „Reichstagsjuden" seit 1663 zu logieren pflegten. Sie wurde auf höhere Anordnung hin zwischen 1836 und 1938 geschlossen und in späteren Jahren aufgefüllt. Dieses historische rituelle Tauchbad existiert heute – nach gründlicher Freilegung – wieder. Es ist historisches Kulturgut in einem Privathaus, dessen Eigentümer sehr aufgeschlossen und kooperativ sind.

Standort der Mikwe (genannt „Duck"): Holzländestraße 5.

Lage des alten Friedhofs: Hier existierte bereits im frühen Mittelalter (1210 urkundlich erwähnt, sicher aber schon vorher) ein großer jüdischer Friedhof. Er lag damals zwischen St. Peter und dem Galgenberg, heute entspricht das dem Gebiet des „Fürstenparks" und des Geländes des Hauptbahnhofs. Auf diesem Friedhof waren 4200 große Grabsteine aufgestellt. Bei der Vertreibung im Jahre 1519 wurde dieser Friedhof ebenfalls nicht verschont: er wurde völlig verwüstet und zerstört. Die Grabsteine wurden teilweise zum Bau der Neupfarrkirche verwendet, teilweise in Regensburger Bürgerhäuser eingemauert, alle umliegenden Dörfer (Wolkering, Mangolding, Mintraching, Tegernheim, Karthaus-Prüll) haben je einen Grabstein, der heute bei der Kirche steht; sie wurden aber auch in weitere Orte (Cham, Straubing, Kelheim, Neustadt a. d. Donau) verschleppt. Sie sind

Gemeindezentrum der Jüdischen Kultusgemeinde Regensburg

zum Teil heute noch vorhanden: Es existieren im Domkreuzgang ein eingemauerter Grabstein, einer ist in die Ostseite des heutigen Kreuzklosters eingemauert, einer befindet sich im Todesverlies der Folterkammer als Abort, einer ist in dem Toreingang des Hauses am Neupfarrplatz Nr. 7 eingemauert, 19 weitere Steine befinden sich heute aufgestellt im Museum der Stadt Regensburg, in den erwähnten Pfarreien sind die Grabsteine ebenfalls noch zu besichtigen.

Die Orte Wolkering, Mangolding, Mintraching, Tegernheim und Karthaus-Prüll hatten mit Sicherheit nie eine Jüdische Kultusgemeinde. Die hier befindlichen jüdischen Grabsteine (in jedem Ort ist einer) wurden vom alten Regensburger jüdischen Friedhof geraubt, in Häuser eingemauert und später der jeweiligen Pfarrei übergeben. Sie können heute in den einzelnen Orten besichtigt werden. Es sind jedoch keine Zeugnisse jüdischen Lebens des Ortes, sondern eindeutig des von Regensburg.

Standorte: 1. Wolkering: Mauer um die Kirche – rechts vom Tor.

2. Tegernheim: Kath. Pfarrhaus – rechts vom Eingang.

3. Mintraching: Kath. Pfarrhaus – Garten.

4. Mangolding: Kath. Kirche – links neben dem Eingang.

Lage des neuen Friedhofs: In der Stadt, westlich vom Stadtpark.

Standort: Schillerstraße 29 (Haupteingang), Stadtpark (Nebeneingang).

Zustand: Hervorragend gepflegt.

Der neue Friedhof, den die Gemeinde 1822 erwerben konnte (er lag damals im Bereich der Schießanlagen in der Stadt!), nachdem sie ihre Toten von 1669 bis 1822 in Pappenheim, Schnaittach, Georgensgmünd und Fürth bestatten mußte, existiert noch. Er wurde in den Jahren 1867, 1869 und 1923 sogar erweitert.

Er ist heute Eigentum der Jüdischen Gemeinde Regensburg. Auf ihm befinden sich z. Zt. ca. 850 Gräber. In den Jahren 1924, 1927, 1941 und 1972 wurde er geschändet.

Allgemeine Übersicht: Stabile, hohe Mauer rund um den Friedhof; ein Haupteingang

(Schillerstraße 29) und ein Hintereingang (vom Stadtpark her); am Hintereingang großes, altes Tahara-Haus (bewohnt); sehr alter, alter und neuer Teil (links vom Tahara-Haus alter Teil, vor dem Haus sehr alter Teil, rechts vom Haus neuer Teil); Grabsteine im ältesten Teil in Richtung Norden, im alten und neuen Teil in Richtung Osten aufgestellt; Baumbewuchs mit Laub- und Zierholz und mit Efeu; Grabstätten mehrerer Ermordeter (zwei in NS-Deutschland und fünf aus der sog. „Nachkriegszeit"); Wege z. T. mit Kies gestreut, z. T. gepflastert.

Regensburg-Sallern

Hier existierte von 1519 bis 1577 eine jüdische Kultusgemeinde. Sie besaß nachweislich eine Synagoge. Diese wurde später abgerissen und auf ihrem Grund das heutige katholische Pfarrhaus, in dem sich eine Erinnerungstafel vom Jahre 1760 mit folgendem Wortlaut befindet, errichtet: „D.O.M.A. Domuni hanc parochialem Per centum et plures annos ruinis sepultam Ab Hebraeis primum, Sanctiore dein facto ab hujus loci parochis habitatam, ac Demum Invalescente novitorum Haeresi Ab Heterodoxis praeconibus possessam Anno R.O. MDCCLX Annuente Revmo ac Illmo Capitulo cathedrali Ratisbon. Josephus Michael Reiinpoto Post reassertam Clero saeculari parochiam Salernensem Sibi et successoribus Postliminio resuscitari fecit."

Standort: Amberger Straße 87 (Katholisches Pfarrhaus).

Zwischen Sallern und Stadtamhof, beides frühere selbständige Gemeinden und heutige Stadtteile von Regensburg, befindet sich im heutigen Neubaugebiet eine Straße mit dem Namen *„Am Judenhof"*. Hier könnte möglicherweise in der Zeit von 1519 bis ungefähr 1575 ein Friedhof dieser beiden jüdischen Gemeinden gewesen sein.

Regensburg-Stadtamhof

Hier existierte von 1519 bis 1555 eine Jüdische Kultusgemeinde. Sie besaß nachweislich eine Synagoge. Diese wurde nach der Auflösung der Gemeinde in ein Rathaus umgewandelt, welches im Jahre 1809 im Zu-

sammenhang mit den Kämpfen zwischen Napoleon und den Österreichern niedergebrannt wurde. Auf dem Platze wurde dann 1823 das Neue Rathaus errichtet, welches nach der Eingemeindung Raiffeisenbank wurde. Von der früheren Synagoge ist nichts mehr erhalten, außer dem Platz.

Standort: Stadt-am-Hof 7.

Rettenbach (Cham)

Lage der KZ-Gedenkstätte: Gemarkung Rettenbach auf der Straße von Wörth nach Falkenstein.

Standort: Von Wörth kommend fährt man ca. 11 km in Richtung Falkenstein. Kurz nach der Abfahrt nach Kastell Windsor auf der rechten Seite der Straße befindet sich auf der linken Straßenseite im Wald eine Gedenkstätte, auf die ein holzgeschnitztes Hinweisschild aufmerksam machen will.

Zustand: Gepflegt.

Allgemeine Übersicht: Im sehr dichten Wald steht ein Granitblock mit der folgenden Aufschrift: „HIER WURDEN 1945 48 KZ-HÄFTLINGE BESTATTET. 1957 NACH FLOSSENBÜRG UMGEBETTET. ERRICHTET 1985 VON DER GEMEINDE RETTENBACH."

Roding (Cham)

Hier existierte nach dem Ende des Zweiten Weltkrieges – der Zeitpunkt ist unbekannt – eine kleine Jüdische Gemeinde, eine sog. UNRRA-Gemeinde, die sich aus DPs, aus befreiten KZ-Opfern deutscher Konzentrationslager zusammensetzte, die hier auf ihre Auswanderung nach Israel (oder in ein anderes Land) warteten. Mit großer Wahrscheinlichkeit hielten die Mitglieder dieser Gemeinde ihre Gottesdienste im Raum eines von Juden damals bewohnten Privathauses ab, dessen Standort jedoch leider heute nicht mehr bekannt ist.

Trotz sehr intensiver Recherchen war es bis jetzt nicht möglich, weitere Informationen über diese kleine Jüdische Nachkriegsgemeinde zu erhalten.

Rötz (Cham)

Hier existierte von 1945 bis 1949 eine Jüdische Kultusgemeinde, eine sog. UNRRA-Gemeinde, die sich aus KZ-Opfern zusammensetzte, die hier auf ihre Auswanderung nach Israel oder in andere Länder warteten. Die Mitglieder der Kultusgemeinde hielten ihre Gottesdienste in zwei Räumen des Hauses Rötz Nr. 108 ab.

Das Gebäude wurde nach der Auflösung der Gemeinde infolge Auswanderung wieder Wohnhaus in Privatbesitz. Es existiert heute noch.

Standort: Böhmerstraße 7.

Lage des Friedhofs: Im Ort, auf dem Ortsfriedhof.

Standort: Von Cham kommend fährt man auf der Böhmerwaldstraße in den Ort hinein. Auf der rechten Seite der Straße – nach der Nr. 37 (Friedhofskirche) – befindet sich der Eingang. Man geht durch das Haupttor in den Friedhof hinein und geradeaus, bis linker Hand eine Erweiterung des Friedhofes (durch Abknicken der Mauer um 90°) sichtbar wird. Man geht zu dieser Erweiterungsmauer und an dieser entlang bis zum Gedenkstein, der Bestandteil dieser Mauer ist.

Zustand: Gepflegt.

Allgemeine Übersicht: Einfassungsmauer mit immergrüner Bepflanzung vor dem Gedenkstein; Gedenkstein mit folgendem Wortlaut: „EUCH ALS FREIWILD ZU TODE GEJAGT, BIRGT GÜTIG NUN ALLMUTTER ERDE! ZUM GEDENKEN AN DIE HIER BESTATTETEN 141 K.Z.-HÄFTLINGE AUS DEM LAGER FLOSSENBÜRG † 22. APRIL 1945 UMGEBETTET IM MAI 1957 NACH FLOSSENBÜRG."

Schwandorf i. B. (Schwandorf)

Hier existierte möglicherweise von 1300 bis 1600 eine kleine Jüdische Gemeinde, deren Vorhandensein jedoch nicht nachweisbar oder urkundlich belegt ist. Von der Anwesenheit von Juden in dieser Zeit zeugt jedoch im Jahre 1555 eine *„Judengasse"*, die spätere Brauhausgasse.

Von 1927 bis 1938 existierte hier jedoch eine Jüdische Kultusgemeinde. Sie besaß einen Betsaal in einem Privathaus, und zwar dem des Kaufmannes Bloch in der Bahnhofstraße. Dieses Gebäude wurde in der Zwischenzeit abgerissen und durch einen Neubau ersetzt.

Standort: Bahnhofstraße 1 a.

Nach dem Zusammenbruch der Naziherrschaft fanden zahlreiche DPs in Schwandorf eine vorläufige Bleibe. Sie gründeten hier eine Gemeinde und hielten die Gottesdienste im Betsaal des vormals jüdischen Kaufhauses Levi ab. 1950 zogen die Juden nach Israel und nach den USA weg, die Gemeinde löste sich auf, das Haus wurde geräumt. Es ist heute wieder ein Kaufhaus (NKD).

Standort: Marktplatz 26.

Lage der KZ-Gedenkstätte: An der Bahnstrecke Schwandorf–Regensburg.

Standort: Vom Marktplatz fährt man Richtung Bahnhof, an diesem vorbei in Richtung Krankenhaus und auch an diesem vorbei in Richtung Steinberg auf der Steinberger Straße. Am Ortsende biegt man von der Straße rechts ab und fährt dann auf einem Feldweg parallel zum Bahndamm so lange, bis der Feldweg die Gleise kreuzt. Links von dem Damm zwischen dem Bahnwärterhäuschen und der Gleisüberquerung durch den Feldweg befand sich früher ein Denkmal für hier ermordete (auch jüdische) KZ-Opfer.

Zustand: Das Denkmal (in hebräischer Inschrift) wurde beseitigt.

Allgemeine Übersicht: Es gab bis vor ca. 15 Jahren an dem Bahndamm einen Gedenkstein für hier erschossene KZ-Häftlinge. Die Toten wurden bereits vor Jahren exhumiert und auf KZ-Ehrenfriedhöfe überführt. Das Denkmal wurde zwischenzeitlich beseitigt.

Schwarzenfeld (Schwandorf)

Hier existierte vom Mai 1945 bis zum Ende des Jahres 1948 eine Jüdische Kultusgemeinde – eine sog. UNRRA-Gemeinde – die sich aus DPs – jüdischen Überlebenden der Konzentrationslager zusammensetzte, die hier auf ihre Ausreise nach Israel oder in die USA warteten. Die Mitglieder dieser Nachkriegsgemeinde hielten ihre Gottesdienste im Anwesen der Frau Anna Albersdorfer (Gasthaus zur Eisenbahn) ab. Nach der Auflösung der Gemeinde infolge Wegzuges der Mitglieder wurde das Gasthaus wieder in seiner ursprünglichen Funktion genutzt. Nach Umbaumaßnahmen wird es auch heute noch als Gasthaus verwendet.

Standort: Bahnhofstraße 42.

Stamsried (Cham)

Hier existierte von 1945 bis 1948 eine Jüdische Kultusgemeinde – eine sog. UNRRA-Gemeinde, die sich aus DPs, befreiten KZ-Opfern, zusammensetzte, die hier auf Ihre Auswanderung nach Israel oder in andere Länder warteten. Sie hatte im Haus Nr. 12, in der Nähe des Marktplatzes, eine Betstube. Das Bauwerk, nach der Auflösung der Gemeinde infolge Auswanderung wieder Wohnhaus in Privateigentum, wurde 1981 abgebrochen und durch einen privaten Neubau (Arzt- und Zahnarztpraxis) ersetzt.

Standort: Marktplatz 11.

Sulzbach-Rosenberg
(Amberg-Sulzbach)

Hier existierte von 1666 bis 1939 eine Jüdische Kultusgemeinde. Sie besaß eine 1826 erbaute und 1827 eingeweihte Synagoge (eine erste, „alte" Synagoge war hier von 1687 bis 1820 gewesen) mit Wohnung für den Rabbiner und Kantor, ein 1803 erbautes Gemeindehaus und einen Friedhof. Es existierte in dem Ort außerdem von 1669–1684 eine jüdische Druckerei, die Isak Jüdel aus Prag betrieb.

Im Juni 1934 wurde die Synagoge von der Stadt beschlagnahmt und in ein Museum umgewandelt.

Das ehemalige Synagogengebäude existiert heute noch. Es befindet sich, nachdem die Außenfassade nach 1950 verändert wurde, in Privatbesitz und wird als Materiallager mit darüberliegender Wohnung genutzt.

Eine Gedenktafel links von der Eingangstür mit folgendem Wortlaut weist heute auf die einstige Funktion des Bauwerkes hin: „ehemalige SYNAGOGE der jüdischen Gemeinde Sulzbach 1827–1933".

Standort: Museumsstraße 9.

Besonderheiten: Bausubstanz fast noch im Original erhalten; Originalfenster (mit Gittern) erhalten; Originaltür erhalten.

Synagogengebäude in Sulzbach-Rosenberg

Lage des Friedhofs: Südöstlich der Stadt.

Standort: Vom Rathaus geht man über den Marktplatz in die Straße „Schießstätte" und bleibt immer auf dieser Straße: man überquert alle Querstraßen in Richtung Sportgelände, geht dann links an diesem vorbei und bleibt, auch nach dem Ortsende, immer auf dem Weg. Dieser mach nach ca. 200 m eine Biegung nach rechts, nach weiteren ca. 150 m eine nach links; nach weiteren 50 m befindet sich auf der rechten Seite des Weges, ca. 20 m abseits, der Eingang zum Friedhof.

Zustand: Ordentlich.

Allgemeine Übersicht: Angelegt 1668 – erste Beerdigung (Lewaja) 1668 (Feustel Bloch, s. A.); Maschendrahtzaun rund um den Friedhof; ein Eingangstor aus Metall (mit zwei Davidsternen); zwei Abteilungen mit alten, älteren und sehr alten Grabsteinen; links des Tores neue, dahinter ältere Grabsteine; rechts von dieser Abteilung alte Steine, dann eine weitere Abteilung mit sehr alten Steinen (in Gräbergruppen); das Friedhofsgelände steigt vom Tor aus links an; die Abteilung mit den sehr alten Grabsteinen ist sehr steil und sehr stark verwachsen; Bewuchs mit Waldbäumen; das Friedhofsgelände ist rechts von Grubenabraum und Schutt umgeben, hinten und rechts von Wald.

Sulzbürg (Neumarkt i. d. Opf.)

Hier existierte vermutlich ab dem 14. Jahrhundert bis 1942 eine Jüdische Kultusgemeinde, deren Rabbiner lange Zeit Distriktsrabbiner war. Wahrscheinlich besaß sie im Mittelalter eine Betstube in einem Privathaus, das heute nicht mehr zu ermitteln ist.

Die erste Synagoge am Ort entstand um 1706, andere Quellen sprechen vom Jahr 1677; die zweite, neue, große Synagoge wurde im Jahre 1799 errichtet. Die Gemeinde Sulzbürg besaß also diese Synagoge mit zwei Wohnungen, Schulräumen für den Religionsunterricht und einem Gemeindebüro, mehrere Mikwes, einen Friedhof und ein Landerholungsheim des orthodoxen Jugendbundes „ESRA".

Am 10. 11. 1938 wurde in der Synagoge das gesamte Inventar mit den kostbaren Ritualien vernichtet; zwölf Thorarollen wurden mit Beilen zerschlagen.

Das neue Synagogengebäude ist heute als Bauwerk noch erhalten, während von der ersten, der alten Synagoge, trotz intensivster Recherchen weder Standort noch Schicksal ermittelt werden konnten. Ihr Aussehen hat sich bis heute nicht wesentlich verändert, im Inneren jedoch wurde sie vollständig umgebaut, und zwar nicht bei der Renovierung 1849, sondern nach dem NS-Pogrom 1938. Das Bauwerk befindet sich in Privatbesitz und wird als Wohnhaus genutzt.

Standort: Engelgasse 14.

Besonderes: Bausubstanz äußerlich noch vollständig erhalten.

In Sulzbürg gab es früher mehrere Ritualbäder, und zwar wahrscheinlich insgesamt 4, von denen sich eines im Besitz der Kultusgemeinde, zwei jedoch bestimmt in Privatbesitz befunden haben. Alle Gebäude, in denen die Ritualbäder waren, sind heute noch erhalten, nicht aber mehr die Tauchbecken.

Standorte: Erdgeschoß des Hauses Hinterer Berg 1; Erdgeschoß des Hauses Hinterer Berg 3; Schwabengasse 4; Schwabengasse 8.

In den beiden letzteren Häusern befanden sich die neuen Mikwes, bei den Einheimischen auch *„Judentunken"* genannt.

Die Häuser Hinterer Berg 1 und 3 waren die sogenannten *„Judenhäuser"* – hier lebten in einem sehr großen Haus früher mehrere jüdische Familien zusammen – jede in ihrem eigenen Besitz: es gab also schon recht früh „Eigentumswohnungen"! Beide Judenhäuser sind heute noch erhalten. Sie befinden sich in Privatbesitz und werden als Wohnhäuser benutzt.

Standort: Hinterer Berg 1 und 3.

Im Ort befand sich ferner ein Erholungsheim des orthodoxen Jüdischen Jugendbundes „ESRA". Das Gebäude existiert heute noch. Es ist in Privatbesitz und wird als Wohnhaus genutzt.

Standort: Vorderer Berg 6.

Lage des Friedhofs: Im Ort.

Standort: Vom Landl-Museum geht man in die Engelgasse und folgt dieser immer, an der Kirche vorbei, bis man nach ca. 800 m links eine kleine Abzweigung zum gut sichtbaren Friedhofsportal sehen kann.

Zustand: Sehr gepflegt.

Allgemeine Übersicht: Sehr stark hügeliges Gelände, vom Tor aus rechts und links stark ansteigend, geradeaus eben, hinten abfallend; Umzäunung: Am Tor Mauer, Rest Maschendrahtzaun; sehr schönes großes Tor mit Inschrift: „ISRAELITISCHER FRIEDHOF erweitert 1905"; älteste Mazewa von 1647 (Rifka, Tochter des Gemeindeältesten Meir Sulzberger), letzte Bestattung 1932 (Klara Neustädter, s. A.); drei große Gräbergruppen: in der Mitte mit vorne neuen, dahinter alten, ganz hinten am Zaun sehr alten Grabsteinen, rechts, steil bergauf, alte und sehr alte, sehr schöne dünne Grabsteine, links, ebenfalls steil bergauf, alte Grabsteine; Bewuchs mit Laubbäumen, der an den beiden Seiten dicht ist.

Tirschenreuth (Tirschenreuth)

Hier existierte von 1945 bis 1949 eine Jüdische Kultusgemeinde – eine sog. UNRRA-Gemeinde – die sich aus KZ-Opfern zusammensetzte, die hier auf ihre Auswanderung nach Israel oder in andere Länder warteten. Die Mitglieder dieser Gemeinde hielten ihre Gottesdienste im Rückgebäude des Anwesens Maximiliansplatz 371 (heute Nr. 31) in einem dort errichteten Betsaal ab.

Das Gebäude wurde nach der Auflösung der Gemeinde infolge Auswanderung wieder ei-

Tor des Israelitischen Friedhofes in Sulzbürg

ner anderen Funktion zugeführt. Es wurde zwischenzeitlich mehrfach umgebaut, existiert als Bausubstanz jedoch heute noch. Sonst erinnert nichts mehr an die Existenz dieser kleinen Nachkriegsgemeinde in Tirschenreuth.

Standort: Rückgebäude des Anwesens Maximiliansplatz Nr. 31.

Töging (Neumarkt i. d. Opf.)

Hier existierte vermutlich ab dem 12. Jahrhundert bis gegen Ende des 17. Jahrhunderts eine Jüdische Kultusgemeinde. Sie besaß nachweislich eine Synagoge und einen Friedhof.

Die Synagoge existiert heute noch. Sie befindet sich in Privatbesitz und wird nach Umbauten als Wohnhaus benutzt.

Standort: Beilngrieser Straße 1–3.

Besonderheiten: Bausubstanz noch erhalten; Giebel und einige Fenster noch erhalten.

An die Anwesenheit von Juden an diesem Ort erinnern heute noch die Flurnamen Judenhügel und Judenfeld.

Lage des Friedhofs: Hügel am Ortsende von Töging.

Standort: Von der Beilngrieser Straße biegt man am Ortsende links in die Eichelhofer Straße ein und dann wieder in die Straße „Am Arzberg". Das heute bebaute Gebiet hat den Flurnamen Judenhügel und war in den Jahrhunderten, in denen hier eine Jüdische Gemeinde existierte, der Friedhof, bzw. die Begräbnisstätte der Juden.

Trotz Recherchen konnten keine Grabsteine usw. mehr gefunden werden. So existiert nur noch das Wissen um den früheren jüdischen Friedhof in Töging.

Velburg (Neumarkt i. d. Opf.)

Im Gemeindegebiet der Stadt Velburg befindet bzw. befand sich der Ort *„Judeneidenfeld",* jetzt im Truppenübungsplatz Hohenfels gelegen. Am 1. 5. 1979 wurde durch die Regierung der Oberpfalz der Name aufgehoben, da der Gemeindeteil unbewohnt und abgebrochen ist.

Der Ortsname scheint jedoch ein sicherer Hinweis auf die Existenz von Juden, in den früheren Jahrhunderten mit großer Sicherheit fast nur als Gemeinde auftretend, in der Stadt Velburg zu sein.

Vilseck (Amberg-Sulzbach)

Hier existierte nachweislich ab 1945 auf dem Gebiet der Stadt Vilseck (evtl. auch auf dem nahegelegenen Truppenübungsplatz Grafenwöhr) eine Jüdische Kultusgemeinde, eine sog. UNRRA-Gemeinde, die sich aus KZ-Opfern (1100 DPs) zusammensetzte, die hier nach ihrer Befreiung aus den Konzentrationslagern auf die Auswanderung nach Israel oder in andere Länder warteten. In Vilseck gab es außerdem noch ein Jüdisches Komitee (Jewish Committee), ein Selbstverwaltungsorgan der DPs.

Trotz umfangreicher und gründlicher Recherchen war es bis heute nicht möglich, die Dauer des Bestehens der UNRRA-Gemeinde, den Standort einer (mit an Sicherheit grenzenden Wahrscheinlichkeit vorhandenen) Kultstätte (Betsaal), noch den des Jewish Committee zu ermitteln.

Weiden

Hier existierte bis 1942 eine Jüdische Kultusgemeinde. Sie besaß eine Synagoge mit Räumen für eine Volksschule, ein Gemeindehaus mit Wohnungen und einen Friedhof.

Beim November-Pogrom am 10. 11. 1938 wurde von ortsansässigen Angehörigen der SA und der SS die Inneneinrichtung der Synagoge und die gesamten Ritualien vernichtet, das Gebäude jedoch auf Einspruch des Bürgermeisters nicht niedergebrannt. Es wurde später verkauft und in ein Geschäftshaus umgewandelt.

Nach Kriegsende hielten sich in Weiden ca. 1000 Juden aus dem KZ Flossenbürg auf. 1945/46 zogen die meisten von ihnen nach Israel oder den USA fort. Einige blieben jedoch und gründeten 1953 eine neue Jüdische Gemeinde, die „Israelitische Kultusgemeinde Weiden". Im Jahre 1948 wurde der (damaligen) Gemeinde der frühere Besitz zurückgegeben. Das Synagogengebäude wurde zunächst restauriert. In ihm befindet sich heute im 1. Stock ein sehr schöner Betsaal

Jüdischer Friedhof Weiden

mit 70 Plätzen und einer Frauensynagoge; im Erdgeschoß ist das Gemeindebüro, ein Aufenthaltsraum, eine Bibliothek und ein Gemeindesaal (für 100 Personen) untergebracht. Auch ein Schulzimmer und eine Mikwe wurde inzwischen angebaut.

Standort: Ringstraße 17.

Lage des Friedhofs: Nördliches Stadtgebiet.

Standort: Vom Bahnhof aus fährt man die Bahnhofstraße in Richtung Hof immer geradeaus. Der Straßennamen wechselt: Schillerstraße – Adolf-Kolping-Platz – Nikolaistraße – Prinz-Ludwig-Straße – Rotkreuzplatz – Dr.-Martin-Luther-Straße bis zur Abzweigung Raiffeisenstraße. Hier biegt man links ab (rechts, gleich nach der Abbiegung befindet sich die Jugendherberge!). Man fährt die

Raiffeisenstraße mehrere Meter weit und biegt dann rechts in die Sperlingstraße ein. Nach ca. 30 m führt eine Gasse auf der linken Seite zum Eingang des Jüdischen Friedhofes.

Zustand: Hervorragend gepflegt.

Allgemeine Übersicht: Rote Backsteinmauer rund um den ganzen Friedhof; ein schmiedeeisernes Tor auf der linken unteren Seite des Friedhofes; rechts vom Tor Mittelgang durch den Friedhof zur gegenüberliegenden Mauer; Wege sind mit Kies gestreut; recht viele alte Grabsteine (vor 1945) im Hintergrund; sieben Grabreihen beiderseits des Mittelweges; im Vordergrund mehrere Grabsteine aus der Zeit nach 1945 bis heute; Bewuchs mit Nadel- und Laubbäumen.

Wetterfeld (Cham)

Lage der KZ-Gedenkstätte: Westlich des Ortes auf einer Anhöhe.

Standort: Von Cham auf der B 85 nach Regensburg fahrend biegt man in Wetterfeld-Siedlung links von der Bundesstraße ab und dann, unmittelbar nach dem Abbiegen, sofort wieder rechts auf die Straße, auf der man bleibt, auch wo sie eine Biegung nach links macht, bis man fast auf der Spitze des Hügels steht. Hier wendet man sich an den Hecken nach links, wo ein gepflasterter Fußweg auf ein großes Kreuz, Bestandteil des Denkmals, hinführt.

Zustand: Gepflegt.

Allgemeine Übersicht: Grünanlage mit Bänken und Tischen; gepflasterter Weg zum Denkmal; Bäume, davor großes Kreuz und dazu 3 holzgeschnitzte Gedenktafeln; links: „IM LANDKREIS RODING BEIM TODESMARSCH VON FLOSSENBÜRG NACH WETTERFELD IM APRIL 1945"; Mitte: „† DIE EHEMALS HIER BESTATTETEN 567 KZ-HÄFTLINGE WURDEN IM JAHRE 1957 IN DEN EHRENFRIEDHOF FLOSSENBÜRG UMGEBETTET"; rechts: „600 KZ-HÄFTLINGE – ANGEHÖRIGE VIELER NATIONEN RUHEN HIER OPFER DER SS VIVENT IN CHRISTO".

Wörth a. d. Donau (Regensburg)

Hier existierte nach dem Kriege – der Zeitraum ist nicht bekannt – eine Jüdische Gemeinde, eine sog. UNRRA-Gemeinde, die sich aus DPs, aus befreiten KZ-Opfern zusammensetzte, die hier auf ihre Auswanderung nach Israel oder in andere Länder warteten. Mit großer Wahrscheinlichkeit hielten die Mitglieder dieser Gemeinde ihre Gottesdienste im Raum eines Privathauses, dessen Standort nicht mehr bekannt ist, ab.

Trotz eingehender Recherchen war es bis heute nicht möglich, weitere Informationen über diese Jüdische Gemeinde zu erhalten.

Wolfsegg (Regensburg)

Hier existierte bis 1298 eine Jüdische Kultusgemeinde. Sie wurde bei der „Rindfleisch-Verfolgung", vermutlich im gleichen Jahr, ausgerottet.

Außer dieser urkundlich gesicherten Tatsache gibt es heute kein weiteres Zeugnis jüdischer Vergangenheit mehr in Wolfsegg.

KZ-Gedenkstätte Wetterfeld

Regierungsbezirk
Oberbayern

Gedenkstein für die Hauptsynagoge der
IKG München

Grabstein des Rabbiners Dr. Josef Perles s. A.
in München

Orte in Oberbayern

Ainring-Mitterfelden
Bad Reichenhall
Beilngries (h)
Berg
Burghausen (h)
Dachau
Dießen/Ammersee (h)
Dorfen (h)
Eichstätt
Enkering
Erding (h)
Feldafing
Föhrenwald (Lager)
Gabersee
Garmisch-Partenkirchen
Gauting
Geisenfeld (h)
Geretsried

Gräfelfing
Greifenberg
Holzhausen
Hurlach
Ingolstadt
Kaufering-Nord
Kaufering-Süd
Königsdorf (Hochlandlager)
Kraiburg am Inn (h)
Krailling
Landsberg am Lech (h und neu)
Landsberg-Erpfting
Laufen
Mittenwald (h)
Mörnsheim (h)
Moosburg (h und neu)
Mühldorf am Inn (h)
München

Neumarkt-St. Veit (h)
Neuötting (h)
Pfaffenhofen a. d. Ilm (h)
Planegg
Rennertshofen (h)
St. Ottilien
Schwabhausen
Seestall-Fuchstal
Stoffersberg-Kiesgrube
Stoffersberg-Wald
Surberg
Utting
Vohburg a. d. Donau (h)
Wasserburg-Atteln
Weilheim
Wolfratshausen

Ainring (Mitterfelden)
(Berchtesgadener Land)

Hier existierte von 1945 bis Herbst 1947 auf dem Gelände des ehemaligen Flugplatzes Ainring eine Jüdische Kultusgemeinde, eine sog. UNRRA-Gemeinde, die sich nur aus DPs zusammensetzte, die hier auf ihre Ausreise nach Israel oder in ein anderes Land warteten. Sie besaß einen Betsaal, der sich zusammen mit der Krankenstation in einer Baracke befand und eine Mikwe im Keller des „Führerbaus" (genannt „H-Bau") am Rande des Flugplatzes in Mitterfelden.
Ca. 7–8 erwachsene Verstorbene und eine größere Anzahl von toten Kleinkindern wurden in der Nordostecke des (christlichen) Friedhofes Ulrichshögl bestattet; die verstorbenen Erwachsenen wurden zu einem späteren Zeitpunkt auf einen jüdischen Friedhof überführt. Die Kindergräber sind heute nicht mehr auffindbar.
Während die Baracke, in der sich Krankenstation und Betsaal befunden haben, nicht mehr existiert, blieb das frühere Gästehaus (heute noch unter den Namen „Führerbau", „H-Bau" oder auch „Hitler-Bau" bekannt) mit der Mikwe im Keller erhalten. In diesem Gebäude sind heute Einrichtungen des Fortbildungsinstituts der Bayerischen Polizei untergebracht.
Standorte:

Baracke mit früherem Betsaal (abgerissen): Salzburger Straße, gegenüber der Johannis-Apotheke.

Gebäude, in dem die Mikwe installiert war: Salzburger Straße 16.

Bad Reichenhall
(Berchtesgadener Land)

In Bad Reichenhall gab es wohl niemals eine Jüdische Gemeinde oder auch nur Gemeinschaft, lediglich einzelne Juden lebten hier. An den in der Stadt tätigen jüdischen Kurarzt *Dr. Gustav Ortenau* erinnert heute der an den Kurgarten anschließende Kurpark, der im Jahre 1989 den Namen *„Ortenau-Park"* erhielt. Einen der Zugänge zu diesem Park ziert jetzt eine Bronzetafel mit folgender Inschrift: „ZUR ERINNERUNG AN DEN JÜDISCHEN ARZT UND KURARZT DR. GUSTAV ORTENAU, DER VON 1890–1938 IN BAD REICHENHALL WIRKTE."
Ab 1946 gab es dann Juden in Bad Reichenhall, und zwar in einem DP-Camp in den beiden Kasernen des Ortes, der Jäger-Kaserne und der Artillerie-Kaserne; hier waren in der Zeit von 1946 bis ca. 1949 ungefähr 5000–6000 Juden aus Polen und der Sowjetunion untergebracht, die unter dem Schutz der UNRRA auf ihre Ausreise nach Israel oder in ein anderes Land warteten. Es ist wahr-

scheinlich, daß sie ihre Kulthandlungen in einem zeitweise als Betsaal genutzten Raum abhielten.

Trotz intensiver Recherchen war es bis jetzt nicht möglich, irgendwelche weiteren Nachrichten über die durchaus mögliche DP-Gemeinde zu erhalten.

Standorte des DP-Camps: „Jäger-Kaserne" und „Artillerie-Kaserne" in Bad Reichenhall, Nonnerstraße 23.

Beilngries (Eichstätt)

In den Jahren 1634–1648 suchten Juden aus Töging/Altmühl in Beilngries Schutz. Sicherlich hatten sie zu dieser Zeit in der Stadt auch eine Synagoge, deren Standort jedoch bis heute unbekannt ist.

Heute erinnert nur noch eine Waldabteilung innerhalb des Stadtgebietes mit dem Namen *Judenburg*, dieser Name besteht ab 1499, an die Anwesenheit von Juden in Beilngries.

Berg (Starnberg)

Im Jahre 1989 wurde im Bereich der Gemeinde Berg am südlichen Ortsausgang von Aufkirchen in Richtung Aufhausen an der Oberlandstraße ein Denkmal enthüllt, das an den Leidenszug der Dachauer KZ-Häftlinge (sog. „Evakuierungsmarsch" von Dachau nach Tegernsee) erinnern soll. Diesem Todeszug gehörte eine größere Anzahl jüdischer KZ-Opfer an.

Der Text auf dem Denkmal lautet. „HIER FÜHRTE IN DEN LETZTEN KRIEGSTAGEN IM APRIL 1945 DER LEIDENSWEG DER HÄFTLINGE AUS DEM KONZENTRATIONSLAGER DACHAU VORBEI INS UNGEWISSE."

Standort: An der Oberlandstraße nach dem Ortsausgang von Aufkirchen in Richtung Aufhausen.

Burghausen (Altötting)

Hier existierte möglicherweise in früherer Zeit, evtl. im frühen Mittelalter, eine kleine Jüdische Gemeinde, über die heute jedoch, trotz intensiver Nachforschungen, nichts mehr in Erfahrung gebracht werden konnte.

Da es jedoch laut vorhandener Urkunden vom Jahre 1307 hier geschächtetes Fleisch gegeben hat, hat es auch Juden, die dieses verzehrten, mithin auch eine Gemeinde, denn für einzelne Personen wäre kaum ein Schächter tätig gewesen, gegeben.

Lage des Friedhofs: In der Stadt Burghausen, OT Heiligkreuz, neben dem „Pulverturm".

Standort: Von der Innenstadt von Burghausen kommend fährt man in Richtung Landesgrenze, Brücke über die Salzach. Vor der Landesgrenze, nach der Polizei links und dem Finanzamt rechts, fährt man zum Parkplatz „Am Pulverturm". Man geht in die äußerste rechte Ecke des Parkplatzes unterhalb des Pulverturmes, von der ein schöner Fußweg an der alten Stadtmauer zum Pulverturm hochführt. Links des Pulverturmes liegt der Friedhofseingang.

Zustand: Gepflegt.

Allgemeine Übersicht: Stabile, massive Mauer rund um den Friedhof; schmiedeeisernes

Denkmal für die Opfer des „Evakuierungsmarsches" in Berg

Jüdische Gedenkstätte im ehemaligen KZ Dachau

Gedenktafel im Inneren der Gedenkstätte in Dachau

Eingangstor; Hauptweg, mit Kies gestreut, führt zum Denkmal auf der dem Eingang gegenüberliegenden Seite; weitere mit Kies gestreute Seitenwege; vier große Felder mit symbolischen Grabsteinen (mit Davidstern) und Kreuzen; parkähnlich angelegt – mit Ziersträuchern und Zierhölzern bewachsen; in der Mitte des Friedhofsgeländes führen 4 Treppenstufen zur 2. Mitte; Monument mit Davidsterne und Kreuzen; Inschrift auf dem Denkmal: „HIER RUHEN 253 UNBEKANNTE KZ-TOTE, UNTER DENEN SICH AUCH HÄFTLINGE JÜDISCHER KONFESSION BE-FINDEN" und „GEWIDMET DEN VERSTOR-BENEN KZ-LAGER-INSASSEN VON DER AMERIKANISCHEN MILITÄRREGIERUNG UND DER STADT BURGHAUSEN 1945"; die hier ruhenden KZ-Opfer kamen aus dem KZ-Lager Mettenheim bei Ampfing.

Dachau (Dachau)

Hier existierte mit größter Wahrscheinlichkeit nie eine Jüdische Kultusgemeinde. Die in Dachau vereinzelt lebenden Juden gehörten zur Jüdischen Kultusgemeinde München.

Trotzdem gibt es in Dachau wenigstens vier Zeugnisse jüdischer Vergangenheit in Bayern, die jedoch vom Martyrium und vom Sterben der Juden hier künden.

Auf dem Gelände des ehemaligen Konzentrationslagers befindet sich das jüdische Mahnmal auf der rechten hinteren Seite der Gedenkstätte, und, rechts neben dem Krematorium, ein jüdischer Gedenkstein. Ein weiteres Mahnmal befindet sich auf dem großen KZ-Friedhof Dachau-Leitenberg. Es ist vom Parkplatz (links der Straße Dachau-Freising hinter dem Ortsteil Etzenhausen vor dem Bahnübergang) am besten auf dem bergwärts gelegenen rechten Weg zu erreichen. Nach dem Eingangstor sollte man sich rechts halten. Ganz in der Nähe des Mahnmals ist in der Mauer eine jüdische Gedenktafel angebracht.

Auf dem Waldfriedhof der Stadt Dachau, am Ende der Krankenhausstraße gelegen, sind ebenfalls stumme Zeugen jüdischen Sterbens anzutreffen: Von der Aussegnungshalle unweit vom Haupteingang (in der Krankenhausstraße) zieht sich bis zur gegenüberliegenden Begrenzung des Friedhofes (an der Bahnlinie Dachau-Altomünster) ein breiter

Jüdische Gräber auf dem Waldfriedhof der Stadt Dachau

Gürtel von KZ-Terrassengräbern. Hier, an der Friedhofsbegrenzung, steht ein Gedenkstein für die jüdischen KZ-Opfer. Die zahlreichen jüdischen Gräber sind jeweils durch eine Gedenkplatte – mit Namen und Davidstern versehen – gut zu erkennen.

Dießen am Ammersee
(Landsberg a. Lech)

Hier existierte möglicherweise im frühen Mittelalter eine Jüdische Gemeinde. Ihr Vorhandensein ist heute jedoch nicht mehr nachweisbar.
An die tatsächliche Anwesenheit von Juden in Dießen am Ammersee erinnert jedoch heute nur noch ein Ortsplan aus dem Jahr 1704, in welchen die heutige Schützengasse mit dem Namen „Judengasse" eingezeichnet ist.

Dorfen (Erding)

Hier existierte bis 1338 eine Jüdische Kultusgemeinde. Sie wurde als Folge der „Judenmorde zu Deggendorf und Straubing" wahrscheinlich im gleichen Jahr ausgerottet.
Außer dieser urkundlich gesicherten Tatsache gibt es heute kein weiteres Zeugnis jüdischer Vergangenheit in Dorfen mehr.

Gedenkstein für die jüdischen KZ-Opfer auf dem Waldfriedhof der Stadt Dachau

Eichstätt (Eichstätt)

Hier existierte im Mittelalter bis zur Ausweisung durch Bischof Johannes von Eych um 1450 und dann wieder von 1864 bis 1938 eine Jüdische Kultusgemeinde, die sich im 19./20. Jahrhundert Israelitische Bet-Gesellschaft (IsrBetGes) nannte. Sie besaß nachweislich im Mittelalter eine Synagoge *(„Judenschule")* und im 19./20. Jahrhundert einen Betsaal in der damaligen Pfahlstraße 118 im I. Stock. Dieses Haus, dessen Baujahr im 15. Jahrhundert angenommen wird und das – da einst im Besitz der Grafen von Pappenheim – bis heute „Pappenheimer Haus" genannt wird, existiert jetzt noch: im Erdgeschoß befinden sich Läden, im 1. Stock Büros und Werkstätten und im 2. Stock Wohnungen. Das Haus ist renovierungsbedürftig und wird – da in die Denkmalschutzliste aufgenommen – auch weiterhin erhalten bleiben.

Trotz intensiver Recherchen konnte nicht genau ermittelt werden, von wann bis wann in dem Gebäude der Betsaal der Israelitischen Bet-Gesellschaft untergebracht war: nachweisbar ist das nur für die Jahre 1932–1933.

Standort: Pfahlstraße 45.

An die Anwesenheit von Juden in Eichstätt erinnern Urkunden, in denen im 15. Jahrhundert das Vorhandensein einer *„Judenschule"* und einer *„Judengasse"* belegt ist. Ferner wird ein *Rabbi David* aus *Eichstätt* in Zusammenhang mit dem Dominikaner Petrus Nigri genannt, der für Herzog Albrecht IV. von Bayern ein Verzeichnis von 42 hebräischen Handschriften angefertigt hatte.

Enkering (Eichstätt)

Lage des Friedhofs: Flurabteilung „Alte Stadt", vermutlich auf Pl. Nr. 444 oder dem nördlich davon gelegenen Hang.

Hier soll im 16. Jahrhundert ein jüdischer Friedhof vorhanden gewesen sein, der jedoch bereits um 1650 verwaist sein soll, weil die Juden hier wegzogen bzw. vertrieben wurden. Irgendwelche Überreste oder sonstige Hinweise konnten – trotz intensivster Recherchen – nicht gefunden werden.

So weist heute nur noch die (aus der mündlichen Überlieferung der Gegend stammende) Grundstücksbezeichnung „Am Judenfriedhof" auf das Vorhandensein eines Friedhofes hier vor über 300 Jahren hin.

Erding (Erding)

Hier existierte bis 1338 eine Jüdische Kultusgemeinde. Sie wurde als Folge der „Judenmorde zu Deggendorf und Straubing", wahrscheinlich im gleichen Jahr, ausgerottet.

Neben dieser historisch gesicherten Tatsache gibt es noch den durch eine Urkunde belegten Beweis über das Vorhandensein des Juden *Aeferlein* von Erding im 14. Jahrhundert. Belegt ist die Tatsache, daß er im Jahre 1338 (!) seinen Hof zu Rundling an das Kloster Seligenthal in Landshut verkauft hat.

Feldafing (Starnberg)

Hier existierte vom Mai 1945 bis März 1953 im „Jüdischen DP-Camp Feldafing" eine Jüdische Kultusgemeinde, eine sog. UNRRA- oder IRO-Gemeinde, die sich aus befreiten KZ-Opfern zusammensetzte, die hier auf ihre Auswanderung nach Israel oder in andere Länder warteten. In dem Lager, das sich auf dem Gelände der ehemaligen Reichsschule der NSDAP befand und zu dem auch ein großer Teil der Villenkolonie von Feldafing gehörte, befanden sich folgende religiöse bzw. kulturelle Einrichtungen: eine Synagoge, eine Jeschiwa, ein jüdischer Kindergarten, eine jüdische Volksschule, eine ORT-Schule, eine jüdische Volkshochschule und ein jüdisches Krankenhaus. Für die Verstorbenen wurde ein jüdischer Friedhof, neben dem christlichen, geschaffen.

Nach der Auflösung des Lagers im Jahre 1953 wurde ein Großteil der Baulichkeiten wegen „baulicher Mängel" abgerissen; die Privathäuser der Villenkolonie gingen an ihre früheren Eigentümer zurück.

Trotz recht intensiver Recherchen konnten bis heute die Standorte der einzelnen Institutionen (z. B. Synagoge, Schulen, usw.) nicht in Erfahrung gebracht werden. Bekannt ist lediglich, daß Ende der fünfziger Jahre auf dem Gelände der ehemaligen Reichsschule Einrichtungen der Bundeswehr entstanden sind.

Lage des Friedhofs: Im Norden des Ortes, links neben dem christlichen Friedhof.

Standort: Von der Ortsmitte fährt man in Richtung Pöcking. Man unterquert eine Bahnunterführung und bewegt sich danach scharf rechts (weiter in Richtung Pöcking) weiter. Die zweite Straße nach der Unterführung biegt man nach links in die Friedensstraße ab, die man bis zum Ende am Friedhofseingang durchfährt. Am Leichenhaus fährt man links auf den Parkplatz. Hier ist links vom Leichenhaus der Eingang zum jüdischen Friedhof.

Zustand: Ordentlich.

Allgemeine Übersicht: Vorne (am Parkplatz) Mauer, dahinter Sträucher; links und rechts Zaun mit Hecke; hintere Abgrenzung Hecke; schmiedeeisernes Tor; steinerner Treppenaufgang; vom Tor aus führt – direkt am Zaun, der die beiden Friedhöfe voneinander trennt, ein breiter Kiesweg (mit mehreren Steinstufen) zum Ausgang auf den christlichen Friedhof auf der gegenüberliegenden Friedhofsseite; sofort nach dem Tor führt links ein breiter, mit Steinen belegter Weg zu einem Denkmal mit der folgenden Inschrift: „HIER RUHEN UNZÄHLIGE OPFER JÜDISCHEN GLAUBENS. SIE WURDEN IN DEN JAHREN 1933–1945 DURCH NAZISCHERGEN ERMORDET"; viele große und schöne Grabsteine, aber auch eine Menge einfachster Grabdenkmäler; an der obersten Reihe zwei große Gräber; viele Gräber sind mit Grabsteinen, die in Osteuropa sehr üblich sind, ausgestattet; der Weg zum Ehrenmal ist mit einer Hecke eingesäumt.

Föhrenwald
heute: **Wolfratshausen-Waldram**
(Bad Tölz-Wolfratshausen)

Hier existierte vom 3. 10. 1945 bis zum 28. 2. 1957 auf dem Gebiet der im Jahre 1939 von der IG-Farben für Arbeiter und Ingenieure des großen Rüstungswerks Geretsried erbauten Siedlung eine sehr große Jüdische Kultusgemeinde, eine sog. UNRRA-(später IRO-Gemeinde), die sich hauptsächlich aus DPs, befreiten KZ-Opfern, zusammensetzte, die hier auf ihre Auswanderung nach Israel oder in andere Länder warteten, und weiter aus DPs, denen infolge der psychischen und physischen Schäden, die sie in den Konzentrationslagern des Deutschen

Grab auf dem KZ-Friedhof Feldafing

Reiches erlitten hatten, eine Ein- oder Wiedereingliederung in die Gesellschaft der Bundesrepublik Deutschland oder andere Länder zumindestens für eine gewisse Zeit schwerfiel. In diesem Lager besaßen die jüdischen NS-Opfer sieben Synagogen, davon eine Hauptsynagoge, eine Mikwe, eine von Rabbiner Yehuskiel Yehuda Halberstam, dem Klausenburger Sanzer Raw, geleitete Jeschiwa, ein Krankenhaus ‹je ein Haus für Männer und Frauen›, einen religiösen Kindergarten, eine religiöse Volksschule ‹Tarbut-Schule› für Knaben, eine religiöse Schule ‹Bet Jacov› für Mädchen, sowie eine ORT-Schule für Erwachsene. Es gab im Lager auch einen Schächtplatz und ein Schächthaus. Außerdem existierte hier ein Theater und ein Orchester. Im Lager Föhrenwald – bis zum 31. 11. 1951 der UNRRA bzw. der IRO, ab 1. 12. 1951 bis zur Auflösung am 28. 2. 1957 als „Regierungsdurchgangslager für heimatlose jüdische Ausländer" von der Bundesrepublik Deutschland bzw. der Bayerischen Landesregierung versorgt – waren zeitweise bis zu acht Rabbiner um das geistliche Wohl der dem Grauen des KZs und anderen Verfolgungen entronnenen jüdischen Opfer bemüht.

Die heutige katholische Ortskirche von Waldram, vor 1945 Vorführungssaal des deutschen Lagers, war ab 1945 die Hauptsynagoge der hiesigen Jüdischen Kultusgemeinde. Das Gebäude existiert heute noch, allerdings deutet nichts mehr auf die frühere Funktion hin.

Standort der früheren Hauptsynagoge: Katholische Kirche Waldram.

Außer der Hauptsynagoge gab es im Lager Föhrenwald noch 6 weitere Synagogen bzw. Betstuben, eine davon in der heutigen Wolframstraße, wo sich auch der jüdische Kindergarten befand. Trotz recht eingehender Recherchen war es bis heute nicht möglich, die Standorte der weiteren religiösen Institutionen in Erfahrung zu bringen. Bekannt ist, daß sich der Schächtplatz auf dem heutigen Kinderspielplatz hinter den PANA-Werken und auf dem Gelände der heutigen Tankstelle befand.

Bekannt ist auch der Standort beider Bauwerke des Krankenhauses: Weldenstraße 2 und Steinstraße 22.

Heute erinnert im Ortsteil Waldram der Stadt Wolfratshausen nichts mehr daran, daß hier einst das große Jüdische DP-Camp *Föhrenwald* bestand – keine Gedenktafel, kein Straßenname – absolut nichts!

Gabersee bei Wasserburg/Inn (Rosenheim)

Hier existierte von 1945 bis zum 30. 06. 1950 eine Jüdische Kultusgemeinde im „Jewish DP-Camp Gabersee", später: Bezirkskrankenhaus Gabersee, die sich ausschließlich aus Juden, Überlebenden deutscher Konzentrationslager, zusammensetzte, die hier auf ihre Emigration nach Israel oder in andere Länder warteten. Ihre Gottesdienste hielten sie im Festsaal des Hauses Nr. 21 ab. Das Gebäude wird heute noch als Festsaal für Patienten und Personal benutzt, es liegt auf dem Areal des Bezirkskrankenhauses Gabersee.

Als Schlachthaus (zum koscheren Schächten) wurden Räume im Haus Nr. 13 genutzt; das Gebäude steht ebenfalls noch und wird heute als Einkaufsladen benutzt.

Standorte im Bezirkskrankenhaus Gabersee: Betsaal: Festsaal Haus 21; Schächthaus: Räume im Haus 13.

Garmisch-Partenkirchen (Garmisch-Partenkirchen)

Hier lebten nach dem Zusammenbruch NS-Deutschlands ab Mai 1945 385 jüdische Displaced Persons, und zwar nicht im DP-Camp 8 der UNRRA/IRO in der Jägerkaserne, sondern in Privatwohnungen der Bevölkerung. Es ist wahrscheinlich (urkundlich jedoch nirgends belegt), daß sie ihre Gottesdienste in einem Raum in einem der Privathäuser, in denen sie untergebracht waren, abhielten.

Heute erinnert nichts mehr an die zeitweilige Anwesenheit jüdischer DPs in Garmisch-Partenkirchen.

Gauting (Starnberg)

Hier existierte vom Mai 1945 bis ungefähr 1956/57 eine Jüdische Gemeinde ‹zwischen 1945 und 1951 war die Mitgliederzahl ca. 600 bis 700 jüdische Menschen›, die sich fast ausschließlich aus KZ-Opfern, Tbc-Kranken, zusammensetzte, die als Patienten des DP-Hospitals 2002 (DY 7248), des späteren UNRRA – bzw. IRO-Lungensanatoriums und ab 1951 des Staatl. Tbc-Sanatoriums und Krankenhauses Gauting gesundheitlich wiederhergestellt werden sollten. Für diese überlebenden Opfer des NS-Staates wurde im Erdgeschoß der Krankenabteilung B des Sanatoriums ein Betsaal errichtet. Dort fanden regelmäßig Gottesdienste statt, geleitet vom Rabbiner Schnitzer, der ebenfalls der Gruppe der an Tbc Erkrankten angehörte. Auch eine koschere Küche war vorhanden; auch wurden hier in den ersten Jahren koschere Schlachtungen durchgeführt.

Die letzten jüdischen DP-Patienten verließen überwiegend zur Emigration in der zweiten Hälfte der fünfziger Jahre das Sanatorium. Daraus resultierte die Auflösung des Betsaales und der Koscherküche und letztlich auch der kleinen Gemeinde selbst.

Die Räume des Betsaales und der Koscherküche existieren heute noch, finden aber inzwischen durch Umbauten den gegenwärtigen Erfordernissen einer großen Klinik entsprechend Rechnung tragend Verwendung.

Standort: Zentralkrankenhaus Gauting der LVA Oberbayern, Unterbrunner Straße 85.

Lage des Friedhofs: Nördliches Ortsende von Gauting, am christlichen Friedhof in der Planegger Straße 26.

Standort: Von der Ortsmitte von Gauting kommend fährt man die Planegger Straße in Richtung Stockdorf. Kurz vor dem Ortsende befindet sich – noch vor dem christlichen Friedhof – der Eingang zum Jüdischen Friedhof.

Zustand: Gepflegt.

Allgemeine Übersicht: Steinmauer mit schmiedeeisernem Tor (mit einem Magen David) an der Straßenseite; lebende Zäune auf der rechten und linken Längsseite (Hekke); Maschendrahtzaun auf der dem Eingangstor gegenüberliegenden Seite; breiter Weg vom Tor zur gegenüberliegenden Seite (hier befindet sich ein großes Denkmal); 147 Grabstätten: links des Weges drei Reihen vorne, ganz am Denkmal, mehrere Kindergräber, rechts des Weges zwei Gräberreihen; viele der hier Begrabenen stammten aus dem Lager Föhrenwald; Bestattungen alle nach 1945.

Am 12. 7. 1989 wurde am Friedhof in der Planegger Straße ein Denkmal enthüllt, das an den Leidenszug der Dachauer KZ-Häftlinge (sog. Evakuierungsmarsch von Dachau nach Tegernsee) im April 1945 erinnern soll. Der Text auf dem Denkmal lautet: „HIER FÜHRTE IN DEN LETZTEN KRIEGSTAGEN IM APRIL 1945 DER LEIDENSWEG DER HÄFTLINGE AUS DEM KONZENTRATIONSLAGER DACHAU VORBEI INS UNGEWISSE."

Standort: Vor dem örtlichen Friedhof, Planegger Straße.

Geisenfeld (Pfaffenhofen a. d. Ilm)

Hier existierte vermutlich im 12. und 13. Jahrhundert eine große Jüdische Gemeinde, die jedoch schon im 15. Jahrhundert aufhörte zu bestehen.

An die Anwesenheit von Juden am Ort erinnerte bis 1933 die *Judengasse,* einst die Hauptstraße des Ortes, die bis 1945 Adolf-

Denkmal für die Opfer des „Evakuierungsmarsches" in Gauting

Hitler-Straße hieß und heute Maximilianstraße genannt wird. Außerdem trug ein im Nordosten des Marktes Geisenfeld gelegenes kleineres Viertel die Bezeichnung *„Juden-Zipfel".*

So erinnern lediglich (bis 1933) beide Namen an die Existenz einer früheren Jüdischen Gemeinde in Geisenfeld.

Geretsried (Bad Tölz-Wolfratshausen)

Hier existierte vom Juni 1947 bis zum 15. März 1950 kurzzeitig eine Jüdische Kultusgemeinde, eine sog. UNRRA-Gemeinde, die sich aus KZ-Opfern zusammensetzte, die hier auf ihre Auswanderung nach Israel oder in andere Länder in einem sog. DP-Camp warteten. Bekannt ist, daß hier ein Kindergarten, eine Sonderschule für Sprachbehinderte und mit an Sicherheit grenzender Wahrscheinlichkeit ein Betsaal vorhanden waren. Trotz intensiver Recherchen war es bis heute nicht möglich, in Erfahrung zu bringen, wo die hier lebenden Juden ihre Gottesdienste abhielten und wo die anderen Lagereinrichtungen waren. Bekannt ist jedoch, daß sich das DP-Lager als Zweigstelle des großen DP-Lagers Föhrenwald im heutigen Ortsteil Stein der Stadt Geretsried von 1947 bis 1950 befunden hat.

Grabstein auf dem KZ-Friedhof Holzhausen

Gräfelfing (München)

Im Juli 1989 wurde in Gräfelfing auf der Grünfläche vor dem Ortsfriedhof ein Denkmal enthüllt, das an den Leidenszug der Dachauer KZ-Häftlinge (sog. „Evakuierungsmarsch" von Dachau nach Tegernsee) im April 1945 erinnern soll.
Der Text auf dem Denkmal lautet. „HIER FÜHRTE IN DEN LETZTEN KRIEGSTAGEN IM APRIL 1945 DER LEIDENSWEG DER HÄFTLINGE AUS DEM KONZENTRATIONSLAGER DACHAU VORBEI INS UNGEWISSE."
Standort: Ecke Pasinger Straße/Großhaderner Straße, vor dem Ortsfriedhof.

Greifenberg (Landsberg a. Lech)

Hier existierte vom Jahre 1945 oder 1946 bis zum Jahre 1948 eine Jüdische Kultusgemeinde, eine sog. UNRRA-Gemeinde, die sich aus KZ-Opfern zusammensetzte, die hier nach ihrer Befreiung aus den verschiedenen Konzentrationslagern auf ihre Auswanderung nach Israel in einem sog. DP-Camp warteten. 1946 waren hier 198, Ende 1947

noch 109 und am 5. 3. 1948 immer noch 94 jüdische DPs im „Jewish Center Greifenberg" untergebracht. Im Laufe des Jahres 1948 wurde das Lager dann geschlossen.
Trotz eingehender Recherchen war es bis heute nicht möglich zu erfahren, in welchem Gebäude des Ortes die damals hier lebenden Juden ihre Gottesdienste abhielten.

Holzhausen (Landsberg a. Lech)

Lage des Friedhofs: Rechts der Straße von Holzhausen nach Landsberg, Nähe des Magnus-Heims.

Standort: Von der Ortsmitte von Holzhausen fährt man auf der Magnusstraße in Richtung Landsberg. Kurz vor dem Magnus-Heim auf der rechten Straßenseite biegt man von der Magnusstraße ab, fährt durch den zum Magnus-Heim gehörenden Parkplatz durch und fährt an dessen Ende sanft rechts über eine kleine Brücke. Unmittelbar hinter der Brücke befindet sich linker Hand der KZ-Friedhof für 27 Juden (es befinden sich bestimmt mehr Opfer hier).

Zustand: Gepflegt.

Allgemeine Übersicht: Massive, niedrige Mauer rund um den Friedhof; Eisentor; 27 Grabsteine (alle an der Mauer, rund um den Friedhof herum); Baumbewuchs.

Hurlach (Landsberg a. Lech)

Lage des Friedhofs: Links der Bundesstraße 17 von Kaufering nach Augsburg.

Standort: Von Kaufering aus fährt man die B 17 in Richtung Augsburg. Ca. 1 km hinter dem Ortsende biegt man von der B 17 links ab (sofort hinter einem Bauernhof) und fährt ca. 500 m auf einem geschotterten Feldweg geradeaus (Hinweisschild: „KZ-Friedhof" beachten!). Wenn der Feldweg einen Knick nach rechts macht sieht man halbrechts vor sich eine Kiesgrube. Noch vor dieser biegt man scharf nach links in den ersten abzweigenden Feldweg ab und fährt diesen nach ca. 50 m, bis man linker Hand den Eingang des Friedhofs sieht.

Zustand: Gepflegt.

Allgemeine Übersicht: Stabile, massive, nicht sehr hohe Mauer rund um den Friedhof; Ei-

Tahara-Haus auf dem jüdischen Friedhof Ingolstadt

sentor (mit zwei Davidsternen) zwischen zwei Steinpfosten; Stufen führen zum Eingang hinauf; Gedenkstein gegenüber dem Eingang mit folgender Inschrift: „360 KZ-OPFERN ZUM GEDENKEN ERRICHTET IHR ZOGET DURCH EIN MEER VON LEID NUN RUHT IN GOTT U. EWIGKEIT"; sehr dichter Nadelbaumbewuchs.

Ingolstadt

Hier existierte bereits im 13. Jahrhundert eine Jüdische Kultusgemeinde, denn schon in der Phase der Stadterhebung um 1200 erhielten Juden ihre ersten Schutzbriefe. Die Juden von Ingolstadt wohnten im „Judenhof" neben der alten Veste und in der „Judengasse" an der südlichen Stadtmauer (heute Viktualienmarkt, Franziskanerstraße und Josef-Ponschab-Straße). Diese Gasse hatte mit dem „Judentor" einen eigenen Auslaß zum „Judenhof" vor der Stadtmauer und war im Westen durch den „Judenturm" (heute: Schäffbräustraße 13) begrenzt. Die Kultusgemein-

Ehemalige Synagoge Ingolstadt (1992 zerstört)

312

de damals besaß eine Synagoge, genannt „Judenschul", unmittelbar neben dem Herzogsschloß. Sie war religiöser und gesellschaftlicher Mittelpunkt aller Juden der Residenz und der umliegenden herzoglichen Landstädte und Märkte. Ein „Judenrichter" regelte die inneren Gemeindeangelegenheiten und vertrat die Kultusgemeinde gegenüber der Stadt und dem Landesherrn. Auch in Ingolstadt waren die Juden wiederholt Verfolgungen und Vertreibungen ausgesetzt. Im blutigen „Pestpogrom" von 1349 wurden sie enteignet, vertrieben und teilweise getötet. Kurze Zeit später wieder in die Stadt gerufen, konnten sie sich dennoch nicht lange eines normalen Lebens erfreuen: als 1384 eine neue Welle von Judenverfolgungen von Franken her auf Bayern übergriff, kam es zu einer neuen Vertreibung. Erst zu Beginn des 15. Jahrhunderts siedelten sich in Ingolstadt wieder Juden an. Die allgemeine Judenausweisung von 1450 durch Ludwig den Reichen bedeutete das Ende für die Jüdische Gemeinde Ingolstadt.

Nach der zweiten Vertreibung von 1384 wurde der jüdische Besitz enteignet. Die Synagoge wurde zerstört, der jüdische Grundbesitz 1397 der Stadt durch den Herzog zum Bau einer Marienkirche übereignet. Die Aktion gegen die Juden – ihre Vertreibung und Enteignung, der Raub und Abbruch ihrer Synagoge – wurde nachträglich durch die Schaffung der Legende von der „Schuttermuttergottes von Ingolstadt" gerechtfertigt, einer üblen Verleumdung, die den Juden einen Madonnenfrevel anlastete und aus den Opfern Täter machte. Diese üble Legende der „Schuttermutter" erfuhr in der Wallfahrtsbewegung des 18. Jahrhunderts eine weite Verbreitung und nährte bis weit in das 20. Jahrhundert hinein stetig die im Raum Ingolstadt als Volksfrömmigkeit latent vorhandene Judenfeindschaft.

Auf dem Areal des „Judenhofes" neben dem alten Herzogsschloß wurde noch um 1400 an der Stelle der einstigen Synagoge eine Marienkapelle errichtet. Um diese kleine Kirche herum entstand Anfang des 17. Jahrhunderts auf dem Gelände des früheren „Judenhofes" ein Augustiner-Eremiten-Kloster. Die von den Augustinern entfachte Verehrung einer angeblich von Juden enthaupteten, als wundertätig geltenden spätgotischen Marienstatue machte 1734/35 einen großen barocken Kir-

chenneubau durch Joh. Michael Fischer nötig und möglich. In fünf großen, als „einmalig schön" bezeichneten Deckenfresken von Joh. Baptist Zimmermann wurde die judenfeindliche „Schuttermutter-Legende" jetzt hier als Zentralthema entfaltet. Die Kirche mit den Fresken wurde am Ende des 2. Weltkrieges bei einem Luftangriff zerstört, während das hölzerne „Gnadenbild" die Zerstörung überstand; es wurde noch 1945 in die Franziskanerkirche (seit 1964 Päpstliche Basilika) transferiert, wo es im gleichen Jahr zur Patronin eines „Ingolstädter Meßbundes" erklärt wurde. Die zerstörten Fresken mit dem Bilderzyklus der üblen „Schuttermutter-Legende" wurden 1945 durch einen neuen Bilderzyklus ersetzt, der in der Franziskanerkirche installiert wurde. Die sechs „neuen" Bilder, die die judenfeindliche Legende auch noch nach 1945 illustrierten, wurden im Dezember 1988 Opfer eines Einbruchs in der Päpstlichen Basilika der Franziskaner.

Bei dem Luftangriff im Jahre 1945, der die Augustinerkirche mit den judenfeindlichen Deckenfresken zerstört hatte, kamen im Keller des Klosters auch 73 Menschen ums Leben. Für sie und für das zerstörte Kloster wurde 1991 eine Gedenktafel genau an der Stelle angebracht, wo bis 1384 die erste Synagoge der Jüdischen Gemeinde Ingolstadt gestanden hatte.

Standort: Viktualienmarkt.

Zwar lebten seit Beginn des 19. Jahrhunderts wieder einige jüdische Handelsleute und vereinzelte Militärpersonen in Ingolstadt, aber zu religiösem Gemeinschaftsleben kam es erst seit etwa 1876, und zwar in einem Raum, den der Bankier Adolph *Schülein* in seinem Privathause als Betsaal zur Verfügung stellte. 1884 wurde dann ein Synagogenverein gegründet, 1890 ein offizieller Betsaal mit Lehrerwohnung angemietet. Im Jahre 1891/92 wurde ein eigener jüdischer Friedhof – hinter dem städtischen Friedhof – angelegt, auf dem auch ein Tahara-Haus errichtet wurde. 1892 kam es dann zur offiziellen Gründung der – bis 1938 existierenden – Israelitischen Kultusgemeinde Ingolstadt. Im Jahre 1907 erwarb diese Gemeinde im angemieteten sog. Illuminationssaal eine eigene Synagoge, neben München die einzige in Oberbayern!

Standorte der zu kultischen Zwecken genutzten Gebäude:

Privathaus des Bankiers Schülein mit dem erste Betsaal (1876): Milchstraße 9
Betsaal des Synagogenvereins (mit Lehrerwohnung): Milchstraße 8.
Synagoge der Israelitischen Kultusgemeinde Ingolstadt: Theresienstr. 23 (Rückgebäude).

1938 kam auch für die Kultusgemeinde Ingolstadt das Ende. Beim Novemberpogrom wurde die Inneneinrichtung der Synagoge zerstört und mitsamt den Ritualien verbrannt, die steinerne Gedenktafel für die jüdischen Gefallenen des Ersten Weltkrieges zertrümmert; das Synagogengebäude selbst wurde jedoch wegen der Brandgefahr für die umliegenden Häuser nicht angezündet. Noch im gleichen Jahr wurde es in Privatbesitz überführt und zweckentfremdet.

Ab 1945 existierte in Ingolstadt kurzzeitig wieder eine Jüdische Kultusgemeinde, eine UNRRA-Gemeinde, die sich aus KZ-Opfern zusammensetzte. Die Stadtverwaltung ließ die frühere Synagoge wiederherstellen. Über ihre Nutzung gibt es zwei verschiedene Berichte: der eine sagt aus, daß die Synagoge nach ihrer offiziellen Einweihung 1946 nie wieder zu gottesdienstlichen Zwecken benutzt worden sein soll, weil sich die zur Abhaltung von Gottesdiensten notwendige Anzahl von 10 jüdischen Männern nie wieder eingefunden habe.

Um 1950 soll der Landesverband der Israelitischen Kultusgemeinden in Bayern die nutzlosen Mietzahlungen eingestellt haben, worauf der in Privatbesitz befindliche Synagogenraum als Schreinerwerkstatt und Lagerraum vermietet wurde. Der zweite Bericht besagt, daß das Synagogengebäude von 1945 bis 1952 wieder als Synagoge genutzt worden sei, dann aber geschlossen worden ist, weil die Miete von den wenigen DPs nicht bezahlt werden konnte.

Das Bauwerk existierte bis zum Frühjahr 1992 ziemlich unverändert. Infolge von Umbaumaßnahmen im März/April 1992 (Herausnahme der Südwand u. a. m.) wurden die denkmalgeschützten Baustrukturen auf Veranlassung der Besitzer, die hier zunächst eine Spielothek, danach ein Café errichten wollten, weitgehend zerstört. Die Errichtung einer Gedenktafel wurde jetzt beantragt.

Standort: Rückgebäude des Hauses Theresienstraße 23 (ehemaliger „Illuminationsbau").

Besonderheiten: Bis März/April 1992 war die Bausubstanz noch vollständig erhalten; im Innern waren Frauenempore und Teile der Inneneinrichtung gut erhalten; die Besitzer reagierten und reagieren äußerst empfindlich (negativ!) auf jeden Wunsch oder Versuch, die einstige Synagoge wenigstens ansehen zu dürfen.

Lage des Friedhofs: Westen der Stadt Ingolstadt: Ingolstädter West-Friedhof (Jüdischer Friedhof, eigenes Areal).

Standort: Von der Stadtmitte fährt man zunächst zur Donau, wo man rechts auf die „Westliche Ringstraße" (Bundesstraße 13 und 16 nach Eichstätt bzw. Neuburg/Donau) abbiegt. Dieser folgt man dann bis kurz vor der Abzweigung nach Gerolfing. Vor dieser Abzweigung ist bereits ein Hinweisschild auf den Westfriedhof vorhanden.

Zustand: Parkähnlich gepflegt.

Allgemeine Übersicht: Im Areal des städt. Westfriedhofes bildet der Jüdische Friedhof einen in sich geschlossenen „Friedhof im Friedhof". Er ist von drei Seiten von einer sehr gut erhaltenen Steinmauer umgeben; die 4. Seite ist eine „lebende Hecke", die den jüdischen Friedhof von dem nach 1938 „arisierten", ebensogroßen, ursprünglich dazugehörigen Friedhofsteil abtrennt. Durch ein abgeschlossenes Eichentor (Schlüssel ist beim Friedhofswärter erhältlich!) gelangt man in den jüdischen Friedhof, rechts neben dem Tor ist ein großes, stattliches Tahara-Haus; links vom Tor befinden sich drei Reihen Grabsteine (direkt in der 1. Reihe sind Kindergräber); im rechten Winkel zu den Grabreihen ist ein Gedenkstein für die Opfer des Massenmordes aufgestellt.

Kaufering-Nord
(Landsberg a. Lech)

Lage des Friedhofs: Rechts der B 17 von Kaufering in Richtung Augsburg.

Standort: Von Kaufering kommend fährt man ca. 1600 m auf der B 17 in Richtung Augsburg und biegt dann (Hinweisschild „KZ-Friedhof" beachten!) rechts nach dem Hinweisschild in Richtung Lech ab. Auf dem Zufahrtsweg, der geteert ist, fährt man noch ca. 500 m, dann weist ein Hinweisschild links in den Wald. Man läßt den Wagen hier stehen

314

Großer Gedenkstein auf dem KZ-Friedhof Kaufering-Nord

(am Waldrand beginnt Naturschutzgebiet) und geht noch ca. 250 m auf dem zunächst geteerten, später ungeteerten Weg in den Wald hinein. Hier befindet sich, rechts von einem früheren Wendeplatz, ein KZ-Friedhof (Kaufering-Süd): 10 m weiter in den Wald hinein befindet sich der Eingang zum 2. KZ-Friedhof: Kaufering-Nord.

Zustand: Hervorragend gepflegt.

Allgemeine Übersicht: Niedrige, massive Steinmauer rund um den Friedhof; ein Eingangstürchen aus Schmiedeeisen mit einem Davidstern; parkähnlich angelegt mit Zierbepflanzung (Sträucher, Bäume); mit Kies gestreute Wege; links des Türchens Grabstein; weiter links, an der Mauer, Massengrab, darauf ein kleiner Gedenkstein mit folgender Aufschrift: „HIER RUHEN 48 UNBEKANNTE GROSSENTEILS WOHL JÜDISCHE KZ-TO-TE DIE 1973 IN DER UMGEBUNG GEBORGEN WERDEN KONNTEN"; rechts vom Massengrab (im Winkel von 90°) großer Gedenkstein mit nur hebräischer Inschrift; rechts vom Türchen drei Gedenktafeln in der Mauer; geradeaus vom Türchen Grabsteinsockel.

Kaufering-Süd
(Landsberg a. Lech)

Lage des Friedhofs: Rechts der B 17 von Kaufering nach Augsburg.

Standort: Von Kaufering kommend fährt man ca. 1600 m auf der B 17 in Richtung Augsburg und biegt dann (Hinweisschild „KZ-Friedhof" beachten!) rechts an dem Hinweisschild in Richtung Lech ab. Auf dieser Straße, die geteert ist, fährt man noch ca. 500 m, dann weist ein Hinweisschild nach links in den Wald. Man läßt den Wagen hier stehen (am Waldrand beginnt Naturschutzgebiet) und geht noch ca. 250 m auf der zunächst geteerten, dann ungeteerten Straße in den Wald. Hier befindet sich, rechts von einem früheren Wendeplatz, auf der rechten Seite der Eingang zum Friedhof.

Zustand: Hervorragend gepflegt.

Allgemeine Übersicht: Massive, niedrige Mauer rund um den Friedhof; schmiedeeisernes Tor mit zwei Davidsternen; parkähnlich angelegt mit Zierstrauch- und Zierholzbewuchs; kiesgestreuter Weg; vom Tor führt ein Weg zum Gedenkstein (1987 geschändet)

Gedenkstein (1987 geschändet) auf dem KZ-Friedhof Kaufering-Süd mit folgender Inschrift: „DURCH NACHT UND GRAUEN DAVIDS STERN HAT EUCH GEFÜHRT ZU GOTT DEM HERRN   HIER RUHEN UNGEZÄHLTE OPFER DES KZ-LAGERS KAUFERING"; links vom Gedenkstein drei Grabsteine, rechts zwei weitere; zur Zeit des Besuches Kontrolle durch Mitglieder einer Gruppe, die eine nochmalige Schändung auf jeden Fall vermeiden wollen.

Königsdorf
(Bad Tölz-Wolfratshausen)

Hier existierte von ungefähr 1946 bis ca. 1950 das „Hochlandlager Hachschara Königsdorf", eine Gemeinschaft jüdischer DPs, Überlebender der Konzentrationslager, die hier auf die Auswanderung nach Israel warteten und gleichzeitig auf das Leben dort vorbereitet wurden. Das Lager beherbergte in drei dort eingerichteten Kibbuzzim 350 bzw. 280 Männer und Frauen im Alter zwischen 18 und 45 Jahren. Mit großer Wahrscheinlichkeit war hier auch ein Betsaal, wenn nicht evtl. mehrere, vorhanden.

Trotz eingehender Recherchen war es bis heute nicht möglich, weitere Informationen über das jüdische „Hochlandlager Königsdorf" (Standorte, Gebäude, usw.) zu erhalten.

Kraiburg a. Inn (Mühldorf)

Hier existierte bis 1338 eine Jüdische Kultusgemeinde, die als Folge der „Judenmorde zu Deggendorf und Straubing" wahrscheinlich im gleichen Jahr ausgerottet wurde.

Außer dieser urkundlich gesicherten Tatsache gibt es heute kein weiteres Zeugnis jüdischer Vergangenheit mehr in Kraiburg a. Inn.

Lage des Friedhofs: Auf dem Dorffriedhof in der Jettenbacher Straße.

Standort: Von der Ortsmitte biegt man links in die nach Maximilian führende Jettenbacher Straße ein und fährt auf dieser ca. 300 m. Dann stellt man den Wagen ab und geht einen breiten Fußweg links ca. 100 m bergauf. Hier befindet sich einer der Eingänge zum Dorffriedhof. Man geht durch diesen Eingang durch und begibt sich in die hintere linke Abteilung. Hier befindet sich wohl ein Massengrab mit einem Denkmal darauf.

Zustand: Ordentlich.

Gedenkstein auf dem Massengrab im städtischen Friedhof Kraiburg

Allgemeine Übersicht: Denkmal in dem linken hinteren Teil des christlichen Dorffriedhofes (steht auf einer größeren Grasfläche, wahrscheinlich einem Massengrab) mit der folgenden Inschrift: „† 242 UNSCHULDIGEN OPFERN DES NATIONALSOZIALISMUS ZUM EWIGEN GEDENKEN   † APRIL 1945   DURCH HASS ERNIEDRIGT DURCH LEID GEADELT".

Krailling (Starnberg)

Im Juli 1989 wurde in Krailling in der Nähe des Berger Weihers ein Denkmal enthüllt, das an den Leidenszug der Dachauer KZ-Häftlinge (sog. „Evakuierungsmarsch" von Dachau nach Bad Tölz) erinnern soll. Diesem Elendszug gehörte auch eine größere Anzahl von Juden an. Der Text auf dem Denkmal lautet: „HIER FÜHRTE IN DEN LETZTEN KRIEGSTAGEN IM APRIL 1945 DER LEIDENSWEG DER HÄFTLINGE AUS DEM KONZENTRATIONSLAGER DACHAU VORBEI INS UNGEWISSE."

Standort: Gautinger Straße (Nähe Berger Weiher).

Denkmal für die rund 3500 jüdischen KZ-Opfer im ehemaligen KZ-Außenkommando Kaufering VII

Landsberg a. Lech
(Landsberg a. Lech)

Hier existierte zunächst bis 1298 eine Jüdische Kultusgemeinde. Sie wurde im Zuge der „Rindfleisch-Verfolgung", wahrscheinlich im gleichen Jahr, ausgerottet.

Erst nach dem Ende des Zweiten Weltkrieges gab es hier wieder eine Jüdische Kultusgemeinde: vom August 1945 bis 1951 existierte hier eine sog. UNRRA-Gemeinde – die sich aus DPs – aus deutschen Konzentrationslagern befreiten Juden zusammensetzte, die hier auf ihre Auswanderung nach Israel (oder in seltenen Fällen auch in ein anderes Land, z. B. USA, Canada, Australien, Südafrika, u. a. m.) warteten. Die Gemeinde, im „Jewish Center Landsberg" in der heutigen Saarburg-Kaserne in der Saarburgstraße untergebracht, besaß als religiöse Einrichtung neben mehreren Betsälen eine Jeschiwa, eine koschere Küche, eine jüdische Volksschule, eine jüdische Volkshochschule und eine *Ort*-Schule. Daneben gab es als kulturelle Einrichtung im Center Landsberg ein jüdisches Theater mit 1300 Sitzplätzen, einen eigenen Jugendchor, eine Radiostation und eine eigene Zeitung (in jiddischer Sprache: „Landsberger Lager Cajtung"). Der Großteil dieser religiösen oder kulturellen Institutionen war auf dem Gelände der heutigen Saarburg-Kaserne untergebracht.

Standort: Saarburg-Kaserne in der Saarburgstraße.

Anfang 1951 wurde das jüdische DP-Center Landsberg geschlossen und die verbliebene jüdische Bevölkerung nach Feldafing in das dortige jüdische Lager verlegt.
Trotz sehr intensiver Recherchen während mehrerer Aufenthalte in Landsberg war es bis heute nicht möglich, weitere Informationen über diese recht bedeutende Nachkriegsgemeinde, der zeitweise mehrere Tausend Juden angehörten, zu erhalten.

Lage des Friedhofs: Am Stadtrand im neuentwickelten Industriegebiet.

Standort: Vom „Lechhaus", dem Verwaltungszentrum von Landsberg in der Katharinenstraße fährt man auf der linken Seite des Flusses, immer den Lech entlang, bis zur Augsburger Straße, in die man links abbiegt. Der Augsburger Straße folgt man auf zahlreichen Kurven (wobei man besser dem Hin-

Einer der Erdbunker des KZ-Außenkommandos
Kaufering VII

mittelbaren Nähe von Landsberg ein Denkmal eingeweiht, das an die Leiden der rund
3500 jüdischen KZ-Opfer im ehemaligen KZ-
Kommando Kaufering VII erinnern soll. Es
steht stellvertretend für die anderen elf Lager
des KZ-Außenkommandos Kaufering – mittlerweile sind diese alle verschwunden – in
denen fast ausschließlich jüdische Gefange-
ne als Sklaven durch Arbeit vernichtet werden sollten: von den 30 000 hier eingesetzten
Juden mußten 14 000 ihr Leben lassen. Das
Mahnmal – ein übergroßes Leidensgesicht
aus Holzschwellen – wurde in einem der dort
befindlichen fünf Erdbunker, die heute unter
Denkmalschutz stehen, errichtet. Es ist das
einzige Denkmal für Opfer des Holocaust an
der Stelle, wo dieser Holocaust an seinem
Ende in Bayern aufgeführt wurde.

Standort: Erpftinger Wald, links der Straße
von Landsberg nach Erpfting; Hinweisschild
mit einem Davidstern *„Holocaust-Denkmal
Kaufering VII“.*

Landsberg-Erpfting
(Landsberg a. Lech)

Lage des Friedhofs: Rechts der Straße vom
OT Erpfting nach Landsberg.

Standort: Vom Ortszentrum Erpfting kommend fährt man geradeaus über die Kreisstraße in die Eichkapellenstraße. Diese fährt
man gen Wald zu, ca. 1 km nach dem Ort
links an einer Kapelle vorbei und biegt dann
300 m danach rechts in den Wald ab (Hinweisschild beachten!). Nach weiteren ca. 300
m liegt nach einer kleinen Biegung linker
Hand der Friedhofseingang.

Zustand: Gepflegt.

Allgemeine Übersicht: Niedrige, massive
Steinmauer rund um den ganzen Friedhof; in
der Mitte Eingangstor aus Schmiedeeisen
mit 2 Davidsternen, zwischen zwei Steinsäulen; links des Tores größeres Häuschen; geradeaus vom Tor Gedenkstein mit großem
blauen Davidstern; links des Gedenksteines
an der linken Mauer 9 Gräber; rechts des
Gedenksteines, jenseits der Umfassungs-
mauer, nochmaliges – jedoch sehr verwilder-
tes Gelände von gleicher Größe (auch von
niedriger Umfassungsmauer umgeben, auch
mit schmiedeeisernem Türchen mit einem
Davidstern darin).

weisschild „Industriegebiet" folgt!) bis kurz
vor Ortsende: hier biegt man – hinter einer
Reifenfirma, von der Augsburger Straße links
in die Carl-Friedrich-Benz-Straße ein und bei
der nächsten Kreuzung rechts in die Max-
von-Eyth-Straße, die man dann immer entlangfährt, bis auf der rechten Seite, hinter
einem Industriebetrieb, das Hinweisschild
„KZ-FRIEDHOF" nach rechts zeigt. Man
biegt rechts in die schmale Sackgasse ab
und steht dann nach ca. 25 m rechts vor dem
Friedhofseingang.

Zustand: Vorbildlich gepflegt.

Allgemeine Übersicht: Massive, recht niedrige Mauer rund um den ganzen Friedhof; ein
Eingang; ein schmiedeeisernes Tor mit zwei
Davidsternen; geradeaus vom Tor Denkmal
mit großem Davidstern; links vom Denkmal in
der Mauer große „Kapelle" mit Davidsternen;
Fläche rechts und links (vorn und hinten) vom
Denkmal mit 9 Grabsteinen; in der dem Ein-
gang gegenüberliegenden Mauer drei Ge-
denktafeln; steinerne Sitzbänke entlang der
Mauern; Bewuchs mit Ziersträuchern.
Im Juni 1988 wurde auf Grund der Initiative
der Bürgervereinigung „Landsberg im 20.
Jahrhundert" im Erpftinger Wald in der un-

Laufen (Berchtesgadener Land)

Hier existierte von 1945 bis ca. 1948 eine Jüdische Kultusgemeinde – eine sog. UNRRA-Gemeinde, die sich aus DPs, aus jüdischen NS-Opfern, die aus deutschen Konzentrationslagern befreit worden waren – zusammensetzte, die hier auf ihre Auswanderung nach Israel oder in ein anderes Land warteten. Sie besaß eine Betstube im 2. Stock eines damals von Juden bewohnten Privathauses, in dem auch das „Jüdische Komitee" untergebracht war.

Nach dem Wegzug der Gemeindemitglieder ging das Gebäude wieder in Privatbesitz zurück und wird jetzt als Wohn- und Geschäftshaus genutzt. Heute erinnert in Laufen nichts mehr an die kurzzeitige Existenz der kleinen Nachkriegsgemeinde.

Standort des Hauses, in dem sich die Bestube befand: Schloßstraße 5.

Mittenwald
(Garmisch-Partenkirchen)

Hier existierte im 15. Jahrhundert und später vermutlich bis ins 18. Jahrhundert in der heutigen „Ballenhausgasse", der früheren *„Judengasse"*, ein Getto, in dem es mit Sicherheit eine Synagoge und andere jüdische Einrichtungen gab. Trotz intensivster Nachforschungen war es nicht möglich, den Standort des Gebetshauses zu erkunden.

Heute gibt es hier in Mittenwald außer dem Wissen um das ehemalige Getto (urkundlich bestätigt!) in der heutigen Ballenhausgasse keine Zeugnisse mehr, die an die Existenz einer Jüdischen Gemeinde erinnern.

Mörnsheim (Eichstätt)

Hier existierte wahrscheinlich im Mittelalter eine jüdische Gemeinde, von der jedoch keinerlei Zeugnisse mehr vorhanden sind und deren Bestehen urkundlich auch nicht nachweisbar ist. An das mögliche Vorhandensein einer Gemeinde als einziges Zeugnis jüdischer Vergangenheit in Mörnsheim erinnert jedoch heute noch die Existenz einiger Holzgrundstücke und Waldparzellen im Tal zwischen Mörnsheim und Solnhofen (sog. „Fischerleite"), die im Volksmund als *„Judenleite"* bezeichnet wird.

Moosburg (Freising)

Hier existierte vielleicht im Mittelalter eine Jüdische Gemeinde.

Nach dem Zusammenbruch NS-Deutschlands waren in Moosburg zahlreiche Überlebende der Konzentrationslager untergebracht, die als DPs von der UNRRA betreut wurden. Diese Juden gründeten hier, vermutlich noch im Jahre 1945, eine Jüdische Kultusgemeinde, die bis ca. 1949 bestand. Die Synagoge der Kultusgemeinde befand sich in der Altstadt. Das Gebäude ist heute noch vorhanden. Es ist inzwischen umgebaut worden und wird heute als Modehaus genutzt.

Standort: Herrnstraße 7 (Modehaus Sesselmann).

Mühldorf am Inn
(Mühldorf am Inn)

Hier existierte im 14. oder 15. Jahrhundert eine Jüdische Gemeinde. Außer dem sicheren Wissen um das Bestehen der Gemeinde gibt es heute keinerlei feststellbare Zeugnisse mehr hier.

Lage des Friedhofs: In der Stadt, an der Ahamer Straße.

Standort: Von der Stadtmitte geht man zur Ahamer Straße (in Richtung Landshut/Töging). Von Altötting kommend liegt auf der rechten Straßenseite (gegenüber dem Hintereingang zum christlichen Friedhof auf der rechten Seite) der Eingang zum Friedhof.

Zustand: Gepflegt.

Allgemeine Übersicht: Umzäunung durch eine Hecke; schmiedeeisernes Metallgittertor zwischen zwei Steinpfosten; mit Steinplatten ausgelegter Weg vom Eingangstor zum Denkmal mit folgender Inschrift: „DEN OPFERN DER GEWALT 1933–1945 †"; parkähnliche Anlage mit Rasenflächen und Laubbäumen; auf den Rasenflächen beiderseits des Weges symbolische Gräber (Grabsteine mit Davidsternen und Grabkreuze).

Gedenkstein für die frühere
„Neue Hauptsynagoge" in München

Gedenkstein für die orthodoxe Synagoge
„Ohel Jakob" in München

München

Hier existierte bereits im 13. Jahrhundert (erste urkundliche Erwähnung 1229) eine Jüdische Kultusgemeinde. Sie besaß eine Synagoge und eine Mikwe, wahrscheinlich in der *„Judengasse"* und einen Friedhof. Die Synagoge damals befand sich in der früheren Judengasse, der späteren „Gruftstraße", auf dem Platz des heutigen Marienhofes hinter dem Rathaus.

Bereits 1285 wurde bei einem Pogrom, verursacht durch eine „Ritualmordlüge", die Gemeinde vernichtet: die Judengasse wurde gestürmt, die Synagoge mit mehr als 180 Juden darinnen niedergebrannt. Bald jedoch ließen sich Juden wieder in München nieder. Obwohl immer wieder durch Pogrome (z. B. 1345, 1413) gequält und dezimiert, bestand die Gemeinde bis 1442; damals wurden die Juden durch Herzog Albrecht III. endgültig vertrieben. Die Synagoge wurde in eine Kirche „umgewandelt", der Friedhof, 1416 zwischen Moosach und Rennweg angelegt, wurde vernichtet.

Erst Ende des 17. Jahrhunderts ließen sich einige wenige Juden, Hoffaktoren und Armeelieferanten, wieder in München nieder, und obwohl 1715 wieder einmal ausgewiesen, kamen bald wieder neue nach, ab 1750 sogar in größerer Zahl. Im gleichen Jahr wurde das erste amtliche Verzeichnis der Juden erstellt, die sich in München aufhielten; hierin könnte man den Beginn einer neuen Jüdischen Gemeinschaft in München sehen.

Im Laufe der Jahre von 1750 bis 1810 stieg die Zahl der in München lebenden Juden von 20 auf 380 an, von 1810 bis 1900 vervielfachte sie sich dann von 380 auf 8739. 1805 gestattete man ihnen die Niederlassung und erlaubte die Wahl eines Gemeindevorstehers, den Besitz eigener Häuser und die Ausübung einiger Berufe, das Judenedikt von 1813 gestattete den Bau einer Synagoge. Anfang 1815 entstand dann in München offiziell die Jüdische Kultusgemeinde München. Ab 1726 hatten die Münchner Juden als private Glaubensvereinigung eine Betstube im Tal, im Hause der späteren Mohrenapotheke. 1816 wurde der erste Gemeindefriedhof geschaffen. Ihre erste Synagoge besaß die Kultusgemeinde in der früheren Theatergasse, der heutigen Westenrieder Straße. Die von 1824–1826 durch den Architekten Metivier, einem Klenze-Schüler, im klassizistischen Stil erbaute Synagoge wurde am 21. April 1826 eingeweiht. 1887 wurde sie als baufällig zum Abbruch verkauft und im Laufe der Zeit abgerissen. Im gleichen Jahr 1887 wurde die neue Hauptsynagoge, ein prachtvoller Bau, eröffnet. Sie befand sich in der früheren Herzog-Max-Straße 7, heute die Fläche, die die Ecke Maxburg-/Herzog-Max-Straße umgibt.

Mit dem Namen dieser Synagoge ist der Name des wohl bedeutendsten Kantors von München, *Emmanuel Kirschner* s. A., verbunden (er hat bei der Einweihung der Synagoge 1887, beim 50jährigen Jubiläum des Bestehens 1937 und schließlich am Vorabend der Zerstörung 1938 beim Abschiedsgottesdienst als Baal Tefila (= Vorbeter und Vorsänger) mitgewirkt!). Am 9. Juni 1938 wurde dieses herrliche Bauwerk als erste Synagoge im „Deutschen Reich" innerhalb kürzester Zeit von NS-Vandalen abgebrochen; die Verwaltungsgebäude auf den benachbarten Grundstücken in der Herzog-Max-Straße blieben stehen. Heute erinnert nur noch ein Denkmal an der Ecke Maxburg-/Herzog-Max-Straße mit folgenden Worten an die Synagoge, die bis 1938 hier stand: „HIER STAND DIE 1883–1887 ERBAUTE HAUPTSYNAGOGE DER ISRAELITISCHEN KULTUSGEMEINDE. SIE WURDE IN DER ZEIT DER JUDENVERFOLGUNG IM JUNI 1938 ABGERISSEN. AM 10. NOVEMBER 1938 WURDEN IN DEUTSCHLAND DIE SYNAGOGEN NIEDERGEBRANNT."

Standort des Gedenksteins: Ecke Maxburg-/Herzog-Max-Straße.

Auch in München gab es verschiedene „Strömungen" innerhalb des Judentums: die Orthodoxie und die Liberalen. Als der Gottesdienst in der Hauptsynagoge liberalisiert wurde, entstand innerhalb der Gemeinde der Verein „Ohel Jakob", der einen eigenen Gottesdienst orthodoxer Prägung in seiner eigenen Synagoge an der früheren Kanalstraße, der heutigen Herzog-Rudolf-Straße abhielt, und zwar bis zum 9. November 1938. An diesem Tag wurde auch diese ab 1892 erbaute Synagoge mit allem Inventar und den Ritualien, dazu noch das Gemeindehaus und die Bibliothek durch Feuer vernichtet. Heute erinnert eine Gedenktafel mit folgendem Wortlaut an die einstmalige orthodoxe Synagoge Münchens:

„HIER STAND DIE SYNAGOGE ‚OHEL JAKOB' WELCHE AM 9. NOVEMBER 1938 VON NATIONALSOZIALISTISCHER HAND ZERSTÖRT WURDE." Von dem ehemaligen Synagogengebäude ist nichts mehr erhalten.

Standort: Herzog-Rudolf-Straße 1 (Restaurant „Madrigal").

Neben diesen beiden Synagogen gab es noch, gleich neben der Hauptsynagoge, in der Herzog-Max-Straße 3/5 einen Betsaal, in welchem die Gottesdienste der Israelitischen Religionsgemeinschaft „Adass Jeschurun" e. V. abgehalten wurden.

Standort: Herzog-Max-Straße 3/5.

Heute erinnert nichts mehr an das Vorhandensein des Betsaales an diesem Ort.

Neben den bereits genannten Kultusbauten gab es ab 1931 eine weitere Synagoge, die in der Reichenbachstraße, die von den aus Osteuropa stammenden Gemeindemitgliedern mit Hilfe der Kultusgemeinde erbaut worden war. Offiziell hieß sie „Synagoge in der Reichenbachstraße 27 des Vereins Linath Hazedek und Agudas Achim e. V.". Daneben hatten die „Ostjuden" noch weitere Betsäle, von denen folgende bekannt sind:

Betsaal des Vereins „Schomre Schabbos e. V." in der Klenzestraße 34.

Betsaal des Vereins „Machsike Hadas" in der Ickstattstraße 11.

Betsaal des Vereins „Beis Jakob" in der Hans-Sachs-Straße 8.

Auch die Synagoge in der Reichenbachstraße blieb vom Pogrom am 9. November 1938 nicht verschont: das Mobiliar und die Ritualien wurden verbrannt, der Bau selber jedoch von der Feuerwehr vor dem totalen Niederbrennen bewahrt, weil die Nachbarhäuser durch das Feuer stark gefährdet waren.

Das Schicksal der drei genannten Bethäuser (es gab sicher noch einige private Betstuben mehr) ist nicht bekannt.

Neben den Synagogen und Bethäusern standen den Juden Münchens eine ganze Reihe von religiösen, kulturellen, sozialen und wirtschaftlichen Einrichtungen zur Verfügung, die hier, exemplarisch für viele, kurz erwähnt sein mögen:

Die Gemeindekanzlei befand sich in der Herzog-Max-Straße 7/I, das Ritualbad (Mikwe) im Rückgebäude der Mathildenstraße 8, das Schächtlokal für Geflügel im Rückgebäude

Namen der Opfer des Brandanschlages s. A. vom Jahre 1970 gegenüber der Haupteingangstür zur Synagoge Reichenbachstraße

der Westenriederstraße 4; neben zwei rituellen Speisehäusern und einer koscheren Speiseanstalt gab es in München fünf koschere Metzgereien unter Aufsicht des Gemeinderabbiners, zwei koschere Verkaufsstellen für rituelle Lebensmittel, einen koscheren Milchhändler, einen koscheren Bäcker und sechs Verkaufsstellen für Mazzoth.

Eine Israelitische Volksschule (als öffentliche Bekenntnisschule), die „Ohel-Jakob-Schule", bestand bis zur Zerstörung am 10. November 1938 in der Herzog-Rudolf-Schule 5, ‹Die jüdischen Schüler, die öffentliche staatliche und private Schulen besuchten, erhielten eigenen Religionsunterricht durch Religionslehrer der Israelitischen Kultusgemeinde!›, daneben ein Talmud-Thora-e. V.-Schullokal in der Klenzestraße 34/II (Rückgebäude), ein Unterrichtslokal für hebräische Sprachkurse in der Herzog-Rudolf-Straße 1 (dort war auch ein jüdisches Jugendheim) und im Rahmen der Israelitischen Jugendhilfe ein Kindergarten, ein Säuglings- und Kinderheim und eine Abteilung für Haushaltslehrlinge in der Antonienstraße 7, ferner ein Heim für berufstätige

Mädchen am Kaiserplatz 6 und ein Israelitisches Lehrlingsheim in der Wagnerstraße 3.

In München gab es ferner als bedeutende kulturelle jüdische Einrichtung die Cosman-Werner-Bibliothek mit Lesehalle in der Herzog-Max-Straße 3/5. Die jüdischen Senioren, um die sich das Wohlfahrtsamt der Gemeinde kümmerte, waren u. a. in der „Lipschützschen Versorgungsanstalt" und im „Israelitischen Pensionat" untergebracht, während für die Kranken die Israelitische Abteilung im Städt. Krankenhaus München-Schwabing zuständig war.

Vom äußerst regen jüdischen Leben in München zeugt das Vorhandensein vorbildlich funktionierender jüdischer Institutionen (z. B. Wohlfahrtswesen, Arbeitsnachweis, Jugendpflege) der verschiedensten Organisationen (Logen des Ordens Bnei Brith, Reichsbund Jüdischer Frontsoldaten u. v. a. m.) und Vereine für allgemeine jüdische Interessen, wissenschaftliche und künstlerische Vereine, Jugend-, Turn- und Sportvereine, Studenten- und Akademikervereinigungen, Berufsorganisationen, u. a. m. Alle jüdischen Institutio-

DIESES SENIORENHEIM IST MIT
GROSSZÜGIGER FÖRDERUNG
DURCH DEN INDUSTRIELLEN
UND PHILANTHROPEN HERRN
SHAUL NECHEMIA
EISENBERG
ERSTELLT WORDEN
ZUM ANDENKEN AN DIE ELTERN
DAVID HALEVI UND SOPHIE
EISENBERG
EINST BÜRGER DER
STADT MÜNCHEN
VERSTORBEN IN ISRAEL
19·9·1983

בית זה הוקם ע"י עזרה
מכובדת של הנדיב הידוע
הדנ ול והאציל מר
שאול נחמיה איזנברג היו
לזכר נשמות הוריו
ר' דוד הלוי ומרת זיסל ז"ל
למשפחת איזנברג
תושבי מינכן שנפטרו
בארץ הקודש

אל תשליכנו לעת זקנה
ככלת כחנו אל תעזבנו
מינכן תשמ"ן

Gedenktafel an der Eingangstür zum Seniorenheim

nen bemühten sich, das Leben der jüdischen Menschen in München zu erleichtern, eine Aufgabe, die jedoch von 1933 ab immer schwieriger wurde. Nach und nach stellten sie ihre Tätigkeit, oft erst als letzte Folge übelster Zwangsmaßnahmen und Schikanen, ein, nachdem die städtischen Behörden ab 1933 und in noch viel stärkerem Maße ab 1938 nichts unversucht gelassen hatten, jegliche Art jüdischen Lebens und Wirkens auf jede nur erdenkliche Weise zu behindern, wenn nicht gar unmöglich zu machen. Ab 1940 mußten die noch in München verbliebenen Juden in sog. „Judenhäusern", einer Art Getto, unter äußerst beengten Verhältnissen zusammenleben. Im Frühjahr 1941 wurde ein Sonderlager „Judensiedlung" im Vorort Milbertshofen angelegt. Dorthin wurden alle noch in München verbliebenen Juden zusammengetrieben, um von hier aus zur Sklavenarbeit für das Deutsche Reich gezwungen zu werden. Das Getto Milbertshofen diente auch als Sammellager für die Deportationen in die deutschen Vernichtungslager im Osten und in das Getto Theresienstadt. Am 19. August 1942 wurde dann das Lager Milbertshofen aufgelöst; es waren nur noch 16 Juden hier. Diese kamen nach Berg am Laim, wo die letzten Juden der einst so großen Gemeinde auf zwei Etagen eines Klosters, der „Heimanlage", dicht zusammengepfercht lebten und von hier aus ebenfalls zu schweren Zwangsarbeiten für den NS-Staat gezwungen wurden. Im März 1943 wurde auch die „Heimanlage" aufgelöst. Die letzten noch hier verbliebenen Juden wurden in das Gemeindehaus in der Lindwurmstraße gebracht.

Überblick über die Standorte wichtiger jüdischer Institutionen in München bis 1945:

Gemeindekanzlei: Herzog-Max-Straße 7/I.
Mikwe: Mathildenstraße 8 (Rückgebäude).
Schächtlokal ‹für Geflügel›: Westenrieder Straße 4 (Rückgebäude).
Israelitische Volksschule ‹Ohel-Jakob-Schule›: Herzog-Rudolf-Straße 5.
Talmud-Thora-Schullokal: Klenzestraße 34/II (Rückgebäude).
Unterrichtslokal für hebräische Sprachkurse: Herzog-Rudolf-Straße 1.
Israelitische Jugendhilfe ‹Kindergarten, Säuglings- und Kinderheim und Abteilung für Haushaltslehrlinge›: Antonienstraße 7.

Jüdisches Jugendheim: Herzog-Rudolf-Straße 1.
Heim für berufstätige Mädchen: Kaiserplatz 6.
Israelitisches Lehrlingsheim: Wagnerstraße 3.
Cosman-Werner-Bibliothek: Herzog-Max-Straße 3/5.
Wohlfahrts- und Jugendamt der Gemeinde: Herzog-Max-Straße 5/I.

Gedenktafel für Dr. Else Behrend-Rosenfeld, Wirtschaftsleiterin der „Heimanlage" München-Berg am
Laim

Lipschützsche Versorgungsanstalt: Mathildenstraße 8.
Israelitisches Pensionat (= Altersheim): Kaulbachstraße 65.

Von der großen Israelitischen Kultusgemeinde München gab es nach Kriegsende nur noch ca. 400 in „Mischehe" lebende Juden (250 Männer und 150 Frauen), die hier die Befreiung durch die US-Armee erleben konnten. Bald kamen einige der nach Theresienstadt verschleppten ehemaligen jüdischen Bewohner nach München zurück, so daß es in der Landeshauptstadt im März 1946 2800 Juden gab, von denen 769 einst der Israelitischen Kultusgemeinde München angehört hatten. Zu diesen Überlebenden gesellten sich ab 1945 Überlebende der Konzentrationslager, die hier nach der Befreiung auf eine Auswanderungsmöglichkeit warteten oder in Krankenanstalten der Genesung ihrer sich in den Konzentrationslagern zugezogenen Erkrankungen entgegensahen. In München war ab 1945 die Zentrale der großen jüdischen Verbände, die in Deutschland für die sozialen Bedürfnisse und für die Auswanderung der KZ-Opfer (jüdische Lagerüberlebende = Sche'erit Hap'leta) verantwortlich waren. Das American Joint Distribution Committee und die Jewish Agency for Palestine koordinierten hier ihre Aktivitäten. Zwischen 1945 und 1951 war München Durchgangsstation für 120 000 Juden, von denen eine sehr große Anzahl nach Palästina (später Israel) auswanderte. Die DPs, die hier zum größten Teil auf ihre Auswanderung warteten, lebten in „Displaced Persons Camps", die ab Ende 1945 autonom organisiert waren und von den DPs selbst „regiert" wurden. (In München wurde ein Zentralrat der Sche'erit Hap'leta errichtet, der bis Ende 1950 bestand.) Die wichtigsten der vielen DP-Camps in München ‹nebenbei lebten einige Tausend DPs in 138 städtischen Unterkünften außerhalb des Camps› waren von 1945 bis 1947/ 48 die Luitpoldkaserne, von 1945 bis 15. 6. 1949 die „Siedlung Kaltherberge" in Neu-Freimann (mit dem Annex-A-Neu-Freimann und Annex-B-Neu-Freimann), ferner die Funkkaserne von 1945 bis 1950 und kurzfristig auch die Warner-Kaserne (die frühere SS-Kaserne), außerdem in diversen Zeitabständen zwischen 1945 und 1951 mehr oder weniger lange Zeit das US-Emigration-Center, die Ressetlement C. F. Kaserne, das Altersheim Hospital Munich und die Children's Division Munich (Klinik München-Schwabing).

In der Anfangszeit gab es in den DP-Camps kaum Kinder im schulpflichtigen Alter, ab Ende 1945/Anfang 1947 änderte sich die Situation: Kindergärten, Volksschulen und ein Gymnasium (Hauptsprache Hebräisch) wurden errichtet. Fast in jedem DP-Camp gab es eine, wenn nicht gar mehrere Betstuben oder Synagogen. Die DPs wurden von Rabbinern (in jedem Camp war wenigstens ein Rabbiner) betreut.

Am 19. Juli 1945 wurde im Jüdischen Altersheim in der Kaulbachstraße 61 von Dr. Julius *Spanier*, einem Rückkehrer aus dem Ghetto Theresienstadt, dem Anwalt Siegfried *Neuland* und einer Reihe anderer jüdischer Persönlichkeiten eine neue Israelitische Kultusgemeinde München wiedergegründet. Dieser Gemeinde, einer „Einheitsgemeinde", gehörten alle Juden, auch die aus Osteuropa, an. Als Hauptsynagoge wurde die ehemalige Synagoge der Ostjuden – *Agudat Achim* – in der Reichenbachstraße 27 am 21. Mai 1947 wieder eingeweiht. Sie ist bis heute die Hauptsynagoge der Israelitischen Kultusgemeinde München.

Standort: Reichenbachstraße 27.

Gegenüber der Haupteingangstür zur Synagoge befindet sich eine Wand, an welcher

Gedenkstein für Kurt Eisner und Gustav Landauer auf dem neuen Friedhof München

der sieben Toten gedacht wird, die hier im Jahre 1970 einem verbrecherischen Brandanschlag zum Opfer fielen. (Die Namen stehen in hebräischer Sprache an der Wand.)

Im Laufe der Jahre kamen neue Synagogen und jüdische Einrichtungen hinzu: Neben der Hauptsynagoge in der Reichenbachstraße 27 – die heute Mittelpunkt eines Gemeindezentrums mit Wochentagssynagoge, Gemeindesaal, Mikwe, koscherem Restaurant und anderen Gemeindeeinrichtungen ist, gibt es eine weitere Synagoge in der Possartstraße im Stadtteil Bogenhausen.

Standort: Possartstraße 15.

Auch im Stadtteil München-Schwabing, in der Georgenstraße, befindet sich eine Synagoge.

Standort: Georgenstraße 71.

Daneben gibt es zusätzlich im Stadtteil Neuhausen eine Synagoge in der Schulstraße.

Standort: Schulstraße 30.

Eine weitere kleine Synagoge ist im Jüdischen Altersheim, dem „Eisenberg-Seniorenheim", einem am 19. März 1983 eingeweihten Neubau, installiert. Dieses neue Bauwerk entstand an der gleichen Stelle, an welcher sich bereits seit 1886 ein jüdisches Altersheim befunden hatte. Hier war auch – allerdings im Altbau – die Israelitische Kultusgemeinde München nach dem Kriege wiedergegründet worden. Gleich neben der Eingangstür befindet sich auf der rechten Seite eine Gedenktafel mit der folgenden Inschrift (in Deutsch und Iwrith): „DIESES SENIORENHEIM IST MIT GROSSZÜGIGER FÖRDERUNG DURCH DEN INDUSTRIELLEN UND PHILANTHROPEN HERRN SHAUL NECHEMIA EISENBERG ERSTELLT WORDEN ZUM ANDENKEN AN DIE ELTERN DAVID HALEVI UND SOPHIE EISENBERG EINST BÜRGER DER STADT MÜNCHEN VERSTORBEN IN ISRAEL 19. 9. 1983."

Standort des Seniorenheimes: Kaubachstraße 65.

Synagoge im „Eisenberg-Seniorenheim" in der Kaubachstraße 65.

Der Erziehung der Jugend wird ein recht hoher Stellenwert zugesprochen: die Israelitische Kultusgemeinde München besitzt nicht nur ein am 27. Februar 1983 eingeweihtes *„Jugend- und Kulturzentrum der iKG Mün-*

chen" in der Prinzregentenstraße 91 im Stadtteil Bogenhausen, sondern auch – als eine der wenigen Jüdischen Gemeinden in der Bundesrepublik Deutschland – eine Jüdische Volksschule, die *„Sinai-Schule"* und dazu noch einen jüdischen Kindergarten. Beide Jugendeinrichtungen sind im Haus Möhlstraße 14.

Standort: Möhlstraße 14.

In der Stadt München mit ca. 2500 jüdischen Einwohnern sind heute wieder zahlreiche jüdische Organisationen und Institutionen vorhanden (z. B. Logen des Ordens Bnei Brith, Sportvereinigungen, Kulturvereinigungen, u. a. m.). Hier befindet sich auch der Sitz des Landesverbandes der Israelitischen Kultusgemeinden in Bayern (= jüdisches „Parlament" der Israelitischen Kultusgemeinden Bayerns) in der Effnerstraße 68.

Standort: Effnerstraße 68

Lage des alten Friedhofs: Süden von München – Stadtteil Thalkirchen.

Standort: Thalkirchner Straße 240.

Zustand: Gepflegt.

Allgemeine Übersicht: Eingeweiht am 24. 3. 1816; hohe, massive Mauer rund um den Friedhof; zwei Tore (ein sehr großes, schmiedeeisernes = früheres Haupttor; ein kleines, schlichteres, ebenfalls aus Eisen = Zugang zum Leichenhaus); sehr großes Friedhofsgebäude (mit Leichenhaus, Tahara-Raum, Begräbnisraum, Wohnung des Friedhofswärters); ältester Grabstein aus dem Jahre 1816; Einteilung des Friedhofes in mehrere Abteilungen; ca. 6000 Grabsteine vorhanden; Gräber mehrerer bedeutender Rabbiner, Künstler und anderer prominenter Persönlichkeiten; viele prächtige Grabsteine; mehrere Soldatengräber; Bestattungen bis in die heutigen Tage.

Lage des neuen Friedhofs: Norden der Stadt München – Stadtteil Schwabing.

Standort: Garchinger Straße 37, Ungerer Straße – gut zu erreichen vom Hauptbahnhof mit U-Bahn U 6: Station Studentenstadt.

Zustand: Gepflegt.

Allgemeine Übersicht: Eingeweiht um 1907; massive Steinmauer rund um den Friedhof; zwei Tore (großes Eingangstor, Garchinger

Sinai-Schule mit Kindergarten in München

Rabbinergrab auf den alten Friedhof München   Eingangstor zum neuen Friedhof München

Straße 37, kleineres Nebentor auf der linken Friedhofsseite); links vom Eingangstor Friedhofswärterhaus mit Friedhofswärterwohnung und Büro- und Verwaltungsräumen; einige Meter weiter, auf der gleichen Wegeseite, großes Friedhofsgebäude (errichtet 1905–1907 von Hans *Grässl* mit Tahara-Halle, Trauerhalle und einer größeren Anzahl anderer Räume; rechts vom Haupttor Abteilungen, die wegen Baufälligkeit der Grabsteine nicht betreten werden dürfen (mit recht prunkvollen Grabmalen!); vis-à-vis vom großen Friedhofsgebäude Ehrenmal für die Gefallenen des I. Weltkrieges mit einem Denkmal an der Stirnseite und Steinmonumenten (mit Namen) auf beiden Seiten des Platzes, in der Mitte eine große Rasenfläche; mehrere Abteilungen mit alten Gräbern (die ältesten aus dem Jahre 1907); viele Abteilungen mit neuen Gräbern; auf der rechten Seite des Friedhofes viele neueste Gräber; Grabmale vieler bedeutender Persönlichkeiten des jüdischen Lebens in München aus der Zeit 1907–1987; viele (sehr schlichte) Gräber aus der NS-Zeit; große Abteilung mit Kindergräbern, rechts der Friedhofshalle großes Denkmal für die Opfer der NS-Verfolgungen 1933–1945; Gräber einer größeren Anzahl von NS-Opfern, die ermordet wurden.

Neben den bereits genannten jüdischen Kultbauten, Gemeindehäusern, Schulen und den beiden Friedhöfen gibt es in einigen Münch-

ner Stadtteilen noch Denkmäler, die an die Leiden und das grausame Schicksal der Juden der Stadt München, aber auch der Juden aus dem ganzen Einzugsbereich NS-Deutschlands erinnern sollen.

In München-Milbertshofen wurde 1982 im Auftrag der Stadt München auf dem Grundstück Knorrstraße 148 ein Denkmal aufgestellt, das daran erinnern soll, daß hier im Februar 1941 ein Barackenlager (= Getto) – die *„Judensiedlung Milbertshofen"* – auf dem Areal Ecke Knorrstraße/Troppauer Straße errichtet worden war, in welches die Juden Münchens nach der Vertreibung aus ihren Wohnungen ziehen mußten. Am Stamm der 3 m großen und 2 m breiten (oben) Plastik in Form eines zerstörten Baumes kann man folgende Inschrift lesen: „FUER VIELE JUEDISCHE MITBUERGER BEGANN IN DEN JAHREN 1941/43 DER LEIDENSWEG IN DIE VERNICHTUNGSLAGER MIT IHRER EINWEISUNG IN DAS MÜNCHNER SAMMELLAGER AN DER KNORRSTRASSE 148" (Wegen U-Bahn-Arbeiten wurde das Denkmal 1988 auf den Jüdischen Friedhof an der Garchinger Straße verlegt; nach Beendigung der noch laufenden Arbeiten wird es wieder am ursprünglichen Platz aufgestellt werden).

Standort: Knorrstraße 148.

In München-Berg am Laim wurde am Eingang des ehemaligen Durchgangslagers – *„Heimanlage für Juden. Berg am Laim"* – das

Gedenkstätte für die 1972 ermordeten israelischen Olympiateilnehmer in München

sich im Nordflügel des Vinzentinerinnen-Klosters St. Michael befand, ein Denkmal – ein Granitblock mit einem Davidstern und den Jahreszahlen 1941–1943 in der rechten unteren Ecke – errichtet. Es soll daran erinnern, daß hier von 1941 bis 1943 zeitweise 350 Erwachsene und Kinder auf engstem Raum untergebracht waren, von denen die meisten später nach Theresienstadt oder in eines der Vernichtungslager im Osten deportiert wurden. Rechts neben dem Steindenkmal ist am Metallgitterzaun eine Metalltafel mit folgender Inschrift angebracht: „WIEVIEL LEICHTER IST ES, UNTER DENEN ZU SEIN, DIE UNRECHT ERLEIDEN, ALS UNTER DENEN, DIE UNRECHT TUN.   DR. ELSE BEHREND-ROSENFELD WIRTSCHAFTSLEITERIN DES SAMMELLAGERS   ALS MAHNUNG UND ZUR ERINNERUNG AN DAS SAMMELLAGER FÜR JÜDISCHE BÜRGER IN DEN JAHREN 1941 BIS 1943"

Standort: Gegenüber Haus Clemens-August-Straße 7 (am Beginn des Fußpfades, der hier von der Clemens-August-Straße abzweigt).

Am 28. 8. 1989 wurde in München-Pasing auf einer kleinen Grünfläche an der Koflerstraße gegenüber dem Postamt 60 ein Denkmal enthüllt, das an den Leidenszug der Dachauer KZ-Häftlinge (Juden, deutsche Widerstandskämpfer und russische Kriegsgefangene), den sog. *„Evakuierungsmarsch"* von Dachau nach Tegernsee im April 1945 erinnern soll.

Der Text auf dem Denkmal lautet: „HIER FÜHRTE IN DEN LETZTEN KRIEGSTAGEN IM APRIL 1945 DER LEIDENSWEG DER HÄFTLINGE AUS DEM KONZENTRATIONSLAGER DACHAU VORBEI INS UNGEWISSE".

Standort: Koflerstraße (Grünanlage), gegenüber dem Postamt 60.

Am gleichen Tag wurde auch in München-Allach ein Denkmal von gleicher Form und mit der selben Inschrift enthüllt.

Standort: Ecke Eversbusch/Höcherstraße.

Ein letztes Denkmal muß noch erwähnt werden – es ist der Gedenkstein für die israelischen Sportler, die in dieser Stadt am 5. September 1972 den brutalen Mördern der PLO zum Opfer fielen.

Standort: Conollystraße 31.

Neumarkt-Sankt Veit
(Mühldorf)

Hier existierte bis 1338 eine Jüdische Kultusgemeinde. Sie wurde als Folge der „Judenmorde zu Deggendorf und Straubing", wahrscheinlich im gleichen Jahr, vollkommen ausgerottet.

Neben dieser urkundlich gesicherten Tatsache gibt es heute als weiteres Zeugnis jüdischer Vergangenheit noch den „KZ-Friedhof" am Ort, auf dem jüdische KZ-Opfer aus der Zeit 1933–1945 ruhen.

Lage des Friedhofs: An der B 299 in Richtung Mühldorf.

Standort: Vom Rathaus von Neumarkt-St. Veit fährt man links weg, dann durch das „Untere Tor" in Richtung B 299 (Mühldorf/Altötting). Auf dieser Straße bleibt man durch den ganzen Ort bis ca. 200 m hinter dem Ortsende, wo man von der B 299 rechts abbiegt. Hier befindet sich neben einem Parkplatz auf der linken Straßenseite der Eingang zum Friedhof.

Zustand: Gepflegt.

Allgemeine Übersicht: Hecke rund um den Friedhof, am Eingang ein Stück Mauer, dazwischen ein Eisentor; parkartig angelegt mit Bewuchs aus Laubbäumen und Ziersträuchern; Inschrift auf dem linken Torpfosten: „LETZTE RUHESTÄTTE VON 392 OPFERN DES NATIONALSOZIALISMUS † APRIL 1945"; Inschrift auf dem rechten Torpfosten: „GEH NICHT VORÜBER WANDERSMANN – DASS LIEBE TILGT WAS HASS GETAN"; mit Steinplatten gepflasterter Weg geradeaus zu einem Kreuz, in der Mitte rechts abbiegend zu einem Jüdischen Denkmal (inmitten von Ziersträuchern) mit folgender Inschrift: „DES HERREN WORT WAR IHRES FUSSES LEUCHTE (PSALM 119)"; symbolische Grabsteine (jüdische und christliche) auf den Grasflächen zwischen den verschiedenen Wegen und der Umgrenzung.

Neuötting (Altötting)

Hier existierte bis 1338 eine Jüdische Kultusgemeinde, die als Folge der „Judenmorde zu Deggendorf und Straubing", vermutlich im gleichen Jahr, Opfer der Ausrottung wurde.

Außer dieser urkundlich gesicherten Tatsache gibt es heute kein weiteres Zeugnis jüdischer Vergangenheit mehr in Neuötting.

Pfaffenhofen a. d. Ilm
(Pfaffenhofen a. d. Ilm)

Die Existenz einer Jüdischen Kulturgemeinde in der Stadt Pfaffenhofen a. d. Ilm in früheren Jahrhunderten ist durchaus möglich, urkundlich jedoch nirgends nachweisbar.

Sicher ist, daß im Jahre 1924 die jüdischen Einwohner des Ortes zur Israelitischen Kultusgemeinde Ingolstadt gehörten.

An das frühere Vorhandensein von Juden in de Stadt erinnerte jedoch bis 1933 eine „Judengasse", die bereits im Stadtplan von 1810 vorhanden ist. Diese Gasse wurde jedoch 1933 in „Schlageterstraße" und nach 1945 in „Löwenstraße" umbenannt.

Die Existenz der Judengasse erlaubt die Vermutung, daß es hier, trotz fehlender Unterlagen, in früherer Zeit eine Jüdische Gemeinde gegeben haben kann.

Planegg (München)

Im Juli 1989 wurde in Planegg in der Grünanlage Pasinger-/Ecke Germeringer Straße ein Denkmal enthüllt, das an den Leidenszug der Dachauer KZ-Häftlinge (sog. „Evakuierungsmarsch von Dachau nach Tegernsee) erinnern soll. Diesem Todeszug gehörte auch eine größere Anzahl jüdischer KZ-Opfer an.

Der Text auf dem Denkmal lautet: „HIER FÜHRTE IN DEN LETZTEN KRIEGSTAGEN IM APRIL 1945 DER LEIDENSWEG DER HÄFTLINGE AUS DEM KONZENTRATIONSLAGER DACHAU VORBEI INS UNGEWISSE."

Standort: Grünanlage Pasinger-/Ecke Germeringer Straße.

Rennertshofen
(Neuburg-Schrobenhausen)

Hier existierte im 14. Jahrhundert – ungefähr bis zum Jahr 1404 (das Jahr der großen Brandkatastrophe) – eine Jüdische Gemeinde, wahrscheinlich am Rande des Schloßbereiches. Sie besaß eine Synagoge, von der nichts mehr vorhanden ist.

An die Anwesenheit von Juden hier erinnert heute ferner der Flurname „Judenacker" im Ortsteil Riedensheim.

Standort der Synagoge: Bürgermeister-Eisenbart-Gasse 8 (wahrscheinlich).

St. Ottilien (Landsberg a. Lech)

Hier existierte vom Mai 1945 bis zum Jahr 1948 eine Jüdische Kultusgemeinde, die sich aus DPs, ehemaligen KZ-Opfern des Lagers Kaufering und jüdischen Kranken aus Dachau und der Umgebung von Landsberg/Lech zusammensetzte, die im hiesigen (jüdischen) Krankenhaus gepflegt wurden bzw. nach der Gesundung auf die Ausreise nach Israel oder in andere Länder warteten. Eine Gruppe von 10–20 Juden kam täglich zum Gebet in einem Betsaal zusammen. Dieser Saal ist heute noch erhalten. Er befindet sich in der „Prokura", im heutigen Haus St. Paulus im 1. Stock im Zimmer in der Südwestecke im Kloster St. Ottilien. Der Saal wurde nach der Auflösung der Gemeinde durch Auswanderung wieder als Zimmer des Benediktinerklosters St. Ottilien verwendet.

Standort: Zimmer in der Südwestecke im 1. Stock des Hauses St. Paulus des Benediktinerklosters St. Ottilien.

Besonderheiten: Zum Laubhüttenfest 1946 wurde auch eine Laubhütte im Garten errichtet, die später wieder abgebaut wurde. Außerdem gab es in der Zeit der Existenz der DP-Kultusgemeinde am Ort auch einen jüdischen Kindergarten, eine jüdische Volksschule und eine Bibliothek mit deutscher, englischer und hebräischer Literatur. Die Standorte dieser Einrichtungen konnten bis jetzt nicht in Erfahrung gebracht werden.

Lage des Friedhofs: Ortsende von St. Ottilien, kurz vor dem Bahngleis.

Standort: Auf dem Parkplatz vor dem Exerzitienhaus stellt man den Wagen ab und geht dann rechts vom Gebäude an einer Mauer entlang immer geradeaus, bis man an einen Park kommt, der rechter Hand liegt. Diesen durchquert man diagonal bis man auf eine Gärtnerei an einer schmalen geteerten Straße jenseits des Parks stößt. Hier geht man diese Straße immer geradeaus, rechts am

Gedenkstein auf einem der drei Massengräber bei Schwabhausen

christlichen Friedhof vorbei. Gleich nach diesem Klosterfriedhof – von diesem jedoch durch eine dichte hohe Hecke getrennt – beginnt der Jüdische KZ-Friedhof, kurz vor dem Ortsende von St. Ottilien.

Zustand: Gepflegt.

Allgemeine Übersicht: Auf drei Seiten stabile, massive Mauer, auf der Seite zum christlichen Friedhof zu sehr dichte Hecke; schmiedeeisernes Eingangstor mit zwei Davidsternen darin; links vom Tor ein Grabstein und ein weiterer, in die Mauer eingelassener Grabstein; geradeaus, in der dem Tor gegenüberliegenden Mauer eine in diese Mauer eingelassene Platte mit einem Davidstern, rechts und links davon je ein Grabstein; rechts vom Tor 10 Gräber mit Grabsteinen, davon drei Massengräber, vor der sehr dichten Hecke.

Schwabhausen
(Landsberg a. Lech)

Lage des Friedhofs: Südlich des Ortes, am Bahndamm.

Standort: Von der Ortsmitte von Schwabhausen fährt man in Richtung Landsberg a. Lech rechts ab. Man fährt immer diese Straße, auch nach dem Ortsende von Schwabhausen weiter. Vor der Eisenbahnunterführung biegt man rechts ab (Hinweisschild „KZ-Friedhof"!) und fährt nun noch 250 m am Bahndamm entlang. Hier befinden sich – im ungleichen Abstand von 30–60 m zueinander, hintereinander drei Massengräber.

Zustand: Gepflegt.

Allgemeine Übersicht: Drei Massengräber hintereinander; jedes ist mit einer stabilen, massiven mittelhohen Mauer umgeben; in jedes gelangt man durch ein Eisentürchen (auf dem ersten ist ein Davidstern); jedes Massengrab hat mit Kies gestreute Wege und in der Mitte ein Beet mit Dauerbepflanzung.

Seestall-Fuchstal
(Landsberg a. Lech)

Lage des Friedhofs: Wald am Ufer des Lech.

Standort: Von der Ortsmitte (Kirche) fährt man die Ortsstraße rechts und biegt dann links in die Edenthalstraße ein, auf der man über die Ortsgrenze auf geteertem Feldweg bis zum Beginn des Naturschutzgebietes hinausfährt. Hier, wo sich der Feldweg in drei neue Wege aufteilt, biegt man scharf rechts auf den Weg ab (zu Fuß!), der zum Wald hinführt. Man geht bis zum Waldrand, an dem man dann noch ca. 150 m nach links entlanggeht. Hinter einer kleinen Senke in der Wiese befindet sich das Denkmal am Waldrand.

Zustand: Gepflegt.

Allgemeine Übersicht: Über einem Massengrab mit nicht gezählten Toten befindet sich ein Gedenkstein mit folgender Inschrift, in einem Davidstern (gemauert), der mit Dauerbepflanzung versehen ist: „WIR WAREN JUDEN DAS WAR UNSERE SCHULD." „ERRICHTET VON DER BAYERISCHEN STAATSREGIERUNG IM JAHRE 1956."

Stoffersberg-Kiesgrube
(Landsberg a. Lech)

Lage des Friedhofs: Südlich der Stadt Landsberg a. Lech, an der Straße nach Holzhausen.

Standort: Von Landsberg a. Lech fährt man in Richtung Kaufbeuren/Kempten/Igling/Holzhausen. Man verläßt die Stadt (Holzhausener Straße), fährt unter einer Schnellstraßenunterführung durch auf eine große Kreuzung (mit Stopschild) zu. 5 m vor dieser Kreuzung biegt man scharf links von der Straße ab (Hinweisschild „KZ-Friedhof" beachten!) und geht dann in den Wald hinein recht tief hinunter. Nach ca. 50 m befindet sich auf der linken Seite der Friedhofseingang.

Zustand: Gepflegt.

Allgemeine Übersicht: Massive, nicht sehr hohe Steinmauern rund um den Friedhof; ein Gedenkstein, ein Grabstein rechts davon; Eisentor mit einem Davidstern; parkartige Anlage des Friedhofes – Bewuchs mit Ziersträuchern und -bäumen; Inschrift auf dem Gedenkstein: „DURCH TOD ZUM LEBEN" „HIER RUHEN KZ-OPFER."

Stoffersberg-Wald
(Landsberg a. Lech)

Lage des Friedhofs: Südlich der Stadt Landsberg a. Lech, links der Straße nach Holzhausen.

Standort: Von Landsberg a. Lech fährt man stadtauswärts in Richtung Kaufbeuren/Kempten/Holzhausen. Nach der Stadtgrenze fährt man unter einer Schnellstraßenunterführung hindurch in Richtung auf die große Kreuzung. Ca. 100 m vor der Kreuzung biegt man nach rechts ab, fährt links an einem Bauernhof vorbei (rechts an der Scheune) und dann noch ca. 150 m am Waldrand entlang. Nach ca. 50 m befindet sich auf der rechten Seite im Wald der Friedhofseingang.

Zustand: Gepflegt.

Allgemeine Übersicht: Massive, stabile, nicht sehr hohe Steinmauer rund um den Friedhof; ein schmiedeeisernes Tor; ein Gedenkstein geradeaus von dem Tor mit folgender Inschrift: „DURCH NACHT ZUM LICHT – HIER RUHEN KZ-OPFER"; Bepflanzung mit Ziersträuchern auf 7 symbolischen „Gräbern"; rundum von Nadelwald umgeben.

Gedenktafel auf dem KZ-Friedhof Surberg

Surberg (Traunstein)

Lage des Friedhofs: Links der Straße Traunstein–Freilassing.

Standort: Von Traunstein kommend fährt man in Richtung Freilassing. Bei dem Hinweisschild *„Surtal"*, 4 km hinter Traunstein (auch ein Schild *„KZ-Friedhof"* ist vorhanden!) biegt man links von der Straße nach Freilassing ab und fährt dann noch ca. 25 m, dann ist auf der rechten Seite ein Fußpfad mit anschließenden Holztreppen, die bergauf direkt vor das Tor des KZ-Friedhofes führen.

Zustand: Gepflegt.

Allgemeine Übersicht: Kreisrunde Friedhofsfläche auf einem kleinen Berg; Mauer rund um den Friedhof; Holztor; links vom Tor an der Innenseite der Mauer steinerne Gedenkplatte mit folgender Inschrift: „EHRENFRIEDHOF FÜR 66 OPFER DER NATIONALSOZIALISTISCHEN GEWALTHERRSCHAFT. ANFANG MAI 1945 WURDEN SIE AUF EINEM EVAKUIERUNGSMARSCH AUS DEN KONZENTRATIONSLAGERN BUCHENWALD UND FLOSSENBÜRG VON SS-WACHLEUTEN ERMORDET."; in der Mitte der Friedhofsfläche Gedenkstein mit einem großen Kreuz darauf und mit zwei großen Davidsternen auf den beiden Querseiten des Steins; auf der Vorderseite metallene Gedenktafel mit Davidstern und KZ-Winkel sowie folgender Inschrift: „UNSTERBLICHE OPFER IHR SANKET DAHIN"; parkähnliche Anlage; an der Mauer rundum Holzkreuze (es sind hier jedoch nachweislich Juden bestattet!).

Utting (Landsberg a. Lech)

Lage des Friedhofs: Im Wald rechts an der Straße zwischen Utting und Holzhausen.

Standort: Von der Ortsmitte Uttings fährt man in Richtung Holzhausen zunächst auf der Laibnerstraße und dann, nach einer Abbiegung nach rechts, auf der Holzhausener Straße. Nach dem Ortsende fährt man weiter, durch einen Wald durch, an dessen Ende man sofort scharf rechts abbiegt (hier ist auch ein Hinweisschild „KZ-Friedhof" vorhanden). Am Waldrand entlangfahrend biegt man in den 1. Waldweg rechts ein und bleibt auf diesem Weg, ohne abzubiegen, bis man kurz vor einer Weidefläche (mit Weidezaun) steht. Hier biegt man links ab und findet den Friedhofseingang nach wenigen Schritten am Weidezaun entlang.

Zustand: Ordentlich.

Allgemeine Übersicht: Massive, recht niedrige Mauer rund um den Friedhof; Eisentor mit 2 Davidsternen (zwischen 2 Steinsäulen); wenige Steinstufen führen zum Eingangstor; geradeaus vom Tor führt ein mit Kies belegter

Denkmal auf dem KZ-Friedhof Utting

Wasserburg-Attel
(Rosenheim)

Hier existierte von 1946 bis 1950 eine Jüdische Kultusgemeinde, eine sog. UNRRA-Gemeinde, die sich aus DPs – aus den Konzentrationslagern befreiten jüdischen NS-Opfern – zusammensetzte, die hier im Pflegeheim der Stiftung Attel auf ihre Ausreise nach Israel oder in andere Länder warteten. Trotz intensiver Recherchen konnte bis heute nicht ermittelt werden, wo die hier weilenden 300 Juden aus Polen Gottesdienste abhielten, was mit Sicherheit geschehen ist. Heute erinnert nichts mehr an die kleine Nachkriegsgemeinde in Attel, zumal die Gebäude am 1. 6. 1950 wieder dem ursprünglichen Zweck zugeführt und seither innen umgebaut worden sind.

Weilheim (Weilheim-Schongau)

Hier existierte vielleicht im Mittelalter eine Jüdische Gemeinde, deren Bestand jedoch weder nachweisbar und urkundlich belegbar ist.
Nach dem Zusammenbruch der Naziherrschaft waren in Weilheim zahlreiche überlebende KZ-Opfer untergebracht, die als DPs (= displaced persons) von der UNRRA betreut wurden. Diese Juden gründeten hier, vermutlich noch im Jahre 1945, eine Jüdische Kultusgemeinde, die bis 1953 bestand. Die KZ-Überlebenden wohnten zum großen Teil im „Hotel Bräuwastl"; in diesem Gebäude befand sich vermutlich auch der Betsaal der Kultusgemeinde. Das Hotel Bräuwastl besteht heute noch. Es befindet sich in Privatbesitz und wird in seiner ursprünglichen Bestimmung – als Hotel – genutzt.

Standort: Schmiedstraße 15.

Die Gemeinde hatte neben dem Betsaal auch noch ein Ritualbad und ein Schächthaus. Während die Mikwe im Jahre 1945 in den Baderäumen des ehemaligen Städt. Schlachthofes am Unteren Graben eingerichtet wurde, war das Schächthaus zur gleichen Zeit in einem kleinen Nebengebäude des Gefängnisses, ebenfalls am Unteren Graben, installiert.
Die beiden Bauwerke, in denen sich Mikwe und Schächthaus befunden hatten, gibt es

Weg zu einem Denkmal mit folgender Inschrift: „HIER RUHEN UNSERE 27 BRÜDER DIE VOM NAZIREGIME DURCH HUNGER UND PEIN ZU TODE GEQUÄLT WURDEN DIE RESTGERETTETEN SCHAULENER LANDSLEUTE"; links vom Denkmal Gedenktafel in der Mauer; rechts vom Denkmal zwei große Massengräber (mit immergrünen Ziersträuchern bepflanzt), darauf zwei Grabsteine; Bewuchs mit Laub- und Nadelbäumen.

Vohburg a. d. Donau
(Pfaffenhofen a. d. Ilm)

Hier existierte bis 1298 eine Jüdische Kultusgemeinde. Sie wurde bei der „Rindfleisch-Verfolgung", vermutlich im gleichen Jahr, ausgerottet.
Außer dieser urkundlich gesicherten Tatsache gibt es heute kein weiteres Zeugnis jüdischer Vergangenheit in Vohburg mehr.

Grabsteine auf dem KZ-Friedhof Utting

heute nicht mehr. Der ehemalige Städt. Schlachthof wurde 1965 abgerissen, das Gelände dient derzeit als Parkplatz und soll demnächst wieder bebaut werden. Auch das Gebäude, das als Schächthaus diente, wurde in den 60er Jahren abgerissen.

Standorte (ehem. Mikwe und Schächthaus): Unterer Graben.

Wolfratshausen
(Bad Tölz-Wolfratshausen)

Im Juli 1989 wurde in Höhe der früheren Weidachmühle am Ortsausgang von Wolfratshausen nach München ein Denkmal enthüllt, das an den Leidenszug der Dachauer KZ-Häftlinge (sog. „Evakuierungsmarsch" von Dachau nach Tegernsee) im April 1945 erinnern soll. Zu den Opfern dieses Todesmarsches gehörten auch viele Juden.
Der Text auf dem Denkmal lautet: „HIER FÜHRTE IN DEN LETZTEN KRIEGSTAGEN IM APRIL 1945 DER LEIDENSWEG DER HÄFTLINGE AUS DEM KONZENTRATIONSLAGER DACHAU VORBEI INS UNGEWISSE."

Standort: Äußere Münchner Straße (Bundesstraße 11), Ortsausgang Wolfratshausen–München, in Höhe der früheren Weidachmühle.

Denkmal für die Opfer des „Evakuierungsmarsches" in Wolfratshausen

Regierungsbezirk
Niederbayern

Inschrift am Torpfosten des KZ-Friedhofes
Steinrain-Mallersdorf

Haupttor und Haupteingang der Synagoge
Straubing

Orte in Niederbayern

Abensberg (h)
Arnstorf
Deggendorf (h und neu)
Dingolfing (h)
Eggenfelden (h)
Eging
Ergoldsbach
Fürstenstein
Geiselhöring
Kelheim (h)
Landau a. d. Isar (h und neu)

Landshut (h und neu)
Langquaid
Mallersdorf
Massing (h)
Mitterharthausen
Nammering
Passau (h und neu)
Pfarrkirchen (h)
Pfeffenhausen (h)
Plattling
Pocking

Regen
Riedenburg (h)
Saal a. d. Donau
Steinrain
Straubing
Velden (h)
Vilsbiburg (h)
Vilshofen
Waldstadt
Wallersdorf

Abensberg (Kelheim)

Hier existierte mit großer Sicherheit ab 1348 eine Jüdische Gemeinde. Sie besaß eine Synagoge, einen eigenen Brunnen, eine „Judengaß" und einen Friedhof (Judenbühel). Die Juden hier wohnten nachweislich in einem eigenen Getto.

Nach der Vertreibung der Juden im Jahre 1450 wurde die Synagoge vermutlich in das „Schergenhaus" umgewandelt. Dieses wurde nach dem Kriege, zwischen 1946–1950, abgerissen. Es befand sich in der Schmidtgasse gegenüber der heutigen Landmaschinenfirma.

Standort der ehemaligen Synagoge: Schmidtgasse.

Die heutige Mahlergasse war früher nachweislich die *Judengasse*. Bis vor dem Abbruch der alten Häuser erinnerte sie stark an ein mittelalterliches Getto.

Lage des historischen Friedhofs: Straße nach Offenstetten.

Der als *„Judenbuckel"* bekannte und bis heute so genannte ehemalige jüdische Friedhof des 14./15. Jahrhunderts befand sich außerhalb der Stadt an der Straße nach Offenstetten. Irgendwelche Überreste sind nicht vorhanden.

Arnstorf (Rottal-Inn)

Hier existierte von 1945 bis ca. 1948/50 (Datum ist nicht gesichert) eine kleine jüdische Gemeinschaft, eine sog. UNRRA-Gemeinde, die sich aus DPs zusammensetzte. Ihre Gottesdienste hielten sie mit großer Sicherheit in einem Betsaal, der in einem von Juden bewohnten Privathaus untergebracht war.

Trotz sehr intensiver Recherchen war es bis heute nicht möglich, weitere Informationen über diese kleine jüdische UNRRA-Nachkriegsgemeinde zu erhalten.

Deggendorf (Deggendorf)

Hier existierte laut Stadtarchiv von ca. 1242 oder 1250 bis 1337, dem Jahr des „Deggendorfer Pogroms" an den Juden, eine Jüdische Gemeinde. Sie besaß nachweislich eine Synagoge innerhalb der damaligen Stadtmauern, wo heute die „Grabkirche" in den Luitpoldplatz/Michael-Fischer-Platz hineinragt. Sie wurde beim Pogrom 1337 restlos zerstört.

Lange Zeit lebten keine Juden mehr in Deggendorf, auch im 19. und 20. Jahrhundert wohnten sie hier nur recht vereinzelt (1875: 5; 1885: 3; 1901: 17; 1925: 15); sie bildeten auch keine eigene Kultusgemeinde, sondern waren der in Straubing angeschlossen.

Erst nach 1945 und der vorher erfolgten Auslöschung allen jüdischen Lebens am Ort gab es in Deggendorf, wenn auch nicht sehr lange, eine große „Kultusgemeinde", und zwar von 1945 bis ca. 1949, die sich fast ausschließlich aus DPs, Überlebenden des Konzentrationslagers Theresienstadt, zusammensetzte (1945 gab es hier ca. 1500 Überlebende der Nazi-Rassenvernichtung). Ihre Gottesdienste hielten die hier weilenden Juden in ihrer „Unterkunft", der früheren Kreisirrenanstalt, der späteren (ab 1935) Kaserne von Deggendorf, dann Unterkunft für frühere

Denkmal für die Überlebenden des KZ
Theresienstadt, die in Deggendorf verstorben sind

Grab in der Jüdischen Abteilung des Friedhofes
Deggendorf

Fremdarbeiter und schließlich UNRRA-Lager für KZ-Überlebende, ab.

Dieses Gebäude mit einer recht bewegten Vergangenheit ist heute noch erhalten. Es wird heute als Wohngebäude genutzt.

Standort: Am Stadtpark 28–48.

Lage des Friedhofs: In der Stadt Deggendorf als Teil des kommunalen Friedhofes.

Standort: Vom Bahnhof Deggendorf geht man in die Bahnhofsstraße von der man rechts über den Luitpoldplatz, den Michael-Fischer-Platz und den Pferdemarkt bis zur Pfarrgasse läuft in die man dann links einbiegt. Man geht diese Straße entlang, überquert die Dr.-Stich-Straße und befindet sich direkt vor dem Eingang des Städt. Friedhofs zu Deggendorf.

Die jüdischen Gräber befinden sich heute in der Jüdischen Abteilung des Friedhofes neben dem Leichenhaus am Pandurenweg im Friedhof III.

Zustand: Sehr schön gepflegt.

Allgemeine Übersicht: „Jüdische Abteilung" des Friedhofes Deggendorf durch „lebenden Zaun" (= Hecke) vom allgemeinen Friedhof abgetrennt; zwei entgegengesetzte Grabfelder: an der Mauer (linke Seite) 2 Reihen mit 19 (20) Gräbern, an der Hecke auf der gegenüberliegenden Seite (rechte Seite) 3 Reihen mit 24 Gräbern; in der Mitte zwischen den Reihen Grasfläche; an der dem Leichenhaus gegenüberliegenden Querseite (am Leichenhaus befindet sich auch der Eingang zum „jüdischen Friedhof") eine 1989 errichtete Gedenktafel mit der folgenden Inschrift: „Zur Ehre und zum Gedenken den jüdischen Mitbürgern, die an den Folgen unmenschlicher Behandlungen im KZ Theresienstadt, hier in Deggendorf verstorben sind. Den Lebenden zur Mahnung, kommenden Geschlechtern zur Warnung. Errichtet durch die Stadt Deggendorf 1989."; z. T. recht bescheidene Grabsteine; alle Gräber stammen aus der Zeit nach 1945 (1945–1967).

Dingolfing (Dingolfing-Landau)

Hier existierte bis 1338 eine Jüdische Kultusgemeinde, die als Folge der „Judenmorde zu
Deggendorf und Straubing", wahrscheinlich
im gleichen Jahr, ausgerottet wurde.
Außer dieser urkundlich gesicherten Tatsache gibt es heute kein weiteres Zeugnis jüdischer Vergangenheit in Dingolfing mehr.

Eggenfelden (Rottal-Inn)

Hier existierte bis 1338 eine Jüdische Ge-
meinde, die als Folge der „Judenmorde zu
Deggendorf und Straubing" wohl im gleichen
Jahr vernichtet wurde.
Es scheinen sich hier danach doch wieder
Juden angesiedelt zu haben, denn in den
Jahren 1443 und 1446 werden Juden als
Hausbesitzer urkundlich erwähnt. Da jedoch
zur damaligen Zeit einzelne Judenfamilien
kaum allein an Orten leben konnten, ist das
Vorhandensein einer, wenn auch wahrscheinlich sehr kleinen, Jüdischen Gemeinde
anzunehmen.
An das Wirken und die Existenz von Juden in
Eggenfelden erinnert heute – trotz allem –
noch die „vorher ‚Schergengasse' genannte
kleine Straße im Burgfrieden östlich parallel
zum Hauptplatz", die den „Namen ‚Judengasse' trägt, der sich bis auf den heutigen
Tag als Namensbezeichnung erhalten hat".
Nach 1945 existierte hier kurzfristig (der Zeitpunkt ist unbekannt, könnte aber bis 1949/50
angesetzt werden) eine kleine Jüdische Gemeinde, eine sog. UNRRA-Gemeinde, die
sich aus DPs – befreiten KZ-Opfern zusammensetzte, die hier auf ihre Auswanderung
nach Israel oder in andere Länder warteten.
Wahrscheinlich fanden Gottesdienste in einem Betsaal in einem Privathaus statt, dessen Standort bis heute nicht in Erfahrung
gebracht werden konnte. Trotz eingehender
Recherchen war es bis jetzt nicht möglich,
weitere Informationen über diese Kultusgemeinde zu erhalten.

Eging (Passau)

Lage des Friedhofs: Auf dem Dorffriedhof.

Standort: Von Passau über Aicha vorm Wald
kommend fährt man in den Ort hinein. Von
der Durchgangsstraße, der Vilshofener Straße, biegt man in der Ortsmitte rechts in die
Frühlingsstraße ein. Diese fährt man dann
fast bis zum Ende durch. Dort befindet sich
linker Hand ein großer Parkplatz. Man läßt
seinen Wagen dort stehen, geht durch den
Friedhofseingang und biegt sofort danach
nach links ab. Man geht dann, an der Mauer
entlang, zum anderen Ausgang (Richtung
Ort) zu. Auf diesem Weg befindet sich, ca. in
der Mitte zwischen den 2 Toren, das
Denkmal.

Zustand: Gepflegt.

Allgemeine Übersicht: Denkmal (inmitten ei-
ner Grünanlage) mit folgender Inschrift: „NA-
MENLOSE DIE NIEMAND KENNT GOTT
DEREINST BEIM NAMEN NENNT GIBT KEI-
NEN JA VERLOREN"; hier sollen ca. 70–170
KZ-Opfer, die in Nammering von der SS er-
schossen wurden, ihre letzte Ruhe gefunden
haben.

Ergoldsbach (Landshut)

Hier existierte nachweislich in den Jahren
1945–1947 (vielleicht auch noch etwas länger) eine Jüdische Kultusgemeinde, die sich
aus Überlebenden der KZ-Lager zusammensetzte. Diese Tatsache bezeugt die Gedenktafel auf dem jüdischen KZ-Friedhof bei
Steinrain. Es konnte nicht ermittelt werden,
wo diese Gemeinde aus KZ-Opfern, die von
der UNRRA betreut wurde und sich mit der
Auswanderung der Juden auflöste, ihre Gottesdienste abhielt, ob in dem Ort sonstige
kurzfristig genutzte Kultbauten vorhanden
waren. Der heutigen Ortsverwaltung war
„nichts bekannt".
So konnte, trotz intensivster Recherchen, außer der Tatsache des Vorhandenseins, keine
weitere Spur jüdischer Vergangenheit in Ergoldsbach mehr gefunden werden.

Fürstenstein (Passau)

Lage des Friedhofs: Auf dem Dorffriedhof.

Standort: Von Eging kommend fährt man auf
der Hauptstraße durch den Ort immer bergauf. Nicht mehr weit vom Ortsende biegt man
links in den Friedhofssteig ein (nachdem man
vorher das Auto geparkt hat). Man geht den
Friedhofssteig bergauf, an dessen Ende sich
der Friedhofseingang befindet. Man geht

durch den Haupteingang hinüber zur gegenüberliegenden Mauer und dann an dieser rechts entlang bis hinter die Wasserstelle. Hier befindet sich der Grabstein.

Zustand: Gepflegt.

Allgemeine Übersicht: Grabstein mit der Inschrift: „ÜBER EUCH NEIGEN SICH PSALMEN DES FRIEDENS   RUHESTAETTE VON 39 OPFERN DES NATIONALSOZIALISMUS † APRIL 1945"; das Grab (ein Massengrab, in dem sich mit Sicherheit auch jüdische NS-Opfer befinden) ist schön gepflegt, mit Blumen bepflanzt.

Geiselhöring (Straubing-Bogen)

Hier existierte vom September 1945 bis ca. Juli 1950 eine Jüdische Kultusgemeinde, die sich fast gänzlich aus KZ-Opfern polnischer Nationalität (DPs aus Polen) zusammensetzte. Sie besaß einen Betsaal bzw. eine Synagoge in den Räumen der früheren Gastwirtschaft Josef Weber. Im Jahre 1948 begann der Wegzug der Gemeindemitglieder nach Israel und den USA, so daß sich die Gemeinde 1950 von alleine auflöste.
Das Haus, in dem sich kurzfristig die Synagoge bzw. der Betsaal befand, steht heute noch. Es befindet sich in Privatbesitz und wird heute als Textil- und Modegeschäft genutzt.

Standort: Stadtplatz 13.

Kelheim (Kelheim)

Hier existierte bis 1338 eine Jüdische Kultusgemeinde, die als Folge der „Judenmorde zu Deggendorf und Straubing" wahrscheinlich im gleichen Jahr ausgerottet wurde.
Außer dieser urkundlich gesicherten Tatsache gibt es heute kein weiteres Zeugnis jüdischer Vergangenheit von Kelheim mehr. Allerdings gibt es am Ort, an der Apotheke in der Donaustraße 16 und am sog. Klösterl, ca. zwei km von Kelheim entfernt, jüdische Grabsteine. Diese stammen jedoch keineswegs aus dem Ort, sondern wurden von dem im Jahre 1519 zerstörten jüdischen Friedhof zu Regensburg hierher gebracht. Einer der Grabsteine wurde 1519, also im gleichen Jahr, da der Friedhof zerstört wurde, in die

Vom jüdischen Friedhof Regensburg geraubter Stein an der Außenmauer der Anlage des „Klösterl" in Kelheim

Mauer der Apotheke eingefügt. Der aus dem Jahre 1249 stammende Stein trägt folgende Inschrift: „DIESES IST DER GRABSTEIN DER FRAU ORGEA TOCHTER DES HERRN JEHUDA, GESTORBEN AM 6. DES MONATS TAMMUS AM FREITAG IM JAHRE 5069."

Standort: Donaustraße 16.
Zwei weitere Grabsteine befinden sich im sog. Klösterl, heute einer Gaststätte (einem früheren Kloster) an der Donau. Einer steht an der Klosterkirche außen, während der zweite in die das Klösterl umgebende Mauer eingelassen ist. Er befindet sich an der der Donau gegenüberliegenden Mauerseite, ist aber wegen des dichten Bewuchses mit Pflanzen recht schwer zu finden.

Standorte: Außenmauer der Klosterkirche am Klösterl und Außenmauer der die Klosterkirche umgebenden Mauer.

Landau (Dingolfing-Landau)

Hier existierte bis 1338 eine Jüdische Gemeinde. Sie wurde als Folge der Judenmorde zu Deggendorf und Straubing, wahrscheinlich im gleichen Jahr, ausgerottet.

Außer dieser urkundlich gesicherten Tatsache gibt es heute kein weiteres Zeugnis jüdischer Vergangenheit in Landau mehr.

Nach Kriegsende gab es hier von 1945 bis ungefähr 1948/50 (Datum ist nicht gesichert) eine kleine jüdische Gemeinschaft, eine sog. UNRRA-Gemeinde, die sich aus DPs, aus den Konzentrationslagern befreiten jüdischen NS-Opfern, zusammensetzte. Ihre Gottesdienste hielten sie mit großer Wahrscheinlichkeit in einer Stube (= Betsaal) eines von Juden damals bewohnten Privathauses ab.

Trotz intensiver Recherchen war es bis heute nicht möglich, weitere Informationen über diese kleine jüdische „DP-Nachkriegsgemeinde" zu erhalten.

Landshut

Hier existierte nachweislich von 1204 (andere Quellen nennen als Jahreszahl 1265) bis 1450 eine Jüdische Kultusgemeinde. Sie besaß eine Synagoge, eine Mikwe, wahrscheinlich eine Sukka (= Laubhütte) und außerhalb der Stadt auch einen Friedhof. Die Juden wohnten in den Häusern der Judengasse, die mit „unter den Juden" oder „an der Klöpf" bezeichnet wurden.

Die Gemeinde litt schwer unter Verfolgungen: die Landshuter Juden wurden Opfer der niederbayerischen Pogrome des Jahres 1338 wie auch der Pestverfolgung 1349. 1450 hörte die Gemeinde auf zu existieren: die Synagoge wurde in die „Salvatorkirche" „umfunktioniert". Diese ehemalige Synagoge wurde dann um 1810 im Zuge der Säkularisation abgebrochen. Daher ist von dem ehemaligen Synagogengebäude auch nichts mehr erhalten.

Das Gebäude, in dem sich die Mikwe befindet, existiert heute noch als Haus Nr. 182 c im Nahensteig.

Standort der Mikwe: Keller des Hauses „Am Nahensteig 182 c".

Es sind auch noch zwei Grabsteine aus dem 14. Jahrhundert vorhanden, die mit größter Wahrscheinlichkeit vom früheren hiesigen jüdischen Friedhof stammen.

Nach dem Ende NS-Deutschlands entstand in den Jahren 1945/46 in der Stadt kurzfristig eine Jüdische Kultusgemeinde, die sich zumeist aus ehemaligen DPs zusammensetzte. Ihre Gottesdienste hielten sie in einer Betstube im Gasthof „Silbernagel" in der Altstadt Nr. 7 ab. Noch vor 1950 löste sich die Gemeinde durch Wegzug der KZ-Überlebenden nach Israel und in die USA von alleine wieder auf.

Standort der kurzfristigen Betstube: Altstadt Nr. 7.

Lage des Friedhofs: Außerhalb der Stadt bei „Maria Bründl".

Allgemeine Übersicht: Hier existierte nachweislich ein in den Jahren 1380, 1450 (1583 und 1604 nur noch als Flurname) urkundlich erwähnter Friedhof. Er befand sich an einer alten Hochstraße außerhalb der Stadt hinter dem Hofberg auf seinerzeit herzoglichem Gebiet auf einem Grundstück in der Nähe von „Maria Bründl". Eine ganz genaue Ortsbestimmung konnte nicht eindeutig festgelegt werden.

Langquaid (Kelheim)

Hier existierte von 1945 bis ungefähr 1949/50 (Datum ist nicht sicher!) eine kleine jüdische Gemeinschaft – wahrscheinlich sogar eine kleine Jüdische Kultusgemeinde, eine sog. UNRRA-Gemeinde, die sich aus DPs aus den Konzentrationslagern befreiten Juden zusammensetzte, die hier auf ihre Auswanderung nach Israel oder in ein anderes Land warteten. Mit Sicherheit besaßen sie einen Betsaal, der in einem Privathaus untergebracht war, das von Juden bewohnt wurde. Trotz recht intensiver Recherchen war es bis heute nicht möglich, irgendwelche weitergehenden Informationen über diese kleine UNRRA-Kultusgemeinde zu erhalten.

Mallersdorf (Straubing-Bogen)

Hier existierte von 1945 bis ungefähr 1950/51 (Datum ist nicht gesichert) eine Jüdische Kultusgemeinde – eine sog. UNRRA-Gemeinde, die sich aus DPs – aus den deutschen Konzentrationslagern befreiten jüdischen NS-Opfern – zusammensetzte, die hier auf ihre Auswanderung nach Israel oder in ein anderes Land warteten. Sie besaßen einen Betsaal in einem von Juden damals bewohnten Privatgebäude.

Trotz sehr intensiver Recherchen war es bis heute nicht möglich, weitere Informationen über die Jüdische Kultusgemeinde Mallersdorf zu erhalten.

Massing (Rottal-Inn)

Hier existierte bis 1338 eine Jüdische Kultusgemeinde, die jedoch, vermutlich im gleichen Jahr, als Folge der „Judenmorde zu Deggendorf und Straubing", ausgerottet wurde.

Außer dieser urkundlich gesicherten Tatsache gibt es heute kein weiteres Zeugnis jüdischer Vergangenheit in Massing mehr.

Mitterharthausen (Straubing-Bogen)

Lage der Gedenkstätte: Straßenkreuzung Straubing/Dingolfing/Alterhofen/Feldkirchen.

Standort: Genau an dieser Straßenkreuzung befindet sich auf der linken Seite hinter der Kreuzung (in Richtung Straubing gesehen) ein kleines Denkmal.

Allgemeine Übersicht: Das kleine Denkmal, jenseits der Kreuzung in Richtung Straubing (neben einem älteren Kreuz) aufgestellt, hat folgende Inschrift: „ZUM GEDENKEN AN 9 UNBEKANNTE OPFER DES NATIONALSOZIALISMUS GESTORBEN 1945". Daneben steht noch ein Baum. Es ist anzunehmen, daß sich unter den 9 Opfern Juden befunden haben, falls nicht alle 9 Opfer Juden waren.

Nammering (Passau)

Lage der Gedenkstätte: Außerhalb des Ortes, am Bahngleis im Wald.

Standort: Von Nammering fährt man die Hauptstraße in Richtung Aicha vorm Wald. Hinter den Eisenbahngleisen, die die Straße kreuzen, biegt man scharf links ab (Hinweisschild „Mahnmal KZ-Transport 1945" beachten) in Richtung Gstöcket/Nußbaum. Sofort hinter der Abzweigung ist eine Gabe-

lung: hier muß man den linken Weg – Fasanenweg – gehen. Diesen geht man immer am Bahndamm entlang, bis eine Abzweigung in den Wald links kommt, der man folgt. Man geht nun diesen Feldweg an der Bahnlinie noch 300 m entlang, dann trifft man rechts des Weges auf das Denkmal.

Zustand: Gepflegt.

Allgemeine Übersicht: Großer Granitblock mit einer eingemeißelten Friedenstaube darauf und der folgenden Inschrift: „KZ-TRANSPORT 1945   794 HÄFTLINGE ERMORDET".

Passau

Hier existierte vermutlich bereits gegen Ende des 9. Jahrhunderts bis 1478 eine, wenn auch kleine, Jüdische Kultusgemeinde, die urkundlich jedoch erst in den Jahren 1204, 1210, 1244, 1260 u. a. m. erwähnt wurde. Die Juden wohnten 1204 (wie damals fast allgemein üblich in einem abgeschlossenen Quartier) in der Sichlinggasse, die bald nach der Jahrhundertwende Judengasse hieß und heute Steiningergasse genannt wird, sowie im 14. Jahrhundert in der früheren Schulgasse bzw. Judenschulgasse, der heutigen Carlone-Gasse, die ebenfalls in der Passauer Altstadt liegt. Am Ende der früheren Judenschulgasse hatten sie eine (1314 erstmals und 1427 letztmals genannte) Synagoge und eine Mikwe.

Um 1100 sollen aus Regensburg vertriebene Juden sich in dem Stadtteil Ilzstadt am Ufer der Ilz angesiedelt haben. 1360 siedelten dort angeblich 54 jüdische Familien. 1412 sind sie jedenfalls an diesem Ort erstmals urkundlich erwähnt. Hier, wo Platz war für 10–12 Häuschen, hatte die Passauer Jüdische Gemeinde in einer eigenen kleinen Judenstadt (die angeblich wegen der Trennung Juden/Christen von einer Mauer umgeben gewesen sein soll) nachweislich eine Synagoge, diese stand an der Stelle, wo heute die Kirche „St. Salvator" in Passau-Ilzstadt steht, in der heutigen Ilzstadt, dazu einen Friedhof nördlich der Freyung und der „Oberhauser Leite", heute „Am Vogelherd". Dieser Friedhof wurde urkundlich 1418 erwähnt.

1478, nach dem sog. „Judenmordprozeß von Passau" wurde die Jüdische Gemeinde vollkommen zerstört. Die Juden wurden entweder vertrieben oder ermordet, die Synagoge, von der heute deshalb keine Spur mehr erhalten ist, wurde vernichtet. Auf ihrem Grund wurde die „Sühnekirche St. Salvator" errichtet.

Bis ins 20. Jahrhundert gab es in Passau keine Jüdische Gemeinde mehr, wiewohl immer wieder einzelne Juden hier wohnten. Obwohl es in der Stadt im Jahre 1910 immerhin 73 Juden gab, 1925 noch 48 und 1933 immer noch 40, gelang es doch nicht (trotz vergeblichen Versuches) eine eigene Gemeinde zu gründen, sondern die Passauer Juden schlossen sich der Jüdischen Gemeinde Straubing an.

Erst ab 1946 gab es, allerdings nicht sehr lange, in Passau eine eigene Jüdische Kultusgemeinde, deren Mitglieder sich aus ehemaligen KZ-Opfern zusammensetzten, die sich zur Wiederherstellung ihrer Gesundheit in der Stadt befanden und großenteils auf die Emigration vorbereiteten. Die Gemeinde besaß eine Mikwe und einen Betsaal im Hotel „Deutscher Kaiser" in der Bahnhofstraße 30. Nach dem Wegzug der DPs nach Israel und den USA löste sich die Gemeinde von alleine wieder auf. Das Hotel „Deutscher Kaiser" wird heute wieder als Hotel benutzt.

Standort: Bahnhofstraße 30.

Lage des historischen Friedhofs: Norden der Stadt Passau.

Standort: Nördlich der Freyung an der „Oberhauser Leite", heute das Gebiet „Am Vogelherd".

Allgemeine Übersicht: Hier existierte, wahrscheinlich bis kurz nach 1478, ein zur Jüdischen Gemeinde Passau gehörender Friedhof, der 1418 urkundlich erwähnt wurde. Nach dem sog. „Judenmordprozeß von Passau" und der damit verbundenen Vertreibung bzw. Ermordung der Juden wurde der Friedhof verlassen und wahrscheinlich zerstört. Heute ist von ihm keine Spur mehr übrig.

Pfarrkirchen (Rottal-Inn)

Hier existierte bis 1338 eine Jüdische Kultusgemeinde. Sie wurde als Folge der „Judenmorde zu Deggendorf und Straubing", wahrscheinlich im gleichen Jahr, ausgerottet.

Außer dieser urkundlich gesicherten Tatsache gibt es heute kein weiteres Zeugnis jüdischer Vergangenheit mehr in Pfarrkirchen.

Pfeffenhausen (Landshut)

Hier existierte bis 1338 eine Jüdische Kultusgemeinde, die als Folge der „Judenmorde zu Deggendorf und Straubing", vermutlich im gleichen Jahr, ausgelöscht wurde.

Außer dieser urkundlich belegten Tatsache gibt es heute kein weiteres Zeugnis jüdischer Vergangenheit in Pfeffenhausen mehr.

Plattling (Deggendorf)

Hier wohnten seit sehr langer Zeit Juden (z. B. 1875: 3; 1904: 4; 1928: 13), die jedoch keine eigene Gemeinde bildeten, sondern stets der Kultusgemeinde *Straubing* angeschlossen waren. Ab Februar 1945 gab es dann recht viele Juden, mindestens 400, in Plattling; sie waren in einem Nebenlager des Konzentrationslagers Flossenbürg im alten Schulhaus hinter der kath. Pfarrkirche untergebracht. Viele von ihnen fanden hier auch den Tod. Nach der Befreiung 1945 gründeten die überlebenden KZ-Opfer eine Jüdische Kultusgemeinde, die im August 1946 immer noch 46 Mitglieder hatte, sich jedoch noch vor 1950 infolge Wegzuges der NS-Opfer nach Israel oder in die USA wieder auflöste. Ihre Gottesdienste hielten die Überlebenden der KZ-Lager im „Bürgerspital", einem Gebäude, das heute noch exisitiert und jetzt als Volkshochschule genutzt wird, ab.

Standort: Ludwigplatz 8.

Im Jahre 1989 wurde in Plattling ein Denkmal errichtet, das einerseits an die früheren jüdischen Einwohner Plattlings, andererseits an die Toten des Nebenlagers des KZ Flossenbürg am Ort erinnern soll. Der Gedenkstein hat die folgende Inschrift: „ZUM GEDENKEN AN DIE OPFER DES NATIONALSOZIALISMUS UND DIE JÜDISCHEN OPFER DER STADT PLATTLING DIE VON 1933–1945 IHR LEBEN LASSEN MUSSTEN, DEN TOTEN ZUR EHRE DEN LEBENDEN ZUR MAHNUNG." ● I. BÜRGERMEISTER DER STADT PLATTLING ● ISRAELITISCHE KULTUSGEM. STRAUBING"

„*Standort:* Das Denkmal befindet sich links des Haupttores des städt. Friedhofs auf dem Friedhofsweg. Zum Friedhof gelangt man, indem man die Stadt in Richtung Passau verläßt und dann hinter der Isarbrücke von der Hauptstraße links abbiegt.

Pocking (Passau)

Hier existierte von 1945 bis 1948 eine Jüdische Kultusgemeinde, eine sog. UNRRA-Gemeinde, die sich aus DPs, ehemaligen KZ-Opfern zusammensetzte, die auf ihre Auswanderung nach Israel oder in andere Länder warteten. Die kultischen Handlungen wurden in einem Haus in der Stadt abgehalten. Das Bauwerk wurde nach der Auflösung der Gemeinde infolge Auswanderung wieder Wohnhaus in Privateigentum. Es existiert heute noch.

Standort: Tettenweiser Straße 6.

Regen (Regen)

Hier existierte von 1945 bis ca. 1947/49 (Datum ist nicht gesichert) eine kleine jüdische Gemeinschaft, eine sog. UNRRA-Gemeinde, die sich aus DPs aus den Konzentrationslagern befreiten jüdischen NS-Opfern zusammensetzte. Ihre Gottesdienste hielten sie sehr wahrscheinlich in einem Betsaal, der in einem von Juden bewohnten Privathaus untergebracht war, ab.

Trotz sehr intensiver Recherchen war es bis heute nicht möglich, irgendwelche Informationen über diese kleine Nachkriegsgemeinde zu erhalten.

Riedenburg (Kelheim)

Hier existierte bis 1298 eine Jüdische Kultusgemeinde, die im Zuge der „Rindfleisch-Verfolgung", vermutlich im gleichen Jahr, ausgerottet wurde.

Außer dieser urkundlich gesicherten Tatsache gibt es heute kein weiteres Zeugnis jüdischer Vergangenheit mehr in Riedenburg.

Saal a. d. Donau (Kelheim)

Lage des Friedhofs: Am Dorffriedhof.

Standort: Vom Rathaus begibt man sich links in die Rathausstraße und biegt dort links in die Hauptstraße ab, die man bei der nächsten Abzweigung rechts in den Ringweg wieder verläßt. Hier biegt man in die 2. Straße links – die Friedhofstraße – ab, die man bis zum Ende durchfährt. Hier befindet sich das Haupttor, durch das man geradeaus durchgeht, bis zum gegenüberliegenden Ende des Friedhofes, wo man nach links abbiegt. In der linken Ecke befindet sich das gesuchte Denkmal.

Zustand: Gepflegt.

Allgemeine Übersicht: Rotunde mit Gedenkstein in der Mitte; Gedenkstein mit daraufsitzender Urne; Urne mit folgender Inschrift: „EURE ASCHE SEI UNS EIN MAHNEND VERMAECHTNIS"; Gedenkstein mit folgender Inschrift: „BEGRÄBNISSTÄTTE VON 20 KZ-OPFERN UND ASCHE VON 360 KZ-HÄFTLINGEN AUS DEM LAGER FLOSSENBÜRG † APRIL 1945"; Inschrift am Sockel: „NIEMALS WIEDER! WIR HABEN DIE SCHRECKEN DER VERGANGENHEIT NICHT VERGESSEN 1945–1985 DIE JUGEND DER I.G. BAU STEINE ERDEN"; Bewuchs mit Ziersträuchern, Laub- und Nadelbäumen.

Steinrain (Straubing-Bogen)

Lage des Friedhofs: An der Straße von Mallersdorf nach Landshut/Regensburg, ca. 1 km hinter Pfaffenberg bzw. vor Oberlindhart, rechts von der Straße.

Standort: Von Mallersdorf aus fährt man durch Pfaffenberg durch in Richtung Oberlindhart. Ca. 1 km hinter Pfaffenberg, unmittelbar nach der Abzweigung rechts nach Steinrain, liegt der Friedhof rechts der Straße, neben einem Parkplatz.

Zustand: Hervorragend gepflegt.

Allgemeine Übersicht: Durchgehende, stabile, niedrige Mauer mit dazwischenstehenden Steinsäulen, die durch Ketten miteinander verbunden sind; vorne, am Parkplatz, Haupteingang; großes Tor mit den folgenden Inschriften auf beiden Torpfosten: „Dieser Friedhof wurde im Jahre 1947 errichtet unter dem Protektorat von Staatskommissar Dr. Philipp Auerbach mit Hilfe des Landsratsamtes Mallersdorf und den Jüdischen Kultusgemeinden Ergoldsbach, Geiselhöring und Mallersdorf. Finanziert durch die jüdische Bevölkerung des Landkreises Mallersdorf. This cemetery has been erected in 1947 under the protectorate of commissary of state Dr. Philipp Auerbach with help by the Landrats office of Mallersdorf and the Jewish Committee

Synagoge der Israelitischen Kultusgemeinde
Straubing

Friedhof Straubing

of Ergoldsbach, Geiselhöring and Mallersdorf. Financed by the Jewish population of
the district of Mallersdorf"; über den Tafeln
auf beiden Torpfosten Fackelhalter in einem
Magen David; kunstschmiedeeisernes Tor
mit der Jahreszahl 1947 in einem Magen
David in beiden Torflügeln; zwei Nebentore,
ebenfalls mit kunstschmiedeeisernen Torflügeln mit Magen David; vom Haupttor aus
ebenso wie von den Nebentoren, führt ein
mit Steinen gepflasterter Weg in die Mitte
des Friedhofes zu einem großen Denkmal,
das auf einem gemauerten Magen David, der
im Inneren bepflanzt ist, steht; dieses Denkmal trägt in Hebräisch, Englisch und Deutsch
folgende Inschrift: „ZUM EWIGEN GE-
DÄCHTNIS FÜR ALLE ZEITEN HIER RUHEN
67 VON DEN SECHS MILLIONEN JÜDI-
SCHER OPFER DIE DURCH NAZI GRAU-
SAMKEIT ZU TODE GEMARTERT WURDEN
ALS SIE IM JAHRE 1945 AUS DEM LAGER
BUCHENWALD GEFÜHRT WURDEN, HEI-
LIG SEI DAS ANDENKEN DES UNSCHUL-
DIG VERGOSSENEN BLUTES"; rund um das
Denkmal 67 Davidsterne auf Massengräbern;
parkähnliche Anlage, mit Blumen, Ziersträu-
chern und Bäumen bepflanzt.

Straubing

Hier existierte ab dem Beginn des 13. Jahrhunderts – vermutlich aber schon wesentlich
früher – bis zur endgültigen „Austreibung der
Juden aus Bayern" im Jahre 1442 eine Jüdische Kultusgemeinde, die jedoch bereits am
11. September 1338 einem Pogrom – dem
„Judenbrand" – zum Opfer fiel. Sie besaß
damals eine Synagoge, eine Schule und eine
Mikwe im früheren Getto, der „Judengasse"
– heute Rosengasse – die 1338 niedergebrannt wurde.
Doch schon bald nach dem Pogrom siedelten sich in Straubing wieder Juden an, deren
neuerbaute Häuser und Synagoge um 1392
durch eine Feuersbrunst nochmals vernichtet
wurden; sie bauten ihre Wohnungen und Kul-
tusstätten wieder auf, denn eine Urkunde aus
dem Jahre 1419 berichtet über die Aufnahme
von Juden, die am Ort eine „Judenschule"
hatten. Das Jahr 1442 brachte – nachdem es
bereits 10 Jahre vorher wieder einmal zu
Verfolgungen gekommen war – das endgültige Ende für die Jüdische Gemeinde Straubing.
An das mittelalterliche Getto erinnert heute
nur noch die Rosengasse, die früher „Juden-

„Zehn Gebote" über dem Thoraschrein der Synagoge Straubing

gasse" hieß. Der Grabstein aus dem Jahre 1328, der am Hause Rosengasse 22 zu sehen ist, stammt nicht aus Straubing (hier gab es bis ins 20. Jahrhundert keinen jüdischen Friedhof!), sondern von dem ab dem Jahre 1519 zerstörten und geplünderten jüdischen Friedhof der Gemeinde Regensburg.

Auch eine große Anzahl von Urkunden in verschiedenen Archiven – das bedeutendste Beispiel dafür ist der *„Judeneid"* aus dem Roten Buch der Stadt Straubing (um 1472) – vermittelt sehr eindrucksvoll eine Vorstellung über das jüdische Leben im mittelalterlichen Straubing. Von 1442 bis gegen Ende des 19. Jahrhunderts gab es in der Stadt keine jüdischen Einwohner, wohl aber jüdische Kaufleute und Händler, die hier tagsüber geschäftlich tätig waren. Erst im Jahre 1897 wurde hier wieder eine Israelitische Kultusgemeinde gegründet, die bis 1942 existierte und deren Mitglieder in den Orten Deggendorf, Landshut, Passau, Plattling und Vilshofen wohnten. Sie besaß eine am 4. 9. 1907 eingeweihte Synagoge mit angebautem Gemeindehaus, das eine Mikwe, eine Schule, einen Versammlungssaal und Wohnungen – auch eine Lehrerwohnung – beherbergte sowie ab 1923 einen Friedhof. In den 20er

Jahren wurde in der Synagoge eine steinerne Gedenktafel für die im Ersten Weltkrieg 1914–1918 gefallenen Mitglieder der Gemeinde angebracht.

Am 10. 11. 1938 wurde das Synagogeninnere in Brand gesteckt und verwüstet, Einrichtung und Ritualien vernichtet. Das Gebäude blieb jedoch als Bauwerk erhalten.

Im Jahre 1946 gründeten Überlebende aus den Konzentrationslagern, die sich ab 1945 am Ort aufhielten, in Straubing eine neue Jüdische Gemeinde wieder, die Israelitische Kultusgemeinde Straubing, die für ganz Niederbayern zuständig ist. Unter *Dipl.-Ing. Stefan Schwarz* s. A., dem ersten Gemeindepräsidenten, wurde 1946 das Synagogengebäude wieder instandgesetzt: das Innere der Synagoge wurde renoviert, das mit der Synagoge zusammengebaute Gemeindehaus wieder seiner ursprünglichen Funktion zugeführt: es beherbergte eine Religionsschule, einen Gesellschaftsraum und eine Bibliothek.

Am 8. November 1964 wurden in der Synagoge zwei Gedenktafeln für die Opfer der Verfolgung 1933–1945 enthüllt.

In den Jahren 1988–1989 wurden unter *Israel Offmann,* dem 1. Vorsitzenden der Kultusgemeinde, Synagoge mit Gemeindehaus abermals gründlich saniert und restauriert. So befinden sich heute neben der Synagoge eine sehr schöne Mikwe, eine milchige und eine fleischige Küche, ein Unterrichtsraum, ein Gemeindebüro, ein Konferenzraum, zwei Wohnungen und ein großer Gemeindesaal im renovierten Gemeindezentrum der Israelitischen Kultusgemeinde Straubing.

Standort: Wittelsbacher Straße 2.

Besonderheiten: Sehr schön renovierter Aron Hakodesch; links davon 2 Gedenktafeln für die durch den Nationalsozialismus ermordeten Opfer der Vorkriegsgemeinde; an der linken Querseite der Synagoge Gedenkstein für die Gefallenen der Gemeinde von 1914–1918; links davon Gedenktafel für die ermordeten Angehörigen s. A. der heutigen Gemeindemitglieder, die aus Polen stammen; an der rechten Querseite des Synagogenraumes weitere Gedenktafel für die von den Nationalsozialisten ermordeten Verwandten s. A. der heutigen Gemeindemitglieder aus Osteuropa; im rechten Vorbau (Türmchen) der Synagoge, rechts vom Haupteingang, kleines Museum mit Exponaten aus der Geschichte der Kultusgemeinde; links von der inneren Haupttür (im Synagogenvorraum) steinerne Erinnerungstafel, die den für die Restaurationen der Synagoge verantwortlichen Persönlichkeiten gewidmet ist mit folgender Inschrift: „DIESE SYNAGOGE WURDE 1907 ERBAUT 1938 GESCHÄNDET VON DEN NAZI-SCHERGEN 1946 INSTANDGESETZT DURCH GEMEINDEPRÄSIDENT STEFAN SCHWARZ 1988–1989 SANIERT UND RESTAURIERT DURCH I. VORSITZENDEN ISRAEL OFFMANN".

An der Straße wird das Synagogengrundstück durch einen sehr schönen, kunstschmiedeeisernen Metallzaun begrenzt. Im äußersten rechten Eck des Grundstücks wurde eine aus der Erbauungszeit der Synagoge stammende Stele aufgestellt, die Vorsitzender Israel Offmann gefunden hatte. Sie trägt die folgende Inschrift: „Es sei meine und all meiner Nachfolger heiligste Pflicht, dieses Gotteshaus in ihre Obhut zu nehmen   4. September 1907   Hofrat v. Leistner   Bürgermeister   ERBAUT 1907 GESCHÄNDET 1938 WIEDER EINGEWEIHT 1945 RESTAURIERT 1989."

Lage des Friedhofs: In der Stadt Straubing, Thomasweg 4.

Stele aus der Erbauungszeit der Synagoge Straubing

Standort: Vom Rathaus aus fährt man durch das Untere Tor in die Innere Passauer Straße und biegt von dieser dann in die Friedhofsstraße ein. Kurz vor dem christlichen Friedhof, der rechter Hand gut sichtbar ist, biegt man von der Friedhofsstraße links in den Michaelsweg und von diesem dann nach ca. 100 m rechts in den Thomasweg ein. Hier liegt ca. 20 m rechts hinter dem Eckhaus der Eingang des Friedhofes.

Zustand: Hervorragend gepflegt.

Allgemeine Übersicht: Auf drei Seiten stabile Steinmauer, gegenüber dem Eingang Zaun mit Hecke; schmiedeeisernes Tor mit zwei Davidsternen; vom Tor zum gegenüberliegenden Zaun breiter, mit Kies gestreuter Weg; links des Tores Tahara-Haus; rechts des Tores fünf Gräberreihen; wenige Grabsteine aus der Zeit vor 1945 (der Friedhof war ja erst 1923 eingeweiht worden), mehr Grabsteine aus der Zeit nach der Shoah; in der äußersten hinteren Ecke Kindergräber in der letzten Reihe links); nur rechts des Weges Gräber; links des Weges Grünfläche; Bewuchs mit Bäumen.

Im Jahre 1963 errichtete die Stadt Straubing am nordwestlichen Stadtrand ein Denkmal – das Ehrenmal *Pulverturm* – als Mahnmal für die Opfer des 1. und 2. Weltkrieges und der Nationalsozialistischen Gewaltherrschaft. Eine der Gedenktafeln im Inneren des Pulverturmes – eines massigen Rundbaus, der um 1480 im Zuge der Stadtbefestigung erbaut wurde – hat die folgende Inschrift: „Zum ewigen Gedenken in Trauer um die jüdischen Bürger der Stadt Straubing, die der Nationalsozialistischen Gewaltherrschaft in den Jahren 1933–1945 zum Opfer gefallen sind".

Standort: Kinseherberg/Am Hagen (gegenüber der großen Eissporthalle).

Velden (Landshut)

Hier existierte bis 1338 eine Jüdische Kultusgemeinde. Sie wurde als Folge der „Judenmorde zu Deggendorf und Straubing", vermutlich im gleichen Jahr, ausgerottet.
Außer dieser urkundlich gesicherten Tatsache gibt es heute kein weiteres Zeugnis jüdischer Vergangenheit mehr in Velden.

Vilsbiburg (Landshut)

Hier existierte wahrscheinlich im Mittelalter eine kleine Jüdische Gemeinde, deren Vorhandensein heute jedoch nicht mehr urkundlich nachweisbar ist.
An die tatsächliche Anwesenheit von Juden in Vilsbiburg erinnert heute nur noch die urkundlich belegte Feststellung, daß es hier vom 14. bis zum 16./17. Jahrhundert eine „Judengasse" gegeben hat.

Vilshofen (Passau)

Hier existierte bis 1338 eine Jüdische Kultusgemeinde. Sie wurde als Folge der „Judenmorde zu Deggendorf und Straubing", wahrscheinlich im gleichen Jahr, ausgerottet. Danach lebten lange Zeit keine Juden mehr in Vilshofen; erst Ende des 19. bzw. Anfang des 20. Jahrhunderts gab es einzelne jüdische Menschen in der Stadt, jedoch keine Gemeinde mehr.

Erst nach dem Ende NS-Deutschlands, von 1945 bis 1946/47 existierte hier eine Jüdische Kultusgemeinde, deren Mitglieder ausnahmslos DPs, KZ-Opfer waren. In den Räumen der Volksbank wurde im Obergeschoß ein Betsaal eingerichtet, dort wurden die Gottesdienste abgehalten. Mit dem Wegzug der DPs löste sich die Gemeinde von alleine auf. Das Haus, in dem der Betsaal war, besteht heute noch als Volksbank.

Standort: Stadtplatz 6.

Waldstadt (Passau)

Hier existierte von ungefähr 1945 bis 1947 eine Jüdische Kultusgemeinde, eine sog. UNRRA-Gemeinde, die sich überwiegend aus befreiten KZ-Opfern der KZ-Außenstelle Mauthausen zusammensetzte, die hier auf ihre Auswanderung nach Israel oder in ein anderes Land warteten. Die jüdischen DPs waren in der ehemaligen Fliegerkaserne, der heutigen Rottal-Kaserne untergebracht. In einem der inzwischen umgebauten und renovierten Kasernengebäude besaßen die hier wartenden DPs einen Betsaal. Trotz sehr intensiver Recherchen und bereitwilliger Hilfe durch die Gemeinde Kirchham war es bis heute nicht möglich, weitere Informationen über diese kleine Nachkriegsgemeinde zu bekommen.

Standort der UNRRA-Gemeinde: Heutige Rottal-Kaserne.

Lage des Friedhofs: Rechts der Bundesstraße 12 Passau–München bei Anzing.

Standort: Von Pocking aus fährt man die B 12 in Richtung München. Ca. 5 km nach dem Ort kommt eine große Kreuzung: rechts führt der Weg zum KZ-Denkmal (Hinweisschild „KZ-Gedenkstätte" beachten!), links in die Rottal-Kaserne in Waldstadt. Man biegt also an der Kreuzung scharf rechts ab und fährt dann den geteerten Feldweg parallel zur B 12 ca. 150 m zurück, dann steht man direkt vor dem Seiteneingang der Gedenkstätte.

Zustand: Hervorragend gepflegt.

Allgemeine Übersicht: Sehr große Anlage mit Treppen, die von der B 12 hinabführen und einer Zufahrt von der Seite; Stufen und Rampe in der Mitte führen in ein großes Rechteck hinab; hohe Steinmauer (in der Erde eingelassen) mit mehreren Bänken um das Ehrenmal; zwei große Blumenbeete im mittleren

Gedenkstein auf der KZ-Gedenkstätte Waldstadt

Teil der Gedenkstätte; großes Denkmal mit Inschrift: „DEN OPFERN DER NATIONALSO-ZIALISTISCHEN GEWALTHERRSCHAFT 1933–1945" in der Mitte; an beiden Seiten des Denkmals folgende Inschrift: „DIE EHE-MALS HIER BESTATTETEN 95 KZ-HÄFTLIN-GE RUHEN JETZT IM KZ-EHRENFRIEDHOF FLOSSENBÜRG"; auf beiden Seiten des Denkmals je drei leere Steintafeln.

Wallersdorf
(Dingolfing-Landau)

Hier existierte von 1945 bis zu einem unbe-kannten Zeitpunkt, wahrscheinlich bis 1946/48, eine Jüdische Kultusgemeinde, eine sog. UNRRA-Gemeinde, die sich aus KZ-Opfern zusammensetzte, die hier nach ihrer Befrei-ung aus den Konzentrationslagern entweder wegen der Wiederherstellung ihrer Gesund-heit weilten oder auf ihre Auswanderung nach Israel oder in andere Länder in einem sog. DP-Camp warteten.

Trotz eingehender Recherchen war es bis heute nicht möglich zu erfahren, wo die da-mals hier lebenden Juden ihre Gottesdienste abhielten; wahrscheinlich hatten sie einen Betsaal in einem Privathaus.

Lage der Gedenkstätte: Rechts der Straße von Wallersdorf nach Ganacker.

Standort: Von der Ortsmitte von Wallersdorf fährt man auf der Landshuter Straße in Rich-tung Ganacker. Ca. 700 m hinter dem Orts-schild biegt man in einen geteerten Feldweg links ein, dem man ca. 500 m folgt, dann biegt man rechts in einen breiten, unbefestig-ten Feldweg ein, der nach ca. 100 m links neben einer Kapelle endet. Hier befinden sich rechts und links von der Kapelle 2 Denkmale.

Zustand: Ordentlich.

Allgemeine Übersicht: Sowohl rechts als auch links von der Kapelle befindet sich je ein Denkmal mit folgender Inschrift: links: „HIER RUHEN 89 KZ-HÄFTLINGE AUS DEM LA-GER GANACKER † APRIL 1945 UMGE-BETTET IM APRIL 1957 AUF DEM KZ-EH-RENFRIEDHOF FLOSSENBÜRG DEN TO-TEN ZUR EHRE".

Rechts: „ZUM GEDENKEN AN 60 KZ-OP-FER AUS DEM LAGER GANACKER † APRIL 1945 UMGEBETTET IM APRIL 1957 AUF DEM KZ-EHRENFRIEDHOF FLOSSENBÜRG DEN LEBENDEN ZUR MAHNUNG".

Jüdischer Grabstein in der Rosengasse in Straubing

ÜBERSICHT

(h) – historische Friedhöfe, heute nicht mehr existent
(KZ) – Konzentrationslager-Friedhöfe (Friedhof für KZ-Tote)
(KZG) – Konzentrationslager-Gedenkstätten (Gedenkstätte für KZ-Tote)

Gemeinden in Unterfranken

Acholshausen 31
Adelsberg 32
Aidhausen 32
Allersheim 32
Altengronau (Hessen) 33
Altenschönbach 34
Altenstein 34
Alzenau 34
Arnstein 34
Aschaffenburg 35
Aub 36
Bad Brückenau 38
Bad Kissingen 39
Bad Kissingen-Garitz 43
Bad Königshofen 43
Bad Neustadt/Saale 44
Bad Neustadt/Saale-Neuhaus (h) 44
Bastheim 45
Bergrothenfels (h) 45
Bibergau 45
Bischofsheim v. d. R. (h) 45
Bischwind 46
Böttigheim 46
Bonnland 46
Brünnau 46
Bütthard 46
Bundorf (h) 47
Burgpreppach 47
Burgsinn 49
Dettelbach 50
Detter (h) 50
Ditterswind (h) 50
Dittlofsroda 50
Dornheim 51
Ebelsbach 51
Ebern (h) 51
Eibelstadt (h) 51
Eichenbühl (h) 53
Eichenhausen 53
Erlenbach 54
Ermershausen 54
Eschau 55
Estenfeld 55
Euerbach 55
Fechenbach 56
Frankenwinheim 57
Freudenberg (h) 58
Friesenhausen (h) 58
Fuchsstadt 58
Gambach (h) 59
Gaukönigshofen 59

Geiselwind (h) 60
Geldersheim (h) 60
Gemünden 60
Geroda 61
Geroldshausen 62
Gerolzhofen 62
Giebelstadt 64
Gleusdorf 65
Gnodstadt 66
Gochsheim 66
Goldbach 66
Goßmannsdorf 66
Greußenheim 67
Großlangheim 67
Großostheim 67
Großwallstadt 68
Hammelburg 69
Haselbach (h) 69
Haßfurt 69
Hausen/Miltenberg (h) 70
Hausen/Rhön-Grabfeld (h) 70
Heßdorf 70
Hobbach 71
Höchberg 71
Höchheim 72
Höllrich (h) 73
Hörstein 73
Hofheim 73
Hofstetten 73
Hohenfeld 74
Hollstadt 74
Homburg/Main 75
Hüttenheim 75
Iphofen (h) 77
Ipthausen 78
Järkendorf (h) 78
Karbach 79
Karlstadt 80
Kirchheim 81
Kirchschönbach (h) 81
Kitzingen 81
Kitzingen-Sickershausen 82
Kleinbardorf 82
Kleineibstadt 84
Kleinheubach 85
Kleinlangheim 86
Kleinostheim 86
Kleinsteinach 86
Kleinwallstadt 88
Klingenberg 89
Knetzgau 89

Königsberg i. Bayern (h) 89
Kraisdorf 89
Krautheim (h) 90
Kützberg (h) 90
Laudenbach bei Karlstadt 90
Laudenbach bei Klingenberg (h) 92
Lebenhan (h) 93
Lendershausen 93
Limbach 93
Lohr/Main 93
Lohr-Sendelbach (h) 94
Lohr-Steinbach (h) 94
Lülsfeld 95
Mainbernheim 95
Mainstockheim 95
Marktbreit 96
Marktheidenfeld 96
Marksteft 97
Maroldsweisach 97
Maßbach 97
Mechenried (h) 98
Mellrichstadt 98
Memmelsdorf/Ufr. 99
Miltenberg 99
Mittelsinn 101
Mittelstreu (h) 101
Mömlingen (h) 102
Mönchberg (h) 102
Mühlfeld 102
Münnerstadt (h) 102
Nenzenheim 102
Neubrunn 102
Neustädtles 103
Niedernberg (h) 103
Niederwerrn 104
Nordheim v. d. R. 105
Obbach 107
Oberaltertheim 107
Oberelsbach 108
Obereuerheim 108
Oberlauringen 109
Obernau (h) 110
Obernbreit 110
Oberschwarzach (h) 110
Oberstreu 110
Obertheres (h) 111
Oberthulba 111
Oberwaldbehrungen 111
Ochsenfurt (h) 112
Öttershausen 112
Pfaffenhausen 112

Friedhöfe in Unterfranken

Allersheim
Aschaffenburg
Aschaffenburg – neuer Friedhof
Aschaffenburg-Schweinheim
Aub
Bad Brückenau
Bad Kissingen
Bad Neustadt/Saale
Bischofsheim (h)
Burgpreppach
Dettelbach (h)
Ebern
Eibelstadt (h)
Ermershausen
Euerbach
Geroda
Gerolzhofen
Hausen/Miltenberg (h)
Hausen/Rhön-Grabfeld (h)
Höchberg

Hörstein
Hüttenheim
Ipthausen
Karbach
Kleinbardorf
Kleinheubach
Kleinsteinach
Laudenbach
Limbach
Maßbach
Mellrichstadt
Memmelsdorf/Ufr.
Miltenberg (2)
Mömlingen (h)
Neustädtles
Oberlauringen
Oberwaldbehrungen
Pfaffenhausen
Rehweiler
Reistenhausen

Rödelsee
Schwanfeld
Schweinfurt
Schweinshaupten
Steinach
Sulzdorf a. d. L.
Trennfeld (h)
Unsleben
Untermerzbach
Weimarschmieden
Würzburg (h)
Würzburg
Würzburg-Heidingsfeld
Zell/Main (h)

Altengronau/Hessen
Weikersheim/Baden-Württ.
Wenkheim/Baden-Württ.

Gemeinden in Mittelfranken

Friedhöfe in Mittelfranken

Gemeinden in Oberfranken

Altenkunstadt 202
Aschbach 203
Aufseß 204
Autenhausen 205
Bad Steben 206
Bamberg 206
Baunach (h) 210
Bayreuth (2) 210
Bischberg 211
Burgebrach 211
Burgellern (h) 211
Burgkunstadt 211
Burglesau (h) 212
Buttenheim 212
Coburg 213
Creussen (h) 216
Demmelsdorf 216
Dormitz 216
Ebensfeld (h) 217
Ebermannstadt (h) 217
Ebneth (h) 217
Eggolsheim (h) 217
Egloffstein 217
Ermreuth 217
Fassoldshof 219
Forchheim 219
Frensdorf 219
Friesen bei Kronach 220
Gräfenberg 220
Grasmannsdorf (h) 220
Gügel (h) 220
Gunzendorf 220

Hagenbach 220
Hallerndorf 221
Hallstadt (h) 221
Heiligenstadt (h) 221
Hirschaid 222
Hochstadt/Main (h) 223
Hof 223
Hollfeld (h) 225
Horb 225
Königsfeld (h) 225
Kolmsdorf (h) 225
Kronach 226
Küps 226
Kulmbach 227
Kunreuth (h) 227
Lichtenfels 227
Lisberg 228
Maineck (h) 229
Markt Oberkotzau 231
Marktleuthen 229
Marktredwitz 229
Memmelsdorf (h) 229
Mistelfeld (h) 229
Mittelehrenbach (h) 229
Mittelweilersbach 230
Mitwitz 230
Münchberg (h) 230
Naila 230
Neudorf (h) 231
Oberkotzau (h) 231
Oberlangenstadt 231
Pegnitz (h) 231

Pinzberg (h) 231
Pottenstein (h) 231
Pretzfeld 232
Reckendorf 233
Redwitz a. d. Rodach (h) 234
Reichmannsdorf 234
Reifenberg (h) 235
Sassanfahrt (h) 235
Scheßlitz (h) 235
Schlüsselau (h) 235
Schwarzenbach/Saale 235
Seßlach (h) 235
Seubelsdorf (h) 236
Seußen (h) 236
Stadelhofen 236
Steinberg (h) 236
Steppach (h) 236
Stübig (h) 236
Thurnau (h) 236
Trabelsdorf 236
Trunstadt 237
Tüchersfeld 237
Viereth 238
Walsdorf 238
Wannbach 239
Weidenberg (h) 239
Weidnitz (h) 239
Wiesenthau (h) 239
Wirsberg (h) 240
Wölbattendorf (h) 240
Wonsees (h) 240
Zeckendorf 240

Friedhöfe in Oberfranken

Aschbach
Aufseß
Autenhausen
Bad Steben (KZ)
Bamberg
Bayreuth
Burgkunstadt
Buttenheim
Coburg (2)
Ermreuth
Hagenbach

Heiligenstadt
Küps (h)
Lichtenfels
Lisberg
Marktleuthen (KZ)
Mittelweilersbach (h)
Naila (KZ)
Oberkotzau (h)
Pretzfeld
Reckendorf
Rehau (KZ)

Reichmannsdorf
Schauenstein (KZ)
Schwarzenbach (KZ)
Thiersheim (KZ)
Thierstein (KZ)
Walsdorf
Wölbattendorf (= Hof)
Wunsiedel (KZ)
Zeckendorf

Gemeinden in Schwaben

Allmannshofen 243
Altenstadt-Illereichen 243
Augsburg 244
Augsburg-Kriegshaber 249

Augsburg-Pfersee 251
Bad Wörishofen 251
Binswangen 251
Bissingen (h) 253

Burgau 253
Buttenwiesen 253
Deisenhausen (h) 255
Donauwörth (h) 255

Ederheim 255
Fellheim 255
Fischach 256
Günzburg (h) 257
Gundelfingen an der Donau (h) 257
Hainsfarth 257
Haldenwang (h) 259
Harburg 259
Höchstädt an der Donau (h) 260
Ichenhausen 261
Illereichen-Altenstadt 265
Kaufbeuren (h) 265
Kempten 265

Kleinerdlingen 266
Krumbach 266
Lager Lechfeld 267
Lauingen an der Donau 267
Lindau (h) 267
Memmingen 268
Mönchsdeggingen 269
Monheim 271
Münsterhausen (h) 271
Neuburg a. d. Kammel (h) 271
Neu-Ulm 272
Nördlingen 273
Oettingen i. Bayern 274

Osterberg 275
Scheppach (h) 276
Schlipsheim 276
Steinhart 277
Steinholz-Mauerstetten 277
Steppach 278
Thannhausen (h) 278
Türkheim 279
Tussenhausen (h) 279
Wallerstein 279
Wertingen (h) 280
Zöschingen (h) 280

Friedhöfe in Schwaben

Augsburg
Augsburg-Kriegshaber
Bad Wörishofen (KZ)
Binswangen
Bissingen (h)
Burgau (h)
Buttenwiesen
Donauwörth (h)
Fellheim
Fischach

Hainsfarth
Harburg
Höchstädt a. d. Donau (h)
Ichenhausen
Illereichen-Altenstadt
Kempten
Krumbach
Lindau (KZ)
Memmingen
Mönchsdeggingen

Neuburg a. d. Kammel (h)
Neu-Ulm
Nördlingen
Öttingen i. Bayern
Osterberg
Steinhart
Steinholz-Mauerstetten (KZ)
Thannhausen (h)
Türkheim (KZ)
Wallerstein

Gemeinden in der Oberpfalz

Amberg 282
Berching (h) 282
Bernried-Rötz 282
Bruck i. d. Opf. 283
Cham 283
Falkenstein 285
Floß 285
Flossenbürg 286
Freystadt (h) 287
Furth im Wald (h) 287
Gut Hermannsberg 288
Kulmain (h) 288
Mörsdorf (h) 288

Muschenried-Winklarn 288
Nabburg 288
Neualbenreuth (h) 288
Neumarkt i. d. Opf. 289
Neunburg vorm Wald 289
Neustadt a. d. Waldnaab (h) 290
Pfreimd (h) 291
Regensburg 291
Regensburg-Sallern (h) 295
Regensburg-Stadtamhof (h) 295
Rettenbach 295
Roding 295
Rötz 296

Schwandorf i. Bayern 296
Schwarzenfeld 296
Stamsried 297
Sulzbach-Rosenberg 297
Sulzbürg 298
Tirschenreuth 298
Töging (h) 299
Velburg (h) 299
Vilseck 300
Weiden 300
Wetterfeld 300
Wörth 301
Wolfsegg (h) 301

Friedhöfe in der Oberpfalz

Amberg
Bernried-Rötz (KZG)
Cham
Floß
Flossenbürg (KZ, 2 ×)
Muschenried-Winklarn (KZG)
Neumarkt i. d. Oberpfalz

Neunburg vorm Wald (KZ)
Neustadt an der Waldnaab (h)
Regensburg (h)
Regensburg
Regensburg-Sallern/
Stadtamhof (h)
Rettenbach (KZG)

Rötz (KZG)
Schwandorf (KZG)
Sulzbach-Rosenberg
Sulzbürg
Töging (h)
Weiden
Wetterfeld (KZG)

353

Gemeinden in Oberbayern

Ainring 303
Bad Reichenhall 303
Beilngries (h) 304
Berg 304
Burghausen (h) 304
Dachau 305
Dießen/Ammersee (h) 306
Dorfen (h) 306
Eichstätt 307
Enkering 307
Erding (h) 307
Feldafing 307
Föhrenwald (Lager) 308
Gabersee 309
Garmisch-Partenkirchen 309
Gauting 309
Geisenfeld (h) 310
Geretsried 310

Gräfelfing 311
Greifenberg 311
Holzhausen 311
Hurlach 311
Ingolstadt 312
Kaufering-Nord 314
Kaufering-Süd 315
Königsdorf (Hochlandlager) 316
Kraiburg am Inn (h) 316
Krailling 316
Landsberg am Lech (h und neu) 317
Landsberg-Erpfting 318
Laufen 319
Mittenwald (h) 319
Mörnsheim (h) 319
Moosburg (h und neu) 319
Mühldorf am Inn (h) 319
München 320

Neumarkt-St. Veit (h) 329
Neuötting (h) 329
Pfaffenhofen a. d. Ilm (h) 329
Planegg 329
Rennertshofen (h) 329
St. Ottilien 330
Schwabhausen 330
Seestall-Fuchstal 331
Stoffersberg-Kiesgrube 331
Stoffersberg-Wald 331
Surberg 332
Utting 332
Vohburg a. d. Donau (h) 333
Wasserburg-Atteln 333
Weilheim 333
Wolfratshausen 334

Friedhöfe in Oberbayern

Berg (KZG)
Burghausen (KZ)
Dachau (KZ, 4 ×)
Feldafing (KZ)
Gauting (KZ, KZG)
Gräfelfing (KZG)
Holzhausen (KZ)
Hurlach (KZ)
Ingolstadt

Kaufering (KZ, 2 ×)
Kinding-Enkering (h)
Kraiburg (KZ)
Krailling (KZG)
Landsberg/Lech (KZ, KZG)
Landsberg-Erpfting (KZ)
Mühldorf/Inn (KZ)
München (2, – KZG 3 x)
Neumarkt-St. Veit (KZ)

Planegg (KZG)
Seestall-Fuchstal (KZ)
Stoffersberg-Kiesgrube (KZ)
Stoffersberg-Wald (KZ)
St. Ottilien (KZ)
Schwabhausen-Weil (KZ)
Surberg (KZ)
Utting (KZ)
Wolfratshausen (KZG)

Gemeinden in Niederbayern

Abensberg (h) 336
Arnstorf 336
Deggendorf (h und neu) 336
Dingolfing (h) 338
Eggenfelden (h) 338
Eging 338
Ergoldsbach 338
Fürstenstein 338
Geiselhöring 339
Kelheim (h) 339
Landau a. d. Isar (h und neu) 340

Landshut (h und neu) 340
Langquaid 340
Mallersdorf 340
Massing (h) 341
Mitterharthausen 341
Nammering 341
Passau (h und neu) 341
Pfarrkirchen (h) 342
Pfeffenhausen (h) 342
Plattling 342
Pocking 343

Regen 343
Riedenburg (h) 343
Saal a. d. Donau 343
Steinrain 343
Straubing 344
Velden (h) 347
Vilsbiburg (h) 347
Vilshofen 347
Waldstadt 347
Wallersdorf 348

Friedhöfe in Niederbayern

Abensberg (h)
Deggendorf (KZ)
Eging (KZ)
Fürstenstein (KZ)
Landshut (h)

Mitterharthausen (KZ)
Nammering (KZG)
Passau (h)
Pocking-Waldstadt (KZG)
Saal (KZ)

Steinrain-Mallersdorf (KZ)
Straubing
Wallersdorf (KZG)

Literaturverzeichnis

Adler, Hans-Günther: „Der verwaltete Mensch. Studien zur Deportation der Juden aus Deutschland", Tübingen 1974.

Adler-Rudel, S.: „Zehn Jahre jüdische Berufsberatung" (in Jüdische Wohlfahrtspflege und Sozialpolitik), 1932.

Albert, Reinhold: „Geschichte der Juden im Grabfeld". Schriftenreihe des Vereins für Heimatgeschichte im Grabfeld e. V., Heft 2, Bad Königshofen 1990

Amichai, Yehuda: „Zwischen Würzburg und Jerusalem". Ein deutsch-jüdisches Dichterschicksal. Würzburg 1981.

Andree, R.: „Zur Volkskunde der Juden", Bielefeld 1881.

Ansbacher, B. M.: „Zeugnisse jüdischer Geschichte und Kultur", Jüdisches Kulturmuseum Augsburg.

Aretin, v. Frhr. Christoph: „Geschichte der Juden in Bayern", Landshut 1803.

Arnold, Alfons: „Rimpar im Lichte der Gegenwart", S. 214–218.

Ascherl, Heinrich: „Chronik der Stadt Neustadt a. d. Waldnaab".

Avneri, Zwi: „Germania Judaica", Band I–III, 1238–1350, Tübingen 1968.

Baeck, Leo: „Wege im Judentum", Berlin 1933.

Baerwald, Leo und Feuchtwanger, L.: „50 Jahre Hauptsynagoge", München 1937.

Bahrer, Marcus: „Die Juden im Hochstift Würzburg im 16. und 17. Jahrhundert", Freiburg 1922.

Balles, Max: „Arnstein in Vergangenheit und Gegenwart", S. 279–282.

Bamberger, M. S.: „Ein Blick auf die Geschichte der Juden in Würzburg", Würzburg 1905.

Bamberger, Naphtalie: „Geschichte der Juden von Kitzingen", Festausgabe anläßlich des 25jährigen Bestehens der Synagoge 1883–1908, Kitzingen 1908.

Bamberger, Salomon: „Historischer Bericht über die Juden der Stadt und des ehemaligen Fürstentums Aschaffenburg", Straßburg 1900, Josef Singer Verlag.

Bar-Giora Bamberger, Naftali: „Der jüdische Friedhof in Höchberg. Memor-Buch." Mit einem Beitrag von Hans-Peter Baum. – Würzburg: Ferdinand Schönigh Verlag, 1991.

Barbeck, August: „Geschichte der Juden von Fürth und Nürnberg in dem Journal von und für Franken", 1792.

Bauer, Hans: „Judenfriedhöfe im Landkreis Kitzingen", in „Jahrbuch des Landkreises Kitzingen 1979 – Im Bannkreis des Schwanberges".

Bauer, Robert: „Judenschutz und Judenbegräbnis" (Heimatbuch Reistenhausen), o. J.

Bauer, Robert: „Heimatbuch Reistenhausen mit Kirschfurt", Reistenhausen 1965.

Baumann, Karl: „Die jüdische Familie Baldauf", in „Jahrbuch des historischen Vereins Dillingen a. d. Donau", LXXXV Jahrgang 1983, Sonderdruck.

Beck, Hans-Jürgen/Walter, Rudolf: „Jüdisches Leben in Bad Kissingen", Rötter Druck und Verlag GmbH, Bad Kissingen 1990.

Becker/Müllhofer: „Heimatkundliche Stoffsammlung", Gemeinde Schlipsheim, 1952.

Behr, Stephan: „Der Bevölkerungsrückgang der deutschen Juden", Frankfurt/Main 1932.

Berliner, Abraham: „Aus dem Leben der Juden Deutschlands im Mittelalter". (Schocken-Verlag).

Berliner, Abraham: „Berichte jüdischer Zeugen und Zeitgenossen über die Judenverfolgungen während der Kreuzzüge", Berlin 1919.

Berliner, Abraham: „Berichte des Zentralkomitees der Befreiten Juden in der US-Zone", 1946/47.

Bernfeld, S.: „Juden und Judentum im 19. Jahrhundert", Berlin 1898.

Beuer, Heinrich: „Geschichte der Stadt Pegnitz und des Pegnitzer Bezirkes", Pegnitz 1938.

Birmann-Dähne, Gerhild: „Haus des Ewigen Lebens", Jüdische Friedhöfe in Osthessen und Unterfranken, 1987.

Birmann-Dähne, Gerhild/Hoppe, Heinz-Jürgen: „Jüdische Friedhöfe der Rhön und im Lipper Land", Ausstellungskatalog Zeitdruck Verlag, Fulda 1986.

Bodenschatz, H./Greisenhof, J.: „Ellinger Altstadtbuch", Ellingen/Berlin 1982.

Bossinger, Klaus: „Das Leben und die Geschichte der Juden in Bad Königshofen unter Miteinbeziehung des Judenfriedhofes in Kleinbardorf", Facharbeit Bad Königshofen 1983.

Brändlein, D. u. W.: „Euerbach. Geschichte eines fränkischen Ritterdorfes", 1984.

Brand, Harm-Hinrich: „Hundert Jahre Kitzinger Synagoge. Zur Geschichte des Judentums in Mainfranken" (Referat vom 11. 9. 1983 im Paul-Eber-Haus, Kitzingen), in „Mainfränkische Hefte", Heft 81), Würzburg 1984.

Brandt, Harm-Hinrich (Hg.): „Zwischen Schutzherrschaft und Emanzipation", Mainfränkische Studien, Band 39, Würzburg 1987.

Brüll, Adolf: „Monatsblätter zur Belehrung über das Judentum", Frankfurt 1900.

Brunner, Johann: „Geschichte der Stadt Cham", 1921.

Brutscher, Ludwig: „Der Rabbi von Prag. Leben und Leiden des Jomtow Lipmann Heller-Wallerstein", in Nordschwaben 1979.

Buber, Martin: „Die jüdische Bewegung", Berlin 1920.

Bundschuh, J. K. (Hrsg.): „Geographische Statistisch-Topographisches Lexikon von Franken, 6. Band, Ulm 1799–1804.

Cahnmann, Werner: „Die Münchner Judenbeschreibung von 1804", Berlin 1937.

Caro, Georg: „Sozial- und Wirtschaftsgeschichte der Juden im Mittelalter und in der Neuzeit", 2 Bände, Frankfurt 1924.

Cleve, H. B. X.: „Denkschrift über die Anforderungen der Juden", München 1828.

Cohn, Gustav: „Der jüdische Friedhof", Franzmathes Verlag, Frankfurt/Main, 1930.

Cooper, R. W.: „Der Nürnberger Prozeß", 1947.

Daxelmüller, Christoph: „Fränkische Dorfsynagogen", in: Volkskunst, Zeitschrift für volkstümliche Sachkultur, Jg. 4, 1981, Heft 4, S. 234–241.

Debler, Ulrich: „Geschichte der Jüdischen Gemeinde Niederwern", H+R Kress, Weyerer Str. 2, 8722 Sennfeld, 1988.

Dettelbacher, Werner: „Würzburg – ein Gang durch seine Vergangenheit", Würzburg 1974.

Deuerlein, G. Ernst: „Die Juden in Erlangen vor Gründung der Neustadt" (Erlanger Heimatblätter, 24. Jahrgang), Erlangen 1942.

De Vries, Salomon, Ph.: „Jüdische Riten und Symbole", Fourier Verlag, Wiesbaden, 1984.

Diamant, Adolf: „Jüdische Friedhöfe in Deutschland" – Eine Bestandsaufnahme, Frankfurt/Main 1982.

Diamant, Adolf: „Geschändete jüdische Friedhöfe in Deutschland 1945–1980", Anlage zur Dokumentation „Jüdische Friedhöfe in Deutschland", Frankfurt 1982.

Distler, Rudolf: „Markt Buttenheim – Beiträge zu einer Ortsgeschichte" (Zulassungsarbeit an der GHS Bamberg, 1978/II in Heimat- und Volkskunde).

Döllner, Max: „Entwicklungsgeschichte der Stadt Neustadt a. d. Aisch", Neustadt a. d. Aisch 1950.

Dohm, Christian: „Über die bürgerliche Verbesserung der Juden", Berlin 1781.

Dubnow, S. M.: „Die jüdische Geschichte", Berlin 1898.

Dubnow, Simon: „Weltgeschichte des Jüdischen Volkes", Jüdischer Verlag Berlin 1930.

Düll, Georg: „Aufzeichnungen aus der Orts-, Kirchen- und Schulgeschichte des Ortes Ebern 1927–1932".

Düll, Georg: „Memmelsdorf – Geschichte des Ortes in Vergangenheit und Gegenwart".

Eckstein, A.: „Geschichte der Juden im ehem. Fürstbistum Bamberg", Bamberg 1898.

Eckstein, A.: „Bilder aus der Vergangenheit der Israelitischen Gemeinde Bamberg", Bamberg 1933.

Eckstein, A.: „Der Kampf der Juden um ihre Emanzipation in Bayern", Fürth i. B., 1905.

Eckstein, A.: „Geschichte der Juden im Markgrafentum Bayreuth", Bayreuth 1907.

Eckstein, A.: „Beitrag zur Geschichte der Juden in Bayern (Die Bayer. Parlamentarier jüdischen Glaubens)".

Eckstein, A.: „Haben die Juden in Bayern ein Heimatrecht?", Berlin 1929.

Eckstein, A.: „Festschrift zur Einweihung der neuen Synagoge in Bamberg". Druck und Verlag der Handels-Druckerei, Nachdruck 1985.

Ehrlich, Ernst Ludwig: „Geschichte der Juden in Deutschland" (Geschichtliche Quellenschriften), Düsseldorf 1957.

Elbogen, J.: „Geschichte der Juden in Deutschland", Berlin 1935.

Engelmann, Bernt: „Deutschland ohne Juden", Franz Schneekuth Verlag KG, München 1970.

Erlöser, Arthur: „Vom Ghetto nach Europa" (Das Judentum im geistigen Leben des 19. Jahrhunderts), Berlin 1936.

Estermann, Alfred: „Bad Windsheim", Geschichte einer Stadt in Bildern, 1975.

Ettelt, Rudibert: „Geschichte der Stadt Kelheim", Kelheim 1983.

Fiederling, Sonja: „Die Juden in Bad Königshofen", Facharbeit Bad Königshofen 1983.

Flade, Roland: „Es kann sein, daß wir eine Diktatur brauchen", Pupille Verlag, Würzburg 1983.

Flade, Roland: „Die Würzburger Juden" – Ihre Geschichte vom Mittelalter bis zur Gegenwart – Mit einem Beitrag von Ursula Gehring-Münzel, Stürtz-Verlag Würzburg, 1987.

Freudenthal, Max: „Die Israelitische Kultusgemeinde Nürnberg", Nürnberg 1925.

Friedmann, A.: „Die Geschichte der Juden in Ingolstadt" (1300–1900), Ingolstadt 1900.

Friedrich-Brettinger, Heide: „Die Juden in Bamberg", Bamberg 1962.

Fröba, Klaus: „Damals in Bayreuth". Geiger-Verlag, Horb am Neckar, 1990.

Fromm, Hubert: „Die Coburger Juden, Geschichte und Schicksal", Druckhaus Neue Presse, Coburg, 1. Auflage 1990

Frost, Sal (Hrsg.): Hauptsynagoge München 1887–1937. Eine Gedenkschrift mit einem historischen Rückblick von Dr. Wolfram Selig, Aries Verlag München, 1987

Gänther, Heinz: „Die Juden in Deutschland", Almanach 1951/52 und 1958/59.

Gebele, Eduard: „Die Juden in Schwaben", in „Schwabenland", Kulturpolitische Zeitschrift für den Schwaben, Band 5, Heft 213, S. 45–116.

Geissler, Klaus: „Die Juden in Deutschland und Bayern bis zur Mitte des 14. Jahrhunderts", München 1976.

Geistbeck, Johann: „Chronik der Stadt Geisenfeld", Bd. 14, S. 15–22.

Gilbert, Martin: „Atlas of the Holocaust", London 1982.

Glenk, Friedrich: „Juden in Georgensgmünd" (Kurzfassung).

Glenk, Friedrich/Volkert, Fritz: „Georgensgmünd – Der Judenfriedhof", herausgegeben im Selbstverlag, Georgensgmünd 1985.

Gothart, Josef – persönliche (unveröffentlichte) Aufzeichnungen und diverse Zeitungsartikel zur Geschichte der Gemeinde Bayreuth.

Gottwald, Marianne und Reinhardt, Diana: „Juden in Rhön-Grabfeld", Gymnasium Mellrichstadt, Projektwoche, 1988.

Grätz, H.: „Volkstümliche Geschichte der Juden" (1923).

Dr. Grohsmann, Lore: „Geschichte der Stadt Donauwörth von 1618 bis zur Gegenwart", Zweiter Band, Verlag der Stadt Donauwörth, 1978.

Grossmann, Karl-Heinz: „Die Niederwerrner Juden: 1871–1945", Würzburg, Königshausen und Neumann, 1990.

Grünfeld, Richard – Ein Gang durch die Geschichte der Juden in Augsburg. Festschrift zur Einweihung der neuen Synagoge in Augsburg am 4. April 1917, Augsburg 1917.

Grünwald: „Jahrbuch für jüdische Volkskunde", 1923.

Günther, E.: „Das Judentum in Mainfranken 1789 – 1816", Inaugural Dissertation, Würzburg 1941/43 (Stadt-Archiv der Stadt Kitzingen).

Guth, Klaus: „Jüdische Landgemeinden in Oberfranken" (1800–1942), ein histor.-topograph. Handbuch, Bayer. Verl.-Anstalt, Bamberg, 1988.

Habel, Heinrich – Landkreis Krumbach (Bayerische Kunstdenkmale), Deutscher Kunstverlag, München 1969, Seite 135.

Haenle, S.: „Geschichte der Juden im ehem. Fürstentum Ansbach", Ansbach 1867.

Hahn, R.: „Aus der Geschichte des Judentums in Mainfranken" (Die Frankenwarte – Blätter für Heimatkunde Nr. 3 von 1901, Nr. 4 vom 26. 1. und Nr. 5 vom 2. 2. 1938.

Hasenfuß, Josef: „Die Juden in Karbach", „Erinnerungen an die Juden von Karbach" (Karbach im Zeitenwandel zur 1200-Jahr-Feier), S. 149–154.

Hasenfuß, Josef: „960 Jahre Urspringen in Kulturgeschichtlicher Sicht" – „Die Juden von Urspringen", S. 121–123.

Hausner, Gideon: „Die Vernichtung der Juden". Das größte Verbrechen der Geschichte, verlegt bei Kindler, 1979.

Dr. Heffner, L.: „Die Juden in Franken", Nürnberg 1855.

Heimberger, Josef: „Das Bayerische Judenedikt von 1813 und seine Revision", München 1901.

Heimberger, Josef: „Die Staatskirchenrechtliche Stellung der Israeliten in Bayern", 2. Auflage, Tübingen 1912.

Hess, Moses: „Sozialistische Aufsätze", Berlin 1921.

Heusner, Karen: „Jüdisches Kulturmuseum und Synagoge Veitshöchheim".

Heymann, Werner J. (Hrsg.): „Kleeblatt und Davidstern", Verlag Maria Hümmler, Bismarckstr. 7, 8535 Emskirchen, 1. Auflage 1990.

Himmelstein: „Die Juden in Franken" (Archiv des Historischen Vereins für Unterfranken und Aschaffenburg), 12. Band/Heft 2, Würzburg 1853.

Hipper, Richard: „Die Juden von Augsburg" (Bayernland, 1926).

Hipper, Richard – „Die Reichsstadt Augsburg u. d. Judenschaft von Beginn des 18. Jahrhunderts bis zur Aufhebung der reichsständischen Verfassung 1806", Diss., Erlangen 1923.

Hönlein: „Lohr und die Juden" (Heimatland 1/1956 und 2/1956).

Hörlin, Rainer: „Spuren der Vergangenheit", Heimatbuch Lonnerstadt.

Hörmann, Carl: „Die staatsrechtliche Stellung der Juden in Bayern", Würzburg 1925.

Hofmann, Hanns Hubert: „Franken seit dem Ende des Alten Reiches", (= Historischer Atlas von Bayern. Teil Franken), München 1955.

Hofmann, Hanns Hubert/Hemmerich, Hermann: „Unterfranken. Geschichte seiner Verwaltungsstrukturen seit dem Ende des Alten Reiches 1814 bis 1980", Herausgegeben von der Regierung von Unterfranken mit Unterstützung des Bezirks Unterfranken, der unterfränkischen kreisfreien Städte und Landkreise, Stürz Verlag, Würzburg, 1981.

Hofmann, Heinrich: „Judenfriedhöfe und Synagogen im ehemaligen Landkreis Ebern", Ebern 1973.

Hofmann, Rainer/Sponsel, Ilse: „Führer durch die Synagoge", Herausgegeben vom Zweckverband Fränkische-Schweiz-Museum, Druckerei Lorenz Ellwanger, 8580 Bayreuth, 1988.

Holzhaider, Hans: „. . . vor Sonnenaufgang . . ." Das Schicksal der jüdischen Bürger Dachaus, Süddeutsche Zeitung, Dachauer Neueste, 1984, Süddeutscher Verlag GmbH, München.

Hoppe, Karl-Werner: „Widerstand und Verfolgung in Schweinfurt", Katalog für den Schweinfurter Anhang zu der Ausstellung der Arbeitsgemeinschaft Bayerischer Verfolgtenorganisationen „Widerstand und Verfolgung in Bayern 1939–1945", VHS, Schweinfurt 1986.

Hoppe, Karl-Werner: „Beiträge zur Geschichte der Israelitischen Kultusgemeinde Schweinfurt", Schweinfurt 1986.

Hornstein, Matthias: „Der Judenfriedhof in Gauting", Facharbeit der Kollegstufe am Otto-von-Taube-Gymnasium, Gauting, 11. 2. 1985.

Huber, B.: „Geschichte der Stadt Burghausen", 1862.

Jakob, Reinhard: „Die Jüdische Gemeinde von Harburg (1671–1871)".

Jankewitz, M.: „Die berühmte Synagoge und der Judenfriedhof in Bechhofen (Mittelfranken)" (in: Bayernland, 37. Jahrgang, 1926, Heft 20).

Jost, J. M.: „Neuere Geschichte der Israeliten von 1815 bis 1845", Berlin 1846/47.

Jung, Wilfried: „Die Juden in Altenmuhr", Sonderdruck aus Alt-Gunzenhausen, Heft 44/1988, E. Riedel Buchdruckerei und Verlag GmbH, Gunzenhausen, Mai 1988.

Kallenbach, Peter: „Gemünden und das ‚Tausendjährige Reich'" (in MAIN-POST).

Kampmann, Wanda: „Deutsche und Juden", Fischer Taschenbuch Verlag, Frankfurt a. Main 1981.

Katz, Jacob: „Zur Assimilation und Emanzipation der Juden", ausgewählte Schriften 1982.

Kayser, Erich/Stoob, Heinz (Hrsg.): „Deutsches Städtebuch – Handbuch städtischer Geschichte", Bd. 5: Bayern, Kohlhammer Verlag, Stuttgart 1971.

Keidel, Gregor: persönliche (unveröffentlichte) Aufzeichnungen zum Thema „Juden in Reyersbach".

Keil, Heinz: „Geschichte der Juden von Ulm".

Keller, Friedl: „Aus der guten alten Zeit der Stadt Lohr und ihres Umkreises", Heimat- und volkskundliche Abhandlungen, gesammelte Aufsätze aus der „Lohrer Zeitung" der Jahre 1942 mit 1955, Druck und Verlag E. Keller, Lohr a. Main, 1957.

Keyser-Stoob: „Deutsches Städtebuch" V = Bayer. Städtebuch, Teil I, Stuttgart, Kohlhammer 1971.

Dr. Klitta: „Finale des 2. Weltkrieges", Schwandorf 1970.

Körner, Peter: „Juden in Obernau" in: Obernau 1191–1991, Beiträge zur Ortsgeschichte, Hrsg. Stadt Aschaffenburg, April 1991.

Kogon, Eugen: „Der SS-Staat", 1947.

Kollefel, Johann Lambert: „Schwäbische Städte und Dörfer um 1750", Anton H. Konrad Verlag, 1974.

Kollert, August: „1160 Jahre Weigenheim unter den Bergen", 1982, Festschrift.

Kraft, Wilhelm: „Zur Geschichte der Juden in Pappenheim" (Sonderdruck aus der Monatsschrift: „Für Geschichte und Wissenschaft des Judentums"), 1926.

Kreisch/Horn: „Bayerische Kunstdenkmale", 1958.

Kremer, Dominikus: „Maineck" (Heimatgeschichte und Ortschronik).

Kretschmer, Fritz: „Die Gemeinden des Landkreises Schweinfurt. Geschichtliches und ihre Wappen", Schweinfurt 1986.

Krug, Gisela: „Die Juden in Mainfranken zu Beginn des 19. Jahrhunderts: Statistische Untersuchungen zu ihrer sozialen und wirtschaftlichen Situation" in Brandt, Harm-Hinrich (Hg.) „Zwischen Schutzherrschaft und Emanzipation", Mainfränkische Studien, Band 39, Würzburg 1987.

Kuschner, Doris: „Die jüdische Minderheit in der Bundesrepublik Deutschland". Eine Analyse, Köln 1977.

Lamm, Hans: „Vergangene Tage", Jüdische Kultur in München, 1982 by Albert Langen, Georg Müller Verlag GmbH, München – Wien.

Lamm, Louis: „Die jüdischen Friedhöfe in Kriegshaber, Buttenwiesen und Binswangen". Ein Beitrag zur Geschichte der Juden in der ehemaligen Markgrafschaft Burgau (= Zur Geschichte der Juden im bayerischen Schwaben 1), Berlin 1912.

Lamm, Louis: „Zur Ortsgeschichte von Buttenwiesen", Berlin 1912.

Lammfromm, Israel: „Die Chronik der Marktgemeinde Buttenwiesen", Buttenwiesen 1911.

Landsberger, Arthur: „Das Volk des Ghetto", 1916.

Dr. Layer, Adolf: „Höchstädt a. d. Donau", 1981.

Liedke, V.: „Baualtersplan zur Stadtsanierung Burghausen", 1978.

Lindner, J.: „Treuchtlingen in der Vergangenheit", Treuchtlingen.

Linn, Dorothee: „Das Schicksal der jüdischen Bauern in Memmingen von 1933–1945", Stuttgart 1968.

Löffler, Karl Ludwig: „Die Juden in Lohr und seiner näheren Umgebung" – in „Lohr am Main – 650 Jahre Stadtrecht", Lohr 1983, S. 124–136.

Lombroso, C.: „Antisemitismus und die Juden", 1894.

Lukas, Josef: „Geschichte der Stadt und Pfarrei Cham", 1862.

Maierhöfer, Isolde: „Ebern – Bild einer fränkischen Kleinstadt", Konrad Verlag, Weißenhorn 1980.

Mahr, Helmut: „Kulturkunde des Bibart- und Zenntales".

Maier, Franz/Voit, Franz: „Orts- und Heimatgeschichte der Marktgemeinde Waidhaus".

Manger: „Mangerchronik", Eibelstadt um 1900.

Maòr, Harry: „Über den Wiederaufbau der jüdischen Gemeinden in Deutschland seit 1945", Mainz 1960.

Mayer, Werner/Schwemmer, Wilhelm: „Die Kunstdenkmäler von Mittelfranken", XI., Landkreis Lauf an der Pegnitz, R. Oldenbourg Verlag, München.

Mendelsohn, Moses: „Jerusalem".

Metzger, Barbara: „Der Judenhof in Zell am Main", Seminararbeit.

Michel, Thomas: „Die Juden in Gaukönigshofen/ Unterfranken (1550–1942)", Beiträge zur Wirtschafts- und Sozialgeschichte; Band 38, Steiner Verlag Wiesbaden, 1988.

Miedel, J.: „Die Juden in Memmingen",. Memmingen 1909.

Dr. Mistele, Karl: „Juden in Wannbach".

Mölter, Otto: „Führer auf den Judenhügel bei Kleinbardorf", Kreis Königshofen im Grabfeld, Kleinbardorf 1953.

Motschmann, Josef: „Der Leidensweg der Juden am Obermain", Obermain-Tagblatt, 8620 Lichtenfels, 1983.

Motschmann, Josef: „Vom Main zum Jura" – Heimatgeschichtliche Zeitschrift für den Landkreis Lichtenfels – Heft 2, Lichtenfels 1985 (mehrere Beiträge).

Motschmann, Josef: „Es geht Schabbes ei“, Vom Leben der Juden in einem fränkischen Dorf, Meister-Druck, Obermain-Tagblatt, 8620 Lichtenfels, 1988

Müller, Karlheinz, Prof. Dr. Dr.: „Die jüdischen Grabsteine aus der Pleich“, Information der Bayerischen Julius-Maximilians-Universität, Würzburg, 5/21, 10. 7. 87.

Mueller, S.: „Aus fünf Jahrhunderten – Aus der Geschichte der jüdischen Gemeinde im Rieß“ (Zeitschrift des Historischen Vereins für Schwaben und Neuburg), 1898.

Muggenthaler, Dr. Hans: „Unser Cham“, 1967.

Neukam, Wilhelm: „Vom ‚Judenschutz‘ zur ‚Judenbefreiung‘. Die Durchführung des Bayer. Juden-Edikts vom 10. Juni 1813 im alten Landgericht Lauf“, Lauf 1934.

Dr. Neuburger: „Das Sonderrecht der Judenschaft zu Fürth im 18. Jahrhundert“, 1902.

Neuner, Franz: – persönliche unveröffentlichte Aufzeichnungen.

Neuner, Franz: „Die Juden von Buttenwiesen“, in Zeitschrift „Der Daniel – Nordschwaben“, 9. Jahrgang/1981, Heft 3, Seite 128–132.

Neuner, Franz: „Verzeichnis der seit 1933 aus Buttenwiesen aus- oder abgewanderten, verstorbenen sowie zwangsverschleppten Juden“ in „Jahrbuch des historischen Vereins Dillingen an der Donau“, LXXIX, Jahrgang 1977, Sonderdruck.

Neundorfer, Josef: „Heimatbuch der Gemeinde Frensdorf“, Verlag K. Urlaub, Bamberg 1981.

Nübling, E.: „Die Judengemeinden des Mittelalters“, Ulm 1896.

Ophir, Baruch Z./Wiesemann, Falk: „Die jüdischen Gemeinden in Bayern 1918–1945“, Geschichte und Zerstörung, R. Oldenbourg Verlag, München – Wien 1979.

Ott, Norbert: „Zwischen Ghetto und Konzentrationslager“ (die Geschichte der Juden in Wassertrüdingen).

Omert, Joachim: „Die Rhöngemeinde Oberelsbach im 3. Reich“, Facharbeit Würzburg, o. J.

Pagel, Paul/Fries, Bruno/Roedig, Christian/Scheidenberger, Kurt: „Würzburg im Dritten Reich“, Katalog der Ausstellung, Selbstverlag 1983.

Paschke, Hans: „Der Judenhof und die alte Judengasse zu Bamberg“, Studien zur Bamberger Geschichte und Topographie, Heft 36, Bamberg 1969.

Pfrang, Michael: „Die jüdische Gemeinde von Gerolzhofen“, (Hrsg. Stadt Gerolzhofen und Historischer Verein Gerolzhofen), Druckerei und Verlag Franz Teutsch, Gerolzhofen 1984/85.

Pfriem: „Das Dorf Frankenwinheim“ – „Die Judenschaft“, 1939, S. 121–124.

Pohl, Karl: „Hand- und Adreßbuch der Stadt Donauwörth“, A. Krieger’sche Buchdruckerei, Donauwörth 1908.

Dr. Prjis, Leo: „Einführung in die jüdische Religion“, Sepher Verlag, München 1973.

Prys, J.: „Hebräische Buchdruckereien im Gebiete des heutigen Bayern“ (Bayer. Isr. Gemeindezeitung, Nr. 6), 1925.

Puchner, Karl: „Die Urkunden der Stadt Nördlingen“.

Reinertshofer, Josef: „Die Steuern und Abgaben der Juden in Augsburg“, Diss. Würzburg, o. J., 1920.

Reinhard, Jacob: „Die jüdische Gemeinde von Harburg (1671–1871)“, Nördlingen 1988.

Richarz, Monika (Hrsg.): „Jüdisches Leben in Deutschland. Selbstzeugnisse zur Sozialgeschichte 1780–1871“. New York 1978.

Dr. Rieger, Paul: „Vom Heimatrecht der deutschen Juden“, 1930.

Rieß, Adolf: persönliche, sehr informative Aufzeichnungen über die „Geschichte der Juden in Wonfurt“.

Rockenmaier, Dieter W.: „Buchführung des Todes – Die Endlösung der Judenfrage im damaligen Gau Mainfranken“, Richterdruck Würzburg 1981.

Rödig, Christian: „Würzburg im dritten Reich“, eine Dokumentation, Würzburg 1979.

Römer, Gernot: „Für die Vergessenen; KZ-Außenlager in Schwaben – Schwaben im Konzentrationslager“, Presse-, Druck- und Verlags GmbH, Augsburg 1984.

Römer, Gernot: „Die grauen Busse in Schwaben“, Presse-, Druck- und Verlags GmbH, Augsburg 1986.

Römer, Gernot: „Der Leidensweg der Juden in Schwaben“, Augsburg 1983.

Römer, Gernot: „Die Austreibung der Juden aus Schwaben, Schicksale nach 1933 in Berichten, Dokumenten, Zahlen und Bildern“, Augsburg 1987.

Römmelt, A.: „Die Geschichte der jüdischen Gemeinde Schwanfeld“; „Judenfriedhof Schwanfeld“, im Selbstverlag der Gemeinde Schwanfeld.

Rohrmayr, Hanns: „Häusergeschichte der Stadt Straubing“, Frankfurt a. M. 1980 (Nachdrucke der Ausgabe von 1961).

Roppelt, J. B.: „Historisch-topographische Beschreibung des Kaiserlichen Hochstifts und Fürstentums Bamberg“, Nürnberg 1801.

Rosenfeld, Hans: „Deutschtum und Judentum“, Leipzig 1925.

Rosmus-Wenninger, Anja: „Widerstand und Verfolgung“ (S. 57/58).

Rosmus-Wenninger, Anja: „Exodus – Im Schatten der Gnade“, Aspekte zur jüdischen Geschichte der Stadt Passau, Piper, München 1988.

Rossmeissl, Ralf: „Jüdische Denkmäler in Mittelfranken“. Stand 1987, unveröffentlichtes Manuskript des Invent. jüdischer Friedhöfe und Denkmäler.

Roth, Ernst: „Luther und die Juden, wie ich es sehe, zur 500. Wiederkehr von Martin Luthers Geburtstag am 10. November 1983", Frankfurt am Main.

Roth, Günter: „Das Schicksal der Juden" (in „1200 Jahre Frankenwinheim"), S. 93–97.

Rürup, Reinhard: „Juden in Deutschland zwischen Assimilation und Verfolgung", Vandenhoeck L. Ruprecht in Göttingen, in „Geschichte und Gesellschaft", 9. Jahrgang 1983/Heft 3.

Ryba, Josef: „Schonungen – Geschichte eines fränkischen Dorfes" – „Die Juden", Schonungen 1966, S. 112–115.

Salfeld, Siegmund: „Das Martyriologium des Nürnberger Memorbuches", Berlin 1898.

Scheindling, Ilan: „Problem der Denkmalpflege in Augsburg – Erläuterung der Funktion der Synagoge, ihrer Ausstattung und der dazugehörigen Gebäude im jüdischen Kultus", Augsburg 1983/84.

Scherg, Leonhard: „1200 Jahre Homburg am Main", Band 2, Triefenstein 1981, S. 101–128.

Scherg, Leonhard: „Spurensicherung – Zur Geschichte der Juden im ehemaligen Landkreis Marktheidenfeld", in: Schönere Heimat 1986, Heft 2, 75. Jahrgang, Seite 379–383.

Scherg, Leonhard: „Juden in Trennfeld und Rettersheim", aus Trennfelder Heimatchronik, S. 62–64.

Scherg, Leonhard: „Homburg – das Schicksal einer jüdischen Kultusgemeinde auf dem Land während des 19. und 20. Jahrhunderts", Sonderdruck aus dem Mainfränkischen Jahrbuch für Geschichte und Kunst, Band 35/1983.

Scherg, Dr. Leonhard: „Die Jüdische Gemeinde Erlenbach", 1988 (Maschinenschrift-Manuskript).

Scheuermann, S.: „Der Kampf der Frankfurter Juden um ihre Gleichberechtigung 1815–1824", Diss. Würzburg, Kallmünz 1933.

Schindler, Thomas, M. A.: „Studentischer Antisemitismus und jüdische Studentenverbindungen 1880–1933" mit einem Beitrag von Dr. Robert Hein, Schriftenreihe der Studentengeschichtlichen Vereinigung des CC, Historia Academica, 1988.

Schindler, Thomas: „Steinerne Zeugnisse jüdischen Studentenlebens in Würzburg" in „Korporationen und Nationalsozialismus" von Friedhelm Golücke (Hrsg.), Abhandlungen zum Studenten- und Hochschulwesen, Band 2, SH-Verlag.

Schlicht, Eva-Maria: „Diese Worte sollst du zu Herzen nehmen und sollst sie über deines Hauses Pfosten schreiben und an deine Tür. Der alte David Strauß II in Eschau hatte das getan, an seiner Haustür war eine Mesusa" (Spessart 9), 1982, S. 8–13.

Schlicht, Eva-Maria: „Geblieben sind nur ein paar Erinnerungen. Versuch, im letzten Augenblick etwas über die letzten Juden von Klingenberg zu erfahren" (Spessart 1), 1982, S. 8–13.

Schmetzer, Adolf: „Die Regensburger Judenstadt", Zeitschrift für die Geschichte der Juden in Deutschland 3 (1931), S. 18–39.

Schmid, Johann: „Die baierische Judenpolitik unter dem Ministerium Montgelas", Nürnberg 1920.

Schmid, Moritz: Persönliche Auszeichnungen zum Thema „Das Judentum und die Juden in Ichenhausen".

Schmid, Ulrich: „Heimatland", Band 6 Nr. 3/1955 „Die Juden im Mittelalter".

Schmitt, Norbert, Pfarrer: „Aus Neunkirchens Geschichte", (noch unveröffentlichtes Manuskript).

Schmitt, Rosa: „Bedeutungsvolle Jahre in der Geschichte des Marktes Steinach" (= Festschrift anläßlich des Steinacher Heimattreffens vom 21.–24. 5. 1983).

Schneider, Erika: „Heimatgruß aus Langenzenn", Nr. 36, Dezember 1983, Heimatverein Langenzenn.

Dr. Schnelbögl, Fritz: „Lauf – Schnaittach" – Eine Heimatgeschichte, 1941.

Schönmüller, Philipp: „Lohr und die Juden" (Heimatland 10 und 11), 1957.

Schöpf, Gregor: Historisch-statistische Beschreibung des Hochstifts Würzburg, Hildburghausen 1802.

Schoeps, H. J.: „Israel und Christenheit" – Jüdisch-Christliche Religionsgespräche, Frankfurt/ Main 1961.

Scholze, Brunhilde: „Das jüdische Schulwesen in Büchenbach im 19. Jahrhundert" in „Erlanger Bausteine zur fränkischen Heimatforschung", 37/1989. Herausgeber: Heimat- und Geschichtsverein Erlangen e. V.

Schröcker, Alfred: „Statistik des Hochstifts Würzburg um 1700" in Kramer, Theodor (Hrsg.): „Quellen und Forschungen zur Geschichte des Bistums und Hochstifts Würzburg", Band XXX, Kommissionsverlag Ferdinand Schöningh, Würzburg 1977.

Schubsky, Karl: „Persönliche Aufzeichnungen über mehrere Friedhöfe und Synagogen, besonders historische, im Gebiet des Freistaates Bayern", 1985/87.

Schübel, Albert: „Castell-Beitrag zur Geschichte der Juden Burghaslach, Rehweiler", Staatsarchiv Nürnberg, Nr. 1025/4, 1951.

Schuegraf, J. R.: „Die Juden in Regensburg", 1781.

Schultheis, Herbert: „Die Reichskristallnacht in Deutschland nach Augenzeugenberichten", Rötter Druck und Verlag GmbH, Bad Neustadt a. d. Saale, 1986.

Schultheis, Herbert: „Ein Streifzug durch Frankens Vergangenheit", Bad Neustädter Beiträge zur Geschichte und Heimatkunde Frankens, Band 3, Rötter Druck und Verlag GmbH, Bad Neustadt a. d. Saale, 1982.

Schultheis, Herbert: „Juden in der Diözese Würzburg 1933–1945", Rötter Druck und Verlag GmbH, Bad Neustadt/Saale 1983.

Schultheis, Herbert/Wahler, Isaac E.: „Bilder und Akten der Gestapo Würzburg über die Judendeportationen 1941–1943", Bad Neustädter Beiträge zur Geschichte und Heimatkunde Frankens, Band 5, Rötter Druck, Bad Neustadt a. d. S. 1988.

Schultheis, Dr., Herbert: „Juden in Mainfranken 1933–1945 unter Berücksichtigung der Deportationen Würzburger Juden", Bad Neustädter Beiträge zur Geschichte und Heimatkunde Frankens, Band 1, Verlag Max Rötter, Bad Neustadt a. d. Saale 1980.

Schulz, Alexander: „Burgau", das Bild einer schwäbischen Stadt, Anton H. Konrad Verlag, Weißenhorn 1983.

Schumm, Anton: „Geschichte der Stadt Bischofsheim vor der Rhön", 1875. In Commission der Goldstein'schen Buchhandlung, Würzburg.

Dr. Schuster, Adolf: „1000 Jahre Floß", Verlag Marktgemeinde Floß, 1976.

Schwarz, Hans: „Abensberg – Meine Heimat", München, Max Kelleren Verlag, 1927.

Schwarz, Stefan: „Auf den Spuren unserer Geschichte", Münchener Jüdische Nachrichten, Nr. 21/1955.

Schwarz, Stefan: „Von Floß bis Flossenbürg", Neue Jüdische Zeitung, München, Nr. 238/1955.

Schwarz, Stefan: „Die Juden in Bayern im Wandel der Zeiten", Günter Olzog-Verlag, München – Wien 1963.

Schwarz, Stefan: „Aus der Vergangenheit der Isr. Kultusgemeinde in Fürth", Zeitung der iKG Fürth, 1957.

Schwarz, Stefan: „Vom einstigen jüdischen Leben auf Münchner Boden", Münchner Jüdische Nachrichten, Nr. 22, 25, 26/1958.

Schwarz, Stefan: „Urkunden zur Geschichte der Juden in München", Münchner Jüdische Nachrichten, Nr. 34, 37/1958.

Schweizer, Karl: „Jüdisches Leben und Leiden in Lindau", 1. Auflage, Eigenverlag, Lindau 1988.

Schwierz, Israel: „Zeugnisse jüdischer Vergangenheit in Unterfranken", (Hrsg. Rudolf Sussmann), Bayerische Verlagsanstalt Bamberg, 1983.

Seitz, Josef: „Die Juden im Wandel der Zeiten", Pretzfeld 1973.

Seitz, Josef: Mehrere sehr informative Aufzeichnungen über Juden in Pretzfeld und Umgebung.

Dr. Selig, Wolfram: „Hauptsynagoge München 1887–1938", eine Gedenkschrift mit einem historischen Rückblick von Dr. Wolfram Selig, herausgegeben von Sal Frost, Aries Verlag, München 1987.

Sieghart, Martin: „Geschichte und Beschreibung der Hauptstadt Straubing im Unter-Donau-Kreise des Königreichs Bayern", Erster und Zweiter Theil, Straubing 1833.

Siegismund, Walter: „Informationen über die jüdische Bevölkerung in der Vergangenheit der Geschichte des Marktes Weisendorf mit seinen 14 Ortsteilen".

Sievers, Leo: „Juden in Deutschland". Die Geschichte einer 2000jährigen Tragödie, Stern-Verlag, Hamburg.

Silbernagl, Isidor: „Verfassung und Verwaltung sämtlicher Religionsgesellschaften in Bayern", Regensburg 1893.

Singermann, F.: „Über Juden-Abzeichen", Berlin 1915.

Sinz, Heinrich: „Geschichtliches vom ehemaligen Markt und der nunmehrigen Stadt Ichenhausen", 1926.

Solleder, Fridolin: „Die Schutzjudenherrlichkeit des Juliusspitals zu Würzburg" (Beiträge zur bayerischen Geschichte), Gotha 1913.

Solleder, Fridolin: „Die Schutzjuden des Juliusspitals zu Würzburg" (Das Bayernland), Jahrgang 1926.

Sommer, Karin: „Die Juden in Altenstadt". Zum Alltagsleben in einem Judendorf von 1900–1942, Magisterarbeit an der Universität München 1982.

Spaeth, Emil: „Synagogenbauten in München" (Das Bayernland, 37. Jahrgang, Heft 20, 1926).

Sperl, Josef: „Stadt und Festung Königshofen im Grabfeld", Königshofen 1974, S. 147–151.

Spitzlberger, Dr. Georg: „Die Judensiedlung im Mittelalterlichen Landshut", VN 110–111, 1984–1985 (im Druck).

Sponsel, Ilse: „Jüdische Friedhöfe, Topographie und Brauchtum", 1983 in „Erlanger Bausteine zur fränkischen Heimatforschung", Heft 30, 1983.

Sporck-Pfitzer, Jutta: „Die ehemaligen jüdischen Gemeinden im Landkreis Würzburg", Herausgeber Landkreis Würzburg, Echter Verlag Würzburg 1988.

Springer, Max: „Die Seelgerätstiftungen und das Seelhaus in Lauingen".

Stein, Isaak: „Die Juden der Schwäbischen Reichsstädte im Zeitalter König Sigmunds" (1410–1437), Berlin 1902.

Dr. Stein: „Die Jüdische Kultusgemeinschaft in Stadt und Landbezirk Haßfurt", Schweinfurt 1928.

Sterling, Eleonore: „Er ist wie du", München 1956.

Stern, Bruno: „So war es", Thorbecke Verlag, Sigmaringen 1985.

Stern, Ludwig: „Die Vorschriften der Thora, welche Israel in der Zerstreuung zu beachten hat", 5. verbesserte Auflage, Frankfurt/Main 1913.

Stern, Moritz: „Die israelitische Bevölkerung der deutschen Städte" (Ein Beitrag zur deutschen Städtegeschichte), 1890.

Stern, Moritz: „Hofjuden des 18. Jahrhunderts", Kiel 1892.

Stern, Selma: „Der Preußische Staat und die Juden", 1. Teil, 1925.

Stetten, v. Paul: „Geschichte der Juden in der Reichsstadt Augsburg", Hamm 1803.

Stiehler/Lehner: „Geschichte der Stadt Pfreimd", S. 251–255.

Stiglmayer: „Die bürgerliche und staatsbürgerliche Gleichstellung der Israeliten".

Strätz, Reiner: „Biographisches Handbuch Würzburger Juden 1900–1945" mit einer wissenschaftlichen Einleitung von Herbert A. Strauss, Verlag Ferdinand Schönigh, Würzburg 1989.

Straßer, Willi: „Die Juden im mittelalterlichen Cham" in „Beiträge zur Geschichte im Landkreis Cham", 5. Band – 1988, herausgegeben vom Arbeitskreis Heimatforschung im Kulturverein Bayerischer Wald e. V., ISSN 0931-6310.

Straub, Dr. Theodor: „Juden in Ingolstadt", Verlag Schanzer Journal, Ingolstadt 1988.

Straus, Rafael: „Urkunden und Aktenstücke zur Geschichte der Juden in Regensburg 1453–1738" in „Quellen und Erörterungen zur bayerischen Geschichte", NF 18, München 1960.

Strauss, Elias: „Grundsätze für eine neue gesetzliche Regelung der Verhältnisse der jüdischen Religionsgemeinschaft in Bayern", 1909.

Struchholz, Vera: „Veitshöchheim", Veitshöchheim 1982, S. 101–102.

Tausendpfund, Walter/Dr. Gerhard Philipp Wolf: „Die jüdische Gemeinde von Schnaittach", Aus dem wechselvollen Leben der Juden im Herrschaftsgebiet Rothenburg, 1981, Verlag Konrad Berg, Universitätsbuchhandlung, Nürnberg.

Thieme, Karl: „Judenfeindschaft", Fischer-Verlag, Frankfurt/Main 1963.

Trepp, Dr. Leo: „Das Judentum. Geschichte und lebendige Gegenwart", Reinbek bei Hamburg (3. Aufl.) 1979.

Veithans, Helmut: „Die Judensiedlungen der schwäbischen Reichsstädte und der württembergischen Landstände im Mittelalter", Stuttgart 1970.

Völkl, Carl (Hg.): „Die dunklen Jahre. Das Dritte Reich im Ries", Nördlingen 1984.

Vogel, Georg: „Illustrierter Führer durch Neustadt a. d. Aisch", Neustadt a. d. Aisch 1906.

Voges, Dietmar-H.: „Zur Geschichte der Juden in Nördlingen" in Verein Rieser Kulturtage e. V., Rieser Kulturtage, Eine Landschaft stellt sich vor. Dokumentation Band III/1980, Nördlingen 1981.

Voges, Dietmar-H.: „Die Reichsstadt Nördlingen". 12 Kapitel aus ihrer Geschichte, München 1988.

Vogt, Hannah: „Joch und Krone", Geschichte des jüdischen Volkes vom Exodus bis zur Gründung des Staates Israel", 1963, Ner-Tamid-Verlag.

von Volckamer, Volker: „Wallersteiner Kalender auf das Jahr 1983", hg. vom Fürstl. Brauhaus Wallerstein.

Wachter, Friedrich: „Pottenstein. Geschichte des ehemaligen Pflegeamtes und der Pfarrei Pottenstein sowie der Filiale Kirchenbirkig und des Herrschaftsbesitzes Kühlenfels", Druck und Verlag von Hans Hollerer, Bamberg 1895.

Wagner, Albert: „Schon 1870 lebten in Niederberg keine Juden mehr . . ." in SPESSART, Heft Nr. 1/1991.

Wagner, Gottlieb: „Geschichte der jüdischen Gemeinde zu Kleinheubach a. Main", Kleinheubach 1934, Buchdruckerei J. Dier.

Wagner, Dr. Heinrich: „Feuerbock und Schwarzes Moor". Aus der Geschichte von Hausen, Roth und Hillenberg, Hausen v. d. Rh. 1990.

Wagner, Ulrich (Hrsg.): „Zeugnisse jüdischer Geschichte in Unterfranken" (Schriften des Stadtarchivs Würzburg, Heft 2), Würzburg 1987.

Wailersbach, Dr. R.: „Westheimb – Westheim", Tageblatt-Druckerei, Haßfurt 1981.

Walderdorff: „Regensburg in seiner Vergangenheit und Gegenwart", 1896.

Waldhausen, Robert: „Jüdisches Erwerbsleben", Passau 1892.

Weckerle, F.: „Judenemanzipationsbestrebungen unter den ersten Königen von Bayern", München 1939.

Weger, David: „Die Juden im Hochstift Würzburg während des 17. und 18. Jahrhunderts", Würzburg 1920.

Weil, Leopold: „Die israelitische Kultusgemeinde Hof und deren Vorgeschichte", Hof 1927.

Weinberg, M.: „Die auf Juden bezüglichen Akten des Königl. Bayerischen Kreisarchivs der Oberpfalz Amberg", Leipzig 1912.

Weinberg, Magnus: „Die Geschichte der Juden in der Oberpfalz", 1927.

Weinberg, Magnus: „Die hebräischen Druckereien in Sulzbach 1669 bis 1851, ihre Geschichte, ihre Drucke, ihr Personal", Frankfurt 1904.

Weinberg, Magnus: „Die Memorbücher der jüdischen Gemeinden in Bayern", Frankfurt am Main 1987.

Welser, Karl: „Überlebenskraft im Berchtesgadener Land 1945–1955". Herausgeber: Landratsamt Berchtesgadener Land, 1990.

Wenzel, Johannes: „Marktbreit, Geschichte einer kleinen fränkischen Stadt". Marktbreit:, Verlag Siegfried Greß, 1987.

Wenzel, Johannes: „Die jüdische Gemeinde von Marktbreit im 19. Jahrhundert". Beiträge zur Kultur, Geschichte und Wirtschaft der Stadt Marktbreit und ihrer Nachbarschaft", Heft 12, ISBN 3-920094-46-8

Westerholz, S. Michael: „Da wvrden di Jvden erslagen", Zur Geschichte der Juden im Landkreis Deggendorf, Neue Presse Verlags-GmbH, Passau.

Wetzel, Juliane: „Jüdisches Leben in München 1945–1951", Neue Schriftenreihe des Stadtarchivs München, 1987, Band 135.

Wiedemann, Johann-Friedrich: „200 Jahre Israelitische Kultusgemeinde Mönchsdeggingen 1684–1879".

Wiedemann, Johann-Friedrich: „Zur Geschichte jüdischer Gemeinden im Ries". Erlesenes – Erfragtes – Erinnertes, in: Nordschwaben. Der Daniel 1988.

Wiedemann, Johann-Friedrich: „200 Jahre Israelische Kultusgemeinde Mönchsdeggingen 1684–1879" in: Nordschwaben. Der Daniel 1980.

Wiesemann, Falk: „Bibliographie zur Geschichte der Juden in Bayern", KG. Saur, München– New York – London – Paris 1989.

Will, Christian: „Vom Schicksal unserer jüdischen Mitbürger" in: „Estenfeld, das Dorf im Kürnachtal und sein Ortsteil Mühlhausen", Estenfeld 1982, S. 344–349.

Will, Christian/Dekan Siegler: „Das ist Rimpar", S. 179–183.

Wirth, Josef: „Chronik der Stadt Miltenberg", Miltenberg 1890.

Wittstadt, Klaus: „Die Würzburger Bischöfe und die Juden" („Würzburg – heute. Zeitschrift für Kultur und Wirtschaft", Heft 42, Dezember 1986, S. 62–65.

Wohlfahrt, Ignatz M.: „Geschichte des Pfarrdorfes Goldbach", Goldbach 1950, S. 152–155.

Wolf, Gerhard: „Geschichte der Stadt Berching".

Wolf, Gottfried: „Das Judentum in Bayern", München 1897.

Würfel: „Nachrichten von den Judengemeinden, welche ehehin in der Reichsstadt Nürnberg angerichtet gewesen", 1755.

Wüst, Wolfgang: „Die Markgrafschaft Burgau", Sonderdruck aus dem Jahresbericht 1985/86 des Heimatvereins für den Landkreis Augsburg.

Zapotetzky, Werner: „Karlstadt – Geschichte einer Stadt in Franken", Karlstadt 1980, S. 223–225.

Zeißner, Sebastian: „Geschichte von Geldersheim", Würzburg, Verlag Bonitas Bauer, 1928.

Dr. Zelzer, Maria: „Geschichte der Stadt Donauwörth von Anfängen bis 1618", Band I, Verlag der Stadt Donauwörth, 1958.

Sonderdrucke:

„AINRING" – Heimatbuch; herausgegeben von der Gemeinde Ainring; 1. Auflage 1990.

Bavaria, Landes- und Volkskunde des Königreiches Bayern, bearb. von einem Kreis bayer. Gelehrter, München 1860 ff., Band III

„Gefallen für Deutschland". Die jüdischen Gefallenen des deutschen Heeres, der deutschen Marine und der deutschen Schutztruppen 1914–1918", Ein Gedenkbuch, August Steiger Verlag, Moers, 1979.

„HEIMATLAND", Heimatkundliche Beilage zur Lohrer Zeitung

„650 Jahre Stadtrecht Lohr am Main" in BAYERNLAND, Nr. 1 Januar 1983, 85. Jahrgang, München

„UDiM" – „Zeitschrift der Rabbinerkonferenz in der Bundesrepublik Deutschland", Band I–X, Herausgegeben von der Rabbinerkonferenz, Frankfurt 1968–1987.

„Pinkas Hakehillot, Encaclopaedia of Jewish Communities from their Foundation till after the Holocaust", Germany – Bavaria. By Baruch Zvi Ophir in collaboration with Shlomo Schmiedt and Chasia Turtel-Aberzhanska, Yad Vashem, Jerusalem 1972 (in hebräischer Sprache).

Historischer Atlas von Bayern, Kitzingen 1967.

Handbuch der Kunstdenkmäler Bayerns, Bezirksamt Kelheim 1922.

Monumenta Judica, 2000 Jahre Geschichte und Kultur der Juden am Rhein, Köln 1963.

Germania Judaica, Tübingen.

Weitere Literaturangaben
(Ortschroniken, Heimatbücher usw.)

Unser Landkreis Bad Kissingen – Jahrbuch 1983.

Baiersdorf – Entwicklungsgeschichte einer fränkischen Kleinstadt, 1953.

Bayerwald-Echo, Nr. 226 vom 22. 9. 1959.

Markt Bechhofen – Vergangenheit und Geschichte, Fischer-Verlag, Nürnberg 1978.

Bischberg – Ein Fränkisches Ganerbendorf, Druckerei Wilhelm Schramm, Hallstadt 1965.

Burgauer Anzeiger der 30er Jahre.

Heimatbuch der Stadt Burgbernheim.

Programm der Einweihungsfeier der Neuen Synagoge zu Burghaslach, Albrecht Schröder Druck, Fürth, 1870.

Buttenheim – ein Heimatbuch, Sassanfahrt 1926.

Adreßbuch der Stadt Donauwörth 1937.

Stadtarchiv Donauwörth, Zollordnung der Stadt 1636.

Ortschronik von Dormitz, S. 393–389 (handgeschrieben).

Ortschronik von Dürrwangen, S. 57–68 b.

Ortschronik von Egloffstein, S. 50–54.

„Ellinger Altstadtbuch", Schriftenreihe Stadterneuerung Ellingen/Berlin 1982 (Projekt der TU Berlin), Gruppe DASS der TU Berlin.

„Das Neue Erlangen", Heft 45, März 1978.

„Erlangen im Nationalsozialismus", Stadtmuseum Erlangen, 1984.

Dorfchronik von Fellheim.

Ortschronik von Forth, S. 193–199 (handgeschrieben).

Heimatbuch Frensdorf.

Kronach, Stadtteil Friesen – eine Chronik (S. 164–177).

Dorfgeschichte Fuchsstadt, 1166–1977, Würzburg 1978.

Fürther Heimatblätter, Nr. 1/1961.

Furth/Wald (Stadtarchiv), Akt. 631/30–106.

Chronik von Georgensgmünd (2. verbesserte Auflage), Heimatverein Georgensgmünd, Sommer 1976, überarbeitet von Friedrich Glenk.

Verein für Heimatkunde Gunzenhausen, 1959/60, Heft 30.

Herzogenauracher Gerichtsbücher 1420–1456 (Auszüge).

Herzogenauracher Ratsprotokolle 1698–1852 (Auszüge)

Markt Hirschaid – „Hirschaid – Vergangenheit und Gegenwart", Hirschaid 1979.

Heimatbuch Hörstein, 1975, S. 126–128.

Heimatbuch der Stadt Hollfeld, 1979, S. 12.

Illereichen-Altenstadt, Beiträge zur Geschichte der Marktgemeinde, Anton H. Konrad Verlag, 7912 Weißenhorn 1965, S. 52–62.

Israelitische Kultusgemeinde Schwaben Augsburg „Gebt Ehre der Lehre" – Eine Erinnerung an die Einweihung der kleinen Synagoge und an die Einführung der neuen Sefer Thora am Chanukkafest des Jahres 5724, dem 15. Dezember 1963.

Orts- und Heimatgeschichtsbuch Kleinwallstadt, S. 189–193.

Küps – 800 Jahre (Festschrift).

Häuserchronik der Stadt Landshut.

Monheims Judenzeit – Aufzeichnungen zweier bereits verstorbener Bürger (Stadtarchiv).

Chronik des Marktes Neuburg a. d. Kammel, S. 83–84.

Landkreis Neu-Ulm (Hg.): Der jüdische Friedhof in Osterberg, in Altenstadt-Illereichen, in Neu-Ulm. Eine Bestandsaufnahme (1991)

Nordhalben – 800 Jahre.

Markt Oberkotzau – 750 Jahre (Festschrift), 1984.

„Die Geschichte der Sulzbürger Juden" – Arbeitsgemeinschaft Heimatmuseum Sulzberg – Sonderdruck Nr. 2 aus der kleinen Reihe „Das Landlmuseum".

Stadtgeschichte der Stadt Schwabmünchen.

Jahrbücher 1969 und 1979: „Im Bannkreis des Schwanberg".

Juden in Schornweisach – Aufzeichnungen (9 handgeschriebene Seiten) eines unbekannten Bürgers des Ortes.

Landschaft und Geschichte des Fränkischen-Schweiz-Museums, Festschrift anläßlich der Eröffnung am 24. Juli 1985.

Heimatbuch der Stadt Thannhausen.

Markt Thierstein, Schriftenreihe zur Orts- und Heimatgeschichte, Nr. 5, 1985.

Wunsiedel – Archivkopien über Juden in Wunsiedel im 15./16. Jahrhundert.

Dank

Folgende Damen und Herren haben mir durch wertvolle Informationen, Übersetzungen, Korrekturen oder sonstige Maßnahmen bei der Anfertigung der Arbeit dankenswerterweise geholfen:

Adler, Rudolf; Frankfurt (früher Laudenbach bei Karlstadt)

Anderlohr, Karl, Redakteur; Lohr

Dr. Angerstorfer, Andreas, Dozent der Universität Regensburg; Regensburg

Armbruster, Fritz; Wasserburg

Bamberg, Gisela, Lehrerin; Wiesenbronn

Bar Giora-Bamberger, Naftali; Jerusalem

Bieber, Gisela; Würzburg

Bi-Gil, Shlomo & Irene; s. A. Kfar Sava

Bötsch, Josef; Bad Kissingen

Brann-Strauss, Karola; München (früher Geroda)

Brenner, Hermann, Präsident der Israelitischen Kultusgemeinde Weiden; Weiden

Daina, Joseph, S., Rabbi, Captain (US-Army); Chaplain

Debler, Ulrich, Pfarrer; Obernau

Prof. Dr. von Deuster, Christian; Würzburg

Dr. Dietz, Frank & Shoshana; Austin, USA.

Dietz, Linus, Rektor; Würzburg

Feuerlicht, Victor; Praha, CSFR

Fränkel, Heinz F.; Bamberg

Dr. Fraundorfer, Bayer. Verwaltung der staatlichen Schlösser, Gärten und Seen; München

Glaser, Gerd; DL5NCC, Rimpar

Gothart, Josef, Präsident der Israelitischen Kultusgemeinde Bayreuth; Bayreuth

Greese, Joachim; Kiel

Hamburger, Arno, S., Präsident der Israelitischen Kultusgemeinde Nürnberg, Stadtrat; Nürnberg

Heusner, Karen, M. A.; Veitshöchheim

Heymann, Werner; Bremgarten/Schweiz (früher Fürth)

Hilbert, Paul; Pfarrer, Werneck

Hilla, Bernd, Lehrer; Großostheim

Himmelstoß, Erich; Wiener Neustadt

Hofmann, Rainer, M. A., Museumsleiter; Tüchersfeld

Hofmann, Rolf; Harburg

Hoppe, Karl-Werner; Münnerstadt

Kappner, Cordula; Leiterin des Bibliotheks- und Informationszentrums Haßfurt

Kellermann, Josef & Getta; Kfar Haroe

Kilian, Hendrijke, M. A.; München

Kirschner, Ahron, 4X1AT; Holon

Dr. Klitta, OStDir. i. R., Archivar der Stadt Schwandorf; Schwandorf

Kohl, Eduard, Heimatforscher; Zell/Main

Krapf, Gisela, VA; Werneck

Kinzkofer, Rainer, Rektor, Bürgermeister; Veitshöchheim

Leinwand, Kenneth, Rabbi, Chaplain, LTC (US-Army); Fürth

Dr. Marek, R.; Praha, CSFR

Matzliach, Tova Debora; Natanya/Frankfurt

Dr. Merz, Hilde, Leiterin des Reichsstadtmuseums Rothenburg o. d. T.; Rothenburg o. d. T.

Dr. Mistele, Karl, † Oberarchivrat, Staatsarchiv Bamberg; Bamberg

Modlinger, Hadassah, Archiv Yad Vashem; Jerusalem

Müller, Hans L.; Karlstadt

Prof. Dr. Dr. Müller, Karlheinz, Lehrstuhl für Biblische Einleitung und Biblische Hilfswissenschaften, Universität Würzburg; Würzburg

Münzer-Glas, Beatrix, M. A., Museumsleitung Miltenberg; Miltenberg

Nachemia, Biana & Zwi; Bad Kissingen

Prof. Dr. Neuenzeit, Paul, Universität Würzburg; Würzburg

Neumann, Willi, s. A.; Lehrer i. R.; Tel Aviv (früher Hirschaid)

Novak, Vaclav, Direktor der Gedenkstätte Terezin; Terezin, CSFR

Offmann, Israel, Präsident der Israelitischen Kultusgemeinde Straubing

Portnoy, Hershel E., Rabbi, LTC (US-Army); Larchmont

Posset, Anton, Oberstudienrat; Landsberg

Reder, Klaus, Regierung von Unterfranken, Abt. Bezirksheimatpfleger; Würzburg

Reichensperger, Joseph, Lehrer; Ichenhausen

Rosenfeld, Hans; New York (früher Schopfloch)

Rosmus-Wenninger, Anja; Passau

Rossmeissl, Ralf, Inventarisation jüdischer Friedhöfe und Ritualien beim Bezirk Mittelfranken; Ansbach

Rücker, Edmund, Schulrat a. D.; Himmelstadt

Sachs, Friedrich; Würzburg (früher Giebelstadt)

Sachs, Hubert, „Dorfschreiber"; Schwebheim

Scheindling, Joshua, Oberlehrer i. R.; Augsburg

Dr. Scherg, Leonhard, 1. Bürgermeister; Marktheidenfeld

Dr. Schicklberger, Franz, Oberstudienrat; Eibelstadt

Schilling, Agnes-Maria; Augsburg

Schindler, Thomas, M. A.; Haßfurt

Schmid, Moritz, Architekt, Ichenhausen

Schmidt, Gerhard, DK3AX; Krautheim

Schubsky, K., Reichertshausen-Steinkirchen

Dr. Schultheis, Herbert; Würzburg

Schuster, David, Senator a. D., Vorstandsvorsitzender der Israelitischen Kultusgemeinde Würzburg; Würzburg

Selig, Herbert, Apotheker; Jerusalem (früher Zeilitzheim)

Dr. Shneidman, Jon, Major (US-Army); Fort Dix

Dr. Simnacher, Georg; Bezirkstagspräsident von Schwaben

Dr. Dr. Snopkowski, Simon, Präsident des Landesverbandes der Israelitischen Kultusgemeinden in Bayern; München

Socha, Wladyslaw; Warszawa

Dr. Stern, William; London

Dr. Straub, Theodor; Oberstudiendirektor, Germersheim

Struchholz, Vera, Politikerin i. R.; Veitshöchheim

Sulka, Józef, SP6DNS; Wroclaw

Swierc, E.; Racibórz

Szulmann, Hersch; Cham

Dr. Töpner, Kurt, Bezirksheimatpfleger Mittelfranken; Ansbach

Dr. Treml, Manfred, Stellv. Direktor, Haus der bayer. Geschichte; München

Dr. Wagner, Heinrich, Oberstudienrat; Heustreu

Wagner, Karl-Heinz, Pfarrer; Würzburg

Dr. Walter, Ludwig, Archivdirektor; Würzburg

Weil, Wolf, s. A., Präsident der Israelitischen Kultusgemeinde Hof; Hof

Weinberger, Jacob, Hashisha; Nahariya

Weissler, Josef, s, A., Vorstand des Jüdischen Bethauses Bad Kissingen; Bad Kissingen

Wiedemann, Johann-Friedrich, † Turmwächter i. R.; Mönchsdeggingen

Dr. Wiesemann, Falk, Universitätsdozent, Historisches Seminar der Universität Düsseldorf; Düsseldorf

Wöll, Bernhard, Stadtarchivar von Weilheim; Weilheim

Willi, G., Archivar der Gemeinde Neusäß, Neusäß

Zapotetzky, Werner, Studiendirektor, Archiv-Pfleger; Karlstadt

Verzeichnis hebräischer Fachausdrücke

Aron Hakodesch (Ahron Hakodesch, Kodesch, Hechal, Heilige Lade)

Die Lade oder Heilige Lade befindet sich in fast allen Synagogen – westlich von Jerusalem – in der Mitte der Ostseite. Zur Zeit des Talmud richtete man die Synagoge in gewisser Weise wie die Stiftshütte ein, die die Israeliten einst in der Wüste bauten, oder ähnlich dem Tempel in Jerusalem. Der Eingang war an der Ostseite und die Lade, die das Allerheiligste darstellen sollte, im Westen. Die Lade war, wie die ursprüngliche Heilige Lade, beweglich. Man nannte sie Tewa, wörtlich „Kasten", um sie von der ursprünglichen Heiligen Lade zu unterscheiden. Die Nische, in der sie aufbewahrt wurde, war der Hechal oder Kodesch – das „Heiligtum". Die Tewa scheint sowohl als Aufbewahrungsort für die Thorarollen gedient zu haben wie als Pult beim Vorlesen. Heute ist der Ahron Hakodesch der Aufbewahrungsort für die Thorarollen.

Bet Haknesset (= Synagoge)

Jüdische Gebetsstätte. Solche Gebetsstätten wurden errichtet, wo immer sich Juden ansiedelten. Ihr Hauptzweck war die gemeinsame Andacht; doch dienten sie auch manchem anderen Zwecke – in der Tat jeder heiligen, guten und edlen Sache. Das Beth Haknesseth war das Versammlungshaus, die Synagoge, wo die Angelegenheiten der Gemeinde erledigt wurden; die Jugend hatte da ihre Schule; die Erwachsenen empfingen religiöse Unterweisung und fanden hier Gelegenheit zum Studium der Thora; Arme und Fremde erhielten dort Unterstützung und Bewirtung. In der Synagoge gibt es zwei wichtige charakteristische Stellen, das Podium, auf dem die Thora am Schabbath gelesen wird (Bima), und ein Behältnis für Thorarollen (Aron Hakodesch).

Bima

Podium in der Mitte der Synagoge, von dem aus die Abschnitte aus der Thora und aus den Propheten gelesen und alles, was sonst direkt oder indirekt an die Gemeinde gerichtet wird, vorgetragen wird.

Chuppastein

An der Außenseite der deutschen Synagogen angebrachter Stein, gegen den der Bräutigam nach der Trauung unter der Chuppa, dem Baldachin, ein Glas schleuderte, damit es zerbrach. Hier sollte eine Beziehung zur Zerstörung des Tempels zu Jerusalem hergestellt werden: An die Zerstörung des Tempels soll man immer denken, selbst in Stunden des höchsten Glücks. (In anderen Gemeinden zertritt der Bräutigam ein Glas mit dem Schuh; der Sinn ist jedoch der gleiche wie beim Chuppastein.)

Haftara

Vorlesung aus den Propheten, wird am Schabbath nach der Thoravorlesung vorgenommen. In orthodoxen und konservativen Gemeinden erfolgt die Vorlesung in hebräischer Sprache. Derjenige, der die Prophetenlesung vornimmt, ist der Maftir.

Hawdalah

Wörtl. Trennung. Zeremonie am Schabbathabend zum Zeichen des Schabbathausganges und des Beginns einer neuen Woche.

Haggada

Buch mit dem liturgischen Text, der während des Seder an Pessach gelesen wird.

Israel

Jüdischer Vorname; Bezeichnung des Landes; dritte von drei „Schichten", in die das jüdische Volk aufgeteilt ist: Kohanim (Kohen, Cohen = Priester), Leviim (Levi = Diener der Priester, die ihnen vor dem Segnen die Hände waschen) und Israelim (Israel = gewöhnlicher Jude).

Jom Kippur

Versöhnungstag; ein Fast- und Bußtag, der am 10. Tischri begangen wird.

Kaddisch

Lobgebet, das Gott preist; es wird gewöhnlich von Trauernden im Gedenken an die Verstorbenen gesagt.

Ketuba

Jüdischer Ehevertrag, in die die finanziellen Verhältnisse (besonders im Falle einer Scheidung) ganz genau geregelt werden. Sie ist ein verbindlicher Teil der Trauungszeremonie.

Kohen, Cohen

Angehöriger der Priesterkaste, die den Dienst am Heiligtum, dem Allerheiligsten versehen mußte. Die Priester unterliegen Sondergesetzen, die noch schwieriger sind als bei „normalen" frommen Juden. Der „Titel" wird vom Vater auf den Sohn weitervererbt.

Levi

Angehöriger des Stammes Levi (und gleichzeitig der zweiten „Schicht" des jüdischen Volkes). Die

Leviim (Leviten) unterstützten die Kohanim bei ihrer Arbeit und wuschen ihnen vor dem Segnen des Volkes die Hände.

Magen David (auch Davidstern)

David- oder auch Judenstern genannt; in der NS-Zeit Kennzeichen für Juden (an der Kleidung); auch heute noch Kennzeichen des Judentums. Bestandteil der Nationalfahne des Staates Israel.

Matza (Plural: Matzot)

Ungesäuertes Brot, das während des Pessach gegessen wird.

Megillah

Eine Schriftrolle (z. B. Megillath Ester, Megillath Ruth); ein Buch, das nicht zur Thora gehört.

Menora

Siebenarmiger Leuchter, wie er der Überlieferung nach in der Stiftshütte stand.

Mazewa

Grabstein, wird ein Jahr nach der Bestattung gesetzt.

Mesusa

Türpfostensymbol; an der rechten Seite (oberes Drittel) der Tür angebrachte Kapsel mit einem Stück Pergament, auf das die ersten zwei Abschnitte des jüdischen Glaubensbekenntnisses, der Kernsatz des Judentums, „Schma Israel = Höre Israel" geschrieben sind. Das Pergament wird aufgerollt, in eine kleine Hülse gelegt und an dem rechten Türpfosten befestigt.

Mikwe (plur. Mikwaot)

Rituelles Tauchbad. Beim Bau der Mikwe müssen ganz besondere, strenge Vorschriften beachtet werden. Die Mikwe dient der „Reinhaltung des jüdischen Ehelebens". Hier müssen verheiratete Frauen nach der monatlichen Menstruation eintauchen, um für ihren Ehemann wieder rituell rein zu werden.

Minjan

Zehn männliche Personen von 13 Jahren und darüber bilden eine Gemeinde, und ihre gemeinsame Andacht bildet den öffentlichen Gottesdienst. Erst 10 Männer machen einen Gottesdienst möglich, Frauen zählen (außer in nichtorthodoxen Gemeinden) nicht zum Minjan.

Ner Tamid

Ewiges Licht: stets brennende Lampe in der Synagoge (meist rotes, manchmal auch weißes Licht) in der Nähe des Thoraschreins.

Orthodox

Strenggläubig; eine der drei „Hauptrichtungen" des Judentums: orthodoxes (recht-, strenggläubiges), konservatives und Reformjudentum. Die Orthodoxie hält mit großer Gewissenhaftigkeit am Althergebrachten fest und lehnt beharrlich jegliche Erneuerung oder Änderung entschieden ab.

Pessach

Passah-Fest; Fest zum Gedenken an den Auszug der Israeliten aus Ägypten; es sind besondere Speisevorschriften zu beachten.

Rabbiner (Rabbi, Raw)

Kultusbeamter und Richter der jüdischen Gemeinden, meist auch deren religiöses Oberhaupt. Der Rabbiner hält die Gottesdienste und die Predigten und nimmt sonstige anfallende religiöse Handlungen vor. Es ist jedoch (außer wenn er ein Cohen ist) kein Priester.

Rosch Haschana

Jüdisches Neujahrsfest, Feiertag am 1. und 2. Tischri.

Ritualien

Gegenstände, die benötigt werden, um den Ritus, d. h., religiöse Handlungen zu vollziehen. Zu den Ritualien eines einfachen frommen Juden können gehören: Tallit (= Gebetsmantel), Tefillin (= Gebetsriemen), Siddur (= Gebetbuch), dazu kommen noch einige Gegenstände an Feiertagen. Daß ein frommer Jude stets den Kopf mit einem Käppchen (Kippa, Jarmulke) bedeckt haben muß, ist bekannt.

Seder

Wörtl. Ordnung. Ein rituelles Mahl, das am Passahfest in jüdischen Häusern stattfindet; dabei wird die Geschichte des Auszugs aus Ägypten erzählt und neben anderen auch eine ganze Reihe symbolischer Speisen verzehrt.

Schawuot

Wochenfest; findet 7 Wochen nach dem 2. Tag Pessach zur Erinnerung an die Übergabe der Thora an das Volk Israel auf dem Berg Sinai statt.

Schofar

Widderhorn; wird an den „Hohen Feiertagen" (Rosch Haschana, Jom Kippur) geblasen, neuerdings auch am Jom Haazmauth (Unabhängigkeitstag des Staates Israel); an den Hohen Feiertagen allerdings nur, wenn diese nicht auf einen Sabbath fallen.

Synagoge siehe Beth Haknesseth.

Tewa siehe Ahron Hakodesch.

Tallit

Gebetsmantel oder viereckiges Kleidungsstück („Tallith Katan") mit „Troddeln" an jeder Ecke (Zizith). Es gibt den kleinen Tallith, der unter den Oberkleidern während des ganzen Tages getragen wird. Das andere große „Kleidungsstück", das während des Morgengottesdienstes über der Kleidung getragen wird, ist der „große Tallith" (= großes Tuch).

Tefillin

Gebetsriemen mit einer Kapsel, in der auf Pergament geschriebene Abschnitte aus der Thora enthalten sind. Es gibt zwei Gebetsriemen: derjenige, der um den Kopf gelegt wird (tefilla schel rosch) und derjenige, der um den linken Arm gelegt wird (tefilla schel jad). Das Anlegen und Tragen während des Morgengottesdienstes geschieht nach ganz besonderen Vorschriften!
Das Gebot des Anlegens der Gebetsriemen obliegt allen männlichen Personen ab ihrem 13. Lebensjahr.

Thora (Tora)

Die Thora (oder das Gesetz) ist in fünf Bücher Moses geteilt und wird daher auch CHUMASCH oder PENTATEUCH (fünffältig oder Fünfbuch) genannt. Die Namen der fünf Bücher sind: 1. Bereschit (Genesis, Schöpfung); 2. Schmot (Exodus, Auszug der Israeliten aus Ägypten); 3. Waijkra (Leviticus, Gesetze, betreffend Leviten und Priester); 4. Bamidbar (Numeri, Erzählungen in der Wüste); 5. Dewarim (Deuteronomium, Wiederholung des Gesetzes).
Jeden Schabbath wird ein Abschnitt aus der Thora gelesen, der genau festgelegt ist.

Thoraband (auch **Thorawimpel**)

Band, mit dem die beiden Teile der Thorarolle zusammengehalten werden, wenn sie nicht benutzt wird.

Thorakrone

Schmuck für die Thora in Form einer Krone, die über beide oberen Enden der Stäbe der Rollenhalter aufgesetzt wird.

Thoramantel

Umhüllung der Thorarolle aus Seide oder anderen kostbaren Stoffen, die beim Lesen aus der Thora abgenommen werden muß.

Thoraschild

Ein metallene, von den beiden Stäben an einer Kette herabhängende Schmuckplatte, die manchmal kleine, auswechselbare Tafeln hat, auf denen die Namen einzelner Feste oder der 5 Bücher angezeigt sind.

Thoraschrein-Vorhang (Parochet)

In aschkenasischen Synagogen ein bestickter Vorhang vor dem Thoraschrein.

Thorazeiger (Jad)

Ein schmaler Stab aus Holz oder Edelmetall, meist in Form einer Hand, dessen sich der Vorleser der Thora bedient, um dem Text folgen zu können, ohne die Thora mit der Hand zu berühren.

Einige wichtige Abkürzungen

DP = Displaced Person; während des Zweiten Weltkrieges zu Zwangsarbeiten oder in die Konzentrationslager verschleppte nichtdeutsche Staatsangehörige, die nach dem Krieg nicht mehr in ihre „Heimat" zurückwollten; oft auch aus den deutschen KZs befreite Juden, die hier auf ihre Ausreise nach Israel oder in ein anderes Land warteten.

IRO = International Refugees Organisation, bis 1951 tätige Hilfsorganisation der UN für die durch den Krieg aus ihrer Heimat verschleppten oder vertriebenen Personen.

IRSO = Jewish Restitution Successor Organisation (Nachfolgeorganisation für das erbenlose jüdische Vermögen); die IRSO ermittelt, wo sich das einstige jüdische Vermögen befindet und wer sein ursprünglicher und gegenwärtiger Besitzer ist. Mit dem gegenwärtigen Eigentümer wird über die Rückgabe oder einen neuen, evtl. nochmaligen Kauf verhandelt.

UNRRA = United Nations Relief and Rehabilitation Administration; Hilfs- und Wiederaufbauverwaltung der UNO, gegr. Nov. 1943, Vorläufer der IRO in Deutschland.

s. A. = seligen Andenkens (Zeichen, daß die Person(en) verstorben ist (sind)).